Patrimoine urbain

Collection dirigée par Lucie K. Morisset

Bouleversés par l'accroissement des échanges culturels et des migrations, au XXIᵉ siècle, les rapports entre les collectivités et leur environnement bâti restent au cœur des constructions identitaires modernes. *Patrimoine urbain,* collection de la Chaire de recherche du Canada en patrimoine urbain (UQAM), propose d'explorer les configurations imaginaires et les constitutions matérielles de cet environnement. De l'architecture à la ville et de la création à la com-mémoration, les ouvrages de la collection auscultent la notion de patrimoine et les phénomènes de patrimonialisation : l'analyse des idées mais aussi celle des objets y sont mises à contribution, dans une perspective holistique, afin de comprendre les représentations qui forgent le paysage construit et, au bout du compte, dans l'espoir de nourrir une réinvention du patrimoine, comme projec-tion dans l'avenir.

Jeunes chercheurs et chercheurs expérimentés y offrent leurs réflexions en partage à un large public, intéressé par l'histoire, par les constructions mythiques ou simplement par le paysage qui nous entoure. Acteurs, décideurs et témoins des scènes architecturales, urbanistiques ou touristiques, citoyens et curieux sont donc conviés au débat.

Le combat du patrimoine

À MONTRÉAL (1973-2003)

 **Patrimoine urbain**   Collection de la Chaire de recherche du Canada en patrimoine urbain

Les églises du Québec
Un patrimoine à réinventer
Luc Noppen, Lucie K. Morisset
2005, ISBN 2-7605-1355-6, 456 pages.

PRESSES DE L'UNIVERSITÉ DU QUÉBEC
Le Delta I, 2875, boulevard Laurier, bureau 450
Sainte-Foy (Québec) G1V 2M2
Téléphone : (418) 657-4399 • Télécopieur : (418) 657-2096
Courriel : puq@puq.ca • Internet : www.puq.ca

Distribution :

CANADA et autres pays

DISTRIBUTION DE LIVRES UNIVERS S.E.N.C.
845, rue Marie-Victorin, Saint-Nicolas (Québec) G7A 3S8
Téléphone : (418) 831-7474 / 1-800-859-7474 • Télécopieur : (418) 831-4021

FRANCE

DISTRIBUTION DU NOUVEAU MONDE
30, rue Gay-Lussac, 75005 Paris, France
Téléphone : 33 1 43 54 49 02
Télécopieur : 33 1 43 54 39 15

SUISSE

SERVIDIS SA
5, rue des Chaudronniers, CH-1211 Genève 3, Suisse
Téléphone : 022 960 95 25
Télécopieur : 022 776 35 27

Le combat du patrimoine
À MONTRÉAL (1973-2003)

MARTIN DROUIN

2005

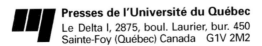 **Presses de l'Université du Québec**
Le Delta I, 2875, boul. Laurier, bur. 450
Sainte-Foy (Québec) Canada   G1V 2M2

Catalogage avant publication de Bibliothèque et Archives Canada

Drouin, Martin, 1970-

Le combat du patrimoine à Montréal, 1973-2003

(Patrimoine urbain)
Comprend des réf. bibliogr.

ISBN 2-7605-1356-4

1. Patrimoine historique – Québec (Province) – Montréal. 2. Biens culturels –
Protection – Québec (Province) – Montréal. 3. Monuments historiques – Québec
(Province) – Montréal. 4. Paysage urbain – Québec (Province) – Montréal.
5. Espaces publics – Québec (Province) – Montréal. 6. Architecture – Conservation
et restauration – Québec (Province) – Montréal. I. Titre. II. Collection.

FC2947.7.D76 2005   363.6'9'0971428   C2005-940421-3

Nous reconnaissons l'aide financière du gouvernement du Canada
par l'entremise du Programme d'aide au développement
de l'industrie de l'édition (PADIÉ) pour nos activités d'édition.

**Finances, Économie
et Recherche**
Québec ✛✛
✛✛

La publication de cet ouvrage a été rendue possible
avec l'aide financière de la Société de développement
des entreprises culturelles (SODEC).

FC
2947.7
.D76
2005

Révision linguistique : Nicole Larivée

Mise en pages : B Graphistes – Alain Bolduc et Marie-Claude Béland

Couverture – Conception : Richard Hodgson

Photographies : 1. Montréal – Vue du centre-ville depuis le mont Royal
(carte postale, collection privée).

2. Montréal – Maisons de la rue Clark (Luc Noppen).

3. Montréal – La maison Van Horne, vers 1890 (Archives photographiques
Notman. Musée McCord d'histoire canadienne, MP-0000.2345.4).

4. Montréal – Place Ville-Marie (Martin Drouin).

1 2 3 4 5 6 7 8 9 PUQ 2005 9 8 7 6 5 4 3 2 **1**

Dépôt légal – 2ᵉ trimestre 2005
Bibliothèque nationale du Québec / Bibliothèque nationale du Canada
Imprimé au Canada

Table des matières

Remerciements   XI

Introduction   1
   Le patrimoine, contenu et sens d'un objet de recherche   3
   La sauvegarde du patrimoine à Montréal   11
   Les fondements théoriques et les hypothèses de recherche   18
   La méthodologie de recherche   23

PREMIÈRE PARTIE
LE PATRIMOINE MENACÉ : JETER LES BASES D'UNE IDENTITÉ   29

Chapitre 1
Au départ : un autre paysage urbain à valoriser et à sauvegarder   33
   L'événement fondateur : la démolition de la maison Van Horne   35
   La sauvegarde d'un autre patrimoine avec Sauvons Montréal   40
   Une «métropole du progrès» ou l'anonymat des grandes villes   46
   Le «bien culturel» et les promesses d'une nouvelle loi   51

Chapitre 2
À la suite de la maison Van Horne : des « monuments » menacés   59
   Un pas dans la bonne direction : un nouveau patrimoine sanctionné   61
   Le cycle naturel de la ville : démolition ou protection   64
   La difficile protection du paysage urbain : les démolitions illégales   68

Une solution partielle à un problème global :
les permis de démolition ... 70

De longues campagnes pour protéger
des « monuments » montréalais ... 73

Des « monuments » publics mis en danger par les autorités ... 76

Des « monuments » témoins d'un passé religieux, eux aussi menacés ... 80

Chapitre 3
Au-delà des « monuments » : des espaces verts,
des rues et des quartiers ... **85**

La polémique du domaine des Sulpiciens
et la création d'Espaces verts ... 87

Le domaine des Sulpiciens : d'espace vert à « monument historique » ... 90

Une deuxième défaite d'Espaces verts : Villa-Maria ... 92

Le parc Viau, ou la défaite définitive des espaces verts ... 95

La protection d'enfilades de maisons ou la protection
d'un milieu unique ... 98

La sauvegarde d'un milieu distinctif ... 100

À une nouvelle échelle, les préoccupations pour le quartier chinois ... 103

Au-delà du carcan du monument historique ... 105

Chapitre 4
La patrimonialisation du paysage urbain :
un « Montréal victorien » ... **111**

La reconnaissance d'une architecture du XIXᵉ siècle ... 113

Un « monstre » ou un « monument » : l'affaire de la gare Windsor ... 118

Au-delà de la forme et du style, le témoignage d'une époque ... 121

La figure d'autorité ou l'unicité du paysage, des arguments de plus ... 125

La pierre grise, l'originalité de la ville par sa couleur ... 128

Le choix entre une image française et des édifices victoriens ... 130

Chapitre 5
Une ville revendiquée : Montréal aux Montréalais ... **137**

À l'écoute de la volonté populaire :
la formulation du « nous » montréalais ... 139

Les groupes de sauvegarde : la voix des Montréalais ... 142

La constitution du « nous » : sensibiliser l'opinion des concitoyens ... 151

Les consultations publiques : faire entendre la volonté populaire ... 156

Chapitre 6
Une ville dépossédée : Montréal livré aux « étrangers » ... **163**

Le promoteur : l'étranger qui construit dans la ville ... 164

L'automobile : l'envahisseur journalier ... 168

Les tours en hauteur : le vol de la ville infligé aux Montréalais ... 172

L'État fédéral : peu de pouvoirs pour protéger la ville ... 175

L'État provincial : là-bas dans la capitale québécoise ... 181

Les autorités municipales : si proches, si loin ... 186

Deuxième partie
Le patrimoine aménagé : affirmer une identité   193

Chapitre 7
À la recherche de solutions : décliner le patrimoine au présent   199

Le recyclage : assurer la survie du patrimoine   200

La restauration et la rénovation :
une nouvelle vision du patrimoine urbain   204

La sauvegarde et l'insertion : un patrimoine à la pièce   206

La restauration ou la reconstruction :
un plaidoyer pour l'authenticité   210

L'impact de la conservation : la fin de la « série noire » des églises   212

Des édifices abandonnés : possible signe d'une nouvelle tendance   218

Chapitre 8
Un paysage urbain protégé : les avatars d'un rêve   225

De la démolition à l'intégration : une nouvelle problématique   227

Un nouvel impératif : des « monuments historiques » à recycler   231

De l'enveloppe aux intérieurs : un nouveau patrimoine   235

Un paysage d'apparat : une façade conservée   240

La requalification du patrimoine, ou la sauvegarde d'un milieu   245

Chapitre 9
Au-delà du paysage bâti : une montagne à affirmer   255

Entre la ville et la montagne : l'affaire du boisé des Sulpiciens   257

La montagne dans la ville : les perspectives visuelles   260

Le mont Royal : premier « site du patrimoine » à Montréal   264

Un patrimoine vert : la montagne et son périmètre   267

L'appel de la montagne : une place toujours croissante   272

La ville dans la montagne : l'emblème fondamental de Montréal   276

Chapitre 10
Un paysage urbain de la « diversité » :
l'expression d'une nouvelle identité   281

Une nouvelle identité urbaine : la « diversité » montréalaise   283

L'« industrie » de la recherche : faire connaître Montréal   285

Une même préoccupation pour de nouveaux « patrimoines »   290

La voix des Montréalais : réaffirmer les choix de la collectivité   294

Le recours aux autorités : entre changement et permanence   298

De la fin d'un rêve à la reconnaissance d'une spécificité   304

Conclusion   313

De la maison Van Horne au mont Royal : sauver le paysage urbain   316

De la « métropole du progrès » au « cadre de vie » : sauver la ville   318

De l'identité québécoise à l'identité montréalaise : sauver Montréal   320

Annexes   325

Bibliographie   353

Remerciements

Au départ, il y eut une rencontre. Pour aborder un tel sujet, nul lieu ne saurait mieux convenir, pourrait-on penser, qu'un bureau chargé de livres et de papiers, au dernier étage d'un édifice logé en plein cœur du Vieux-Québec. C'est là que j'ai rencontré pour la première fois Lucie K. Morisset, professeure à l'UQAM, qui allait me guider tout au long de cette entreprise. Devenue directrice de thèse, cette chercheure de grand talent m'a généreusement accueilli. Tout au long de ces dernières années, elle m'a non seulement prodigué de précieux conseils, mais aussi offert toute la confiance nécessaire à ma démarche. L'équipée s'est, en cours de route, enrichie d'un second guide en la qualité de codirecteur. À l'occasion d'un séminaire, j'ai fait la connaissance de

Luc Noppen, titulaire de la Chaire de recherche du Canada en patrimoine urbain, qui a prêté lui aussi une oreille attentive à mes questionnements et à mes doutes. Tous deux ont su créer un espace de partage et d'émulation qui a considérablement nourri la qualité de mes réflexions.

Cet ouvrage découle donc de ma thèse de doctorat, soutenue à l'Université du Québec à Montréal. Je voudrais ainsi remercier les membres du jury: Jean-Yves Andrieux, professeur à l'Université de Rennes II, Paul-André Linteau, professeur à l'Université du Québec à Montréal, et Diane Saint-Pierre, professeure au centre Urbanisation, Culture et Société de l'Institut national de la recherche scientifique, qui ont bien voulu participer à l'étape finale de l'évaluation. Grâce à la bienveillance de leurs conseils, j'ai pu améliorer le rendu définitif de ma recherche. J'aimerais aussi saluer les personnes qui m'ont aidé au Département d'études urbaines et touristiques, de même que les étudiants rassemblés autour de la Chaire de recherche du Canada en patrimoine urbain.

Mes années de recherche sont aussi tributaires d'une foule d'organismes et d'individus. Parmi eux, je dois remercier la Fondation de l'UQAM, la Chaire de recherche du Canada en patrimoine urbain, le Fonds québécois de la recherche sur la société et la culture (FQRSC), et le Centre interuniversitaire d'études sur les lettres, les arts et les traditions (CÉLAT). Tous, à un moment ou à un autre, par leur soutien financier, m'ont permis de mener à terme mes travaux. Je tiens également à souligner la gentillesse du personnel rencontré au hasard de mes pérégrinations aux Archives de la Ville de Montréal, au centre de documentation du ministère de la Culture et des Communications à Montréal, à la Bibliothèque nationale du Québec, au bureau d'Héritage Montréal et à la bibliothèque du Centre Canadien d'Architecture. Je souhaite aussi remercier Estelle Zehler pour le travail de révision linguistique qu'elle a accompli.

Gravitant autour de cet univers, mes amis et ma famille m'ont réconforté et encouragé. Mes parents croient depuis longtemps à la réalisation de mes projets et méritent à cet égard toute ma reconnaissance. Enfin, Marie-Blanche, au cœur de ce système, en plus de m'offrir un soutien constant, m'a permis de sourire tout au long de la rédaction de ce travail.

Introduction

Montréal serait unique. Un discours affirme en effet que le paysage urbain serait porteur d'une «identité» distinctive dont le reste du Québec ne ferait qu'accentuer le particularisme. Différent des autres villes québécoises, voire des villes nord-américaines, son «patrimoine» – ou, à tout le moins, celui qui y a été identifié – porterait les germes de son unicité. Depuis le début du XXᵉ siècle, l'État québécois sanctionne un «patrimoine» au nom d'une «identité nationale» à consacrer. Cette «identité» aurait ainsi permis de légitimer l'existence du Québec par sa culture en devenant l'un des éléments fédérateurs de la «nation québécoise». Cependant, au cours des années 1970, au moment même où l'État s'imposait dans la consécration d'une «identité québécoise», des groupes voués à la sauvegarde du patrimoine, à Montréal, proposèrent de dégager une nouvelle identité nichée jusque-là dans la matrice provinciale, une « identité montréalaise », dont le paysage bâti serait le garant. Les luttes pour la sauvegarde d'un patrimoine urbain à Montréal, vecteur de la formulation d'une identité, poseraient ainsi le problème de la patrimonialisation du bâti, c'est-à-dire des mécanismes sous-jacents à la reconnaissance du patrimoine architectural et urbain entre 1973 et 2003. Aussi sera-t-il question dans cet ouvrage du processus par lequel un patrimoine typiquement montréalais se serait formulé et constitué au cours des trente dernières années.

Très peu de recherches portent sur cette question au Québec, encore moins à Montréal. Les interrogations sur le patrimoine montréalais se résument généralement à son identification, à l'énumération de ses qualités architecturales ou à la déclinaison de son histoire[1]. Les groupes de sauvegarde, nés dans un moment particulièrement intense de renouveau urbain, ont été, de manière générale, délaissés par la recherche. Pourtant, l'étude de la constitution du patrimoine, au Québec[2] et ailleurs[3], a démontré la pertinence d'analyses de ce genre. Depuis les années 1980, elles se sont multipliées, en France notamment, au point d'ailleurs qu'il serait possible de croire que la « patrimonialisation galopante » mise au jour par François Hartog s'accompagne maintenant d'une « extension des exégèses », pour paraphraser Babelon et Chastel[4]. Au Québec, plusieurs ouvrages ont traité du rôle de l'État et de sa volonté d'orienter les pratiques culturelles en fonction de critères, de buts et de besoins extérieurs aux pratiques culturelles elles-mêmes[5]. Le cas québécois, dans cette perspective, ne pourrait être qu'une déclinaison supplémentaire des « histoires du patrimoine » en nombre croissant. Centrées sur la patrimonialisation plutôt que sur le patrimoine, ces « histoires » se sont évertuées à parcourir le labyrinthe de ses représentations, à évaluer sa portée symbolique, à interroger les mécanismes et les acteurs

---

1.   Parmi les plus connus, citons les ouvrages de Jean-Claude Marsan, *Montréal en évolution : historique du développement de l'architecture et de l'environnement urbain montréalais*, Montréal, Méridien, 1994 [1re édition : 1974], de Marc H. Choko, *Les grandes places publiques de Montréal*, Montréal, Méridien, 1987, de François Rémillard et Brian Merret, *Demeures bourgeoises de Montréal : le mille carré doré : 1850-1930*, Montréal, Méridien, 1986, ou encore, de Guy Pinard, *Montréal, son histoire, son architecture*, Montréal, La Presse, 1987-1989, Éditions du Méridien, 1991-1995.

2 .   Voir, par exemple, Alain Roy, « Le Vieux-Québec, 1945-1963 : construction et fonctions sociales d'un lieu de mémoire nationale », mémoire de maîtrise (histoire), Université Laval (Québec), 1995, Isabelle Faure, « La conservation et la restauration du patrimoine bâti au Québec. Études des fondements culturels et idéologiques à travers l'exemple du projet de Place Royale », thèse de doctorat (urbanisme et aménagement), Université de Paris VIII, 1995, et Luc Noppen, « Place-Royale : chantier de construction d'une identité nationale », dans Patrick Dieudonné (dir.), *Villes reconstruites : du dessin au destin. Actes du deuxième colloque international des villes reconstruites*, vol. II, Paris, L'Harmattan, 1994.

3.   Voir, par exemple, le collectif sous la direction de Robert Dulau, *Apologie du périssable*, Rodez, Éd. du Rouergue, 1991.

4.   Jean-Pierre Babelon et André Chastel, *La notion de patrimoine*, Paris, Liana Lévi, 1994 [1re éd. : *Revue de l'Art*, no 49, 1980], p. 141.

5.   Charles De Blois Martin, « L'évolution des rapports entre les politiques du patrimoine et du tourisme au Québec », mémoire de maîtrise (science politique), Université Laval (Québec), 1997 ; Andrée Lapointe, « L'incidence des politiques culturelles sur le développement des musées nationaux Canada-Québec depuis 1950 », thèse de doctorat (histoire), Université Laval (Québec), 1993.

au sein de sa constitution. Or, Montréal, à mi-chemin entre le Québec et l'Amérique, a été le théâtre, depuis les trente dernières années, d'un effort peu commun d'identification et de protection du patrimoine bâti. Des groupes citoyens, d'une volonté et d'une énergie presque sans faille, se sont spontanément formés. Aussi, l'examen de ce mouvement d'une ampleur peu commune pourrait mettre en lumière des pratiques et des processus méconnus, tout en densifiant les connaissances sur le patrimoine du « cas d'espèce » que représente Montréal. La présente recherche s'inscrit dans ce contexte, et dans la foulée des Andrieux, Barthel, Chastel, Choay, Dulau, Harvey, Hewison, Noppen, Nora, Morisset, Poulot, Wallace, Walsh et autres, qui ont interrogé la constitution historique ou structurale du patrimoine[6].

Quatre sections divisent cette introduction. La première vise, par l'investigation des connaissances, à dessiner les contours du sujet d'étude à la lumière des interrogations et des réponses de la littérature recensée. Tentant de saisir le sens investi dans la reconnaissance du patrimoine, certains concepts et notions clés seront définis afin d'aborder, dans la seconde section, l'objet d'étude en regard de la situation spécifique de l'identification et de la sauvegarde du patrimoine bâti au Québec. À partir des repères théoriques relevés dans la troisième section, cet objet d'étude sera ensuite modélisé et décliné en hypothèses. Le modèle résultant, défini comme celui de la patrimonialisation du bâti montréalais, sera explicité dans la quatrième section, consacrée à l'approche et à la méthodologie. Ainsi sera dressé un pont entre les axes thématiques de la recherche et les sources disponibles.

■ Le patrimoine, contenu et sens d'un objet de recherche

En premier lieu, il convient de définir le patrimoine comme objet de recherche et de baliser l'espace conceptuel dans lequel se situe la problématique. En décodant le « patrimoine » comme l'expression identitaire d'une collectivité qui s'investit dans des traces de l'histoire auxquelles elle s'identifie, les écrits ont en effet justifié la pertinence d'un examen de son processus de reconnaissance. Dans cette optique, Montréal constitue un terrain d'investigation fertile que trop peu d'études ont parcouru. L'examen historiographique des questionnements formulés au cours des vingt dernières années permet, à cet égard, de développer les bases thématiques du travail de recherche présenté ici et d'en circonscrire les contours. L'exploration de cette thématique se fera ici en deux points : le premier concerne la notion de « patrimoine », le second, le sens investi dans les gestes de protection.

L'exploration du « patrimoine » et de ses différentes désignations, au fil des recherches et du temps, a fait ressortir l'élasticité du concept et la prégnance des valeurs soutenues par les collectivités dans le choix des biens intégrés sous cette appellation : « insistons, écrit Jacques Mathieu, chaque

---

6. Voir les titres en bibliographie.

époque a créé ses propres référentiels historiques, ses propres attitudes face au patrimoine[7]». Du «monument historique» inscrit sur le territoire de la ville au «patrimoine urbain», le cheminement sémantique permet de percevoir l'espace sans cesse renouvelé par le projet associé à la sauvegarde du patrimoine. Il aide aussi à comprendre, par la lecture des couches successives des biens qui y sont intégrés, les forces de friction conceptuelle en cause dans l'identification d'un patrimoine à l'échelle de la ville.

La notion «moderne» de patrimoine serait née, dans le monde occidental, au XIXe siècle. Toutefois, Jean-Pierre Babelon et André Chastel, dans *La notion de patrimoine*, sont remontés aux premiers temps de l'Antiquité tardive, en associant la notion de patrimoine au culte chrétien des reliques[8]. Quant à Françoise Choay, dans *L'allégorie du patrimoine*, elle a amorcé son étude avec la Renaissance[9]. Ces chercheurs ont toutefois démontré que la notion «moderne» du patrimoine découle d'une désignation qui impliquerait la conservation des objets repérés. Pour Choay, ce ne fut qu'«à partir de 1820[10], [que] le monument historique [fut] inscrit sous le signe de l'irremplaçable, les dommages qu'il subit [furent] irréparables, sa perte irrémédiable[11]». Cette prise de conscience aurait défini le patrimoine, alors appelé «monument historique», et justifié, en partie, les mesures prises pour contrer sa disparition. Cependant, seuls des vestiges jugés exceptionnels se trouvaient épargnés. L'architecture vernaculaire, par exemple, restait à la merci du réaménagement des villes et du tissu urbain.

Les termes «patrimoine» et «monument historique», dans le sens actuel de leurs désignations, sont apparus dans la même période, au lendemain de la Révolution française[12]. Le premier, «patrimoine», ne s'est imposé en France, selon André Desvallées, que dans les années 1970[13]. Entre ces deux dates, le terme «monument historique» fut utilisé. Le patrimoine est resté cantonné dans la sphère du familial et du droit : on parlait, par exemple, du patrimoine légué à ses enfants. Au cours du XIXe siècle, l'usage du mot prit une valeur plus générale : on évoqua dès lors « ce qui est transmis à une personne, à une collectivité par les ancêtres, les générations précédentes (1823)[14]». Par la suite, l'acception actuelle du

---

7. Jacques Mathieu, « Les vernis du patrimoine », *Le forum québécois du patrimoine. Actes de la rencontre de Trois-Rivières*, Québec, s. éd., 1992, p. 7.

8. Jean-Pierre Babelon et André Chastel, *loc. cit.*

9. Françoise Choay, *L'allégorie du patrimoine*, Paris, Seuil, 1999 [1992].

10. Selon Pierre Nora, cette période correspond, en France, à la Restauration (1814-1830), « moment capital de l'adéquation de la nation à son histoire, […] ; prise de conscience décisive du passé comme passé, et de la nation comme nation ». Voir Pierre Nora, « Présentation : Le patrimoine », dans Pierre Nora (dir.), *Les lieux de mémoire*, Paris, Gallimard, 1997 [1986], p. 1431.

11. Avant cette date, l'objet architectural et l'objet d'art n'étaient vus que comme « […] des repères pour le présent, des œuvres qu'on pourrait égaler ou surpasser ». Voir Françoise Choay, *op. cit.*, p. 105.

12. André Chastel, « La notion de patrimoine », dans Pierre Nora (dir.), *Les lieux de mémoire*. Paris, Gallimard, 1997 [1986], vol. 1, p. 1447.

13. André Desvallées, « À l'origine du mot "patrimoine" », dans Dominique Poulot (dir.). *Patrimoine et modernité*, Paris, L'Harmattan, 1998.

14. Alain Rey (dir.), *Le Robert. Dictionnaire historique de la langue française*, Paris, Le Robert, 1992, vol. II, p. 1452.

mot, porteuse du caractère sacré d'un trésor à préserver, et évocatrice du temps et de la filiation, s'est surimposée à cette définition. La *Charte de Venise* de 1964, texte incontournable pour la conservation du patrimoine au XXᵉ siècle, stipulait : « chargées d'un message spirituel du passé, les œuvres monumentales des peuples demeurent dans la vie présente le témoignage vivant de leurs traditions séculaires[15] ». Dans la *Charte du patrimoine bâti vernaculaire*, ratifiée en 1999[16], le patrimoine est défini comme : « un reflet de la vie contemporaine et un témoin de l'histoire de la société », tandis que dans la *Déclaration de Deschambault* (charte du patrimoine québécois adoptée en 1982), il est : « l'ensemble des créations et des produits conjugués de la nature et de l'homme, qui constituent le cadre de notre existence dans le temps et dans l'espace. Une réalité, une propriété à dimension collective et une richesse transmissible qui favorisent une reconnaissance et une appartenance[17] ». Une gamme fort large de biens peut, à l'évidence, correspondre à cette définition, qui reste d'évocation récente : pendant le XXᵉ siècle, en effet, la pratique n'utilisa que très rarement le mot « patrimoine ». Le chemin qui conduirait à cette définition n'était pas sans méandres.

Le terme « monument historique » a dominé les désignations jusqu'à tout récemment. Les deux mots qui composent l'expression ne sont pas innocents : le premier – « monument » – se référait à une valeur de signal attachée à l'objet ; l'adjectif accolé – « historique » – conférait la dimension temporelle du « souvenir ». Aloïs Riegl, au début du XXᵉ siècle, a le premier proposé une définition du monument passant par le processus de sa constitution. Dans son esprit s'opposaient le monument « intentionnel » et le monument « historique ». Ce dernier, perverti de sa destination originelle pour devenir objet de remémoration, n'était pas, au contraire du monument « intentionnel », créé ou édifié « dans le but précis de conserver toujours présent et vivant dans la conscience des générations futures le souvenir de telle action ou de telle destinée (ou la combinaison de l'un et de l'autre)[18] ». Le monument historique devait adopter ce rôle, toujours selon Riegl, par son obsolescence. L'historique devenait monument parce qu'une collectivité choisissait qu'il le devienne. Cependant, la filiation entre monument et monument historique obligeait à tenir compte de la dimension monumentale, qu'elle soit réelle ou figurée. En somme, pour qu'il soit élevé au rang de monument historique, les valeurs symboliques rattachées à l'objet « historique » devaient être assez puissantes pour qu'il pût être qualifié comme tel. Sa définition le condamnait à une vision beaucoup plus étroite que celle portée par le patrimoine.

---

15. IIᵉ Congrès international des architectes et des techniciens des monuments historiques, *Charte de Venise*, 1964 ; [http://www.icomos.org/docs/venise.html], consulté le 23 février 2005.

16. ICOMOS, *Charte du patrimoine bâti vernaculaire*, 1999 ; [http://www.international.icomos.org/charters/vernacular_f.htm], consulté le 23 février 2005.

17. ICOMOS-Canada, *Déclaration de Deschambault* ; [http://www.icomos.org/docs/deschambault.html], consulté le 23 février 2005.

18. Aloïs Riegl, *Le culte moderne des monuments*, Paris, Seuil, 1984 [1903], p. 35.

Dans la ville, les expressions « site historique » et « arrondissement historique » furent créées afin d'assurer une plus grande portée à l'identification des biens. S'annonçait, dans la pratique, l'invention d'un « patrimoine urbain » que certains penseurs comme John Ruskin, Camillo Sitte et Gustavo Giovannoni avaient préfiguré, entre 1850 et 1930, dans leurs ouvrages[19]. Toutefois, le « site » et « l'arrondissement historique » ne représentaient qu'une déclinaison plurielle du monument historique. Appliqués à la ville, le « site historique » et l'« arrondissement historique » ne pouvaient que circonscrire un territoire précis, défini par son caractère d'homogénéité et ainsi élevé au rang de monument.

L'apparition du « bien culturel » permit d'envisager une nouvelle avenue, qui intégrerait l'ensemble des objets conservés sous les vocables de monument, de site ou d'arrondissement. La nouvelle désignation retenue abandonnait tout rappel de monumentalité. Son adjectif renvoyait à la dimension de culture, dans son sens anthropologique, de la société dont le bien témoignait. Si le « monument historique » se référait à une conception élitiste de l'histoire de l'art classique, le « bien culturel » exprimait le caractère populaire, collectif, de la désignation[20]. Ce transfert sémantique témoignait du développement des sciences sociales, de la nouvelle histoire et de l'ethnologie, disciplines qui tablaient davantage sur les notions de représentativité et de témoignage que sur l'exceptionnel et le singulier[21].

Cependant, le mot « patrimoine » s'imposa rapidement devant l'expression « bien culturel ». Le terme facilitait l'extension et l'acceptation des nouveaux objets sous cette appellation. L'idée de transmission permettait une meilleure justification de la conservation. En parallèle, comme le faisait remarquer François Hartog : « plus le patrimoine (la notion du moins) prenait de l'embonpoint, plus s'effritait le monument historique (la catégorie)[22] ». Au Québec, près de cinquante ans furent nécessaires pour passer de la Loi sur les monuments historiques (1922) à la Loi sur les biens culturels (1972). Quinze ans plus tard, en 1988, les études pour définir une nouvelle politique employaient désormais une nouvelle expression :

19. John Ruskin, *Les sept lampes de l'architecture*, Paris, Denoël, 1987 [1849] ; Camillo Sitte, *L'art de bâtir les villes : l'urbanisme selon ses fondements artistiques*, Paris, L'Équerre, 1984 [1889] ; Gustavo Giovannoni, *L'urbanisme face aux villes anciennes*, Paris, Seuil, 1998 [1930]. Voir aussi Françoise Choay, *op. cit.*, p. 130-151.

20. L'expression apparut avec la Loi sur les biens culturels ; une nouvelle sensibilité dans les désignations allait permettre, à long terme, la reconnaissance d'un patrimoine qui inclurait une architecture moins monumentale. Ces développements ne furent pas étrangers aux transformations de la notion de culture. Voir Denys Cuche, *La notion de culture dans les sciences sociales*, Paris, Éditions La Découverte, 1996.

21. Fernand Harvey note trois « facteurs extérieurs » qui ont transformé les pratiques patrimoniales : l'élargissement de la notion de patrimoine, influencée, on vient de le dire, par les développements de la « nouvelle histoire sociale » et la multiplication des groupes de référence qui en découlerait, la professionnalisation des pratiques et, enfin, la « place croissante accordée à l'interprétation ». Voir Fernand Harvey, « La production du patrimoine », dans Andrée Fortin (dir.), *Produire la culture, produire l'identité ?*, Québec, Presses de l'Université Laval, 2000, p. 10-14.

22. François Hartog, *Régimes d'historicité. Présentisme et expérience du temps*, Paris, Seuil, 2003, p. 199.

celle de « patrimoine culturel[23] ». Un adjectif était maintenant accolé, qui spécifiait la nature du patrimoine, qui allait être employé dans une multitude de domaines.

Le terme de « patrimoine urbain » fit son apparition à la même époque. Ce nouveau vocable accolait la vision large de la définition du patrimoine à celle de la ville dans toutes ses manifestations. Il pouvait appréhender les « formes et fonctions urbaines héritées du passé qui servent de support à la vie quotidienne[24] », auxquelles s'intégreraient l'environnement bâti, le tissu urbain, le quartier et le milieu de vie[25]. Le patrimoine *dans* la ville – dont les termes de « monument historique », d'« arrondissement historique », de « site historique » ou de « bien culturel » avaient été l'expression – n'était plus seulement circonscrit par des traces ponctuelles disséminées çà et là, mais devenait le patrimoine *de* la ville. Il était vu comme l'expression d'une collectivité qui marquerait son territoire, à l'image d'un palimpseste dont les multiples couches et transformations se manifesteraient dans ce qu'il serait convenu d'appeler le « patrimoine urbain ». La ville renvoyait maintenant l'image d'un paysage particulier qu'il importait de protéger.

Le choc de l'industrialisation et la croissance exponentielle des villes, au XIXe siècle, ont radicalement transformé la forme urbaine et son bâti[26]. C'est à ce moment que la notion moderne de patrimoine s'était affirmée du fait de la volonté de sauvegarder ce qui était alors nommé « monument historique ». De la même façon, les villes des années 1950 et 1960 furent touchées par des projets de « renouveau urbain ». L'amnésie de la ville, que provoquerait la destruction de ses formes anciennes, aurait occasionné une prise de conscience. Aussi importait-il de conserver un « patrimoine urbain ». Mais si ces menaces physiques renouvelaient une sensibilité en faveur de la conservation du paysage construit, la valeur symbolique du « patrimoine » dépassait largement celle de simples traces matérielles du passé dans la ville.

Au-delà du constat admettant qu'une partie du parc architectural a été graduellement protégée, il faut explorer le sens dévolu aux gestes de conservation afin de cerner pourquoi, à Montréal, des groupes de citoyens se sont formés pour faire reconnaître un patrimoine. Les études ont fait ressortir la prégnance des thèmes de l'histoire, de la mémoire, de l'identité, de la nation et du patriotisme. Mais, si le patrimoine n'existe que par les valeurs symboliques qui lui sont rattachées, l'étude de l'argumentaire de la sauvegarde du patrimoine cernera les modalités par lesquelles un discours peut « fabriquer du patrimoine » à partir, par exemple, d'un objet architectural.

23. Ministère des Affaires culturelles, *Le patrimoine culturel : une affaire de société. Projet d'énoncé de politique*, Québec, MAC, 1988.

24. François Charbonneau, Pierre Hamel et Marie Lessard, *La mise en valeur du patrimoine urbain en Europe, en Amérique du Nord et dans les pays en développement : un aperçu de la question*, Montréal, Groupe interuniversitaire de Montréal, 1992, p. 1.

25. Nadine Gosselin, « L'apport des organismes locaux à la préservation du patrimoine urbain », mémoire de maîtrise (science de l'environnement), Université du Québec à Montréal, 2000, p. 92.

26. Jean-Luc Pinol, *Le monde des villes au XIXe siècle*, Paris, Hachette, 1991.

Deux siècles nous séparent des premières injonctions de l'abbé Grégoire[27], en France, pour la sauvegarde d'un patrimoine « national », et un peu plus d'un siècle des premières mesures au Québec. Il est donc possible, puisque ce projet de conservation du patrimoine est historiquement daté, d'en faire la genèse et d'explorer les thèmes qui présidèrent à la sauvegarde du patrimoine[28], de s'attarder à des époques ou des lieux précis[29] ou à des projets particuliers[30]. L'intérêt d'une telle exploration dépasse toutefois la simple contextualisation historique. Si l'objet architectural a été construit à une époque précise et a été conçu pour remplir une fonction, une collectivité qui choisit ou non de le sauvegarder décide par le fait même de conserver ou d'oblitérer le souvenir dont cet objet témoigne. Les plus récentes recherches sur le patrimoine, à commencer par celle sur les « régimes d'historicité » de François Hartog, l'ont montré : par l'étude de la conservation du patrimoine, le chercheur investit l'histoire des représentations du passé.

Dans *Le culte moderne des monuments*[31] qu'il publia en 1903, Aloïs Riegl proposait que des « valeurs » soient associées à la « genèse » et à l'« essence » des « monuments ». Il détermina ainsi l'importance de la valeur d'ancienneté et de la valeur historique dans la reconnaissance de l'objet. La première était rattachée à toute création humaine ayant subi l'épreuve du temps. La seconde renvoyait à un moment de l'histoire, déterminé par nos préférences subjectives. Riegl a ainsi cerné une composante essentielle de la consécration des « monuments ». Ce serait donc à une histoire de l'histoire, c'est-à-dire à une connaissance de la construction d'un récit historique par le patrimoine, que l'étude de cette consécration conduirait. C'est en partie à ce type de récit que mon travail s'intéresse.

En 1978, dans un texte phare publié dans le collectif consacré aux territoires à conquérir de *La nouvelle histoire*, Pierre Nora a signé un article sur la mémoire collective[32]. S'inspirant entre autres des travaux de Maurice Halbwachs[33], l'historien pressait ses compagnons d'armes d'investir ce champ de recherche. Ses recommandations n'ont pas été vaines puisqu'elles ont débouché sur la publication d'une œuvre monumentale de l'historiographie française : *Les lieux de mémoire*[34]. Dans son article,

---

27. On peut lire dans l'Instruction [de l'an II] sur la manière d'inventorier et de conserver de l'abbé Grégoire : « Vous n'êtes que les dépositaires d'un bien dont la grande famille a le droit de vous demander compte. » Cité par Jean-Pierre Babelon et André Chastel, *op. cit.*, p. 57.

28. Pour le Québec, Paul-Louis Martin en a fait un bref historique. Voir Paul-Louis Martin, « La conservation du patrimoine culturel : origines et évolution », dans *Les Chemins de la mémoire*, vol. 1, Québec, Les Publications du Québec, 1990.

29. Alain Roy, *op. cit.*

30. Isabelle Faure, *op. cit.*

31. Aloïs Riegl, *op. cit.*

32. Pierre Nora, « Mémoire collective », dans Jacques Revel, Jacques Le Goff et Roger Chartier (dir.), *La nouvelle histoire*, Paris, Retz, 1978.

33. Maurice Halbwachs, *Mémoires collectives*, Paris, Presses universitaires de France, 1950.

34. Pierre Nora (dir.), *Les lieux de mémoire*, Paris, Gallimard, 1997 [1984-1992]. À l'intérieur de cet ouvrage collectif, une section est d'ailleurs consacrée au thème du patrimoine.

raffiné dans un texte ultérieur[35], Nora distingue la « mémoire historique »
de la « mémoire collective ». La première renvoie à la production savante,
à la recherche critique du passé, tandis que la seconde investit le champ
du souvenir dont elle organiserait, selon un mode sélectif, le récit du
passé[36]. Mémoire plurielle comme les groupes qui en sont porteurs, les
mémoires collectives se rattacheraient à des lieux, à des objets, à des gestes, à
des événements et, bien sûr, à ce qu'il est maintenant convenu de nommer
le « patrimoine ».

La mémoire, pour reprendre les mots de Henry Rousso, offrirait
la possibilité « d'assurer la continuité du temps et de permettre de résister à
l'altérité, au "temps qui change", aux ruptures qui sont la destinée de toute
vie humaine[37] ». Ces « attributs » de la mémoire, dont la consécration patrimoniale serait une incarnation, ont été évoqués par Fernand Dumont[38].
La fin des sociétés traditionnelles, préindustrielles, et la marche en avant
de la modernité où les anciennes coutumes et traditions n'auraient plus de
prise dans la vie quotidienne, vécues à partir du XIXe siècle, engendreraient
la nécessité de construire une mémoire artificielle par le patrimoine. Les
conditions de la postmodernité ne feraient, selon d'autres chercheurs, qu'am-
plifier ce « désir d'ancrage » dont le patrimoine constituerait les amarres[39].
Ainsi, écrit Nora, « moins la mémoire est vécue de l'intérieur, plus elle a
besoin de supports extérieurs et de repères tangibles d'une expérience qui
ne vit plus qu'à travers eux[40] ». Cette mémoire serait aussi celle énoncée par
Ruskin et analysée par Choay, dont la ville, dans son épaisseur historique,
témoignerait et dont il faudrait être à la fois lecteurs et gardiens[41]. Le patrimoine, par son potentiel d'énonciation, le permettrait tout en portant les
particularités sous-jacentes à sa construction.

De la mémoire à l'identité, il n'y avait qu'un pas, un pas pour
appréhender la signification des gestes de conservation, puisque dans la
volonté de se souvenir se trouve un « élément essentiel » de la définition que
l'on veut se donner de « soi-même[42] ». L'histoire du patrimoine s'articule, tant
en Europe qu'en Amérique du Nord, autour de la promotion d'une identité

---

35. Pierre Nora, « Entre Mémoire et Histoire : la problématique des lieux », dans Pierre Nora (dir.), *Les lieux de mémoire*, vol. 1, 1997 [1984].

36. Même si cette dichotomie doit être nuancée, car il est maintenant admis que l'histoire ne peut frayer avec les positions intellectuelles du positivisme et que l'historien n'est pas au-dessus de toute implication subjective avec ses propres questions et les intérêts de son époque, elle demeure légitime.

37. Henry Rousso, « La mémoire n'est plus ce qu'elle était », dans *Écrire l'histoire du temps présent : Actes de la journée d'études de l'IHTP, Paris, CNRS : 14 mai 1992*, Paris, CNRS Éditions, 1993, p. 106.

38. Fernand Dumont, *L'avenir de la mémoire*, Québec, Nuit blanche / Céfan, 1995.

39. Voir les textes de Annick Germain, « Le patrimoine en contexte postmoderne », *Trames. Patrimoine et postmodernité: transactions et contradictions*, 12 (1998), p. 4-7, et Kevin Walsh, *The Representation of the Past: Museums and Heritage in the Postmodern World*, Londres / New York, Routledge, 1992.

40. Pierre Nora, « Entre Mémoire et Histoire : la problématique des lieux », p. 30.

41. Françoise Choay, *op. cit.*, p. 134-136.

42. Henry Rousso, *loc. cit.*

fédératrice propre à chaque pays concerné[43]. La sauvegarde du patrimoine répond à des impératifs formulés dans les réquisitoires de ses protecteurs ou dans les gestes visant tel bâtiment plutôt qu'un autre. Bref, la pensée par laquelle émerge l'acte de protection ne serait pas neutre. Luc Noppen a expliqué l'attachement du ministère des Affaires culturelles à l'égard de place Royale, à Québec, par la volonté de lui conférer la «fonction symbolique» de «berceau des francophones d'Amérique[44]». Il en est de même, par exemple, pour des projets à New York, à Atlanta et à la Nouvelle-Orléans, analysés par Alexander J. Reichl, qui s'imposèrent ou non en raison de leurs résonances identitaires[45]. Ainsi, une «identité collective», parce qu'elle est énoncée au nom d'une collectivité comme représentative d'elle-même (ou d'une image souhaitée), s'inscrit dans le projet associé au patrimoine, tant en amont qu'en aval, c'est-à-dire tant dans la pensée qui sous-tend l'acte de sauvegarder que dans sa conservation.

Plusieurs travaux récents ont mis en exergue de tels usages identitaires du patrimoine. La nation y reste un thème prédominant. Elle fut explicitement invoquée dans les premières législations françaises qui proposèrent de sauvegarder le patrimoine[46]. Avec moins de candeur, les politiques de conservation britanniques, auxquelles Kevin Walsh s'est intéressé, porteraient les influences d'une nation dont on aurait voulu cristalliser l'image[47]. Aux États-Unis, Diane Barthel a retracé à travers le patriotisme, autre forme de l'idée de nation, un des sentiments derrière l'idée de conservation du patrimoine. Dans les pays déjà constitués, les «ingrédients» d'une identité culturelle, à laquelle participerait la conservation du patrimoine, ont servi à la création d'une cohésion sociale à travers la quête d'une «identité collective», nationale[48].

---

43. Pour le Royaume-Uni, citons, entre autres, les travaux de Kevin Walsh, *op. cit.*, et de Robert Hewison, *The Heritage Industry: Britain in a Climate of Decline*, Londres, Methuen, 1987; pour les États-Unis, les travaux de Diane Barthel, *Historic Preservation: Collective Memory and Historical Identity*, New Brunswick (New Jersey), Rutgers University Press, 1996, 183 p., et de David Lowenthal, « A Global Perspective on American Heritage », *Past Meets Future: Saving America's Historic Environments*, Washington, The Preservation Press, 1992, p. 157-163; pour le Canada, ceux de Patrice Giroux et Alain Roy, « Les lieux historiques de la région de Québec comme lieux d'expression identitaire, 1965-1985 », *Revue d'histoire de l'Amérique française*, vol. 48, n° 4 (printemps 1995).

44. Luc Noppen, « Place-Royale : chantier de construction d'une identité nationale ».

45. Alexander J. Reichl, « Historic preservation and progrowth politics in U.S. cities », *Urban Affairs Review*, vol. 32, n° 4 (mars 1997).

46. Jean-Pierre Babelon et André Chastel, *op. cit.*, p. 57.

47. Kevin Walsh, *op. cit.*, p. 80. Voir aussi David Boswell, « Introduction to part two: Representing the past as heritage and consumptiom », dans David Boswell et Jessica Evans (dir.), *Representing the Nation: A Reader. Histories, Heritage and Museums*, Londres / New York, Routledge, 1999, et les textes qui l'accompagnent.

48. À ce propos, Anne-Marie Thiesse note : « À l'aube du xxᵉ siècle, les éléments principaux de la "check-list" identitaire sont clairement établis [...] Pour la plupart des nations européennes, les grands ancêtres sont identifiés, la langue nationale fixée, l'histoire nationale écrite et illustrée, le paysage national décrit et peint, le folklore muséographié, les musiques nationales composées. Le reste n'est plus qu'affaire de densification et de vulgarisation : la construction identitaire entre désormais dans l'ère de la culture de masse. » Voir Anne-Marie Thiesse, *La création des identités nationales, Europe xviiiᵉ et xxᵉ siècles*, Paris, Seuil, 1999, p. 224.

Cependant, le même patrimoine pouvait refléter plusieurs identités. Tim Edensor, par exemple, a examiné le processus de construction identitaire au moyen de deux sites dans la ville de Stirling en Écosse. Il a perçu, dans ces lieux historiques, la pluralité des discours identitaires selon les acteurs et les narrateurs en cause[49]. De même que les mémoires collectives seraient plurielles comme les groupes qui en sont porteurs[50], la rencontre de plusieurs discours, de plusieurs identités, en un même lieu, en un même patrimoine, serait donc elle aussi possible. Identité nationale, régionale ou urbaine, le patrimoine tolère stratifications, interrelations ou oppositions, selon les discours qui s'y articulent.

■ La sauvegarde du patrimoine à Montréal

La sauvegarde du patrimoine ne saurait donc être abordée sans les acteurs et les gestes qui en sont à l'origine. Comme le soulignait Jacques Mathieu, « parler de conservation du patrimoine, c'est nécessairement évoquer une médiation préalable entre des traces du passé et leur signification dans le présent et faire référence à des médiateurs[51] ». Au Québec, ce fut l'État qui prit les commandes de la conservation du patrimoine en tentant, à partir des années 1970, de légitimer l'existence d'une nation, étendue à l'ensemble du territoire de la province, et en identifiant un patrimoine porteur d'une « identité québécoise ». Mais, au même moment, à Montréal, devant les transformations de la ville en « métropole du progrès » par le renouveau urbain, des groupes voués à la sauvegarde du patrimoine proposèrent, selon mes hypothèses, une autre vision de cette identité au Québec, dont le paysage bâti « patrimonialisé » de Montréal serait porteur.

Michel Audet, en étudiant le livre blanc de *La politique québécoise du développement culturel* de 1978, a constaté que le gouvernement du Québec a tenté d'affirmer l'existence du Québec par sa culture[52]. L'histoire des musées nationaux canadiens et québécois d'Andrée Lapointe a aussi démontré que « la promotion de l'identité nationale [fut] la motivation principale de l'État face à l'adoption d'une politique culturelle[53] ». C'est dire que, en consommant le mariage entre identité et culture, comme l'a proposé Richard Handler, le gouvernement québécois a tenté de légitimer l'existence d'une nation[54]. Le patrimoine en devenait ainsi une preuve matérielle, à protéger et à exposer.

---

49. Tim Edensor, « National identity and the politics of memory: remembering Bruce and Wallace in symbolic space », *Environment and Planning D: Society and Space*, vol. 15, n° 2 (1997).
50. Pierre Nora, « Mémoire collective », et Pierre Nora, « Entre Mémoire et Histoire… ».
51. Jacques Mathieu, *op. cit.*, p. 5.
52. Michel Audet, « La quête d'un État : la politique québécoise du développement culturel », *Recherches sociographiques*, vol. 20, n° 2 (mai-août 1979).
53. Andrée Lapointe, *op. cit.*, p. 246.
54. Richard Handler, « "Having a culture": The preservation of Quebec's *Patrimoine* », dans *Nationalism and the Politics of Culture in Quebec*, Wisconsin, University of Wisconsin Press, 1988.

La genèse de l'intervention en matière de patrimoine, au Québec, est intimement liée à la quête d'une histoire nationale, à la suite des Rébellions de 1837-1838 et du dépôt du rapport Durham, alors que des intellectuels – tel François-Xavier Garneau qui publia entre 1845 et 1849 son *Histoire du Canada* – avaient œuvré à jeter les bases d'une identité nationale[55]. À compter du début du xxᵉ siècle, l'État québécois prit le relais pour jouer un rôle fondamental dans la mise en valeur du patrimoine. Son action prit forme dans la constitution d'un fonds patrimonial national. L'État s'y employa de deux façons, d'une part, par le biais de politiques culturelles énoncées comme fondement de l'action gouvernementale et, d'autre part, par des gestes concrets qui visèrent à conserver, par la sélection, la restauration et l'interprétation, des traces matérielles du passé québécois. Depuis 1929 – année qui présida à la désignation des trois premiers « monuments historiques » classés sur le territoire[56] – l'État, en attribuant des statuts juridiques destinés à protéger tantôt des « monuments historiques », tantôt des « biens culturels », a conféré une existence légale à un certain « patrimoine[57] », consacré au nom de la collectivité et élevé au rang de symbole de l'« identité québécoise ». Au fil des décennies, l'action de l'État s'est graduellement accrue pour atteindre un point culminant dans les années 1970[58].

L'État s'est engagé à ce point tout au long du xxᵉ siècle pour deux raisons. En premier lieu, au Québec comme en France, le recours au pouvoir étatique s'imposait dans la sauvegarde des traces du passé menacées par la modernisation et l'urbanisation croissante[59]. En second lieu, comme dans les cas étasuniens et européens évoqués précédemment, la consécration du patrimoine légitimait l'existence de la « nation ». Par sa propre historicité, elle renvoyait l'image d'un Québec plongeant ses racines dans une histoire pluriséculaire. L'État visait, par ses gestes, à protéger la mémoire québécoise d'une possible amnésie, soit l'absence de traces palpables, et à l'investir de

---

55. Paul-Louis Martin, « La conservation des biens culturels : 65 ans d'action officielle », dans *Rapport annuel 1986-1987 de la Commission des biens culturels du Québec*, Québec, Les Publications du Québec, 1987, p. 17.

56. Le gouvernement du Québec avait adopté en 1922 sa première législation sur le patrimoine : la Loi sur les monuments historiques ; ce fut cinq ans plus tard, en 1929, que le château De Ramezay à Montréal, l'église Notre-Dame-des-Victoires à Québec et la maison des Jésuites à Sillery, ont été, les premiers, classés « monuments historiques ». Voir Alain Gelly, Louise Brunelle-Lavoie et Corneliu Kirjan, *La passion du patrimoine. La Commission des biens culturels du Québec 1922-1994*, Québec, Septentrion, 1995, p. 20-40.

57. Encore aujourd'hui, dans les actes de classement, l'objet architectural, qui devient un « bien culturel » au sens où l'entend la Loi sur les biens culturels, est déclaré « monument historique », même s'il fait maintenant partie du « patrimoine » québécois, dans le cadre des politiques culturelles du gouvernement du Québec.

58. Ce fut véritablement à partir des années 1950 que l'État intervint plus activement. La Loi sur les monuments historiques et artistiques fut amendée en 1952, 1956 et 1963. La notion de « monument historique » fut élargie. Les budgets alloués furent augmentés. Du personnel plus nombreux épaula l'entreprise patrimoniale. Dans les années 1960 commencèrent les grands projets de restauration, comme celui de la place Royale à Québec et du Vieux-Montréal. La période comprise entre 1952 et 1972, année où la Loi sur les biens culturels entra en vigueur, a été qualifiée de « réveil » par Paul-Louis Martin. Voir Paul-Louis Martin, « La conservation des biens culturels… », p. 26-31.

59. À cet égard, on pourrait parler, à la suite de Françoise Choay, d'un modèle français. Voir Françoise Choay, *op. cit.*

sens, perceptible dans la longue histoire de la collectivité. Une partie du parc architectural se vit ainsi reconnaître ou classer.

En 1972, le gouvernement du Québec sanctionna une nouvelle législation sur le patrimoine. La Loi sur les biens culturels vint remplacer l'ancienne Loi sur les monuments historiques de 1922. Au-delà du nouveau cadre juridique posé par cette loi, l'État souhaitait actualiser sa conception du patrimoine et moderniser les instruments de son action. À la suite de l'adoption de la nouvelle loi, le classement des biens s'intensifia et se diversifia. Plus des trois quarts du corpus actuel des biens patrimoniaux québécois reçurent ainsi un statut juridique. La Direction du patrimoine travailla aussi, au cours des années 1970, à l'identification de sa richesse patrimoniale sur tout le territoire québécois, travail publié dans le *Macro-inventaire du patrimoine québécois*[60].

Une des causes de cet intérêt peut être retracée dans l'émergence, à la suite de la Révolution tranquille, d'un nouveau nationalisme au Québec[61]. Au cours des années 1960 et 1970, le gouvernement provincial se dota de structures étatiques, à l'intérieur de ses champs de compétence, propres à lui conférer les aspects d'un État-nation. Une nation, comme l'a noté Louis Balthazar, n'existe pas en soi, mais elle est une construction subjective d'une communauté se retrouvant autour de « quelques éléments objectifs comme la culture commune, l'histoire commune, des aspirations partagées, un territoire donné et, le plus souvent, une organisation politique au moins embryonnaire[62] ». Le Québec moderne se serait inventé par ses institutions, mais aussi, écrit Jocelyn Létourneau, par la production d'un récit fédérant la collectivité autour d'une identité, d'une tradition, d'un lieu et d'un « ensemble de marqueurs distinctifs[63] ». Le patrimoine prend le devant de la scène.

En effet, l'État québécois soutient, depuis le début des années 1970, que l'affirmation de l'« identité québécoise » a été au cœur de ses politiques patrimoniales[64] et que la consécration des biens culturels en

---

60. Gilles Dumouchel, France Paradis et Yves Bergeron, *La loi sur les biens culturels et son application*, Québec, ministère des Affaires culturelles, 1992, p. 7.

61. L'affirmation nationaliste au Québec allait donner une impulsion formidable à ce que les auteurs de l'ouvrage *Les mémoires québécoises* appellent la « rétromanie ». Ils écrivent : « Ainsi, autant les ruptures des années 1960 ont-elles radicalement transformé le vécu, autant influent-elles aujourd'hui sur la construction de la mémoire québécoise. On a assisté à une intensification du phénomène de la rétromanie. À une certaine époque, le marché des antiquités était en pleine effervescence. La protection et la restauration du patrimoine immobilier ont connu un essor remarquable. Chaque localité a trouvé un anniversaire à célébrer. Le retour aux sources a donné aux individus le pouvoir d'inventer une mémoire familiale mythique ». Voir Jacques Mathieu et Jacques Lacoursière, *Les mémoires québécoises*, Québec, Presses de l'Université Laval, 1991, p. 30.

62. Louis Balthazar, « Les nombreux visages du nationalisme au Québec », dans Alain-G. Gagnon (dir.), *Québec : État et société*, Montréal, Québec / Amérique, 1994, p. 24-25.

63. Jocelyn Létourneau, « Le "Québec moderne" un chapitre du grand récit collectif des Québécois », *Revue française de science politique*, vol. XLII, n° 5 (octobre 1992).

64. Les politiques patrimoniales sont définies, d'une part, par l'ensemble des politiques culturelles énoncées comme fondements de l'action étatique et, d'autre part, par les gestes concrets qui visèrent à conserver par la sélection, la restauration et l'interprétation du patrimoine.

serait l'émanation. En 1992, le gouvernement du Québec définissait le « patrimoine » comme : « la mémoire d'un peuple, l'explication de sa personnalité et de ses différences actuelles[65] ». Récemment, un de ses représentants réaffirmait :

> Encore aujourd'hui c'est, croyons-nous, cette volonté d'affirmation de l'identité nationale qui représente sans doute le principal dénominateur commun pour l'ensemble des intervenants du patrimoine au sein de la collectivité québécoise, et le gouvernement entend bien continuer d'y souscrire à travers ses orientations et ses interventions futures[66].

Pendant les trente dernières années, une même volonté de représentation aurait cimenté l'action étatique. C'est donc dire que l'étude de l'identification sélective du patrimoine et de sa conservation permettrait d'explorer la volonté de définition d'une collectivité. De telles recherches seraient d'autant plus stimulantes que des transformations majeures ont marqué l'entrée en vigueur de la Loi sur les biens culturels. La Commission des monuments historiques qui voyait, depuis l'adoption de la Loi sur les monuments historiques, à la mise en valeur du patrimoine, a été transformée avec la nouvelle loi. Cet organisme qui avait, selon Paul-Louis Martin, « déterminé pratiquement seule les valeurs culturelles qu'il importait de protéger […] » était remplacé par la Commission des biens culturels, qui « devenait l'associé, l'aviseur privilégié du ministre [des Affaires culturelles][67] ». Le mariage entre le « patrimoine » et le politique était ainsi consommé, même si une union de fait s'était imposée depuis la première loi de 1922. De plus, la « nouvelle composition [de la Commission des biens culturels], poursuivait Paul-Louis Martin, reflétait enfin le souci du législateur d'en faire un microcosme de la société québécoise, de l'ouvrir aux disciplines concernées, aux cultures diverses et aux régions[68] ». Ces intentions du législateur renforceraient celle de représentativité identitaire du patrimoine identifié et protégé après 1972.

La formulation d'une « identité montréalaise »

Ce fut à la même époque, au début des années 1970, et parallèlement à l'action étatique, que devint perceptible un véritable bouillonnement dans le domaine du patrimoine montréalais, une effervescence en relation avec la quête d'une reconnaissance de la spécificité montréalaise. Avant cette date, Montréal, en tant que métropole canadienne et centre industriel important,

65. Gilles Dumouchel, France Paradis et Yves Bergeron, *op. cit.*, p. 11.

66. Robert Garon, « Le point de vue du Québec sur la politique du patrimoine », dans *The Place of History : Commemorating Canada's Past / Les lieux de mémoire : la commémoration du passé du Canada. Actes du symposium national tenu à l'occasion du 75ᵉ anniversaire de la Commission des lieux et monuments historiques du Canada*, Ottawa, Société royale du Canada, 1997, p. 224.

67. Paul-Louis Martin, « La conservation des biens culturels… », p. 32.

68. *Ibidem*.

imposait sa différence sur le territoire québécois[69]. Au cours des années 1960, avec l'arrivée du maire Jean Drapeau aux commandes de la Ville, l'avenir de Montréal se profilait soudain sous les traits d'une « métropole du progrès », prétendant au titre de première ville du XXIe siècle. Le *Urban Renewal* de Montréal bouleversait des quartiers entiers de la ville. Sous le choc de ces transformations naquirent les groupes de sauvegarde qui contestaient ce nouveau Montréal. En 1971, l'association *Espaces verts* donna le ton aux campagnes avec l'action menée pour contrer le projet de développement résidentiel sur le site du domaine des Sulpiciens. Mais, ce fut surtout, en 1973, après la démolition de la maison Van Horne dont le ministère des Affaires culturelles avait rejeté le classement à même de la protéger, que l'opinion publique fut largement sensibilisée[70]. Ainsi apparurent, à l'automne de 1973, l'organisme *Sauvons Montréal*, puis, deux ans plus tard, Héritage Montréal, toujours actif sur la scène montréalaise. La fondation de ces groupes, écrit David B. Hanna, « répondait à ce qui semblait alors être une sorte de "conspiration des démolisseurs" visant à détruire l'environnement patrimonial et l'identité culturelle de l'agglomération montréalaise[71] ». Une explication est possible. Une certaine hégémonie étatique tentait non seulement de définir les contours de l'« identité québécoise », mais aussi de l'appliquer à l'ensemble du territoire, dont Montréal, une métropole moderne peu soucieuse du paysage ancien. Il se développa alors, en réponse à ces tensions, un argumentaire citoyen tablant sur la spécificité du patrimoine montréalais. Ce discours opéra une mutation en quelque sorte, substituant, pour reprendre la dichotomie de Nora, à la « mémoire historique » une véritable « mémoire collective ».

Ce fut aussi à partir de la fin des années 1960 que se structura le discours qui postulait la spécificité montréalaise par le paysage construit[72]. L'architecte Melvin Charney s'exerça dès cette époque à définir son

---

69. Léon de la Brière, dans *L'Autre France : voyage au Canada*, publié en 1886, notait : « Si Québec a conservé son aspect calme et reposé de vieille capitale coloniale, Montréal, ville au deux cent mille habitants, métropole commerciale de l'Amérique française, ressemble, avec ses larges rues coupées à angle droit, son agitation, ses réseaux électriques, télégraphiques et téléphoniques, qui l'enveloppent comme une toile d'araignée, ressemble (*sic*) plutôt aux nouvelles cités des États-Unis. » De même, Pierre Gélinas, en 1959, dans son roman *Les Vivants, les morts et les autres*, écrivait : « [...] Québec ne serait plus Québec si l'on touchait à ses vieilles pierres, alors que Montréal devient de plus en plus Montréal à mesure qu'on y abat les reliques du passé ; c'est un chantier perpétuel, et c'est ce qui donne à sa société sa physionomie spirituelle ». Cités dans Antoine Sirois, *Montréal dans le roman canadien*, Montréal, Marcel Didier, 1968, p. 150 et p. 16.

70. À ce propos, Jean-Claude Marsan a écrit : « La démolition, en septembre 1973, de la maison Van Horne suscita une indignation nationale. De toutes les destructions des valeurs patrimoniales au Canada, c'est sans doute celle-là qui reçut le plus de publicité. Elle marqua un point tournant dans l'évolution idéologique de l'après-guerre. » Voir Jean-Claude Marsan, *Montréal : une esquisse du futur*, Québec, IQRC, 1983, p. 131.

71. David Hanna, « Héritage Montréal a vingt ans ! », *Bulletin de la Fondation* Héritage Montréal, vol. 8, no 1 (mars 1995), p. 1.

72. Cet intérêt se serait manifesté dans le travail des photographes montréalais de la décennie 1970. Voir Serge Allaire, « Montréal 1970-1980 : la ville revendiquée », dans Michel Lessard (dir.), *Montréal au XXe siècle : regards de photographes*, Montréal, Éd. de l'Homme, 1995.

projet d'une architecture proprement québécoise[73], puis s'attela à la tâche de débusquer le *Montrealness of Montreal*[74]. Le Groupe de recherche sur les bâtiments en pierre grise, de son côté, affirma l'originalité de la ville par la couleur de ses pierres[75]. Jean-Claude Marsan publia *Montréal en évolution* en s'employant, lui aussi, à caractériser la trame urbaine et le paysage bâti par son histoire[76]. Le Centre de recherches et d'innovations urbaines (CRIU), avec son *Rapport d'étude sur le patrimoine immobilier*, chercha à présenter une vision de Montréal, dans laquelle le plateau Mont-Royal constituait un paysage exemplaire[77]. Ainsi, un travail d'identification de Montréal par l'environnement construit tenta de capter et de présenter l'image de la ville[78]. L'exégèse de ce travail a débuté récemment[79].

Cette quête d'une spécificité montréalaise inscrite dans le patrimoine bâti, dont les retombées sont reconnues aujourd'hui, s'est consolidée depuis une trentaine d'années[80]. En parallèle avec les efforts étatiques de reconnaissance d'une « identité québécoise », les tenants voués à la sauvegarde du patrimoine se sont multipliés. Depuis la fusion de leurs forces au début des années 1970, ils n'ont cessé de s'assurer une plus grande visibilité. Vingt-cinq ans plus tard, les composantes majeures et les caractéristiques du patrimoine montréalais étaient légitimement présentées dans un ouvrage publié conjointement par le ministère québécois de la Culture et des Communications et par la Ville de Montréal[81]. Dans le récent ouvrage *Montréal: The Quest for a Metropolis*, Annick Germain et Damaris Rose, en introduction au chapitre consacré au paysage bâti, attribuaient elles aussi une spécificité montréalaise au patrimoine de la ville[82]. La connaissance

73. Melvin Charney, « Pour une définition de l'architecture au Québec », *Architecture et urbanisme au Québec*, Montréal, Presses de l'Université de Montréal, 1971.

74. Melvin Charney, « Saisir Montréal », *Découvrir Montréal*, Montréal, Éd. du Jour, 1975, et « Montrealness of Montreal », *The Architectural Review*, 167, n° 999 (mai 1980).

75. Affirmation qui déboucha par la réalisation de différents travaux de recherche et de sensibilisation.

76. Jean-Claude Marsan, *Montréal en évolution...*

77. Gilles Ritchot et al., *Rapport d'étude sur le patrimoine immobilier*, Montréal, CRIU, 1977.

78. On peut citer l'ouvrage dirigé par Ludger Beauregard, *Montréal, guides d'excursion – Field Guide. 22ᵉ congrès international de géographie*, Montréal, Presses de l'Université de Montréal, 1972, 192 p., et le collectif publié par la Société d'architecture de Montréal, *Découvrir Montréal*, Montréal, Éd. du Jour, 1975.

79. Luc Noppen et Lucie K. Morisset, « Entre identité métropolitaine et identité urbaine : Montréal », dans Lucie K. Morisset et Luc Noppen (dir.), *Identités urbaines : échos de Montréal*, Québec, Nota bene, 2003.

80. Voir, par exemple, Serge Carreau et Perla Serfaty (dir.), *Le patrimoine de Montréal : document de référence*, Montréal, ministère de la Culture et des Communications / Ville de Montréal, 1998, p. 33-34.

81. *Ibidem.*

82. Les auteurs écrivent : « *These images had and continue to have concrete and tangible qualities that are reflected in the built environment and consciously help distinguish Montréal from other metropolises. According to historian Anthony Sutcliffe (1981), this is why architecture and urban planning are so crucial in the development of the metropolis. The urban environment – what is built, what is preserved and what is destroyed – is a cultural representation of the various urban regimes at work at various times in the city's history.* » Voir Annick Germain et Damaris Rose, *Montréal : The Quest for a Metropolis*, Chichester, John Wiley & Sons, 2000, p. 36.

des processus menant à cette spécificité reste cependant lacunaire. En effet, peu d'études se sont intéressées à cette question[83], encore moins aux efforts des groupes de sauvegarde dans la reconnaissance d'un patrimoine montréalais[84], pourtant indissociable de cette « personnalité » de la ville en bonne voie de légitimation.

La « patrimonialisation » d'une « identité » : l'affirmation d'une spécificité

« C'est une chose de s'assigner une identité, encore faut-il se la faire reconnaître », soulignaient les directeurs du collectif *Les espaces de l'identité*. Ils poursuivaient : « l'agir de chaque individu et de chaque groupe représente une tentative pour recomposer le monde et, en même temps, pour faire reconnaître sa différence[85] ». L'énoncé de mon travail se positionne au cœur de ce phénomène. Si, depuis trente ans, le paysage construit montréalais a été au centre de luttes qui ont visé à en faire reconnaître le caractère particulier, une question toute simple résumait ma problématique de recherche ; je me demandais si, depuis les années 1970, la reconnaissance du patrimoine bâti montréalais avait concouru à la formulation d'une « identité montréalaise ». L'exploration du processus de constitution de ce patrimoine, c'est-à-dire, notamment, de son identification par le biais des luttes pour sa reconnaissance, est l'une des clés d'intelligibilité des mécanismes à la base de la construction d'une « identité montréalaise ». L'œuvre des groupes de sauvegarde, à l'intérieur de cette problématique, constitue un élément essentiel de la reconnaissance de cette identité.

Cette question est d'autant plus importante que le rapport du Groupe-conseil sur la politique du patrimoine culturel au Québec, publié à l'automne 2000, affirmait que : « l'État québécois n'a jamais reconnu la situation particulière de Montréal en matière de patrimoine (diversité, quantité, complexité, densité, culture urbaine) ». Le rapport a aussi postulé la « singularité » du patrimoine montréalais[86]. Ainsi, non seulement la personnalité patrimoniale de Montréal serait de plus en plus souvent évoquée, mais un nombre grandissant d'intervenants s'entendraient pour en reconnaître la légitimité. Aussi, seront développés dans les pages qui suivent, une exploration de la « patrimonialisation » de cette « identité », c'est-à-dire

---

83. Signalons, parmi les ouvrages déjà cités, ceux de Jean-Claude Marsan.

84. Pour une approche sociologique, voir par exemple, Pierre Hamel, « Analyse des pratiques urbaines revendicatives à Montréal, de 1963 à 1976 », thèse de doctorat, Université de Montréal, 1979 ; dans une perspective non historique, le mémoire de Nadine Gosselin, « L'apport des organismes locaux à la préservation du patrimoine urbain », mémoire de maîtrise (science de l'environnement), Université du Québec à Montréal, 2000.

85. Laurier Turgeon, Jocelyn Létourneau et Khadiyatoulah Fall, « Introduction », dans Laurier Turgeon, Jocelyn Létourneau, Khadiyatoulah Fall (dir.), *Les espaces de l'identité*, Québec, Presses de l'Université Laval, 1997, p. IX-X.

86. Groupe-conseil sur la politique du patrimoine culturel au Québec, *Notre patrimoine : un présent du passé*, présenté par Roland Arpin, Québec, ministère de la Culture et des Communications, 2000, p. 115.

l'articulation et la démonstration d'une spécificité montréalaise par la consécration patrimoniale, et, en arrière-plan, le travail d'argumentation et d'imagerie identitaire qui l'institua.

Trente années de l'histoire de Montréal, 1973 à 2003, ont été retenues. En amont, le choix se justifie par la campagne pour la sauvegarde de la maison Van Horne à la suite de laquelle des groupes de citoyens s'organisèrent face au refus de l'État de classer la demeure de la rue Sherbrooke. Ils entendaient contrer sa démolition. À cette occasion, l'opinion publique fut alertée de la menace pesant sur le patrimoine à Montréal. Cette date avoisine le renouveau de l'action étatique concrétisé par l'adoption, en 1972, de la Loi sur les biens culturels. En aval, au début de 2003, l'État québécois annonçait son intention de protéger en plein cœur de la ville le mont Royal, déjà élu « emblème fondamental » de Montréal par certains, en lui attribuant le statut d'« arrondissement naturel et historique », ce qui constituait une première au Québec. La réalité montréalaise s'imposait désormais. Les hypothèses de recherche seront testées entre ces deux bornes chronologiques.

■ Les fondements théoriques et les hypothèses de recherche

La problématique centrale de cette recherche – la formulation d'une « identité montréalaise » en arrière-plan de la lutte pour la sauvegarde du patrimoine à Montréal – émane d'un constat mis en exergue dans les deux premières sections de cette introduction. L'état de la question a démontré que la reconnaissance du patrimoine s'insère dans la perspective plus générale des rapports qu'une collectivité entretient avec son passé, des rapports soutenant la volonté de définir un « soi » collectif. Dans le contexte plus particulier du Québec, le patrimoine se colore du besoin d'affirmer l'existence d'une culture propre à légitimer une nation. Aussi selon cet éclairage particulier, les groupes de citoyens montréalais auraient pu se former afin de sauvegarder un patrimoine dont l'identité sous-jacente n'aurait pas été incluse *a priori* par le projet québécois. Né dans la crise, le patrimoine identifié par les groupes de sauvegarde aurait aussi subi les assauts de la « métropole du progrès ». En effet, dans les années 1960 et 1970, le maire Jean Drapeau tenta de moderniser la ville pour l'inscrire dans l'orbite des grandes villes mondiales. L'idée de « progrès » s'exprima par le renouveau urbain qui exigeait une régénérescence du paysage bâti. Les gratte-ciel et l'architecture internationale affichèrent leur présence à Montréal, proposant une nouvelle image de la ville. Dans ce contexte particulier, les actions et les représentations des groupes de sauvegarde en faveur du paysage bâti montréalais auraient favorisé la conscience d'une spécificité montréalaise opposée, en quelque sorte, aux représentations internationalistes de la « métropole du progrès » en construction.

Pour valider cette affirmation, il faut placer et définir quelques repères théoriques sur lesquels reposent les hypothèses de recherche formulées en conclusion de cette section. Ces repères théoriques recentrent la problématique de recherche en regard des démarches épistémologiques et d'une approche heuristique de la « patrimonialisation ». Par l'addition successive de différents patrimoines bâtis durant les trente dernières années, des patrimoines constitutifs de ce qui sera appelé le corpus patrimonial montréalais, il sera possible d'en analyser et d'en comprendre la construction. Au fil du temps, l'identification du patrimoine bâti et la constitution de ce corpus patrimonial montréalais auraient peu à peu constitué une « image » de Montréal. Le patrimoine s'instaure alors comme un objet de représentation, comme la matérialisation de l'identité de la ville. Or, l'articulation d'un discours, par les groupes de sauvegarde, aurait soutenu le passage de la matérialité du patrimoine à sa représentation. Un arrêt sur ces trois questions s'impose – la représentation, l'identité et le discours – afin de formuler mes hypothèses de recherche.

Le patrimoine au cœur d'un processus de représentation

En identifiant des éléments architecturaux pour les considérer comme un patrimoine à défendre, les groupes de pression montréalais formés à partir des années 1970, à l'instar de l'État québécois, proposèrent de sauvegarder et ainsi de singulariser des traces matérielles de l'environnement bâti de la ville. En devenant « patrimoine », le bâtiment architectural est investi d'une valeur qui dépasse sa matérialité. L'identification du patrimoine, puis sa reconnaissance répondent ainsi à un processus de construction imaginaire exogène à l'objet[87]. Le discours militant permet alors de saisir ce passage de l'objet matériel à une imagerie identitaire. Le patrimoine, défini comme un objet de représentation et analysé à travers la constitution d'un corpus montréalais, circonscrit l'« image » de Montréal proposée par les groupes de sauvegarde.

Cette représentation de Montréal à travers l'« image » constituée par son patrimoine n'est pas statique et univoque, mais plutôt dynamique et transformable à travers le temps. Le parc architectural montréalais est composé de bâtiments qui se sont ajoutés au cours des années, bâtiments tantôt oubliés, tantôt ramenés à la mémoire. Le patrimoine devient ce miroir qui réfléchit les valeurs d'une collectivité à travers un « vouloir de mémoire[88] ». L'étude des luttes de sauvegarde permettra, entre l'acceptation et la réticence à faire reconnaître un bien, d'une part, et la valeur symbolique dont ce bien est investi, d'autre part, de mettre en perspective les différentes visions de Montréal par le prisme du patrimoine. En somme, l'étude de la patrimonialisation du bâti investit le champ des représentations et ouvre le chemin à la compréhension des mécanismes inhérents à la fabrication de l'« image » que *serait* Montréal.

---

87. Voir Luc Noppen et Lucie K. Morisset, « De la production des monuments : paradigmes et processus de la reconnaissance », dans Laurier Turgeon, Jocelyn Létourneau, Khadiyatoulah Fall (dir.), *Les espaces de l'identité*, Québec, Presses de l'Université Laval, 1997, p. 23-52.

88. Voir les travaux de Jocelyn Létourneau : entre autres, « L'historiographie comme miroir, écho et récit de *nous autres* », dans Bogumil Jewsiewicki et Jocelyn Létourneau (dir.), *L'histoire en partage: usages et mises en discours du passé*, Paris, L'Harmattan, 1996, p. 25-44. Voir aussi Fernand Dumont, *op. cit.*

Le choix de se concentrer sur le patrimoine construit est motivé par la fonction d'«image» attribuée à l'environnement urbain. Ce patrimoine fédéra les efforts des groupes de citoyens, tandis que les démolitions et les constructions nouvelles qui transformaient Montréal altéraient sa «personnalité», son identité, pour la fondre dans l'anonymat des grandes villes nord-américaines[89]. Deux raisons supplémentaires peuvent justifier ce choix du patrimoine bâti. En premier lieu, il s'agit d'établir une constante qui favorise les comparaisons. De nombreuses fluctuations, illustrées par le transfert sémantique des différentes appellations – du «monument historique» au «patrimoine culturel» –, ont touché les «biens culturels». Ces changements ont entraîné l'intégration d'une diversité grandissante de biens à protéger. Or, les biens architecturaux ont été les premiers classés et reçoivent encore aujourd'hui une attention particulière. Ils figurent, en quelque sorte, l'archétype du patrimoine. De plus, le patrimoine construit, dans sa «valeur mémorielle», peut être compris, à l'instar d'une création architecturale réutilisant un vocabulaire issu de siècles antérieurs, «comme pour valider la cohésion de la collectivité par la preuve de son environnement objectal[90]». En pérennisant, «au quotidien», le passé au présent, le patrimoine construit matérialise la mémoire. Il permet de la «voir» en lui offrant une présence physique et ainsi autorise à la collectivité des processus d'identification.

| Le patrimoine, émanation d'un désir identitaire

L'«image» de Montréal offerte par le patrimoine, par sa fonction de représentation, est celle d'un objet identitaire de «l'identifiant», en l'occurrence, de la collectivité montréalaise. Si l'identité collective peut être définie à l'enseigne des caractéristiques communes qu'un groupe partage, elle peut aussi être considérée comme une sorte d'«image» à travers laquelle une collectivité se reconnaît. La mise en récit de l'histoire intervient alors. Létourneau affirme «que l'histoire, en tant que regard jeté sur le passé, est *une* identité que l'on met en représentations, en actions et en mots[91]». Le patrimoine est une forme d'écriture de l'histoire. Reconnu par la collectivité comme témoin d'un passé donné en partage, il participe à la définition de son identité[92] en conjuguant la filiation historique de la collectivité au présent, comme «référent matériel, historique et culturel, pour l'individu comme pour la collectivité[93]». L'action des groupes de sauvegarde, leurs

---

89. Ces questions seront développées dans le premier chapitre : «Au départ : un autre paysage urbain à valoriser et à sauvegarder.»

90. Lucie K. Morisset et Luc Noppen, «À la recherche d'identités : usages et propos du recyclage du passé dans l'architecture au Québec», dans Luc Noppen (dir.), *Architecture, forme urbaine et identité collective*, Québec, Septentrion, 1995, p. 105.

91. Les italiques sont de l'auteur. Jocelyn Létourneau, «L'historiographie comme miroir... », p. 26.

92. Comme le souligne Michèle Le Roux, «l'objet patrimonial donne accès à l'élaboration du récit historique qui relie la société actuelle aux sociétés passées en fonction de ses besoins d'identité actuels». Voir Michèle Le Roux, «L'objet patrimonial dans sa dimension identitaire : un objet transitionnel», *Trames. Patrimoine et postmodernité: transactions et contradictions*, 12 (1998), p. 28.

93. *Idem*, p. 26.

victoires et leurs défaites seront comprises selon une telle mise en récit, en tant que gestes et formes de l'écriture d'une représentation identitaire vouée à fabriquer « l'image » de Montréal.

Détaché de sa matérialité, le corpus patrimonial montréalais supporterait ce rapport entre l'environnement construit de la ville et la représentation de l'identité collective. À « l'image mentale de la ville », à « son image scripturale et/ou picturale » et à « son image architecturale », évoquées par Morisset, se joint une image patrimoniale. Elle permet de comprendre « les "idées-images" [de la ville], transitant par le médium de la représentation, par l'intervention du représentant et par celle de l'interprétant, [qui] peuvent être décodées comme les morphèmes d'un langage, qui préciserait ou communiquerait une idée sur l'identité[94] ». Sous cet angle, Montréal ne serait pas seulement spécifique par le patrimoine qu'elle abrite, mais aussi par la multiplication des groupes de sauvegarde et leur importance dans la dynamique de reconnaissance d'une « identité montréalaise[95] ».

Le patrimoine légitimé par le discours

Le patrimoine n'existe pas en soi. Bien sûr, le paysage construit, comme tout autre bien *patrimonialisable*, préexiste à l'œil de celui qui « regarde » le patrimoine. Toutefois, au-delà des objets auxquels il est associé, le patrimoine est avant tout une idée qui prend forme dans le discours et qui existe par lui. Le développement du concept de patrimoine, évoqué précédemment, met en exergue ce phénomène[96]. De ce point de vue, les campagnes d'opinion publique en faveur de la sauvegarde tenaient un double rôle, d'une part tentant de convaincre la collectivité québécoise de la nécessité de protéger des édifices ou des ensembles, d'autre part introduisant, à travers la couverture médiatique, une rhétorique identitaire. Il est possible, à la limite, de croire que le bâtiment architectural devient secondaire lorsque reconnu comme patrimoine, le discours qui y est associé en assurant la pérennité.

Afin d'ériger le bâtiment architectural en patrimoine, un discours doit donc proposer un argumentaire de légitimation qui, en l'absence de réalité objective du patrimoine, articulera son identification et sa sauvegarde. La patrimonialisation se trouve justifiée par un raisonnement, qui s'appuie sur les qualités de représentation du patrimoine, afin de créer une image propre à convaincre de la véracité d'une telle démarche. Ce discours, tablant sur les mécanismes de fabrication identitaire, évoqué précédemment, propose des

---

94. Lucie K. Morisset, avec la collaboration de Luc Noppen et Denis Saint-Jacques, « Entre la ville imaginaire et la ville identitaire : de la représentation à l'espace », dans Lucie K. Morisset, Luc Noppen et Denis Saint-Jacques (dir.), *Ville imaginaire, ville identitaire : échos de Québec*, Québec, Nota bene, 1999, p. 17-18.

95. Cette présence ne ferait que renforcer l'hypothèse selon laquelle Montréal serait distincte des autres villes québécoises. Il semble d'après les écrits sur le sujet que ce fut à Montréal que les groupes de pression se firent les plus nombreux et les mieux organisés.

96. Voir la section, « Le patrimoine, contenu et sens d'un objet de recherche. »

valeurs qui sous-tendraient la patrimonialisation[97]. Repéré dans les prises de position des groupes de sauvegarde montréalais, ce discours permet de connaître et de comprendre la patrimonialisation, c'est-à-dire de retracer les motifs de la naissance d'un patrimoine montréalais, de préciser les mécanismes de reconnaissance d'une «identité» et de cerner la formulation (comme processus et comme résultat) de «l'image» de Montréal.

Entre «identité québécoise» et «métropole du progrès», la formulation d'une «identité montréalaise»

Au terme de cet exposé où il a été précisé que le «patrimoine» est un objet de représentation, d'identité et de discours, et au regard de la problématique de la valorisation du patrimoine au Québec et de celle plus particulière de sa reconnaissance à Montréal, il est maintenant possible de formuler les hypothèses de recherche. Ainsi, en contrepartie de la promotion par l'État québécois d'une «identité québécoise», appliquée à la sauvegarde des biens culturels, et en réaction contre la construction d'une «métropole du progrès», les luttes à Montréal pour la sauvegarde du paysage construit, depuis les années 1970, ont conduit à l'élaboration d'un discours de la spécificité. Dans un même temps, les actions et les représentations des groupes voués à la sauvegarde du patrimoine, tout en présidant à la reconnaissance d'un patrimoine montréalais, ont favorisé, du fait de leur connotation citoyenne, une conception montréalaise de la patrimonialisation, puis du patrimoine. Tandis que le «bien culturel» de l'État québécois participait lui aussi à l'extension patrimoniale caractéristique de l'époque, le patrimoine montréalais s'affirmait moins comme monument que comme cadre de vie, matérialisation au quotidien de la mémoire collective à Montréal.

Schéma 1.
Modèle de la patrimonialisation du paysage bâti montréalais.

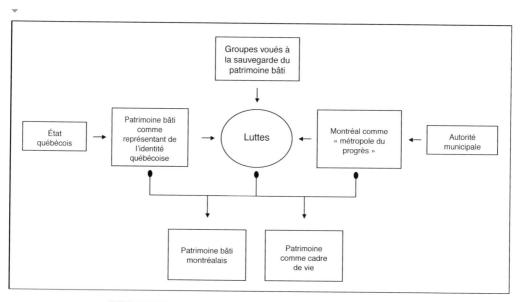

97. Noppen et Morisset remarquent à propos des valeurs : « […] nommer *valeurs* les ingrédients du monument, c'est, *a priori*, reconnaître la subjectivité du processus monumental ». *Voir* Luc Noppen et Lucie K. Morisset, « De la production des monuments… », p. 38.

La patrimonialisation du paysage bâti montréalais, c'est-à-dire le mécanisme qui a prévalu à l'identification sélective des traces matérielles du passé montréalais, se modélise par le schéma 1. Au centre de l'analyse se situent les luttes pour la sauvegarde du patrimoine, nées en contrepartie de la promotion du patrimoine bâti comme représentant de l'« identité québécoise », par l'État québécois, et de la réaction contre la construction d'une « métropole du progrès », souhaitée par le maire Jean Drapeau. Les groupes voués à la sauvegarde du patrimoine, à la tête de ce modèle, auraient ainsi présidé à la reconnaissance du patrimoine montréalais et à la conception extensive du patrimoine urbain comme cadre de vie.

■ La méthodologie de recherche

Le modèle de patrimonialisation du bâti montréalais proposé fonde le déploiement méthodologique de ma recherche. Je détaille ici cette méthodologie, ses fondements et ceux de mon approche, lesquels, confrontés aux sources documentaires, en établissent les limites, les possibilités et le traitement.

Les fondements : l'approche systémique et la méthode historique

Inspirée des démarches en sciences humaines, l'approche méthodologique retenue vise à faire le pont entre la problématique et la validation ou la réfutation des hypothèses grâce à une méthode d'utilisation des sources documentaires. En définissant la méthodologie comme : « l'ensemble de règles, étapes et procédures auxquelles on a recours dans une science pour saisir les objets étudiés[98] », j'ai emprunté à l'approche systémique l'élaboration de mon modèle de recherche, et à la méthode historique, le traitement des sources documentaires.

L'approche systémique en sciences humaines consiste à modéliser le sujet de recherche – tel que cela a été fait précédemment pour préciser l'objet d'étude – afin d'en explorer la complexité ; elle tend à « saisir le modèle de fonctionnement d'un phénomène au lieu de le réduire à ses composantes, [à] articuler les éléments du phénomène pour en comprendre le fonctionnement au lieu de le décomposer en ses éléments[99] ». La conceptualisation du « système » à l'intérieur duquel se déploie le sujet – c'est-à-dire la formulation d'une « identité montréalaise » par la lutte pour la sauvegarde de son patrimoine – a permis d'observer les interrelations entre ses diverses composantes, préalablement établies par l'état de la question et par la formulation de la problématique. Le schéma 1 représente ce

98. François Dépelteau, *La démarche d'une recherche en sciences humaines : de la question de départ à la communication des résultats*, Québec, Presses de l'Université Laval, 1998, p. 6.

99. André Ouellet, *Processus de recherche : une approche systémique*, Québec, Presses de l'Université du Québec, 1982, p. 37.

système. L'énoncé méthodologique du processus de recherche ambitionne, par conséquent, de cerner comment le traitement des documents et leur analyse permettront de dégager les « relations fonctionnelles » entre les diverses composantes de ce système.

En d'autres mots, l'objectif est de reconstituer la mise en récit du patrimoine, compris comme une représentation, grâce à l'analyse discursive. Pour ce faire, le traitement des sources fait appel aux règles de la méthode historique[100]. Afin d'explorer les interrelations émises par le présent modèle – la formulation d'une « identité montréalaise » qui s'affirmerait en complémentarité de la valorisation d'une « identité québécoise » par le biais de la lutte pour la reconnaissance du patrimoine à Montréal – et ainsi valider les hypothèses de recherche, l'interprétation documentaire est basée sur la critique externe et la critique interne des documents, une approche dichotomique à même d'objectiver l'analyse de contenu. La critique externe du document cherche, dans un premier temps, à établir son potentiel heuristique, son sens et ses biais, par l'examen du contexte de production[101]. La critique interne, dans un deuxième temps, permet d'analyser le contenu du document pour en définir ses possibilités d'interprétation. À la lumière du questionnement à la base de cette recherche, le document est donc scruté de façon à comprendre ce que l'auteur a voulu dire, ses silences, ses stratégies argumentaires, sa rhétorique[102]. Cette mise en perspective du document permettra d'y puiser les informations qui valideront ou réfuteront les hypothèses avancées.

Les sources : limites, possibilités et traitement

Afin de mener à bien ce projet, il fallait identifier et dépouiller des documents qui permettraient d'appréhender l'objet de recherche pour en saisir le modèle de fonctionnement. Un éventail assez considérable s'offrait. L'urbaniste choisirait peut-être de travailler à partir des valeurs foncières des terrains ou des valeurs locatives des bâtiments, des règlements municipaux

---

100. Voir à ce propos Françoise Hildesheimer, *Introduction à l'histoire*, Paris, Hachette supérieur, 1994, p. 115-122, et François Dépelteau, *op. cit.*, p. 271-293.

101. En histoire, la critique externe du document commande, dans un premier temps, la critique d'authenticité du document ; cette étape ne sera pas nécessaire dans la mesure où la possibilité de falsification du document, en raison de la nature de mes sources documentaires, sera rarement envisagée. La critique d'érudition m'amènera cependant à statuer sur la provenance du document, son auteur, son destinataire, sa diffusion, le contexte dans lequel il a été produit et les intentions de l'auteur. Analyser le contenu d'un document, sans préalablement en avoir établi la critique externe, peut considérablement biaiser ses possibilités d'interprétation. On peut se rapporter au texte de Jocelyn Létourneau avec la participation de Sylvie Pelletier, « Comment interpréter une source écrite : le commentaire de document », dans Jocelyn Létourneau, *Le coffre à outils du chercheur débutant : guide d'initiation au travail intellectuel*, Toronto, Oxford University Press, 1989, p. 63-77.

102. Pour un exemple de l'usage du passé dans une stratégie argumentaire, voir Jacinthe Ruel, « Entre la rhétorique et la mémoire : usages du passé dans les mémoires déposés devant la commission sur l'avenir politique et constitutionnel du Québec », dans Bogumil Jewsiewicki et Jocelyn Létourneau (dir.), *L'histoire en partage : usages et mises en discours du passé*, Paris, L'Harmattan, 1996, p. 71-101.

et de zonage pour comprendre les transformations du centre-ville et observer la pression sur le paysage urbain. Le politologue chercherait dans les procès-verbaux et les délibérations des instances municipales, dans les énoncés de politiques culturelles et autres documents institutionnels pour déceler la progressive instrumentalisation du patrimoine. L'historien de l'architecture s'intéresserait peut-être davantage au paysage urbain par les caractéristiques typologiques dominantes (type de bâtiment, style, etc.) qui ont été établies pour en faire une description analytique. Le sociologue procéderait pour sa part à des entrevues pour saisir la composition des groupes de sauvegarde et ainsi comprendre les motivations des acteurs.

L'historien du patrimoine, pour autant qu'une telle appellation existe, travaille plutôt à l'exégèse du discours de la patrimonialisation pour en saisir les modalités d'énonciation et les représentations qui y sont associées. Les articles de journaux constitueraient les documents les plus compatibles avec les objectifs d'une telle recherche.

Les extraits de presse recèlent des informations essentielles à la formulation de l'«identité montréalaise» à travers les luttes pour la sauvegarde du patrimoine. Grâce au dépouillement des journaux, il est possible de retracer la chronologie des événements, d'identifier les principaux acteurs concernés et de mettre en place les grands enjeux urbains qui se tramemt à l'arrière-plan des luttes. Des premières balises sont ainsi posées. Évidemment, le chercheur se trouve à la merci des informations filtrées dans les journaux. Ce constat n'est pourtant pas un écueil, mais un atout. Il permet en effet de moduler l'impact du militantisme montréalais par l'ampleur ou la minceur de la couverture médiatique. Il y a encore davantage. Les articles de journaux, par le discours véhiculé, par les prises de positions exprimées, par la parole donnée (ou prise) par les acteurs, témoignent des représentations du patrimoine, de la ville et de Montréal. En outre, essentiels à la démarche de recherche, ils cernent la mise en récit par une chronologie des représentations, des transformations de l'argumentaire et de la rhétorique patrimoniale. Ils forment, pour ces raisons, le corpus documentaire le plus volumineux et le plus utilisé.

Comment retracer ces articles? Aurait-il fallu visionner des centaines de kilomètres de bobines de microfilms, déroulant, jour après jour, l'actualité quotidienne de Montréal de 1973 à 2003? Pouvait-on capter, dans ce flot d'informations transmis par cinq quotidiens, les articles les plus pertinents? En effet, quatre grands quotidiens montréalais, *Le Devoir*, *La Presse*, *The Gazette* et *The Montreal Star*, avaient été retenus ainsi que le quotidien *Le Jour*, publié à l'échelle de la province[103]. Avec la disparition de ce dernier en 1978 et celle du *Montreal Star* en 1979, trois quotidiens restaient encore en liste jusqu'en 2003. Une telle perspective apparaissait hasardeuse. Par bonheur, les Archives de la Ville de Montréal compilent depuis plusieurs années des «dossiers de presse», regroupés par rues et numéros

---

103. *Le Jour* fut le journal du Parti québécois publié entre 1974 et 1978.

civiques. Des thèmes ou des acteurs importants se sont aussi vu doter de leur propre dossier tels, «maisons historiques», «Sauvons Montréal» ou encore «Héritage Montréal». Les dossiers regroupent des articles de différentes natures (faits divers, éditoriaux, courrier des lecteurs, lettres d'opinion), prenant même parfois l'aspect d'un dossier traditionnel d'archives, reproduisant divers documents se rapportant à l'édifice[104]. Dans la mesure où les luttes de sauvegarde qui sont concernées par cette recherche ont été le fait de campagnes d'opinion, relativement orchestrées et surtout circonscrites autour d'objets précis ou de périodes déterminées, les dossiers de presse des Archives de la Ville de Montréal permettaient de procéder plus rapidement et avec une plus grande fiabilité sur les trente années étudiées[105]. Plus de deux mille cinq cents articles de journaux ont été répertoriés[106].

À ce corpus de base s'adjoignaient d'autres documents qui bonifiaient les informations extraites des articles de journaux. Au premier plan, les documents produits par les groupes de sauvegarde procurent de l'information brute. *Sauvons Montréal* a publié, entre 1976 et 1982, le journal *S.O.S. Montréal*, tandis qu'Héritage Montréal diffuse depuis 1986 le *Bulletin de la fondation* Héritage Montréal. Il s'agit d'instruments précieux dans lesquels l'actualité patrimoniale est couramment commentée. De plus, les deux groupes ont publié, ou collaboré à la publication, d'un nombre important de mémoires, d'ouvrages de vulgarisation et de lettres d'opinion[107]. L'identification sélective des bâtiments et les motivations invoquées par ces groupes donnent accès au discours de la patrimonialisation. Enfin, d'autres sources complètent le corpus. Le travail d'identification du patrimoine par des «experts» (gouvernements, universités ou chercheurs indépendants), c'est-à-dire les ouvrages et les études sur le patrimoine montréalais, permet de saisir une partie des retombées du discours de patrimonialisation, notamment dans la succession des intérêts démontrés pour les différents patrimoines. Le contenu de ce

---

104. J'ai pu retrouver, par exemple, des lettres d'intentions de classement envoyées par le ministre des Affaires culturelles au Comité exécutif de la Ville de Montréal ou encore une lettre de l'architecte Ernest Cormier qui, quelques mois avant le classement de sa résidence de la rue des Pins, se plaignait des difficultés de vendre sa maison, sur le marché depuis cinq ans : un seul acheteur voulut l'acquérir afin de pouvoir la démolir et construire sur le terrain. Voir Archives de la Ville de Montréal, bobine 29, dossier 2.

105. J'ai procédé à un dépouillement systématique pour l'affaire de la maison Van Horne, qui se déroula entre mai et octobre 1973. Dans un deuxième temps, j'ai consulté le dossier de presse des Archives de la Ville de Montréal. La comparaison laisse croire que ces dossiers sont relativement complets. Héritage Montréal possède aussi des dossiers de presse, que j'ai à certains moments dépouillés. De plus, pour la période 1985-2003, l'outil de recherche *Biblio branché* répertorie les articles des quotidiens *Le Devoir* et *La Presse*. Cependant, ce constat ne diminue en rien le problème de la constitution des dossiers par rues et numéros civiques. En effet, la chronique patrimoniale ainsi retracée est toujours tributaire de la documentation organisée autour d'un objet précis et laisse plus difficilement filtrer l'actualité du moment, permettant de bonifier la compréhension générale.

106. Les articles ont été classés et répertoriés sur fichier informatique, à l'aide du logiciel *FileMaker Pro*. Lors de mon analyse, j'ai indiqué dans le texte ou dans les notes la nature des articles et le statut des auteurs. Lorsque rien n'est précisé, il s'agit de journalistes.

107. Voir les titres en bibliographie.

travail d'identification n'a pas fait l'objet d'une étude exhaustive puisque l'intérêt central de ce travail portait sur l'action et les représentations des groupes de sauvegarde. L'inventaire réalisé soutient néanmoins la compréhension du développement de la sensibilité envers le patrimoine montréalais. Ces corpus (articles de journaux, documentation militante et travail des experts) constituent l'essentiel des sources documentaires utilisées[108]. Il fallait ensuite procéder chronologiquement. Cette volonté est justifiée par le modèle de la patrimonialisation, qui propose en amont des luttes de sauvegarde, la valorisation d'une « identité québécoise » par l'État québécois, qui s'exprimait par la protection des biens culturels et la construction d'une « métropole du progrès ». Ce modèle pose aussi comme prémisse l'identification progressive d'un patrimoine montréalais jusqu'à son énonciation comme cadre de vie.

Les luttes pour la sauvegarde d'un patrimoine urbain vont constituer les étapes du chemin à parcourir pour aborder la problématique de recherche. Depuis les années 1970, un nombre assez considérable de groupes de sauvegarde se sont volontairement formés, par l'association de simples citoyens et d'experts, afin de sensibiliser, faire valoir une opinion ou agir en faveur d'un bâtiment, d'une rue, d'un quartier, d'un espace vert, bref, de se porter à la défense d'un patrimoine. Pour s'en convaincre, il suffit de consulter le *Répertoire des zones et des organismes patrimoniaux du grand Montréal*, publié en 1991 par Héritage Montréal[109]. Il ne s'agit pas de sous-estimer le travail de l'ensemble des acteurs de la scène patrimoniale qui, le temps d'une polémique ou sur une plus longue durée, ont œuvré pour la sauvegarde de Montréal ; les défenseurs du patrimoine constituent un nombre important, sans jamais constituer un groupe monolithique. Il fallait choisir une piste qui permette de traverser le fil du temps. Je me suis ainsi intéressé à deux des principaux énonciateurs de l'identité urbaine : Sauvons Montréal, fondé en 1973, et Héritage Montréal, créé deux ans plus tard. Ces deux groupes ont été les figures de proue du mouvement de sauvegarde à Montréal ; ils existent encore aujourd'hui. Ils n'ont jamais été les seuls à lutter sur la scène montréalaise. De plus, en retrait des luttes patrimoniales, une foule d'acteurs (historiens, archéologues, géographes ou autres) participèrent à une meilleure connaissance de Montréal, des efforts qui furent aussi le foyer d'une autre image historique de la ville. Il ne s'agit pas de prétendre cerner l'ensemble des composantes d'une possible identité montréalaise, mais bien

---

108. J'aurais pu ajouter à ce corpus déjà imposant le témoignage des acteurs eux-mêmes sous forme d'une série d'entrevues, ce que j'ai choisi de ne pas faire. Plusieurs raisons me poussent à me concentrer uniquement sur les sources écrites. L'exploration, par un regard chronologique, des constructions patrimoniales, au cœur de cette démarche, aurait pu difficilement s'arrimer avec le discours rétrospectif des interviewés. Le discours des anciens militants, chargé d'émotivité, porté par ces trente années de luttes, par les nombreuses alliances, les trahisons, les défaites et les déceptions, ne se prête guère à une chronologie des représentations et aux transformations de l'argumentaire patrimonial. Il aurait fallu déconstruire le discours afin de pouvoir le mettre en perspective avec mes sources écrites. Ce travail aurait finalement conduit à une autre recherche.

109. François Rémillard, *Répertoire des zones et des organismes patrimoniaux du grand Montréal*, Montréal, Héritage Montréal, 1991.

celle que les luttes pour la sauvegarde du patrimoine bâti mettent en scène. Je n'ai pas cherché non plus à faire l'inventaire de ce patrimoine ni à dresser le portrait de ces groupes. Mon travail porte sur la patrimonialisation du paysage bâti, c'est-à-dire sur l'intégration progressive de bâtiments et de lieux à ce qu'il est désormais convenu d'appeler le patrimoine de Montréal et, surtout, à l'échafaudage de cette « identité » que l'on pose aujourd'hui comme « montréalaise ».

Les dix chapitres qui suivent tracent le récit de la sauvegarde des années 1970 jusqu'à nos jours. Plutôt que de décrire une à une la centaine de luttes analysées, entreprise fastidieuse qui aurait rapidement mené à des répétitions, des tableaux thématiques ont été dressés qui documentent, chapitre après chapitre, les luttes de sauvegarde pour saisir la patrimonialisation à Montréal. Le corps de cet ouvrage se divise ainsi en deux parties, conçues comme deux grands « moments » de la lutte patrimoniale. La première partie, intitulée « Le patrimoine menacé : jeter les bases d'une identité », place sur l'échiquier les grandes lignes de force qui vont structurer les luttes de sauvegarde. Les six premiers chapitres retracent, par thème, les moments fondateurs des luttes et les postulats de la ville à sauvegarder. Les luttes épiques et les plaidoyers enflammés mettent en récit les acteurs, la ville et son paysage urbain, un vaste ballet dans lequel une autre « image » de Montréal se forme. La seconde partie, intitulée « Le patrimoine aménagé : affirmer une identité », annonce un autre « moment » des luttes à Montréal. Une ville patrimoniale jouissant d'une certaine maturité s'affirme tandis que les représentations se font plus ambitieuses. Dans les quatre derniers chapitres, toujours à l'aide de thèmes fédérateurs, il sera question de la formidable extension du Montréal patrimonial et de l'articulation du discours de la ville à sauvegarder. Au terme de ce travail et des trente années de combat qu'il retrace, j'espère avoir mieux cerné les mécanismes de la patrimonialisation, ceux par lesquels les luttes pour la sauvegarde du patrimoine ont permis la formulation d'une identité urbaine.

I
Le patrimoine menacé
Jeter les bases d'une identité

En 1973, Montréal était dirigée par Jean Drapeau, maire depuis le début de la décennie précédente. Il allait d'ailleurs rester au pouvoir, sans interruption, jusqu'en 1986, et marquer l'histoire de Montréal. Lors de sa réélection en 1960, Jean Drapeau s'était donné le mandat de moderniser les institutions municipales et la gestion de la Ville[1]. Le paysage urbain allait aussi subir les influences de cette philosophie. Le nouveau maire proposait le changement, un peu à la même manière du nouveau premier ministre du Québec, Jean Lesage, élu la même année. Solidement secondé par Lucien Saulnier, à la tête du Comité exécutif, et par un «parti uni et docile», Drapeau s'attaqua à la réalisation des grands projets qui marquèrent Montréal, que ce soit, pour ne citer que les plus connus, la construction du métro ou la tenue de l'Exposition universelle de 1967.

Le contexte économique favorable des années 1960 permit d'afficher un optimisme certain, marqué par l'idée de progrès et d'un futur inscrit à l'enseigne d'un jour nouveau[2]. Montréal se parait des atours d'une « métropole du progrès » alors que, paradoxalement, elle perdait son titre de « métropole du Canada » au profit de Toronto. Tandis que dans la capitale provinciale, le gouvernement de la Révolution tranquille travaillait à construire un Québec moderne, Drapeau s'employait à la même tâche pour Montréal.

Depuis la fin des années 1960, un vent de contestation s'était levé dans les rues de la métropole, porté par le mécontentement d'une gestion municipale, jugée autocratique, et par des choix de développement urbain contestés. La stagnation de l'économie au lendemain de 1967 était pour certains le signe de l'échec des politiques municipales. En effet, la reconversion de l'économie montréalaise, comme celle des grandes villes nord-américaines, ne se faisait pas sans créer des laissés-pour-compte. Les transformations des activités portuaires et l'affirmation du transport routier, la modification de la production manufacturière et l'abandon des anciens quartiers ouvriers chamboulèrent l'ordre urbain existant. Des groupes populaires, organisés autour d'intervenants communautaires, cherchaient à instaurer un ordre social nouveau dans les quartiers centraux, frappés par des problèmes de pauvreté, de chômage et de logements[3]. Ce fut d'ailleurs à l'initiative de ces groupes et de syndicats que fut créé le FRAP (Front d'action politique), qui tenta de s'opposer au maire Drapeau aux élections de 1970. Les troubles politiques et sociaux suscités par la crise d'Octobre, de même que le climat d'insécurité qui s'en suivit permirent à Jean Drapeau, qui sut utiliser la peur contre ses adversaires, de remporter une victoire éclatante. L'agitation ne cessa pas pour autant. Au contraire, elle se poursuivit avec de plus en plus de vigueur. Aux élections municipales de 1974, le RCM (Rassemblement des citoyens de Montréal), dont le « programme est centré sur les besoins immédiats de la population en matière de logement, de transport en commun, de loisir et de santé », réussit à faire une première percée à l'Hôtel de Ville[4]. Malgré la présence d'une opposition officielle combative, à la veille des élections de 1978, les changements politiques et urbains semblaient encore trop peu nombreux. Un nouveau parti politique, le GAM (Groupe d'action municipale), réunissait des personnalités proches des milieux patrimoniaux (Jean-Claude Marsan, Michael Fish et Serge Joyal) pour tenter de concrétiser une vision urbaine s'inspirant d'un nouvel urbanisme

---

1.   Jean Drapeau fut élu une première fois à la tête de la Ville de Montréal de 1954 à 1957.

2.   La présentation du contexte politique et économique des années 1960 et 1970 s'appuie largement sur les ouvrages de l'historien montréalais, Paul-André Linteau, que ce soit avec l'équipe réunissant René Durocher, Jean-Claude Robert et François Ricard ou comme auteur principal. Voir Paul-André Linteau, René Durocher, Jean-Claude Robert et François Ricard, *Histoire du Québec contemporain*, tome 2, *Le Québec depuis 1930*, Montréal, Boréal, 1989 ; Paul-André Linteau, *Histoire de Montréal depuis la Confédération*, Montréal, Boréal, 2000, p. 536. Pour un regard général, on peut consulter aussi Annick Germain et Damaris Rose, *Montréal: The Quest for a Metropolis*, Chichester, John Wiley & Sons, 2000.

3.   Louis Favreau, *Mouvement populaire et intervention communautaire de 1960 à nos jours*, Montréal, Centre de formation populaire / Éditions du Fleuve, 1989, p. 15-24.

4.   Paul-André Linteau, *op. cit.*, p. 541.

patrimonial[5]. L'arrivée de ce nouveau parti et les divisions internes du RCM permirent, contrairement aux espoirs formulés, une nouvelle victoire du maire Drapeau. Toutefois, le remplacement de Gérard Niding, à la tête du Comité exécutif de la Ville de Montréal entre 1970 et 1978, par Yvon Lamarre donnait le signal d'un changement progressif des politiques urbaines. Pendant ce temps, Montréal s'était tout de même positionnée sur l'échiquier des grandes villes internationales.

En 1973, sur la scène politique provinciale, le gouvernement libéral de Robert Bourassa était installé au pouvoir depuis trois ans. Un an plus tôt, il avait adopté la Loi sur les biens culturels, dont je reparlerai plus longuement dans le premier chapitre. Le concept de « souveraineté culturelle » animait les prétentions du gouvernement face au gouvernement fédéral qui, lui aussi, depuis les années 1960 et dans la perspective des célébrations du centenaire de la Confédération, avait favorisé des politiques et des mécanismes de mises en valeur de la culture et de l'histoire canadienne. Une politique culturelle était d'ailleurs clairement énoncée en 1976 par le ministre des Affaires culturelles, Jean-Paul L'Allier, qui déposait un livre vert sur la culture, intitulé *Pour l'évolution de la politique culturelle* : il y affirmait le rôle fondamental de l'action étatique dans la valorisation de la culture et plaçait la protection du patrimoine à l'avant-plan de son action[6]. L'élection du Parti québécois mit en veilleuse les projets de l'ancien gouvernement. Ouvertement souverainiste, la culture demeura au centre des préoccupations du gouvernement. Toutefois, le dossier linguistique avec la protection de la langue française catalysa son action, ce qui n'empêcha pas le dépôt en 1978, par Camille Laurin, à la tête du nouveau ministère du Développement culturel, d'un livre blanc sur la culture, intitulé *La politique québécoise du développement culturel*[7]. La nouvelle politique ne sera jamais adoptée. Plus concrètement, la même année, le ministre des Affaires culturelles, Denis Vaugeois, amendait la Loi sur les biens culturels, afin de permettre aux municipalités de mieux réglementer et gérer le patrimoine sur leur territoire[8]. Suivant cette nouvelle philosophie de décentralisation des pouvoirs publics, l'État provincial et la Ville de Montréal signaient, en 1979, une entente sur la mise en valeur du Vieux-Montréal et du patrimoine montréalais. La protection du patrimoine basculait alors dans un autre paradigme, mais revenons au début de la période étudiée.

---

5.   Nick auf der Maur et Bob Keaton étaient aussi du nombre des fondateurs. Voir « Le Groupe d'Action Municipale », *S.O.S. Montréal*, vol. 3, n° 3 (juin-juillet 1978), p. 7.

6.   Nous verrons d'ailleurs le rôle actif joué par le ministre L'Allier dans la protection du paysage urbain montréalais. Voir Jean-Paul L'Allier, *Pour l'évolution de la politique culturelle. Document de travail*, Québec, ministère des Affaires culturelles, 1976. Voir aussi Alain Gelly, Louise Brunelle-Lavoie et Corneliu Kirjan, *La passion du patrimoine. La commission des biens culturels du Québec 1922-1994*, Québec, Septentrion, 1995, p. 228.

7.   Ministère d'État au Développement culturel, *La politique québécoise du développement culturel*, volume 1, *Perspectives d'ensemble : de quelle culture s'agit-il ?*, volume 2, *Les trois dimensions d'une politique : genre de vie, création, éducation*, Québec, Éditeur officiel, 1978.

8.   D'autres modifications accompagnaient l'amendement à la Loi sur les biens culturels. Voir Alain Gelly, Louise Brunelle-Lavoie et Corneliu Kirjan, *op. cit.*, p. 230-231.

Les prochains chapitres analysent le premier «moment» des luttes. Si l'action se déroule principalement dans les années 1970, les processus enclenchés se poursuivront au cours des deux décennies suivantes. Les luttes pour la sauvegarde d'un autre paysage urbain jetèrent alors les bases d'une identité urbaine qui se raffina et se transforma par la suite. L'action débute en 1973 avec la campagne pour la maison Van Horne. Sa démolition allait devenir le symbole du «monument historique» négligé par l'État québécois et sacrifié à l'autel de la «métropole du progrès». Les groupes voués à la sauvegarde du patrimoine, d'abord Sauvons Montréal puis Héritage Montréal, appelèrent à la résistance. Valorisé dans un premier temps sous l'enseigne du «monument historique», puis débordant ce cadre trop restreint pour poser les bases d'un patrimoine urbain, le «vrai» Montréal patrimonial s'affirma peu à peu avec l'idée qu'il se trouvait dans ces bâtiments, ces rues, ces quartiers, ces espaces verts, qui disparaissaient sous le pic des démolisseurs. Pendant toute la période, les groupes de sauvegarde continuèrent à revendiquer l'intervention de l'État québécois au nom du fonds patrimonial national, parfois avec succès, parfois dans la désolation. Un discours de la spécificité s'élabora au fil des nombreuses campagnes, campagnes qui allaient progressivement constituer un patrimoine typiquement montréalais d'abord inscrit à l'enseigne d'une ville construite au XIXᵉ siècle, d'un «Montréal victorien». Cette identité montréalaise en gestation s'accompagnait de l'affirmation du «nous» les Montréalais, au nom desquels les luttes étaient revendiquées. La rhétorique du discours militant allait opposer l'«autre», l'étranger, au «nous» les Montréalais, seuls capables de mettre en place une ville meilleure, une ville patrimoniale. La revendication de Montréal et sa dépossession s'imbriquaient dans la construction identitaire. Au cours de ce premier «moment», le discours militant permit de forger les arguments qui allaient présider à la sauvegarde du patrimoine pour les trois décennies à venir. Les bases d'une nouvelle identité urbaine allaient être jetées.

1

Au départ
Un autre paysage urbain à valoriser et à sauvegarder

Montreal is in the midst of a period of runaway development that is surpassing even the spectacular growth of the early 1960's. New high-rise towers are going up on almost every corner in the downtown area. Old buildings are falling before bulldozers and wreckers' balls almost daily. Within a decade, much of the city core will be almost unrecognizable. [...] Montreal is at the crossroads in its development. The direction the present building boom takes and the controls that are placed on it will determine what kind of environment will face the Montrealers of the 21st century. The present course of events has many people worried.

Donna Gabeline, Dane Lanken et Gordon Pape,
Montreal at the Crossroads, 1975.

Les efforts voués à la sauvegarde du patrimoine montréalais n'auraient pas eu l'impact connu sans l'imposante vague de modernisation du paysage urbain qui transformait la ville depuis plus d'une décennie. L'ensemble des auteurs s'accorde à reconnaître l'importance des changements apportés à Montréal après la Seconde Guerre mondiale. Véritable proclamation d'une ville moderne, la place Ville-Marie, construite au tournant des années 1960, en demeure, aujourd'hui encore, la figure emblématique[1]. Dans le sillage de ce premier gratte-ciel moderne s'érigea rapidement la silhouette du nouveau centre-ville. Au vent de changement provoqué, peu de Montréalais se montraient sensibles aux qualités «patrimoniales» du paysage bâti situé à l'extérieur du périmètre du Vieux-Montréal, enceinte constituée en «arrondissement historique» par l'État québécois en 1964. Le

Montréal « historique » semblait ainsi se confiner aux pourtours de ses rues tracées au premier temps de la colonie française. Comme le présentaient à l'époque les auteurs de *Montreal at the Crossroads*, l'identité du paysage urbain montréalais se serait trouvée à la « croisée des chemins ». Sous le bruit des marteaux-piqueurs, et malgré cette relative indifférence des citoyens, naquirent des groupes voués à la sauvegarde du patrimoine et à la reconnaissance de l'expression d'une ville ancienne dite menacée. Une véritable effervescence anima peu à peu la scène patrimoniale montréalaise. Au sein de la mobilisation se logeaient des revendications pour le droit à l'expression d'une autre ville à même de valoriser une identité différente de Montréal.

Ce chapitre campe le premier « moment » de la lutte pour la sauvegarde d'un patrimoine urbain dans les années 1970. Il met en place trois images associées à Montréal – la « métropole du XXIe siècle », le « Montréal victorien » et l'« ancienne Ville-Marie » – et les acteurs de leur énonciation ; pendant presque trois décennies, ces images s'entrechoqueront au cœur des luttes et des débats, avec des modalités et des temporalités différentes. Le premier affrontement, explicité dans la première section, fondateur d'une nouvelle prise de conscience, se déroula à l'été 1973, lors de la campagne pour la sauvegarde de la maison Van Horne, et culmina par sa démolition au début de septembre de la même année. Autour des ruines de l'ancienne résidence se rassembla une fédération de groupes de citoyens qui, comme il sera analysé dans la deuxième section, exprimait sa nouvelle allégeance et ses objectifs par le nom qu'il se donna : Sauvons Montréal. Le groupe appelait à la reconnaissance d'un autre Montréal patrimonial, un « Montréal victorien », qui s'arrimait à la mesure d'un quadrilatère précis de la ville à sauvegarder, compris entre le fleuve Saint-Laurent et les avenues Atwater, des Pins et Papineau. Face à eux se dressait un grand rêve soutenu par le maire de Montréal, Jean Drapeau, bâtir la « métropole du XXIe siècle ». La troisième section s'attarde à l'ambivalence du projet, célébré par les défenseurs du patrimoine comme une contribution importante, mais aussi décrié parce que vecteur d'une contre-identité. Enfin, dans la dernière section, presque contemporaine à la campagne de la maison Van Horne, l'adoption en 1972 de la Loi sur les biens culturels amenait avec elle la promesse d'une nouvelle législation, capable de sauver le paysage urbain et de dépasser l'image de l'« ancienne Ville-Marie ». Au terme de ce chapitre auront été tracées les lignes de force de la lutte pour la sauvegarde du patrimoine, qui structureront les débats à venir, et présentés les enjeux de la formulation d'une identité urbaine, marqué au sceau de la menace.

---

1. Récemment, l'ouvrage *Montréal : The Quest for a Metropolis* faisait le même constat. Un des témoins privilégiés de l'époque, Guy R. Legault, haut fonctionnaire municipal pendant trente ans, raconte : « À l'époque de mon apprentissage, c'est-à-dire avant 1960, Montréal, bien qu'encore la métropole du Canada, était une sorte de grande ville de province. Alors qu'il y avait des gratte-ciel en chantier partout aux États-Unis, la ville aux cent clochers sommeillait encore. Plus d'une cinquantaine de villes américaines étaient soumises à cette brusque vague de construction, qui atteindra finalement Montréal en 1958. Le détonateur sera la construction de place Ville-Marie. » Voir Annick Germain et Damaris Rose, *Montréal : The Quest for a Metropolis*, Chichester, John Wiley & Sons, 2000, p. 68-70 ; Guy R. Legault, *La ville qu'on a bâtie*, Montréal, Liber, 2002, p. 23.

■ L'événement fondateur : la démolition de la maison Van Horne

Depuis l'annonce de la mise en vente de la maison de William Cornelius Van Horne en 1967, les journaux s'étaient inquiétés de l'avenir de la résidence de l'ancien dirigeant du Canadien Pacifique[2]. Après avoir été occupée pendant près de quatre-vingts ans par la famille Van Horne, l'héritière décidait de quitter la demeure montréalaise, construite à la fin du XIXe siècle. Le manque d'intérêt pour la résidence couplé à des coûts d'entretien trop élevés la poussèrent à vouloir se départir de la propriété. Sa survie provoqua l'inquiétude, puisque la mise en vente de cet édifice ancien, situé rue Sherbrooke, emplacement stratégique eu égard à la modernisation du centre-ville, semblait rimer avec démolition[3]. Peu après l'annonce, Michael Fish, architecte proche des milieux de sauvegarde, déclarait que la maison était « *[a]n absolute classic of decorative Victorian architecture* », ce à quoi le quotidien *The Gazette* ajoutait : « *that ranks with the great American palaces of the Morgans, Guggenheims, and Vanderbilts[4]* », attributs qui donnaient une valeur symbolique à ses qualités architecturales. Toutefois, ce n'est qu'en 1973 que fut déposée, par David Azrielli, une offre d'achat intéressante ; celle-ci incluait cependant comme condition de pouvoir raser la propriété afin de construire sur son emplacement un édifice de 14 étages. À la mi-avril de la même année, la Ville de Montréal délivrait un permis de démolition. Rapidement, l'autorisation de démolir fut invalidée par le dépôt d'un avis d'intention de classement du ministère des Affaires culturelles, dans le but de permettre la réalisation d'une étude en vue de sa protection ; la maison Van Horne semblait ainsi sauvée par le geste du gouvernement québécois[5]. Quelques mois plus tard, sans raison apparente, le ministère retirait son avis d'intention et se départait du dossier.

C'est alors que la campagne de sauvegarde s'organisa concrètement autour de la Society for the Preservation of Great Places (sites extraordinaires ou beaux sites en français), créée pour l'occasion par le Montréalais

Encart de la Society for the Preservation of Great Places pour la sauvegarde de la maison Van Horne, Le Devoir, 31 juillet 1973.

Bibliothèque nationale du Québec

---

2. La maison Van Horne était située rue Sherbrooke à l'intersection nord-est de la rue Stanley.

3. Voir, par exemple, « City administration asked to preserve old Van Horne mansion from wrecker », *The Montreal Star*, 21 mai 1969.

4. Brian Stewart, « Van Horne mansion facing demolition », *The Gazette*, 19 mars 1971.

5. En vertu de l'article 25 de la Loi sur les biens culturels adoptée en 1972, le ministère des Affaires culturelles, par un « avis de classement », pouvait suspendre toute procédure de démolition.

James MacLellan. Une première à Montréal, il porta la cause devant les tribunaux afin d'outrepasser la notion de propriété privée au profit de celle de jouissance collective :

> MacLellan claims he would suffer « irreparable injury » which could not be financially compensated, and a personal sense of loss if the building was destroyed. He cited the damage to the ecological balance and esthetic appeal of the area if the mansion is demolished. The application also says that the destruction of a historic complex would have undesirable impact upon MacLellan as a taxpayer[6].

Les journaux retinrent du verdict que le juge « n'a pas hésité à louer les objectifs des requérants mais il a fait valoir que ces derniers n'avaient aucun intérêt légal à protéger à l'encontre de la démolition de la maison Van Horne[7] ». Le jugement ne signifiait pas automatiquement la destruction de la maison ; la Ville de Montréal, en attente d'un possible développement du côté du ministère des Affaires culturelles, refusa une nouvelle fois de délivrer le permis de démolition[8].

Les défenseurs du patrimoine tentèrent alors de convaincre les autorités provinciales de protéger la maison Van Horne, au nom des principes qui animaient la protection des biens culturels au Québec. Pour

Maison Van Horne, rue Sherbrooke, Montréal, vers 1890.

Musée McCord d'histoire canadienne, Montréal, MP-2345.4

ceux-ci, la sauvegarde de la maison permettrait une possible « réconciliation avec l'architecture victorienne et toutes ses erreurs et prétentions » et sa démolition, ajoutait un membre de la Société d'architecture de Montréal,

6.   Donna Gabeline, « Injunction sought on Van Horne home », *The Gazette*, 10 juillet 1973.

7.   « La Cour ne peut préserver la maison Van Horne », *Le Devoir*, 14 juillet 1973.

8.   Le promoteur s'adressa, à la fin du mois de juillet, à la cour afin d'obtenir son permis de démolition. Voir « Le nouveau propriétaire de la maison Van Horne pourra plaider sa cause », *Le Devoir*, 27 juillet 1973.

reviendrait à «ignorer en partie tout un siècle d'architecture[9]». La qualité du travail de décoration intérieure était aussi soulignée, rehaussée par la renommée de son concepteur, l'artiste belge Édouard Colona, «père de l'art nouveau». Appelé à témoigner, un expert étasunien déclarait: «La maison Van Horne est le seul exemple important du travail de Colona au Canada, et peut-être en Amérique du Nord. Détruire la maison Van Horne serait comme détruire un Rembrandt[10]». L'appel à l'histoire rappelait semblablement les qualités de l'homme et l'apport à son époque. Les défenseurs du patrimoine espéraient ainsi, grâce à la force de ces arguments, qu'un statut particulier puisse encore soustraire la maison Van Horne à la démolition.

Le ministère des Affaires culturelles, qui s'était montré favorable à l'intégration du bâtiment dans le fonds patrimonial national, avait opéré une volte-face aucunement justifiée dans un premier temps. La maison Van Horne ne devenait subitement plus digne d'être inscrite sur cette liste. Son architecture victorienne, qualifiée de *jumble of style*, ne justifiait soudainement plus son classement[11]. Devant l'abondance d'une architecture victorienne dont Montréal semblait regorger, on pensait qu'il était prématuré d'en extraire les meilleurs exemples; un représentant du ministère, perplexe, suggéra qu'il aurait fallu laisser le temps séparer le bon grain de l'ivraie. Le seul statut de son ancien propriétaire, un Étasuniens d'origine hollandaise, qui acheva, à la tête du Canadien Pacifique, la première ligne de chemin de fer vers l'ouest, correspondait mal au portrait type du héros national. La maison Van Horne, selon les mots du ministère des Affaires culturelles finalement rapportés dans la presse, ne serait pas véritablement un monument «typiquement québécois[12]».

À la suite de cette affirmation, les journaux s'interrogèrent sur la nature de la culture québécoise. Dans une lettre d'opinion, un lecteur de *La Presse* se demandait : «faut-il prêter aux paroles du ministre le sens étroitement nationaliste que croient y voir les anglophones de Montréal?[13]». Le même lecteur continuait : «il n'y a pas que les monuments bicentenaires de l'architecture normande, ou la ceinture fléchée à conserver au Québec[14]». Robert Lemire, dans *The Gazette*, renchérissait : «*explanations are undisputed when such large amount are allocated for the restoration, or rather the reconstruction, of areas as "Le Vieux Montréal" and "Place Royale" in Quebec City. Here intact is a fine example of late*

9. Luc D'Iberville-Moreau, «Pourquoi il faut sauver la maison Van Horne», *Le Devoir*, 1er septembre 1973, et Claude Beaubien Jr., «Pour la conservation de la maison Van Horne», *La Presse*, 22 août 1973.

10. «La campagne pour sauver la maison Van Horne échoue», *La Presse*, 10 septembre 1973.

11. «Culture in Quebec», *The Gazette*, 12 juillet 1973; Richard Morin, Jean Rougy et Louise Tassé, *Interventions sur le bien culturel. Annexe II*, Montréal, Centre de recherches et d'innovation urbaines, 1977, p. 53.

12. Donna Gabeline, «Loses historic site status. Van Horne home "not typically Quebecois"», *The Gazette*, 12 juillet 1973.

13. Jean Pellerin, «Maison Van Horne et culture», *La Presse*, 30 juillet 1973.

14. *Ibidem.*

Victorian architecture […][15] ». L'intégration de la maison Van Horne dans le fonds patrimonial national posait le problème de sa légitimité. Le sens donné aux protections gouvernementales se trouvait dès lors questionné.

« The Structure which will replace the Van Horne mansion », The Montreal Star, 22 février 1974.
▼

The structure which will replace the Van Horne mansion.

Bibliothèque nationale du Québec

Le problème fut alors posé à travers le prisme de l'inévitable dichotomie opposant, dans la lutte menée par les groupes de sauvegarde, les anglophones face aux francophones. Dans un texte intitulé : « Pourquoi faut-il sauver la maison Van Horne », Luc D'Iberville-Moreau écrivait : « Nos amis anglophones ont mis beaucoup plus d'énergie à essayer de conserver cette propriété que ne l'ont fait leurs compatriotes francophones[16] ». L'architecte Michael Fish, qui voulut les sensibiliser dans un texte envoyé au quotidien *Le Devoir*, remarquait : « Le nom de Sir William Van Horne n'évoque pas grand-chose pour la communauté francophone de Montréal. C'est un des aspects les plus désolants de la division de notre communauté, qui ne rend que plus vivante l'expression si souvent employée des deux "solitudes"[17] ». Si la valeur symbolique de l'édifice n'était pas assez forte pour être représentative de l'« identité québécoise », peut-être fallait-il s'adresser, comme le suggéra l'un des représentants du ministère des Affaires culturelles, au gouvernement fédéral qui a « *the money, power and responsability to save buildings important to Canadian history and culture*[18] ». La maison Van Horne serait peut-être davantage l'expression d'une « identité canadienne ».

Dans les quotidiens, journalistes et lecteurs tentèrent effectivement de rattacher la sauvegarde de la maison Van Horne à une « identité canadienne » à préserver. Le vocabulaire et les arguments invoqués placèrent l'ancien propriétaire et sa demeure au centre d'un « *important chapter of the history of Canada* » dans lequel « *the Van Horne mansion stands apart from the rest in its historical importance*[19] ». D'autres estimaient que « la disparition de cette maison sera une tragédie culturelle et historique sans précédent – tant pour le Canada que pour Montréal[20] ». L'importance

---

15. Robert Lemire, « Present status of Van Horne mansion shows urgent need for prompt action », *The Gazette*, 23 juillet 1973.

16. Luc D'Iberville-Moreau, « Pourquoi faut-il sauver la maison Van Horne », *Le Devoir*, 1er septembre 1973.

17. Michael Fish, « La démolition des œuvres de Sir Van Horne : une tragédie culturelle et historique », *Le Devoir*, 27 juillet 1973.

18. Donna Gabeline, *The Gazette*, 12 juillet 1973.

19. David Giles Carter, « New uses for our landmarks might be a way of saving them », *The Gazette*, 13 juillet 1973,.

20. Michael Fish, *Le Devoir*, 27 juillet 1973.

de Van Horne n'était pas seulement reliée à l'histoire du chemin de fer, mais, notait-on, « son apport le plus considérable à l'évolution culturelle du pays a été le développement d'une architecture canadienne distincte dans sa forme et son style[21] ». De son côté, une lectrice affirmait que si les maisons de premiers ministres comme Laurier et Mackenzie King étaient des propriétés fédérales, celle de Van Horne devrait l'être tout autant[22]. La somme de ces arguments méritait-elle une intervention des autorités fédérales préoccupées, elles aussi, de célébrer des témoins du passé de la collectivité ?

L'appel lancé par la Society for the Preservation of Great Places fut sans succès[23]. La Commission des lieux et monuments historiques du Canada ne bougea pas dans le dossier de la maison Van Horne. Était-ce dû à un désintérêt ou à la difficulté relative au rassemblement des commissaires qui ne se réunissaient que sur une base bisannuelle ? L'actualité journalistique ne permet pas de le vérifier. Il est vrai que son rôle symbolique dans la protection des témoins de l'histoire canadienne n'aurait eu aucune valeur coercitive pour la protection de la maison[24]. Donna Gabeline, journaliste, souligna : « *How is ironic it is that at the same time Canadians are searching for a national identity, we are systematically tearing down beautiful and historical elements of that identity – such as the Van Horne mansion – and replacing them with anonymous stacks of concrete and glass*[25] ». Bien que valorisée par ses liens avec une « identité canadienne » à célébrer, les moyens et les efforts pour conserver ce symbole firent toutefois défaut.

Les mois passant et outre la multiplication des efforts pour tenter de sauvegarder la demeure victorienne, la Ville de Montréal n'eut finalement plus d'arguments légaux pour retarder les plans du promoteur. La campagne prit fin abruptement le vendredi 7 septembre 1973 lorsque les démolisseurs passèrent à l'action quelques heures après l'émission d'un permis ; la maison fut rasée le lendemain. Le lundi, les Montréalais ont pu

---

21.   Michael Fish écrivait à ce propos : « Le style qu'il a été adopté pour cet édifice [la gare Windsor] est depuis connu comme le style Château canadien et a par la suite été adopté par tous les grands hôtels et gares aussi bien que pour les édifices du gouvernement au Canada. Ce style est un mariage du style château français et du néo-romanesque de Henry Hobson Richardson de Boston. À l'exception des vieilles maisons canadiennes et des églises du Québec, c'est le seul témoignage d'une architecture propre au pays. » Voir Michael Fish, *Le Devoir*, 27 juillet 1973. Voir à ce propos Harold Kalman, *A History of Canadian Architecture*, vol. 2, Toronto, Oxford University Press, 1994, p. 488-498 et, pour la période étudiée, Harold Kalman, *The Railway Hotel and the Development of the Château Style in Canada*, Victoria, University of Victoria Maltwood Museum, 1968.

22.   Alice Russel, « Historical value counts », *The Gazette*, 16 juillet 1973.

23.   Dusty Vineberg, « Mount Stephen Club 'an absolute gem' historian agrees », *The Montreal Star*, 21 juillet 1973.

24.   Dans certains cas, les autorités fédérales pouvaient décider d'acheter la propriété et de la transformer en « lieu historique national ». Le souhait de la lectrice, évoquée précédemment, fait référence à cette pratique menée dans le cadre du programme national de commémoration des anciens premiers ministres du Canada. On peut consulter à ce propos Charles J. Taylor, *Negotiating the Past. The Making of Canada's National Historic Parks and Sites*, Montréal-Kingston, McGill-Queen's University Press, 1990.

25.   Donna Gabeline, « National identity bows to change », *The Gazette*, 13 octobre 1973.

voir à la une des journaux, les images de la démolition de la maison Van Horne. Le journal *The Gazette* titrait ironiquement, sous une photographie des débris de l'ancienne maison : « New view at Sherbrooke and Stanley[26] ». Les journaux s'acharnèrent à débattre de l'événement et de ses significations jusqu'à l'annonce de la création, moins d'un mois après les événements, de Sauvons Montréal. La maison Van Horne allait devenir, pour Sauvons Montréal et Héritage Montréal fondé deux ans plus tard[27], comme pour l'ensemble des groupes de sauvegarde montréalais, le symbole de la lutte pour la sauvegarde du patrimoine montréalais. Le journal *S.O.S. Montréal* rappelait en 1976 : « *The destruction of the Van Horne Mansion a few hours after the demolition permit was granted marked the dramatic turning point in the way Montrealers felt about the way the city was being developed[28]* ». Au fil des ans, l'anniversaire de sa démolition tout comme les événements entourant sa destinée furent remémorés en rappelant ainsi la nécessité du militantisme à Montréal[29].

■ La sauvegarde d'un autre patrimoine avec Sauvons Montréal

Malgré les actions menées de mai à septembre 1973 pour tenter de convaincre de l'importance de sauvegarder la maison de la rue Sherbrooke, nul n'avait pu (ou voulu) éviter la démolition. La campagne avait mis en évidence à la fois : une certaine hégémonie étatique qui tentait de définir les contours de l'« identité québécoise », les difficultés qu'éprouvait le gouvernement fédéral à valoriser une « identité canadienne » au Québec et l'inertie des pouvoirs publics face à la ville vue par des promoteurs immobiliers. Le dossier allait aussi donner une impulsion formidable à la formulation d'un argumentaire qui tabla, par la suite, sur la spécificité du patrimoine

---

26. Des articles accompagnaient les photographies. Voir Walter Poronovich, « Van Horne house levelled in 24 hours », *The Montreal Star*, 10 septembre 1973 ; « La campagne pour sauver la maison Van Horne échoue », *La Presse*, 10 septembre 1973 ; Luana Parker et Gillian Cosgrove, « Van Horne home just a memory. A paradise... for looters! », *The Gazette*, 10 septembre 1973.

27. « Héritage Montréal travaillera à protéger le patrimoine urbain », *Le Devoir*, 28 octobre 1975.

28. *S.O.S. Montréal* fut le journal officiel de Sauvons Montréal de 1976 à 1982. Voir « How Save Montreal began », *S.O.S. Montréal*, vol. 1, n° 3 (1976).

29. Lors du premier anniversaire de la démolition de la maison Van Horne, Sauvons Montréal organisa une marche à la chandelle. Par la suite, les événements furent régulièrement rappelés dans les quotidiens. Ce fut d'ailleurs à l'occasion du vingt-cinquième anniversaire que *Héritage Montréal* choisit de lancer *Le petit bottin du patrimoine*. Lors du premier anniversaire, voir : « Save-the-city groups a glow on... », *The Gazette*, 6 septembre 1974 et « "Sauvons Montréal" défile à la chandelle », *Le Jour*, 6 septembre 1974. Pour les rappels subséquents, voir, par exemple, « Remember Van Horne », *The Gazette*, 8 septembre 1980 ; Nancy Southam, « Recalling the mansions' grandeur », *Montreal Daily News*, 16 mars 1988 ; Peggy Corrain, « A razed mansion's legacy : Van Horne home was a watershed », *The Gazette*, 8 septembre 1998, et Dinu Bumbaru, Denise Caron et Claudine Déom, « Un patrimoine pour demain », *Le Devoir*, 9 septembre 1998. Pour le lancement, voir : *Bulletin de la fondation Héritage Montréal*, vol. 11 (automne 1998), p. 1 et Caroline Dubuc et Dinu Bumbaru, *Le petit bottin du patrimoine*, Montréal, Héritage Montréal, 1998.

montréalais dont les groupes de pression allaient être les promoteurs infatigables. Jusqu'à ce moment, les forces montréalaises étaient atomisées dans les quartiers de la ville. L'échec de la campagne menée par la Society for the Preservation of Great Places allait devenir l'événement déclencheur de la création du nouveau groupe, voué à la sauvegarde du patrimoine œuvrant à l'échelle de la ville. Sauvons Montréal décida alors de rassembler les groupes de citoyens déjà constitués tout en interpellant l'ensemble des Montréalais, afin dans leurs prises de position aient un plan grand impact.

Dans sa parution du 29 septembre 1973, le quotidien *Le Devoir* rapportait : « Un nouveau mouvement qui semble s'être acquis l'appui d'une douzaine d'organismes déjà existants a pris naissance hier midi à Montréal et s'est donné le nom de "Sauvons Montréal"[30] ». Si le quotidien francophone déclinait avec circonspection l'identité des membres de la fédération[31], *The Gazette* se faisait moins prudent en claironnant avec force : « "From now on, it's gloves off for preservation" architect Michael Fish said yesterday in announcing the formation of Save Montreal – an amalgamate of 11 societies[32] ». La fédération allait rapidement passer d'une douzaine, à une vingtaine, puis à une trentaine de groupes. L'aspect fédératif de Sauvons Montréal allait d'ailleurs être affirmé par le groupe dans les premières années d'existence de l'organisme. L'évocation du nombre, rappelant ainsi l'ampleur de la contestation, allait peu à peu laisser toute la place à l'organisme fédérateur à mesure que le mouvement de protestation patrimonial s'imposait à Montréal. Sauvons Montréal devenait la figure de proue du mouvement de la lutte pour la sauvegarde du patrimoine à Montréal. Par la suite, au gré des campagnes, d'autres groupes de sauvegarde allaient se joindre aux revendications, l'instant d'une cause partagée.

La fédération des débuts ne fut pas sans influencer le projet associé à la lutte pour la sauvegarde du patrimoine à Montréal. En effet, les groupes davantage préoccupés par des considérations architecturales ou historiques, comme l'avait été la Society for the Preservation of Great Places, devaient dès lors composer avec d'autres intérêts. Le champ des interventions s'élargissait avec l'arrivée d'associations de résidants, de groupes d'aide au logement et à

---

30. Urgel Lefebvre, « Appel aux candidats : "Sauvons Montréal" », *Le Devoir*, 29 septembre 1973.

31. Ces membres étaient : l'Association Espaces verts, les Amis de la gare Windsor, Sauvons notre Main, le Comité d'art sacré de l'archevêché de Montréal, l'Association des citoyens de Westmount en bas, l'Association des citoyens de Milton Park, Loge-Peuple, Loge-Antoine, Great Places, la Commission Viger, l'Association des architectes de Montréal, la Société to Overcome Pollution. Le journaliste parlait au conditionnel de l'appui de ces groupes à Sauvons Montréal. La présence consultative de deux comités des autorités ecclésiastiques et municipales montréalaises – le *Comité d'art sacré de l'archevêché de Montréal* et la *Commission Viger* –, au sein d'un groupe de pression, susciter occasionner un certain étonnement.

32. Luana Parker, « It's gloves off' to preserve historic buildings », *The Gazette*, 29 septembre 1973. Voir aussi Dane Lanken, « We'll save Montreal, civic groups vow », *The Gazette*, 11 octobre 1973.

la rénovation et de groupes environnementaux[33]. D'autres problématiques transformaient ainsi considérablement la valorisation et la sauvegarde d'un « autre » paysage urbain. Ce qui pouvait encore se décliner sous l'enseigne « monument historique » s'enrichissait et favorisait l'émergence de ce qui allait être appelé le patrimoine urbain. Il ne s'agissait plus simplement de

Démolition de la maison Van Horne, La Presse, 10 septembre 1973.

Photo: *La Presse*

reconnaître les valeurs architecturales ou historiques des édifices, telles qu'elles sont généralement reconnues dans les milieux de la conservation, mais d'en valoriser aussi la fonctionnalité et l'utilisation par les Montréalais, desquels se réclamait Sauvons Montréal. Le paysage urbain, au centre duquel

33. La série *Montreal at the Crossroads,* publiée en 1974 dans *The Gazette,* précisait l'identité et les objectifs de groupes appuyant Sauvons Montréal. Ces groupes étaient des associations de résidants (Comité de citoyens de Rivière-des-Prairies, Esplanade Residents Association, Griffintown People's Association, Haddon Hall Tenants Association, Human Rights for Senior Citizens, Lower Westmount Citizens Committee, Milton-Park Citizens Committee, St. Hubert, Carré St. Louis Resident Association), des groupes d'aide au logement (Loge-Antoine, St. Urbain Community Centre) et à la rénovation (Community Design Workshop, Terrasse Ontario), des groupes environnementaux (Comité de conservation de Montréal, Green Spaces, Vanier Conservation Society) et, enfin, des groupes plus strictement voués à la sauvegarde du patrimoine (Conservation Society of McGill University, Faubourg Cherrier, Friends of Windsor Station, Montreal Society of Architecture, Society for Preservation of Great Places, Stanley Street Committee, Save the Main Area Research Committee, Students Society of McGill University). À cette liste s'ajoutaient en 1975 : Bishop Street Tenants Association, Canadian Heritage of Quebec, Greene Avenue Village Association, Somerset-Lincoln Street Tenants Association. Voir Donna Gabeline, « *Preservation: The tide of citizen action is turning down* », *The Gazette,* 21 mars 1974 ; Donna Gabeline, Dane Lanken et Gordon Pape, *Montreal at the Crossroads,* p. 215-218.

se trouvaient les édifices et les monuments mais aussi les rues et les quartiers, devait désormais être de plus en plus appréhendé comme l'expression d'une ville, dans ses multiples manifestations, à sauvegarder.

Article de Dane Lanken, « Some beauty, much history threatened by 'progress' », The Gazette, 22 mai 1971.

Pour caricaturer, la fédération rassemblait des associations de rési-dants qui luttaient pour le droit au logement de leurs membres, des groupes d'aide au logement qui tentaient d'en favoriser l'accès, des groupes d'aide à la restaura-tion qui, eux, militaient pour des conditions décentes pour les locataires, des groupes environnementaux prô-nant un milieu de vie sain, et des groupes voués à la sau-vegarde du patrimoine, enfin, pour la reconnaissance du paysage construit, pour l'histoire et les caractères de la ville. Sauvons Montréal faisait en quelque sorte la synthèse de ces luttes[34]. Par conséquent, le patrimoine n'était qu'un des aspects – certes important – de la lutte pour sauver Montréal. Les groupes réunis autour de Sauvons Montréal, comme le soulignait Michael Fish, annonçant la création de l'organisme, « poursuivaient dans le fond un même but: une ville belle où il fait bon vivre[35] ». Le premier numéro de *S.O.S. Montréal*, journal de l'organisme, le rappelait en 1976: « Sauvons Montréal est une fédération de groupes de citoyens, consacrée à la préservation des quartiers, des bâtiments historiques et des espaces verts montréalais; notre but est d'assurer le développement planifié et rationnel de notre ville[36] ». C'est ainsi que Sauvons Montréal allait travailler à la sauvegarde d'un autre Montréal patrimonial.

Bibliothèque nationale du Québec

Ce paysage urbain était, pour la fédération qui tentait de le définir et de le protéger, essentiellement situé sur l'ancien territoire de la ville de Montréal, entre le fleuve et la montagne. C'est du moins ce qu'affirmait Sauvons Montréal, lors de son premier appel public, en estimant que « son but

---

34. Sauvons Montréal se vit engagée dans une diversité d'actions, qui illustre bien cette identité multiple. Une manifestation de 1975, organisée par Sauvons Montréal, démontre ainsi la multiplicité des revendications. Le quotidien *The Gazette* rapportait : « *Save Montreal is organizing a public march Thursday to demand, along with seven other items, abolition of recent transit fare increase to discourage automobile travel* [...]. *Noting the group is calling for an eventual fare-free city core zone.* [...] *Save Montreal is also seeking the preservation of the Prison des Patriotes* [...] *Other demands include a more concerted effort to restore "over exploited and under-maintained" homes, preservation of low-rise downtown residences, setting a fire prevention program, especially for low-rise low-cost buildings, and conservation of the Laurentien Hotel.* » À cette liste, le quotidien *La Presse* ajoutait l'action du groupe pour préserver le caractère du boulevard Saint-Laurent – « cette artère unique à Montréal » – et son appui au Comité d'action de la rue Saint-Urbain, qui désirait acheter des immeubles de l'hôpital Sainte-Jeanne-d'Arc pour les rénover. Cette diversité d'intérêts ne fut pas sans influencer la conception du « patrimoine ». Voir Marina Strauss, « March will be a wake », *The Gazette*, 21 octobre 1975 et « "Sauvons Montréal" invite à manifester contre la dégradation du centre-ville », *La Presse*, 24 octobre 1975.

35. Urgel Lefebvre, « Appel aux candidats : "Sauvons Montréal" », Le Devoir, 29 septembre 1973.

36. « Sauvons Montréal », *S.O.S. Montréal*, vol. 1, nᵒ 1 (février 1976).

principal était de sensibiliser les gens de Montréal et les politiciens à la nécessité de conserver certains bâtiments et espaces verts dans le quadrilatère formé par les avenues Atwater, Papineau, des Pins et le fleuve Saint-Laurent[37] ». Ce quadrilatère correspond aux limites de la ville avant les annexions faites au tournant du XXᵉ siècle[38]. Le paysage construit qui le compose – du moins celui qui allait être l'objet de la campagne de sauvegarde – s'était constitué à partir de la seconde moitié du XIXᵉ siècle, durant la période aujourd'hui connue sous le nom de « Montréal métropole », mais qui était alors davantage associé au « Montréal victorien »[39]. Deux lieux, sièges de grandes luttes de sauvegarde des années 1970, bornaient au nord-ouest et au sud-est le quadrilatère : le domaine des Messieurs de Saint-Sulpice et la prison des Patriotes[40]. À l'intérieur de ce périmètre, Sauvons Montréal identifiait aussi, dès sa création, des édifices à sauver en priorité : la gare Windsor, l'hôtel Laurentien, la maison Shaughnessy, le parc Viau, les appartements Haddon Hall et le Morris Hall de l'Université McGill. Le parc Viau, « que le maire Drapeau voulait couper en deux pour son village olympique », était le seul situé à l'extérieur du quadrilatère, et allait être sacrifié par la construction d'un autre symbole de la « métropole du progrès »[41]. Le territoire identifié par Sauvons Montréal fit de la sauvegarde du patrimoine à Montréal, du moins dans les années 1970, une lutte pour un paysage urbain essentiellement du XIXᵉ siècle.

Sauvons Montréal tentait d'élargir considérablement la zone d'intérêt patrimonial, alors clairement contenue dans les limites de l'arrondissement historique du Vieux-Montréal. Les défenseurs du patrimoine voulaient ainsi que soit reconnu un échantillonnage plus vaste de la réalité urbaine montréalaise, soit un échantillonnage dont tous les éléments seraient constitutifs de l'identité de Montréal :

Donna Gabeline, « Preservation: The tide of citizen action is turning down », The Gazette, 21 mars 1974, p. 10.

37. Urgel Lefebvre, « Appel aux candidats: "Sauvons Montréal" », *Le Devoir*, 29 septembre 1973.

38. En 1792, de nouvelles frontières administratives de Montréal furent adoptées. Jean-Claude Robert écrit : « On crée ainsi un espace quasiment rectangulaire, borné par le Saint-Laurent au sud, touchant une partie de la rue Frontenac à l'est, l'axe de la rue Duluth au nord, et coupant le tracé de l'avenue Atwater à l'ouest. Ces limites ne serviront pas uniquement aux élections, elles seront par la suite utilisées à toutes sortes de fins, et maintenues durant un siècle. » Ce quadrilatère est bien visible sur les cartes de Macquisten de 1872 et de Hopkins de 1879. Voir Jean-Claude Robert, *Atlas historique de Montréal*, Montréal, Art Global / Libre expression, 1994, p. 76 et 116-119.

39. En référence à l'exposition tenue au Centre Canadien d'Architecture en 1998, même si les commissaires n'abordaient que l'aspect monumental de ce Montréal moderne. Voir Isabelle Gournay et France Vanlaethem (dir.), *Montréal métropole, 1880-1930*, Montréal, CCA / Boréal, 1998.

40. L'avenir incertain de la prison des Patriotes ou du Pied-du-Courant était connu avant que s'engage activement la campagne au milieu des années 1970. Voir Nicole Perrault, « "Au Pied-du-Courant" sauvegardé des ruines », *La Presse*, 28 juillet 1972, et Janet Mackenzie, « Historic prison may fall as highway moves east », *The Gazette*, 16 août 1972.

41. « Sauvons Montréal : création d'un groupement pour épargner des immeubles que l'on veut historiques », *Dimanche-Matin*, 30 septembre 1973.

A city is not an instant kind of thing. Its life is the sum total of all the lives it's ever known. Montreal was born 329 years ago. It has developed from a collection of shanties into a major urban centre. Somehow, representative buildings from each stage in that development are still standing. Old Montreal has buildings dating back to 1657 […]. Other areas have houses and religious structures from 18th centuries, factories and mansions from the 19th century, and sky-scrapers from the 20th. However, only the buildings in Old Montreal, plus a handful of others around the city, have any sort of permanent protection from the redevelopment projects that deny the city a part of its heritage[42].

Les campagnes d'opinion qui allaient suivre la création de Sauvons Montréal visèrent la reconnaissance à titre de « patrimoine » d'une image plus « juste » du paysage urbain montréalais. D'une part, le Vieux-Montréal était déjà protégé par les autorités provinciales. D'autre part, les gratte-ciel marquaient la silhouette du Montréal moderne valorisé par la « métropole du progrès ». Il restait donc à combler le « vide » entre les deux, tâche à laquelle les groupes de sauvegarde allaient s'atteler. La protection du quadrilatère, né du débordement progressif de la vieille ville fortifiée au XIXᵉ siècle, devenait impérative avant qu'il ne disparaisse sous les gratte-ciel du XXᵉ siècle. À ce constat s'ajoutait un argument présentant l'intérêt presque exclusif pour l'arrondissement du Vieux-Montréal comme une menace pour l'ensemble de la ville. Un lecteur évoquait l'exemple de la conservation du Vieux-Carré de la Nouvelle-Orléans et ses conséquences tragiques pour la ville bordant le secteur historique : « *The French Quarter of New Orleans is charming and attractive, but outside this small area the city is depressing to say the least. Is this to be allowed to happen to Montreal*[43]? » Seul l'élargissement de la zone d'intérêt patrimonial pouvait éviter une telle répétition, objectif que Sauvons Montréal allait poursuivre.

La protection de « cet important tissu urbain », selon les mots de Michael Fish, pouvait être réalisable sous certaines conditions[44]. En premier lieu, Sauvons Montréal en appelait à une plus grande participation des Montréalais. Plus concrètement, le groupe réclamait des autorités municipales l'« arrêt de toute démolition d'édifices ou destruction de site dans le quadrilatère concerné pour une période de deux ans[45] ». Pendant cette période, on espérait – « avec la participation des citoyens » – pouvoir concilier les enjeux de la conservation de la ville ancienne avec le développement de la ville moderne. Pour en faciliter la réalisation, l'organisme demandait « que le gouvernement provincial donne à Montréal les pouvoirs nécessaires pour passer des règlements ayant trait à la conservation

---

42. L'article était signé par Dane Lanken, mais il était noté qu'il avait été préparé avec la collaboration de Edgar Andrew Collard, Michael Fish, Peter Lanken, Eric McLean et Michael White. Voir Dane Lanken, « Some beauty, much history threatened by "progress" », *The Gazette*, 22 mai 1971.

43. Victor H. Garaway, « Destruction of old building in Montreal said leading to cultural genocide », *The Gazette*, 26 juin 1973.

44. Urgel Lefebvre, « Appel aux candidats : "Sauvons Montréal" », *Le Devoir*, 29 septembre 1973.

45. *Ibidem*.

Photo : Martin Drouin

*Édifice de la
Place Ville Marie.*

des lieux et des monuments historiques ou artistiques[46] ». La démolition de la maison Van Horne et le démantèlement de la sacristie de l'église Saint-Jacques, œuvre de l'architecte Victor Bourgeau, apportaient des éléments tangibles au plaidoyer de Sauvons Montréal et lui permettaient d'affirmer : « Il nous paraît évident que la distance séparant Québec de Montréal rend impossible un jugement adéquat sur ces questions[47] ». Afin de pallier la distance entre des autorités lointaines et la réalité montréalaise, l'organisme se proposait comme représentant averti des Montréalais dans leur effort pour protéger le paysage urbain « *and I'm sure we'll get a lot of public support as we did for the Van Horne mansion*[48] », assurait Michael Fish. La démolition de la maison Van Horne était ainsi devenue l'événement fondateur d'une lutte patrimoniale coalisée et organisée ; l'intérêt pour une image neuve de Montréal et de son patrimoine, ancré à l'échelle d'un territoire précis, était ainsi éveillé. Deux autres images de Montréal devaient cependant se faire concurrence.

■ Une « métropole du progrès » ou l'anonymat des grandes villes

Depuis les années 1960, un autre projet urbain visait à faire de Montréal une « métropole du progrès ». La transformation du centre-ville, avec ses gratte-ciel et son architecture issue du courant international, opérait une rupture avec le tissu de la ville traditionnelle. Elle permettait à Montréal, tout au moins par l'image qu'elle offrait, de jouer dans la cour des grandes villes nord-américaines[49]. Poussant la comparaison encore plus loin, le maire Jean Drapeau témoignait, en 1974, de son intention de faire de Montréal « la 1re ville du monde[50] ». Il déclarait ainsi : « Comme à

---

46. Urgel Lefebvre, « Appel aux candidats : "Sauvons Montréal" », *Le Devoir*, 29 septembre 1973.

47. *Ibidem*.

48. Luana Parker, « It's gloves off' to preserve historic buildings », *The Gazette*, 29 septembre 1973.

49. Les auteurs de *Montreal at the Crossroads* constataient en 1975 : « *The opening of Place Ville Marie in 1962 became the central event in the development boom that completely changed the face of central Montreal during the 1960's. Numerous other major buildings followed in rapid succession, along with the Metro and Expo 67.* » Voir Donna Gabeline, Dane Lanken et Gordon Pape, « Visions of the future », dans *Montreal at the Crossroads*, p. 48.

50. Michel Nadeau, « Montréal, 1re ville du monde ? », *Le Devoir*, 20 janvier 1974 ; Patrick Doyle, « "First city of 21st century" Drapeau's next target », *The Gazette*, 20 janvier 1974.

Rome, Athènes, Paris et New York dans le passé, des gens du monde entier viendront chercher ici une ville agréable à vivre, digne du xxie siècle[51]. » Afin de convaincre l'opinion de la faisabilité d'un tel projet, le maire vantait les réalisations accomplies par son administration au cours des quinze

Patrick Doyle, « "First city of 21st century" Drapeau's next target », The Gazette, 20 février 1974, p. 1.

dernières années (l'inauguration du métro, l'amélioration de l'infra-structure autoroutière, la tenue de l'Exposition universelle de 1967 et des Jeux olympiques de 1976) et promettait « *that these would be the basis on which the city will build*

Bibliothèque nationale du Québec

in the future[52] ». La figure concrète de la future ville du xxie siècle ne fut jamais annoncée par le maire Drapeau[53]. Toutefois, l'horizon de l'ambi-tieux projet laissait entrevoir un Montréal en continuité avec les formes du nouveau centre-ville.

Le souhait des autorités municipales quant à l'avenir de Montréal, bien qu'antagonique avec la vision des groupes de sauvegarde qui prônaient la conservation des figures de la ville ancienne, n'était néanmoins pas entiè-rement décrié. En effet, la relation avec les « monuments » de la ville nouvelle restait empreinte d'ambiguïté. La « nord-américanisation du Québec », et plus spécifiquement celle de Montréal, était vue par certains comme « un processus nécessaire et inéluctable[54] ». Ainsi, la démolition des formes de la ville ancienne pouvait se conjuguer comme un « mal nécessaire ». Un lecteur du journal *The Montreal Star* faisait remarquer :

> *If the conservation movement had existed at that time, the Ville Marie Complex would never have been built. The St. James Club was at the corner of University and Dorchester and represented a certain way of life, which had to be destroyed to make way for the PVM complex. Neither would the Imperial Bank of Commerce have been built as it stands on parts of the old Windsor Hotel, or for that matter the CIL House which stands on the old Gatehouse Building or Place Victoria which stands on the site of Mark Fisher Building[55].*

De plus, à l'intérêt pour le paysage bâti ancien, manifesté par les défenseurs du patrimoine, aux rangs desquels se trouvaient plusieurs architectes, s'attachait une certaine sensibilité quant aux formes de la ville moderne, dont on affirmait déjà qu'elles participaient à l'image de Montréal. Ainsi, avec certes un soupçon de réserve, les gratte-ciel, signés par

---

51. Michel Nadeau, « Montréal, 1re ville du monde ? », *Le Devoir*, 20 janvier 1974.

52. Le quotidien *The Gazette* ajoutait : « *Slum clearance, urban renewal and city planning are also major concerns even if they don't appear as important as some of the more visible achievements of his government, Drapeau said* ». Voir Patrick Doyle, « "First city of 21st century" Drapeau's next target », *The Gazette*, 20 février 1974.

53. Les problèmes entourant le coût des installations olympiques ne furent certainement pas étrangers à ce mutisme, laissant le grand projet urbain – s'il n'eut jamais existé – dans les boîtes de carton du maire.

54. Toutefois, l'auteur offre un plaidoyer pour la sauvegarde d'un Montréal vrai et vivant de ses quartiers populaires. Voir Robert-Guy Scully, « Montréal ville laide », *Le Devoir*, 21 août 1973.

55. John Kryton, « A *great deal of Montreal building trash can be demolished without crocodile tears* », *The Montreal Star*, 22 janvier 1975.

des architectes de renommée internationale, symboles de la ville moderne, obtenaient l'assentiment des tenants de la conservation[56]. L'opprobre était réservé à la prolifération d'une architecture «sans nom», construite par des promoteurs et des sociétés anonymes, détruisant sans considération la ville qui l'abritait[57]. Les critiques de la ville moderne allaient s'appuyer sur cette distinction.

Pour tenir compte de l'expression de la modernité montréalaise, le discours de la conservation du patrimoine développa une vision binomiale de son développement soit un «âge d'or», prenant racine dans les années 1960, et sa progressive dégénérescence dans les années 1970. Si la première génération de gratte-ciel bénéficiait d'une perception positive, la seconde génération, son contraire, s'effondrait sous les aspects négatifs[58]: «*developments like Place Ville Marie and Place Bonaventure add excitement and vitality to the city center. But too many of the new projects add nothing but dollars to the developers' pockets and tend to turn the city into a canyons of concrete filing cabinet*[59]», constataient par exemple les auteurs de l'ouvrage *Montreal at the Crossroads*. Relatant la genèse de Sauvons Montréal, le journal *S.O.S. Montréal* évoquait la même périodisation marquée par une sorte de «trahison» de la ville moderne vis-à-vis de la ville ancienne:

Vue aérienne du centre-ville de Montréal diffusée lors des Jeux olympiques de 1976.

Collection particulière

> *In the 1960's, Montrealers were proud of the construction boom which was transforming their city. But by the early 70's the dream had turned sour. Montrealers began to realize that the finest parts of the city were disappearing to make way for increasingly shoddy new buildings; communities were being torn apart for expressways*[60].

Cette vision en deux temps du développement de la ville moderne expliquait en quelque sorte le silence relatif des défenseurs du patrimoine et

---

56. La place Ville-Marie est signée par l'architecte américain I.M. Pei; l'édifice de la Banque canadienne impériale de commerce (CIBC), par Peter Dickinson; l'édifice CIL (Canadian Industry Limited), par Greenspoon, Freedlander et Dunne, mais grandement influencé, dit-on, par les architectes-consultants Skidmore, Owings & Merril; la place Victoria, par les Italiens Luigi Moretti et Pier Luigi Nervi. Voir Jean-Claude Marsan, «Les géants du centre-ville», *Montréal en évolution*, Montréal, Fides, 1974, p. 346-354.

57. Cette thèse était, entre autres, développée par Henry Aubin, publiée d'abord dans *The Gazette* du 4 au 20 décembre 1976, puis dans un ouvrage publié en anglais et en français. Voir Henry Aubin, *Les vrais propriétaires de Montréal*, Montréal, L'étincelle, 1977.

58. C'est d'ailleurs autour de la défense des édifices modernes des années 1960 que s'engagea la lutte pour la reconnaissance d'un Montréal moderne à la fin des années 1980. Voir le numéro spécial de la revue *Continuité*, «Montréal: le patrimoine moderne», n° 53 (printemps 1992) et celui de la revue *ARQ*, «Le patrimoine moderne», n° 91 (juin 1996).

59. Donna Gabeline, Dane Lanken et Gordon Pape, «Visions of the Future», dans *Montreal at the Crossroads*. Montréal, Harvest House, 1975, p. 53.

60. «How Save Montreal Began», *S.O.S. Montréal*, vol. 1, n° 3 (1976).

le grondement de leur mécontentement au début des années 1970. Les coûts de l'édification mis en balance avec ceux de la destruction semblaient dès lors inacceptables car trop importants.

Un discours de « contre-identité » se développait et allait soutenir l'autre paysage urbain à valoriser et à conserver. Des critiques accablaient ainsi les formes de la ville nouvelle, son architecture froide et anonyme. Le visage du Montréal moderne et sa prétention à côtoyer le club des grandes villes du monde ne suffisaient pas à enrayer cette vision créée par « ces merveilles artificielles dans les îles [de l'Exposition universelle de 1967] ou dans le parc Olympique[61] », par « ces cages à poules chromées : tristes monuments de nos sociétés décadentes[62] ». L'anonymat des nouvelles constructions était critiqué : « j'ai été attristé de voir la banalité remplacer l'histoire […][63] » ou encore les formes de celles-ci : « *the new building, like one being built on the Van Horne site by developer David Azrielli will be covered in bronzed reflecting glass and they will reflect each other's architectural vacuity[64]* ». Face à la ville ancienne qui croulait sous les chenilles des « bulldozers » et le bruit des marteaux-piqueurs, la ville moderne ne semblait que proposer une alternative où froideur et désolation étaient maîtresses. L'âme et l'histoire de Montréal étaient ainsi menacées.

Au-delà de la dépréciation architecturale, le discours rejetait également en bloc l'image projetée par les villes nord-américaines. On peut lire, par exemple, dans *Le Devoir* : « Nous voulons, dit un membre de l'association Sauver la rue Bishop, empêcher que Montréal fasse un pas de plus en avant pour ressembler à des villes ternes comme Toronto ou Détroit[65] », ou encore : « si Montréal perd les témoins de son passé, nous deviendrons rapidement un autre Toronto, Chicago ou New York, échangeant nos couvents contre des blockhaus à conciergeries[66] ». L'érection de gratte-ciel ramènerait Montréal au rang des villes souffrant de semblables constructions : « *as things are going, Montreal will be soon indistinguishable from Toronto, Pittsburgh and all other high-rise horrors[67]* » ou encore dans *The Montreal Star* : « *What do*

« Historic Buildings : Mainly North and West of Downtown and in Old Montreal. » Infographie : Martin Drouin, d'après Mark London, Preservation and Development : There Is Room for Both in Central Montreal, Montréal, Sauvons Montréal, 1976, p. 7.

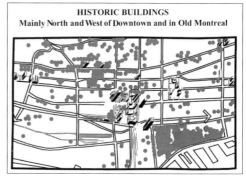

« Development : Most of these recent projects involved historic demolition. » Infographie : Martin Drouin, d'après Mark London, Preservation and Development : There Is Room for Both in Central Montreal, Montréal, Sauvons Montréal, 1976, p. 7.

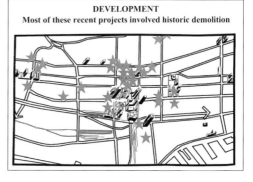

61. Jean-Claude Leclerc, « Pour panser les plaies de Montréal », *Le Devoir*, 29 novembre 1974.

62. Levi Perron, « Une ville que l'on ampute chaque jour davantage de sa beauté », *Le Devoir*, 12 février 1975.

63. Mona Nicholson, « Montréal doit retenir la leçon d'Ottawa », *Le Devoir*, 16 mai 1973.

64. Donna Gabeline, « Up from rubble… city conscience builds », *The Gazette*, 14 septembre 1974.

65. Bernard Descôteaux, « La rue Bishop a eu sa fête : Montréal refuse de devenir une ville terne », *Le Devoir*, 17 juin 1974.

66. Mona Nicholson, « Montréal doit retenir la leçon d'Ottawa », *Le Devoir*, 16 mai 1973.

67. Robert Harding, « Mansion defended », *The Gazette*, 7 juillet 1973.

visitors come here to see? Another high-rise wall, with a few plant tubs taking the place of our lovely shade tree? They could see the same in dozens of other cities[68] ». Pire encore, « Montréal était déjà, à l'exemple des villes anonymes du continent nord-américain, défigurée, bétonnée, vitrifiée, cimentée, aluminisée, sans âme et sans chaleur[69] ». Suivant ce raisonnement, l'identité urbaine de Montréal devait dès lors se trouver dans les édifices qui tombaient un à un sous le pic des démolisseurs : « *The next few years will decide whether this is to become another homogenised North American city, or whether it will retain its human scale. If the city is going to retain a human scale, we are going to have to stop tearing it apart*[70] », prévenait Melvin Charney, alors professeur à l'École d'architecture de l'Université de Montréal. Les arguments de la « contre-identité » allaient quitter la scène patrimoniale à la fin des années 1970, avec le ralentissement des constructions des gratte-ciel et l'apparition de l'architecture postmoderne. Le discours réapparaîtra cependant dans les années 1990, pour manifester contre une nouvelle « contre-identité » urbaine : la banlieue. Si la construction d'une métropole du progrès équivalait à la négation de la véritable identité de Montréal, il fallait dès lors arrêter les démolitions ou canaliser son expression.

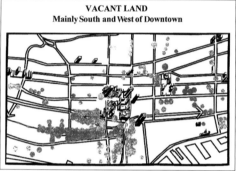

À ses débuts, Sauvons Montréal n'espérait pas l'arrêt de la construction du Montréal moderne, mais plutôt amener les citoyens à prendre conscience de son édification. Tentant de proposer une conservation raisonnée, le groupe annonça la publication d'une « carte du secteur précité [le quadrilatère] sur laquelle seront indiqués en diverses couleurs les bâtiments qu'il faut conserver et les terrains qui peuvent être cédés à l'exploitation[71] ». L'organisme, sous la plume de Mark London, allait expliciter l'idée dans *Preservation and Development : There is a Room for Both in Central Montreal*[72]. Trois cartes accompagnaient le document et visualisaient concrètement l'idée toute simple des défenseurs du patrimoine. Une première localisait des « *Historic Buildings* » situés, comme le soulignait l'intitulé : « *Mainly North and West of Downtown and in Old Montreal* ». Une deuxième relevait, quant à elle, des constructions récentes qui auraient impliqué la démolition, selon Sauvons Montréal, d'« édifices historiques[73] » ; l'idée de sauver le Montréal du quadrilatère était ainsi assujettie à l'urgence

68. Alice M.A. Lightball, « Have we lost our love for a beautiful city to the music of cement mixers and wreckers? », *The Montreal Star*, 25 juillet 1973.

69. Yves Michaud, « Pitié pour le couvent », *Le Jour*, 3 juin 1975.

70. Cité dans Donna Gabeline, Dane Lanken et Gordon Pape, *op. cit.*, p. 10.

71. Urgel Lefebvre, « Appel aux candidats : "Sauvons Montréal" », *Le Devoir*, 29 septembre 1973.

72. Mark London, *Preservation and Development: There Is Room for Both in Central Montreal*, Montréal, Sauvons Montréal, 1976, p. 7.

73. L'intitulé de la carte se lisait : « Development: Most of these recent projects involved historic demolition ».

d'y protéger les traces d'une ville ancienne déjà en train de disparaître. Le même quadrilatère était cartographié une troisième fois, localisant cette fois les terrains vagues[74]. L'expansion du Montréal moderne y était envisagée sur ces nombreux terrains situés en partie au sud et à l'ouest du nouveau centre-ville. Dans un argumentaire abondamment repris dans les médias, Mark London écrivait :

*Chaussegros de Léry,
Plan de la ville
de Montréal, 1724.*

Archives nationales du Canada, NMC-1485

> *There is enough empty land in downtown Montreal to accommodate all foreseeable development for over a century, without demolishing any buildings. Therefore all heritage buildings and socially viable neighbourhoods could be preserved, the amount of open space in downtown Montreal could be dramatically increased, and there would still be plenty of room left for all the development that anyone might want to carry out[75].*

Concilier la construction de Montréal moderne et la sauvegarde de la ville ancienne paraissait ainsi viable[76]. Toutefois, fallait-il encore convaincre de la légitimité d'un paysage urbain encore méconnu et d'une image différente du patrimoine de Montréal.

■ Le « bien culturel » et les promesses d'une nouvelle loi

Au cœur de la campagne pour la sauvegarde de la maison Van Horne, les protestataires avaient souhaité l'intervention de l'État québécois en vertu de ses pouvoirs juridiques. Toutefois, sa conception du patrimoine à protéger semblait différente. Du moins, c'est ce qui transparaît à l'examen des interventions de l'État québécois à Montréal jusqu'à cette date. L'image qui apparaît est celle d'une ville française, telle la carte esquissée par Chaussegros de Léry

---

74.   L'intitulé de la carte se lisait : « Vacant land: Mainly south and west of downtown ».

75.   L'étude se basait sur la disponibilité des terrains vagues et l'indice ISP à Montréal : « *About the fifth of the land in downtown Montreal is available to be built upon (parking lots, rail yards, vacant lands, etc.). This area of ten million square feet (compared to less than two million square feet of parks) is permitted under present zoning to have approximately 120,000,000 square feet of new building built on it (This would double the size of downtown Montréal). The present rate of construction is about one million square feet per year, so the available land would permit continued construction at the present rate for 120 years, with absolutely no demolition. (The details are outlined in calculation 1). This is clearly much more new construction that will need in the foreseeable future.* » Voir Mark London, *op. cit.*, p. 1.

76.   À la fin du document, Sauvons Montréal soumettait cinq recommandations : « *1. An immediate temporary ban of all demolition for at least two years pending preparation of new zoning by-law. 2. Change zoning to reduce over-all permitted density, to encourage the construction of housing (especially larger units) in the downtown, and to encourage an improvement in the quality of new construction. 3. Change procedure by which demolition and construction permits are issued to ensure public information and community review. 4. Prohibit the demolition of heritage buildings. 5. Reduce the permitted zoning in viable residential districts to make their destruction unprofitable.* » Voir Mark London, *op. cit.*, p. 13.

et datée de 1724. Depuis les premières mesures de protection au début du XXᵉ siècle[77], l'État s'employait à la protection d'œuvres remarquables de l'histoire québécoise, ou plutôt «canadiennes-françaises»[78]. Dans cette optique, l'intérêt des autorités, tout comme celui des groupes intéressés par le «patrimoine» à Montréal, s'étaient concentrés presque exclusivement sur le secteur de l'ancienne ville fortifiée, c'est-à-dire du Vieux-Montréal, à l'instar de la carte de l'ingénieur français qui montrait elle aussi une ville fortifiée et entourée de terres en labour. En 1962 était formée la Commission Jacques-Viger, organisme municipal, qui avait pour mission d'orienter la protection de cette vieille ville[79]. Deux ans plus tard, l'État québécois reconnaissait officiellement l'importance de ce secteur par la constitution de l'arrondissement historique du Vieux-Montréal[80]. Seule la partie au nord de la rue Notre-Dame était exclue pour permettre l'édification de la tour de la Banque nationale et du nouveau Palais de justice, sacrifice accordé pour la construction de gratte-ciel dans ce qui était encore le quartier des affaires[81]. La sauvegarde du patrimoine restait soumise aux impératifs du développement de la métropole montréalaise.

La presque totalité des monuments historiques classés de 1922 à 1972, date où la Loi sur les biens culturels vint remplacer l'ancienne Loi sur les monuments historiques et artistiques, était située à l'intérieur du périmètre de l'arrondissement historique. En 1929, le château De Ramezay, dont la protection était alors réclamée par la Société de numismatique et d'archéologie de Montréal[82], fut le premier monument historique classé à Montréal. Puis, s'ajoutèrent les maisons Nolin (1964), du Patriote (1965), Papineau

---

77. Rappelons-le, la première Loi relative à la conservation des monuments et des objets d'art ayant un intérêt historique ou artistique fut adoptée en 1922. Voir à ce propos l'ouvrage de Alain Gelly, Louise Brunelle-Lavoie et Corneliu Kirjan, *op. cit.*, p. 20.

78. À l'enseigne de cette loi et de ses amendements subséquents, les autorités intervinrent dans la métropole. Voir Paul-Louis Martin, «La conservation des biens culturels: 65 ans d'action officielle», dans *Rapport annuel 1986-1987 de la Commission des biens culturels du Québec*, Québec, Les Publications du Québec, 1987, p. 26-31.

79. Le premier président de la Commission, Paul Gouin, présidait, au même moment, à la destinée de la Commission des monuments historiques du Québec. Voir Alain Gelly, Louise Brunelle-Lavoie et Corneliu Kirjan, *op. cit.*, p. 131.

80. Les limites de l'arrondissement historique de 1964 incluaient 354 bâtiments auxquels se sont ajoutés 178 bâtiments avec l'agrandissement des limites en 1995. Voir Ministère de la Culture et des Communications, *Répertoire des biens culturels et arrondissements du Québec*, 2000, [http://www.mcc.gouv.qc.ca/pamu/biens-culturels/index.htm], consulté le 23 avril 2002.

81. À ce sujet, voici ce qu'on peut lire dans l'ouvrage consacré à l'histoire de la Commission des biens culturels: «Lors de l'analyse de la demande [de classement de l'arrondissement historique du Vieux-Montréal], le commissaire Léopold Fontaine s'objecte à ce que le futur arrondissement ait pour frontière nord la rue Craig. Il propose plutôt de le limiter à la rue Notre-Dame, excluant ainsi "la rue Saint-Jacques [lieu du quartier des affaires] qui deviendra au cours des prochaines années une rue de gratte-ciel". Les commissaires et le ministre se rangent à son avis [...]». Léopold Fontaine était l'architecte en chef des Travaux publics, responsable du Palais de justice. Voir Alain Gelly, Louise Brunelle-Lavoie et Corneliu Kirjan, *op. cit.*, p. 131-132.

82. Deux autres monuments historiques étaient classés au même moment; il s'agit de l'église Notre-Dame-des-Victoires, à Québec, et la maison des Jésuites, à Sillery. Voir Commission des biens culturels du Québec (dir.), *Les Chemins de la mémoire*, vol. 1, Québec, Les Publications du Québec, 1990, p. 130-133 et 228-229.

(1965), Viger (1966), Cotté (1967), Bertrand (1967), La Minerve (1967), de la Congrégation (1968), Beaudoin (1969), Mass-Média (1969) et Beament (1972). Ainsi, onze des treize autres classements montréalais pendant cette période avaient consacré des édifices du Vieux-Montréal[83]. Même si peu de structures du Régime français subsistaient, ces classements découlaient de l'intérêt pour un lieu chargé d'histoire, qui renvoyait aux premiers temps de la ville. Des ouvrages de l'époque, ceux de Clayton Gray, de Eric McLean et de Richard D. Wilson, de Léon Trépanier ou de l'Office municipal du tourisme, proposaient une lecture similaire du Vieux-Montréal[84]. Le témoignage le plus visible de cette époque se lisait dans le tracé des rues, qui traduit le geste de planification, orchestré par Dollier de Casson en 1672. Cette trame ancienne, visible sur la carte de Chaussegros de Léry, s'est perpétuée jusqu'au XXe siècle.

La représentation de la ville coloniale par Chaussegros de Léry laissait percevoir la proximité de la campagne montréalaise, réalité prise en compte par les deux autres classements de monuments historiques effectués avant 1972. Le premier en 1957, lorsque la maison de la Côte-des-Neiges – démolie, déplacée et reconstruite – a été protégée en tant que «digne représentante de l'architecture rurale du XVIIIe siècle[85]». Le second en 1965, protégeait la ferme Saint-Gabriel, située à la Pointe-Saint-Charles, décrite comme «l'un des rares bâtiments qui témoignent de l'activité rurale dans l'île de Montréal au XVIIe siècle[86]». Bref, jusqu'aux années 1970, l'image du Montréal patrimonial, celle de l'«ancienne Ville-Marie», rattachait le passé de la ville à un héritage français correspondant aux visées de l'État provincial dans sa valorisation d'une culture québécoise.

Au début des années 1970, des faiblesses se firent de plus en plus sentir dans la législation. En effet, depuis la fin de la décennie précédente, des problèmes juridiques associés à la protection des « arrondissements

---

83. Commission des biens culturels du Québec (dir.), *Les Chemins de la mémoire*, vol. 2, Québec, Les Publications du Québec, 1991, p. 33-192.

84. Voir, par exemple: Clayton Gray, *Le vieux Montréal : Montréal qui disparaît*, Montréal, Éditions du Jour, 1964 [1952].; Eric McLean et Richard D. Wilson, *Le passé vivant de Montréal / The Living Past of Montreal*, Montréal, McGill University Press, 1964; Léon Trépanier, *Les rues du Vieux-Montréal au fil du temps*, Montréal / Paris, Fides, 1968; Paul Leduc, *Promenade à pied dans le Vieux-Montréal*, Montréal / Québec, Office municipal du tourisme, 1969.

85. Ce geste laisse transparaître une certaine conception du «patrimoine» à cette époque. Voir Jacques Bénard, « Maison Côte-des-Neiges », dans *Les Chemins de la mémoire*, vol. 2, p. 148.

86. Patrice Dubé, «Ferme Saint-Gabriel», dans *Les Chemins de la mémoire*, vol. 2, p. 188.

historiques» permise par un amendement à la loi en 1963[87], de même que des imprécisions, demandaient l'actualisation de l'ancien texte de loi. Claire Kirkland-Casgrain, alors ministre des Affaires culturelles, en justifiait alors la réalisation par le choc des transformations secouant la société québécoise. Selon les mots mêmes de la ministre, cette évolution sociale entraînait la nécessité «de présenter un échantillonnage valable de sa production artisanale et artistique de toutes les époques[88]». Enfin, le développement touristique de la province et l'importance de la mise en valeur du paysage bâti, dans le cadre d'une offre originale qui en découlait, appuyaient les motifs de l'intervention. Loin d'un simple réaménagement, l'ampleur des changements commanda la rédaction d'une nouvelle loi, la Loi sur les biens culturels adoptée à l'automne 1972[89]. L'ancienne dénomination de « monument historique », qui avait cours depuis 1922, cédait sa place à celle de «bien culturel[90]». Aux valeurs d'ancienneté, d'histoire et d'art s'adjoignait une nouvelle unité de mesure plus reliée à des notions de «témoignage» et de «représentativité» de la culture. Cette sémantique de la protection, supportée par la Loi sur les biens culturels, apportait de nouvelles promesses aux défenseurs du patrimoine.

Des changements importants étaient apportés à la reconnaissance du paysage bâti. Deux statuts – le classement et la reconnaissance – allaient permettre de graduer les efforts de protection et l'importance symbolique rattachée aux édifices[91]. Donnant plus de latitude aux autorités, le consentement du propriétaire n'était plus une condition *sine qua non* à la protection des édifices. Cette mesure octroyait des pouvoirs immenses permettant de soumettre les propriétaires récalcitrants aux choix de la collectivité[92]. Une autre nouveauté allait affecter considérablement la protection d'édifices en milieu urbain: une aire de protection de 152 mètres (500 pieds) pouvait

---

87. L'amendement de 1963 à la Loi sur les monuments historiques et artistiques avait permis le classement d'ensembles qualifiés d'« arrondissements historiques ». Dès son entrée en vigueur, le gouvernement avait procédé au classement de l'arrondissement historique de Québec en 1963, puis à celui de Montréal en 1964. La même année, le gouvernement protégeait les « arrondissements historiques » de Sillery, de Trois-Rivières et de Carignan. L'année suivante, il procéda au classement des « arrondissements » de Beauport et de Charlesbourg. En 1970, six « arrondissements historiques » furent créés à l'île d'Orléans : Sainte-Famille, Sainte-Pétronille, Saint-François, Saint-Jean, Saint-Laurent et Saint-Pierre. L'« arrondissement historique » de La Prairie fut, en 1975, le dernier créé. Des ajustements aux limites des arrondissements de Beauport et Québec furent effectués dans les années 1980. En 1995, le Vieux-Port de Montréal fut intégré dans les limites de l'arrondissement de Montréal. À ce jour, il existe donc quatorze « arrondissements historiques ». Voir Ministère de la Culture et des Communications, *Répertoire des biens culturels et arrondissements du Québec*, 2000, [http://www.mcc.gouv.qc.ca /pamu/biens-culturels/index.htm], consulté le 16 avril 2002.

88. Cité par Alain Gelly, Louise Brunelle-Lavoie et Corneliu Kirjan, *op. cit.*, p. 185.

89. Voir à ce propos Alain Gelly, Louise Brunelle-Lavoie et Corneliu Kirjan, *op. cit.*, p. 181-187.

90. Voir *Introduction*, section : *La sauvegarde du patrimoine à Montréal*.

91. Le classement est la plus haute distinction; la reconnaissance l'est un peu moins: elle est «attribu[ée] généralement à un immeuble dont l'importance patrimoniale […] mérite d'être soulignée, mais ne justifie pas un classement». Voir Gilles Dumouchel, Francine Paradis et Yves Bergeron, *La Loi sur les biens culturels et son application*, Québec, ministère des Affaires culturelles, 1987, p. 23.

92. Une certaine exemption de la taxe foncière pouvait être accordée au propriétaire de l'édifice protégé.

être associée au classement, reconnaissant ainsi le rôle de l'environnement immédiat. Celui-ci se trouvait dès lors semblablement protégé des velléités de transformation ou de démolition et soumis à l'approbation ministérielle[93]. Enfin, la Commission des biens culturels devenait l'organisme-conseil du ministre des Affaires culturelles[94], raffermissant ainsi considérablement l'autorité de ce dernier. Dans les médias, la Loi était présentée comme « *one of the most outstanding pieces of legislation of its kind in the world*[95] ». Une nouvelle ère s'annonçait.

Rapidement, les défenseurs du patrimoine déchantèrent devant les espoirs qu'ils avaient fondés. Ce ne fut pas tellement la législation qui fut critiqué ou « sa validité mais la façon dont la loi [était] administrée » écrivait, un an après son adoption, Luc D'Iberville-Moreau dans sa chronique patrimoniale publiée dans *Le Devoir*[96]. Les auteurs de *Montreal at the Crossroads* faisaient le même constat : « [a]*pathy and inaction by the Quebec Liberal government of Premier Robert Bourassa have been important contribution factors to the recent destruction of several outstanding buildings in Montreal*[97] ». La nouvelle Commission des biens culturels n'était pas davantage remise en cause que la loi. Au contraire, les commentateurs suggérait de lui accorder plus de pouvoirs. D'autant plus que ses membres – en majorité des Montréalais – semblaient

Maison de la Côte-des-Neiges.

Photo : Martin Drouin

93. La question de l'aire de protection allait revenir très souvent dans les arguments des campagnes de sauvegarde. On en parlera dans le cas de la démolition des maisons de la rue Drummond qui était dans l'aire de protection du Mount Royal Club, situé rue Sherbrooke. L'affaire donna d'ailleurs lieu à un débat quasi surréaliste devant les tribunaux à savoir si l'aire de protection devait se calculer à partir du centre de l'édifice classé ou de ses murs. On invoqua aussi l'aire de protection lors de la campagne de sauvegarde du couvent des Sœurs grises dont la démolition totale avait été prévue pendant un moment. Le ministère des Affaires culturelles avait classé en 1974 la chapelle, considérée comme le meilleur élément de l'ensemble, pour la soustraire à la démolition. Les promoteurs étaient dès lors obligés de présenter au ministère des Affaires culturelles les ébauches de leurs nouveaux projets pour les faire approuver ; le classement de l'ensemble du couvent en 1976 mit fin aux tentatives de démolition. Ces sujets seront abordés dans les prochains chapitres.

94. Paul-Louis Martin, « La conservation des biens culturels : origines et évolution », dans *Les Chemins de la mémoire*, vol. 1, Québec, Les Publications du Québec, 1990, p. 32.

95. Gordon Pape, « Government inaction blamed for history destruction », *The Gazette*, 14 mars 1974.

96. Luc D'Iberville-Moreau, « La loi des biens culturels », *Le Devoir*, 15 décembre 1973.

97. Donna Gabeline, Dane Lanken et Gordon Pape, *op. cit.*, p. 139.

accorder une attention particulière à Montréal[98]. En effet, dès sa première année d'exercice, la Commission avait recommandé au ministre des Affaires culturelles le classement de la maison mère des Sœurs grises, de l'îlot des Voltigeurs, de la prison du Pied-du-Courant, de l'église Saint-Jacques, du Mount Stephen Club, de la gare Windsor, de l'église anglicane St. George et, notamment, de la maison Van Horne[99]. La plupart de ces édifices avaient déjà fait l'objet de campagnes de sauvegarde. Le ministre des Affaires culturelles semblait décider, seul, des actions à poser.

Les défenseurs du patrimoine réclamaient une plus grande écoute de la part des décideurs et, surtout, que leurs décisions reflètent les choix de la collectivité. La pétition remise aux autorités provinciales par la Society for the Preservation of Great Places, lors de la campagne de la maison Van Horne, était clairement rédigée en ce sens :

> *We the undersigned are in total disagreement with the plans of the provincial government to destroy the historical and cultural heritage of this province. In this instance, we refer specifically to the Van Horne mansion. We demand to know why the Cultural Property Commission is accountable only to the Minister of Cultural Affairs and not to the people of Quebec[100].*

Cette question allait être posée à maintes reprises lors des campagnes de sauvegarde répétées dans les années 1970. Pendant que le milieu montréalais réclamait une intervention énergique du ministère des Affaires culturelles, « […] plus de la moitié des budgets de trois millions a été consacrée à la restauration de la Place Royale à Québec », notait encore Luc D'Iberville-Moreau[101]. Le même chroniqueur, dans un autre article intitulé « La loi sur les biens culturels servira-t-elle à quelque chose ? », écrivait : « [a]u rythme où les choses sont faites, même si certains monuments ou biens sont classés, il faudra avant très peu de temps fonder un Musée imaginaire

---

98. Les membres étaient David G. Carter, directeur du Musée des beaux-arts de Montréal, John Bland, directeur de l'École d'architecture de l'Université McGill, John Brierly, professeur de droit à l'Université McGill, Guy Dubreuil, archéologue et professeur à l'Université de Montréal, Marcel Jetté, architecte de Montréal, Andrée Paradis, directrice de la revue *Vie des Arts*, Danielle Bédard, psychologue, Roland Bourret, avocat et président de l'ancienne Commission des monuments historiques du Québec, Fernand Grenier, doyen de la Faculté des lettres de l'Université Laval, Louis-Edmond Hamelin, géographe et directeur-fondateur de l'Institut d'études nordiques de l'Université Laval et Jean Palardy, ethnologue et spécialiste des meubles anciens et métiers d'art. Le président de la Commission était Georges-Émile Lapalme, ancien chef du parti libéral et fondateur, en 1961, du ministère des Affaires culturelles. Les auteurs de l'histoire de la Commission des biens culturels ont écrit à ce propos : « Durant le mandat de Georges-Émile Lapalme [1972-1978], la Commission joue un rôle important dans l'attention particulière que reçoit la région montréalaise. » Voir Alain Gelly, Louise Brunelle-Lavoie et Corneliu Kirjan, *op. cit.*, p. 200.

99. Dans le cas de la maison mère des Sœurs grises et de la « maison centenaire » de l'îlot des Voltigeurs, la Commission des biens culturels avait recommandé, « vu la gravité et l'urgence de la situation, de signifier aux propriétaires de [les] classer ». Voir Commission des biens culturels du Québec, *Premier rapport annuel 4 novembre 1972 – 29 décembre 1973*, Québec, Éditeur officiel, 1974, p. 15-17.

100. « Great Places gets "surprise" petition », *The Gazette*, 31 juillet 1973.

101. Luc D'Iberville-Moreau, « La loi des biens culturels », *Le Devoir*, 15 décembre 1973.

pour aller les apprécier[102] ». C'est dans ce contexte que les groupes voués à la sauvegarde du patrimoine tentèrent de mettre un terme à la démolition du paysage urbain montréalais.

■ ■ ■

La campagne de sauvegarde de la maison Van Horne marqua de manière décisive l'imaginaire des Montréalais. Pendant les longs mois de l'été 1973, la Society for the Preservation of Great Places tenta d'alerter l'opinion pour sauver la vieille résidence de la rue Sherbrooke grâce à une presse aux aguets et à la publication de nombreuses lettres de lecteurs. La campagne allait mettre en scène les protagonistes des luttes montréalaises à venir, leur vision de la ville et de son patrimoine. L'État québécois, décideur fondamental par la constitution du fonds patrimonial national, resta sourd aux suppliques du groupe de sauvegarde. Son choix s'inscrivit plutôt dans la continuité de son action depuis 1929, lorsqu'il protégea le château De Ramezay, participant ainsi à la valorisation d'un Montréal historique ratta-chée à l'image de l'« ancienne Ville-Marie ». L'adoption de la Loi sur les biens culturels en 1972 apportait en ce sens les promesses d'une nouvelle attitude, attentes cependant rapidement déçues par les pouvoirs discrétionnaires du ministre des Affaires culturelles. L'État canadien, géant réfléchi de la scène patrimoniale, brilla à son tour par son silence sur le sort de la maison Van Horne. Il marqua davantage Montréal en tant qu'employeur et propriétaire foncier important, comme nous aurons l'occasion de le voir dans les pro-chains chapitres. Les autorités municipales, inspirées par le rêve de trans-former Montréal en une grande « métropole du XXIᵉ siècle », regardèrent la ville se métamorphoser. Très peu interpellées dans la campagne de la maison Van Horne, elles personnifieront un intervenant complexe, ambivalent et contradictoire à l'image des fonctionnaires qui, tout en refusant de délivrer le permis de démolition, durent néanmoins s'y résoudre. Les promoteurs, enfin, allaient modeler le nouveau paysage urbain, aux yeux des défenseurs du patrimoine, telle une ville « anonyme » parmi les villes nord-américaines. Un des vecteurs fondamentaux de la lutte patrimoniale s'affirmait ainsi : sauver Montréal avant qu'elle ne devienne étrangère à elle-même.

Moins d'un mois après la démolition de la maison Van Horne, Sauvons Montréal naissait et affirmait sa mission de sauver un autre Montréal en s'attelant à l'organisation de la future résistance. Le groupe délimitait le quadrilatère formé par les avenues Atwater, des Pins et Papineau et le fleuve Saint-Laurent comme le foyer de cette ville unique à sauvegar-der. Le quadrilatère aurait en effet abrité un paysage urbain, jugé fondateur de l'expression identitaire de la ville et de la singularité de Montréal. Les formes de ce paysage urbain, que la campagne de la maison Van Horne avait mis en lumière, étaient mésestimées par la plupart des citoyens qui

---

102. Luc D'Iberville-Moreau, « La loi sur les biens culturels servira-t-elle à quelque chose ? », *Le Devoir,* 19 janvier 1974.

ne reconnaissaient guère dans ce « Montréal victorien » un patrimoine à protéger. Sauvons Montréal, appuyé et relayé par *Héritage Montréal* et par de nombreux groupes voués à la cause, allait ainsi travailler à la sauvegarde d'un autre patrimoine urbain et valoriser une identité urbaine polychrome plus proche de la réalité montréalaise. Les campagnes des années 1970 tenteraient de mettre un terme aux trop nombreuses démolitions, mais aussi à la dégradation et à l'abandon des édifices anciens de Montréal.

À la suite de la maison Van Horne

Des « monuments » menacés

A city, like a shark or a human being, is in many ways an organism, receiving nourishment from its citizens and institutions and nourishing them in turn; but when it turns to feed on its own substance, as Montreal has done before and as it did last weekend when wreckers destroyed the Van Horne mansion, its behavior can be as mindless and as self-destructive as the shark's.

The Gazette, 11 septembre 1973.

La campagne de sauvegarde de la maison Van Horne avait soulevé un mouvement de contestation organisé dont l'ampleur et la médiatisation allaient dépasser tout précédent. La démolition de la vieille demeure renvoyait au carnage insensé et autodestructeur du requin, pour reprendre la métaphore de l'éditorial du quotidien *The Gazette* au lendemain des événements[1]. Montréal s'engageait sur une voie qui aurait mené, inévitablement, à l'annihilation de sa personnalité. Dans les semaines qui suivirent, Sauvons Montréal, nouvellement formé, protesta contre les destructions massives et répétées du paysage urbain. L'engagement des défenseurs du patrimoine – des Montréalais, comme ils leur plaisaient de se présenter – tentait de donner une autre signification au développement de Montréal, soit un développement harmonieux et respectueux des caractères

historiques de la ville. La quête de modernité n'était pas gommée du discours, mais elle devait se poursuivre en parallèle, sur les terrains vacants.
Le programme pouvait se réaliser à condition que les autorités municipales
emboîtent le pas et que les autorités provinciales prennent conscience de
la valeur inestimable des «monuments historiques» à préserver dans la
ville. Au cours des nombreux combats des années 1970, une autre vision
du développement allait progressivement imposer le patrimoine à l'agenda
des décideurs et poser les jalons d'une nouvelle identité urbaine.

Toujours attentif au premier «moment» des luttes patrimoniales, ce
chapitre explore les gestes posés pour contrer le cycle des démolitions menaçant le paysage urbain durant les années 1970. En filigrane, la valorisation
d'une nouvelle image de Montréal se dessine par l'intérêt que manifestent les
acteurs. Rapidement, comme la première section le démontre, un pas dans
la bonne direction était franchi grâce à la sanction de nouveaux biens dans
le fonds patrimonial national. Le changement d'attitude et les protestations
de Sauvons Montréal n'empêchèrent cependant pas de nombreux édifices
de tomber sous la pression de la «métropole du progrès». Une question
désormais se posait: devait-on suivre le cycle naturel de la transformation
de la ville ou l'enrayer? La deuxième section s'attarde aux demandes de
Sauvons Montréal – arrêt des démolitions, contrôle du quadrilatère, élaboration d'un plan de développement et classement du *Golden Square Mile*[2]
– et aux réponses formulées. Les autorités concevaient difficilement une
intervention aussi massive. Le cas par cas semblait une réponse satisfaisante.
Le caractère dérisoire des pouvoirs était toutefois mis en évidence par les
démolitions illégales et l'action des promoteurs, analysées dans la troisième
section. Un équilibre tentait néanmoins d'être gardé entre la volonté des
autorités municipales et le pouvoir coercitif du ministère des Affaires culturelles dans la protection des biens culturels, comme nous le verrons dans la
section suivante. La politique était-elle une réponse partielle à un problème
global? Les trois dernières sections explorent des campagnes orchestrées
pour préserver une architecture tant résidentielle que publique; elles permettent de mesurer l'ampleur des menaces pesant sur le paysage urbain et
d'évaluer les gestes posés par les groupes de sauvegarde et par les autorités.
Ainsi, tout au long du chapitre, le patrimoine menacé est ici appréhendé
sous l'enseigne du «monument historique», seule réponse qui semblait
véritablement permettre la protection du paysage urbain.

1.　«Mindless destruction», *The Gazette*, 11 septembre 1973.
2.　Le «quadrilatère» est ce secteur identifié par Sauvons Montréal compris entre les avenues
　　Atwater, des Pins, Papineau et le fleuve Saint-Laurent. Le *Golden Square Mile* désigne le
　　territoire de Montréal délimité par l'avenue Atwater, le mont Royal, l'avenue du Parc et
　　par les voies de chemins de fer du Canadien Pacifique et la rue de la Gauchetière où les
　　riches bourgeois de Montréal s'établirent dans la seconde moitié du XIXᵉ siècle. Le territoire
　　formait un carré d'environ un mile. L'expression *Square Mile* ne serait apparue, écrit
　　Paul-André Linteau, qu'au XXᵉ siècle, tandis que l'épithète *Golden* aurait été accolée par la suite.
　　Voir Paul-André Linteau, *Histoire de Montréal depuis la Confédération*, Montréal, Boréal,
　　2000, p. 579; François Rémillard et Brian Merrett, *Demeures bourgeoises de Montréal, le
　　Mille Carré Doré, 1850-1930*, Montréal, Éditions du Méridien, 1986, p. 17.

■ Un pas dans la bonne direction :
un nouveau patrimoine sanctionné

Une dizaine de jours après la démolition de la maison Van Horne, sous le titre « Another relic is threatened here », le quotidien *The Gazette* dénonçait les menaces qui pesaient sur les maisons Shaughnessy et Killam[3]. Un investisseur de Toronto, apprenait-on, avait déposé une option d'achat sur la maison Shaughnessy[4]. Le spectre des démolitions licencieuses flottait à nouveau sur la ville : « *one by one the buildings along Dorchester Boulevard have fallen victim to street widening and other forms of progress. The old Shaughnessy house between St. Mark and Fort Streets still gives an idea of the street's one-time splendor*[5] ». Alors qu'il était resté muet au cours des événements précédents, le ministre des Affaires indiennes et du Nord canadien et responsable du patrimoine

Maison Shaughnessy, aujourd'hui intégrée au Centre Canadien d'Architecture.

Photo : Martin Drouin

canadien, Jean Chrétien, qualifia la maison de « national architectural and historical importance » se référant ainsi aux qualités formelles de l'édifice et aux hommes qui y avaient vécu. Ce faisant, il accepta d'étudier la proposition de protéger la maison, mesure à laquelle il agréa

3. Le début du démantèlement de la maison Van Horne commença le vendredi 7 septembre 1973, tandis que les nouvelles menaces de démolition furent annoncées le 17 septembre. Voir Donna Gabeline, « Another relic is threatened here », *The Gazette*, 17 septembre 1973.
4. La maison Shaughnessy est située sur le boulevard René-Lévesque, entre les rues Du Fort et Saint-Marc ; elle abrite maintenant une partie du Centre Canadien d'Architecture.
5. « Lord Shaughnessy », *The Gazette*, 20 février 1971.

presque aussitôt[6]. Toutefois, l'étiquette d'«importance historique nationale» octroyée par le gouvernement fédéral ne contrait guère la menace précédemment annoncée dans les médias. L'antagonisme de la situation n'était que plus choquant : « *Shaughnessy House – a 99-year-old mansion declared by a federal government agency – may soon become a pile of bricks[7]* ». Un porte-parole du promoteur déclarait d'ailleurs : « *the government is always saying it is interested in declaring something an historic monument. It doesn't mean much[8]* ». À peine formé, Sauvons Montréal entrait dans la bataille et organisait la résistance.

La campagne de sauvegarde n'a pas eu l'envergure médiatique de celle menée en faveur de la maison Van Horne. Préférait-on mener une action directe ? *The Montreal Star* notait : « *various Montrealers including architect Phyllis Lambert and photographer Brian Merrett are known to be interceding with the order's Toronto headquarters where the sale is being handled[9]* ». D'autres quotidiens rapportaient la manifestation d'une soixantaine de personnes dans la rue[10]. Les lecteurs apprenaient aussi l'intervention du ministère des Affaires culturelles qui annonça son intention de protéger l'ancienne résidence de William Van Horne et de Thomas Shaughnessy[11]. Cette fois-ci, le classement de la maison Shaughnessy se concrétisa en février 1974[12]. Mais ce fut davantage son achat – par Phyllis Lambert, architecte et directeur-fondateur du Centre Canadien d'Architecture – quelques mois plus tard et au terme de négociations difficiles avec le propriétaire, que célébra le quotidien *The Gazette* : « *The historic Shaughnessy mansion [...] has been bought by a Montreal architect and saved from possible demolition[13]* ».

---

6. On peut s'étonner de la rapidité avec laquelle les autorités fédérales réagirent dans le dossier de la maison Shaughnessy, alors qu'elles firent la sourde oreille à celui de la maison Van Horne. Pour les édifices désignés d'«importance historique nationale» par le gouvernement canadien, voir l'annexe IV. Voir Donna Gabeline, « Another relic is threatened here », *The Gazette*, 17 septembre 1973.

7. On apprenait dans la même foulée que les autorités fédérales avaient «découvert» la maison Shaughnessy lors des recherches sur la maison Van Horne : « *Shaughnessy House was considered more important than the Van Horne mansion* », pouvait-on lire dans *The Gazette*. Voir Donna Gabeline, « Shaughnessy mansion sold "conditionally" », *The Gazette*, 2 octobre 1973.

8. *Ibidem.*

9. Dusty Vineberg, « Option to buy Shaughnessy home ends on Nov. 13 », *The Montreal Star*, 4 octobre 1973. Phyllis Lambert n'était visiblement pas très connue des journalistes à ce moment-là. Brian Merret, membre actif de Sauvons Montréal, cosignera, au milieu des années 1980, un ouvrage sur les résidences bourgeoises du Mile carré doré : François Rémillard et Brian Merrett, *op. cit.*

10. « Trying to preserve history », *The Gazette*, 5 octobre 1973 ; « La maison Shaughnessy menacée à son tour », *La Presse*, 5 octobre 1973.

11. On peut lire, dans le journal *La Presse* : «Ces deux résidants importants contribuèrent largement à l'une des pages les plus difficiles du raccordement territorial est-ouest canadien.» Voir «Les Affaires culturelles veulent classer la Maison Shaughnessy», *La Presse*, 26 octobre 1973.

12. Donna Gabeline, « "Historic" Shaughnessy home won't fall to wrecker's ball », *The Gazette*, 8 février 1974 ; «La maison Shaughnessy classée monument historique par Québec», *La Presse*, 11 février 1974. La maison Shaughnessy est aussi connue sous le nom de maison des Sisters of Services, du nom des derniers propriétaires de l'édifice au moment du classement. Voir Phyllis Lambert, «La maison des Sisters of Services (ou Shaughnessy)», *Les Chemins de la mémoire*, vol. 2, p. 118-120.

13. Donna Gabeline, « Architect buys Shaughnessy mansion », *The Gazette*, 20 avril 1974.

Il était alors prévu, sous la conduite du groupe ARCOP, de transformer la maison en hôtel[14]. Son avenir lui réservait cependant des détours, puisqu'elle intégra le Centre Canadien d'Architecture au cours des années 1980.

Un peu plus loin, rue Sherbrooke, la maison Killam[15], ancienne demeure de Sir Issac Walton Killam, « *one of the first to develop Canada's hydro-electric power and a founder of the pulp and paper industry*[16] », n'eut pas la même chance. L'énergie des défenseurs du patrimoine avait-t-elle été aspirée par la sauvegarde de la maison Shaughnessy ? Le temps manqua-t-il pour réagir ? Toujours est-il que deux mois après l'annonce du projet de démolition, en novembre 1973, les Montréalais apprenaient : « on a [...] détruit cette semaine la maison Killam qui faisait partie de cet ensemble de demeures victoriennes dont la maison Van Horne était la plus importante[17] ». Toute une portion de la rue Sherbrooke subissait ainsi des transformations constantes. Un journaliste du quotidien *La Presse* déplorait :

> Pour ce qui est du coin des rues Stanley et Sherbrooke, il faut noter qu'il constituait, il y a encore un an, un des plus majestueux du secteur avec ses quatre maisons à caractère historique (une sur chaque coin) dont deux – la maison Van Horne au nord-est et la maison Killam au sud-est – ont déjà été démolies pour faire place à des édifices à bureaux anonymes du genre de ceux du boulevard Dorchester. Deux subsistent : le Mount Royal Club sur le coin nord-ouest et la maison Atholstan au sud-ouest[18].

Abandonnée depuis plusieurs années, la maison Killam tombait sous la pression du nouveau centre-ville et de son désintérêt.

Au début de l'année 1974, les citoyens-défenseurs constataient avec joie qu'un pas dans la bonne direction était en train de s'accomplir grâce à la reconnaissance de nouveaux objets dans le fonds patrimonial national. En effet, l'État québécois protégeait trois édifices limitrophes – le Mount Royal Club, la maison Corby et le United Services Club – de même qu'un quatrième – la maison Atholstan – qui leur faisait face, rue Sherbrooke[19].

14. L'article de Gabeline notait aussi : « [...] *the property will be turned over to Y and R, one of the largest development firms in Canada, which plans to restore the mansion and incorporate it as the public rooms of a new structure to be built in adjoining land.* » Voir Donna Gabeline, « Architect buys Shaughnessy mansion », *The Gazette*, 20 avril 1974. Lambert avait formé l'année précédente la Ridways Ltd, « *a company with the goal of designing, building, and restoring structure* ». En 1976, la compagnie acheta le Biltmore Hotel à Los Angeles et procéda à sa restauration. Voir Gene Summers, « The "Ridgway" Biltmore », *ARQ*, nᵒ 88 (décembre 1995).

15. La maison Killam était située rue Sherbrooke à l'intersection sud-est de la rue Stanley.

16. Donna Gabeline, « Another relic is threatened here », *The Gazette*, 17 septembre 1973.

17. Luc D'Iberville-Moreau, « Comment tuer une ville – bis », *Le Devoir*, 10 novembre 1973.

18. Jacques Benoît, « D'autres belles maisons seraient sacrifiées à un ensemble immobilier », *La Presse*, 12 juin 1974.

19. Le 15 janvier 1974, l'État québécois reconnaissait ces quatre édifices. Un an plus tard, le 15 janvier 1975, le statut déjà accordé pour le Mount Royal Club était réévalué pour le classement, ce qui lui accordait une aire de protection de 152 mètres (500 pieds). Ce changement se produisit en plein cœur de l'affaire des maisons de la rue Drummond, démolies illégalement en décembre 1974 et en janvier 1975. Les rebondissements de l'affaire seront décrits dans les pages suivantes. Voir Ministère de la Culture et des Communications, *Répertoire des biens culturels et arrondissement du Québec*, 2000, [http://www.mcc.gouv.qc.ca/pamu/biens-culturels/index.htm], consulté le 12 février 2003.

Maison Greenshield.

Photo : Martin Drouin

L'étude en vue de leur protection avait été commandée dès juillet 1973, en plein cœur de la campagne de sauvegarde de la maison Van Horne[20]. La protection des édifices – « [t]*his grouping of robber baron house* » – constituait une première dans la sauvegarde de la ville revendiquée par Sauvons Montréal, comme le reconnaissait David Giles Carter, alors directeur du Musée des beaux-arts et membre de la Commission des biens culturels : « *it is the first time outside of the Old Montreal district that an environment, a group of things that mean something... has been recognized as having value and importance*[21] ». Protéger des œuvres du XIXᵉ siècle architectural représentait une innovation. En mémoire des batailles menées au cours des dernières années[22], la protection des quatre bâtiments fit figure de point d'orgue[23]. Malgré les démolitions qui frappaient encore, il était loisible de se demander si les efforts des défenseurs du patrimoine, désormais regroupés sous la bannière de Sauvons Montréal, ne commençaient pas à porter des fruits. Du moins, une brèche se formait dans le choix des « monuments historiques » à protéger, qui n'allait pas manquer d'être exploitée dans les campagnes ultérieures.

■ Le cycle naturel de la ville : démolition ou protection

Bien que sensibles à la protection d'édifices menacés, certains défenseurs du patrimoine voulaient en élargir la portée à l'ensemble du secteur. Il ne s'agissait plus alors de conserver des éléments ponctuels, telles les résidences bourgeoises du XIXᵉ siècle qui avaient disparu en si grand nombre au cours de la dernière décennie, mais de protéger l'ensemble d'un paysage urbain particulier, contre la « démolition galopante[24] », selon l'expression d'un journaliste du quotidien *Le Devoir*. C'est ce que précisait Sauvons Montréal par sa mission de préserver le quadrilatère compris entre les avenues Atwater, des Pins, Papineau et le fleuve Saint-Laurent. À cette

20. L'information paraissait dans le quotidien *The Montreal Star* : Dusty Vineberg, « Three may get special status », *The Montreal Star*, 21 juillet 1973. L'étude était publiée par le ministère des Affaires culturelles et la Ville de Montréal : Laszlo Demeter (dir.), *Relevé et évaluation sommaire des ensembles historiques de la ville de Montréal*, vol. 3, *L'ensemble Van Horne*, Québec, ministère des Affaires culturelles, 1973.

21. Dusty Vineberg, « Historic sites may be saved », *The Montreal Star*, 26 janvier 1974.

22. Souvenir d'autant plus présent que la maison Atholstan, de même que les édifices voisins sur le même îlot, étaient, eux aussi, menacés par un projet de développement.

23. Dane Lanken, « Death knell peals for "slice of life" Sherbrooke street », *The Gazette*, 18 mai 1974 ; Alain Duhamel, « La maison Alcan à Montréal : une expérience concluante de mise en valeur du patrimoine urbain », *Habitat*, nᵒ 74 (été 1986), p. 20-22 ; Luc Noppen, « Maison Atholstan », dans *Les Chemins de la mémoire*, vol. 2, p. 107.

24. Bernard Descôteaux, « Un moratoire contre les démolitions », *Le Devoir*, 13 juin 1974.

fin, l'organisme pressait la Ville de Montréal d'adopter un moratoire interdisant toute démolition dans le quadrilatère, le temps d'évaluer les conditions du développement et de la protection de la ville. Conscient de l'importance stratégique du secteur et assurant ne pas être contre toute forme de construction, Sauvons Montréal imaginait une alternative par l'utilisation des terrains vagues : « *There is so much empty land in downtown Montreal (parking lots, etc.) on which new buildings could be built that it is criminal to destroy historic buildings*[25] ». L'argument, récurrent dans les appels à la sauvegarde, ménageait une alternative aux trop nombreuses démolitions généralement méconnues des Montréalais, dont l'attention s'était essentiellement focalisée sur les cas les plus spectaculaires.

À l'intérieur du quadrilatère identifié, Sauvons Montréal réclamait le statut d'arrondissement historique pour le *Golden Square Mile* et ses résidences bourgeoises, du moins celles qui avaient su résister au bras destructeur du développement urbain. Un sympathisant du groupe écrivait dans *The Montreal Star* : « *the last of Montreal's Square Mile should be classified against high-rise*[26] » et s'inquiétait en particulier du sort de l'avenue McGregor[27], « *one of the last of the great streets of Montreal's Square Mile, Canada's premier residential area in the late 19th century* [...][28] ». Regroupés sous le nom de *McGregor Avenue Tenants Association*, des locataires, qui avaient reçu en juillet 1974 des avis d'éviction pour le mois suivant, protestèrent contre la destruction des bâtiments prévue quelques jours plus tard. Devant l'importance des édifices de ce secteur, le ministère des Affaires culturelles, sur l'avis de la Commission des biens culturels, décida de suspendre « pour trente jours toute procédure de démolition dans le secteur[29] ». Sauvons Montréal souhaitait qu'un tel geste s'étale sur deux années complètes. Bien que l'affaire prît une tournure heureuse avec le classement,

Article de Donna Gabeline, « Stately homes facing demolition », The Gazette, 12 juillet 1974, p. 5.

Bibliothèque nationale du Québec

---

25. Mark London, « The vanishing streetscapes », *The Montreal Star*, 21 juillet 1973. Voir aussi Mark London, *Preservation and Conservation: There Is room for Both in Central Montreal*, Montréal, Sauvons Montréal, 1976.

26. L'auteur de la lettre publiée dans le courrier du lecteur était membre de l'*Association des locataires de la rue McGregor*. Voir Lonnie Echenberg, « The last of Montreal's Square Mile should be classified against high-rise », *The Montreal Star*, 14 août 1974.

27. L'avenue McGregor est devenue l'avenue du Docteur-Penfield en 1978. Voir *Les rues de Montréal : répertoire historique*, Montréal, Méridien, 1995, p. 146.

28. Lonnie Echenberg, *The Montreal Star*, 14 août 1974.

29. Gilles Tremblay, « Des maisons historiques seront peut-être sauvées », *La Presse*, 22 juillet 1974.

en septembre 1974, de la maison Greenshield, puis, en janvier 1975, de la maison Joseph-Aldéric-Raymond[30], le groupe de sauvegarde regrettait que les interventions soient toujours l'objet d'une attention ponctuelle en lieu et place d'une action globale et synergique.

Plutôt que de procéder à la création d'un arrondissement historique pour le *Golden Square Mile*, les autorités provinciales privilégiaient un contrôle accru de l'émission des permis de démolition mis en dialectique avec l'évaluation « patrimoniale » des édifices menacés, et ce, au cas par cas. Le gouvernement voulait conférer à la Ville de Montréal – de même qu'à l'ensemble des municipalités du Québec[31] – le pouvoir « de retarder pendant un an l'octroi d'un permis de démolition en attendant que le ministère des Affaires culturelles se prononce sur l'intérêt historique d'un immeuble ou d'un quartier[32] ». Cette prise de position découlait de la réticence du gouvernement à constamment intervenir, par l'entremise de son ministère des Affaires culturelles, dans ce qui lui paraissait plus directement concerner la Ville de Montréal, comme le faisait remarquer le quotidien *The Montreal Star* : « *while the designation of historic site is a provincial matter, the government does not want to become embroiled in such matters over the head of the municipal administration if it can avoid it[33]* ». Il n'était pas toujours facile d'intervenir dans les affaires de la métropole québécoise. La divergence des points de vue des acteurs en présence compliquait l'intervention provinciale. Trésors patrimoniaux pour les groupes de sauvegarde, les édifices anciens étaient évalués par les autorités municipales selon leur potentiel de compatibilité, donc selon un principe de coexistence, avec les projets de la ville nouvelle et moderne. Parmi les critères retenus figuraient en bonne place l'évaluation immobilière et le rendement fiscal.

Afin de faciliter le contrôle du secteur, l'Assemblée nationale étudia, à la fin de l'année 1974, le projet de loi 91, qui allait modifier la Loi des cités et villes ainsi que le code municipal[34]. Plusieurs questions corollaires surgirent, dont les médias firent écho, comme le droit de propriété individuelle, les taxes municipales, la qualité esthétique des nouvelles constructions et le cycle de transformation des villes. Le ministre des Affaires municipales et « parrain du projet », Victor Goldbloom, notait à ce propos : « quand on a fait

---

30. La construction de l'immeuble « Le Penfield », au début des années 1980, allait néanmoins remettre au cœur de l'actualité le sort de la maison Greenshield. Voir « La maison Greenshield ne pourra être détruite », *La Presse*, 3 octobre 1974 et « La maison Raymond : monument historique », *La Presse*, 3 juin 1975. Voir aussi Luc Noppen, « Maison Greenshield », dans *Les Chemins de la mémoire*, vol. 2, p. 125 et Cindy Wilson, « Maison Joseph-Alderic-Raymond », dans *Les Chemins de la mémoire*, vol. 2, p. 124.

31. Malgré leur élargissement à l'ensemble des municipalités du Québec, les nouveaux pouvoirs étaient surtout destinés à la Ville de Montréal. La Commission des biens culturels notait dans son quatrième rapport annuel : « À la seule exception, peut-être, de la Ville de Montréal, cette loi n'est pas utilisée, par ignorance dans la plupart des cas. » Voir Commission des biens culturels du Québec, *Quatrième rapport annuel, 1975-1976*, Québec, Éditeur officiel, 1976, p. 145.

32. Evelyn Dumas, « L'assemblée nationale étudiera un projet visant à retarder les démolitions de quartiers historiques », *Le Jour*, 19 juin 1974.

33. « Historic site », *The Montreal Star*, 24 décembre 1974.

34. La loi fut sanctionnée le 24 décembre 1974.

l'excavation de Troie, on a trouvé sept niveaux de ville, l'une bâtie par-dessus l'autre, dont celle décrite par Homère était la troisième[35] ». Les enjeux de la protection du *Golden Square Mile*, devenu le nouveau centre des affaires, oscillaient entre la préservation des édifices « historiques » et le soutien à la transformation « naturelle » de la ville. Les autorités provinciales se déchar-

Pierre Bretrand, « Le curieux sauvetage des maisons historiques », Le Jour, *31 décembre 1974, p. 1.*

gèrent du fardeau de constamment intervenir, à la demande des groupes de sauvegarde, en reléguant le dossier aux affaires municipales. Il revenait donc à la Ville de prendre les mesures nécessaires en vue de la protection des éléments importants du paysage urbain. Toutefois, à l'encontre de protections ponctuelles favorisées par les autorités provinciales et municipales, les groupes de sauvegarde prônaient une réglementation d'ensemble, évitant les interventions au cas par cas.

De fait, la problématique des démolitions faisait toujours l'actualité à Montréal. Sauvons Montréal organisait d'ailleurs, à l'automne 1974, une conférence de presse et dénonçait : « le patrimoine historique est détruit avec ou sans permis[36] ». Le groupe protestait, en effet, contre « le peu de respect des pouvoirs municipaux face aux démolitions de plus en plus fréquentes de nos sites historiques » et contre « la surprenante passivité du ministère des Affaires culturelles et de sa Commission des biens culturels qui ne se manifestent sûrement pas avec toute la vigueur qu'on aurait attendu d'un tel organisme ». Le projet de loi 91 n'allait en rien transformer cette attitude, mais au contraire la légitimer. Sauvons Montréal ne pouvait dès lors que tenter « d'alerter l'opinion publique et les pouvoirs publics devant les actes de vandalisme que l'on [était] en train de poser face à certains édifices historiques ». Sans définir la nature des « édifices historiques » en question, Sauvons Montréal donnait plutôt deux exemples. Dans le faubourg des Récollets, « au début de cette semaine, on a commencé à détruire le 708 ouest de la rue Saint-Paul [l'ancien Petit séminaire], sans aucun permis de la ville » et, dans le *Golden Square Mile*, sur la rue Drummond, trois édifices « n'étaient plus chauffés depuis

Pierre Bretrand, « Le curieux sauvetage des maisons historiques », Le Jour, *31 décembre 1974, p. 3.*

---

35. Cité dans l'article d'Evelyn Dumas, « L'assemblée nationale étudiera un projet visant à retarder les démolitions de quartiers historiques », *Le Jour*, 19 juin 1974.

36. Jean-Pierre Tadros, « Le patrimoine historique est détruit avec ou sans permis », *Le Jour*, 23 novembre 1974.

une semaine [...] : ils seraient donc perdus, ce que voulaient les propriétaires ». Le projet des autorités provinciales ne pouvait suffire à protéger le paysage urbain. De plus, la réelle efficacité du contrôle des permis de démolition avait déjà été mise en doute depuis quelques années. Des experts avaient souligné que, laissés à l'abandon, des édifices – comme ceux de la rue Drummond – allaient tomber en ruine d'eux-mêmes, invalidant tout débat sur la démolition et la conservation[37]. La protection du secteur identifié par Sauvons Montréal, dont le paysage était jugé fondamental à l'expression de l'identité de la ville, trouvait difficilement grâce aux yeux des autorités municipales et provinciales.

Alain Duhamel,
« Le propriétaire
est poursuivi par les
Affaires culturelles »,
Le Devoir, 1er juin
1978, p. 41.

■ La difficile protection du paysage urbain : les démolitions illégales

Bibliothèque nationale du Québec

La destruction de maisons situées sur la rue Drummond, à la fin de l'année 1974, corrobora les pressentiments énoncés lors de la conférence de presse de Sauvons Montréal, tenue quelques mois plus tôt. En effet, les maisons n'eurent pas le temps de s'écrouler d'elles-mêmes, puisque deux furent partiellement démolies le 21 décembre sous l'ordre des promoteurs. Les médias rapportaient que Michael Fish, de Sauvons Montréal, les policiers et le « chef du contentieux » de la Ville de Montréal ne parvinrent qu'à « mettre fin au ravage et obtenir que les démolisseurs quittent les lieux[38] » ; « *the wrecking was so unprepared that neither the electricity nor the water was cut off prior to the start of demolition*[39] ». Sans permis de démolition, puisqu'il leur avait été refusé, les promoteurs avaient procédé illégalement[40]. L'affaire se poursuivit d'ailleurs en cour, les promoteurs contestant la validité des règlements municipaux, la Ville de Montréal arguant que l'intrusion dans l'aire de protection du Mount Royal Club validait sa décision de ne

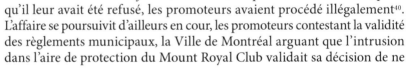

37. Dusty Vineberg, « Experts split on how to save old building », *The Montreal Star*, 22 novembre 1973.

38. Le journaliste décrivait ainsi les faits : « le moins que l'on puisse dire, c'est que la compagnie impliquée semblait pressée de voir ces trois maisons disparaître. L'architecte Michael Fish, de Sauvons Montréal, a révélé que les démolisseurs se sont mis au travail dès 8h30, samedi matin, et une première maison était à moitié démolie lorsqu'un citoyen est intervenu. Visiblement ennuyé, le démolisseur a abandonné cette maison pour s'attaquer à la deuxième sans perdre de temps. Il était 11 h 30 lorsque M. Fish a été mis au courant de ce qui se passait ». Voir Jacques Gagnon, « Deux résidences d'un intérêt historique, démolies sans permis », *La Presse*, 23 décembre 1974.

39. Walter Poronovich, « Mansions wrecked without permit », *The Montreal Star*, 23 décembre 1974.

40. « La Jean-Talon », *Le Devoir*, 13 janvier 1975.

pas délivrer de permis et contrerait toute contestation[41]. L'affaire prit une nouvelle tournure lorsque dans la nuit du 8 janvier, la façade de la maison Smithers, troisième du groupe, fut elle aussi partiellement détruite. *The Montreal Star* rapporta que les ouvriers avaient commencé leur travail en début de soirée, « *without even bothering to unload the shovel from the truck* », croyant, selon leurs dires, que les propriétaires détenaient enfin les permis nécessaires[42]. Dès le lendemain, la Ville de Montréal interdisait formellement aux propriétaires de toucher aux bâtiments[43].

Deux ans s'écoulèrent avant que l'affaire des maisons de la rue Drummond ne connaisse un dénouement. Les tribulations judiciaires se poursuivirent tout au long de la première année. Sauvons Montréal espérait qu'un jugement de culpabilité « forcer[ait] [les propriétaires] à restaurer à leurs frais les édifices partiellement démolis sans permis[44] », ce que parut confirmer le dépôt d'un avis de classement. La Ville de Montréal gagna finalement le procès et les promoteurs de la Jean Talon Fashion Center durent payer une amende de dix mille dollars. Mais en 1977, un an après le jugement, les ruines des trois maisons étaient toujours exposées aux intempéries, sans qu'aucune restauration n'ait été entreprise. C'est alors que le ministère des Affaires culturelles retira son avis d'intention de classement « parce qu'il estimait ne pouvoir rien faire pour forcer le propriétaire à restaurer les bâtisses comme elles étaient avant le début de la démolition illégale[45] ». À la une des quotidiens du 23 août 1977 : « Les résidences victoriennes de la rue Drummond tombent » et « Wreckers win the battle for Drummond mansions[46] ». Bien qu'illégale et contrée un temps par la loi, la manœuvre expéditive des promoteurs n'en avait pas moins atteint son but[47].

---

41. En effet, le classement d'un édifice permet de lui associer une aire de protection afin de protéger son environnement. L'aire de protection décrivait nécessairement un cercle de 152 mètres de rayon. Avec l'amendement de 1986, l'aire de protection peut être calculée en fonction du périmètre à protéger. Lors de l'affaire des maisons de la rue Drummond, un étrange débat s'en suivit sur la façon de calculer l'aire de protection. Devait-elle partir du centre de l'édifice classé ou des quatre coins de l'édifice ? Voir Pierre Bertrand, « Le juge est confronté à 2 théories géométriques », *Le Jour*, 31 décembre 1974. Voir aussi « Montréal n'aurait aucun droit d'empêcher une démolition », *Le Devoir*, 28 décembre 1974 ; Jacques Benoît, « Montréal poursuivra ceux qui ont démoli sans permis », *La Presse*, 24 décembre 1974 ; Evelyn Dumas, « Les démolisseurs de la rue Drummond contre-attaquent », *Le Jour*, 28 décembre 1974. Pour des informations complémentaires sur la Loi sur les biens culturels, voir Gilles Dumouchel, Francine Paradis et Yves Bergeron, *La Loi sur les biens culturels et son application*, Québec, ministère des Affaires culturelles, 1987, p. 22.

42. Crosbie Cotton, « Third mansion falls without demolition permit », *The Montreal Star*, 8 janvier 1975.

43. Bernard Descôteaux, « La bataille s'engage entre la ville et les promoteurs », *Le Devoir*, 9 janvier 1975.

44. Gilles Provost, « Sauvons Montréal se propose de harceler les démolisseurs », *Le Devoir*, 10 janvier 1975.

45. Claude Turcotte, « Québec ne protège plus les trois maisons victoriennes », *La Presse*, 6 juin 1977.

46. Jean-Pierre Bonhomme, « Les résidences victoriennes de la rue Drummond tombent », *La Presse*, 23 août 1977 ; « Wreckers win the battle for Drummond mansions », *The Montreal Star*, 23 août 1977.

47. Les propriétaires avaient toutefois été obligés de se départir des trois maisons.

Une situation similaire rappelait en 1978 l'affaire des maisons de la rue Drummond. En effet, deux édifices de la rue Saint-Hubert furent démolis illégalement par un propriétaire désireux d'agrandir le stationnement adjacent à son hôtel[48]. Afin de protéger les maisons «qui [faisaient] partie d'un alignement exceptionnel de la rue Saint-Hubert, entre les rues Sherbrooke et Maisonneuve à Montréal[49]», un avis d'intention de classement avait été déposé deux ans plus tôt. Entre les deux dates, le ministère des Affaires culturelles tenta de convaincre le propriétaire de restaurer les maisons. Mais, ce dernier jugea d'une part le coût de la réalisation trop onéreux et, d'autre part, que la restauration ne réglerait en rien son problème de stationnement. La lenteur des démarches pour trouver une solution conjuguée à l'indifférence d'un propriétaire peu sensible au «charme» de la rue Saint-Hubert eurent raison des deux maisons. Le ministère des Affaires culturelles voulut alors poursuivre en justice le propriétaire. Toutefois, échaudé par l'insuccès retentissant de l'affaire de la rue Drummond, la Ville de Montréal hésita à s'associer au recours. Il était difficile de croire que de longues poursuites puissent permettre de reconstruire les édifices disparus. La protection du paysage urbain se révélait une lourde tâche, même lorsque les défenseurs du patrimoine recevaient l'appui des autorités.

■ Une solution partielle à un problème global : les permis de démolition

Au cœur de l'affaire des maisons de la rue Drummond, les autorités provinciales adoptèrent, le 24 décembre 1974, le projet de loi 91, qui accordait aux municipalités le pouvoir d'«interdire pour une période n'excédant pas douze mois la démolition de tout immeuble constituant un bien culturel au sens de la Loi sur les biens culturels[50]». Dans cette dynamique, la municipalité devait demander son classement (ou sa reconnaissance) au ministère des Affaires culturelles. Plus qu'un simple refus de démolition, les pouvoirs conduisaient, si le Ministère reconnaissait la valeur patrimoniale

---

48. Rosemary McCracken, «Historical site faces test», *The Montreal Star*, 3 juin 1978.
49. Alain Duhamel, «Le propriétaire est poursuivi par les Affaires culturelles», *Le Devoir*, 1er juillet 1978.
50. Le projet de loi 91 à la suite de son adoption est devenu le «Chapitre 46» des Lois du Québec de 1974. Voir «Chapitre 46», *Lois du Québec, 1974*, Québec, Éditeur officiel, 1974, p. 413.

de l'édifice, à son inscription sur la liste des biens culturels[51]. Les autorités municipales, avant cette modification législative, avaient déjà refusé d'émettre des permis de démolition. Ce fut le cas pour une série de maisons entre la rue Sherbrooke et l'avenue du Président-Kennedy. Toutefois, le décision risquait d'être contestée comme ce fut le cas avec les maisons de la rue Drummond. Aussi, les autorités utilisèrent rapidement les nouveaux leviers mis à leur sa disposition afin « d'interdire la démolition d'une série de maisons d'architecture victorienne situées rue Jeanne-Mance[52] ». En plus de légitimer la valeur des maisons aux yeux des autorités municipales, la série de maisons était ainsi l'abri d'un danger raisonnable pendant un an. Encore fallait-il ensuite trouver une solution.

Malgré l'intérêt manifesté pour ces maisons considérées comme « [l'] un des deux derniers ensembles de l'époque victorienne situés dans le centre de la ville, au sud de la rue Sherbrooke[53] », Sauvons Montréal objectait que l'ensemble du secteur méritait une telle protection. L'un de ses directeurs, Peter Lanken, jugeait en effet insuffisante cette intervention ponctuelle de la Ville : « *it's a trivial response to an immense problem[54]* ». Membre du même organisme, Michael Fish renchérissait : « *the news is gratifying but we have a global problem. There are at least 10 sectors in urgent need for protection. We've cleaned out slums years ago. Virtually any building being knocked down now is a big loss, leaving a little less character[55]* ». Aux réponses ponctuelles du ministère des Affaires culturelles et de la Ville de Montréal, Sauvons Montréal réagissait par une demande de suspension de toutes les démolitions dans le secteur du centre-ville, le temps de préparer un plan de développement.

---

51. Incorporé à la Loi sur les cités et villes, le chapitre 46 est devenu le règlement 412 qui stipule : « Le conseil peut faire des règlements […] Pour interdire pour une période n'excédant pas 12 mois la démolition de tout immeuble constituant un bien culturel au sens de la Loi sur les biens culturels (chapitre B-4), ou situé dans un territoire identifié comme pouvant constituer un arrondissement historique ou naturel au sens de ladite loi. Cette interdiction prend effet à compter de l'avis de motion du règlement visant à interdire la démolition. Copie de cet avis de motion doit être immédiatement envoyée au ministre de la Culture et des Communications. Cependant, si ce règlement n'est pas adopté et mis en vigueur dans les trois mois de la date de l'avis de motion, cette interdiction cesse de s'appliquer. Dans les 15 jours suivant l'adoption d'un tel règlement, la municipalité doit adresser au ministre de la Culture et des Communications une requête afin qu l'immeuble concerné soit reconnu ou classé bien culturel au sens de la Loi sur les biens culturels ou que le territoire identifié soit déclaré arrondissement historique ou arrondissement naturel au sens de ladite loi. Si, à l'expiration du délai de 12 mois de la date de l'avis de motion, le ministre de la Culture et des Communications n'a pas reconnu ou classé comme bien culturel l'immeuble concerné ou n'a pas déclaré le territoire concerné comme arrondissement historique ou arrondissement naturel, ou si le ministre de la Culture et des Communications n'a pas donné l'avis d'intention en vertu de la Loi sur les biens culturels, le règlement cesse d'avoir effet. » Voir Site Internet des Publications du Québec, « Loi sur les cités et villes », *Lois et règlements*, 2003, [http://www.publicationsduquebec.gouv.qc.ca/home.php], consulté le 12 mai 2003.

52. Bernard Descôteaux, « Démolition gelée, rue J.-Mance », *Le Devoir*, 21 janvier 1975.

53. L'autre ensemble serait situé rue Saint-Urbain entre les rues Evans et Sherbrooke. Voir Jacques Benoît, « Montréal interdit la démolition de plusieurs maisons devant être classées comme biens culturels », *La Presse*, 21 janvier 1975.

54. Rene Laurent, « Jeanne Mance block six months more », *The Gazette*, 21 janvier 1975.

55. *Ibidem.*

Bernard Descôteaux,
« Démolition gelée,
rue J.-Mance »,
Le Devoir, *21 janvier*
1975, p. 3.

Les maisons placées au cœur de ce débat bénéficiaient du soutien de l'Association des résidants de la rue Jeanne-Mance. Avec l'aide de Sauvons Montréal fut soumis un projet de transformation des bâtiments en coopérative d'habitation[56], solution qui permettait une alternative aux démolitions. Un pas de plus fut franchi lorsqu'en 1975 et en 1977, le ministère des Affaires culturelles protégea les 17 façades de l'ensemble. En 1977, la Société centrale d'hypothèques et de logement (SCHL) acheta 15 des édifices, parmi lesquels huit étaient déjà abandonnés, pour les transformer en coopérative d'habitation[57]. À la même époque et à quelques pas de là, le secteur Milton Parc était lui aussi progressivement transformé en coopérative d'habitation, grâce aux efforts des résidants qui y luttaient déjà depuis une dizaine d'années et à l'intervention d'Héritage Montréal[58]. Le « gel » des démolitions ne réglait peut-être pas tous les problèmes, mais il permettait néanmoins de gagner un temps précieux dans l'attente de solutions.

La Commission des biens culturels arrivait au même constat devant « les urgences » des protections à Montréal. Dans son troisième rapport annuel, elle écrivait :

> C'est principalement dans Montréal que [les urgences] sont les plus nombreuses et les plus importantes. Chaque jour, ou presque, le public apprend par les médias d'information que les démolisseurs s'attaquent non seulement à de vieux édifices mais à des secteurs entiers de la ville. Jusqu'ici, les villes n'avaient que des droits limités. Les refus de démolir entraînaient, dans un délai très court, des injonctions forçant les villes à accorder des permis. Suite aux modifications apportées à la loi, la Ville de Montréal, par exemple, a maintenant un délai de plusieurs mois avant de rendre une décision ; ce qui lui permet de soumettre pour étude par la Commission les cas qui lui paraissent avoir un intérêt historique[59].

Dans la même foulée, la Commission rappelait que l'article 25 de la Loi sur les biens culturels permettait de retarder un projet de démolition

---

56. Julia Maskoulis, « Jeanne Mance fate up to Hardy », *The Gazette*, 30 juin 1975.

57. « Les bâtiments historiques de la rue Jeanne-Mance : une nouvelle coopérative », *S.O.S. Montréal*, vol. 2, n° 4 (1977).

58. Un projet, annoncé à la fin des années 1960, prévoyait la démolition des édifices situés entre les rues Hutchison, Sainte-Famille, Milton et l'avenue du Parc, pour construire un immense complexe résidentiel. Les résidants du secteur s'unirent pour lutter contre le promoteur en revendiquant leur droit au logement. Après avoir construit la première phase de son projet, le promoteur accepta au milieu des années 1970 de revendre les édifices. C'est alors que le Comité des citoyens de Milton Parc demanda l'aide technique d'Héritage Montréal pour restaurer les édifices et les transformer en coopérative d'habitations. Le projet prit alors une coloration patrimoniale par la volonté de sauvegarder le caractère de ce paysage urbain. Voir à ce propos Claire Helman, *The Milton-Park Affair : Canada's Largest Citizen-Developer Confrontation*, Montréal, Vehicule Press, 1987, p. 103-116.

59. Commission des biens culturels, *Troisième rapport annuel, 1975*, Québec, Publication gouvernementale, 1975, p. 125.

lorsque le ministre des Affaires culturelles envoyait un avis d'intention de classement[60]. Le rapport statuait :

> Cet article constitue une véritable soupape de sûreté car bien souvent la Commission est avisée par un simple coup de téléphone de ce qui se prépare, en tel ou tel lieu, en vue d'une démolition prochaine et elle en avise immédiatement les autorités du Ministère dont le personnel a besoin de temps pour analyser la validité de chaque dénonciation[61].

Avec l'amendement à la Loi sur les cités et villes et à la Loi sur les biens culturels, les deux paliers de gouvernement pouvaient, s'ils le voulaient, retarder les démolitions. De leur côté, les groupes de sauvegarde espéraient davantage de pouvoirs pour les Montréalais et jugeaient que les autorités proposaient des solutions partielles à un problème global.

■ De longues campagnes pour protéger des « monuments » montréalais

La démolition des édifices monumentaux anciens était requise et justifiée, aux yeux de leurs propriétaires, par l'obsolescence des structures qui commandait une inévitable disparition. La libération d'un terrain en plein cœur du centre-ville permettait ainsi l'érection d'une nouvelle structure. La ville moderne pouvait ainsi prospérer sur les vestiges de bâtiments périmés. Bâtiments publics, gares, hôtels, écoles, églises ou couvents se retrouvaient menacés en plein cœur du quadrilatère identifié par Sauvons Montréal. Il était espéré, pour ces ensembles,

Michel Nadeau, « Canadien Pacifique poursuivra la démoli- tion du Laurentien », Le Devoir, 30 avril 1977, p. 11.

l'actualité économique — Le Devoir, samedi 30 avril 1977 • 11

Canadien Pacifique poursuivra la démolition du Laurentien mais hésite maintenant à construire son nouveau siège social

par Michel Nadeau

Marine Industries a connu en 1976 la meilleure année de son histoire

par Michel Vastel

Inquiétant déficit

Bibliothèque nationale du Québec

une intervention gouvernementale égale à celle ayant permis la protection d'éléments clés de l'architecture résidentielle, grande favorite jusque-là des classements montréalais. Toutefois, l'une des principales raisons invoquées pour justifier la démolition de l'architecture monumentale, notamment celle

---

60. L'article 25 de la Loi sur les biens culturels stipule : « Le ministre doit, avant de prendre l'avis de la Commission, adresser un avis de son intention de procéder au classement au propriétaire du bien culturel ou à celui qui a la garde du bien culturel qu'il désire classer s'il s'agit d'un meuble et, s'il s'agit d'un immeuble, à la personne indiquée comme propriétaire du bien au registre foncier ainsi qu'au greffier ou secrétaire-trésorier de la municipalité locale sur le territoire de laquelle est situé le bien culturel. En outre, dans le cas d'un immeuble, le ministre doit inscrire, sans délai, l'avis d'intention au registre foncier. » Voir Site des Publications du Québec, « Loi sur les biens culturels », *Lois et règlements*, 2003, [http://www.publicationsduquebec.gouv.qc.ca/home.php], consulté le 12 mai 2003.

61. Commission des biens culturels, *Troisième rapport annuel*, 1975, p. 126.

des bâtiments publics et religieux – une fonctionnalité désuète – demeurait forte malgré un appui gouvernemental. De plus, l'importance du volume des structures à conserver et à transformer rebutait les autorités déjà débordées par les « urgences » montréalaises. Dans ce contexte, des citoyens, faisant valoir l'intérêt commun des Montréalais, engagèrent de longues campagnes de sauvegarde, étalées sur plusieurs années. Les grands édifices publics mis en danger devenaient des « monuments », témoins des grands moments de l'histoire de la ville, ingrédients d'une identité montréalaise menacée.

Le groupe de sauvegarde les Amis de la gare Windsor fut ainsi créé, au début des années 1970, afin de contrer la construction sur le site de la vieille gare du « *largest commercial construction project in Montreal's history* », tel qu'il était présenté à l'époque[62]. Victime de la rationalisation des kilomètres de voie ferrée, les bâtiments de la gare n'étaient plus aussi utiles aux yeux de ses propriétaires. *La Presse* s'alarmait : « toute une époque disparaîtra avec la gare Windsor, qui doit faire place à un gratte-ciel de 34 étages[63] » ; dans le même ton, *The Gazette* déplorait que la gare Windsor « *as a functional building is in full use for about four hour a day* […] » était « *on a way to becoming a memory*[64] ». Les Amis de la gare Windsor durent livrer bataille jusqu'en 1976 pour sauver le vieil édifice de la rue Peel, sans pour autant obtenir une protection légale des autorités provinciales.

Contrairement aux campagnes pour la sauvegarde d'une architecture résidentielle, les défenseurs du patrimoine n'étaient d'aucune façon lésés directement par la démolition projetée, ce qui rendait plus difficile la contestation du droit d'un propriétaire d'user de son bien. Ils optèrent d'emblée pour la sensibilisation des Montréalais, publiant entre autres une brochure sur la gare[65], tout en tentant de convaincre les autorités de la nécessité de sauvegarder ce « monument » urbain. Les autorités fédérales furent les plus sollicitées. Le ministère des Affaires culturelles, quant à lui, intervint peu dans le dossier. Évoqué un temps par les fonctionnaires provinciaux, le projet d'un Musée de l'Homme resta sans suite[66]. La gare Windsor fut finalement déclarée d'« importance historique nationale » par la Commission des monuments et lieux historiques du Canada en 1975, en même temps que la gare Union à Toronto. La valorisation du chemin de fer dans une perspective d'unification du pays et d'affirmation d'une « identité canadienne »

---

62.   Kendal Windeyer, « Windsor Station gets reprieve », *The Gazette*, 27 avril 1972.

63.   Florian Bernard, « Toute une époque disparaîtra avec la gare Windsor, qui doit faire place à un gratte-ciel de 34 étages », *La Presse*, 6 mai 1972.

64.   James Ferrabee, « Windsor Station on way to becoming a memory », *The Gazette*, 22 mai 1972.

65.   « *Mr. Lanken* [l'éditeur de la brochure] *says that because the controversy has stayed alive through many letters to Montreal newspaper, there appears to have been change the attitude of Montrealers. They no longer tear down old buildings without thinking.* » Voir « *Booklet may help to save historic Windsor Station* », *The Montreal Star*, 27 juillet 1973. La brochure abondamment illustrée était publiée dans une édition bilingue. Audrey Bean et *al.*, *Windsor Station = La Gare Windsor*. Montréal, Les Amis de la gare Windsor, 1974 [1ʳᵉ éd. : 1973].

66.   Dusty Vineberg, « Windsor Station could be a museum », *The Montreal Star*, 24 avril 1974.

se concrétisait par la protection d'édifices[67]. Un an plus tard, le Canadien Pacifique révisait considérablement son plan ; tout en satisfaisant le projet de modernisation par deux nouvelles tours, la gare de Windsor serait conservée et restaurée[68]. Le problème de fréquentation ferroviaire était repoussé.

Outre la gare Windsor, deux autres bâtiments aujourd'hui démolis, l'hôtel Laurentien et l'hôtel Queen's, étaient pris à partie par la modernisation du pourtour du square Dominion. La destinée de l'hôtel Laurentien fut discutée dès le début de la campagne de sauvegarde de la gare Windsor. Certes le bâtiment, construit en 1948, ne pouvait prétendre – selon les termes de Michael Fish lui-même – « [to be] *a historical monument by any means*», mais il n'en apparaissait pas moins comme « *a major investment in a city*[69] ». Sauvons Montréal manifesta une grande détermination pour sauver le Laurentien, « un des rares hôtels à coût modique qui restent dans le centre-ville[70] ». Circulation d'une pétition[71], publication d'encarts dans les quotidiens, manifestation dans les rues abondamment relayées par la presse se succédèrent pour contrer la démolition[72]. Signe des temps ? Les qualités architecturales de l'édifice, qui tomba en 1977, ne seraient évoquées qu'à titre posthume. Phyllis Lambert, par exemple, regretta en 1980 la perte de « la première construction d'importance à recourir à l'aluminium pour l'extérieur et à la préfabrication pour les salles de bain[73] ». L'argumentaire des groupes de sauvegarde faisait plutôt valoir le « gaspillage » d'énergie engendré par une telle opération de démolition-reconstruction. Le débat sur la conservation de l'hôtel Queen's, s'il dura plus longtemps que celui relié à l'hôtel Laurentien, puisque amorcé lui aussi dans les années 1970, ne connut pas un dénouement plus heureux : de longues années d'abandon aboutirent finalement à sa démolition en 1988[74]. La décision semblait injustifiée : « nous n'avons pas perdu de bâtiment patrimonial aussi important que l'hôtel Queen's depuis les 10 dernières années[75] », affirmait alors

---

67. Depuis 1990, la Commission des lieux et monuments historiques du Canada est responsable du Programme des gares ferroviaires patrimoniales, au même titre que du Programme national des lieux de sépulture des premiers ministres du Canada. Voir Site Internet de la Commission des lieux et monuments historiques du Canada, *Gares ferroviaires patrimoniales*, 2003, [http://www.parkscanada.gc.ca/clmhc-hsmbc/clmhc-hsmbc/index_F.asp], consulté le 13 mai 2003.

68. Alain Duhamel, « Tout en rénovant la gare Windsor, CP veut lui apposer deux immeubles », *Le Jour*, 18 juin 1976.

69. Michael Fish, « Windsor station: Arguments erupting to retain landmark », *The Gazette*, 16 décembre 1970.

70. Evelyn Dumas, « Sauvons Montréal accuse : la démolition de l'hôtel Laurentien est un acte obscène », *Le Jour*, 11 octobre 1974.

71. Cette pétition aurait été signée par 10 300 personnes. Voir « Petition seeks end to all city demolition », *The Montreal Star*, 22 octobre 1974.

72. Michel Hotte, « Le Laurentien sera rasé même si CP remet en question son siège social », *La Presse*, 30 avril 1977 et « City "powerless" to save Laurentien », *The Gazette*, 3 mai 1977.

73. Guy Pinard, « "Héritage Montréal" a besoin de $200,000 », *La Presse*, 9 septembre 1980.

74. Mariane Favreau, « A moins d'un miracle, la démolition de l'hôtel Queen's débute aujourd'hui », *La Presse*, 21 octobre 1988 ; Joshua Wolfe, « Political will to save the Queen's Hotel was lacking », *The Gazette*, 22 octobre 1988.

75. Mariane Favreau, « On cogne le Queen's à coups de masse de quatre tonnes... et ça tient – Héritage Montréal, qui surveille la démolition », *La Presse*, 25 octobre 1988.

Héritage Montréal. Néanmoins, tant les autorités provinciales que municipales, qui venaient d'obtenir des pouvoirs leur permettant de protéger des édifices sur le territoire de la Ville, n'acquiescèrent aux demandes de protection de l'ancien hôtel. Même à la fin des années 1980, alors que la sauvegarde du patrimoine s'inscrivait dans un mouvement généralisé et que le nombre de démolitions de grands édifices publics avait considérablement diminué, la protection des édifices publics, reconnus tant par les défenseurs du patrimoine que par la collectivité n'était pas exempte de difficultés.

Prison des Patriotes.

Photo : Luc Noppen

◼ Des « monuments » publics mis en danger par les autorités

Dans la mouvance des Amis de la gare Windsor et de la Society for the Preservation of Great Places, le Comité pour la défense des monuments historiques, groupe proche des milieux francophones, était créé pour la sauvegarde d'édifices à Montréal. En 1972, ce comité annonçait, devant « la rareté des monuments historiques à Montréal », son opposition à la démolition de la prison du Pied-du-Courant[76]. Mise en danger par la construction de l'autoroute Ville-Marie, l'ancienne prison devenait une « obole faite au dieu "progrès" [...] » et témoignait d'une « absence complète de conscience historique[77] ». Dans une pétition publiée

---

76. Il y a peu d'information sur ce Comité pour la défense des monuments historiques. Son action ne semble se situer que dans la première moitié des années 1970. L'article du quotidien *Le Devoir* souligne qu'il était « formé depuis peu à Montréal ». Voir Clément Trudel, « Le "Pied-du-Courant" ne doit pas être démoli, proclame un groupe », *Le Devoir*, 17 août 1972.

77. Madeleine Berthault, « Le comité pour la défense des monuments historiques : "un acte de terrorisme et de pernicieux vandalisme" », *La Presse*, 17 août 1972.

dans *Le Devoir*, le groupe militait en faveur de la sauvegarde de deux autres
édifices du quartier Centre-Sud : la maison de l'îlot des Voltigeurs[78], aussi
menacée par le tracé de l'autoroute, et l'église Sainte-Catherine-d'Alexandrie, rue Amherst[79]. L'îlot des Voltigeurs devait être classé « monument
historique » en 1973, grâce au militantisme de son propriétaire[80]. Quant à
l'église, moins chanceuse, elle devait être démolie la même année au profit
d'habitations sociales[81].

La controverse entourant la démolition de la prison, versus la
construction de l'autoroute Ville-Marie, était généreusement relayée par
la publication de nombreux articles dans les quotidiens. Les groupes de
sauvegarde publicisaient la valeur « historique » du bâtiment, semblait-il
« indéniable », puisqu'il était le témoin de l'emprisonnement des Patriotes.
À ce propos, un journaliste affirmait que « Le principal problème qui
se pose est de savoir si ce qui reste de l'ancienne geôle mérite d'être
préservé, et si le coût (fort élevé) de sa restauration est vraiment justifiable[82] ». Il argumentait que si le souvenir des Patriotes voulait être
commémoré, le bâtiment devait alors témoigner de l'époque des Rébellions
de 1837-1838 ; ce qui n'était pas le cas étant donné les nombreuses transformations apportées depuis la seconde moitié du XIXe siècle[83]. Selon le
président de la Société historique de Montréal, trois solutions pouvaient
être envisagées : le « détournement de l'autoroute Transcanadienne et
la restauration de la prison », son « déménagement » ou sa démolition et
la préservation du lieu par un « parc-mémorial[84] ». La troisième solution,
la moins coûteuse, allait être pour un temps adoptée par le ministère des
Affaires culturelles.

Malgré l'avis favorable de la Commission des biens culturels, émis
dès 1972, mais néanmoins conscient de la valeur symbolique de la prison,
le ministère des Affaires culturelles refusait de procéder au classement en

---

78. Guy Pinard écrit à propos de la dénomination : « La maison fut classée sous le nom d'"îlot des Voltigeurs", nom donné par la Ville de Montréal au pâté de maisons délabrées, épargnées lors de la démolition du quartier afin de faire place à la maison de Radio-Canada, îlot que la Ville voulait restaurer. Ce nom n'en est pas moins bizarre car l'îlot ne comprend qu'une maison ». Voir Guy Pinard, *Montréal, son histoire, son architecture*, tome 5, Montréal, Méridien, 1992, p. 219.

79. « Pour la sauvegarde des biens culturels », *Le Devoir*, 2 décembre 1972.

80. Luc Noppen, « Îlot des Voltigeurs », dans *Les Chemins de la mémoire*, vol. 2, p. 149.

81. La Commission des biens culturels statuait en 1972 à propos de l'église Sainte-Catherine-d'Alexandrie : « que soit abandonnée toute velléité de classement concernant les œuvres d'art sacré et religieux, les éléments de sculpture ornementale de la nef et du chœur de l'église Sainte-Catherine-d'Alexandrie, faute de satisfaire aux normes esthétiques de classement ». Commission des biens culturels du Québec, *Premier rapport annuel, 4 novembre 1972 – 29 décembre 1973*, Québec, Éditeur officiel, 1973, p. 40. On peut aussi consulter Raoul Roy, *Les églises vont-elles disparaître ? Dossier de la lutte pour sauver de la démolition l'église, la chapelle et le presbytère de la paroisse Sainte-Catherine-d'Alexandrie à Montréal*, Montréal, Éditions du Franc-Canada, 1976, p. 6.

82. Yves Leclerc, « Faut-il sauver le Pied-du-Courant et à quel prix ? », *La Presse*, 6 janvier 1973.

83. Le journaliste écrivait : « malheureusement, avec les années, l'édifice original a été transformé, remanié, agrandi à tel point qu'il ne reste guère de la première époque que les murs extérieurs, quelques portes, des fenêtres et un petit nombre d'anneaux de fer scellés dans les murailles ». Voir Yves Leclerc, *La Presse*, 6 janvier 1973.

84. *Ibidem*.

«affirmant que le bâtiment n'avait aucune valeur architecturale[85]». Les autorités optaient davantage pour la réalisation d'un «mémorial conçu par le célèbre artiste québécois Jean-Paul Riopelle[86]». Une abstraite valeur historique ne suffisait pas pour justifier la conservation du bâtiment. Sauvons Montréal, de son côté, contestait le jugement architectural: «c'est une construction très raffinée dont l'échelle plus importante contraste avec celle de l'édifice des douanes et son architecture beaucoup plus étudiée dans les détails que celle des écuries d'Youville[87]». À la fin de l'année 1975, le ministre des Affaires culturelles indiquait en bout de ligne: «en cas de doute, nous sauverons le monument» et confiait «à un groupe d'experts de l'Université Laval le soin d'étudier le dossier[88]». L'évaluation, sous la direction de Luc Noppen, permit enfin de croire en la valeur architecturale de la prison du Pied-du-Courant[89]. Moins d'un mois après son dépôt, les quotidiens annonçaient que la prison était «finalement classée[90]». Entre-temps, une solution fut proposée par Sauvons Montréal et le Front commun pour sauver la prison du Pied-du-Courant, qui avait remplacé le *Comité pour la défense des monuments historiques*: deux voies de l'autoroute passeraient de chaque côté de l'édifice et une troisième en dessous. Le tronçon de l'autoroute Ville-Marie retourna dans les cartons en 1976, avec l'arrivée d'un nouveau gouvernement provincial. En 2003, les discussions étaient à nouveau relevées à propos du réaménagement de l'axe routier[91].

Les dossiers se suivent. Rénovée pour accueillir le Comité organisateur des Jeux olympiques de 1976, l'annexe de l'ancien Palais de justice,

Clément Trudel, «Le "Pied-du-Courant" ne doit pas être démoli, proclame un groupe», Le Devoir, 17 août 1972, p. 3.

85. Alain Duhamel, «Le front commun: alternative à la démolition du Pied-du-Courant», *Le Jour*, 22 novembre 1975.

86. Cyrille Felteau, «L'ex-prison des Patriotes sera démolie et remplacée par un "mémorial"», *La Presse*, 10 septembre 1975.

87. Alain Duhamel, «À la défense du Pied du courant», *Le Jour*, 16 octobre 1975.

88. Alain Duhamel, «La prison des patriotes», *Le Jour*, 15 décembre 1975.

89. Le quotidien *La Presse* rapportait: «du point de vue architectural, l'étude des experts souligne que la prison des Patriotes, construite de 1831 à 1838, constitue le premier et le seul exemple d'édifice public de style néo-classique à Montréal. Enfin, de l'avis des spécialistes, le bâtiment est également important pour juger de l'évolution du système pénitentiaire en notre pays, au début du régime anglais». Voir Cyrille Felteau, «Le sort de la prison des Patriotes entre les mains du ministre L'Allier», *La Presse*, 26 janvier 1976. Voir aussi, Luc Noppen, *La prison du Pied-du-Courant. Dossier d'inventaire architectural*, Québec, ministère des Affaires culturelles, 1976.

90. Alain Duhamel, «La prison des patriotes est finalement classée», *Le Jour*, 17 février 1976. Il fallut néanmoins attendre 1978 pour que le ministère des Affaires culturelles procède officiellement au classement. Voir Luc Noppen, «Prison des Patriotes», dans *Les Chemins de la mémoire*, vol. 2, p. 150-154.

91. François Cardinal, «Il ne manque plus qu'une autorisation de Québec», *Le Devoir*, 30 novembre 2002; Sébastien Rodrigue, «Rue Notre-Dame: ultimes consultations», *La Presse*, 21 novembre 2002. Voir aussi, Luc Noppen, *Du chemin du Roy à la rue Notre-Dame*, Québec, Transport Québec, 2001.

située rue Notre-Dame, devait désormais, selon *La Presse* « faire place à un petit parc qui servirait d'"ouverture" sur le centre-ville est de Montréal entre l'ancien et le tout nouveau Palais de justice[92] ». De plus, lisait-on, il avait été décidé de redonner à l'ancien Palais de justice son aspect d'origine, c'est-à-dire avant la construction de l'annexe. On pensait par la même occasion, enlever son quatrième étage et son dôme[93]. Les critiques regrettaient cependant la démolition de l'annexe « *although historically significant* » et le fait que « *an architectural ensemble is being hit*[94] ». Si l'édifice ne bénéficia pas d'une campagne de sauvegarde en règle, il était toutefois situé aux limites de l'« arrondissement historique » du Vieux-Montréal. Aussi, fut-il rapidement reconnu « monument historique », en novembre 1976, en même temps que l'ancien Palais de justice dont le projet de conservation fut modulé en conséquence.

Monastère du Bon-Pasteur.

Photo : Martin Drouin

Les longues campagnes de sauvegarde, se prolongeant sur plusieurs années, bénéficièrent généralement d'une couverture médiatique importante à même de bouleverser les règles du jeu. Les Montréalais, grâce à l'entremise des groupes de sauvegarde, avaient obtenu droit de cité dans le débat, désormais public, concernant le paysage de leur ville. Si les groupes de sauvegarde pouvaient regretter la disparition des hôtels Laurentien et Queen's, ils avaient pu changer la destinée d'édifices publics, que les propriétaires n'étaient guère enclins à conserver. D'autres éléments allaient

---

92. Cyrille Felteau, « On songe à démolir l'annexe du vieux palais de justice », *La Presse*, 1er septembre 1976.

93. Rene Laurent, « Spruced up… to be torn down », *The Gazette*, 11 août 1976.

94. *Ibidem*.

également réclamer l'attention des groupes de sauvegarde. En effet, la pérennité de certains édifices, anciens collèges détenus par des communautés religieuses et couvents, était compromise.

■ Des « monuments » témoins d'un passé religieux, eux aussi menacés

En 1974, *Le Devoir*, annonçait la démolition prochaine du collège Sainte-Marie et de l'église du Gesù. Les Jésuites, propriétaires des deux édifices, rebutés qu'ils étaient par le coût élevé d'entretien et de restauration de l'église, avaient à regret décidé de mettre en vente l'îlot compris entre les rues de Bleury, Saint-Alexandre, le boulevard René-Lévesque et la ruelle Saint-Édouard ne gardant qu'«une mince parcelle de terrain (15,000 pieds carrés environ), au coin-est, où ils ériger[aient] une petite chapelle[95]». On apprendra plus tard que «des promoteurs européens avaient proposé la construction d'un complexe immobilier requérant la démolition [des édifices][96]». Lise Bissonnette, qui signait l'article, rapportait que cette démolition, apparemment sanctionnée par «une commission d'art du diocèse de Montréal» et par «les services gouvernementaux eux-mêmes» concernait deux bâtiments sans «aucune valeur sur le plan architectural»: le Gesù qui «serait tout au plus néo-baroque, si tant est que cela soit un style» et le collège Sainte-Marie «maintes fois fait et refait de l'intérieur […] n'a que la saveur du contre-plaqué, même si de l'extérieur ses vieilles pierres fort salies imposent encore aux anciens quelques frissons de respect ému». Devant de tels arguments, la libération d'un îlot à deux pas du centre-ville provoquait un intérêt toujours plus vif pour permettre la construction de tours de bureaux.

La situation ressemblait à celle du couvent des Sœurs grises, situé quelques kilomètres à l'ouest du collège Sainte-Marie et de l'église du Gesù. En 1973, les religieuses avaient en effet décidé de se départir de leur maison mère du boulevard René-Lévesque et des terrains bordés par les rues Saint-Mathieu, Sainte-Catherine et Guy, afin de revenir dans leur ancienne maison mère du Vieux-Montréal. Un promoteur, le groupe Valorinvest, ne

Vue arrière de l'ancien collège Mont-Saint-Louis.

Montréal-Mont-Saint-Louis, du côté des cours.
Mount St. Louis, Rear View.

Collection particulière

---

95. Lise Bissonnette, « Le Sainte-Marie est à vendre », *Le Devoir*, 5 décembre 1974.
96. « Collège Sainte-Marie : en démolition ! », *S.O.S. Montréal*, vol. 1, n° 7 (1976).

tarda pas à manifester son intérêt pour l'îlot que les sœurs abandonnaient et déclara son intention de démolir une partie du couvent pour construire un ensemble d'habitations et de tours de bureaux, ne préservant que la chapelle. Sauvons Montréal se mobilisa aussitôt afin de protéger l'ensemble de la démolition. Pendant deux ans, publications dans les journaux, manifestations publiques et représentations diverses auprès des trois paliers de gouvernement proclamèrent la valeur «patrimoniale» de l'ensemble conventuel et l'importance de sa sauvegarde. Les résultats furent fructueux. En 1974, la chapelle de l'Invention-de-la-Sainte-Croix était classée. Deux ans plus tard, l'ensemble du domaine des Sœurs grises était désigné «site historique» grâce à l'action soutenue des groupes de sauvegarde.

Église du Gésù; au premier plan, un stationnement à l'emplacement où se situait le collège Sainte-Marie.

Photo : Martin Drouin

Les réactions furent moins vigoureuses face aux menaces de démolition du collège Sainte-Marie et de l'église du Gesù. Un projet de recyclage des deux édifices fut néanmoins proposé par Joseph Baker et ses étudiants en architecture de l'Université McGill. Le professeur déclarait : «le collège Sainte-Marie et l'église du Gesù font partie du patrimoine québécois au même titre que le couvent des Sœurs grises, et c'est insensé de penser tout raser pour construire des immeubles anonymes à usage à bureaux[97]». Les protestations amenèrent tout de même Denis Hardy, alors ministre des Affaires culturelles, à émettre une intention de classement au mois de juin 1975, lors de la vente du terrain par les Jésuites. Seule l'église du Gesù, cependant, était retenue pour son intérêt patrimonial. Le «vieux» collège Sainte-Marie, selon un porte-parole du ministère des Affaires culturelles, «ne constituait pas un élément intéressant de notre patrimoine architectural»; au contraire, sa démolition soutenait «l'espoir de dégager l'église du Gesù».

Bien qu'annoncée, l'exécution des travaux de démolition du collège Sainte-Marie tardait. *S.O.S. Montréal* déplorait : «bien que le projet des promoteurs soit en difficulté, la démolition du collège est prévue et nous risquons de voir le site du collège se transformer en parc de stationnement – et ce pour plusieurs années[98]». Le quotidien *The Gazette* annonçait le 7 août 1976 : «*college Sainte-Marie, Quebec's prestigious French-Catholic academy, is being torn down* [...] *with no apparent opposition from groups like Save Montreal, which was taken by surprise when wreckers began work several days ago[99]*». Un an après la démolition du collège Sainte-Marie, soit

97. Jacques Benoit, «Un projet pour conserver le Gesù et une partie du collège», *La Presse*, 26 mars 1975.
98. «Collège Sainte-Marie : en démolition !», *S.O.S. Montréal*, vol. 1, nº 7 (1976).
99. «Jesuit order college demolition», *The Gazette*, 7 août 1976.

au début de 1977, l'église du Gesù était finalement reconnue « monument historique »; elle serait restaurée en 1983. Bien qu'annoncée en 1981, la nouvelle construction sur le site du collège ne commença que dix ans après la démolition; la place Félix-Martin fut achevée en 1988. Aujourd'hui, il reste encore à transformer le stationnement à l'angle de la rue de Bleury et du boulevard René-Lévesque, qui devait accueillir pendant un moment la deuxième phase du projet de construction, avant qu'il ne soit question de parler d'un parc urbain[100].

D'autres institutions d'enseignement voyaient leurs bâtiments menacés de démolition. Rue Sherbrooke, entre la rue Sanguinet et l'avenue de l'Hôtel-de-Ville, le collège Mont-Saint-Louis devait faire place au nouveau cégep du Vieux-Montréal qui, bien que temporairement installé dans les lieux, n'entrevoyait pas la possibilité de moderniser les locaux pour ses besoins[101]. Laissé à l'abandon pendant quelques années, l'opinion publique fut alertée du fait de son mauvais état, un état tel qu'à la fin de l'été 1976, le Service des inspections des immeubles de la Ville de Montréal en interdisait toute utilisation[102]. Sauvons Montréal, le Comité de logement Saint-Louis, la Société d'architecture de Montréal et l'Ordre des architectes du Québec plaidèrent en faveur de l'ancien collège des Frères des Écoles chrétiennes et organisèrent la campagne de sauvegarde[103]. La fonctionnalité du Mont-Saint-Louis permettait d'explorer plusieurs pistes quant à sa future destination : transformation en résidences étudiantes, accueil d'un Musée des sciences et technologie ou de la Cinémathèque québécoise[104].

Les qualités historiques, architecturales et urbanistiques du Mont-Saint-Louis, valorisées par les groupes de sauvegarde, alertèrent le ministère des Affaires culturelles qui déposa un avis d'intention de classement en 1976[105]. La maison du poète Louis-Fréchette, à quelques pas du Mont-Saint-Louis, était reconnue l'année suivante[106]. L'intention de classement du Mont-Saint-Louis expira et le cégep du Vieux-Montréal put ainsi procéder, en 1979, à la démolition des deux ailes du côté sud et d'une annexe située rue Sherbrooke[107]. C'est alors que le ministre des Affaires culturelles, Denis Vaugeois, se rangea à l'avis de « tous les experts consultés et de la Commission des biens culturels » en protégeant

100. Stéphane Baillargeon, « Le projet des Jardins du Gesù est mis sur la glace », *Le Devoir*, 30 avril 2003.

101. Albert Ladouceur, « Un complexe de $20 millions pour les étudiants », *Dimanche-Matin*, 24 février 1974.

102. Guy Pinard, « Le collège Mont-Saint-Louis », *Montréal : son histoire, son architecture*, tome 3, Montréal, La Presse, 1989, p. 119.

103. La section locale du Parti québécois, de même que le RCM appuyèrent les groupes de sauvegarde.

104. Cyrille Felteau, « Le PQ plaide contre la démolition du Mont-Saint-Louis », *La Presse*, 1er juin 1976.

105. « Le Mont-Saint-Louis épargné et classé », *Le Devoir*, 21 juillet 1976.

106. *The Gazette* annonçait une protection simultanée pour la maison du poète à Montréal et à Lévis. Voir « Poet's houses gain tribute », *The Montreal Star*, 21 janvier 1977.

107. Alain Duhamel, « Une partie de l'ancien Mont-Saint-Louis démolie », *Le Devoir*, 25 avril 1979.

officiellement le Mont-Saint-Louis[108]. Le Groupe de recherche sur les bâtiments de pierres grises de Montréal avait déposé au Ministère, en 1978, un rapport plaidant la sauvegarde de l'édifice[109]. L'importance des protestations soulevées par les groupes de sauvegarde et l'opinion publique poussa le ministère des Affaires culturelles à protéger l'édifice. Proche du collège, le monastère du Bon-Pasteur allait être également protégé, malgré le fait qu'aucune nouvelle fonction n'était entrevue, question qui perdura d'ailleurs jusqu'à la fin des années 1980.

Ainsi, ces « monuments », témoins d'un passé religieux révolu, sans aborder ici l'épineux dossier des églises dont il sera question dans un autre chapitre[110], se retrouvaient devant les mêmes menaces que l'architecture résidentielle, publique ou commerciale. Toutefois, contrairement à ce qui a été constaté dans le cas de la gare Windsor et des hôtels Laurentien et Queen's, malgré les réticences des autorités provinciales à intervenir et la démolition de quelques structures, les édifices intégraient lentement le fonds patrimonial national.

■ ■ ■

La vague de démolitions qui déferla sur la ville durant les années 1970 ne fit qu'insuffler une énergie plus forte aux contestations des groupes de sauvegarde, une fois que le mouvement fut lancé. Sauvons Montréal organisa les premières campagnes quelques semaines après sa création. D'autres batailles, menées par des association vouées à la protection d'édifices particuliers, et ayant débuté quelques années plus tôt, trouvaient une résonance médiatique sans cesse plus attentive. Dès le début, on réussit à protéger des témoins importants de l'architecture bourgeoise de l'ancien *Golden Square Mile* : les maisons Shaughnessy, Atholstan, Corby, Greenshield et Joseph-Aldéric-Raymond ou encore les United Services Club et Mount Royal Club. Le « Montréal victorien » faisait ainsi son entrée dans le fonds patrimonial national. Sans se reposer sur ses victoires, Sauvons Montréal cherchait toujours à protéger l'ensemble du quadrilatère compris entre les avenues Atwater, des Pins, Papineau et le fleuve Saint-Laurent et réclamait le statut d'arrondissement historique pour le secteur du *Golden Square Mile*. Mais un tel statut semblait toutefois difficile à concilier avec les impératifs du développement urbain. Les luttes furent ainsi nombreuses. À suivre leurs déroulements, la conception du patrimoine des autorités provinciales et municipales paraît complexe et contradictoire. Dans l'ensemble, ces dernières préféraient opérer au cas par cas, attitude à l'opposée du programme de Sauvons Montréal. De nouveaux pouvoirs permirent tout de même un

108. « Le Mont-Saint-Louis reconnu bien culturel », *La Presse*, 19 mai 1979.

109. Groupe de recherche sur les bâtiments de pierres grises de Montréal, *Le Mont-Saint-Louis. Histoire, relevé et architecture*, Québec, ministère des Affaires culturelles, juin 1978.

110. Le dossier des églises du centre-ville de Montréal est traité dans le chapitre 7, intitulé *À la recherche de solutions : décliner le patrimoine au présent*.

meilleur contrôle sur l'émission des permis de démolition ; la menace pesant sur certains édifices s'estompait, ainsi qu'en témoignent les maisons de la rue Jeanne-Mance qui allaient être finalement protégées. À l'inverse, les démolitions illégales, comme celles des maisons de la rue Drummond ou de la rue Saint-Hubert, refroidissaient les espoirs des défenseurs du patrimoine au terme de longs procès stériles. Les démolitions poursuivaient leur œuvre dévastatrice.

Les longueurs judiciaires faisaient écho aux interminables campagnes pour sauvegarder l'architecture monumentale, qu'elle soit publique ou religieuse. La campagne de la gare Windsor dura près de six ans, celle menée pour l'hôtel Laurentien, tout autant. Quant à l'hôtel Queen's, la lutte persévéra pendant près de dix ans. À coup sûr, les bâtiments obsolètes devaient tomber pour permettre la construction du nouveau centre-ville. Contrairement aux exemples de l'architecture résidentielle, dont certains furent rapidement protégés, les autorités provinciales hésitaient à intervenir craignant de devenir les débiteurs de « monuments historiques » à entretenir. Quant aux autorités municipales, elles demeuraient insensibles. Dans le cas plus précis des luttes pour sauvegarder l'ancienne prison des Patriotes ou l'annexe de l'ancien Palais de justice, les militants durent s'opposer directement aux autorités qui, grâce à la pression médiatique, se résignèrent à se soumettre à la volonté populaire. Dans la même mouvance, des édifices religieux, autres « monuments » montréalais vestiges d'un passé révolu, auraient pu disparaître sans l'insistance des groupes de sauvegarde. Égorgées par des coûts d'entretien trop onéreux et par le déclin du nombre de leur membre, des communautés religieuses voulaient se départir de bâtiments qui, grâce à la vente de leur terrain, permettraient une généreuse entrée d'argent. Étaient ainsi menacés le couvent des Sœurs grises et l'église du Gesù, de même que le collège Sainte-Marie. Ce dernier, de même que le collège Mont-Saint-Louis, ancienne propriété religieuse devenue laïque, ne convenaient plus, pensait-on, aux exigences d'un enseignement moderne. Outre la problématique du devenir des églises de Montréal sous-jacente à ces dossiers, les démolitions interrogeaient la transformation générale du paysage bâti à Montréal. Le paysage urbain pouvait-il convenir aux prétentions modernistes d'une ville ? Les meilleurs exemples architecturaux avaient-ils valeur de « monuments historiques » ? Les défenseurs posaient sans cesse les mêmes questions.

Au-delà
des « monuments »
Des espaces verts,
des rues et des quartiers

We're saving a way of life, a quality of life that we don't find anywhere in North America.
It's not just buildings or green space, it's an integration of that and the whole sense
of neighborhoods that most American cities just don't have.

Phyllis Lambert, 1980.

Les campagnes menées dans les années 1970 réussirent à imposer un autre Montréal patrimonial. Le paysage urbain à sauvegarder se rattachait cependant à la conception du «monument historique» qui, malgré l'adoption de la Loi sur les biens culturels, demeurait l'unité de mesure du patrimoine. La douzaine d'anciennes résidences bourgeoises et anciens clubs privés, les quelques églises, édifices conventuels et autres monuments montréalais protégés par l'État québécois attestent bien de cet intérêt. Témoins du «Montréal victorien», ils ont été, dans la grande majorité, érigés dans la seconde moitié du XIXᵉ siècle. Ils se concentraient, comme la plupart des batailles de Sauvons Montréal, à l'intérieur d'un quadrilatère situé au nord du Vieux-Montréal. Malgré la reconnaissance graduelle de leur importance au cours de la décennie, la problématique demeurait la même : comment poursuivre le développement de la « métropole du progrès » ? La réponse variait selon les acteurs en présence et les circonstances. Pour les groupes de sauvegarde, comme l'exprimait Phyllis Lambert au début des années 1980, le projet, au-delà de la protection des « monuments historiques », se muait tranquillement en reconnaissance d'un patrimoine urbain. Dans leurs luttes, les groupes identifiaient des espaces verts, des rues et des quartiers qui méritaient une attention particulière. L'identité urbaine s'incarnait ainsi en d'autres lieux et éléments. Une étape avait été néanmoins franchie.

Ce chapitre documente des campagnes de sauvegarde qui transformèrent l'idée de la ville à sauvegarder. Il permet de saisir les difficultés inhérentes à la reconnaissance d'un autre patrimoine. La polémique du domaine des Sulpiciens fut à l'origine de l'offensive. Les représentations sous-jacentes à ce combat, explicitées dans la première section, marquèrent les campagnes pour les espaces verts dans les années 1970. La lutte initiale du groupe Espaces verts, comme nous le verrons ensuite, devait se conclure par la protection, sous le titre de « monument historique », des deux seules tours de l'ancien fort abrité au sein de cet îlot de verdure. Espaces verts poursuivit sa lutte, analysée dans la section suivante, pour sauvegarder le domaine de Villa-Maria. Mais, encore une fois, seule la maison James-Monk était déclarée « monument historique ». La quatrième section expose, avec la campagne du parc Viau, la défaite définitive des espaces verts dans les années 1970. D'autres batailles occupaient également la scène. En effet, en parallèle, la résistance s'organisait pour la sauvegarde de rues inscrites, à petite échelle, comme des ensembles urbains, des milieux distinctifs. La campagne pour la rue Saint-Norbert, objet de la cinquième section, en fut un exemple. Encore une fois, le recours à la conception habituelle du « monument historique » demeurait l'une des tactiques employées pour contourner les difficultés de la protection de nouveaux patrimoines. Elle fut semblablement utilisée, comme nous le verrons ensuite, dans les luttes autour des rues Bishop et Crescent. À une plus grande échelle, Sauvons Montréal s'intéressa au sort du Quartier chinois menacé par la construction du complexe Guy-Favreau. Le travail des citoyens-défenseurs tentait de dépasser les valeurs architecturales ou historiques dans la sauvegarde du paysage urbain. Montréal devenait, comme on le verra dans la dernière section, un ensemble de quartiers à reconnaître. Tout au long de ce chapitre, nous assisterons à l'affranchissement d'un nouveau patrimoine promu par l'argumentaire des groupes de sauvegarde ; celui-ci ne put cependant être protégé que sous l'enseigne d'un « monument historique ». S'il faudra attendre les décennies suivantes pour qu'un tel patrimoine urbain puisse être réellement reconnu, les campagnes contre la transformation d'espaces verts, de rues et de quartiers posèrent cependant les bases du Montréal patrimonial que l'on reconnaît aujourd'hui.

■ La polémique du domaine des Sulpiciens et la création d'Espaces verts

Au début des années 1970, des négociations entre les Sulpiciens, propriétaires de l'espace résiduel de l'ancien Fort de la Montagne, et des promoteurs vinrent aux oreilles des journalistes qui publièrent la nouvelle. Initialement, le domaine des Sulpiciens avait servi de mission pour l'évangélisation des Amérindiens, de 1676 à 1705. Le Fort de la Montagne fut construit à cette époque, d'où l'appellation du site à ses débuts. Lorsque la mission s'expatria vers le Sault-au-Récollet, les Sulpiciens exploitèrent la propriété de 305 acres comme terre agricole, affermée. Les bâtiments de l'ancien Fort de la Montagne firent office de maison de campagne. Au milieu du XIXᵉ siècle, les Sulpiciens lotirent la partie située au sud de la rue Sherbrooke. Sur la partie nord, ils construisirent, pour leurs besoins, la Ferme sous les noyers (1803-1807), le Grand Séminaire de Montréal (1854-1857), le Collège de Montréal (1868-1871), la chapelle du Collège (1881-1883), le Séminaire de philosophie (1892) et l'Ermitage (1911-1913). Au cours de cette période, deux des quatre tours de l'ancien fort, de même que l'ancienne maison de campagne, avaient été démolies. Le Grand Séminaire et le Collège de Montréal avaient été transformés par l'ajout de nouvelles ailes. Les constructions et les démolitions successives donnèrent à l'ensemble architectural sa silhouette contemporaine. Le prolongement de l'avenue Atwater, en 1920, dont le pourtour fut bâti au cours de la décennie, coupa le domaine en deux parties, séparant l'ensemble du Grand Séminaire de la Ferme sous les noyers et du Séminaire de philosophie[1].

Les informations dans les journaux laissaient entendre que le domaine de la rue Sherbrooke avait été vendu pour permettre la construction « *for a housing complex comprising possibly 5,000 apartment units*[2] ». Bien qu'il fut malaisé de saisir la nature exacte du projet envisagé, articles et lettres d'opinion abondèrent pour condamner la transformation du site. Les protestations s'organisèrent, en 1971, autour du groupe Espaces verts créé pour l'occasion. Le quotidien *The Gazette* annonçait : « *a new citizens' group is quietly gathering support to drag the proposed St. Sulpice high-rise development into the public eye* ». Quelques personnes regroupées autour d'une résidante du voisinage voulaient, sous la nouvelle

Bibliothèque nationale du Québec

Pétition du groupe Espaces Verts publiée dans le quotidien Le Devoir, 21 décembre 1971, p. 8.

1. On peut consulter à ce propos Rolland Litalien (dir.), *Le Grand Séminaire : 1840-1990, 150 ans au service de la formation des prêtres*, Montréal, Grand Séminaire de Montréal, 1990 ; Caroline Dubuc, « Le Collège de Montréal : évolution du site », mémoire de maîtrise, Université de Montréal, 1995, p. 2-15 et 21-24 ; J. Bruno Harel, « Le domaine du Fort de la Montagne (1666-1860) », *Montréal : artisans, histoire, patrimoine*, Montréal, Société historique de Montréal, 1979, p. 26 ; Ève Wertheimer, « La problématique d'un ensemble conventuel à Montréal : le domaine de Saint-Sulpice », mémoire de maîtrise, Centre Raymond-Lemaire pour la conservation, Katholieke Universiteit Leuven, 2001.
2. Charles Lazarus, « Sulpician land may be developed », *The Montreal Star*, 10 janvier 1970.

bannière, coordonner les protestations contre les transformations abusives du domaine : « *but its organizers insist they aren't necessarily opposed to the development – they just want it aired in public[3]* ». Ces citoyens revendiquaient le droit de discuter des transformations du domaine des Sulpiciens, qu'ils plaçaient sous la protection des « espaces verts ».

Le groupe Espaces verts, dont l'action subséquente allait largement déborder la polémique du domaine des Sulpiciens, faisait valoir l'importance des espaces libres dans la constitution de la ville, affirmant même que « le caractère du Montréal de demain en dépend[4] ». La nécessité des zones de verdure en milieu urbain était clairement énoncée :

> *It has come to be accepted that certain problems accompany intensive development within any urban core; noise, pollution, congestion both vehicular and human. However, many of these adverse conditions can be easily and efficiently avoided or compensated for, by the provision of amenities which diminish their effects. Those amenities under consideration herein are public open spaces in the largest sense, and included parks, square, seating accommodation and landscaping[5].*

Ces espaces libres se révélaient aussi essentiels « à la santé des citadins [...] élément vital pour la vie urbaine et pour le développement d'une société[6] ». L'argumentation présentant les espaces verts comme bénéfiques à l'épanouissement de Montréal sous-tendait une vision pessimiste du développement urbain, vision qui n'est pas sans rappeler l'esprit animant le mouvement de réforme montréalais du début du XXe siècle. À l'instar du développement de la ville industrielle de l'époque, une dégradation inconsidérée du milieu urbain semblait indissociable de la construction du Montréal moderne[7]. Espaces verts, devant la Commission des citoyens pour l'avenir de Montréal, affirmait ainsi : « *the City of Montreal suffers an unquestionable dearth of parks, especially within the city centre[8]* ». Le groupe stigmatisait le rendement « désastreux » de la métropole québécoise, classée derrière 20 grandes villes nord-américaines et européennes pour son ratio d'espaces verts par habitant. Le groupe, animé par la volonté de favoriser l'émergence d'un urbanisme vert, entendait défendre ces espaces garants d'un développement environnemental durable.

Des architectes, proches des milieux de sauvegarde, intégraient également la conservation des parcs, petits ou grands, au cœur du

---

3. À court terme, le groupe Espaces verts recueillait les signatures d'une pétition afin de marquer le support des Montréalais à leurs revendications. Voir Brian Johnson, « Citizens seek debate on Sulpician high-rise », *The Gazette*, 14 décembre 1971.

4. « Espaces verts : La crise actuelle », dans Melvin Charney (dir.), *Montréal, plus ou moins ?*, catalogue d'exposition : Montréal, Musée des beaux-arts de Montréal, 11 juin au 13 août 1972, p. 84.

5. Green Spaces Association Espaces verts, « Open spaces in the urban core », dans Commission des citoyens pour l'avenir de Montréal, *Le centre-ville : les gens se prononcent !* Montréal, Sauvons Montréal, 1976, p. E/5/1.

6. « Espaces verts : La crise actuelle », dans Melvin Charney, *loc. cit.*

7. Voir à propos des mouvements de réforme : Paul-André Linteau, *Histoire de Montréal depuis la Confédération*, p. 211 et suivantes.

8. Green Spaces Association Espaces verts, *loc. cit.*

projet patrimonial. La *Société d'architecture de Montréal*, par exemple, reconnaissait les menaces qui pesaient sur eux : « les espaces verts de Montréal sont, comme les églises ou les propriétés religieuses, une proie toute désignée pour l'appétit vorace des promoteurs. Ils offrent une solution facile aux nécessités soudaines de l'expansion urbaine », écrivait-elle dans le guide *Découvrir Montréal*[9].

Le square Dominion et, à l'arrière-plan, les hôtels Laurentien et Windsor.

Collection particulière

Toutefois, en présentant parcs et jardins comme témoins de l'histoire montréalaise, le discours s'agrémentait de nouveaux arguments dépassant la problématique environnementale supportée par Espaces verts : « Toute une série d'exemples […] témoignent des multiples formes sous lesquelles l'homme a voulu réintégrer dans la ville une nature désormais apprivoisée, alors que la nature sauvage lui devient de plus en plus inaccessible[10] ». Dans *Montréal en évolution*, Jean-Claude Marsan proposait une lecture similaire des « petits parcs que l'on retrouve un peu partout, incrustés dans notre grille orthogonale, résidus de terres rurales échappés par accident, ou par testament, à la vague de l'urbanisation […][11] ». Ainsi, au-delà des arguments environnementaux, les espaces verts pouvaient eux aussi devenir un patrimoine à sauvegarder.

Deux formes particulières de l'espace vert attiraient les défenseurs du patrimoine : le parc urbain et le square. Ils intégraient ainsi la liste des particularismes montréalais à souligner. Un des circuits, proposé par *Découvrir Montréal*, conduisait par exemple les curieux en 15 lieux – situés pour la majorité dans le quadrilatère identifié par Sauvons Montréal – partagés en effet entre parcs urbains et squares (ou « carrés »)[12]. L'ouvrage *Montréal en évolution* les attachait à l'« héritage victorien » de la ville[13]. Si tous étaient présentés comme indispensables à l'expression de l'identité montréalaise par Jean-Claude Marsan, chacun comportait sa singularité historique. Lieu de prestige et d'ostentation pour le square Dominion. Lieu de romantisme et de contemplation pour le square Saint-Louis. Lieu redevable au grand

9.   Il s'agit du collectif signé par la *Société d'architecture de Montréal*. Voir Pierre Beaupré, « Les espaces verts », *Découvrir Montréal*, Montréal, Éd. du Jour, 1975, p. 168.

10. *Ibidem*.

11. Jean-Claude Marsan, *Montréal en évolution*, p. 296.

12. Ils étaient, dans l'ordre de présentation, le parc du Mont-Royal, le parc Maisonneuve, le parc Lafontaine, l'île Sainte-Hélène, le parc Angrignon, le « carré » Dominion, le « carré » Saint-Louis, le « carré » Viger, la place Jacques-Cartier, le « carré » Victoria, le square Phillips, la place d'Armes, le square Sir-Georges-Étienne-Cartier, le parc Viau et le Jardin des Sulpiciens.

13. Jean-Claude Marsan, *op. cit.*, p. 292-303.

Frederick Law Olmsted dans le cas du parc du Mont-Royal. Lieu de métissage pour le parc Lafontaine qui puisait dans les deux traditions culturelles, anglaise et française, de Montréal. Dans la même logique, ces zones de qualité étaient célébrées par le groupe Espaces verts : « il nous faut des espaces agréables, dans un site pittoresque là où tout le monde peut venir pique-niquer, pour s'ajouter aux espaces fermés, cérémonieux qu'on incorpore aux nouveaux projets[14] ». Défenseurs du patrimoine et environnementalistes s'accordaient ainsi pour soutenir une cause commune, comme ils le firent lors de la polémique du domaine des Sulpiciens.

■ Le domaine des Sulpiciens : d'espace vert à « monument historique »

Il n'est pas étonnant de voir la campagne d'opinion valoriser tant les qualités d'espace vert du domaine des Sulpiciens, au cœur d'une ville de plus en plus densément peuplée, plutôt que ses qualités historiques et architecturales. Les attributs environnementaux du domaine en faisaient l'un des poumons de Montréal et l'un des plus grands parcs de l'Ouest de la ville : « *The last greenery in the city's heart*[15] ». À cette époque où le paysage urbain se transformait et se densifiait rapidement, « le domaine des Sulpiciens [était] une merveilleuse étendue de verdure et de fraîcheur au sein d'un environnement d'air pollué, de cheminées et de fumées d'automobiles qui empoisonnent Montréal[16] ». Un professeur au département de botanique de l'Université Sir George Williams témoignait : « *replacement of trees with dense housing is just the wrong way to go. Trees act as a filter which use up carbon dioxide and produce oxygen during the day and contribute to cleaner air*[17] ». Le recours à l'autorité des « hommes de science[18] » renforçait la puissance du discours. Toutefois, si la proximité du mont Royal avait pu accentuer son importance naturelle, il n'en était rien. Tout au plus, sa localisation stratégique sur la montagne permettait d'affirmer : « *coming down Côte-des-Neiges, some very spectacular views open up to the city below and even farther to the Eastern townships and Mount* [St.] *Bruno*[19] ». La relation du domaine à son environnement s'exprimait donc en continuité avec la ville qui l'entourait et engendrait un argumentaire basé sur les qualités d'espace vert.

La valeur naturelle du site invoquée prit cependant sens dans une perspective diachronique. En effet, « *this last tract of untouched green space*

---

14. « Environnement physique », dans Commission des citoyens pour l'avenir de Montréal, *Le centre-ville : les gens se prononcent !,* Montréal, Sauvons Montréal, 1976, p. R/19.

15. « The last greenery in the city's heart », *The Montreal Star,* 12 décembre 1971.

16. Mona Aldiman, « Le domaine Saint-Sulpice à préserver », *Le Devoir,* 6 mars 1970.

17. Wouter de Wet, « Landmarks may be swallowed », *The Montreal Star,* 11 mars 1973.

18. Mona Aldiman, « Le domaine Saint-Sulpice à préserver », *Le Devoir,* 6 mars 1970.

19. George Galdins, « Sulpicians property alternatives », *The Montreal Star,* 19 août 1972.

in the centre-west area[20] » était le témoin de l'époque où l'île était encore vierge. Un professeur d'anthropologie de l'Université McGill indiqua que le site avait pu être occupé à l'époque précolombienne et pouvait être celui du village d'Hochelaga, rencontré par Jacques Cartier : « *because of the vital significance of Hochelaga in terms of Quebec history, it seems highly desirable that the Sulpician property in Montreal should be carefully examined by professional archaeologists before any further construction is permitted in that area*[21] ». Le domaine témoignerait donc des premiers temps de la colonie : « le terrain en question date de la fondation de Montréal. Il se situe à l'origine et au cœur même des faits historiques les plus importants de notre histoire[22] ». Ces caractéristiques historiques faisaient du domaine des Sulpiciens non seulement « *one of the city's most historic sites*[23] » mais aussi un « ensemble unique au Canada[24] ».

La référence à l'histoire pesait peut-être encore davantage dans le discours de sauvegarde. Le Collège de Montréal, « which will be 203 years old this year[25] », et le Séminaire de philosophie, qui aurait formé « depuis 1857, une grande partie du clergé de la province et même de l'Amérique du Nord[26] », témoignaient de la continuité historique du site. Les rares invocations de figures architecturales appartenaient au même registre : « *one of the most curious and interesting features of the buildings are two round fieldstone fortifications just in front of the College on Sherbrooke*[27] ». Les deux tours certifiaient ainsi l'installation, dans la seconde moitié du XVIIe siècle, d'une mission amérindienne. Aussi décrivait-on dans le détail les inscriptions qu'on y trouvait : « *two Indian converts are buried, an Indian Nun and her grand-father* » et « *carved in stone* […] *the Latin words: "How the Gospel was preached to the Indians"*[28] ». Toujours dans le répertoire historique, on signalait que les deux structures, « construites en 1694, rappel[aient] le souvenir de l'enseignement de Marguerite Bourgeoys[29] ». Un voyage par-delà le temps pour rejoindre les prémisses de Ville-Marie justifiait la conservation d'éléments contemporains, tel un bassin, « *still existing today, is contemporary with the towers*[30] », à même de bonifier les qualités d'ensemble du domaine. Ainsi, les tours de l'ancien fort des Sulpiciens, honorées du souvenir de la

20. Brian Stewart, « Parkland vs. housing battle heats over Sulpician lands », *The Gazette*, 10 mars 1971.

21. Lettre de B.G. Trigger, *Dossier divers : domaine des Sulpiciens*, ministère de la Culture et des Communications – Direction de Montréal (14330-0667).

22. Mona Aldiman, « Le domaine Saint-Sulpice à préserver », *Le Devoir*, 6 mars 1970.

23. Brian Stewart, « Parkland vs. housing battle heats over Sulpician lands », *The Gazette*, 10 mars 1971.

24. Mona Aldiman, « Le domaine Saint-Sulpice à préserver », *Le Devoir*, 6 mars 1970.

25. Wouter de Wet, « Landmarks may be swallowed », *The Montreal Star*, 11 mars 1973.

26. Mona Aldiman, « Le domaine Saint-Sulpice à préserver », *Le Devoir*, 6 mars 1970.

27. Brian Johnson, « Citizens seek debate on Sulpician high-rise », *The Gazette*, 14 décembre 1971.

28. *Ibidem.*

29. Mona Aldiman, « Le domaine Saint-Sulpice à préserver », *Le Devoir*, 6 mars 1970 ; J.-Bruno Harel établit plutôt la construction des tours à 1685. Voir J.-Bruno Harel, *op. cit.*, p. 24.

30. Georges Galdins, « Sulpician property alternatives », *The Montreal Star*, 19 août 1972.

fondatrice des sœurs de la Congrégation de Notre-Dame, vénérable figure de l'histoire montréalaise, permettaient de croire à la valeur patrimoniale du lieu.

La Ville de Montréal étudia la possibilité de transformer une partie du domaine des Sulpiciens en parc public. Les autorités avaient en effet rapidement bloqué toute transformation du site. De concert avec les Sulpiciens, le Service de l'habitation et de l'urbanisme suggéra d'utiliser une partie des terrains pour la construction domiciliaire et l'autre comme parc[31]. Toutefois, les coûts engendrés par une telle opération et sa proximité avec le parc du Mont-Royal jouèrent en défaveur du projet. La construction du domaine resta en suspens. De son côté, l'État québécois n'intervint qu'à la suite d'une nouvelle menace pesant sur le domaine « par un projet du Cégep Dawson, qui veut construire sur le terrain de football, et de nombreux projets de tours d'habitation préparés par des entrepreneurs[32] ». Ainsi, « moins de trois ans après une première victoire pour la sauvegarde du terrain des Sulpiciens », écrivait le quotidien *La Presse*, « l'organisation "Espaces verts" repart en guerre[33] ». Le ministère des Affaires culturelles classa finalement en 1974 les seules deux tours de l'ancien fort, malgré l'avis émis en 1972 par la Commission des biens culturels visant à protéger l'ensemble du domaine. La désignation « d'importance historique nationale » octroyée aux deux tours par le fédéral, en 1970, n'avait pas empêché la polémique d'éclater. Le classement québécois des deux tours conclut la bataille en 1974. En effet, le périmètre de protection inhérent à cette mesure semblait pouvoir protéger l'ensemble du domaine des Sulpiciens qui transitait ainsi du statut d'espace vert à préserver à celui de « monument historique ».

Villa-Maria à vol d'oiseau (vue du nord-est).

Collection particulière

■ Une deuxième défaite d'Espaces verts : Villa-Maria

Fort du demi-succès de la campagne du domaine des Sulpiciens, Espaces verts – « *the citizens' group which four years ago successfully blocked development of the Sulpicians property*[34] » – alertait l'opinion publique en 1975 s'inquiétant cette fois de l'avenir du domaine Villa-Maria. Situé dans

---

31. Brian Johnson, « Montreal will seek financial help to buy up Sulpician land for park », *The Gazette*, 28 septembre 1972 ; « La ville fera l'impossible pour sauver le domaine des Sulpiciens », *Le Devoir*, 29 septembre 1972.

32. « Sulpiciens : reprise de lutte pour sauver les terrains », *La Presse*, 14 mars 1974.

33. *Ibidem*.

34. C'est ainsi qu'était présenté le groupe Espaces verts : si le domaine des Sulpiciens n'avait pas été transformé en parc, il avait au moins été préservé intact. Voir Dane Lanken, « Green Spaces sounds Villa Maria alarm », *The Gazette*, 4 octobre 1975.

le quartier Notre-Dame-de-Grâce, Villa-Maria était la propriété des sœurs de la Congrégation de Notre-Dame depuis le milieu du XIXᵉ siècle. La transformation de vastes terrains en un lieu d'enseignement réputé leur est due. Toutefois, avançait le groupe de sauvegarde, deux constructions, une bouche de métro et un bâtiment pour les religieuses, menaçaient l'intégrité du site. De plus, il était redouté que des promoteurs, attirés par ces facilités de trans-

Maison James-Monk ou Villa-Maria.

Photo : Luc Noppen

port souterrain, transforment Villa-Maria à l'image du centre-ville : « *this once beautiful, elegant city is swiftly turned into another ordinary concrete jungle of ugly high rise building. What a tragedy for this to happen in an area of such historical significance* », écrivait en effet une lectrice[35]. À l'image de la campagne du domaine des Sulpiciens, le discours de sauvegarde allait se partager entre arguments environnementaux et historiques.

Les qualités environnementales de Villa-Maria s'affirmaient, en rupture, avec le quartier Notre-Dame-de-Grâce. Un des membres du groupe Espaces verts écrivait au quotidien *Le Devoir*, dans une lettre publiée en 1975 :

> Une fois à l'intérieur de ses murs, notre esprit fait un arrêt, car bien que l'on puisse apercevoir des bâtiments en hauteur, ces collines verdoyantes, ces allées bordées d'arbres et ces jardins cultivés offrent un spectacle extraordinaire, sans aucun lien avec le contexte environnant. Certaines parties du terrain doivent avoir très peu changé depuis l'époque où celui-ci faisait partie de la ferme de la seigneurie des Messieurs de Saint-Sulpice, dans les années 1600[36].

35. Elle espérait d'ailleurs que d'autres Montréalais l'imitent et prennent la plume afin de clamer leur indignation. Voir Helen M. Archer, « Montreal needs green area of Villa Maria », *The Gazette*, 26 mars 1975.

36. Diana Chaplin, « Une autre propriété menacée : Montréal et Québec laisseront gâcher la vocation unique du domaine Villa-Maria », *Le Devoir*, 18 février 1975. Le même texte était publié dans le quotidien *The Gazette*. Voir Diana Chaplin, « Metro impact may destroy rare "land from the past" », *The Gazette*, 5 mars 1975.

De plus, le quartier accusait un déficit en termes d'espaces verts au regard de la moyenne montréalaise, elle-même inférieure à la moyenne canadienne. Malgré les coûts engendrés, il ne faisait aucun doute, à la suite d'un tel constat, qu'un nouveau parc devait être créé un jour ou l'autre[37]. Plus encore, écrivait une résidante du secteur :

> Le domaine, tout en étant un site historique dans l'histoire de Montréal, procure l'aération nécessaire à la population de N.D.G. pour combattre la pollution engendrée par l'autoroute Décarie. Cette oasis verte échelonnée de vieux arbres et de souvenirs est indispensable à l'équilibre mental et physique de la population groupée près de cette voie rapide. Déjà notre quartier a été déchiré à outrance par ce modernisme qu'on appelle vulgairement "progrès" [...][38].

Îlot vert au sein de la jungle urbaine environnante, Villa-Maria semblait un parc public tout désigné.

Les représentations d'Espaces verts permirent de retarder la construction projetée. Ce fut surtout l'intervention de l'État québécois qui orienta la protection de Villa-Maria. Malgré un avis favorable émis dès 1973 par la Commission des biens culturels, le ministère des Affaires culturelles ne classa de Villa-Maria que l'ancienne propriété de James Monk, située au cœur du domaine, qu'en 1976[39]. Le communiqué de presse précisait que la maison, construite au début du XIXᵉ siècle pour les besoins d'un dignitaire de la couronne britannique, avait subi des réaménagements majeurs une cinquantaine d'années plus tard « sous la direction d'un architecte réputé à l'époque : George Browne », afin d'accueillir le gouverneur général. Les autorités protégeaient ainsi la « structure centrale qui a[vait] été retenue par les spécialistes comme élément architectural le plus valable de cet ensemble », structure à laquelle s'ajoutait « une partie importante du domaine [...] inclus dans l'aire de protection de 500 pieds attribuée aux immeubles classés biens culturels[40] ». Comme dans le cas du domaine des Sulpiciens, le statut de « monument historique » devait en quelque sorte protéger son environnement immédiat.

La protection officielle de l'édifice historique du domaine Villa-Maria ne mit cependant pas fin à la controverse. Espaces verts jugeait l'ensemble de la propriété toujours en danger puisque « *the majority of the valuable open space lies well outside the 500-foot radius and must still*

---

37. Diana Chaplin avançait, pour le quartier Notre-Dame-de-Grâce, le chiffre de 0,28 acres d'espaces verts pour 1 000 habitants tandis que la moyenne montréalaise aurait été de 2,5 acres. Voir Diana Chaplin, *Le Devoir*, 18 février 1975.

38. Ginette D. Perrault, « La carence d'espaces verts à Notre-Dame-de-Grâce », *Le Devoir*, 14 mars 1975.

39. La Commission des biens culturels s'appuyait sur les conclusions du rapport du service des Monuments, sites et arrondissements. Voir Commission des biens culturels, *Deuxième rapport annuel du 1ᵉʳ juillet 1973 au 31 mars 1974*, Québec, Éditeur officiel, 1974, p. 20 ; *École secondaire Villa-Maria, Rapport préliminaire*, Québec, ministère des Affaires culturelles, 1973.

40. « Villa-Maria, monument historique », *Le Devoir*, 6 mars 1976. On peut aussi consulter Wendela Stier, « Maison James-Monk (ou Villa-Maria) », dans *Les Chemins de la mémoire*, vol. 2, p. 146-147.

be considered very threatened until it is homologated as a public park[41] ». La longue campagne médiatique avait de plus transformé les relations entre les religieuses et le public. Un « problème croissant "d'animosité" [...] à cause d'une utilisation "abusive" du terrain[42] » avait surgi. Alléguant des raisons de sécurité pour les religieuses et les écolières, un gardien de sécurité avait été embauché pour contrôler l'accès au site[43]. Il en résulta même une fermeture totale du parc au public. Les résidants durent alors négocier la réouverture du domaine[44]. La lutte menée par Espaces verts, fortement médiatisée, permit au collège Villa-Maria d'acquérir son titre de « monument historique » conjurant des transformations inconsidérées. Toutefois, le principal objectif de conversion du domaine en parc public avait échoué.

▪ Le parc Viau, ou la défaite définitive des espaces verts

Au terme de la première phase de la campagne du domaine des Sulpiciens, fin 1972, la sauvegarde des espaces verts attirait l'attention des médias à l'autre bout de la ville, sur le parc Viau, rue Sherbrooke, partie est du parc Maisonneuve. Cette fois, le Regroupement pour la sauvegarde des espaces verts s'opposait à la construction du Village des athlètes pour les Jeux olympiques de 1976. Contrairement au domaine des Sulpiciens et à Villa-Maria, il était impossible pour les opposants de faire valoir des arguments historiques ou architecturaux. Présenté tout de même comme un legs, « il est frappant de constater que la ville victorienne n'a laissé dans notre ville que très peu de grands espaces verts, si l'on excepte les cimetières, le parc du Mont-Royal et celui de Maisonneuve » ; le parc Maisonneuve, et peut-être encore moins le parc Viau devenu en partie un golf municipal, ne possédaient pas l'aura des deux précédents sites[45]. La bataille se livrait par conséquent sur le terrain environnemental déjà miné par la volonté d'un maire tout-puissant mais soutenu par une coalition toujours plus nombreuse d'opposants[46].

La campagne soulignait encore une fois la nécessité des espaces naturels et aménagés en milieu urbain. Dans un quartier déjà dépourvu d'espaces verts, le parc Viau faisait figure de « "poumon" nécessaire pour

---

41. Diana Chaplin, « Villa Maria building saved. Green space still in danger », *S.O.S. Montréal*, vol. 1, n° 3 (1976), p. 2.

42. Jean-Pierre Bonhomme, « Projet pour faire un parc à Villa Maria », *La Presse*, 13 mai 1977.

43. « The public and Villa Maria », *The Gazette*, 25 avril 1977.

44. Madeleine Berthault, « Un groupe de citoyens ira négocier la réouverture du domaine Villa-Maria », *La Presse*, 27 mai 1977.

45. Jean-Claude Marsan poursuivait démontrant ainsi l'importance de ces grands espaces verts : « pour le reste, les espaces verts repris aux anciennes terres rurales sont petits, soumis à la grille comme à un corset ; et même si aujourd'hui on reconnaît que ces espaces libres peuvent s'avérer assez fonctionnels pour certaines activités de loisirs, il n'en demeure pas moins que leur impact de contraste sur le milieu urbain ambiant est faible, comparé à celui des grands espaces ouverts ». Voir Jean-Claude Marsan, *Montréal en évolution*, p. 288.

46. « 66 organismes appuient les "Espaces Verts" », *La Presse*, 2 mai 1973 ; Jean-Claude Leclerc, « Pourquoi pas une loi spéciale ? », *Le Devoir*, 1er décembre 1973.

la vie des citoyens de l'Est montréalais[47] ». Dans ce milieu défavorisé qui avait déjà fortement subi les contrecoups de la transformation de l'économie montréalaise, l'affaire se transformait davantage en revendication sociale. La question ne se réduisait plus au sauvetage du parc Viau, elle ambitionnait en plus l'émergence d'une nouvelle ville. Ainsi, aux yeux du Regroupement pour la sauvegarde des espaces verts, « le problème posé [...] débord[ait] amplement la protection d'un terrain spécifique [...] pour s'inscrire dans le cadre de la conception de la cité : quel type de ville veulent les Montréalais ?[48] ». La Société d'architecture de Montréal, dont les membres étaient actifs dans la sauvegarde du paysage bâti de Montréal, s'exprimait aussi à propos du projet :

Paul Dubuc et Dominique Hoepffner, Comment sauver nos espaces verts ? Recommandations du colloque organisé par Sauvons Montréal, le 30 septembre 1978, Pavillon Lafontaine, Université du Québec à Montréal, Montréal, Sauvons Montréal, 1978.

> Nous estimons que les espaces verts facilement accessibles ne sont pas un luxe, mais une nécessité dans une ville et qu'ils ne doivent être sacrifiés en aucun cas. Comme Montréal est déjà mal partagé dans ce dossier, il faudrait plutôt élaborer une politique qui viserait à accroître la superficie des espaces verts dont l'incidence sur la vie quotidienne des gens est beaucoup plus importante que celle des jeux Olympiques qui ne dureront que quelques semaines. Donc, quelque élevé que puisse être l'idéal olympique nous persistons à croire qu'on ne saurait lui sacrifier une parcelle de ce patrimoine de grande qualité que constituent le parc Viau et le jardin botanique[49].

La somme des arguments proposés, appuyée par une opposition massive et toujours croissante qui se présentait comme le porte-parole de l'ensemble des Montréalais, permettait d'espérer quelque incidence sur le projet, que ce soit par le choix d'un autre emplacement ou l'ouverture d'un village temporaire. Le projet du maire Jean Drapeau obtint cependant l'aval des autorités provinciales. Les deux tours pyramidales allaient accueillir les athlètes en 1976.

Les campagnes du parc Viau, comme celles du domaine des Sulpiciens et de Villa-Maria, ont démontré la difficulté de sauver des espaces verts lorsqu'elles prenaient appui sur le mode d'action utilisé pour défendre les « monuments historiques » dans la ville. Si les campagnes du domaine des Sulpiciens et de Villa-Maria avaient été déclarées victorieuses, c'est grâce à leurs qualités historiques et architecturales. Sauvons Montréal allait tout de même poursuivre son travail de sensibilisation, notamment avec la tenue du colloque de 1978 :

47. « Pour un village temporaire au parc Viau », *La Presse*, 19 juin 1974.

48. Regroupement pour la préservation des espaces verts, « Le rôle indispensable des espaces naturels ou aménagés », *Le Devoir*, 6 juin 1973.

49. L'auteur se présente comme le président de la *Société d'architecture de Montréal*. Voir Claude P. Beaubien, « L'avenir du parc Viau », *Le Devoir*, 29 mai 1973.

Comment sauver nos espaces verts[50] *?* D'autres groupes environnementaux persévérèrent pour alerter l'opinion publique. Une première, en 1981, après quatre années d'efforts, la forêt de Saraguay située dans le nord de l'île allait être déclarée « arrondissement naturel » à titre de « témoin de la forêt primitive qui couvrait autrefois l'île de Montréal[51] ». En outre, le développement des sept grands parcs régionaux de la Communauté urbaine de Montréal et le projet Archipel, qui prévoyait mettre en valeur les ressources hydriques et les rives de l'île de Montréal, intégrèrent l'idée de nature ou d'urbanisme vert au développement urbain au cours des années 1980. Toutefois, il faudra attendre les années 1990 pour qu'arbres, jardins et espaces verts prennent définitivement place dans le projet patrimonial. En 2003, l'intention de classer le mont Royal en faisait un « arrondissement naturel », doublé il est de vrai d'un « arrondissement historique[52] ». La sauvegarde des espaces verts dans les années 1970, pour se révéler gagnante, devait se bonifier des qualités de « monument » urbain. La décennie ayant eu raison de sa détermination, le groupe Espaces verts, après huit années d'efforts, se sabordait en 1979[53].

---

50. Sauvons Montréal avait réuni à l'automne 1978 près d'une quarantaine de groupes et d'associations pour discuter de la problématique. Le groupe avait alors présenté l'inventaire des espaces verts à protéger sur l'île de Montréal. Il espérait la création d'un réseau de parcs métropolitains et dans la zone centrale l'ouverture de « nombreux mini-parcs en utilisant, lors de la rénovation des quartiers, les terrains vacants provenant des démolitions ». Voir Paul Dubuc et Dominique Hoepffner, *Comment sauver nos espaces verts ? Recommandations du colloque organisé par* Sauvons Montréal, *le 30 septembre 1978, Pavillon Lafontaine, Université du Québec à Montréal*, Montréal, Sauvons Montréal, 1978, p. 44.

51. La forêt de Saraguay était, jusqu'à la désignation du mont Royal à ce titre, le seul arrondissement naturel en milieu urbain au Québec. Les deux autres arrondissements étaient ceux de Percé, protégé en 1973, et de l'archipel de Mingan, protégé en 1978. Voir Alain Gelly, Louise Brunelle-Lavoie et Corneliu Kirjan, *La passion du patrimoine*, p. 227 ; André Bouchard, « Forêt de Saraguay », dans *Les Chemins de la mémoire*, vol. 2, p. 172-173 ; site Internet du ministère de la Culture et des Communications, *Répertoire des biens culturels et arrondissement du Québec*, 2003, [http://www.mcc.gouv.qc.ca/ pamu/biens-culturels/index.htm], consulté le 12 août 2003.

52. La Loi sur les biens culturels avait en effet légitimé un tel statut, pendant de l'arrondissement historique, attribué à un territoire valorisé par « l'intérêt esthétique, légendaire ou pittoresque que présente son harmonie naturelle ». Voir Gilles Dumouchel, France Paradis et Yves Bergeron, *La loi sur les biens culturels et son application*, Québec, MAC, 1992 [1987], p. 45. La Commission des biens culturels avait, dans les années 1970, conçu un programme de protection d'une quarantaine de sites, qui ne fut jamais réalisé.

53. Le président d'Espaces verts faisait le bilan des réalisations : « Pendant toute cette période, l'association a travaillé à de nombreux projets : la mise sur pied de programmes d'éducation sur les problèmes urbains pour les étudiants, la réalisation d'un film sur les coopératives d'habitation et d'un diaporama sur le développement de Montréal, l'organisation de visites guidées du Jardin botanique, l'aide à la création d'associations locales pour la préservation des espaces verts, la création de mini-parcs et de jardins à Saint-Michel sur les terrains où passent des lignes à hautes tensions de l'Hydro-Québec, etc. Mais nous avons particulièrement lutté pour empêcher la destruction de grands espaces verts urbains. Nous avons connu des victoires (domaine des Sulpiciens, Villa-Maria) et des défaites (parc Viau), mais nous avons surtout vu croître le nombre de Montréalais préoccupés par la qualité de vie dans une métropole que certains se plaisent à qualifier de la plus belle en Amérique du Nord ». Voir Robert Ascah, « La disparition d'Espaces verts », *Métro-matin*, 15 juin 1979.

La protection d'enfilades de maisons ou la protection d'un milieu unique

Les campagnes « vertes » étaient significatives des difficultés liées à la sauvegarde de l'identité urbaine. Les groupes de sauvegarde furent confrontés au même obstacle dans leurs efforts pour empêcher la démolition d'ensembles de bâtiments formant ce qui était appelé un milieu urbain distinctif. Dans sa plus simple expression, la rue « montréalaise » se voyait revendiquée comme héritage : « en fait la rue sans fin, le corridor de distribution plus ou moins impersonnel semble être, en définitive, une des caractéristiques mar-

Bibliothèque nationale du Québec

« Battle lines clearly drawn in bid to save St. Norbert St. », The Gazette, *31 juillet 1975, p. 5.*

quantes du Montréal victorien », écrivait Jean-Claude Marsan[54]. Le quadrillage uniforme de la ville n'était pas tellement exceptionnel. D'autres villes présentaient une telle ordonnance, mais le plan de Montréal fidèle à son histoire transposait, sous forme urbaine, l'ancienne distribution des terres agricoles[55]. L'appropriation opérée par les Montréalais offrait à cette « froide standardisation de l'espace, de la construction, de la couleur même, une vie qui ne demande qu'à éclater », poursuivait Marsan. Melvin Charney, dans *Saisir Montréal*, renchérissait en écrivant : « bien sûr, il existe des monuments architecturaux distinctifs. Mais c'est dans la rue que l'on rencontre une cohésion qui semble fournir un élément déterminant, le sens de la ville façonné par tous et qui leur appartient[56] ». Dans les quartiers populaires ou les quartiers bourgeois, par l'enfilade de ses façades, la rue offrait des panoramas uniques. Elle permettait aussi l'expression d'une « ville à l'échelle humaine » comme le répétaient sans cesse les campagnes de sauvegarde. Les luttes tentaient de faire reconnaître cette particularité.

La campagne de la rue Saint-Norbert, au cours de l'été 1975, fut l'occasion de tester la réceptivité de l'opinion à une telle vision. Les défenseurs du patrimoine allaient proposer de sauvegarder un ensemble de maisons, non pas pour leurs qualités individuelles, mais pour l'unicité du milieu ainsi créée. Les membres de l'Association des résidants de la rue

---

54. Jean-Claude Marsan, *Montréal en évolution*, p. 289.

55. Montréal rejetait ici une certaine américanité, ostracisée puisqu'elle représentait ces villes dont elle ne voulait pas être.

56. Melvin Charney, « Saisir Montréal », dans Société d'architecture de Montréal, *Découvrir Montréal,* Montréal, Éd. du Jour, 1975, p. 17.

Saint-Norbert, après avoir reçu un avis d'éviction des 49 logements qu'ils habitaient entre les
rues Saint-Dominique et de Bullion, tentèrent
de contrer la démolition annoncée. Il n'était pas
question de contester auprès des autorités une
démolition illégale, puisque c'était la Ville de
Montréal elle-même, propriétaire des terrains,
qui entendait construire un garage municipal.
La ligne défensive mit en avant les qualités
patrimoniales de l'« ensemble urbain » formé
par la rue Saint-Norbert, qui nécessitait par
ailleurs un travail de restauration. Selon le rapport déposé par Sauvons Montréal pour justifier
la restauration des logements, cet « environnement d'habitation de grande qualité [...] avec

Rue Saint-Norbert, nature morte à la façon montréalaise, avec stèle et souvenirs des chambres de bois...

Bibliothèque nationale du Québec

son calme, son échelle humaine et sa personnalité » et son caractère « d'un
aménagement non planifié » en faisaient une « petite réussite urbaine[57] ». À
cette enseigne, les édifices de la rue Saint-Norbert devaient être sauvegardés.
Un tel projet semblait possible, selon l'expertise des architectes de Sauvons
Montréal, Phyllis Lambert et Michael Fish : « [we] *found the Victorian-era
buildings structurally sound and able to be renovated* [...][58] ». Ce projet ne
trouva cependant pas preneur, ni à la Ville de Montréal, ni au ministère des
Affaires culturelles.

*Le dénouement de la
campagne de la rue
Saint-Norbert,
Le Devoir,
25 septembre 1975,
p. 3.*

Devant l'impératif de la sauvegarde, les logements devant être
démolis au début du mois d'août, Sauvons Montréal tenta de contourner le
problème. Il recentra son action sur un « monument », le monastère du Bon-
Pasteur[59], situé rue Sherbrooke, espérant que l'aire de protection garantirait
la survie de la rue Saint-Norbert. Le classement aurait pu interférer selon
le même principe que dans les dossiers des Sulpiciens et de Villa-Maria.
Dans sa valorisation d'un autre paysage urbain, Sauvons Montréal se heur-
tait toutefois à une résistance des autorités qui concevaient difficilement
l'inclusion des maisons de la rue Saint-Norbert dans le fonds patrimonial
national. Bien sûr, à la même période, il avait été possible, grâce au travail
des groupes de sauvegarde, de soustraire à la démolition les maisons de la
rue Jeanne-Mance[60] : « cette protection légale accordée à un ensemble urbain
formé d'une enfilade de façades constitu[ait] une première au Québec[61] ».

57. Alain Duhamel, « Rue Saint-Norbert : les locataires résisteront à la Ville de Montréal »,
     Le Jour, 15 juillet 1975.
58. « Citizen drive stalls parking lot project », *The Gazette*, 10 juin 1975.
59. L'ouvrage *Les Chemins de la mémoire* utilise le terme « maison du Bon-Pasteur » ; certains
     articles des années 1970 emploient le terme « couvent du Bon-Pasteur ». Le terme « monastère
     du Bon-Pasteur » sera ici préféré compte tenue de son utilisation presque généralisée dans
     les années 1970 et 1980.
60. L'affaire des maisons de la rue Jeanne-Mance a été évoquée au chapitre précédent à propos
     des nouveaux pouvoirs de la Ville de Montréal, associés au projet de loi 91. Voir la section
     « Une solution partielle à un problème global : les permis de démolition », dans le chapitre 2
     de cet ouvrage.
61. Luc Noppen, « Façades de la rue Jeanne-Mance », dans *Les Chemins de la mémoire*, vol. 2,
     p. 67.

Cependant, si la protection reconnaissait les qualités architecturales de ce paysage urbain, elle le faisait par l'addition de chacune des 15 façades[62]. Une rue était ainsi protégée, mais en contournant le problème encore une fois. Les maisons de la rue Saint-Norbert n'eurent pas cette chance. L'idée de protéger le monastère du Bon-Pasteur afin d'éviter la démolition des maisons de la rue adjacente aurait pu fonctionner si la protection juridique n'eut pas été accordée en 1979[63]. Entre-temps, malgré une campagne de sauvegarde énergique et une importante couverture médiatique, les maisons de la rue Saint-Norbert avaient été rasées à la fin de l'été 1975. À l'image des espaces verts, la campagne de la rue Saint-Norbert démontrait encore une fois les difficultés liées à la reconnaissance d'un autre paysage urbain et d'un autre patrimoine.

■ La sauvegarde d'un milieu distinctif

Les campagnes des rues Jeanne-Mance et Saint-Norbert faisaient écho au travail de représentation des groupes voués à la sauvegarde du patrimoine autour des rues Bishop et Crescent. Il s'agissait à nouveau de dépasser la protection d'édifices singuliers au profit de sections complètes de rues : « *the area around Stanley, Mountain, Crescent and Bishop streets is a unique urban playground of bars, bistros, restaurants and boutiques*[64] », était-il écrit dans *Montreal at the Crossroads*; Michael Fish poursuivait « once a fashionable upper middle class residential area, there is much architectural history on every street[65] ». L'Association des locataires de la rue Bishop, ainsi que d'autres groupes de sauvegarde, misaient non seulement

---

62. Dix d'entre-elle furent protégées en 1975 et les cinq autres en 1977.

63. Sauvons Montréal déposa une injonction en justice pour bloquer toute démolition avant que la demande de classement ne soit connue. C'est alors que le juge trancha : « Dans son jugement, le magistrat invoque trois facteurs pour justifier son refus : les résidants de la rue Saint-Norbert n'ont pas d'intérêt légal à défendre (ce sont les Sœurs du Bon-Pasteur qui auraient dû présenter la demande), il n'a pas reçu d'avis de classement du MAC, et il soulève les difficultés d'une intervention de la Cour dans les projets à long terme de la ville. » Voir Mario Fontaine, « Deux conseillers du RCM occuperont rue Saint-Norbert », *La Presse*, 31 juillet 1975.

64. Les auteurs ajoutaient : « *yet until June 11, 1974, there was a real danger that the whole area would be developed out of existence in the name of progress. Several developers were well advanced with plans to completely change the character of the district. Only a sudden, and totally unexpected move by the city council prevented it all from happening*». Voir Donna Gabeline, Dane Lanken et Gordon Pape, *Montreal at the Crossroads*, Montréal, Harvest House, 1975, p. 83.

65. Fish précisait à propos des résidants qui luttaient pour la sauvegarde du secteur : « they have perhaps the strongest sense of neighbourhood of any group in the city and mourn the degradation of their area as if their grief were for an old friend ». Voir Michael James S. Fish, *A Sense of Neighbourhood in Montreal's Downtown: A Framework for Preservation and Planning Action*, Montréal, L'auteur, 1975, p. 14-15.

sur les qualités architecturales, mais aussi sur l'atmosphère urbaine – valeur difficilement attribuable à un édifice isolé[66]. Hormis l'animation et la qualité résidentielle qui étaient valorisées, ces rues avaient aussi l'appréciable

Photo : Martin Drouin

Le Bishop Court Apartments et, à l'extrême droite, la maison Peter Lyall.

avantage, contrairement à la rue Saint-Norbert, de compter des édifices qu'il était plus aisé d'associer à la notion de « monument historique ». Le Bishop Court Apartments, la maison Peter Lyall et le Royal George Apartments permettaient d'espérer d'attirer l'attention des autorités responsables et obtenir la protection du secteur limitrophe, tout comme dans le cas du monastère du Bon-Pasteur.

Mais, contrairement au monastère du Bon-Pasteur qui n'était pas menacé lors de la demande de classement en 1975, le Bishop Court Apartments, la maison Peter Lyall et le Royal George Apartments étaient en danger. Dès 1974, *The Gazette* redoutait la destruction annoncée des *« five century-old greystones on lower Bishop to make way for still another parking lot*[67] ». La lutte dut se cristalliser autour du Bishop Court Apartments dont la démolition commença, à nouveau, dans l'illégalité et malgré l'avis d'intention de classement émis par le ministère des Affaires culturelles, en février 1975[68]. Comme dans le cas des maisons de la rue Drummond, l'intervention de Sauvons Montréal permit d'alerter l'opinion publique et freina l'action des démolisseurs. En avril 1976, le ministère des Affaires culturelles classa la façade et la cour intérieure du Bishop Court Apartments. L'aire de protection permit, cette fois encore, de canaliser les transformations du secteur[69]. Malgré la mobilisation de Sauvons Montréal pour la maison Peter

66. Bernard Descôteaux, « La rue Bishop a eu sa fête : Montréal refuse de devenir une ville terne », *Le Devoir*, 17 juin 1974.

67. Donna Gabeline, « Bell may soon toll for Montreal's bistro quarter », *The Gazette*, 27 mai 1974.

68. Jacques Benoît, « La démolition avait commencé dans l'illégalité », *La Presse*, 14 février 1975.

69. L. Ian MacDonald, « Montreal this morning », *The Gazette*, 4 mai 1976.

Lyall et le Royal George Apartments, ces derniers ne furent pas officiellement protégés. Des remous de cette lutte émergea un règlement de zonage, établi par la Ville de Montréal et imposant une limite de hauteur pour les constructions du secteur[70]. Mais la conservation du Bishop Court Apartments ne constitua qu'une victoire partielle pour Sauvons Montréal. Reconverti en édifice de bureaux par l'Université Concordia, il perdait en effet la «qualité résidentielle» pour laquelle, en partie, la lutte avait été engagée.

La valorisation des rues, comme milieu distinctif d'une ville à reconnaître, trouvait difficilement sa place dans la logique des «monuments historiques». Il avait été demandé en 1974 que la Loi sur les biens culturels soit amendée afin «d'inclure dans la loi des dispositions qui permettent clairement de protéger non seulement des immeubles, mais des quartiers entiers, comme le carré Saint-Louis, la rue Crescent, le *Golden Square Mile* (qui s'étend entre Côte-des-Neiges et Université, Sherbrooke et la montagne[71]». Toutefois, comment protéger des «écosystèmes» créés par la symbiose entre un paysage urbain et une vie qui l'animait? L'arrêt des démolitions et des constructions en hauteur était toujours le premier geste que Sauvons Montréal demandait aux autorités. La Ville de Montréal l'avait accompli, en 1974, en imposant un contrôle de la hauteur des édifices dans le secteur des rues Bishop et Crescent. Quelques années plus tard, elle proposait le même remède pour le quadrilatère formé par les rues Guy, Sherbrooke, Saint-Antoine et l'avenue Atwater – «un des secteurs résidentiels du centre de la ville où les constructions en hauteur ont le plus proliféré depuis quelques années» – et le secteur du grand plateau Mont-Royal[72]. Le but visé était «de protéger le caractère et l'aspect de ces secteurs[73]». Malgré ces propositions, Sauvons Montréal dénonçait de telles dispositions. Le journaliste qui rapportait la nouvelle expliquait:

> C'est que «Sauvons Montréal» se permet de rêver, dans le plus beau sens du terme. Ce rêve est celui d'une ville plus humaine, où les autorités, de concert avec les Montréalais, s'attaqueraient résolument aux problèmes qui rongent Montréal : crise du logement, enlaidissement continu, manque d'espaces verts, démolitions, multiplication des parkings, transports en commun déficients, baisse graduelle de la population, surtout dans le centre de la ville, etc.[74]

La sauvegarde de ce Montréal allait s'inscrire dans une logique encore plus étendue : le quartier. Ainsi, au-delà du bâtiment et de la rue, le quartier devenait un espace d'appartenance aux réalités multiples contribuant à la caractérisation de Montréal. Sauvons Montréal travailla, encore ici, à épauler les protestations.

---

70. Jim Stewart, «Save Montreal scoring well», *The Gazette*, 28 avril 1976.

71. Evelyn Dumas, «L'assemblée nationale étudiera un projet visant à retarder les démolitions de quartiers historiques», *Le Jour*, 19 juin 1974.

72. Ce secteur «une vingtaine de fois plus étendu que le premier» était délimité, à l'ouest, par la rue University, les avenues de l'Esplanade et du Parc, au nord et à l'est, par la voie ferrée qui courbe et coupe la rue Sherbrooke, formant la limite sud du quadrilatère.

73. Jacques Benoît, «Le débat sur le zonage à Montréal: Holà aux frères jumeaux: démolitions et parkings!», *La Presse*, 21 février 1976.

74. *Ibidem.*

■ À une nouvelle échelle, les préoccupations pour le quartier chinois

L'annonce au début des années 1970 de la construction du complexe Guy-Favreau par le gouvernement canadien poussa Sauvons Montréal à développer les arguments d'un discours à l'échelle d'un quartier. Le Quartier chinois semblait en effet menacé par l'installation de services fédéraux, soit un vaste chantier qui devait s'étaler sur dix ans et dont la première tour devait être inaugurée en 1975[75]. Le quotidien *La Presse* décrivait l'opération en ces termes : « environ le tiers du quartier chinois de Montréal devra céder la place au complexe immobilier que le gouvernement fédéral a décidé de construire au cœur de la métropole. C'est la partie communautaire du quartier chinois et ses trois églises, de même qu'une vingtaine de logements, qui devront disparaître […][76] ». L'article évoquait aussi « plusieurs entreprises commerciales chinoises […] éventuellement livrées au pic des démolisseurs ». Les protestations émanèrent, dans un premier temps, de la communauté chinoise elle-

Complexe Guy-Favreau.

Photo : Martin Drouin

même qui mit rapidement sur pied un Committee for the Preservation of Chinatown. Le sort des trois églises menacées, présentées comme le ciment de la communauté, préoccupait les membres du Comité[77].

La polémique s'intensifia à mesure que la décennie avançait et que les autorités fédérales persévéraient dans la réalisation du projet. Sauvons Montréal vint ainsi appuyer les protestataires en articulant sa démarche autour de trois pivots. Tout d'abord, le Quartier chinois renfermait des bâtiments qualifiés d'« historiques ». Le groupe réclamait la protection de huit d'entre eux. Deuxièmement, la construction du complexe Guy-Favreau, elle-même, était remise en question tout comme le « désir aussi irrésistible qu'irrationnel de construire des grands édifices[78] ». Cette remarque renvoyait notamment aux installations olympiques, alors en construction, et au Palais des congrès projeté par les autorités provinciales. Troisièmement,

---

75. Le journal de Sauvons Montréal faisait le point sur cette question dans son premier numéro en 1976. On pouvait y lire que le projet avait été conçu dès 1967. Voir « Place Guy Favreau embarrasses the Feds », *S.O.S. Montréal*, vol. 1, n° 1 (février 1976), p. 19.

76. Florian Bernard, « Le quartier chinois amputé », *La Presse*, 30 mars 1972.

77. Susan Purcell, « Save Chinatown group to meet federal officials », *The Montreal Star*, 18 avril 1972.

78. « Centre de Congrès et Place Guy-Fravreau : "un complexe de l'édifice" », *S.O.S. Montréal*, vol. 2, n° 3 (1977), p. 7.

l'organisme se disait troublé par la menace d'extinction d'un quartier vivant et dynamique. Michael Fish, écrivait un journaliste, «*warned the project would place such heavy pressure on what remains of Chinatown that the community could no longer survive as an unit*[79]». Sauvons Montréal organisa l'une de ses premières «marches urbaines» dans les rues du Quartier chinois dans le but de sensibiliser les Montréalais à son charme et à ses qualités: «*not only is Chinatown's survival crucial to the Chinese population* [...] *but if Montrealers allow it to be destroyed we will have lost one of our city's unique neighborhoods*[80]», affirmait encore Michael Fish. Comment les groupes de sauvegarde parviendraient-ils à intéresser les autorités à la protection de quartiers entiers alors qu'il était déjà difficile de protéger des ensembles de rues, voire des édifices?

Alors que le quadrilatère destiné au futur complexe Guy-Favreau avait été partiellement démoli, le projet de construction, déjà retardé, dut composer avec l'intervention des autorités provinciales en 1976. En effet, *The Gazette* annonçait: «*Cultural Affairs Minister Jean-Paul L'Allier plans to classify four historic buildings in Chinatown – including the city's second oldest church – but the move is not being made to block construction of the controversial Guy Favreau office complex a provincial spokesman said yesterday*[81]». Encore une fois, la protection d'édifices singuliers pouvait contrecarrer des menaces pesant sur un secteur plus vaste. Seuls deux édifices – le presbytère et l'église de la Mission catholique chinoise du Saint-Esprit – furent classés en 1976 et 1977[82]. Le ministère des Affaires culturelles exigeait toutefois «des modifications aux plans soumis afin que l'église ne soit pas écrasée par l'imposante structure que le gouvernement fédéral érigera à côté d'elle[83]». Cependant, malgré son engagement à protéger les édifices classés, le gouvernement provincial projeta lui-même, en 1977, la construction d'un «*new convention centre, just south of Chinatown*[84]». L'axe institutionnel qui allait de la Place des Arts au Palais des congrès pour rejoindre le Vieux-Montréal, en passant par le complexe Desjardins et le complexe Guy-Favreau, préexistait à la sauvegarde du Quartier chinois[85]. La «métropole du progrès»

79. Rene Laurent, «Four Chinatown buildings to be protected by Quebec», *The Gazette*, 20 août 1976.

80. Evelyne Michaels, «Tour explores doomed Chinatown», *The Montreal Star*, 28 août 1975.

81. Les quatre bâtiments étaient : l'église et le presbytère de la Mission catholique chinoise du Saint-Esprit, l'église Free Presbyterian et l'école britannique et canadienne. Voir Rene Laurent, «Four Chinatown buildings to be protected by Quebec», *The Gazette*, 20 août 1976.

82. Site Internet du ministère de la Culture et des Communications, *Répertoire des biens culturels et arrondissements du Québec*, 2000, [http://www.mcc.gouv.qc.ca/pamu/biens-culturels/index.htm], consulté le 12 février 2003.

83. Alain Duhamel, «Le centre Guy-Favreau: le débat reprend», *Le Devoir*, 1er avril 1977.

84. Hubert Gendron, «Chinatown needs "act of will"», *The Montreal Star*, 27 décembre 1977.

85. Il projeta même d'installer le siège social de la société d'État Hydro-Québec au nord de l'axe dans le quadrilatère au sud-ouest des rues Sherbrooke et Saint-Hubert. Héritage Montréal s'opposa à un tel projet, même si le quadrilatère était déjà «dégagé», à cause de l'impact de son implantation pour le quartier limitrophe de Milton Parc. Voir Michel Barcelo, *Le siège social d'Hydro-Québec: enjeux stratégiques au centre de Montréal*, Montréal, Héritage Montréal, 1981.

supplantait la sauvegarde du patrimoine urbain, même si deux nouveaux « monuments historiques » avaient intégré le fonds patrimonial national[86]. Il manquait l'essentiel aux yeux des groupes de sauvegarde : une préoccupation à l'échelle d'un quartier.

■ Au-delà du carcan du monument historique

Au milieu des années 1970, lors des discussions du retour des Sœurs grises dans le Vieux-Montréal, dans une maison mère reconstruite à la manière du XVIIIe siècle, Michael Fish avait en quelque sorte résumé le projet patrimonial de Sauvons Montréal : « *we're into neighborhoods not history for its own sake*[87] ». Le groupe de sauvegarde, comme beaucoup d'intervenants, avait alors soutenu la conservation des anciens entrepôts victoriens de la rue Saint-Pierre, privilégiant leur recyclage en logements pour les Montréalais : « [o]*ld Montreal desperately needs housing, not just more tourists traps to be used at night and weekends* », affirmait encore l'architecte[88]. Ainsi, même l'« arrondissement historique » du Vieux-Montréal, haut lieu du patrimoine montréalais, devait se décliner à l'enseigne du quartier, historique peut-être, mais doté de différentes fonctions (résidentielles, commerciales, institutionnelles et même touristiques). Un quartier où il serait bon, et surtout possible, de vivre. Il ne devait pas simplement être considéré comme un objet de délectation historique ou esthétique, perspective qui dépassait encore le carcan du « monument historique ».

À l'extérieur du Vieux-Montréal, les défenseurs du patrimoine devaient jouer sur deux registres, soit l'importance de la protection et de la mise en valeur du paysage bâti de même que la reconnaissance d'un milieu de vie. L'interpénétration du milieu de vie et d'un bâti « historique » engendrait dans l'appréhension du quartier un paysage urbain spécifique à reconnaître avant sa disparition. Dans *A Sense of Neighbourhood in Montreal's Downtown: A Framework for Preservation and Planning Action*, document datant de 1975, Michael Fish faisait des quartiers le point d'ancrage qui pourrait permettre la sauvegarde d'un autre paysage urbain : « *preserving the assets of our neighbourhoods might be an important first step in arresting this slide into uniformity*[89] ». Il en délimitait ainsi 22, à l'échelle du quadrilatère

---

86. La Ville de Montréal entreprenait au début des années 1980 la restauration de la rue de la Gauchetière. Enfin, en 1984, Sauvons Montréal décernait un prix citron « à tous les paliers de gouvernements pour leur pitoyable intervention dans le Quartier chinois de Montréal ». Voir Denis Masse, « Le prix Citron va au carré Viger et au Quartier chinois », *La Presse*, 21 décembre 1984.

87. « "Battle of philosophy" boils over Grey Nuns' hospital », *The Gazette*, 10 juin 1976.

88. Cette polémique sera discutée en détail dans le chapitre 7 : *À la recherche de solutions : décliner le patrimoine au présent*.

89. Michael James S. Fish, *A Sense of Neighbourhood in Montreal's Downtown: A Framework for Preservation and Planning Action*, Montréal, L'auteur, 1975, p. 20.

identifié par Sauvons Montréal, qui s'affirmaient déjà comme des espaces d'appartenance singularisés :

> *All of them, if the case can not be made for conservation into preservation districts in whole, have major views, buildings, ensembles, streets, and districts which are first class culturally valuable entities and social assets which enrich the lives of every Montrealers. All of the residents of these districts should be encouraged to look to their neighbouring areas for help in organizing the political support necessary to affect their preservation*[90].

Aux des autorités, municipales ou provinciales, peu sensibles au patrimoine proposé par les groupes de sauvegarde, le quartier, défendu par ses résidants, était présenté comme un remède efficace qui permettrait de sauvegarder un milieu de vie et un paysage urbain sous-estimé.

Rue Clark.

Photo : Luc Noppen

Afin de sensibiliser le public et les autorités, Sauvons Montréal avait en 1974 consacré l'une de ses premières études aux transformations des quartiers « Village Saint-Louis » et « Milton Parc[91] ». À la croisée des chemins, les deux quartiers étaient appelés à se transformer avec la construction, au sud du carré Saint-Louis, de deux tours de 24 étages, appelées Saint-Louis-sur-le-parc, et le gigantesque plan des promoteurs de la Cité Concordia. Les deux projets, déjà décriés par les résidants des quartiers, auraient, selon l'étude de Sauvons Montréal rapportée dans *Le Devoir*, comme conséquence directe de « provoquer la disparition de la vie communautaire[92] ». L'impact socioéconomique de l'arrivée des nouveaux résidants, la gentrification des quartiers et le contraste entre les tours et le cadre bâti ancien étaient soulignés.

Boulevard Saint-Laurent.

Photo : Luc Noppen

La sauvegarde de ces milieux, avec « une vie comparable à celle des vieux quartiers en Europe », pouvait être possible, au dire de l'étude, par l'intervention de ses résidants. Le quartier, comme on le mentionnait dans l'étude,

---

90. Ils étaient le *Golden Square Mile*, le secteur ouest adjacent McGill, le « ghetto » McGill, Milton Parc, le « St. Laurent Boulevard Village », le carré Saint-Louis, le Faubourg Cherrier, la Terrasse Ontario, les habitations Jeanne-Mance, le Vieux-Montréal, le faubourg des Récollets, la rue Notre-Dame, la Petite Bourgogne, la paroisse Sainte-Cunégonde, les secteurs de la rue Tupper, de l'avenue Lincoln, de la rue Bishop, de la rue Saint-Denis, de la basilique St. Patrick, de Griffintown et de la rue Jeanne-Mance.

91. Le « Village Saint-Louis » est la zone d'habitations développée autour du carré Saint-Louis. Le quartier Milton Parc correspond à la zone de développement du quadrilatère compris entre les rues Hutchison, Milton, Sainte-Famille et l'avenue des Pins.

92. Le journaliste consacrait un article de fond à la présentation de l'étude de Sauvons Montréal. Voir Bernard Descôteaux, « Village Saint-Louis et Milton Parc perdront leur caractère de quartier », *Le Devoir*, 18 avril 1974.

se définissait d'ailleurs simplement par « le sentiment d'appartenance [et] par la volonté qu'ont les citoyens de s'approprier le territoire et de le transformer selon leurs aspirations et leurs besoins ». Sauvons Montréal prônait ainsi la rénovation et la restauration du bâti afin de combattre l'effritement des quartiers pour assurer, à long terme, la protection d'un « autre » patrimoine montréalais. Les forces du groupe venaient renforcer le mouvement impulsé par l'action directe des résidants, dont le mot d'ordre était sans équivoque : « Ne détruisez pas nos quartiers ! »

Sauvons Montréal proposait ailleurs la requalification d'un espace urbain unique avec l'ouvrage *Récollets*, publié en 1977 et portant sur le quartier situé à l'ouest du Vieux-Montréal. Première publication de la série *Les quartiers du centre-ville de Montréal*, l'ouvrage esquissait un tableau assez sombre mettant en dialectique, d'une part, l'inefficacité du contrôle des autorités municipales et l'avidité des propriétaires avec, d'autre part, l'engagement des résidants et des travailleurs dans leur quartier. Prenant parti pour les seconds, Sauvons Montréal proposait de redonner vie à cet ancien quartier industriel en pleine léthargie : « en partie grâce à son héritage, en partie grâce à son site, ce quartier pourrait devenir une communauté modèle "une petite ville au sein d'une grande métropole"[93] ». Avant de voir cet espace de vie disparaître sous des kilomètres de stationnement, parsemé de gratte-ciel et de « conciergeries », Sauvons Montréal plaidait ses qualités urbaines, architecturales et historiques. Le groupe se plaisait ainsi à imaginer « un quartier recyclé dynamique » où les nouveaux développements côtoieraient à la fois des « monuments » recyclés et des façades restaurées avec des espaces verts et des aménagements paysagers (plantations d'arbres et barrière visuelle et sonore végétale). Cette projection tissait un lien entre la « métropole du progrès » et le Vieux-Montréal en plus de proposer une « fenêtre sur le port ». La sauvegarde du patrimoine prenait son envol pour élaborer les lignes d'une ville idéale.

Cette ville idéale, attentive à la survie de son patrimoine, se réaliserait en quelque sorte sous les traits du quartier Milton Parc. Les groupes de sauvegarde vinrent appuyer les comités de citoyens déjà constitués, qui luttaient depuis la fin des années 1960 pour la conservation de leurs logements. Les protestations des résidants, précédemment évoquées avec l'étude de Sauvons Montréal, finirent par porter des fruits dans la seconde moitié des années 1970. Le sacrifice de 255 maisons dut cependant être consenti avant d'envisager la sauvegarde des 135 bâtiments condamnés en vue de la construction de la future Cité Concordia. L'apport d'Héritage Montréal, « [in] *helping to co-ordinate the largest housing project in Canada*[94] »,

---

93. Douglas Koch *et al.*, *Récollets*, Montréal, Sauvons Montréal, 1977, p. 3.

94. La journaliste consacrait un article à l'apport de Phyllis Lambert dans la sauvegarde du patrimoine à Montréal. Voir Mary Deptuck, « Heiress battles to save city's historic sites », *The Gazette,* 17 novembre 1980.

renforçait l'argumentaire de la sauvegarde[95]. C'est ainsi que la restauration du quartier Milton Parc pouvait être valorisée puisque «les maisons en rangées du secteur composent l'un des ensembles les plus impressionnants de bâtiments en pierre grise de la ville» selon Héritage Montréal[96]. La Société du patrimoine urbain de Montréal, créée par Phyllis Lambert, et Héritage Montréal, contribuèrent à la conversion des édifices en coopératives d'habitation. La Société du patrimoine urbain de Montréal s'occupa de gérer les immeubles en rénovation et assura les services techniques[97]. Le quartier Milton Parc allait ainsi devenir, au cours des deux décennies suivantes, un exemple abondamment cité qui renvoyait à la spécificité de Montréal et à la réussite du travail des groupes de sauvegarde pour la protection des quartiers[98].

■ ■ ■

Au-delà des «monuments» montréalais, les groupes de sauvegarde cherchèrent à protéger d'une destruction imminente des lieux et des milieux uniques à Montréal. Trois types s'imposent à l'analyse des campagnes de sauvegarde : les espaces verts, les rues et les quartiers. Les espaces verts furent d'abord valorisés, dans une logique environnementale, en tant que «poumons verts» dans un milieu densément urbanisé, de gratte-ciel et d'automobiles. Le parc urbain et le square allaient ainsi figurer parmi les ingrédients d'une identité montréalaise menacée et pouvaient dès lors être appréhendés comme un patrimoine à conserver. L'intervention du groupe Espaces verts, fondé lors de la polémique du domaine des Sulpiciens au début des années 1970, et les campagnes qu'il mena par la suite, témoignent bien des deux pôles d'attractivité que furent la nature et le patrimoine. Pour sauvegarder le domaine des Sulpiciens, le discours militant insista à la fois sur des qualités environnementales, historiques et architecturales. Sa conversion en parc

95. Annick Germain faisait remarquer à propos du dossier Milton-Parc : «dans un sens, la question du patrimoine que soulevaient les maisons victoriennes menacées, était assez secondaire dans ce débat, mais elle permettait de faire appel à un argument formulé en termes d'intérêt public, et de réduire l'inégalité des forces en présence (de "gros" promoteurs contre de "petit" résidants) en allant chercher des alliances au-delà des intervenants strictement concernés par le conflit». Voir Annick Germain, « Patrimoine et avant-garde. Le cadre bâti : entre le passé et l'avenir », *Cahiers de recherche sociologique*, vol. 6, n° 2 (automne 1988), p. 121.

96. Héritage Montréal notait aussi : «le changement d'attitude de la ville est perceptible au niveau du réaménagement : il y a quatre ou cinq ans, la réutilisation d'anciens bâtiments était impensable». Voir Alain Duhamel, «Le secteur du parc Milton», *Le Devoir*, 26 juin 1979.

97. Voir à ce propos l'ouvrage de Claire Helman, *The Milton Park Affair. Canada's Largest Citizen-Developer Confrontation*, Montréal, Véhicule Press, 1987.

98. Dans le document préparé pour souligner la fin de la restauration de Milton Parc, les mêmes préceptes étaient encore déclarés : «il est essentiel de réaffirmer que le quartier est l'élément de base et le centre nerveux de toute ville. Le quartier a, de tout temps, été la cellule de vie de la ville et toute reconstruction valable d'une ville se doit de prendre comme fondement cette réalité. C'est donc cet élément fondamental du tissu urbain, le quartier et ses habitants, qui doit être la structure de base de toute action, de toute pensée architecturale». Voir Société du patrimoine urbain de Montréal, *Milton-Parc : reconstruction d'un quartier*, Montréal 1979-1982, Montréal, Société du patrimoine urbain de Montréal, 1982, p. 1.

public demeurait l'objectif à atteindre. Le ministère des Affaires culturelles accorda plutôt aux deux tours de l'ancien fort de la Montagne le titre de « monument historique ». La campagne de Villa-Maria, enclavée dans une zone de « pénurie verte » et zébrée par la tranchée de l'autoroute Décarie, connut le même dénouement. Malgré la volonté de faire du vaste terrain un parc public, ce fut le titre de « monument historique », qui revint à la seule maison James-Monk. Le groupe de sauvegarde, déçu, dut composer avec l'animosité des religieuses. La construction du Village olympique dans le parc Viau allait également bousculer les représentations du groupe et marquer la troisième défaite. Perçu comme un enjeu urbain mais sans qualité historique ou architecturale, le parc ne pouvait seulement être valorisé en tant que « poumon vert ». Il faudra attendre les années 1990 avant que les espaces verts ne deviennent un « patrimoine vert » à part entière et qu'ils fassent l'objet d'une écoute plus attentive.

La valorisation des rues, considérées comme des milieux uniques à conserver, connut les mêmes détours et aléas. La définition du « monument historique » leur était encore difficilement acquise. La campagne pour sauvegarder la rue Saint-Norbert, malgré les efforts pour souligner cette « petite réussite urbaine », fut un échec. Sauvons Montréal tenta d'intéresser les autorités à la sauvegarde du monastère du Bon-Pasteur et ainsi, grâce à l'aire de protection, de faire bénéficier d'une protection légale la rue menacée. La même approche fut développée pour sauver les rues Bishop et Crescent en soulignant la valeur du Bishop Court Apartments, de la maison Peter Lyall et du Royal George Apartments. Cette fois, l'adoption d'un règlement de zonage, de même que la protection de la façade et de la cour intérieure du Bishop Court Apartments, permirent de conserver ce milieu distinctif. Le projet patrimonial de Sauvons Montréal dépassait désormais la simple sauvegarde d'un « autre » paysage urbain et débordait sur la conceptualisation d'un espace d'appartenance signifiant.

Sauvons Montréal s'intéressa semblablement à la sauvegarde des quartiers. Le Quartier chinois, directement menacé par la construction du complexe Guy-Favreau, permit de développer un autre type d'argumentation. Les protections gouvernementales – les classements du presbytère et de l'église de la Mission catholique chinoise du Saint-Esprit – s'inscrivirent encore une fois dans la même logique que la protection des espaces verts. Elles permirent bien sûr d'éviter la démolition des traces du paysage urbain, mais elles oblitérèrent l'essentiel, soit la sauvegarde du quartier. Dans ce processus, même l'« arrondissement historique » du Vieux-Montréal, afin de dépasser la logique du « monument historique », devait se doubler d'une réelle vie de quartier. Les différents quartiers montréalais, en vertu d'éléments singuliers, s'affichaient dorénavant comme des espaces capables de supporter des processus d'appartenance et, par conséquent, de susciter une action militante chez leurs citoyens. Dans le « Village Saint-Louis » et Milton Parc, cette action visait un bâti unique et une vie communautaire menacée par la construction inconsidérée de la « métropole du progrès ». Dans le faubourg des Récollets, on pensait que la requalification du quartier pouvait donner lieu à l'aménagement d'une « cité idéale », cité préfigurée par Milton Parc.

La sauvegarde et la valorisation d'un autre Montréal patrimonial ne pouvaient dès lors se résumer à une simple lutte pour la conservation d'édifices. Bien sûr, Montréal possédait ses « monuments », dont quelques-uns avaient déjà été protégés par l'État québécois et intégrés dans le fonds patrimonial national. Mais il y avait davantage une ville à sauver. Celle-ci pouvait se décliner, à l'image du projet patrimonial des groupes de sauvegarde, avec ses monuments, ses espaces verts, ses espaces urbains et ses habitants. Une ville qui, telle qu'elle apparaissait dans le cadre des luttes patrimoniales, avait une identité, une personnalité, une histoire, inscrite dans sa pierre et rattachée à un héritage « victorien ».

La patrimonialisation du paysage urbain
Un « Montréal victorien »

Parce que la gare Windsor témoigne merveilleusement d'une ère exceptionnelle dans l'histoire de Montréal, parce qu'elle fait partie intégrante de l'environnement d'un square victorien reflétant les idéaux de cette époque, parce qu'enfin elle est un monument d'architecture authentique signalant la vitalité de cet art à Montréal au XIXᵉ siècle, cette gare constitue exactement le genre de monument qu'une Métropole digne de ce nom devrait conserver.

Jean-Claude Marsan, *Le Devoir*, 19 février 1971.

Les campagnes des années 1970 proposèrent inlassablement la reconnaissance et la défense d'un autre Montréal patrimonial. Entre la protection de l'arrondissement historique du Vieux-Montréal et l'édification d'une ville moderne, il semblait y avoir peu d'intérêt pour le paysage urbain appartenant au quadrilatère formé par les avenues Atwater, des Pins, Papineau et le fleuve Saint-Laurent. Les protestations contre la démolition de «monuments», mais aussi d'espaces verts, de rues et de quartiers entiers, constituaient les bases d'une ville à reconnaître. Ainsi, dans un laps de temps extrêmement court, cinq ans, six ans au plus, les efforts des groupes de sauvegarde – Sauvons Montréal en tête – transformèrent la vision de Montréal. À tout le moins, elles ébranlèrent l'édifice des représentations qui prévalaient jusqu'alors. Désormais, un «Montréal victorien» s'affirmait. Autour de l'avenir des maisons Van Horne, Shaughnessy, Killam, Atholstan, Greenshield et celles des rues Drummond, Jeanne-Mance et Saint-Norbert, ou encore de la gare Windsor, du domaine des Sulpiciens, du parc Viau, de Villa-Maria, du couvent des Sœurs grises, du collège Mont-Saint-Louis, du monastère du Bon-Pasteur, de la prison du Pied-du-Courant, du Bishop Court Apartments, de l'hôtel Laurentien, du Quartier chinois et de Milton Parc, les discussions, tour à tour, détaillaient ou entremêlaient sans grande maîtrise les arguments de la sauvegarde. L'identité urbaine prenait forme et substance dans le discours militant.

Les trois premiers chapitres, par la multiplicité des campagnes traitées, ont permis de comprendre les enjeux sous-jacents à la sauvegarde du patrimoine, de connaître la réaction des acteurs en présence, de saisir les images associées à la ville, et d'observer l'émergence d'un autre Montréal patrimonial. Il faut désormais adopter un nouveau regard pour comprendre ce premier «moment» des luttes des années 1970. Une attention particulière sera portée aux arguments de la patrimonialisation et permettra d'aborder un niveau de discours jusqu'à maintenant inexploré. Les particularités de l'identité urbaine apparaîtront ainsi plus clairement, de même que les difficultés inhérentes à la sauvegarde du paysage urbain. Les efforts pour reconnaître l'architecture du XIXe siècle, décrits dans la première section, outre la constitution des bases scientifiques de l'argumentation, entraînèrent l'affirmation d'une histoire du développement urbain jusqu'alors mésestimé. L'affaire de la gare Windsor, analysée dans la seconde section, révélait dans les médias les reproches dont souffrait concrètement cette architecture litigieuse. Les trois sections suivantes détailleront différentes stratégies qui amenèrent à reconnaître la valeur du paysage urbain. Ainsi, afin de parer aux écueils de la forme et du style, le discours militant transforma les édifices menacés en un témoignage d'une époque. Le recours à l'histoire dans les campagnes de sauvegarde se fit aussi tant par l'utilisation de la figure d'autorité que par l'invocation de l'unicité du paysage. Enfin, l'originalité de Montréal se lut de plus en plus dans la couleur de sa pierre. La dernière section, par la campagne pour la sauvegarde d'édifices de la rue Saint-Pierre dans le Vieux-Montréal, donnera l'occasion d'illustrer la confrontation du «Montréal victorien» avec l'image idéalisée de l'«ancienne Ville-Marie». Une première forme d'énonciation de l'identité urbaine montréalaise aura été mise en exergue tout au long de ce chapitre à travers les rouages de l'argumentation militante.

De la reconnaissance d'une architecture du XIXᵉ siècle

Le quadrilatère identifié par Sauvons Montréal élargissait considérablement les formes et la nature du paysage urbain à conserver. Jusque-là, avaient été protégés la maison rurale des XVIIᵉ et XVIIIᵉ siècles, la maison urbaine du début du XIXᵉ siècle et le territoire des anciennes fortifications, reconnu comme un lieu chargé d'histoire[1]. Ces morceaux choisis car jugés digne d'intérêt renvoyaient à la période préindustrielle de Montréal, soit la petite ville française fondée en 1642 et la ville commerçante britannique subséquente. Le territoire du quadrilatère identifié par Sauvons Montréal, quant à lui, s'était urbanisé dans la foulée d'un XIXᵉ siècle naissant[2]. Vers 1850, un Montréal industriel s'imposait pour devenir la métropole d'un Canada qui allait être constitué par la Confédération de 1867. « Aucune période, en dehors des vingt dernières années, n'a plus contribué à la croissance topographique de Montréal et à en façonner l'image que la seconde moitié du dix-neuvième siècle », soutenait Jean-Claude Marsan au début des années 1970[3]. Or, aux yeux des défenseurs du patrimoine, son importance n'était pas reconnue à sa juste valeur. Aussi, la plupart des édifices et des quartiers au cœur du militantisme des groupes de sauvegarde s'inscrivaient dans cette période charnière.

Le XIXᵉ siècle souffrait d'un problème d'image et d'appréciation. Les jugements en vogue alors étaient clairement résumés dans le rapport annuel de 1976 de la Commission des biens culturels : « faut-il se rappeler que nombre de chroniqueurs, d'esthètes, d'architectes, de journalistes n'avaient guère que sarcasmes à l'égard de ce "stupide XIXᵉ siècle". On disait qu'il était fourmillant d'erreurs et d'horreur[4] ». Peu avant sa démolition, la maison Van Horne avait été, on s'en souvient, qualifiée par ses détracteurs de « *jumble of style* ». Il ne s'agissait cependant pas d'un exemple isolé ; des affirmations semblables étaient recensées dans la plupart des luttes des années 1970. L'ampleur du « problème » s'expliquait par l'histoire de l'urbanisation de Montréal ; le rapport poursuivait :

> [...] il faut bien reconnaître que l'ancienneté n'en touche qu'un très petit nombre alors que le XIXᵉ siècle en englobe la presque totalité.

1. Nous l'avons vu dans le premier chapitre avec les classements de la ferme Saint-Gabriel, de la maison de la Côte-des-Neiges, des maisons Nolin, du Patriote, Papineau, Viger, Cotté, Bertrand, La Minerve, de la Congrégation, Beaudoin, Mass-Média et Beament et, bien sûr, la constitution de l'arrondissement historique du Vieux-Montréal.

2. Le début du démantèlement des fortifications, en 1801, marque en quelque sorte l'expansion *extra-muros* de la ville ; les travaux se terminaient en 1817 : « une fois les fortifications abattues, la ville se trouve libérée des contraintes imposées par l'enceinte et elle s'ouvre sur le fleuve et sur les faubourgs ». Voir Phyllis Lambert, « Le démantèlement des fortifications : vers une nouvelle forme urbaine », dans *Montréal, ville fortifiée au XVIIIᵉ siècle*, Montréal, Centre Canadien d'Architecture, 1992, p. 79-80.

3. Jean-Claude Marsan, « La gare Windsor doit-elle disparaître ? », *Le Devoir*, 19 février 1971.

4. La Commission des biens culturels s'inspirait des réflexions du Symposium de Berlin consacré à l'architecture du XIXᵉ siècle tenu en 1976. Voir Commission des biens culturels, « Le XIXᵉ siècle architectural », *Cinquième rapport annuel, 1976-1977*, Québec, Éditeur officiel, 1977, p. 216.

Jean-Claude Marsan, Montréal en évolution : historique du développement de l'architecture et de l'environnement montréalais, Montréal, Fides, 1974.

En effet, dans les villes de Montréal et de Québec, par exemple, si on fait exception de leurs arrondissements historiques respectifs, on peut dire qu'il s'agit là d'un patrimoine immobilier du siècle dernier. Ceci est particulièrement remarquable à Montréal où l'architecture victorienne a marqué des édifices commerciaux qui ont attiré l'attention des spécialistes européens[5].

Il fallait dès lors convaincre des qualités de ce paysage urbain afin de mieux le comprendre et l'apprécier, mais surtout, mieux le défendre.

Les connaissances sur la ville du XIXe siècle et le travail de caractérisation de son patrimoine émergèrent dans les années 1970 en marge des mouvements militants. La décennie débutait avec la publication de l'ouvrage de Franklin Toker, *The Church of Notre-Dame in Montreal: An Architectural History*, église construite de 1824 à 1829 et longtemps considérée selon l'auteur « comme un signe annonciateur de la venue de styles étrangers et du déclin de la tradition québécoise en matière d'architecture ». Cette décennie, caractérisée par un inlassable travail de sensibilisation, source conséquente d'érudition, se terminait avec la traduction française de l'ouvrage, longtemps espérée par Franklin Toker[6].

La publication la plus marquante fut, sans conteste, *Montréal en évolution* de Jean-Claude Marsan en 1974[7]. L'architecte et urbaniste, professeur à l'Université de Montréal, retraçait le développement et les transformations du paysage urbain de Montréal, des premiers temps de la colonie jusqu'au XXe siècle. L'auteur, dans le but de « faire découvrir l'essence de Montréal », plaidait la reconnaissance de ses couches successives qui, écrivait-il dans sa conclusion, « ont été authentiques et valables dans la mesure où [l'architecture et le milieu urbain] ont reflété une mise en équilibre des réalités en présence ; celles de la géographie ou du climat comme celles de l'économie ou de la culture[8] ». La notion de « témoignage », inscrite dans le contexte d'une époque, soutenait son argumentation. La ville qui se dessinait sous sa plume devait être appréhendée dans la continuité

---

5.   L'article, dans le rapport de la Commission, était illustré d'une seule photographie montrant une vue en perspective de la rue Saint-Jacques à Montréal vers 1875, attitude qui montre bien l'« autre » image du Montréal patrimonial lorsque la problématique était abordée. Voir Commission des biens culturels, « Le XIXe siècle architectural », p. 215.

6.   La préface de la traduction française notait le paradoxe d'un ouvrage accueilli avec enthousiasme par les critiques anglophones et sa relative indifférence du côté francophone. Toker affirmait qu'il avait entrepris des démarches depuis 1966 afin de publier son ouvrage en français. Voir Franklin Toker, *The Church of Notre-Dame in Montreal: An Architectural History*, Montréal, McGill-Queen's University Press, 1970 ; Franklin Toker, *L'église Notre-Dame de Montréal : son architecture, son passé*, LaSalle, Hurtubise HMH, 1980.

7.   Jean-Claude Marsan, *Montréal en évolution : historique du développement de l'architecture et de l'environnement montréalais*, Montréal, Fides, 1974. L'ouvrage était publié en anglais en 1981. Voir Jean-Claude Marsan, *Montreal in Evolution: Historical Analysis of the Development of Montreal's Architecture and Urban Environment*, Montréal, McGill-Queen's University Press, 1990 (1981).

8.   Jean-Claude Marsan, *Montréal en évolution...*, p. 375.

de l'histoire : « elle doit, comme les hommes, posséder une mémoire ». En ce sens, l'architecture contribuait au « caractère des rues » et à « l'identité des lieux[9] ». Tandis que l'ouvrage allait devenir un classique du genre, son auteur contribuait au militantisme par la publication de nombreux articles où il exposait les arguments de la sauvegarde[10].

À cette période, d'autres ouvrages favorisèrent une meilleure compréhension du paysage urbain par le biais d'une abondante iconographie. Ils valorisaient l'« unicité » du Montréal « victorien », de la ville du XIXe siècle menacée par les transformations urbaines, suggérant ainsi une action militante à exercer. L'ouvrage *Montréal perdu* de Luc D'Iberville-Moreau, publié d'abord en anglais en 1975, puis en français en 1977, affirmait sa volonté de sensibilisation en juxtaposant des photographies contemporaines avec des clichés peu connus du XIXe siècle :

> Publiées, elles feraient connaître le Montréal du dix-neuvième siècle en même temps qu'elles constitueraient une sorte de définition visuelle du mot patrimoine tel qu'il s'applique à l'une des plus anciennes villes d'Amérique du Nord. Ce mot vient souvent aux lèvres de ceux qui ont formé les groupements Sauvons Montréal et Espaces verts et il est à espérer que ce livre, en révélant le caractère et les particularités de leur ville, bâtie de peine et de misère au cours de plusieurs décennies puis lentement détruite en très grande partie à notre époque, fasse mieux comprendre la philosophie de ces conservationnistes et leur attire de nouveaux partisans[11].

L'ouvrage *A Feast of Gingerbread, from our Victorian Past / Pâtisserie maison de notre charmant passé, Montréal 1870-1900* présentait, en anglais et en français, la diversité des ouvrages de bois sculpté renfermés dans les édifices montréalais[12]. Les auteurs affirmaient : « Montréal s'enorgueillit d'une riche collection de bois décoré dans le style victorien, familièrement appelé gingerbread. Peu de villes présentent un aussi riche éventail et un tel nombre de rues demeurées intactes. [...] Hélas ! tout ce bois ouvré est en voie de disparition. Disparaît avec lui un élément caractéristique de la métropole[13]. » Un autre ouvrage bilingue, *Les rues de Montréal, façades et fantaisie*, tentait semblablement de réhabiliter un paysage urbain méconnu[14]. Deux éléments retenaient particulièrement l'attention de l'auteur : d'une part, le « riche décor victorien » avec ses balcons, ses tourelles, ses consoles, ses fausses girouettes, ses

9. Jean-Claude Marsan, *Montréal en évolution...*, p. 377.

10. En 1994, une nouvelle édition de l'ouvrage, revue, corrigée et mise à jour, était publiée. Voir Jean-Claude Marsan, *Montréal en évolution : historique du développement de l'architecture et de l'environnement urbain montréalais*, Montréal, Méridien, 1994.

11. *Lost Montreal* est le titre anglais de l'ouvrage. Voir Luc D'Iberville-Moreau, *Montréal perdu*, Montréal, Quinze, 1977, p. 5.

12. Warwick Hatton et Beth Hatton, *A Feast of Gingerbread from our Victorian Past / Pâtisserie maison de notre charmant passé. Montréal 1870-1900*, Montréal, Toundra, 1976.

13. Le chapitre 4 était consacré à la préservation, tentant de sensibiliser à ces éléments du paysage urbain qui, avec leur disparition : « something of the unique character and charm of Montreal has been lost forever ». Voir Warwick Hatton et Beth Hatton, *A Feast of Gingerbread...*, p. 5 et 92.

14. Edith Mather et René Chicoine, *Les rues de Montréal, façades et fantaisie / Touches of Fantasy on Montreal Streets*, Montréal, Toundra, 1977.

rampes et ses balustrades, ses gargouilles et ses mascarons et, d'autre part, les escaliers. À propos de ces derniers, longtemps ostracisés par la critique, il était indiqué : « *the staircases were born "chez nous". They give true originality to our streets. We can honestly say that they are unique, a purely Montreal creation* […][15] ». Ainsi, entre élaboration de connaissances et tentatives de sensibilisation, le paysage urbain du XIXᵉ siècle obtenait non seulement une nouvelle audience mais également une certaine forme de légitimité.

Melvin Charney (dir.), Montréal, plus ou moins?, Montréal, Musée des beaux-arts de Montréal, 1972.

Au cours de cette décennie mouvementée, les problèmes entourant la reconnaissance de la ville du XIXᵉ siècle étaient abordés pour comprendre et apporter des solutions. *Montreal at the Crossroads* proposait un bilan des différents enjeux relatifs à la conservation du paysage urbain[16]. L'équipe de journalistes du quotidien *The Gazette* présentait en 1975 les dossiers chauds : la maison Van Horne, la conservation de la rue Crescent et de l'hôtel Laurentien, la construction du complexe Guy-Favreau, la problématique des cinémas et des églises de Montréal. Dans un deuxième temps, les journalistes détaillaient le rôle des divers intervenants, pour conclure par « *a blueprint for action*[17] ». À l'image du titre de la série d'articles, Montréal se serait trouvé à la croisée de deux chemins, entre la perte et la sauvegarde de son identité, entre une « métropole du XXIᵉ siècle » issue du modèle nord-américain ou une ville soucieuse du XIXᵉ siècle qui l'avait tant marqué : « *the alternative is a city which holds simultaneously to the past and to the future* […]. *Only the people of Montreal can make that happen. We are all standing at the crossroads*[18] ». Une autre lecture du développement urbain s'esquissait, avec pour corollaire, comme le soulignent les ouvrages précédemment cités, la sauvegarde d'un paysage menacé.

Les Montréalais avaient déjà été initiés à une « autre » vision de la ville par des expositions. Le Musée des beaux-arts de Montréal présentait en effet, en 1972, l'exposition *Montréal, plus ou moins?*[19] Parmi

---

15. Le dernier chapitre de l'ouvrage portait sur les « démolisseurs » et terminait l'ouvrage sur un cri de désespoir : « the treasures shown in this book are an endangered species. They need our protection ». Voir Edith Mather et René Chicoine, *Les rues de Montréal*..., p. 91.

16. Les articles dans la série « Montreal at the Crossroads » furent originellement publiés dans le quotidien *The Gazette*, entre février et mars 1974. Les journalistes firent des changements mineurs dans l'ouvrage publié sous le même nom. Voir Donna Gabeline, Dane Lanken et Gordon Pape, *Montreal at the Crossroads,* Montréal, Harvest House, 1975.

17. Ce dernier chapitre énonçait un certain nombre de recommandations afin de sauver la ville menacée.

18. Donna Gabeline, Dane Lanken et Gordon Pape, *Montreal at the Crossroads*, p. 211.

19. L'exposition a été présentée au Musée des beaux-arts de Montréal du 11 juin au 13 août 1972. Divers intervenants de la scène patrimoniale montréalaise y participait, dont Espaces verts, McGill Community Design Workshop et Jean-Claude Marsan. Voir Melvin Charney (dir.), *Montréal, plus ou moins?*, catalogue d'exposition : Montréal, Musée des beaux-arts de Montréal, 11 juin au 13 août 1972.

les intervenants appelés à participer, le commissaire de l'exposition, l'architecte Melvin Charney, alors professeur à l'Université de Montréal, exprimait ses préférences pour le Montréal populaire des quartiers centraux : « mais le véritable Vieux Montréal se trouve rue Panet où les gens vivent encore dans des conditions historiques. Personne ne songe à le sauver pourtant, pas plus que les bâtiments des quartiers ouvriers du XIXe siècle, pas plus que les places publiques de Saint-Henri[20] ». Melvin Charney réitérait son allégeance à cette « autre » ville avec l'exposition *Corridart*, commandée pour les Jeux olympiques de 1976, dont il était encore une fois le commissaire[21]. Lui-même et Jean-Claude Marsan proposaient *Mémoire de la rue,* une exposition composée de différentes haltes historiques dans des lieux chargés de mémoire. À l'aide de textes et de photographies, ils interprétaient l'histoire de la forme urbaine. Sur le lot vacant d'un développement urbain jamais réalisé, Melvin Charney construisait en contreplaqué, montées sur des structures d'acier, *les maisons de la rue Sherbrooke,* qui reproduisaient, tel que l'expliquait son créateur : « *a full-scale re-presentation of the facades of two typical Montreal grey stone buildings dating from the 19th century, and still standing on an opposite corner*[22] ». Accompagné, d'une part, d'une critique acerbe du développement de la ville et, d'autre part, de la valorisation d'un paysage urbain inscrit dans l'histoire, un « autre » Montréal se détachait.

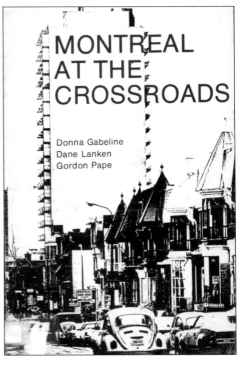

Donna Gabeline, Dane Lanken et Gordon Pape, Montreal at the Crossroads, *Montréal, Harvest House, 1975.*

En marge du militantisme pour la sauvegarde du patrimoine, différents groupes s'évertuaient, chacun à leur manière, à connaître et à faire reconnaître la valeur du paysage urbain compris dans le quadrilatère identifié par Sauvons Montréal. Le Montréal du XIXe siècle était ainsi considéré comme essentiel à l'identité de la ville, parce que constitutif de son histoire et reflet de son visage urbain. Ce combat pour la reconnaissance de l'architecture du XIXe siècle se faisait, au cas par cas, en se modelant sur les campagnes de sauvegarde.

---

20. Melvin Charney s'exprimait ainsi, à la suite de l'exposition, lors d'une entrevue à *Vie des Arts* dans le cadre d'un dossier spécial sur la ville. Voir René Rozon et Melvin Charney, « La ville au musée », *Vie des Arts,* n° 69 (hiver 1972-1973), p. 33.

21. L'exposition, située rue Sherbrooke, devait relier les installations olympiques avec le centre-ville (avenue Atwater). Trop sensible à l'esthétique et au message de l'exposition, le maire Jean Drapeau la fit démanteler quelques jours avant l'ouverture des Jeux olympiques. Voir Louise Descoteaux, « Corridart : la censure », mémoire de maîtrise (études des arts), UQAM, 1993.

22. Melvin Charney, « Corridart », *Architectural Design,* vol. 47, n°s 7-8 (1977), p. 546. On peut aussi consulter *Corridart : revisited, 25 ans plus tard,* catalogue d'exposition : Montréal, La galerie d'art Leonard et Bina Ellen, Université Concordia, 12 juillet au 18 août 2001.

■ Un « monstre » ou un « monument » : l'affaire de la gare Windsor

« Monstre » pour les uns et « monument » pour les autres, la gare Windsor, qui devait être démolie au début des années 1970, représentait cette architecture litigieuse[23]. Lors de la campagne de sauvegarde, les arguments en faveur de la vieille gare de la rue Peel dépassaient, bien sûr, la seule reconnaissance de son architecture. Son rôle dans l'histoire de Montréal et celle du Canada, sa place particulière occupée dans la mémoire des Montréalais et sa valeur de signal dans le paysage urbain étaient notamment reconnus. Sa désignation, par les autorités canadiennes en 1975, comme lieu d'« importance historique nationale » confirmait ses différents apports et dépassait donc la seule reconnaissance architecturale[24]. Des corrélations peuvent être dressées avec la maison Shaughnessy protégée en 1974 par le ministère des Affaires culturelles pour son importance « historique ». À l'abri de l'élégante résidence de pierres grises se profilait en effet la silhouette de ses deux illustres propriétaires William Van Horne et Thomas Shaughnessy, personnages qui, à la tête du Canadien Pacifique, avaient œuvré à la réalisation de la première ligne de chemin de fer vers l'ouest. Le quotidien *La Presse* rapportait : « c'est surtout cet intérêt historique qui a été retenu en exprimant l'intention de classer le bâtiment. Il est difficile de retenir, pour le moment, sa signification architecturale, fait savoir encore le ministère dans un communiqué[25] ». Toutefois, contrairement à ce qui s'est passé avec la maison Shaughnessy, la qualité de l'architecture de la gare Windsor fut âprement discutée dans les quotidiens.

Le « style » architectural de la gare soulevait la harangue livrée par ses détracteurs. *The Montreal Star* rapportait l'opinion d'« experts » qui jugeaient que la gare « [was] *not built in any particular style at all*[26] ». Un lecteur du même quotidien renchérissait : « *Windsor Station is, and has always been, an architectural abomination*[27] », avant de détailler, avec ironie, le « style » pour qualifier la gare : « *it was built in the so-called Scottish-baronial style which is no style at all but the Victorian imitation of a style that was genuine and functional about 1,000 years earlier* ».

---

23. Au même moment, le sort d'une autre gare du xixᵉ siècle était débattu en France. La gare d'Orsay, œuvre de Victor Laloux, qui n'avait plus sa raison d'être au cœur de Paris, subissait les mêmes questionnements au sujet de sa survie. Voir Jean Jenger, *Orsay, de la gare au musée : histoire d'un grand projet*, Milan/Paris, Electa Moniteur, 1986, p. 54-61.

24. Le sort de la gare Windsor fut discuté dans la première moitié des années 1970, entre 1972, date de l'annonce de sa démolition, et 1975, alors que les autorités canadiennes déclaraient son « importance historique nationale » et que son propriétaire transformait ses plans. Un premier projet, annoncé en 1970, avait été rapidement abandonné, il avait cependant créé un premier émoi. Voir Audrey Bean *et al.*, *Windsor Station = La Gare Windsor*, Montréal, Les Amis de la gare Windsor, 1974 [1ᵉʳ éd. : 1973], p. 2.

25. « Les Affaires culturelles veulent classer la Maison Shaughnessy », *La Presse*, 26 octobre 1973.

26. Wouter De Wet, « Save the Station ? The experts are divided in their opinion », *The Montreal Star*, 12 décembre 1970.

27. Ce lecteur est l'un des rares lecteurs à se déclarer ouvertement pour la démolition de la gare. Voir W. David Feist, « Windsor Station should go », *The Montreal Star*, 23 juin 1973.

Il concluait : « *so neither the style nor the building can ever, with a straight face, be called "Montreal or Quebec or Canadian cultural heritage"* ». La « surcharge » décorative de la gare livrait à ses opposants des raisons de la qualifier de « monstre hérissé de tourelles, de mansardes, de clochetons et

Gare Windsor, rue Peel.

même de quelques créneaux parfaitement inutiles[28] » ou encore « *a sprawling dark monster*[29] ». Plus modéré était le jugement de Claude Beaulieu, architecte montréalais et membre de la Commission Viger : « *although he felt it would be a pity if the building were to go, he nonetheless did not regard it as a disaster since the building "was not a masterpiece at all" and not all that old*[30] », jugement qui montrait l'ambivalence de la question de la conservation. Aussi, selon l'appréciation personnelle de Philip Freedlander, alors président de l'Association des archi-

Photo : Luc Noppen

tectes de la province de Québec, l'expansion du centre-ville de Montréal, « *one of the finest in the world* », devait se poursuivre au risque même de payer un lourd tribut, soit la gare Windsor[31]. La démolition de la gare n'était pas, par conséquent, de nature à émouvoir ses détracteurs, et ce, d'autant moins dans la perspective de l'édification d'une œuvre architecturale résolument moderne à son emplacement, aux côtés des tours du château Champlain et de la CIBC, sur le pourtour du square Dorchester.

Les partisans de la gare Windsor se sont alors emparés de l'argumentaire, le retournant pour organiser la défense, allant jusqu'à qualifier l'édifice de « Louvre canadien[32] ». À ceux qui invoquaient l'absence de « style », ils répliquaient qu'elle incarnait plutôt le prototype d'un style nouveau. Michael Fish expliquait, dans une lettre envoyée au *Devoir*, que la gare fut « le premier du style "château canadien" qui domina la perspective

---

28. Le journaliste tentait de présenter les arguments pour la conservation et pour la démolition de la gare Windsor. Voir Yves Leclerc, « La gare Windsor, éléphant blanc ou trésor historique ? », *La Presse*, 27 juillet 1973.

29. Telle était l'opinion de Pierre-Paul Aird, secrétaire général de la Metropolitan Montreal Home Builders' Association. Voir William Wardwell, « Developers answer their critics », *The Montreal Star*, 17 novembre 1973.

30. Wouter De Wet, *The Montreal Star*, 12 décembre 1970.

31. Philip Freedlander se livrait ainsi au journaliste en son nom personnel. Voir Wouter De Wet, *The Montreal Star*, 12 décembre 1970.

32. George Lamon, « Pétition contre la démolition de la gare Windsor », *La Presse*, 10 mai 1972.

des villes du Québec[33] », et qui, selon les Amis de la gare Windsor, aurait « influencé l'architecture de ce pays plus que tout autre édifice canadien[34] ». Après sa construction, les architectes du Canadien Pacifique avaient disséminé le long des lignes de chemins de fer, des gares et des hôtels sous les traits pittoresques de châteaux français, tel le Banff Springs Hotel ou le Château Frontenac[35]. Plus encore, poursuivait Jean-Claude Marsan, la gare Windsor se distinguait de ces « châteaux à la mode des Beaux-Arts plus dignes de la carte postale que de l'architecture » par son « style mature d'un des plus grands architectes que l'Amérique ait produit et dont Price fut le disciple durant un certain temps : Henry Hobson Richardson (1838-1886)[36] ». Son expression formelle, son « puissant appareil de pierre à surface éclatée », ses « vigoureux arcs en plein cintre pour couronner portes et fenêtre », et son « utilisation de tours massives et très médiévales d'aspect pour clouer ses constructions au site […] » offraient à la gare Windsor des qualités plastiques indéniables, imprégnées de l'aura « richardsonnienne ». La gare gagnait ainsi sa place au panthéon de l'histoire architecturale.

*Gare Windsor,
rue de la Gauchetière.*

Photo : Luc Noppen

Les défenseurs de la gare Windsor attaquaient ses détracteurs sur leur propre terrain. Mais il y avait encore davantage. La gare, malgré ses agrandissements successifs, gardait une « unité architecturale » qui en faisait l'« un des plus importants édifices victoriens du Canada[37] ». De plus, inscrite dans le contexte du XIXᵉ siècle, la gare devenait le « miroir des prétentions et idéaux victoriens[38] ». Les Amis de la gare Windsor résumaient ses multiples valeurs architecturales :

---

33. Michael Fish, « La gare Windsor doit être sauvée », *Le Devoir*, 23 mai 1973.

34. Les auteurs poursuivaient : « cette influence apparaît la plus évidente dans les travaux postérieurs des architectes qui ont œuvré à la gare : partout au Canada, ils ont érigé une série d'édifices pour CPR dans un style vraiment national qui est depuis connu comme le Style Château des Chemins de Fer Canadiens ». Voir Audrey Bean *et al. Windsor Station = La Gare Windsor*, Montréal, Les Amis de la Gare Windsor, 1974 [1ᵉʳ éd. : 1973], p. 20.

35. Harold Kalman avait exploré la constitution de ce style « château » à la fin des années 1960. Voir Harold Kalman, *The Railway Hotels and the Development of the Château Style in Canada*, Victoria, University of Victoria Maltwood Museum, 1968.

36. Jean-Claude Marsan, « La gare Windsor doit-elle disparaître ? », *Le Devoir*, 19 février 1971.

37. Bruce Price avait réalisé le noyau initial entre 1887 et 1889, auquel s'ajoutaient l'« aile Maxwell » construite en 1900 par Edward Maxwell, puis la « Hutte de boue » ou le « *Mud Hut* » en 1906 ; enfin, la gare était agrandie en 1913 par les architectes Taylor, Watts et Painter. Voir Audrey Bean *et al., op. cit.*, p. 18.

38. Jean-Claude Marsan, *Le Devoir*, 19 février 1971.

[...] la gare Windsor s'avère une réalisation grandiose et unique de l'architecture canadienne. L'édifice original traduisait les idées architecturales les plus avancées de l'époque, les aspirations du CPR et les particularités de la pierre locale utilisée dans sa construction. Le vocabulaire architectural s'est raffiné et policé à mesure des agrandissements de l'édifice pour aboutir à un complexe unifié et homogène qui conserve toujours une puissante image visuelle[39].

La somme des arguments transformait, à n'en pas douter, la gare Windsor en « monument » dépassant sa catégorisation stylistique, « *as if an accepted style was the only criterion for architectural merit* » s'insurgeait par ailleurs John Bland, alors directeur de l'École d'architecture de l'Université McGill[40]. Après quelques années de débat, l'affaire de la gare Windsor pouvait s'enorgueillir du soutien d'un nombre important d'associations professionnelles, participation mise en avant par ses protagonistes : la Society of Architectural Historians, la Société d'architecture de Montréal, l'Association des architectes de la province de Québec, l'Institut royal d'architecture du Canada et des « Victorian Societies of Great Britain and United States[41] ». Le XIXᵉ siècle obtenait dès lors droit de cité dans l'histoire de l'architecture, du moins chez un nombre grandissant de partisans, et si la gare Windsor n'était pas appréciée pour ses qualités formelles, elle renvoyait néanmoins à une époque centrale de l'histoire de Montréal.

■ Au-delà de la forme et du style, le témoignage d'une époque

« On a rarement vu autant d'attaques contre une architecture qui a tout au moins valeur d'époque », notait le rapport de la Commission des biens culturels précédemment cité[42]. Les défenseurs du patrimoine tentèrent d'élargir les fondements de la sauvegarde en invoquant l'époque dont témoignaient les édifices menacés. Le discours se vit investir d'arguments moins spécialisés. Un XIXᵉ siècle, empiétant largement sur le siècle suivant, était dès lors présenté comme une période majeure de l'histoire de Montréal. Dans cette logique, la présence de la gare Windsor – si l'on veut raffiner son interprétation dans le discours militant – se révélait être une facette non négligeable du passé montréalais. En tant que centre ferroviaire majeur, elle rappelait, assurait Michael Fish, que « *the growth of Montreal throughout the Railway era was one of the most romantic and important aspects of our history as a city. The building is a symbol of the emotional* »

---

39. Audrey Bean *et al.*, *op. cit.*, p. 20.
40. Wouter De Wet, « Save the Station? The experts are divided in their opinion », *The Montreal Star*, 12 décembre 1970.
41. C'est ce qu'affirmait un membre des Amis de la gare Windsor dans les pages du quotidien *The Gazette*. Voir Peter Lanken, « Time grows short to save Windsor Station », *The Gazette*, 13 juin 1973.
42. Commission des biens culturels, « Le XIXᵉ siècle architectural », *Cinquième rapport annuel, 1976-1977*, Québec, Éditeur officiel, 1977, p. 215.

ties which we feel with the earlier citizens of the nation. It is almost unique as a survivor of the period[43] ». La mémoire des milliers de passagers qui y avaient transité, immigrants, soldats ou simples voyageurs, justifiait sa conservation : « the importance of Windsor Station's ties to history should be enough to guarantee it a permanent place in the Montreal cityscape[44] ». Pour ces multiples raisons, renchérissait un lecteur du Montreal Star, la gare remplissait « a key role in giving a sense of place and a depth of history to Montreal's new centre[45] ». Au-delà des questionnements entourant la « forme » et le « style », la gare Windsor matérialisait le témoignage d'une époque.

Les exemples d'arguments faisant appel à l'histoire abondent dans les campagnes de sauvegarde. En 1973, dans La Presse, un texte soulignait que « l'hôtel Laurentien, fréquenté par les "grands de ce monde" durant les bonnes années où il régnait en maître avec le Windsor dans le voisinage du Carré Dominion, disparaîtra probablement à l'automne. Le Queen's pourrait subir le pic des démolisseurs un peu plus tard[46] ». Sous la plume d'un lecteur de La Presse, le collège Sainte-Marie, menacé en 1975, s'enorgueillissait d'une longue histoire, qui s'imbriquait avec celles du Mont-Saint-Louis et du collège Loyola, deux autres institutions montréalaises. Il était en quelque sorte « le témoin que Montréal ne fut pas toujours une forêt de tours de béton[47] ». Menacée dans les mêmes années, la Mission catholique chinoise du Saint-Esprit rappelait « la communauté écossaise de Montréal qui fut si importante dans la ville au XIXᵉ siècle[48] ». Le Monument national, délaissé en 1976 par son propriétaire, devait être protégé par l'État québécois, parce qu'il était si « intimement lié à l'histoire de la Société Saint-Jean-Baptiste, à la naissance d'un théâtre québécois et à toute la vie politique canadienne-française[49] ». Enfin, l'une des premières campagnes de Sauvons Montréal, vouée à la sauvegarde du théâtre Capitol, voulait « empêcher la destruction d'un bâtiment qui témoigne d'une époque dans la vie de la métropole : construit dans les années '30, dans le style "palace", propre aux projections

43. Michael Fish, « Windsor station: arguments erupting to retain landmark », The Gazette, 16 décembre 1970.

44. Dane Lanken, « We have history carved in stone - for how long? », The Gazette, 16 mars 1974.

45. James Acland, « Frame the old in the new », The Montreal Star, 23 octobre 1970.

46. « Sans titre », La Presse, 19 mai 1973.

47. On pouvait lire dans La Presse : « en 1888, le collège Sainte-Marie laisse tomber les cours de commerce car les Frères des écoles chrétiennes fondent le Mont-Saint-Louis qui se consacre à cette discipline. L'enseignement se fait alors dans les deux langues. Cette situation crée en fait deux collèges : l'un français et l'autre anglais. En 1896, les jésuites fondent le Collège Loyola, institution anglophone ». Voir Denis Huot et Myriam Lefebvre, « Sans titre », La Presse, 9 août 1975.

48. Cyrille Felteau, « Une première: L'Allier classe des édifices fédéraux », La Presse, 19 août 1976.

49. Le journaliste rapportait l'intention du ministre des Affaires culturelles, Jean-Paul L'Allier, de protéger l'édifice dont voulait se débarrasser son propriétaire la Société Saint-Jean-Baptiste à cause du coût trop élevé des rénovations. La protection entrait en vigueur au mois de novembre 1976. Voir Alain Duhamel, « Québec classera le Monument national », Le Jour, 7 juillet 1976.

hollywoodiennes [...][50] ». Le recours à l'histoire devenait un argument plus vif pour marquer l'importance de ces lieux dans le paysage urbain de Montréal. Le ministère des Affaires culturelles, par le biais d'un communiqué, affichait un semblable intérêt avec la protection en 1976 de l'édifice L.-O. Grothé, dont le terrain était destiné à accueillir une station-service[51] : « aucun événement ou personnage historique n'est relié à son existence, mais sa présence indique l'essor industriel de Montréal au début du xxe siècle[52] ». Toutefois, les arguments de la protection de l'édifice L.-O. Grothé sont tout à fait singuliers dans l'histoire de la sauvegarde du patrimoine montréalais.

Le collège Mont-Saint-Louis.

Collection particulière

La prison du Pied-du-Courant, qui s'affirmait lors de la campagne de sauvegarde comme un monument « historique » par excellence, permet de raffiner les liens des édifices menacés au témoignage d'une époque. Mise en danger par le tracé de l'autoroute est-ouest, comme nous l'avons vu précédemment[53], la prison avait été le lieu de détention des Patriotes, à la suite des Rébellions de 1837-1838, devenant ainsi « *an important link with Quebec's past*[54] ». Cet épisode était affirmé dans un manifeste, publié dans *Le Devoir* quelque temps après l'annonce de la démolition, et signé par un groupe d'intellectuels francophones, qui percevaient dans le geste des autorités provinciales un désintérêt pour l'histoire nationale :

> En rasant un à un les monuments comme la geôle des Patriotes, un gouvernement élimine tout souvenir tangible des faits historiques qui forment la conscience d'un peuple. Cette destruction ne s'inscrirait-elle pas dans une offensive pour faire disparaître ce qui nous identifie en Amérique du Nord comme nation possédant une histoire distincte des autres peuples de ce continent[55] ?

Bien que reconnaissant la valeur historique de l'ancienne geôle, l'État québécois jugeait préférable, et surtout moins encombrant, d'ériger un

---

50. Le théâtre Capitol était situé rue Sainte-Catherine, à l'intersection de l'avenue McGill College. Le « centre Capitol » occupe maintenant son emplacement. Voir « Le cinéma Capitol sera-t-il démoli ? », *La Presse*, 13 octobre 1973.

51. L'édifice L.-O. Grothé est situé à l'intersection du boulevard Saint-Laurent et de la rue Ontario. Voir « Bâtisse L.-O. Grothé », dans *Les Chemins de la mémoire*, vol. 2, p. 70-71.

52. Son propriétaire, membre d'une famille influente de la métropole, tenait la manufacture de cigares qui s'y trouvait. Voir « L'édifice L.-O. Grothé classé à titre de monument historique », *La Presse*, 20 août 1976.

53. Voir le chapitre 2 : « À la suite de la maison Van Horne : des "monuments" menacés », à la section : « Des "monuments" publics mis en danger par les autorités ».

54. Janet Mackenzie, « Historic prison may fall as highway moves east », *The Gazette*, 16 août 1972.

55. Dans la liste des signataires figuraient les noms de Denys Arcand, Victor Barbeau, Gérard Bergeron, Jean Bruchesi, Jacques Godbout, Claude Jasmin, Arthur Lamothe, Jean-Claude Marsan, Fernand Ouellette, Marcelle Rioux, Robert-Lionel Séguin et ceux de plusieurs autres personnalités. Voir « Pour la sauvegarde des biens culturels », *Le Devoir*, 2 décembre 1972.

« monument » pour commémorer le souvenir des Patriotes. Le communiqué du Ministère affirmait que « les pierres d'époque et autres éléments de valeur historique qui subsistent encore au Pied-du-Courant seront intégrés à ce mémorial[56] », geste que les défenseurs du patrimoine jugèrent insuffisant.

L'érection d'un monument commémoratif ne faisait pas le poids en regard d'une possible protection des édifices anciens. L'édifice, outre les qualités architecturales qui pouvaient lui être attribuées, devenait le décor d'une histoire presque palpable. La prison des Patriotes, « [the] *equivalent of the Tower of London* » affirmait *The Montreal Star*, parce qu'elle était le lieu « *where some of the 1838 Patriot rebels were hanged* [...] », se devait en quelque sorte de garder l'apparence de la célèbre scène immortalisée par le dessin d'Henri Julien[57]. Cette idée trouvait plus d'un adepte, notamment une journaliste du *Montreal Star* qui voyait dans les maisons Atholstan et Corby, le Mount Royal Club et le United Service Club, de la rue Sherbrooke, « *among the last reminders of stately Sherbrooke Street as it once was, tree-shaded, elegant and architecturally one of the most beautiful streets in North America*[58] ». Un lecteur du *Devoir* en résumait peut-être davantage l'essence, témoignant des liens impalpables qui lient l'homme à son histoire, lorsqu'il écrivait : « l'humanité des vieilles bâtisses, leur beauté, ou plutôt la simple présence d'édifices "regardables", chaleureux et faisant foi d'une certaine histoire, me rendait encore agréable, il y a deux ou trois ans, une marche le long de Sherbrooke ouest…[59] » Un « mémorial » construit à la mémoire des Patriotes, même avec les pierres de l'ancienne prison, même créé par l'artiste québécois de renommée internationale Jean-Paul Riopelle, ne pouvait suffire à remplacer la présence de la prison du Pied-du-Courant.

La conservation des édifices se déclinait comme un « devoir » à accomplir dans le but d'en faire hériter les générations futures. Au début des années 1970, un journaliste du *Montreal Star* exprimait ses convictions : « *unless the people of this city have respect for the way it has grown, and keep a tangible record of it in stone and mortar, many buildings that were built in the last 150 years, and which have potential historical significance for subsequent generations, will fall beneath the insensitive juggernaut of real estate development*[60] ». De son côté, la Fédération des sociétés d'histoire s'impliquait dans le débat de la conservation du couvent des Sœurs grises pour rappeler le rôle de « passeur » que devait assumer la collectivité montréalaise : « la maison des Sœurs grises ne nous appartient pas en propre : nos ancêtres l'ont érigée de leurs deniers et nous en tenons le dépôt afin de le léguer à nos

---

56. Jean-Pierre Tadros, « L'Allier pourra-t-il sauver "Au Pied-du-Courant" », *Le Jour*, 12 septembre 1975.

57. Le dessin illustre d'ailleurs la notice de la prison du Pied-du-Courant dans l'ouvrage *Les Chemins de la mémoire*. Voir Luc Noppen, « Prison des Patriotes », dans *Les Chemins de la mémoire*, vol. 2, p. 150.

58. Dusty Vineberg, « Historic sites may be saved », *The Montreal Star*, 26 janvier 1974.

59. Le lecteur poursuivait : « maintenant, c'est le sinistre d'une ville amputée de certains de ses plus beaux édifices [...] ». Voir Levi Perron, « Une ville que l'on ampute chaque jour davantage de sa beauté », *Le Devoir*, 12 février 1975.

60. « Building history », *The Montreal Star*, 21 décembre 1970.

descendants[61] ». Un lecteur du *Devoir* abondait en ce sens : « qu'on prenne conscience du devoir qu'on a de protéger nos édifices historiques les plus riches en architecture et en souvenirs. La postérité saura nous en être reconnaissante[62] ». Aucun monument, érigé pour commémorer un événement ou un personnage historique, ne pouvait, là encore, face à de tels arguments, satisfaire les défenseurs du patrimoine.

Afin de justifier la nécessité de sauvegarde, les défenseurs du patrimoine jouèrent au jeu des comparaisons entre la mémoire architecturale des « vieux pays » et celle des « pays neufs ». Le paysage urbain montréalais du XIXᵉ siècle était peut-être encore trop « jeune » pour que ses charmes puissent être appréciés, mais afin de pouvoir s'extasier un jour, il fallait laisser le temps apposer sa patine sur la ville : « pour être belles, les villes ont besoin de vieillir », affirmait Michael Fish[63]. Dans « notre jeune pays nous n'avons pas de très vieux immeubles », soulignait *La Presse*, mais « si l'Europe possède des maisons de trois, quatre ou cinq cents ans c'est parce que nous ne les avons pas détruites[64] ». Une lectrice s'interrogeait sur l'hypothétique « destruction de Rome jour après jour » pour se demander « que serait Rome » aujourd'hui avant de conclure : « Montréal acquiert une renommée et valeur avec le temps. Voudriez-vous la contraindre à rester jeune ? Voudriez-vous l'empêcher d'acquérir ses lettres de noblesse ?[65] » La démolition de la ville risquait de rendre Montréal amnésique par opposition aux « vieux pays » qui conservaient une mémoire, une histoire, dont on enviait la richesse. Si les références architecturales du quadrilatère identifié par Sauvons Montréal bousculaient les conceptions du « patrimoine » à protéger, son statut de lieu de mémoire semblait plus facile à défendre. L'appel à l'histoire déplaçait l'angle de lecture porté sur les édifices et renforçait ainsi les discours de sauvegarde.

■ La figure d'autorité ou l'unicité du paysage, des arguments de plus

Avec moins de force que la valorisation architecturale ou l'appel à l'histoire, d'autres arguments soutenaient les campagnes de sauvegarde. L'existence d'une figure d'autorité ajoutait de l'importance au bâtiment

---

61. La journaliste évoquait les sentiments d'Isabelle Girard, alors présidente de la Fédération des sociétés d'histoire. Voir Madeleine Berthiaume, « La Fédération des sociétés historiques réprouve "tout projet de mutilation" », *La Presse*, 29 mai 1975.

62. Le lecteur citait de plus les propos de Jean Chrétien, alors ministre des Affaires indiennes et du Nord, responsable du patrimoine qui aurait affirmé : « un pays atteint sa maturité lorsque le peuple prend conscience de son passé ». Voir Jean Regnier, « La maison mère des Sœurs grises », *Le Devoir*, 8 mai 1973.

63. Le journaliste évoquait les transformations de Montréal depuis une quinzaine d'années et appelait Michael Fish, de Sauvons Montréal, à témoigner. Voir « Pour être belle, une ville doit vieillir. Mais Montréal… », *La Presse*, 20 mars 1976.

64. Marcel Adam, « Le saccage de notre patrimoine », *La Presse*, 14 décembre 1974.

65. Lisa Carducci Cassetta, « Si on avait détruit Rome… », *La Presse*, 17 juin 1975.

à sauvegarder par son rattachement à la vie d'une grande personnalité. Le rôle de William Van Horne dans la construction de la gare Windsor était ainsi rappelé par John Bland : « *he built it as "the headquarters of the greatest railways enterprise in the world". It was Van Horne's energy and imagination which made the CPR a reality and in doing so he probably contributed more than anyone else to the economic and cultural development of modern Canada*[66] ». Michael Fish, à la suite de la démolition de deux maisons de la rue Drummond, précisait qu'une maison avait « été occupée par George Hampton Smithers, un des premiers présidents de la Bourse de Montréal, et en 1950, par le président de la Banque Royale du Canada, M. Morris Wilson » et que l'autre l'avait été « par M. Norris, un des plus importants personnages de la Montreal Light and Heating Power[67] ». Les défenseurs du patrimoine, semblablement et sur le même mode, relevaient le rôle de Thomas Shaughnessy, de Sir Isaac Walton Killam, de Lord Althostan ou encore de la famille Raymond. L'influence de Marguerite Bourgeoys et de Marguerite d'Youville sur l'histoire de Montréal était soulignée lors des campagnes du domaine des Sulpiciens et du couvent des Sœurs grises. Le fil ténu du temps reprenait vigueur et rappelait les figures historiques au secours des lieux qui les avaient abritées, légitimant ainsi leur sauvegarde.

La figure d'autorité pouvait prendre également les traits de l'architecte à l'origine de l'édifice. Son nom rappelait l'œuvre à sauvegarder. Au premier rang était reconnu le travail de Victor Bourgeau, l'un des plus importants architectes que le Québec ait produit. Plusieurs bâtiments, sauvegardés à cette période, portaient la marque de l'architecte, tels l'église Saint-Jacques, le couvent des Sœurs grises, le monastère du Bon-Pasteur, l'église Saint-Pierre-Apôtre ou l'église de la Mission catholique chinoise du Saint-Esprit. Son travail à l'Hôtel-Dieu et à la basilique Notre-Dame était aussi cité. En quelques mots, il avait été « *a prominent religious architect*[68] ». L'architecte J.-Omer Marchand, « dont la renommée, au début du siècle, était aussi grande que celle de Victor Bourgeau au siècle précédent » notait Alain Duhamel[69], méritait une aussi grande appréciation. Il avait été « le premier architecte canadien-français à être diplômé de cette École des Beaux-Arts de Paris » et ses nombreuses réalisations témoignaient encore une fois de sa place dans le paysage urbain de Montréal et d'autres

---

66. L'argumentation était présentée en plein cœur de la campagne pour la sauvegarde de la maison Van Horne. Voir John Bland, « Demolition of Windsor Station not justified building sound and could be renovated », *The Gazette*, 18 juin 1973.

67. Michael Fish était cité par un journaliste de *La Presse*. Voir Jacques Gagnon, « Deux résidences d'un intérêt historique, démolies sans permis », *La Presse*, 23 décembre 1974.

68. Donna Gabeline, « Grey Nuns convent to get wreckers' axe », *The Gazette*, 23 novembre 1974.

69. Alain Duhamel, « Bref patrimoine », *Le Jour*, 31 mai 1976.

villes canadiennes[70]. À travers les campagnes de sauvegarde étaient célébrées les œuvres de John Ostell, de James O'Donnel, de Bruce Price, des frères Findlay, de Maurice-Henri Perrault, de Joseph Venne ou de Jean-Zéphirin Resther. Ils avaient offert à la ville des édifices prestigieux. Montréal pouvait dès lors revendiquer l'aura de leur réputation.

L'unicité du paysage urbain, révélée à plusieurs reprises dans les campagnes de sauvegarde, relevait le caractère irremplaçable de l'édifice menacé. La gare Windsor, en plein cœur du centre-ville, était présentée comme « *one of the last of the major Victorian structures on the area of uptown redevelopment*[71] ». Les maisons de la rue Jeanne-Mance constituaient pour leur part l'« un des deux derniers ensembles de l'époque victorienne situés dans le centre de la ville, au sud de la rue Sherbrooke[72] ». L'avenue du Docteur-Penfield était considérée comme la rue résidentielle « la plus importante au Canada vers la fin du XIXe siècle[73] » et le couvent des Sœurs grises comme l'« un des plus importants bâtiments de Montréal[74] », « *one of the five most beautiful architectural ensembles in Quebec*[75] » ou encore

L'hôtel Queen's.

Collection particulière

« l'un des plus beaux complexes urbains au Canada[76] ». La maison mère des religieuses de la Congrégation de Notre-Dame était « parmi les plus importants de ce type à Montréal[77] ». L'église de la Mission catholique chinoise était « la plus vieille église protestante encore debout à Montréal » qui « fait partie intégrante de l'histoire religieuse et de l'architecture de Montréal[78] ».

70. À Montréal, on rappelait son travail à l'église Sainte-Cunégonde, à la chapelle du Grand Séminaire de Montréal, à la maison mère de la Congrégation de Notre-Dame et, à l'extérieur, à la cathédrale de Saint-Boniface et à la tour de la paix du parlement d'Ottawa. Voir, par exemple, les articles de Jean-Claude Marsan, « Une place des arts populaires », *Le Devoir*, 12 mai 1975, et de Jacques Benoît, « La maison mère : Belcourt possède une option mais pas de projet précis », *La Presse*, 3 février 1976.

71. L'affirmation vient d'un lecteur du *Montreal Star*. Voir James Acland, « Frame the old in the new », *The Montreal Star*, 23 octobre 1970.

72. L'autre ensemble serait celui de la rue Saint-Urbain, entre les rues Evans et Sherbrooke. Voir Jacques Benoit, « Montréal interdit la démolition de plusieurs maisons devant être classées comme biens culturels », *La Presse*, 21 janvier 1975.

73. La lettre était signée d'un membre de Sauvons Montréal. Voir Lonnie Echenberg, « Une décision pour M. Hardy », *Le Devoir*, 17 août 1974.

74. Le journaliste disait s'appuyer sur « l'avis de plusieurs spécialistes ». Voir Jean-Pierre Proulx, « Les sœurs grises envisageraient de mettre en vente leur maison mère », *Le Devoir*, 26 avril 1973.

75. Le journaliste citait les propos de Jean-Claude Marsan. Voir Charles Lazarus, « Save Montreal says plan "unacceptable". Grey Nuns development opposed », *The Montreal Star*, 27 mai 1974.

76. C'est ce qu'affirmait Sauvons Montréal dont les propos étaient rapportés par le journaliste. Voir Alain Duhamel, « Le Parc de la Chapelle : un massacre, selon le mouvement "Sauvons Montréal" », *Le Jour*, 5 juin 1975.

77. « Un projet immobilier menace un vaste ensemble architectural », *La Presse*, 31 janvier 1976.

78. Les sept autres églises auraient déjà été détruites. Voir Cyrille Felteau, « Place Guy-Favreau : L'église chinoise : la plus ancienne église… protestante », *La Presse*, 13 mai 1976.

L'église Saint-Jacques se particularisait par la flèche de son clocher, « l'une des plus élancées de Montréal et sa façade du transept sud l'une des plus romantiques ». En outre, des architectes importants de Montréal, John Ostell, Victor Bourgeau et Joseph Venne, y avaient travaillé[79]. Sauvons Montréal affirmait l'importance des édifices de la rue Saint-Pierre, dans le Vieux-Montréal, l'« un des ensembles les plus raffinés d'entrepôts d'influence victorienne en Amérique du Nord[80] ». Un autre édifice, rue Notre-Dame, représentait « l'un des derniers édifices possédant une façade de fonte (à la mode aux États-Unis mais peu utilisé ici à cause du climat) et datant du milieu du XIXᵉ siècle[81] ». L'église Saint-Pierre-Apôtre constituait « l'un des plus beaux exemples de l'architecture néo-gothique de Montréal[82] ». Les superlatifs pour construire la fortune critique des édifices n'étaient pas ménagés. La pérennité de leur présence dans le paysage urbain de Montréal en dépendait.

■ La pierre grise, l'originalité de la ville par sa couleur

Les matériaux avec lesquels s'était édifiée Montréal accentuaient les traits de sa personnalité et appuyaient les raisons de sa sauvegarde. Les défenseurs du patrimoine pouvaient, avec un tel argument, comparer avantageusement Montréal avec, par exemple, la grande métropole nord-américaine pour affirmer son identité : « *as New York has its brownstones, Montreal has its greystone*[83] ». Dans les pages du quotidien *The Gazette*, Dane Lanken explicitait les motifs de la sauvegarde de la gare Windsor par l'origine de sa pierre : « *Windsor Station has another intimate tie to the city, one seldom noticed by Montrealers. This is the grey limestone of which it is constructed. Much of the Montreal is underlain with this rock, which geologists call Trenton limestone. For a century, it has provided the building material for this city*[84] ». Toutefois, avec la vague des démolitions, les édifices de pierre grise disparaissaient un à un. De plus, les constructions contemporaines, du fait de l'évolution des techniques de construction, ne requéraient plus l'utilisation de cette matière distinctive. La ville moderne s'érigeait sans véritable lien avec la « nature » même de Montréal. C'est pourquoi, concluait le journaliste, il fallait sauvegarder les édifices de pierre grise menacés :

79. Jean-Claude Marsan, « Pour la création d'un milieu authentique », *Le Devoir*, 14 juin 1972.

80. Le journaliste interrogeait Conrad Reny du groupe Sauvons Montréal. Voir « Restauration de l'hôpital des Sœurs Grises : Sauvons Montréal s'y oppose », *Le Jour*, 10 juin 1976.

81. Le journaliste rapportait les propos de Sauvons Montréal, lors d'une conférence de presse. Voir Jean-Pierre Tadros, « Le patrimoine historique est détruit avec ou sans permis », *Le Jour*, 23 novembre 1974.

82. *Le Devoir* annonçait ainsi l'avis de classement de l'église et des biens immobiliers. Voir « La maison Le Noblet-Duplessis reconnue monument historique », *Le Devoir*, 12 mai 1976.

83. Dane Lanken, « We have history carved in stone – for how long? », *The Gazette*, 16 mars 1974.

84. *Ibidem*.

But steel and concrete have replaced it as a building material. Montreal will never have any more greystone buildings than it has now. That is a reason for saving the best of what's left. But thousands of greystones have been torn down in the past few years. […] The decline of greystone as a building material and the proliferation of reinforced concrete construction is a major reason why Montreal is losing its distinctive appearance and rapidly starting to look like most other North American cities[85].

Ainsi, jumelée à l'obsolescence des techniques de construction, la particularité des matériaux de la ville devenait un argument supplémentaire justifiant la protection du paysage urbain montréalais[86].

Dès le début des années 1970, la découverte de nouvelles connaissances permit de documenter l'originalité de Montréal quant à la couleur de ses pierres. Ce qui n'était d'abord qu'une « mission photographique » devint un groupe de recherche, ayant pour principal intérêt l'architecture des bâtiments de pierre grise de Montréal construits entre 1730 et 1920. Dirigé par l'architecte Phyllis Lambert, qui s'impliquait personnellement dans le mouvement de sauvegarde, le Groupe de recherche sur les bâtiments en pierre grise de Montréal (GRBPGM) travailla à une meilleure compréhension de l'architecture du xixe siècle montréalais et à la diffusion des connaissances. Il réalisa un inventaire des bâtiments de pierre grise, construits entre 1880 et 1915, du Vieux-Montréal, du quartier Saint-Antoine et de la Ville de Maisonneuve, publié par le ministère des Affaires culturelles[87]. À la fin des années 1970, le groupe contribua à la reconnaissance et à la protection, par le Ministère, de la valeur patrimoniale du couvent du Bon-Pasteur et du collège Mont-Saint-Louis[88]. Le travail des « experts » alimentait ainsi directement, à n'en pas douter, le militantisme montréalais[89].

Maisons de la rue Jeanne-Mance.

Photo : Martin Drouin

---

85. Dane Lanken, « We have history carved in stone – for how long ? », *The Gazette*, 16 mars 1974.

86. Pour une synthèse du développement des carrières de pierre grise à Montréal, on peut consulter : Isabelle Caron, « Des mémoires "à excaver" : interpréter la présence des carrières de pierre grise à Montréal », *Architecture Canada*, vol. 27, n°s 3, 4 (2000), p. 15-28.

87. Phyllis Lambert et Robert Lemire, *Inventaire des bâtiments du Vieux-Montréal : du quartier Saint-Antoine et de la Ville de Maisonneuve construits entre 1880 et 1915*, Québec, ministère des Affaires culturelles, direction générale du patrimoine, 1977.

88. Groupe de recherche sur les bâtiments de pierre grise de Montréal, *Le monastère du Bon-Pasteur. Histoire et relevé*. Québec, ministère des Affaires culturelles, 1978 ; Groupe de recherche sur les bâtiments de pierre grise de Montréal, *Le Mont-Saint-Louis. Histoire et relevé*, Québec, ministère des Affaires culturelles, 1978.

89. Le groupe permit ainsi d'amasser de la documentation sur la constitution du paysage urbain montréalais avec, entre autres, « une étude de la propriété foncière dans le faubourg Saint-Laurent nord (1820-1900), […] une étude sur les valeurs d'évaluation et l'occupation du sol sur le boulevard Saint-Laurent (1850-1915), une analyse des rues du répertoire Doige de 1819 et une étude sur la construction et la dispersion des églises et d'autres institutions sur le territoire urbain au cours du xixe siècle ». Son travail est à la base de l'exposition présentée au Centre Canadien d'Architecture intitulé *Montréal : ville fortifiée au XVIIIe siècle*. Voir Site Internet du Centre Canadien d'Architecture, [http://cca.qc.ca/adhemar/grm/mrgcoll_fr.html], consulté le 28 août 2003.

Les constructeurs de Montréal au XIXe siècle avaient utilisé, en partie, les richesses de son sous-sol, fait documenté par un groupe de recherche. Les campagnes de sauvegarde rappelaient patiemment et résolument l'importance de ce lien. Dans son article intitulé « We have history carved in stone – for how long ? », le journaliste Dane Lanken décrivait les multiples formes prises par la pierre grise : « *it was cut into rough-edged blocks for Windsor Station, carved elegantly for Notre-Dame Church, sliced into enormous squares to line the Lachine Canal, and used in a thousand ways to provide the buildings blocks for Montreal distinctive greystone row-house*[90] ». L'argument était proposé ailleurs. Le couvent des Sœurs grises était présenté, en 1976, comme « *one of the largest structures built in Canada during the 19th century, is a major example of the native grey limestone that distinguishes Montreal architecture of that period*[91] ». Quelques mois plus tard, le quotidien *The Gazette* rapportait l'intention du ministère des Affaires culturelles de protéger l'église Notre-Dame-du-Très-Saint-Sacrement, spécifiant même la carrière où la pierre avait été puisée : « *built in 1892 by architect Jean Zepherin Resther, the church has a Victorian facade. Stone for the building came from a quarry on what is now St. Hubert St.*[92] » Dans les mêmes années, Sauvons Montréal plaidait en faveur de la sauvegarde du paysage urbain : « que fait-on de notre patrimoine, de ces maisons de pierres grises de l'époque victorienne auxquelles les Montréalais s'identifient ? Peut-être qualifie-t-on ceci de sentimentalisme, mais nous préférons les rues bordées de pierres grises, à la froideur du béton de Brasilia[93] ». La pierre grise de Montréal devint ainsi, grâce aux recherches et aux campagnes de sauvegarde, un ingrédient de l'identité montréalaise et un argument de plus en faveur de la reconnaissance de la ville du XIXe siècle.

■ Le choix entre une image française et des édifices victoriens

Montréal faisait-elle face à un dilemme ? Que choisir, une image française ou des édifices victoriens ? Le retour des Sœurs grises dans leur ancien Hôpital général du Vieux-Montréal, planifié au début des années 1970, engendra une réelle polémique autour du patrimoine à valoriser, français ou victorien. Les religieuses mirent en vente leur couvent du boulevard René-Lévesque pour réaliser ce projet, ce qui provoqua, nous l'avons vu,

---

90. Dane Lanken, « We have history carved in stone – for how long ? », *The Gazette*, 16 mars 1974.

91. Ces arguments étaient présentés lors de l'annonce du classement du domaine des Sœurs grises en 1976. Voir « Grey Nuns site "historic" », *The Montreal Star*, 20 janvier 1976.

92. L'église ne fut toutefois classée « monument historique » qu'en 1979. Voir « Church classified as monument », *The Gazette*, 6 août 1976 ; Raymonde Gauthier, « Église Notre-Dame-du-Très-Saint-Sacrement », *Les Chemins de la mémoire*, vol. 2, p. 137-139.

93. La lettre était signée du directeur de Sauvons Montréal. Voir Paul-A. Dubuc, « Habitation réaliste ou idéale ? », *Le Devoir*, 17 mars 1978.

une importante campagne de sauvegarde et le classement de la chapelle de l'Invention-de-la-Sainte-Croix, en 1974, et du domaine des Sœurs grises, en 1976. Le profit des ventes de leur couvent devait servir à financer la restauration de l'ancien ensemble conventuel du Vieux-Montréal. Le départ des Sœurs grises, en 1871, avait en effet été suivi de transformations considérables dans le secteur de la place D'Youville, alors déjà bouleversé, depuis une trentaine d'années, par le développement du port de Montréal. L'aile est de l'ancien Hôpital général ainsi que la chapelle avaient été démolies pour permettre le prolongement de la rue Saint-Pierre et le tracé de la rue Normand. Sur le reste de leur propriété, les religieuses firent édifier, entre 1872 et 1874, un groupe de bâtiments connu sous le nom de « Magasins des Sœurs grises » et signé par l'architecte Michel Laurent. Loués, ceux-ci servirent de magasins-entrepôts jusque dans les années 1960, quand le déplacement des activités économiques provoqua leur abandon successif[94]. C'est à ce moment que les Sœurs grises décidèrent de lancer les travaux de restauration pour réintégrer le complexe, appelé aujourd'hui Maison de Mère-d'Youville.

Présenté à l'époque par *Le Devoir* comme le « grand rêve des Sœurs grises », le projet impliquait des transformations considérables du paysage urbain. Outre la restauration de l'ancien Hôpital général, utilisé pendant près d'un siècle comme entrepôt de la Dominion Wire Rope Company, le projet, sous la direction de l'architecte Gilles Vilandré et de l'historien Michel

Bernard Descôteaux, « Un grand rêve des Soeurs grises : reconstituer leur maison mère », Le Devoir, 22 février 1975, p. 3.

Bibliothèque nationale du Québec

Lessard, entendait « reconstruire l'ancienne maison mère telle qu'elle était lorsque les religieuses l'abandonnèrent […] au début des années 1870 », travaux qui obligeaient la fermeture de la rue Saint-Pierre et la démolition de « la presque totalité des édifices de cette rue, pour obtenir l'espace nécessaire pour mettre en valeur l'ensemble restauré et recréer une partie des jardins qui l'entouraient à l'époque[95] ». Les édifices de la rue Saint-Pierre, promis à la démolition, étaient décrits par les « groupes préoccupés par l'environnement urbain à Montréal », signalait le journaliste, comme « représent[a]nt le début de l'architecture moderne et les meilleurs exemples de

94. On peut consulter à ce propos le site Internet officiel du Vieux-Montréal, *Le patrimoine en détail. Base de connaissance*, [www.vieux.montreal.qc.ca/accueil.htm], consulté le 19 août 2003.

95. Bernard Descôteaux, « Un grand rêve des Sœurs grises : reconstituer leur maison mère », *Le Devoir*, 22 janvier 1975.

construction victorienne en Amérique du Nord[96] ». Le projet des Sœurs grises, qui devait ainsi permettre de « reconstituer le plus grand ensemble architectural de style français à Montréal », allait avoir un impact majeur dans ce secteur du Vieux-Montréal[97].

Un choix semblait dès lors s'imposer entre la valorisation d'un patrimoine à consonance française et un autre victorien, enjeu d'autant plus majeur qu'il se situait au cœur de l'« arrondissement historique ». Les partisans du projet trouvaient les arguments de légitimation dans la longue histoire de la communauté religieuse et dans l'importance de l'inscrire dans le paysage urbain montréalais. Les religieuses elles-mêmes présentaient la reconstruction comme un retour au « berceau d'une grande œuvre humanitaire[98] ». De plus, écrivait un journaliste, le projet « sera la contrepartie du modernisme envahissant, et rappellera que Montréal n'est pas une ville champignon et qu'elle s'est déjà appelée Ville-Marie[99] ». Sa réalisation devenait d'autant plus impérative, affirmait un porte-parole de la communauté, qu'« on trouv[ait] ailleurs dans le Vieux-Montréal des ensembles de style victorien, mais on ne trouv[ait] nulle part ailleurs des ensembles de style français[100] ». La rareté du témoignage « au milieu d'une forêt de bâtisses victoriennes » justifiait en quelque sorte les travaux et la disparition des édifices de la rue Saint-Pierre. Dans une lettre au *Devoir*, Gilles Proulx s'appuyait sur l'œuvre de Marguerite d'Youville et des religieuses qui, à sa suite, ont « soulag[é] la misère des plus démunis, sans distinction de race, de foi ou de langue » pour légitimer le fait de « reculer jusqu'au régime français pour avoir droit à un passé qui nous ressemble…[101] » L'Hôpital général allait ainsi devenir un « monument » au sens premier du terme, c'est-à-dire que sa reconstruction était destinée à perpétuer le récit héroïque de la communauté religieuse.

Les opposants au projet ne cherchaient nullement à nier l'apport considérable des Sœurs grises à l'histoire de Montréal. Leurs critiques plaidaient davantage pour une véritable (re)connaissance des strates historiques et architecturales du site, comme patrimoine à conserver. Phyllis Lambert, dans une lettre envoyée aux quotidiens *The Gazette* et *Le Devoir*, retraçait les transformations successives apportées depuis l'hôpital des frères Charon du XVIIe siècle, dont des vestiges subsistaient encore. Une lecture érudite de la forme urbaine présentait l'ensemble conventuel, ses transformations et

---

96. Bernard Descôteaux, « Une restauration au prix de deux démolitions », *Le Devoir*, 28 novembre 1974.

97. *Ibidem.*

98. *Ibidem.*

99. Jean-Paul Soulié, « Le Vieux-Montréal n'entend pas oublier ses origines », *La Presse*, 6 mars 1971.

100. Bernard Descôteaux, *Le Devoir*, 22 janvier 1975.

101. Les témoignages publics en faveur du projet des Sœurs grises furent peu nombreux. Gilles Proulx écrivit un texte publié dans *Le Devoir* et un autre dans *La Presse*. Une lectrice disait, elle aussi, appuyer le projet. Voir Gilles Proulx, « Dans le (très) Vieux-Montréal : l'ambitieux projet des Sœurs grises », *Le Devoir*, 12 juin 1976 ; Gilles Proulx, « Un projet digne d'appui », *La Presse*, 9 juillet 1976 ; Lucie Dufort, « Oui à l'audacieux projet », *Le Devoir*, 17 juillet 1976.

ses additions pour conclure: «l'Hôpital général, situé autour d'un noyau d'un bâtiment du XVIIᵉ et du XVIIIᵉ ainsi que les écuries d'Youville, site important d'une ancienne industrie, ont constitué un ensemble du début du Dix-neuvième [siècle]», invalidant la thèse de la reconstruction d'un «ensemble de style fran-

Édifices de la rue Saint-Pierre, après les restaurations.

Photo: Luc Noppen

çais». Les édifices de la rue Saint-Pierre étaient, sous son regard, «l'un des deux ensembles les plus importants, partie d'un tout unique dans le Vieux-Montréal». Il était ainsi possible, toujours selon Phyllis Lambert de retrouver «dans cet ensemble certains éléments les plus dramatiques de notre histoire, à savoir la transition du Régime français au régime anglais».

L'architecte terminait son plaidoyer par une exhortation: «n'est-il pas temps de nous défaire de cette habitude de rejeter systématiquement tout ce qui appartient au dix-neuvième siècle? Car cette attitude met en danger notre héritage et notre milieu urbain[102]».

Le dossier dépassait le secteur de la place D'Youville, où était situé l'Hôpital général, pour questionner la véritable image projetée par le Vieux-Montréal. Les protections provinciales et l'attention municipale, comme nous l'avons vu au premier chapitre, avaient démontré de l'intérêt pour un lieu habité depuis les premiers temps de Ville-Marie[103]. Mais au-delà de ce haut lieu de l'histoire montréalaise, les groupes de sauvegarde valorisaient un paysage urbain encore bien visible, ni mémorial, ni reconstruction historique. En ce sens, Jean-Claude Marsan estimait que les édifices de la rue Saint-Pierre «s'avér[ai]ent totalement essentiels au caractère de l'arrondissement historique, qui est avant tout, que l'on le veuille ou non, celui d'une "city" commerciale du siècle dernier[104]». La valorisation d'un patrimoine aux origines françaises à Montréal, même dans les limites de l'arrondissement historique, était fortement mise en doute. Le Vieux-Montréal était français par ses origines, bien sûr, et des témoins étaient encore présents, mais il renfermait surtout, disait-on, l'une des plus grandes

102. Phyllis Lambert, «Idea that old-is-good can cost us part of city heritage», *The Gazette*, 14 mars 1975; Phyllis Lambert, «Les Sœurs grises à Pointe-à-Callières», *Le Devoir*, 14 mars 1975.

103. Voir le chapitre 1, «Au départ: un autre paysage urbain à valoriser et à sauvegarder», dans la section: «Le "bien culturel" ou les promesses d'une nouvelle loi».

104. Jean-Claude Marsan, «Le Vieux-Montréal restauré sera-t-il un Disneyland?», *Le Devoir*, 17 mai 1975.

concentrations d'« architecture commerciale protorationaliste » en Amérique du Nord[105]. Le visage du Vieux-Montréal, tout comme le patrimoine soutenu par les groupes de sauvegarde, était ainsi davantage marqué par ce XIXe siècle à valoriser.

L'affaire de l'Hôpital général des Sœurs grises s'écartait des limites du débat entourant les théories de la conservation, question qui sera traitée ultérieurement[106], pour questionner le sens même du fonds patrimonial national. Était-il, comme on avait pu le croire lors de la campagne de la maison Van Horne, orienté vers la consécration d'exemples « typiquement québécois » ? Depuis, des témoins du XIXe siècle avaient été protégés, les intégrant au processus de consécration de l'identité québécoise. Pourtant, la polémique refaisait surface. Jean-Claude Marsan écrivait, dans une lettre au *Devoir* : « on peut s'interroger pourquoi, face à la population, quelques personnes auraient le droit de privilégier une expression de la culture au détriment de l'autre, alors que toutes les deux font partie d'une culture québécoise authentique[107] ». La Société d'architecture de Montréal menait une charge encore plus virulente :

> [...] il faudra se garder de baser notre politique de conservation et de restauration sur un nationalisme étroit, une certaine forme de subjectivisme, afin de ne pas réduire nos biens culturels au rang d'amulettes propitiatoires et de ne pas en détruire un grand nombre aveuglément. Montréal n'a pas que des racines françaises. Sa culture est la résultante d'apports multiples, son patrimoine comprend le Redpath Hall comme le Vieux Séminaire, les Bishop's Court Apts comme le « château » Dufresne[108].

La patrimonialisation d'un paysage urbain aux accents « victoriens » posait ainsi le problème de l'allégeance montréalaise aux formes de son identité. Dans les années 1970, marquées par une affirmation identitaire nationale, la sauvegarde du paysage urbain se transformait en réquisitoire pour une conception large de la culture, matérialisée dans ce paysage « victorien » montréalais[109].

La valorisation de l'image de l'« ancienne Ville-Marie » fut encore une fois discutée, à la fin des années 1980, lors du réaménagement du Vieux-Port et, dans les années 1990, lors de la découverte des vestiges de la porte du Faubourg Québec et de l'aménagement de l'îlot Rasco derrière le château De Ramezay. L'identité montréalaise, plus mature et plus affirmée,

---

105. Voir Jean-Claude Marsan, *Montréal en évolution*, 1974, p. 235-242, et André Corboz, « Du bon usage des sites historiques », *Vie des Arts*, vol. 19, n° 76 (1974).

106. Le débat de la « reconstruction » de l'Hôpital général des Sœurs grises sera abordé dans le chapitre 7 : « À la recherche de solutions : décliner le patrimoine au présent ».

107. Jean-Claude Marsan, « Le Vieux-Montréal restauré sera-t-il un Disneyland ? », *Le Devoir*, 17 mai 1975.

108. Société d'architecture de Montréal, « Limiter la restauration de l'Hôpital général du Vieux-Montréal aux bâtiments qui subsistent », *Le Devoir*, 3 juillet 1976.

109. Elle précédait l'affirmation faite quelques années plus tard d'un « Montréal multiculturel ».

s'efforçait alors d'englober la multiplicité des diverses manifestations relatives à la prolixe et fastueuse période de la fin du XIXᵉ siècle au début du XXᵉ siècle. L'image française de la ville, vision romantique d'une « ancienne Ville-Marie », resta le rêve patrimonial de quelques-uns. Quant à l'épisode de l'Hôpital général des Sœurs grises, il se termina par un compromis : les édifices victoriens de la rue Saint-Pierre et les restes de l'ensemble conventuel furent restaurés, reconnaissant ainsi les deux images de Montréal et de son arrondissement historique.

■ ■ ■

Dans les années 1970, la lutte pour la reconnaissance du paysage urbain concernait l'architecture du XIXᵉ siècle, qui caractérisait le quadrilatère historique compris entre les avenues Atwater, des Pins et Papineau et le fleuve Saint-Laurent. Toutefois, ce paysage « victorien » portait les stigmates d'une architecture dépréciée. Une littérature savante et des ouvrages de vulgarisation, exposant le développement historique de Montréal et ses détours, émergeaient pour la secourir. L'objectif était ainsi de comprendre la ville et de la faire connaître. Ce travail des « experts » – universitaires ou professionnels – proposait une autre vision de la ville, inscrite dans la continuité et le respect de son histoire, une vision qui souhaitait convaincre de la nécessité de mener le militantisme sur la place publique. Il trouvait d'autant sa pertinence au cœur des campagnes de sauvegarde, qu'il questionnait une architecture litigieuse, extradée de l'héritage québécois.

Fut ainsi pris à partie le débat de la gare Windsor, qui perdura pendant la première moitié des années 1970. La gare était-elle une excroissance atypique qui pouvait être sacrifiée sur l'autel de la « métropole du progrès » ou le prototype d'une nouvelle architecture marquée par l'influence de grands architectes ? La querelle des styles fut cependant dépassée par la volonté d'inscrire l'édifice dans le contexte de son époque pour en faire émerger les multiples significations. Le paysage urbain pouvait ainsi se comprendre comme le « témoin » d'une époque, une trace palpable de l'histoire inscrite en ses murs. Érigée avec les richesses de son propre sous-sol, Montréal se particularisait d'ailleurs, disait-on, par la couleur de sa pierre. Le recours à l'histoire pouvait être empreint d'un fort symbolisme et attiser les passions, comme ce fut le cas pour la campagne de la prison des Patriotes. Si la matérialité de son paysage évoquait un passé révolu, ses édifices anciens devenaient le décor d'une histoire rendue tangible. En outre, la sauvegarde de ce paysage se présentait comme un « devoir » de la collectivité envers les générations futures. La ville allait pouvoir ainsi vieillir et conserver une mémoire, un jour comparable à celle des « vieux pays ».

Les défenseurs du patrimoine cherchaient ainsi à convaincre des multiples qualités du paysage urbain menacé qui était non seulement d'origine française, mais aussi un héritage « victorien ». Le retour des Sœurs grises dans le Vieux-Montréal permit, par exemple, de débattre des paramètres constitutifs de l'identité québécoise. Si certains voulaient construire un monument commémorant la longue histoire de la communauté religieuse remontant aux premiers temps de Ville-Marie, d'autres aspiraient à conserver un patrimoine encore visible, plutôt qu'à recréer un passé disparu. Cette grille de lecture patrimoniale renforçait l'image d'un « Montréal victorien » à l'intérieur même de l'arrondissement historique du Vieux-Montréal. Un journaliste du *Devoir* notait : « l'architecture commerciale peut avoir moins d'attrait, à l'heure actuelle, que les ruines du berceau de la Nouvelle-France. Mais l'argent n'a pas eu moins d'influence que la charité dans la construction de la métropole du Canada ![110] » Des choix se posaient ainsi à la collectivité.

---

110. Jean-Claude Leclerc, « Pour panser les plaies de Montréal », *Le Devoir*, 29 novembre 1974.

Une ville revendiquée
Montréal aux Montréalais

*Save Montreal save Montreal. We campaigned to stop demolition by making people
love their patrimoine, by making them aware of how powerfully buildings represent
our aspirations and our history, and in understanding buildings as portraits of society.*

Phyllis Lambert, 1987.

« Les citoyens de Montréal, de toute position sociale, de toute race
et de toute croyance, sont préoccupés de l'avenir des magnifiques terrains
du Collège de Montréal et du Grand Séminaire », affirmait une lectrice du
quotidien *Le Devoir,* inquiète du sort du domaine des Sulpiciens au début
des années 1970[1]. La volonté des Montréalais de sauver la ville de son autodestruction, affirmée ici avec lyrisme par un support populaire unanime,
allait constituer l'un des thèmes récurrents de la lutte pour la sauvegarde
du patrimoine. Selon ce discours, nul ne pouvait être meilleur médiateur
de la patrimonialisation que les Montréalais eux-mêmes. Ces derniers
pouvaient même contrer l'impuissance des trois paliers de gouvernement
que les échecs répétés de plusieurs campagnes avaient démontrée. Aussi,
l'émergence de Sauvons Montréal s'appuyait sur une double dynamique.

Résolue, la première ambitionnait de faire entendre la voix des Montréalais. La seconde, indiquera Phyllis Lambert quelques années plus tard, aspirait à sensibiliser ces mêmes Montréalais aux richesses et à l'importance du patrimoine[2]. L'affirmation d'un «nous» montréalais, auquel s'identifiaient les groupes de sauvegarde, allait s'opposer à l'«autre» – l'étranger – avant qu'il ne réduise, disait-on, Montréal à une énième répétition de l'anonymat urbain nord-américain[3]. La sauvegarde du patrimoine à Montréal ne pouvait dès lors épouser de plus noble cause que la revendication *par* et *pour* les Montréalais.

Aussi, seront invités dans les lignes qui suivent, les acteurs qui sont directement intervenus dans la sauvegarde, et qui dévoileront les arcanes sous-jacentes à la mise en scène et au texte identitaire. La formulation du «nous» montréalais, que justifiait l'engagement des groupes de sauvegarde, s'imposera, par conséquent, comme objet d'étude, puisque le «nous» participe pleinement à la structuration de l'identité urbaine, qui ne peut dès lors plus seulement se décliner en termes de bâtiments et de lieux. La description de l'«autre», fondamental dans la formulation du «nous» puisque facilitant, par sa mise au ban, le rassemblement d'une collectivité autour de la sauvegarde du patrimoine, sera, quant à elle, le sujet du chapitre suivant. L'analyse de ces protagonistes aide à décoder les mécanismes de reconnaissance du patrimoine. L'attention portée aux acteurs de la patrimonialisation éclairera, au terme de ce chapitre, le processus de reconnaissance patrimonial, tout comme le mode d'expression de ce patrimoine.

Ce chapitre poursuit, en continuité avec le précédent, l'exploration de la légitimation patrimoniale et de la stratification de l'identité urbaine. La représentation des acteurs s'impose comme un aspect fondamental du discours militant. L'invocation du «nous» allait non seulement s'illustrer dans ce premier moment de la lutte dans les années 1970, mais se perpétuer pendant toute la période étudiée. Ainsi, dans son ouvrage *Montréal: une esquisse du futur*, Jean-Claude Marsan qualifiait la décennie mouvementée des années 1970 de «réappropriation[4]». L'architecte et urbaniste a ainsi

---

1. Mona Aldiman, «Le domaine Saint-Sulpice à préserver», *Le Devoir*, 6 mars 1970. Le titre du chapitre *La ville revendiquée* est emprunté à Serge Allaire, qui explora cette revendication sous l'œil des photographes montréalais des années 1970. Voir Serge Allaire, «Montréal 1970-1980: la ville revendiquée», dans Michel Lessard (dir.), *Montréal au xxᵉ siècle: regards de photographes*, Montréal, Éditions de l'Homme, 1995.

2. En introduction d'une rétrospective des prix Orange remis par Sauvons Montréal, il était demandé à des artisans de la scène patrimoniale montréalaise et à des architectes de s'exprimer sur l'importance de l'organisme et des espoirs pour le futur de Montréal. Voir Sauvons Montréal, *Les prix Orange*, Montréal, Sauvons Montréal, 1987.

3. Jocelyn Létourneau s'est livré à ce type d'analyse dans le cadre de la mise en récit de l'histoire du Québec. On peut consulter Jocelyn Létourneau, «Nous autres les Québécois. La voix des manuels d'histoire», dans Laurier Turgeon, Jocelyn Létourneau et Khadiyatoulah Fall (dir.), *Les espaces de l'identité*, Québec, Presses de l'Université Laval, 1997, p. 99-119, et Jocelyn Létourneau, «L'historiographie comme miroir, écho et récit de *nous autres*», dans Bogumil Jewsiewicki et Jocelyn Létourneau (dir.), *L'histoire en partage*, Paris, L'Harmattan, 1996.

4. Jean-Claude Marsan, *Montréal: une esquisse du futur*, Québec, IQRC, 1983, p. 145-171. L'auteur reprend son analyse dans la réédition de son classique *Montréal en évolution*. Voir Jean-Claude Marsan, *Montréal en évolution*, Montréal, Éditions du Méridien, 1994, p. 383ss.

noté l'importance des mouvements de citoyens dans la «redécouverte du patrimoine» allant même jusqu'à parler de l'«absence des architectes et des urbanistes du mouvement de réappropriation du milieu et du patrimoine […][5]». Il importe donc de s'attarder à la narration, dans les quotidiens montréalais, des luttes menées, qui permettra de cerner les acteurs de la scène montréalaise. La première section pose les bases de la formulation du «nous» montréalais par son inscription dans un mouvement plus large de revendication et de support populaire. Les luttes pour la sauvegarde du patrimoine étaient ainsi soutenues par l'ensemble de la collectivité mont-réalaise, qui garantissait en quelque sorte son authenticité. Les groupes de sauvegarde se présentèrent, par conséquent, comme la voix des Montréalais. Ils se percevaient et étaient eux-mêmes perçus, comme nous le verrons dans la deuxième section, comme partie intégrante de cette société civile en émer-gence. Dans les premières années de la lutte, les quotidiens de la métropole se demandèrent si cette voix montréalaise était anglophone ou francophone. De la même manière, certains en contestèrent la légitimité. Les questionnements et les remises en cause s'estompèrent dans la tourmente. Afin de parer l'adversité, les groupes de sauvegarde cherchèrent à sensibiliser l'opinion des Montréalais et à devenir des «éveilleurs de conscience»; c'est ce que nous verrons dans la troisième section. Le désir de faire participer les citoyens trouva sa plus importante affirmation dans les consultations publiques que les groupes de sauvegarde tentèrent de mettre à l'ordre du jour des débats patrimoniaux et qui font l'objet de dans la dernière section. Un même but était poursuivi: donner aux Montréalais les pouvoirs de revendiquer une ville qui paraissait leur échapper.

■ À l'écoute de la volonté populaire : la formulation du « nous » montréalais

L'effort mené pour sauvegarder le paysage urbain trouvait sa légi-timation dans le mouvement populaire qui le soutenait. Ce «mouvement» s'incarnait dans les quotidiens, sous la plume du journaliste, du lecteur ou du militant, sous le couvert d'un «nous» montréalais. Les actions de sauvegarde étaient présentées comme des luttes populaires menées par l'ensemble des « Montréalais», jouissant d'un support unanime. Le quo-tidien *The Gazette* clamait, par exemple, la création de Sauvons Montréal en ces termes: «*an army of Montreal conservation groups – drawing on a militia of 150,000 supporters enlisted by petitions – has declared war on the indiscriminate destruction of historic buildings[6]*». Lors de la polé-mique du domaine des Sulpiciens, *The Montreal Star* rapprochait la cohésion sociale des protestations à «*a storm of public protest[7]*». Même

---

5. Jean-Claude Marsan, *idem,* p. 159.

6. Luana Parker, «It's gloves off' to preserve historic buildings», *The Gazette,* 29 septembre 1973.

7. Wouter de Wet, «Landmarks may be swallowed», *The Montreal Star,* 11 mars 1970.

Cécile Grenier et
Joshua Wolfe, Guide
Montréal : un guide
architectural et histo-
rique, *Montréal, Libre
expression, 1983.*

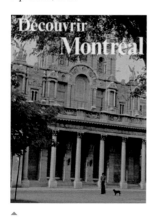

Société d'architecture
de Montréal,
Découvrir Montréal,
*Montréal, Éditions
du Jour, 1975.*

le président de la Commission des biens culturels du Québec, Georges-Émile Lapalme, sensible à la réalité montréalaise, témoignait en ce sens : « grâce à cet éveil, nous avons des appels téléphoniques de partout, nous recevons des lettres de partout dénonçant le vandalisme[8] ». L'unanimité et la force du « nous les Montréalais » conféraient aux contestations menées par les groupes de sauvegarde une forme d'approbation populaire. Ce contexte, adjoint à la volonté de renforcer leur action, plaça d'ailleurs au centre de leurs préoccupations les activités de sensibilisation et de vulgarisation.

L'argumentaire lié à la force du nombre, inscrivait les luttes montréalaises dans un contexte plus large, celui des contestations populaires visibles tant au Québec qu'à l'échelle mondiale. Des lettres publiées dans les pages du lecteur exhortaient « les Montréalais » à emboîter le pas à ce mouvement « planétaire ». Un quidam, visiblement bien informé, écrivait dans les pages du quotidien *Le Devoir* en 1973 :

> Au Canada, d'un océan à l'autre, on assiste à la naissance de groupes spontanés qui œuvrent pour la préservation, la reconstruction ou tout simplement la restauration de sites historiques : on a le Bastion Square à Victoria, Gastown à Vancouver, Yorkville à Toronto, le Vieux-Montréal, la Place Royale à Québec, le quartier du port à Halifax, et j'en passe[9] !

Un autre, dans le quotidien *La Presse*, puisait dans le répertoire des grandes opérations internationales de sauvetage pour renforcer cette idée :

> Il n'est au monde entier de peuple qui ne préserve ses monuments, pour si riche qu'il en soit, avec soin passionné. Et ce patrimoine devient de plus en plus le patrimoine de l'humanité tout entière. Nous avons tous participé, sciemment ou non, au sauvetage des temples d'Abu Simbel en Nubie ou de Boroboudour à Java[10].

L'exemple d'habitants de grandes villes européennes avec leurs monuments prestigieux et leurs architectes inspirait cet autre lecteur du *Montreal Star* : « *the Muscovites refurbish Orthodox*

8. *Le Jour* publiait en deux livraisons l'entrevue accordée à Alain Duhamel par Georges-Émile Lapalme. Voir Alain Duhamel, « Rencontre avec M. Georges-Émile Lapalme, président de la Commission des biens culturels », *Le Jour*, 5 novembre 1975.

9. Les différentes philosophies sous-jacentes aux notions de « préservation », de « reconstruction » ou de « restauration » importaient peu dans l'affirmation du lecteur ; elles servaient davantage à mousser une attitude générale. Voir Jean Regnier, « La maison-mère des Sœurs grises », *Le Devoir*, 8 mai 1973.

10. Dr Julien Labedan, « Il nous faut défendre notre ville », *La Presse*, 5 juin 1975. Rappelons que dans les années 1960, les autorités égyptiennes et l'UNESCO démontèrent le temple d'Abou Simbel, menacé par la construction du barrage d'Assouan, pour le reconstruire au-dessus du niveau de l'eau ; en 1955, le gouvernement indonésien demandait l'aide de l'UNESCO pour restaurer le temple de Borodubur, monument bouddhique de l'île de Java. Après de longues démarches pour recueillir le financement, les travaux commencèrent en 1975 et se terminèrent en 1983.

churches in the Kremlin. The Londoner saves his Abbey. The Parisian is justly proud of Mansart and Philibert de l'Orme. Surely we can do as well in Canada[11] ». Patrimoine de l'humanité ou patrimoine de Montréal, la différence d'échelle importait peu, puisque les Montréalais, comme le reste du monde, participaient, ou se devaient de participer, à la redécouverte et à la sauvegarde du patrimoine de leur ville. Une deuxième forme d'unanimité, après celle du « nous », invoquait la conscience des grandes civilisations pérennes ; le concert des nations dans la sauvegarde du patrimoine cherchait à convaincre tout en cautionnant la voie empruntée par les défenseurs montréalais.

À ce soutien populaire, qui semblait se joindre à un mouvement de plus grande envergure, s'ajoutait l'idée que « les Montréalais » détenaient, mieux que tout autre, l'expertise *sine qua non* d'un aménagement urbain respectant les caractères de la ville. Véritables utilisateurs de la ville, – ils y habitaient, y marchaient, y travaillaient, bref y vivaient – ils possédaient par conséquent la sensibilité nécessaire et le sens commun permettant de juger de la qualité de la ville et de percevoir les modalités de conservation. Cette lecture de l'urbain était proposée par Jane Jacobs, dès 1961, dans son ouvrage *Death and life of Great American Cities*, comme la marque d'un nouvel urbanisme qui allait inspirer plusieurs[12]. Dans un texte intitulé *Comment tuer une ville*, Luc D'Iberville-Moreau, alors professeur à l'UQAM et futur directeur du Musée des arts décoratifs de Montréal, écrivait : « nos édiles semblent oublier qu'il y a aussi des gens qui l'habitent, et que demain il y en aura deux fois plus. Ces gens, ces Montréalais qui ne construisent pas leur ville, ont souvent un sens naturel des valeurs qui ne sont pas commerciales, tels l'air pur, les vieux monuments, les rues à l'échelle humaine, les parcs et les arbres[13] ». L'écoute des « Montréalais », détenteurs d'une forme de sagesse populaire, devenait indispensable pour atteindre et décrypter la réalité patrimoniale. Forts de cet argument, les groupes de sauvegarde n'allaient cesser de vanter le mérite des consultations publiques qui devinrent une arme redoutable pour contrecarrer les projets urbains.

Le « nous », entité implacable, allait ainsi parsemer le discours militant pendant trois décennies. Il apparaît encore, par exemple, lors de la controverse de l'avenue McGill College, en 1984, sous la plume de Jean-Claude Marsan : « les Montréalais ont beau compter parmi les citoyens

Alain Duhamel, « Redonner la ville à ses citoyens... », Le Jour, 31 mai 1976, p. 6.

Bibliothèque nationale du Québec

---

11. Le lecteur s'exprimait à propos de la sauvegarde de la gare Windsor. Voir James Acland, « Frame the old in the new », *The Montreal Star*, 23 octobre 1970.

12. Jane Jacobs, *Déclin et survie des grandes villes américaines*, Liège, Mardaga, 1991 [1961].

13. Luc D'Iberville-Moreau, « Comment tuer une ville – bis », *Le Devoir*, 10 novembre 1973.

les plus démunis en Amérique du Nord concernant la participation à l'aménagement de leur milieu de vie, ils savent s'organiser et se défendre lorsque les circonstances le réclament. Ils aiment profondément leur ville, tacitement, profondément [...][14] ». Il se retrouve sous le signe de la mémoire, quelques années plus tard, lorsque l'hôtel Queen's fut démoli : « la population de Montréal n'oubliera jamais la démolition de cet édifice du xixᵉ siècle », affirmait alors Héritage Montréal[15]. Il prend même le nom des premiers défricheurs de Ville-Marie lorsque, en 1999, Gérard Beaudet, professeur à l'Institut d'urbanisme de l'Université de Montréal et alors président d'Héritage Montréal, s'exprimait à propos du projet de modification des limites du site patrimonial du Mont-Royal : « les montréalistes vont se retrousser encore les manches[16] ». L'affirmation du « nous », formulé au premier temps des luttes pour la sauvegarde du patrimoine, s'était ainsi définitivement installée dans la rhétorique du discours militant.

■ Les groupes de sauvegarde : la voix des Montréalais

Les groupes de sauvegarde se proposaient d'être les représentants des Montréalais dans les luttes patrimoniales. Dès l'annonce de sa création, Sauvons Montréal se positionnait contre l'« autre », jugé loin des Montréalais, pour affirmer son allégeance : « nous croyons que notre héritage en matière de lieux et de bâtiments historiques ne devrait en aucune façon être le violon d'Ingres d'une élite. Cet héritage touche en fait de très près au problème fondamental de la démocratie urbaine[17] ». Par cette déclaration, l'organisme rejetait les prétentions du gouvernement provincial de décider seul de la constitution du fonds patrimonial national et l'attitude autocratique des autorités municipales dans la gestion de la ville. Sauvons Montréal vouait aux luttes de sauvegarde un caractère populaire. Les groupes de sauvegarde incarneraient ce « nous » montréalais, qui travaillait à l'émergence d'une « conscience populaire » et qui appuierait ensuite les revendications. Les autorités en charge de la protection du patrimoine, par leur intervention

14. Nous verrons les tenants et les aboutissants de cette affaire au chapitre 9 : « Au-delà du paysage bâti : une montagne à affirmer ». Jean-Claude Marsan réagissait dans un texte publié dans le quotidien *Le Devoir* à la modification du projet présenté par le groupe Cadillac-Fairview, au sujet des consultations publiques sur l'avenir de l'avenue McGill College. Voir Jean-Claude Marsan, « Le projet modifié de Cadillac-Fairview », *Le Devoir*, 9 juin 1984.

15. Les groupes de sauvegarde ont longtemps protesté contre la démolition de l'hôtel en 1988, abandonné depuis 1978. La journaliste du quotidien *La Presse* présentait en première ligne de son article, la réaction d'Héritage Montréal. Voir Mariane Favreau, « On cogne le Queen's à coups de masse de quatre tonnes... et ça tient », *La Presse*, 25 octobre 1988.

16. Le projet ne fut jamais réalisé. Combiné à d'autres menaces pesant sur la montagne, le ministère de la Culture et des Communications est finalement intervenu dans une volonté de constituer l'arrondissement historique et naturel du Mont-Royal en 2003. Voir Kathleen Lévesque, « La Ville a entrepris de réduire les limites du site du patrimoine du Mont-Royal », *Le Devoir*, 16 avril 1999.

17. Le journaliste rapportait la première conférence publique de Sauvons Montréal. Voir Urgel Lefebvre, « Appel aux candidats : "Sauvons Montréal" », *Le Devoir*, 29 septembre 1973.

déficiente aux yeux de Sauvons Montréal et leur absence au devant de la scène dans bien des dossiers, renforçaient, de façon surprenante, le lien des citadins avec leur patrimoine. Les groupes de sauvegarde devenaient ainsi la voix des Montréalais.

Dawn MacDonald, « Ailing Save Montreal also needs saving », The Montreal Star, 1973, p. A-3.

Il est assez étonnant de constater qu'à travers les pages des quotidiens, peu s'interrogèrent sur la composition des groupes de sauvegarde. Au-delà de l'expression du support populaire des Montréalais et de la présentation de la lutte des groupes de sauvegarde, tels Sauvons Montréal, Héritage Montréal, Espaces verts, les Amis de la gare Windsor et autres associations de résidants, les journalistes n'enquêtèrent que très peu sur leurs animateurs. Même le quotidien *The Gazette*, avec des titres évocateurs comme « *Preservation: The tide of citizen action is turning down* » et « *Citizens lead the fight to save Montreal's past* », ne s'intéressait qu'à la nomenclature des groupes formant la coalition Sauvons Montréal et à leurs multiples objectifs[18]. Dans *Montreal at the Crossroads*, les auteurs se faisaient toutefois un peu plus précis en écrivant :

> *Save Montreal's membership includes architects, planners, pensioners, students, artists, housewives and people displaced by urban renewal. Some already belonged to citizens' groups when the federation was formed and automatically became members. Others have joined as individuals and begun working with groups that interest them most[19].*

Pour en connaître davantage, les lecteurs des quotidiens se familiarisaient plutôt, au fil des articles, avec des noms qui allaient devenir récurrents au fil des campagnes de sauvegarde. Ainsi, pour n'en nommer que quelques-uns, apparaissaient Michael Fish, Phyllis Lambert, Peter Lanken, Mark London, Jean-Claude Marsan, Audrey Bean, Lucia Kowaluk, Brian Merrett, Joseph Baker ou Denise Faille[20]. D'autres, intervenus lors d'une campagne de sauvegarde ou d'une prise de position publique ponctuelle, désertaient ensuite les pages des quotidiens. On en savait certains architectes ou urbanistes, professeurs d'université ou photographe. D'autres, tels les Amis de la gare Windsor étaient présentés comme « *a group of professionals, intellectuals and students*[21] » ou encore des « *angry residents* […]

---

18. Le premier texte était présenté dans le cadre de la chronique *Montreal at the Crossroads* et le deuxième signé par un journaliste proche des milieux de sauvegarde. Voir Donna Gabeline, « Preservation: The tide of citizen action is turning down », *The Gazette*, 21 mars 1974, et Dane Lanken, « Citizens lead the fight to save Montreal's past », *The Gazette*, 16 février 1976.

19. Dona Gabeline, Dane Lanken et Gordon Pape, *Montreal at the Crossroads*, Montréal, Harvest House, 1975, p. 187.

20. Les lecteurs de *S.O.S. Montréal*, journal de Sauvons Montréal, allaient bien sûr élargir leur connaissance des militants actifs de la scène montréalaise. On peut penser ici à Jane Broderick, Julia Gersovitz ou Cécile Grenier.

21. Joseph Hanafin, « Windsor Station group finding little support », *The Montreal Star*, 10 mai 1972.

joined by conservationists and history-lovers[22] ». L'absence d'information n'inquiétait guère les journalistes et la plupart des défenseurs du patrimoine demeuraient anonymes. Le fait d'être Montréalais primait avant tout.

Ce constat était-il lié au désir de présenter la lutte pour la sauvegarde du patrimoine comme celle du « nous » montréalais plutôt que celle d'un petit groupe de militants ? Au milieu des années 1970, une journaliste, dressant un portrait de Jean-Claude Marsan comme « défenseur du patrimoine urbain », soulignait : « en somme, ils ne sont pas nombreux dans ces groupes, cinq, six environ à mener la bataille[23] ». Sans relever l'affirmation, elle ajoutait tout au plus : « mais Marsan pressent que l'idée fait son chemin et perçoit de plus en plus d'appuis dans la population ». Dans les journaux, la description des groupes de sauvegarde esquissaient plutôt des aspects positifs. Ainsi, dans les jours suivants la démolition de la maison Van Horne, *La Presse* s'interrogeait : « mais qui sont ces défenseurs des droits des monuments historiques ? Des professionnels seulement ? Que non. La récente pétition qui a circulé dans le grand public pour sauver la maison Van Horne en fait foi : les signatures venaient de tous les milieux[24] ». Les Amis de la gare Windsor, dont les propos étaient rapportés, certifiaient : « et il en sera de même pour toutes les autres campagnes[25] ». De son côté, *The Montreal Star* décrivait la foule composite lors de la manifestation en faveur de la maison Shaughnessy, à l'automne 1973 : « *the marchers were a mixture of Anglophones, Francophones and new Canadians. This reflects another intention of the Save Montreal coalition: To get away from the old elitist image of eccentric historical society addicts and bring out a more grass roots approach*[26] ». Ainsi, la composition et la dimension des groupes de sauvegarde importaient moins que la présentation des luttes sur la place publique, sauf peut-être lorsqu'il s'agissait d'évoquer les communautés francophone et anglophone.

⏐ *Des voix anglophones ou francophones ?*

Ce fut la dualité de la participation anglophone et francophone qui interpella les quotidiens. Certains célébraient la solidarité des « deux solitudes » devant l'adversité, d'autres, au contraire, comparaient la

---

22. « Sulpician property: Bitterness mounts », *The Montreal Star*, 11 mars 1970.

23. Il s'agit en fait d'une entrevue-reportage avec Jean-Claude Marsan. Voir Christiane Berthiaume, « Jean-Claude Marsan : défenseur du patrimoine urbain », *La Presse*, 7 avril 1976.

24. Claudette Tougas, « Pitié pour nos monuments historiques », *La Presse*, 11 septembre 1973.

25. La journaliste démontrait son encouragement aux groupes de sauvegarde en donnant le numéro de téléphone des Amis de la gare Windsor pour que les lecteurs intéressés puissent donner de leur temps ou de l'argent, jugeant bon de spécifier toutefois : « les sommes recueillies serviront à financer le coût de l'information donnée aux médias et au grand public ». Voir Claudette Tougas, « Pitié pour nos monuments historiques », *La Presse*, 11 septembre 1973.

26. Dawn McDonald, « Shaughnessy House defenders on march », *The Montreal Star*, 5 octobre 1973.

mobilisation des uns au détriment des autres[27]. Toutefois, les journaux n'évoquèrent pas le rattachement des individus à l'une des deux communautés linguistiques. L'idée de personnaliser les luttes autour de figures anglophones ou francophones n'intéressa personne. Pourtant, il aurait été facile de relever la présence de Michael Fish, par exemple, ou de Jean-Claude Marsan, pour en faire les incarnations collectives d'un combat. Tout comme dans la connaissance de la composition des groupes de sauvegarde, ce type d'analyse fut mis de côté. Préférait-on laisser de vieux démons hors de ce combat collectif ? Du moins, ce furent, encore une fois, davantage la nature de la participation des deux communautés et le sens donné à la protection de certains éléments du « patrimoine » qui hantèrent les débats publics, du moins pendant un premier temps.

Encart de Sauvons Montréal pour la campagne du couvent des Sœurs grises. Le Jour, 6 juin 1975.

Dans le processus de formulation du « nous » montréalais, la complicité des deux communautés fut rapidement mise de l'avant afin de marquer la force et la résonance populaire des revendications militantes. La lutte pour la sauvegarde du patrimoine transcendait les divisions séculaires entre les anglophones et les francophones en rassemblant les Montréalais des deux côtés du boulevard Saint-Laurent. Lors de la campagne pour la sauvegarde du couvent des Sœurs grises, les efforts conjugués étaient ainsi soulignés : « M. Hardy l'ignore ou feint de l'ignorer : les Montréalais, tant francophones qu'anglophones, tiennent à ce couvent, et à son vaste jardin plus qu'à tout[28] ». Si, dans le quotidien

---

27. Dès la campagne de sauvegarde de la maison Van Horne, la dichotomie entre anglophone et francophone avait été évoquée à plusieurs reprises. Luc D'Iberville-Moreau et Michael Fish avaient même rêvé d'une plus grande participation de la communauté francophone en général. Un an plus tard toutefois, la situation s'était quelque peu transformée puisque des témoins de l'architecture « victorienne » avaient été intégrés dans le fonds patrimonial national. Avaient aussi été protégées pendant cette période la maison Ernest-Cormier, rue des Pins Ouest, et la maison Armand, boulevard Gouin à Rivière-des-Prairies. La première intégrait le XXᵉ siècle et l'art déco dans le fonds patrimonial national ; le gouvernement voulait ainsi empêcher que l'ameublement, protégé en même temps que la maison et dessiné aussi par l'architecte Ernest Cormier, ne soit vendu à des intérêts étrangers. La deuxième maison, maintenant située dans le parc régional de Rivière-des-Prairies, était qualifiée d'exemple de la « maison rurale de la région montréalaise au XVIIIᵉ siècle ». Voir Archives de la Ville de Montréal, bobine 29, dossier 2 ; Pierre-Richard Bisson, « Maison Ernest-Cormier », dans *Les Chemins de la mémoire*, vol. 2, p. 126-128 ; Luc Noppen, « Maison Armand », dans *Les Chemins de la mémoire*, vol. 2, p. 157 ; annexe II, « Liste des biens culturels classés et reconnus par l'État québécois à Montréal (1922-2003) ». Voir aussi les articles de Luc D'Iberville-Moreau, « Pourquoi faut-il sauver la maison Van Horne », *Le Devoir*, 1ᵉʳ septembre 1973, et de Michael Fish, « La démolition des œuvres de Sir Van Horne : une tragédie culturelle et historique », *Le Devoir*, 27 juillet 1973.

28. Denis Hardy fut ministre des Affaires culturelles du 13 novembre 1973 au 4 août 1975. La citation est tirée de l'article de Jacques Benoît, « La décision du ministre Hardy fera qu'il y aura scandale ou pas », *La Presse*, 31 mai 1975.

Le Jour, les anglophones étaient «les plus troublés par l'indécision et la nébulosité inquiétante du ministre des Affaires culturelles[29]», la participation des francophones n'était pas oblitérée. L'image et la valeur du couvent des Sœurs grises semblaient faire «l'unanimité[30]». Une même vision se retrouvait dans les efforts réunis en vue d'assurer la protection des maisons de la rue Saint-Norbert en 1975. Peter Lanken de Sauvons Montréal confiait à une journaliste : «*it's probably the first time English and French have worked closely together in trying to save housing* [...][31]». La force de cette invocation conjurait en quelque sorte toute division ou indifférence des Montréalais. Elle permettait, de surcroît, de clamer haut et fort la volonté populaire.

L'image d'un support «unanime» des Montréalais, tant francophones qu'anglophones, diffusée avec euphorie par les quotidiens contrastait avec celle d'une participation des anglophones, dite plus active, à l'intérieur des groupes de sauvegarde. C'est ainsi que Dominique Clift du quotidien *The Montreal Star* qualifiait Sauvons Montréal : «[the] *group has had the appearance of a middle-class, west-end and English-inspired drive*[32]». Jean-Pierre Bonhomme, chroniqueur à *La Presse*, décrivait en termes semblables les partisans de la transformation de la rue Crescent en rue piétonnière : «le groupe conservationniste, composé majoritairement de personnes de culture anglaise intéressées à la protection du patrimoine architectural victorien [...][33]». Toutefois, les journalistes ne dépassaient généralement pas ce simple constat. On avait beau affirmer, comme dans l'ouvrage *Montreal at the Crossroads* que «*Save Montreal* [...] *is in the process of completing its organization and trying to attract more support from French-speaking areas of the city where interest in preservation has been only marginal until now*[34]», le paradoxe du support unanime et de la participation anglophone n'était pas davantage mis en lumière. Peu paraissaient enclins à se risquer dans une analyse raisonnée de la situation. Dona Gabeline, journaliste au quotidien *The Gazette*, proposa un début d'explication : «*because areas most immediately threatened by demolition and development have English-speaking populations, the French-speaking sector is just beginning to get involved*[35]». Bien que lacunaire, cette réponse fut l'une des seules. Dans les années 1980 et 1990, alors que cette vision de la réalité montréalaise avait disparu, quelques bribes d'explication furent avancées, sans vraiment

29. Yves Michaud, «Pitié pour le couvent!», *Le Jour*, 3 juin 1975.

30. *Ibidem.*

31. Julia Weller, «The occupation of St. Norbert Street», *The Gazette*, 30 août 1975.

32. Dominique Clift, «Old buildings : The need for action», *The Montreal Star*, 30 janvier 1975.

33. Jean-Pierre Bonhomme, «Crescent, rue piétonnière? Montréal procédera à ses propres études techniques, auparavant», *La Presse*, 27 septembre 1977.

34. Donna Gabeline, Dane Lanken et Gordon Pape, *Montreal at the Crossroads*, p. 187.

35. Donna Gabeline, «Preservation : The tide of citizen action is turning down», *The Gazette*, 21 mars 1974.

convaincre par leur analyse[36]. Toutefois, dans les années 1970, la simple évocation de la division des anglophones et des francophones dans la lutte pour la sauvegarde du patrimoine, avec toute l'ampleur sous-entendu par cette affirmation, circonscrivait une bonne partie de la réponse.

En marge de l'appréciation esthétique du paysage urbain montréalais, le contexte sociopolitique des années 1970 et le nationalisme québécois de l'époque influençaient, dans une certaine mesure, la participation des communautés linguistiques et rendaient plus difficile la valorisation comme « patrimoine » une architecture dite « victorienne ». Luc D'Iberville-Moreau, alors professeur à l'UQAM et auteur de *Montréal perdu*[37], abondait en ce sens dans un texte intitulé « Le patrimoine menacé du Québec » :

> Beaucoup d'autres, cependant, en principe instruits ou même cultivés, font régulièrement preuve d'étroitesse d'esprit, comme ceux qui s'opposent à la conservation de l'architecture victorienne parce qu'elle est le produit de la culture anglophone au profit de l'architecture dite québécoise dont très peu subsiste encore dans nos villes[38].

Un débat similaire avait pris forme avec la polémique de l'ancien Hôpital général des Sœurs grises dans le Vieux-Montréal. Certains avaient alors espéré la reconstruction des bâtiments du XVIIIᵉ siècle et la démolition des édifices de la rue Saint-Pierre. Puisque des efforts avaient été consentis en vue de la conservation de « vestiges victoriens », il fallait aussi ériger un ensemble de style français qui « réconcilierait les Montréalais avec leurs vraies origines[39] ». Une lectrice du quotidien *Le Devoir* se questionnait à propos de la campagne contre la démolition de la prison au Pied-du-Courant qui battait son plein :

> Je me demande si ces messieurs de Sauvons Montréal n'ont pas intérêt à préserver tout ce qui reste du passé dominateur de l'époque victorienne. On vient de sauver la prison des Patriotes. Ce n'est pas pour remémorer le geste de ces derniers, mais plutôt pour maintenir le souvenir victorien[40].

---

36. Phyllis Lambert soutenait que les anglophones avaient été sensibilisés plus rapidement à la cause du patrimoine parce qu'ils étaient des propriétaires et les francophones des locataires : « traditionnellement, ils laissaient à d'autres le soin de bâtir ou de démolir la ville ». D'autres ont pu penser que les francophones étaient déjà occupés dans le combat national laissant ainsi la place aux anglophones dans la revendication de la ville. À propos de l'indifférence relative des francophones lors de la démolition de la maison Van Horne, Dinu Bumbaru expliquait : « c'était des Anglais qui démolissaient une maison d'Anglais ». Les auteurs de *l'Histoire du Québec contemporain* constataient : « Les anglophones sont à l'avant-garde de ce mouvement. D'abord alarmés par les menaces de destruction d'édifices rappelant la grandeur de leur propre groupe – les belles maisons bourgeoises du *Golden Square Mile*, la gare Windsor –, et soucieux de préserver les espaces verts de la ville, ils réussissent jusqu'à un certain point à faire renverser la vapeur et à intéresser à ce problème de nombreux francophones ». Voir Georges-Hébert Germain, « Notre Dame de la Restauration », *L'Actualité* (mars 1983) ; Gérald Leblanc, « Une ville ambiguë », *La Presse*, 19 septembre 1988 ; et Paul-André Linteau, René Durocher, Jean-Claude Robert et François Ricard, *Histoire du Québec contemporain*, tome 2, p. 629.

37. Luc D'Iberville-Moreau, *Montréal perdu*, Montréal, Quinze, 1977.

38. Luc D'Iberville-Moreau, « Le patrimoine menacé du Québec », *Le Devoir,* 14 février 1976.

39. Gilles Proulx, « Dans le (très) Vieux-Montréal : l'ambitieux projet des Sœurs grises », *Le Devoir,* 12 juin 1976.

40. Lucie Dufort, « Oui à l'audacieux projet », *Le Devoir,* 17 juillet 1976.

« Héritage Montréal
travaillera à pro-
téger le patrimoine
urbain », Le Devoir,
28 octobre 1975, p. 3.

Les édifices suscitant des mouvements militants n'étaient pas encore montréalais de plein droit. Ils étaient plutôt associés à un groupe linguistique particulier. Même si elle ne fut jamais affirmée comme telle, en regard de ces considérations, l'évocation de la dichotomie entre l'identité anglophone et les anglophones élargissait ainsi sa portée. Cette opposition ne donnait-elle pas, comme l'évoquait Melvin Charney dans *Saisir Montréal*, tout son sens à la construction historique de Montréal[41] ?

Bien sûr, la valorisation du patrimoine n'interpellait pas uniquement des références architecturales. Cette question disparaît du récit journalistique à la fin des années 1970, peut-être pour ne pas froisser les communautés en train de soigner les plaies d'un après-référendum. Mais peut-être aussi, le patrimoine, au-delà de ses références à l'identité canadienne ou québécoise, anglophone ou francophone, trouvait un terrain d'entente – neutre – lorsque revendiqué comme montréalais.

La voix des Montréalais contestée pour un temps

L'affirmation des groupes de sauvegarde comme représentants des Montréalais dans la lutte pour le patrimoine ne remporta pas immédiatement l'adhésion de l'ensemble de la collectivité. Elle fut contestée lors de la première grande campagne menée par Espaces verts pour la sauvegarde du domaine des Sulpiciens. Le quotidien *The Montreal Star* rapportait, au début des années 1970, l'embarras du secrétaire des religieux : « *he does not understand why the newspapers are so interested. The public has no right to the land, he says. It is private property of which the Sulpicians can dispose as they see fit*[42] ». Pour les défenseurs du patrimoine, il ne faisait aucun doute que les Sulpiciens avaient légalement le droit d'user de leur bien. Toutefois, la propriété de la rue Sherbrooke, « si intimement liée à l'histoire de la ville et de la collectivité pendant trois siècles [...] », n'était plus un bien strictement privé mais appartenait désormais à la sphère publique et ne pouvait être « assimilable à n'importe laquelle autre de statut strictement privé[43] ». De la même manière que la force du « nous » montréalais devait primer les intérêts particuliers, des lieux emblématiques étaient « nationalisés », ou « montréalisés », par la collectivité.

Afin de convaincre de leur bonne foi et du bien-fondé des transformations du domaine, les Sulpiciens décidèrent, par l'entremise des

---

41. Voir surtout les deux premières pages de l'article publié dans *Découvrir Montréal*. Voir Melvin Charney, « Saisir Montréal », dans Société d'architecture de Montréal, *Découvrir Montréal*, Montréal, Éditions du Jour, 1975, p. 16-17.

42. Wouter de Wet, « Landmarks may be swallowed », *The Montreal Star*, 11 mars 1970.

43. Jean-Claude Marsan, « Pour une politique à long terme », *Le Devoir*, 13 mars 1972.

quotidiens, de s'adresser eux-mêmes aux Montréalais. Dans un long plaidoyer, publié dans le quotidien *La Presse*, ils détaillaient l'acquisition de leurs biens à Montréal. Ils faisaient aussi valoir leur support à la communauté, par le ministère sacerdotal et la création d'institutions publiques, de même que leur engagement dans l'enseignement primaire, secondaire et supérieur. Au sujet des transformations mises en cause, il était écrit:

> Aujourd'hui un nouveau mouvement se dessine qui ne semble pas s'inspirer du même esprit. On prône avec raison la conservation des espaces et des lieux historiques du domaine de la Montagne, mais sans se demander si la manière de procéder est bien conforme aux intérêts de la Compagnie de Saint-Sulpice et de ses œuvres. On va même plus loin et on prétend que ces biens ne lui appartiennent plus, qu'ils sont du domaine public, et qu'au lieu de les vendre elle devrait les donner à la ville[44].

Affirmant leur conscience de la valeur historique de leur propriété, ils «pourrai[en]t même fournir aux personnes intéressées et à court d'arguments, des raisons nouvelles en faveur de leur conservation[45]». Ils ajoutaient qu'ils «n'a[vaient] pas l'intention de livrer [leur] domaine à des exploiteurs et à des entrepreneurs qui y effaceraient toute trace d'espaces verts et y anéantiraient tout souvenir historique[46]». Des intérêts privés se disaient prêts à agir pour le bien de la collectivité montréalaise. Les défenseurs du patrimoine pouvaient être alors rassurés.

Des lecteurs affirmaient, de leur côté, soutenir les Sulpiciens et contestaient la légitimité des groupes de sauvegarde. Une lettre d'opinion dénonçait même une «campagne en porte-à-faux[47]». Pour ce lecteur, la conduite des Sulpiciens, depuis le début de la colonie, attestait plutôt de leur considération pour les biens de la collectivité. Un autre lecteur estimait: «depuis quelque temps déjà, des personnes se prenant pour la mouche de coche, cherchent à dévaloriser les actifs d'une très ancienne et très honorable corporation de Montréal à savoir, les Messieurs de Saint-Sulpice[48]». L'action de ces «"Green Spaces" addicts[49]» et les «manigances d'un groupe qui opère sous le nom de "Espaces Verts"[50]» interpellaient l'intérêt réel voué au domaine des Sulpiciens et à une «communauté religieuse qui n'a fait que des générosités à tous les citoyens de la ville de Montréal[51]». Certains allaient jusqu'à écrire: «si un groupe quelconque de citoyens désire contrôler l'emploi ou le développement d'un terrain, que ce groupe fasse auprès du

---

44. «Les Sulpiciens ripostent à leurs détracteurs», *La Presse*, 23 janvier 1972.
45. *Ibidem.*
46. *Ibidem.*
47. Guy Pépin, «Une campagne en porte-à-faux autour du domaine du Séminaire», *Le Devoir*, 17 avril 1972.
48. Patrick O. Wells, «Des manigances financées à même les fonds fédéraux», *Le Devoir*, 24 avril 1972.
49. Elizabeth R. Denison, «The Sulpicians and their land», *The Gazette*, 1er mars 1972.
50. Guy Pépin, «Une campagne en porte-à-faux autour du domaine du Séminaire», *Le Devoir*, 17 avril 1972.
51. *Ibidem.*

public la collecte de fonds nécessaires à son acquisition et qu'il rembourse la valeur marchande aux Messieurs de Saint-Sulpice[52]». Malgré leur volonté de représentation de l'ensemble des Montréalais, les groupes de sauvegarde ne faisaient donc pas toujours l'unanimité. Leur engagement allait toutefois suffire à arrêter un premier projet de développement du domaine.

Aucune autre campagne de sauvegarde n'interpella avec autant de force, dans les quotidiens, les propriétaires d'édifices et leurs partisans contre les défenseurs du patrimoine. La remise en question des groupes de sauvegarde fut l'objet de quelques promoteurs et journalistes dans la première moitié des années 1970. Elle se retrouve sous la plume d'un reporter du quotidien *The Montreal Star* qui faisait le point sur les premières activités de Sauvons Montréal tout en critiquant ses multiples interventions : «*it is alienating many who have the goodwill to attend all its events*[53]». Il voyait dans l'intervention pour la sauvegarde de la maison Shaughnessy des préoccupations élitistes, dérisoires dans le cas du théâtre Capitol, et, enfin, pathétiques lors de la première conférence publique du groupe Save the Main, tenue dans «*a small shoe store*». Aux yeux du journaliste, le support populaire à Sauvons Montréal «*is shrinking, not growing, and it is shrinking because of a loss a credibility*». Du côté de la gare Windsor, un promoteur immobilier qualifiait ses défenseurs de «*Milton Park groupies*», de «*Van Horne housenick*» et, dans le cas des Amis de la gare Windsor, de «*super-patriots and Salvationist who,* […] *have used predictions of doom since the early 1960s in a bid to prevent Montreal's growth*[54]». Un autre prenait la plume afin de critiquer la vision manichéenne des protestataires : «*perhaps what Mr. Fish proposes to do in order to "Save Montreal" is for Montrealers to post signs in certain areas that read "No Tourists Allowed". Mr. Fish's philosophy smacks unpleasantly of segregation. "Elite" against "the people", "tourists" against "Montrealers"*[55]». La Chambre de commerce de Montréal allait même intervenir publiquement pour parler de ces «groupements défendant des intérêts particuliers inavoués[56]». Toutefois, à mesure que la décennie 1970 avançait, les critiques tendaient à disparaître des quotidiens. La nouveauté du phénomène s'étiolant et la présence des groupes de sauvegarde se confirmant, elles se faisaient de plus en plus rares. À l'orée des années 1980, elles étaient devenues presque inexistantes.

---

52. Patrick O. Wells, «Des manigances financées à même les fonds fédéraux», *Le Devoir*, 24 avril 1972.

53. Dawn MacDonald, «Ailing Save Montreal also needs saving», *The Montreal Star*, 13 octobre 1973.

54. Le journaliste rapportait les paroles de Michael Gutwillig, un «*retail space rental agent and one-time publisher of a newspaper that reported on construction activity in Montreal region*». Voir William Wardwell, «Developers answer their critics», *The Montreal Star*, 17 novembre 1973.

55. L'auteur, de la Youville Stable Ltd., s'exprimait à propos du projet controversé de reconstruction de l'Hôpital général des Sœurs grises dans le Vieux-Montréal. Voir Henry W. Forster, «Youville Stables not touristy», *The Gazette*, 16 juin 1976.

56. Alain Duhamel, «La chambre de commerce s'inquiète…», *Le Jour*, 23 janvier 1976.

La constitution du «nous»: sensibiliser l'opinion des concitoyens

«La plupart des Montréalais ne reconnaissent pas le nom, et savent encore moins de quoi il s'agit. Il s'agit d'un incroyable morceau de terre issu tout droit du passé, assailli par le bruit et la confusion qui règnent à notre époque, mais qui, par miracle, est demeuré intact», écrivait un membre de l'association Espaces verts, dans un plaidoyer pour la sauvegarde de Villa-Maria, domaine menacé en 1975 par un projet de densification[57]. L'un des paradoxes du «nous» montréalais s'exprimait par-delà cette affirmation. D'une part était affirmé le soutient unanime de la population à la sauvegarde du patrimoine, tandis que de l'autre, étaient soulignées ses lacunes. Il n'est pas étonnant dès lors que les groupes de sauvegarde s'employèrent à sensibiliser l'opinion publique. Ce type d'activités aurait constitué, encore récemment, 85 % de l'action d'Héritage Montréal[58]. L'affirmation du «nous» se voyait ainsi raffermie parce que exprimée avec conscience. Il s'agissait en quelque sorte de faire connaître pour faire apprécier. Le discours patrimonial cherchait à se diffuser pour communiquer une vision de la ville. Les activités de sensibilisation se révélèrent fondamentales dans la constitution du «nous» montréalais.

Encart de Sauvons Montréal pour la campagne du couvent des Sœurs grises. Le Devoir, 29 janvier 1975.

Dès l'hiver 1974, Sauvons Montréal tentait de joindre la population, jeunes et moins jeunes, en l'invitant à une prise de contact avec le paysage urbain. Quatre concours étaient ainsi lancés. Un premier s'adressait aux tout-petits, qui devaient dessiner sous le thème «Montréal: ma ville» leur environnement urbain. Un deuxième, sous la forme d'une rédaction, appelait les adolescents à écrire sur «Vivre à Montréal». Un troisième mobilisait les adultes autour d'un concours de photographies sur Montréal, dont les trois meilleures seraient publiées dans la revue de photographie OVO. Un dernier, consacré à la création d'affiches, se proposait de trouver le logo de Sauvons Montréal[59]. Les Montréalais étaient conviés à porter un regard sur leur environnement,

---

57. La question de Villa-Maria a été abordée dans le chapitre 3, «Au-delà des «monuments», des espaces vert, des rues et des quartiers». Voir Diana Chaplin, «Une autre propriété menacée: Montréal et Québec laisseront gâcher la vocation unique du domaine Villa-Maria», *Le Devoir*, 18 février 1975.

58. L'autre 15 % était voué par la lutte pour la sauvegarde du patrimoine. Voir Nadine Gosselin, «L'apport des organismes locaux à la préservation du patrimoine urbain», mémoire de maîtrise (science de l'environnement), Université du Québec à Montréal, 2000, p. 82.

59. «Affiches et photos pour "sauver Montréal"», *Le Devoir*, 9 avril 1974.

leur quotidien de citadins, afin de faire émerger une sensibilité nouvelle. Le thème de la ville et de son paysage urbain, sous-jacent à l'action patrimoniale de Sauvons Montréal puis d'Héritage Montréal, s'exprimait ainsi nettement par ces premières activités.

Une semaine de festivités, tenue en mai 1974, donna l'occasion de divulguer les résultats des concours, mais aussi d'inaugurer les tours de ville qui allaient devenir une véritable institution estivale[60]. Le premier du genre proposait aux passagers d'un autobus des haltes dans différents lieux du grand Montréal, du domaine des Sulpiciens à l'incinérateur de Montréal, de la prison de Bordeaux au quartier Milton Parc[61]. L'été suivant, Sauvons Montréal entreprenait des tours urbains pédestres qui serpentaient, au gré de cinq circuits différents, dans le quadrilatère identifié par Sauvons Montréal[62]. Les premières marches, offertes gratuitement, visaient à rendre familiers, aux Montréalais, des quartiers menacés de la ville. Le quotidien *The Montreal Star*, qui rapportait l'activité, indiquait : « *Save Montreal wants to show us just what Montrealers stand to lose[63]* ». L'année suivante, le quotidien *The Gazette* notait aussi l'importance de cette activité dans l'acquisition d'une conscience urbaine :

> *Many Montrealers – some of whom have lived here for 20 years – are beginning to feel « like part of the city » for the first time in their lives and they're loving every minute of it. The reason: Save Montreal a tour, which for many are dramatizing information and events that usually only appears in dusty history books[64].*

Un des guides urbains de Sauvons Montréal, soulignant la philosophie du groupe, déclarait : « *we talk about buildings, but we also talk about social problems such as housing and the character of the neighborhoods[65]* ». La sauvegarde du patrimoine n'était pas une simple affaire de bâtiments.

Deux animateurs de Sauvons Montréal et d'Héritage Montréal, Cécile Grenier et Joshua Wolfe, publiaient au début des années 1980, alors que le mouvement de sauvegarde était déjà bien implanté dans le paysage montréalais, un *Guide Montréal*, version papier des tours de ville[66].

---

60. La création du Collectif L'Autre Montréal s'inscrivait dans la même logique de sensibilisation des Montréalais à leur patrimoine. Le Comité de logement Saint-Louis, qui luttait pour le droit au logement, se donnait ainsi une nouvelle mission, plus large, par la création du collectif.

61. Dusty Vineberg, « Environment tour hits the low spot », *The Montreal Star*, 27 mai 1974. Voir aussi Alycia Ambroziak, « City "savers" crowed bus tour », *The Gazette*, 27 mai 1974.

62. On apprenait dans *The Montreal Star* que cinq circuits étaient déjà offerts : le boulevard Saint-Laurent, le ghetto McGill, la terrasse Ontario, le Quartier chinois et Milton Parc. Deux autres circuits étaient en préparation autour des rues Lincoln et Tupper de même que McGregor et Redpath. Voir Evelyne Michaels, « Tour explores doomed Chinatown », *The Montreal Star*, 28 août 1975.

63. *Ibidem.*

64. « Montrealers tour their own backyard », *The Gazette*, 8 juillet 1976.

65. « Walking tours uncover city's hidden charms », *The Gazette*, 28 mai 1977.

66. Cécile Grenier et Joshua Wolfe, *Guide Montréal : un guide architectural et historique*, Montréal, Libre expression, 1983. Une seconde édition de l'ouvrage, revue et augmentée, allait être publiée en 1991 sous le titre : *Explorer Montréal : un guide architectural et historique.*

Les auteurs poursuivaient le travail amorcé avec *Découvrir Montréal*, publié en 1974 par la Société d'architecture de Montréal, à laquelle étaient associés nombre de défenseurs du patrimoine[67]. Leurs objectifs étaient de dépasser les guides touristiques, architecturaux ou historiques classiques. Ils cherchaient davantage à évoquer, par des circuits autoguidés, le «caractère souvent impalpable de certains quartiers» grâce à la description de ses bâtiments, de son histoire, des gens qui y habitent, ou y habitaient. Il s'agissait de saisir le «caractère» et l'«âme» de «Montréal, ville aux multiples visages», pour reprendre le titre de l'introduction de Jean-Claude Marsan au *Guide Montréal*[68]. Sous une forme plus modeste, mais largement et gratuitement diffusée lors des fêtes du 350e anniversaire de la ville en 1992, *Patrimoine en marche* traça 16 petits circuits, sur papier, correspondant à des quartiers à visiter. Nancy Dunton, alors directrice d'Héritage Montréal, justifiait la confection de ces guides: «*because Montreal is a series of neighborhoods*[69]». L'intérêt de Sauvons Montréal et d'Héritage Montréal avait débordé le quadrilatère initialement identifié au début des années 1970 pour couvrir un éventail plus large du paysage urbain, mais perpétua les thèmes des débuts[70]. L'interprétation du patrimoine était ainsi devenue le théâtre d'une production littéraire abondante sur la ville, dynamique

---

67. Société d'architecture de Montréal, *Découvrir Montréal*, Montréal, Éditions du Jour, 1975. L'ouvrage était aussi publié en anglais: Montreal Society of Architecture, *Exploring Montreal: Its Buildings, People and Places*, Toronto, Greey de Pencier Publications, 1974.

68. Jean-Claude Marsan écrivait: «le présent guide ne prétend pas tout découvrir, tout révéler: il est avant tout une fenêtre ouverte sur cette abondance. Avec cette image en tête, en suivant ces auteurs au hasard des quartiers, des rues et des édifices, vous comprendrez mieux leur enthousiasme. Mais aussi leurs regrets lorsque tel groupe de personnes a été chassé d'un secteur ou que tel bâtiment a été démoli ou altéré d'une façon préjudiciable. Car tout ce qui réduit cette diversité, tant sur le plan social que sur le plan physique, affecte Montréal dans ce qu'elle possède de plus précieux, dans ce qui fait qu'elle est Montréal, à savoir une ville avec un caractère et une âme». Voir Jean-Claude Marsan, «Montréal, ville aux multiples visages», dans Cécile Grenier et Joshua Wolfe, *op. cit.*, p. 16.

69. Julie Luoma, «Walking tours reveal nuggets of city's heritage», *The Gazette*, 8 août 1992. Héritage Montréal procédait à la pose de 19 plaques commémoratives le long de la rue Sherbrooke, entre la rue University et l'avenue Atwater, considéré comme un haut lieu du patrimoine à Montréal par les groupes de sauvegarde. C'est d'ailleurs sur cette rue qu'était située la maison Van Horne et où, en quelque sorte, tout commença.

70. Les guides étaient publiés en quatre volumes. Le premier volume traitait du campus de l'Université McGill, du Quartier latin, du quartier Saint-Jacques et du quartier Sainte-Marie; le volume deux, de Pointe-Saint-Charles, Saint-Henri, Notre-Dame-de-Grâce et Côte-des-Neiges; le volume trois, des quartiers Hochelage, Maisonneuve, Rosemont et Sault-au-Récollet; enfin, le volume quatre, du quartier Saint-Louis/Saint-Jean-Baptiste, du Plateau Mont-Royal, du quartier Saint-Louis du Mile End et de La Petite Patrie. Voir Christian Ekemberg (dir.), *Patrimoine en marche = Steps in time*, Montréal, Héritage Montréal, 1992. Le Vieux-Montréal obtenait une attention particulière par la publication d'un guide de visite en papier glacé publié conjointement par le ministère des Affaires culturelles et la Ville de Montréal et préparé par Héritage Montréal. Voir François Rémillard, Manon Sarthou et Dinu Bumbaru. *Le Vieux-Montréal: circuit de visite*. Québec/Montréal, ministère des Affaires culturelles/Ville de Montréal, 1992. Il est aussi publié en anglais sous le titre *Old Montreal: A Walking Tour*.

perpétuée aujourd'hui par un nombre important d'organismes qui poursuivent l'œuvre initiale de Sauvons Montréal à travers la sensibilisation et la protection du patrimoine[71].

La publication d'ouvrages pédagogiques et d'exercices scolaires, soutenue par Héritage Montréal, œuvrait, quant à elle, à l'éducation des jeunes Montréalais. Au début des années 1980, le Service éducatif du Musée des beaux-arts de Montréal et Héritage Montréal mettaient sur pied le « Programme Patrimoine », engendrant la publication d'ouvrages pédagogiques. Parmi ceux-ci, il peut être relevé, par exemple, *Montréal : les quartiers de la diversité*, ouvrage qui par une série d'exercices sensibilisait les jeunes du primaire à « la diversité multiculturelle d'une ville[72] ». La problématique de la diversité culturelle était abordée, dans un premier temps théorique, par l'architecture de la ville, ses manifestations culturelles, les coutumes alimentaires de sa population et les pays d'origine de ses immigrants. Une fois sensibilisé à cette diversité, l'élève s'attelait à la phase pratique, soit celle du terrain, en tentant de l'identifier à Montréal, dans son école, dans sa population urbaine, dans ses paroisses et ses quartiers. *Montréal : les quartiers de la diversité* plaidait contre l'uniformisation de la ville au profit du caractère multiculturel de Montréal et de l'importance de ses quartiers. Étaient aussi préparés pour les élèves du primaire et du secondaire des cahiers d'exercices sur l'histoire de Montréal, les quartiers, les maisons et le musée[73]. D'autres publications, intitulées *Le sentier du patrimoine, De la maison à la métropole* ou encore *Découvrir l'histoire par l'architecture : les éléments d'architecture classique à Montréal*, incitaient

Alain Duhamel, « Héritage Montréal inaugure son Centre urbain », Le Devoir, 5 octobre 1981, p. 9.

Bibliothèque nationale du Québec

---

71. On peut penser au Collectif L'Autre Montréal, à Kaléidoscope, à Guidatour, au Centre de la Montagne, aux Ateliers d'histoire d'Hochelaga-Maisonneuve et à l'Écomusée du fier monde qui organisèrent aussi des visites. L'importance de ces visites patrimoniales est aussi soulignée dans les quotidiens. Voir par exemple : Marie-Claude Girard, « Le Montréal des communautés culturelles », *La Presse*, 6 juin 1998, et Serge Truffaut, « Le tourisme culturel est florissant à Montréal », *Le Devoir*, 25 juillet 1998.

72. Héritage Montréal, *Montréal : les quartiers de la diversité*, Montréal, Héritage Montréal/ Musée des beaux-arts de Montréal/ministère des Affaires culturelles, 1979.

73. On peut voir ces thèmes développés dans les ouvrages suivants : Chantal Léveillé, *Histoire de Montréal*, Montréal, Héritage Montréal/Musée des beaux-arts de Montréal, [1980] ; Chantal Léveillé, *The Neighbourhood*, Montréal, Héritage Montréal/Musée des beaux-arts de Montréal, [1980] ; Chantal Léveillé et Elisabeth Bardt-Pellerin, *Les maisons : un projet pour enfants*, Montréal, Héritage Montréal/Musée des beaux-arts de Montréal, [1980] ; Elisabeth Bardt-Pellerin, *Vitraux des maisons de Montréal : un projet spécial pour les enfants*, Montréal, Héritage Montréal/Musée des Beaux-Arts de Montréal, [1980] ; Chantal Quintric-Léveillé (en collaboration avec Héritage Montréal), *Ce bâtiment est aussi un musée*, Montréal, Musée des beaux-arts de Montréal, 1982.

à observer et découvrir l'environnement urbain[74]. On retrouve ainsi certaines valeurs privilégiées par Héritage Montréal – l'importance du paysage urbain, la diversité de la ville et de ses habitants, le rôle du quartier – dans la sensibilisation des jeunes Montréalais.

Le travail visant à éveiller l'intérêt de l'opinion pour les questions patrimoniales s'est poursuivi dans de multiples directions. En 1981, Héritage Montréal inaugurait son Centre urbain. Alain Duhamel puisait dans la documentation d'Héritage Montréal pour écrire :

> Le Centre urbain a pour mission d'appuyer les Montréalais œuvrant dans le domaine de la protection du patrimoine et du milieu urbain. Qu'il s'agisse de personnes en quête de renseignements pratiques pour la rénovation de leur maison, de groupe de citoyens ayant besoin d'assistance pour lutter en faveur de la préservation d'un espace vert ou d'un immeuble historique, ou bien encore de gens qui désirent améliorer l'aspect physique de leur quartier, ils pourront trouver l'appui et l'information requis au centre[75].

Dans le même esprit d'aide à la communauté, Héritage Montréal commandait au Groupe d'intervention urbaine de Montréal un survol de la législation en matière de patrimoine – *Les aspects juridiques de la protection du milieu urbain* – afin de mieux l'exploiter dans les luttes à venir[76]. Des cours de rénovation et des guides techniques, des ouvrages sur l'architecture montréalaise et le patrimoine, de même que des expositions sur la ville et une présence médiatique importante vinrent compléter ce panorama[77]. L'« Opération patrimoine populaire », lancée par la Ville de Montréal avec le concours d'Héritage Montréal, est le dernier grand projet de motivation des Montréalais axé sur l'amélioration de l'habitat urbain. Depuis 1991, diverses activités – conférences, visites d'églises, de musées et des quartiers de la ville – sensibilisent les citoyens et récompensent les meilleurs exemples de conservation et de mise en valeur du patrimoine.

---

74. Héritage Montréal, *Le Sentier du patrimoine*, Montréal, Musée des beaux-arts/Héritage Montréal, 1981 ; Héritage Montréal, *De la maison à la métropole*, Montréal, Héritage Montréal, 1983 ; Musée des beaux-arts de Montréal et Héritage Montréal, *Découvrir l'histoire par l'architecture : les éléments d'architecture classique à Montréal*, Montréal, Éditions du Méridien, 1987.

75. Alain Duhamel citait le rapport annuel de la Fondation Héritage Montréal. Voir Alain Duhamel, « Héritage Montréal inaugure son Centre urbain », *Le Devoir*, 5 octobre 1981.

76. Groupe d'intervention urbaine de Montréal, *Les aspects juridiques de la protection du milieu urbain*, Montréal, Héritage Montréal, 1981.

77. Héritage Montréal publia en 1984 : Denis St-Louis, *Maçonnerie traditionnelle, document technique : régions de Montréal et de Québec*, vol. 1 : *Origine et caractéristique des matériaux*, vol. 2 : *Principaux usages dans la construction traditionnelle*, vol. 3 : *Pathologie et traitements*, Montréal, Héritage Montréal, 1984. On peut penser aux mémoires de maîtrise de José Faubert et de Renée Losier, soutenus à l'Université de Montréal et à l'Université Concordia et diffusés par Héritage Montréal : José Faubert, *Bâtiments néo-classiques à Montréal*, Montréal, Héritage Montréal, 1983, et Renée Losier, *Façades en fonte à Montréal : aspects technologique et stylistique*, Montréal, Héritage Montréal, 1984. Héritage Montréal commanda aussi la publication de François Rémillard (dir.), *Répertoire des zones et des organismes patrimoniaux du grand Montréal*, Montréal, Héritage Montréal, 1991 ; Claudine Déom et Dinu Bumbaru, *Guide du patrimoine : découvrir et protéger / A Handbook for Montreal's Heritage: To Discover and to Protect*, Montréal, Héritage Montréal, 1998 ; Caroline Dubuc, *Le petit bottin du patrimoine : Montréal, métropole et culture*, Montréal, Héritage Montréal, 1998.

La constitution du « nous » montréalais, aspect essentiel du travail des groupes de sauvegarde depuis les années 1970, visa d'une part à alerter la population et à lui faire prendre conscience de la problématique du patrimoine et de la ville. Elle contribua, d'autre part, à façonner l'identité urbaine de Montréal par son patrimoine, en reprenant inlassablement les mêmes thèmes. Nul doute que ces activités, la production d'une abondante littérature savante et de vulgarisation sur un Montréal mis en perspective grâce à son paysage bâti, ont contribué de manière significative à transmettre cette identité urbaine.

■ Les consultations publiques : faire entendre la volonté populaire

Dans la formulation et l'expression du « nous » montréalais, les groupes de sauvegarde, outre leur travail de sensibilisation de l'opinion publique, cherchèrent à faire entendre la voix des Montréalais dans les débats sur la ville et son patrimoine. Le thème de la participation citoyenne aux prises de décisions allait être inlassablement répété en vue d'une certaine décentralisation. Dans cette vision de la ville, les consultations publiques constituaient une réponse adéquate aux maux urbains. Contre l'« autre » qui ne voulait pas les entendre, les groupes de sauvegarde opposaient la volonté populaire exprimée à travers le débat public. Ils allaient ainsi mettre sur pied la Commission des citoyens sur l'avenir de Montréal qui, malgré son succès, resta sans suite. Il fallut attendre les résultats positifs de la consultation publique sur l'avenir de la rue McGill College, imposée par Héritage Montréal, puis celle de l'agrandissement du Musée des beaux-arts de Montréal, décrétée par les nouvelles autorités municipales du RCM en 1987, pour faire admettre la nécessité de telles opérations.

C'est au début de l'année 1976 que Sauvons Montréal organisa les premières assises de la Commission des citoyens sur l'avenir de Montréal. Bénéficiant d'un support médiatique conséquent[78], les organisateurs espéraient « prouver la possibilité pour les citoyens de participer activement à l'établissement des politiques concernant l'avenir de leur ville[79] ». Les Montréalais furent alors invités à présenter des mémoires sur trois thèmes fédérateurs : tout d'abord, les problèmes sociaux et communautaires (pauvreté, santé, bien-être, ethnie et logement), puis administratifs et légaux (décentralisation des pouvoirs, structure des quartiers, logement), enfin, environnementaux (bâtiments, espaces libres, utilisation du sol, transport,

---

78. L'annonce des audiences de la *Commission* était diffusée dans les quotidiens : Bernard Descôteaux, « Une commission de Sauvons Montréal pour la conception de l'environnement », *Le Devoir*, 12 mai 1976 ; Alain Duhamel, « Sauvons Montréal lance la Commission des citoyens pour l'avenir de Montréal », *Le Jour*, 12 mai 1976 ; Normand Provencher, « Save Montreal commission to hear citizens' opinions », *The Montreal Star*, 12 mai 1976 ; « Les citoyens seront consultés sur l'avenir de Montréal », *La Presse*, 12 mai 1976 ; « Save Montreal organizing development plan hearing », *The Gazette*, 12 mai 1976.
79. « Fondation d'une commission sur Montréal », *S.O.S. Montréal*, n° 4 (mai 1976), p. 2.

zonage, conservation, écologie et logement). Les mémoires devaient obligatoirement « se concentrer sur le centre-ville, ses quartiers, ses difficultés[80] ». Afin de bien marquer son appui à l'expression du « nous » montréalais, Sauvons Montréal se disait « prêt à aider quiconque le désire dans la rédaction de son mémoire[81] ». Le groupe espérait que l'expérience des consultations publiques pourrait se répéter tous les ans. Il en ressort que le mandat de la Commission sur l'avenir de Montréal dépassait la seule problématique du patrimoine intégrée à une vision urbaine plus large. Le même but était toutefois poursuivi : faire entendre la voix des Montréalais.

Le déroulement des activités de la Commission, tenues à l'église Saint James United le samedi 29 mai 1976, fut rapporté dans les journaux du lundi. On laissa entendre qu'un auditoire d'une centaine de personnes avait assisté aux audiences et qu'une cinquantaine de mémoires avaient été déposés[82] : « jamais la Ville de Montréal n'a réussi à créer un tel enthousiasme dans la population »,

**Commission des citoyens pour l'avenir de Montréal
Citizens' Commission on the Future of Montreal**

Centre-Ville:
Les gens se prononcent!

Downtown:
The People Speak Out!

Commission des citoyens pour l'avenir de Montréal, Centre-Ville : les gens se prononcent!, *Montréal, Sauvons Montréal, 1976.*

écrivait un journaliste de *La Presse*[83]. Ce dernier poursuivait : « il est heureux que les multiples organismes se regroupent. Isolés, ils n'ont pas de pouvoir. Et ils donnent l'impression de défendre des intérêts égoïstes. L'union des groupes repousse ces dangers[84] ». Contre les pouvoirs du maire Drapeau, dit inattentif aux besoins des Montréalais, le journaliste opposait la force du nombre. Alain Duhamel, alors journaliste au quotidien *Le Jour*, résumait de son côté le contenu des audiences par l'importance à accorder à la voix des Montréalais : « de l'ensemble des préoccupations exprimées par des citoyens ou des groupes de citoyens à la Commission pour l'avenir de Montréal, il ressort un dénominateur commun : la nécessité de redonner la ville aux citoyens afin qu'ils créent eux-mêmes une qualité de vie propre à leurs aspirations[85] ». Les consultations publiques ménageaient un contrepoids salutaire aux prétentions des autorités et des promoteurs, tant dans l'aménagement de la ville en général que dans la sauvegarde du patrimoine en particulier.

À la suite de ces audiences, Sauvons Montréal poursuivait son travail de diffusion en publiant, sous le titre *Centre-ville : les gens se prononcent!*, les 42 mémoires présentés. En outre, le journal du groupe, S.O.S. Montréal, faisait paraître sous quatre rubriques les questions abordées

---

80. « Les audiences publiques sur le centre-ville », *S.O.S. Montréal*, nᵒ 4 (mai 1976), p. 12.

81. *Ibidem.*

82. « Plus de 50 mémoires », *La Presse*, 31 mai 1976 ; Walter Poronovich, « Save Montreal urges halt to demolition », *The Montreal Star*, 31 mai 1976.

83. Jean-Guy Dubuc, « Comment sauver Montréal », *La Presse*, 4 juin 1976.

84. *Ibidem.*

85. Alain Duhamel, « Redonner la ville à ses citoyens… », *Le Jour*, 31 mai 1976.

durant la journée : thèmes généraux, quartiers, habitation et environnement physique. Enfin, était mise à la disposition de toute personne intéressée, dans les locaux du groupe, l'intégralité des mémoires. À travers les présentations, une nouvelle conscience urbaine se détachait comme une volonté commune des Montréalais de pourfendre ces « étrangers », destructeurs de la ville. Au banc des accusés étaient appelés les autorités municipales sourdes à ses citoyens, les spéculateurs responsables du saccage du paysage urbain et les gouvernements prétendant au monopole de l'expertise. L'opposition, déjà soulignée dans les quotidiens à maintes reprises, était ainsi réaffirmée par Sauvons Montréal. Toutefois, le groupe se montrait moins complaisant à l'égard de la participation de la population montréalaise, même s'il affirmait avoir reçu « *an overwhelming public response* ». On pouvait ainsi lire dans l'ouvrage *Centre-ville : les gens se prononcent !* : « *it is now felt that the nature of the hearings appealed primarily to a limited segment of the population, namely organised groups, professionals and academics (largely anglophone) who are accustomed to working in this kind of public forum. Future activities will put more emphasis on local neighbourhood participation*[86] ». La désaffection relative des quartiers s'expliquerait peut-être par l'absence d'une « conscience de quartier », qui aurait constituée davantage un vœu des groupes de sauvegarde qu'une réalité. Néanmoins, le premier exercice de la Commission des citoyens pour l'avenir de Montréal, même s'il ne fut jamais répété, avait affirmé l'importance de Sauvons Montréal comme l'un des porte-parole écoutés de la contestation urbaine.

Dans la lutte pour la sauvegarde du patrimoine, Sauvons Montréal et Héritage Montréal n'allaient cesser de déplorer l'absence de débat public et d'en appeler à la tenue de consultations. Toutefois, avant le milieu des années 1980, les groupes de sauvegarde ne furent jamais exaucés malgré leur principale requête stipulant que la « participation des citoyens dans le processus de développement de leur ville est essentielle ». Offrant son soutien à cette demande, Phyllis Lambert rappelait en 1982 : « on ne peut pas faire une ville avec un maire qui proclame des édits, avec des technocrates qui vous disent qu'il faut faire ceci ou cela ; il faut que ce soit en collaboration avec les gens qui habitent le quartier[87] ». Bien sûr, dès 1977, soit un an après la Commission des citoyens sur l'avenir de Montréal, les autorités canadiennes avaient annoncé leur intention de tenir un programme de consultation populaire sur l'avenir du Vieux-Port de Montréal, à la suite de l'abandon du projet d'implantation d'un terminal de conteneurs. Lors de la consultation tenue en 1979, il avait été affirmé, entre autres, la volonté de redonner aux

---

86. Les résumés de la Commission étaient présentés en anglais et en français. J'ai préféré ici citer la version anglaise qui me semble plus claire quant à la description de la participation de la population en général et des quartiers en particulier. En français, on peut lire : « on en est venu à penser que la nature des audiences publiques attire d'abord une fraction de la population, soit les groupes organisés, les professionnels, et les intellectuels (à majorité anglophone) qui sont habitués à œuvrer au sein de pareils groupes. À l'avenir, on va faire en sorte que les quartiers foncent de plus en plus en avant quant il s'agit de participation ». Voir Commission des citoyens pour l'avenir de Montréal, *Centre-Ville : les gens se prononcent !*, Montréal, Sauvons Montréal, 1976, p. A-2.

87. Phyllis Lambert accordait une entrevue au magazine *Perspectives*. Voir Michèle Dubreuil, « Phyllis Lambert : l'architecture comme champ de bataille », *Perspectives*, 9 octobre 1982.

Montréalais la jouissance du site, thème qui s'inscrivait dans les revendications des groupes de sauvegarde[88]. L'exercice public ne régla pas les problèmes liés à la requalification puisqu'une deuxième consultation populaire, d'une plus grande envergure, allait à nouveau être organisée en 1985 sur l'avenir du Vieux-Port. Un an plus tôt, la consultation sur l'avenir de l'avenue McGill College prouva l'importance des groupes de sauvegarde dans les choix d'aménagement urbain et légitima la pertinence d'un tel exercice.

« Rue Saint-Norbert, on résiste et on occupe avec la fanfare "L'enfant fort" ». Evelyn Dumas, « Les irréductibles », Le Jour, 1ᵉʳ août 1975, p. 1.

Bibliothèque nationale du Québec

Printemps 1984. L'annonce de la construction d'un complexe commercial et culturel sur l'avenue McGill College provoqua de vives protestations. L'impact urbanistique négatif du projet – prévoyant la réalisation d'une passerelle verrière sur l'artère – et sa critique architecturale noircissaient les pages des quotidiens montréalais. Afin d'en contrer la réalisation, Héritage Montréal demanda à la Ville de Montréal de « consulter la population » et au ministère des Affaires culturelles de protéger la perspective visuelle sur le mont Royal comme arrondissement naturel[89]. Devant le refus des deux paliers gouvernementaux, Héritage Montréal se tourna alors vers les promoteurs – le groupe Cadillac-Fairview – réussissant à les convaincre de réaliser une « étude intensive » de l'avenue McGill College[90]. Parallèlement, la Corporation professionnelle des urbanistes du Québec et l'Ordre des architectes du Québec annonça l'organisation de leur propre consultation publique[91]. Dans la foulée de ces deux événements, le groupe Cadillac-Fairview, pressé par les groupes de sauvegarde, se rangea derrière l'idée de tenir des audiences publiques[92]. Le *Comité consultatif pour le design urbain du secteur McGill College* remettait, à la fin de septembre, son rapport qui fut accepté par les promoteurs[93]. Mark London, alors directeur exécutif d'Héritage Montréal, écrivait dans le quotidien *The Gazette* : « *the '70 battle over the demolition of the Van Horne Mansion was a turning point in the preservation of the heritage buildings in Montreal. McGill College Ave. may well prove to be equally important with respect to Montrealer's concern about city planning*[94] ». Même si la totalité des recommandations ne fut pas suivie

---

88. Était alors affirmé le concept de « fenêtre sur le fleuve ». Voir Gouvernement du Canada, *Le Vieux-Port : une fenêtre sur le fleuve : un parc dans le Vieux-Port de Montréal*, [Ottawa], Gouvernement du Canada, [1981], p. 3.

89. « Héritage Montréal demande à la Ville de consulter la population », *La Presse*, 16 mai 1984.

90. Angèle Dagenais, « HM réussit à intéresser CF à une étude de l'aménagement de l'avenue McGill », *Le Devoir*, 28 juin 1984.

91. Angèle Dagenais, « CF : urbanistes et architectes organisent une consultation », *Le Devoir*, 29 juin 1984.

92. André Bouthillier, « CF se résout à amorcer une consultation », *Le Devoir*, 5 juillet 1984.

93. Phyllis Lambert et Jean-Claude Marsan, deux piliers d'Héritage Montréal, étaient membres du Comité. Le quotidien *Le Devoir* en publiait des extraits. Voir Peter Rose, « Retrouver dans son histoire les principes d'harmonie », *Le Devoir*, 29 septembre 1984.

94. Mark London, « McGill College is now project most can live with », *The Gazette*, 6 octobre 1984.

par les autorités municipales, l'importance des changements apportés, grâce à la consultation publique, allait transformer l'expérience de l'avenue McGill College en un virage décisif pour l'histoire de la sauvegarde du patrimoine montréalais.

Les consultations publiques sur l'avenir du Vieux-Port, tenues l'année suivante, puis l'élection en 1986 d'une nouvelle équipe aux Affaires municipales, sensible à la cause patrimoniale, constituaient les prémisses d'une nouvelle façon de faire. L'équipe au pouvoir, le RCM, organisait d'ailleurs ses premières consultations publiques lors de l'agrandissement du Musée des beaux-arts de Montréal dès 1987[95]. Signe des temps, les autorités municipales créèrent, en 1987, le Comité consultatif sur la protection des biens culturels et, en 1988, le Bureau de consultation de Montréal, organismes abolis en 1994, lors de la réorganisation municipale entreprise par la nouvelle équipe au pouvoir, Vision Montréal et son chef, Pierre Bourque. Au milieu des années 1980, la tenue d'audiences publiques, à même de relayer l'opinion des Montréalais, pouvait intervenir radicalement sur le devenir de projets urbains. D'autres problèmes surgiraient toutefois.

■ ■ ■

« Because the controversy has stayed alive through many letters to Montreal newspaper, there appears to have been a change in the attitude of Montrealers. They no longer tear down old buildings without thinking » affirmait Peter Lanken, l'un des représentants de Sauvons Montréal, à propos de l'importance de la voix des Montréalais dans la lutte patrimoniale[96]. La revendication de la ville par ses propres habitants s'imposait alors dans les médias écrits. « Montréal aux Montréalais » se développait comme un refrain, inlassablement répété pendant trois décennies pour justifier les contestations populaires. L'affirmation du « nous », unanime aux Montréalais et scandée par une audience mondiale, permettait d'afficher la force du nombre dans une lutte en apparence inégale. Les Montréalais s'avéraient les « experts » les plus aptes à décider de leur milieu de vie et à conserver le patrimoine de leur ville. La volonté populaire parlait, il importait seulement de l'écouter, affirmaient les groupes de sauvegarde, tout en s'instaurant les porte-parole des Montréalais. Ainsi, le « nous » montréalais participa pleinement à la formulation d'une identité urbaine, non seulement comme le principal énonciateur mais aussi comme composante même d'une « montréalité » à reconnaître.

---

95. Le RCM fut élu en 1986 ; Jean Doré était le nouveau maire de Montréal. Le nom de l'équipe qui briguait la mairie, le Rassemblement des citoyens de Montréal, marque, encore fois, l'importance d'affirmer le soutien populaire, ici dans le débat politique. Voir aussi l'article de Jean-Pierre Bonhomme, « Montréal inaugure son système de consultation publique en architecture », *La Presse*, 6 mai 1987.

96. La citation de Peter Lanken est tirée de « Booklet may help to save historic Windsor Station », *The Montreal Star*, 27 juillet 1973.

Au cours des années 1970, les groupes de sauvegarde réussirent à s'imposer dans le milieu montréalais grâce à une couverture médiatique importante, en général favorable à leurs représentations. Assez curieusement, les nombreux articles publiés dans les quotidiens ne témoignaient que très peu de l'individualité des défenseurs, de leur cursus personnel, des motivations sous-jacentes à leur engagement. L'expression englobante du « nous » montréalais semblait suffire à justifier l'existence et les revendications des groupes de sauvegarde. On tenta de placer ces groupes dans l'optique d'une opposition linguistique – anglophone et francophone – relayant ainsi le contexte environnant, soit un combat identitaire national, dans la sphère patrimoniale. Mais cette orientation, tout comme la contestation de la légitimité des groupes, s'estompa rapidement à mesure que la cause patrimoniale gagnait de l'importance grâce aux luttes urbaines. Ainsi, une forme de nationalisation, ou plutôt de « montréalisation » du paysage urbain, au nom de la sauvegarde du patrimoine, permit de dépasser le débat stérile entre anglophones et francophones, Canadiens et Québécois, instaurant de la sorte le soubassement d'une identité montréalaise. Un accent particulier fut mis sur les activités de sensibilisation avec, comme principal objectif, d'apprendre aux Montréalais à porter un nouveau regard sur leur environnement. Dans la ligne de mire se dressait la perspective d'une meilleure écoute de la collectivité dans un débat que l'on souhaitait public. La voix des citoyens pouvait ainsi se faire entendre au moyen de consultations publiques. La formulation du « nous » montréalais, unanime, sensibilisé et actif, laissait entrevoir l'espoir de contrebalancer la force de l'« autre » dans la sauvegarde d'une ville et d'un patrimoine menacés.

Une ville dépossédée
Montréal livré aux « étrangers »

« Sauvons Montréal », sinon cette ville deviendra étrangère à ses citoyens et il ne fera plus bon y vivre si les spéculateurs poursuivent leur action de détérioration, faisant fi de notre patrimoine, comme ce fut le cas pour la maison Van Horne.

Madeleine Berthault, *La Presse*, 1974.

La sauvegarde du patrimoine à Montréal s'affirmait par la force du « nous » dans la revendication de la ville. L'appui unanime des Montréalais justifiait en quelque sorte les luttes qui se multipliaient dans les années 1970. En plus d'exprimer la détermination de la collectivité à sauvegarder *sa* ville, ce discours dénonçait les gestes destructeurs perpétrés par les forces extérieures. Le saccage du paysage urbain était ainsi associé à l'action de l'« autre », à celle de l'« étranger » qui envahissait et dépossédait la ville et ses habitants. La figure de l'étranger, le barbare, servait à comprendre les transformations insensées que subissa la métropole depuis plusieurs décennies. Le militantisme se fixait dès lors comme objectif de neutraliser les forces perturbatrices venues de l'extérieur. Il était ainsi abondamment fait référence au champ lexical de l'étranger, incarné sous diverses formes, comme valeur antinomique à la conservation du patrimoine et qui se présentait comme un élément séditieux par rapport au groupe de référence. Dans cette logique argumentaire, l'étranger, ostracisé, renforçait en quelque sorte le «nous» montréalais dans sa quête patrimoniale et dans la réalisation d'une ville plus belle et plus agréable pour ses habitants.

Après s'être intéressé dans le chapitre précédent à la revendication de la ville par ses citoyens-défenseurs, il faut maintenant explorer l'autre versant par le thème de la ville dépossédée. Les figures de l'«étranger» sont tout aussi fondamentales que le «nous» dans la légitimation patrimoniale et la formulation de l'identité urbaine. Les trois premières sections analyseront, dans le discours militant, l'incarnation des forces actives qui menaçaient la ville à sauver. Au premier rang, honni de tous, le promoteur était l'étranger qui constituait le plus grand danger pour Montréal. À sa suite, l'automobile, pour laquelle avaient été aménagés des kilomètres d'autoroutes et des milliers de mètres carrés de stationnements, incarnait l'envahisseur qui occupait, selon le rythme des migrations pendulaires, la ville quotidiennement. Enfin se profilaient les tours d'habitation qui, en plus d'enlaidir le paysage urbain, dépouillaient les Montréalais de leur ville pour la donner à des groupes privilégiés. À ces forces destructrices, les groupes de sauvegarde auraient souhaité l'opposition des autorités, des forces actives, qui auraient pu les repousser. Les trois dernières sections cerneront la vision des autorités qui, bien que possédant les instruments pour protéger le paysage urbain, furent associées à leur tour à l'«autre». En effet, elles furent sans cesse perçues comme un pouvoir lointain qui, au Parlement à Ottawa, à l'Assemblée nationale à Québec ou à l'Hôtel de Ville de Montréal, n'épaulaient que timidement l'action des groupes de sauvegarde. L'État fédéral, malgré l'étendue des possibilités de son action, semblait pourtant n'avoir que peu de pouvoir pour protéger la ville. L'État provincial, tout en détenant un pouvoir coercitif important, paraissait retiré dans la capitale québécoise. Enfin, les autorités municipales, en dépit de leurs intérêts immédiats dans les affaires de la ville, ne prêtaient pas une grande attention aux préoccupations des défenseurs du patrimoine qui, dès lors, se jugeaient dépossédés de leur propre ville. Au terme de ce chapitre, nous aurons posé les bases de l'identité urbaine, revendiquée par les défenseurs du patrimoine, qui se développèrent lors du premier «moment» des luttes dans les années 1970.

■ Le promoteur : l'étranger qui construit dans la ville

Une figure emblématique de l'«étranger», dans la destruction du paysage urbain, allait revêtir l'uniforme du «promoteur» ou du «développeur», comme il était également surnommé. Il restera tout au long de la période, dans le discours des groupes de sauvegarde, l'ennemi public numéro un de la ville et du patrimoine. «*Let the "developers" (a euphemism for destroyers) build their complex elsewhere*[1] », témoignait, en 1970, un détracteur du projet de construction du domaine des Sulpiciens. Les mêmes images remémorées en 1996, lors d'une entrevue avec René Lépine, promoteur dont les projets furent maintes fois contestés à Montréal : « le Godzilla du développement est à nos portes. Il nous promet monts et richesses, mais sa vraie figure est hideuse. Brutal, inculte et aveugle, il n'apportera que la destruction et les Montréalais ne disposent d'aucune arme pour le ralentir[2] ». Il sera présenté sans scrupule et appâté par les gains, tandis qu'il se disait impuissant à protéger la ville à la place des autres : « *but it's the protesters that get the publicity. Some of them must be on welfare. They contribute nothing to Montreal. They seem to have all day to think and to get the publicity that makes Montreal's real allies – the builders – look like villains*[3] ». C'est d'ailleurs sous ces traits qu'il sera l'incarnation la plus marquante. La rupture entre les groupes qui œuvraient à sauver la ville et les promoteurs qui la détruisaient fut consommée dès les premières manifestations du militantisme. D'un côté comme de l'autre, aucune réconciliation n'était possible.

Ce visage du promoteur était, dans les premières années de la lutte, expliqué par ses origines étrangères. Venant de loin, il ne connaissait ni la ville, ni ses habitants et n'avait donc de compte à rendre à personne. « *Many of whom are Toronto-based and may never have known Sherbrooke St. when it was one of the finest in North America* », s'indignait par exemple une journaliste du quotidien *The Gazette*[4]. Les journalistes, à l'instar d'un collègue du *Montreal Star* rapportant la démolition de la maison Van Horne et les menaces pesant sur la gare Windsor, le théâtre Capitol, les appartements Grosvenor et Haddon Hall, prenaient souvent la peine de spécifier : « *the pressure is being applied by big money – American, European, Canadian – looking for a place to roost […]. And in Montreal and elsewhere the speculators, unmoved by things historic, aesthetic or wholesome, await their chance to make a killing*[5] ». À titre d'explication du projet impliquant la démolition de la maison

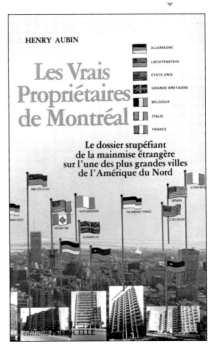

Henry Aubin, Les vrais propriétaires de Montréal, Montréal, L'étincelle, 1977.

---

1. Il s'agit d'une lettre d'une lectrice qui allait s'impliquer activement dans le processus de sauvegarde du domaine des Sulpiciens. Voir Mona Elaine Adilman, « High rise for St. Sulpice ? », *The Gazette*, 14 janvier 1970.

2. La journaliste rapportait les nombreux projets de développement dans le centre-ville de Montréal. Voir Sophie Gironnay, « Sauve qui peut Montréal ! », *Le Devoir*, 13 juin 1996.

3. Le journaliste rapportait ici les paroles de Joseph Kracauer, promoteur important au Canada et aux États-Unis. Voir William Wardwell, « Developers answer their critics », *The Montreal Star*, 17 novembre 1973.

4. Donna Gabeline, « Up from rubble... city conscience builds », *The Gazette*, 14 septembre 1974.

5. La gare Windsor était située rue Peel, le théâtre Capitol rue Sainte-Catherine, les appartements Grovesnor rue Guy et les appartements Haddon Hall rue Sherbrooke. Voir William Wardwell, « Building boom price could be city's soul », *The Montreal Star*, 22 septembre 1973.

Claude Turcotte, «Les démolitions à Montréal : la bataille continue sur plusieurs fronts», La Presse, 5 juin 1976, p. A-3.

Atholstan, Dane Lanken écrivait : « *the further transformation of Sherbrooke St. – once considered the most impressive residential boulevard in North America – into a featureless canyon of concrete and glass is all but ensured when a development backed by French-Moroccan interests gets under way here*[6] ». L'insensibilité des promoteurs à la sauvegarde du paysage urbain de Montréal tenait à leur absence de racines dans la ville.

La thèse des étrangers dans la ville était aussi développée par Henry Aubin, d'abord dans les pages du quotidien *The Gazette*, puis dans un ouvrage publié en anglais et en français[7]. Sous le titre *Les vrais propriétaires de Montréal*, le journaliste éclairait les transformations de la ville sous l'angle de « l'identité de ceux qui modèlent notre paysage urbain ». Ses investigations l'avaient mené ainsi aux quatre coins du monde, dans les hautes sphères de la finance, au sein d'empires familiaux colossaux ou devant les boîtes postales de sociétés anonymes pour en arriver à la conclusion : « les citoyens de Montréal ont été spoliés de leur propre ville dont ils ne connaissent d'ailleurs même pas l'identité des vrais propriétaires. En somme, la métropole est modelée par des sociétés anonymes, à la fois absentéistes et irresponsables[8] ». La lutte pour la sauvegarde du patrimoine ressemblait au combat de David contre Goliath, des Montréalais contre des promoteurs étrangers.

Ces questions furent particulièrement débattues lors de la campagne de sauvegarde du couvent des Sœurs grises[9]. Les religieuses présentaient officiellement, à l'automne 1974, la vente de leur couvent à un promoteur, le groupe Valorinvest, qui dévoilait alors ses intentions de démolir le couvent pour développer le site. Les religieuses lançaient le bal en déclarant qu'elles avaient privilégié les « intérêts européens, sensibilisés aux valeurs historiques et culturelles » qui souhaitaient acheter le couvent[10]. L'argument

6. Dane Lanken, «Death knell peals for "slice of life" Sherbrooke street», *The Gazette*, 18 mai 1974.

7. La série d'articles fut publiée dans *The Gazette* du 4 au 20 décembre 1976. Les différentes éditions anglaise, européenne et québécoise portaient les titres révélateurs de *City for sale*, *La nouvelle conquête de l'Amérique* et *Les vrais propriétaires de Montréal*; les trois versions étaient publiées en 1977 aux éditions L'étincelle.

8. L'auteur expliquait même la décision de traiter de ce sujet par la relation affective des Montréalais avec leur ville : « Je me suis mis à chercher ce qui touchait le plus les Montréalais. Au bout d'une journée, une vérité de La Palice m'a sauté au yeux : c'était, bien sûr la ville de Montréal elle-même, tout le paysage urbain et l'ensemble des forces qui expliquent sa mutation brusque, quasi-révolutionnaire depuis les années 1960». Voir Henry Aubin, *Les vrais propriétaires de Montréal*, Montréal, L'étincelle, 1977, p. 10 et 439.

9. On se rappelle que le couvent des Sœurs grises, situé sur le boulevard René-Lévesque, fut l'objet d'une controverse importante au milieu des années 1970, lorsque les religieuses décidèrent de vendre leur couvent afin de retourner dans les murs de leur ancien Hôpital général du Vieux-Montréal.

10. La nouvelle était rapportée dans tous les quotidiens montréalais. Voir «Le projet de la Place de la Tour semble en bonne voie de réalisation», *Le Jour*, 10 décembre 1974.

récurrent avait déjà été mis en service lorsque les Sulpiciens avaient voulu développer leur domaine. Ils avaient annoncé en effet vouloir chercher, à travers le monde, « *a developer willing to treat the property and its historic buildings with proper respect* [...]¹¹ ». Jugée dans un premier temps comme une « opération de charme » afin d'infléchir l'opinion publique, la tentative fut rapidement condamnée avec les mêmes arguments. Ainsi, des « étrangers » étaient autorisés à détruire le couvent des Sœurs grises, « qui de Suisse cette fois prétend[aient] faire Montréal à la place de ses habitants¹² ». Une des manifestations pour contrer la démolition de l'édifice conventuel reprenait ce thème en scandant : « Les Suisses en Suisse », « Maîtres chez nous », « Montréal, ville sans âmes », « Délivrez-nous des spéculateurs » ou encore « Develop the Alps »¹³. Les défenseurs du patrimoine espéraient alors l'intervention du gouvernement fédéral « *to prevent foreign investors from destroying religious properties which have been supported by the Canadian public* », une attente déçue¹⁴. La polémique s'éteignit en 1976 avec la protection provinciale de l'ensemble du domaine. Toutefois, la discussion médiatique autour du thème des étrangers dans la ville perdura. L'incurie municipale fut particulièrement vilipendée ; sous la plume, par exemple, d'Alain Duhamel : « devant une belle maquette ou devant une proposition d'un promoteur immobilier, les administrateurs municipaux n'hésitent pas à sacrifier l'acquis des siècles [...]¹⁵ ». Ainsi, l'État provincial était finalement intervenu dans le dossier, même après de longues hésitations, alors que les autorités fédérales avaient opté pour le mutisme.

« Une ville n'est pas un musée », *La Presse*, 23 janvier 1976, p. C-10.

Seuls les Montréalais pouvaient sauver Montréal : les groupes de sauvegarde le répétaient inlassablement. Dans les mêmes années, s'exprimant à propos des démolitions illégales des trois maisons de la rue Drummond, Peter Lanken, dans une lettre adressée au *Montreal Star*, arrivait à la même conclusion : « *it is now clear that the time is required to create the powers which are needed to save Montreal. These powers must be in the hands of the city's residents, not in those of petty and grasping developers, amoral architects, and foreigner who see Montreal as simply as money-making*

---

11. On pouvait lire dans *The Gazette* : « after searching "around the world" for someone they could trust in this regard, they have now announced they have found a "very responsible" group and the project will go forward [...] ». Voir « Sulpician land », *The Gazette*, 20 janvier 1970.

12. Jean-Claude Leclerc, « Au nom du parc, et du fric et de la chapelle », *Le Devoir*, 28 mai 1975.

13. Jacques Benoît, « La Maison des Sœurs grises : Hardy se prononcera mardi », *La Presse*, 6 juin 1975.

14. La journaliste interviewait alors Michael Fish de Sauvons Montréal. Voir Donna Gabeline, « Grey Nuns convent to get wreckers' axe », *The Gazette*, 23 novembre 1974.

15. En 1981, le journaliste du *Devoir* rappelait l'inaction des autorités municipales pour sauver le paysage urbain depuis alors une quinzaine d'années. Voir Alain Duhamel, « Montréal, ville ouverte », *Le Devoir*, 13 juillet 1981.

machine[16]». Le sentiment de dépossession fut semblablement réaffirmé, même si l'intérêt pour la protection du patrimoine se transforma considérablement avec les années. Encore en 1996, à la suite de la présentation du promoteur Lépine précédemment cité, la journaliste donnait la parole à Gérard Beaudet, alors président d'Héritage Montréal, qui affirmait pouvoir donner « un chapelet d'exemples prouvant la totale impuissance du Montréalais de la base[17] ». Deux décennies s'étaient écoulées, et pourtant le discours militant scandait les mêmes thèmes : les Montréalais devaient sauver la ville.

■ L'automobile : l'envahisseur journalier

Autoroute Ville-Marie (échangeur Turcot), The Gazette, 22 novembre 1966.

▼

Photo : A. Leishman, Archives nationales du Canada, PA-167211

La destruction du paysage urbain s'accordait aussi avec le mouvement pendulaire des étrangers qui envahissaient quotidiennement la ville. Si les automobiles et les autoroutes étaient, d'une part, mises au ban par les environnementalistes, le discours de la sauvegarde du patrimoine soulignait lui aussi leur impact désastreux : « cette autoroute est-ouest a déjà charcuté plusieurs quartiers populaires de Montréal et fait disparaître plus de 3 000 logements. Elle menace aujourd'hui un monument historique […][18] ». La prison des Patriotes – « *which happens to lie in the path of the new east-west autoroute*[19] » – était élevée ainsi, au milieu des années 1970, au rang de « monument » montréalais mis en danger par l'automobile. Parallèlement, la sauvegarde du domaine Villa-Maria était justifiée parce qu'il « procur[ait] l'aération nécessaire à la population de N.D.G. pour combattre la pollution engendrée par l'autoroute Décarie[20] ». Dans cette optique, la construction de voies rapides, sanctionnée par les autorités provinciales et municipales, avait défiguré la ville afin de permettre aux automobilistes de transiter vers le centre-ville.

16. Peter Lanken faisait partie des Amis de la gare Windsor et de Sauvons Montréal. Voir Peter Lanken, « Montreal has the lowest standards of planning architecture and construction in Canada », *The Montreal Star*, 3 janvier 1975.

17. Gérard Beaudet affirmait alors : « les décisions sont prises d'avance et on finit toujours par vous dénicher, quelque part dans les bureaux de la Ville, un fonctionnaire prêt à venir vous expliquer pourquoi vous avez tort de ne pas vous réjouir de ce projet. Même quand les gens ont réalisé des contre-études sérieuses et documentées, comme ça s'est passé dans le dossier de la gare Jean-Talon, devenue centre commercial envers et contre tous ». Voir Sophie Gironnay, « Sauve qui peut Montréal ! », *Le Devoir*, 13 juin 1996.

18. La prison du Pied-du-Courant était alors menacée par la construction de l'autoroute Ville-Marie, appelée autoroute est-ouest. Voir « À la mémoire des patriotes... et la défense de leur prison », *Le Jour*, 24 novembre 1975.

19. « A prison worth saving », *The Montreal Star*, 5 octobre 1975.

20. C'est ainsi que l'exprimait une résidante du quartier. Voir Ginette D. Perrault, « La carence d'espaces verts à Notre-Dame-de-Grâce », *Le Devoir*, 14 mars 1975.

Pire encore, les autoroutes avaient été offertes, non pas aux Montréalais, mais à celui qui venait travailler jour après jour au centre-ville et qui n'y habitait pas : « le citadin n'est pas le plus grand usager de l'automobile. Le banlieusard par contre utilise nos rues pour aller à son travail ou obtenir des services qui ne sont pas disponibles dans les villes dortoirs qu'il habite », écrivait *S.O.S. Montréal*[21]. La revendication de la ville s'exprimait contre la dépossession par l'« autre », l'étranger ou le banlieusard, au profit duquel Montréal était défiguré.

Un autre fléau accompagnait le passage des voitures : la prolifé-ration des terrains de stationnement au pied des gratte-ciel qui « donnent l'impression d'un gigantesque champ d'asperges[22] ». Au milieu des années 1960, la construction de la maison Radio-Canada avait donné le ton, « *after 1,250 homes had been demolished and an entire neigh-borhood wiped out* » pour ensuite deve-nir « *[a]giant parking lot with a high-rise tower in the middle*[23] ». Un circuit pédestre du guide *Découvrir Montréal* présentait d'ailleurs le site comme une « leçon de sté-rilisation que le milieu urbain enseigne[24] ». L'affaire allait être rappelée pendant trois décennies. La ville que les Montréalais chérissaient et pour laquelle ils militaient allait-elle s'effacer « *in an onrushing wave of asphalt parking lots and high-rise bache-lor apartments*[25] », à l'instar du secteur de la rue Bishop, promis à devenir un nouveau stationnement par des intérêts iraniens qui planifiaient de démolir une série d'édifices ? Un journaliste ironisait : « l'empire de gratte-ciel et de stationnement va-t-il finir par détruire toute trace de vie humaine au centre-ville[26] ? » Ainsi, non

« Une voie rapide à la place de leur maison »,
La Presse, *27 mai 1976, p. B-8.*

Une voie rapide à la place de leur maison

Bibliothèque nationale du Québec

---

21. L'article poursuivait : « La meilleure solution au problème serait de rendre difficile au banlieusard l'accès du centre-ville à son auto, ceux-ci devraient payer pour pouvoir utiliser nos rues. » Voir « L'auto-cancer des villes », *S.O.S. Montréal*, vol. 1, n° 8 (décembre 1976). On peut consulter dans le même numéro Michael Fish, « Traffic snarl », *S.O.S. Montréal*, vol. 1, n° 8 (décembre 1976).

22. Marc Doré, « Montréal : l'ère des gratte-ciel tire à sa fin », *La Presse*, 1ᵉʳ juin 1979.

23. Donna Gabeline, Dane Lanken et Gordon Pape, *Montreal at the Crossroads*, p. 159.

24. L'auteur du parcours dans le « centre-est » décrivait bien le paradoxe du modernisme : « Même si elle renferme [la maison Radio-Canada] une magnifique collection d'œuvres d'art du Québec et des Maritimes, même si le jeu des plateaux du hall des ascenseurs permet de magnifiques perspectives, même si la structure "triodétique" de sa marquise rappelle certains pavillons de l'Expo, cette réalisation ne parvient pas à faire oublier la leçon de stérilisation que le milieu urbain enseigne. » Voir Guy Trudelle, « Le centre-est. Une promenade en presque Amérique », dans *Découvrir Montréal*, Montréal, Éd. du Jour, 1975, p. 61.

25. Donna Gabeline, « Bell may soon toll for Montreal's bistro quarter », *The Gazette*, 27 mai 1974.

26. Jean-Claude Leclerc, « L'empire de gratte-ciel et des terrains de stationnement va-t-il finir par détruire toute trace de vie humaine au centre-ville ? », *Le Devoir*, 1973.

seulement l'automobiliste détruisait sur son sillage la ville qu'il éventrait, mais par surcroît des promoteurs lui sacrifiaient des édifices pour aligner des voitures durant la journée.

Le même «désastre» se produisait partout à Montréal. Les défenseurs du patrimoine accusaient l'automobile d'être responsable de la démolition des maisons de Clermont Motors, rue Saint-Denis, tombées pour les besoins d'un concessionnaire automobile, et celles de la rue Saint-Norbert, disparues au profit d'un hypothétique garage municipal[27]. Dans l'est de la ville, rue Amherst, un groupe de résidants demandait au ministère des Affaires culturelles de protéger «un exemple de maison urbaine du siècle dernier», menacé directement par l'automobile. La contestation rapportée dans *Le Devoir* comportait un titre évocateur: «Choisir entre une habitation ou un stationnement[28]». Un résidant de Chambly – était-il utile de le préciser – s'était porté acquéreur de la maison afin de la démolir et utiliser le terrain comme stationnement. Le projet

Alain Duhamel, «Choisir entre une habitation et un stationnement», Le Devoir, 18 avril 1977.

Bibliothèque nationale du Québec

Ce modeste bâtiment de la rue Amherst, à Montréal.

avait déclenché un mouvement de protestation. La maison, alors valorisée par son importance en tant qu'«architecture populaire», était devenue le témoignage « de la plus haute conscience esthétique des plus humbles de nos ancêtres», possiblement transformée en terrain vague[29]. Au-delà de ses qualités historiques et architecturales pour lesquelles sa conservation était souhaitée, les résidants faisaient valoir leur crainte d'un effet d'entraînement lié à sa démolition sur l'ensemble du secteur. Le journaliste soulignait l'argument du groupe: «aux yeux des signataires, démolir ce bâtiment

---

27. Voir à ce propos «L'auto-cancer des villes», *S.O.S. Montréal*, vol. 1, n° 8 (décembre 1976); Michael Fish, « Traffic snarl», *S.O.S. Montréal*, vol. 1, n° 8 (décembre 1976), p. 8.

28. Les citoyens de la rue Amherst avaient alors demandé au ministère des Affaires culturelles de protéger la maison. Voir Alain Duhamel, «Choisir entre une habitation ou un stationnement», *Le Devoir*, 18 avril 1977.

29. Parmi les autres arguments avancés, les protestataires signalaient que la maison abritait une famille, employée de l'épicerie située au rez-de-chaussée, commerce d'ailleurs fréquenté par les résidants du quartier depuis 1912.

mènerait dans quelque temps à la défiguration du quartier lui-même dans son aspect actuel ». Le fragile équilibre du paysage urbain, tel un château de cartes, semblait sur le point d'être rompu. L'étranger dépossédait les habitants du quartier pour l'offrir à un autre étranger : l'automobile.

Sauvons Montréal alertait l'opinion publique. Des chiffres accablants étaient publiés. Dans une lettre envoyée au *Devoir*, Paul A. Dubuc écrivait : « le centre-ville de Montréal est un vaste terrain de stationnement, tout ce qui a de plus anti-esthétique avec une superficie d'environ 17 000 pieds carrés en terrains de stationnement dans le quadrilatère formé par les rues Stanley, Guy, Sherbrooke et Dorchester. Tout terrain vacant implique la disparition d'habitation […][30] ». Sauvons Montréal expliquait ailleurs que 30 % du secteur du centre-ville avait déjà été détruit pour faire place à des terrains de stationnement[31]. Le groupe de sauvegarde proposait alors de récupérer les terrains pour construire le nouveau Montréal et, du coup, arrêter l'hécatombe. Sauvons Montréal voulait aussi ressaisir la rue accaparée par les véhicules et proposait symboliquement la fermeture de la rue Crescent à la circulation automobile. La présentation du projet dans *S.O.S. Montréal* s'accompagna d'une photographie et d'un dessin, illustrant clairement les avantages d'un tel geste[32]. La première situait l'action au passé, comme l'indiquait la légende, et montrait la rue encombrée de voitures. La deuxième utilisait le même plan, projetant la scène au futur pour présenter des piétons profitant d'une rue réaménagée à leur intention, marchant en famille, discutant guitare à la main ou installés à une terrasse, le tout placé dans un décor verdoyant[33]. Le contraste était ainsi clairement établi entre une rue – ou une ville – réservée aux voitures et une autre aux êtres humains. Le projet de mise en valeur de la rue Crescent, justifié aussi par les qualités architecturales de l'ensemble, « *the block between Sherbrooke and Maisonneuve is the most perfectly preserved example of a particular style of late Victorian architecture in the whole downtown core* », allait momentanément se réaliser

« La rue Crescent aux piétons »
(photographie de Jacques Grenier),
Le Devoir,
9 septembre 1979, p. 1.

---

30. L'auteur se présentait comme le secrétaire exécutif de Sauvons Montréal. Voir Paul A. Dubuc, « Le sort des rues Bishop et MacKay », *Le Devoir*, 22 mai 1975.

31. Evelyne Michaels, « Tour explores doomed Chinatown », *The Montreal Star*, 28 août 1975.

32. Lonnie Echenberg parlait du succès rencontré, à Québec, avec le Mail Saint-Roch, et, à Ottawa, avec la rue Sparks et écrivait : « Montrealers are not fully aware of the exhilarating benefits when streets are closed to the traffic ». Voir Lonnie Echenberg, « Crescent Street for pedestrians », *S.O.S. Montréal*, vol. 3, n° 6 (février 1978).

33. Le dossier publié dans *S.O.S. Montréal* comprenait deux autres courts articles qui s'attaquaient à la concrétisation du projet et étaient signés par le Comité des transports de Sauvons Montréal : Lonnie Echenberg, Claire Adamson, Jane Broderick, Dominique Hoepffner, Adèle Isaac, Edward Pitula, Brian Riordan et Joshua Wolfe, « Rue piétonnière : les problèmes et leurs solutions » et « Proposition d'aménagement de la rue Crescent », *S.O.S. Montréal*, vol. 3, n° 6 (février 1978).

au cours de l'été 1979 : « de la rue encombrée de voitures stationnées qu'elle était encore, il y a trois jours, la rue Crescent est devenue hier la première rue piétonnière de Montréal[34] ». À la fin des années 1970, le vent commençait doucement à tourner. L'idée de construction sur les terrains vacants allait prendre forme dans la décennie suivante. Toutefois, l'arrivée massive des automobiles, des autoroutes et des stationnements avait considérablement marqué le paysage urbain.

■ Les tours en hauteur : le vol de la ville infligé aux Montréalais

L'automobile et les stationnements n'avaient pas le monopole de la destruction. Une troisième figure de l'étranger accaparait le ciel montréalais : les tours en hauteur, tours célibataires logeant des célibataires. On les condamnait d'abord parce qu'elles enlaidissaient le paysage. Leur forme, sans lien avec l'environnement immédiat, enfantée par une architecture apatride, dépossédait Montréal de sa véritable identité. On réprouvait aussi ces tours car elles favorisaient les célibataires qui y logeaient, au détriment des familles montréalaises. L'argumentaire du discours de la sauvegarde opposait donc les Montréalais à l'individu seul, le célibataire. « Mais ils se gardent bien d'indiquer que ceux-ci ne pourront pas se loger dans ces appartements de luxe qui consacrent l'appropriation du centre-ville par une caste qui n'a pas grand-chose à voir avec l'esprit de Mère d'Youville, et l'expulsion graduelle des indigènes à bas et moyens revenus », pouvait-on lire lors de la polémique du couvent des Sœurs grises[35]. Michael Fish détaillait cette vision des gratte-ciel, « boîtes froides et impersonnelles », étrangères à ses propres résidants et source des maux urbains. Il déplorait, dans un premier temps, les démolitions : « on achète des rues entières de vieilles maisons sympathiques […] et on construit à la place de grands immeubles déshumanisés qu'on loue à prix d'or », avant de constater : « ces immeubles ne sont pas conçus pour ceux qui les habitent, les aiment. Ce sont des dortoirs si on est des célibataires ou un couple seul, et des prisons si on a des enfants ». Il détaillait également les problèmes encourus par les familles habitant ces types de logements[36]. Un des locataires du Royal George Apartments, édifice menacé de démolition

---

34. La nouvelle faisait la une du quotidien *Le Devoir*. Le programme d'embellissement des artères commerciales de la ville prévoyait la fermeture de cinq autres rues : Prince-Arthur, Saint-Denis, La Gauchetière, place Jacques-Cartier et Bonsecours. Voir « Une première à Montréal : la rue Crescent aux piétons », *Le Devoir*, 9 juin 1979.

35. Jean-Claude Leclerc, « Au nom du parc, du fric et de la chapelle », *Le Devoir*, 28 mai 1975.

36. Une vision assez pessimiste des gratte-ciel animait Michael Fish lorsqu'il décrivait leur influence sur les enfants et les mères : « d'ailleurs plusieurs enseignants ont constaté que le développement de certains enfants est retardé parce qu'ils vivent dans de tels buildings. L'enfant s'habitue à l'ascenseur, ne monte jamais d'escaliers, les pièces où il vit sont exiguës, généralement cet enfant regarde plus souvent la télévision qu'il ne joue à l'extérieur et on le laisse seul plus souvent qu'à son tour, etc. Cet enfant n'a pas d'amis. Si la mère de cet enfant ne travaille pas à l'extérieur, elle n'a aucune facilité de voisinage. Elle s'ennuie. Elle déprime. Et qu'on ne vienne pas me dire qu'il est plus sécurisant d'habiter de tels appartements : qu'un voleur viennent à y pénétrer, quel recours a cette femme, à part celui de crier dans son appartement… insonorisé ». Voir « Le langage des gros sous », *La Presse*, 6 novembre 1976.

au milieu des années 1970, exprimait l'idée que : « ces appartements, c'est une partie de notre identité, alors que dans les grands immeubles, on devient anonyme, on devient une boîte postale[37] ». Dans le secteur Lincoln-Tupper, Phyllis Lambert faisait le même constat : « on est à y construire des tours pour célibataires. Or ces gens déménagent tout le temps, ils n'ont pas de racine dans les quartiers qu'ils habitent. De plus, c'est favoriser un petit groupe au détriment de tout le monde[38] ». La lutte, déjà engagée par la collectivité, affirmait ainsi les valeurs de la famille, à la base des solidarités de quartier, proscrivant ainsi un nouvel « étranger », le célibataire.

Les défenseurs du patrimoine touchaient de la sorte un problème beaucoup plus large. Installé dans un logement condamné de la rue Saint-Norbert, Sauvons Montréal lançait en 1975 une campagne de « restauration » afin de contrer les démolitions et la construction d'habitation en hauteur. « À Montréal, la restauration des maisons demeure une entreprise ardue tandis que la démolition de logements semble plus facile », rapportait alors Alain Duhamel[39]. Sauvons Montréal espérait ainsi sensibiliser les Montréalais aux difficultés auxquelles se heurtaient les associations de résidants dans leur démarche pour conserver leur logement. Le groupe affirmait : « dans le contexte actuel, les alternatives aux développements doivent reposer sur les résidants des quartiers, qui veulent de plus en plus préserver et améliorer la qualité de leur environnement[40] ». À une étape encore balbutiante, les coopératives semblaient apporter « la solution à bien des problèmes auxquels Montréal fait face » pour reprendre possession de la ville[41]. *S.O.S. Montréal* en soulignait le triple avantage : un logement de bonne qualité, un locataire « maître chez lui » et la « préservation des quartiers et du patrimoine en utilisant de façon productive des

Photo : Martin Drouin

Une tour d'habitation, avenue du Docteur-Penfield.

---

37. Le titre de l'article était à ce propos très évocateur : Jacques Benoît, « Les locataires du Royal George refusent de perdre leur identité », *La Presse*, 19 novembre 1975.

38. Michèle Dubreuil, « Phyllis Lambert : l'architecture comme champ de bataille », *Perspectives*, 9 octobre 1982.

39. Le journaliste s'appuyait sur les chiffres donnés par Sauvons Montréal, pour la période de 1970 à 1975, pour expliquer que 9 500 logements avaient été détruits dans les quartiers centraux alors que seulement 3 009 avaient été rénovés. Voir Alain Duhamel, « Sauvons Montréal lance une campagne de restauration », *Le Jour*, 8 août 1975.

40. *Ibidem.*

41. La coopérative d'habitation de Côte-Saint-Luc était présentée comme le premier projet finalisé à Montréal. Voir « Les coops d'habitation », *S.O.S. Montréal*, nº 2 (mai 1977), .

bâtiments vétustes, abandonnés et menacés de destruction[42] ». La restauration des édifices pour le logement social, prônée par Sauvons Montréal, était cependant l'option préférée des Montréalais : « un logement retapé à grands frais profite rarement à ses occupants initiaux, chassés par les coûts exorbitants de cette rénovation[43] ». La ville idéale de Sauvons Montréal se devait d'appartenir à l'ensemble des Montréalais.

Un problème pernicieux émergea de la requalification de la ville ancienne, problème dont les effets allaient se ramifier jusqu'à nos jours. En effet, la restauration bien que sauvegardant le paysage urbain, se traduisait souvent par une gentrification qui s'accompagnait de transformations majeures. Dans un éditorial du *Devoir* publié au même moment, Jean-Claude Leclerc écrivait :

> Bien des maisons et des rues n'ont pas changé en apparence, mais, derrière la façade, l'on a chassé une population au profit d'une autre. Tel immeuble paraît avoir été rénové qui cache dix-huit appartements abusivement dispendieux là où […] l'on avait six grands logements familiaux. […] Il ne suffit pas que les maisons soient conservées, rénovées, voire protégées par quelque commission des monuments historiques ! Encore faut-il que leurs logements soient accessibles à ceux qui en ont le plus besoin. À quoi bon une ville plus humaine et plus soucieuse de son héritage, si les inégalités dans la distribution de l'espace n'y sont pas corrigées[44] ?

Ainsi, le péril de la ville ne résidait plus seulement dans les démolitions et les constructions de tours d'habitation modernes, mais dans le fait que célibataires et biens nantis venaient dépouiller les Montréalais. Dans l'une des rares attaques contre les défenseurs du patrimoine, l'éditorialiste posait le problème de la sauvegarde du paysage urbain au-delà de la conception du « monument historique » :

> Qu'on démolisse la maison Van Horne ou une cinquantaine de logements rue Saint-Norbert, il ne manque ni de contestataires ni d'échos aux contestations. Qu'à la grandeur de la ville, par contre, on transforme des immeubles à grands logements familiaux en minuscules et dispendieux appartements, chassant les familles et vidant les écoles, personne n'en parle[45].

Un peu plus loin, il poursuivait :

> Malheureusement, trop de contestataires jouissent de logis fort supportables ; ils en viennent à perdre de vue que l'accaparement des grands logements par les célibataires ou des ménages sans enfants, spécialement dans les quartiers populaires, n'est pas une plaie sociale moins sérieuse […][46]

---

42. Une série d'articles accompagnait la publication de l'éditorial. Voir « Les coops d'habitation », *S.O.S. Montréal*, n° 2 (mai 1977).
43. Mario Fontaine, « Logement : un appel de Sauvons Montréal », *La Presse*, 8 août 1975.
44. Jean-Claude Leclerc, « Rue Saint-Norbert et ailleurs », *Le Devoir*, 2 août 1975.
45. *Ibidem*.
46. *Ibidem*.

La restauration du paysage urbain était difficilement condamnable au nom de la conservation du patrimoine. Au contraire, elle était souhaitée par ses partisans. Toutefois, elle était mise en accusation quand elle laissait l'«étranger» accaparer le toit des citoyens de droit.

Les «étrangers» dépossédaient donc les Montréalais dans leur propre ville. Il leur était reproché « *to make a killing* » qui ferait perdre « *the face and the caracter of downtown and midtown Montreal*[47] ». L'ensemble de ces transformations entraînait un autre mal pernicieux, un mal qui rendait la ville étrangère à ses propres habitants. Les Montréalais se devaient, étant donné leur statut de résidants, de revendiquer une ville : *leur* ville. C'est ainsi que Sauvons Montréal en appelait à la rédaction d'une «charte des droits urbains», calquée en quelque sorte sur la charte des droits de l'Homme, document qui «sera un résumé des points importants dans la vie urbaine pour rendre la vie en ville plus viable[48] ». Les Montréalais auraient pu ainsi s'opposer à l'action de l'«autre». En attendant le respect de tels droits urbains, il leur restait l'appel au pouvoir des autorités pour sauver la ville : «les gouvernements, quels qu'ils soient, sont élus par le peuple pour préserver le patrimoine, la propriété collective et surtout quand elle est le témoignage irremplaçable de l'art et de l'histoire. Le laisser dilapider, l'abandonner à la cupidité des intérêts sordides de quelques individus est un acte de trahison authentique, passible des poursuites les plus légitimes de la justice de la Nation », écrivait un lecteur de *La Presse*[49]. Le recours aux autorités pouvait-il en effet arrêter la démolition du paysage urbain ?

Rue Sherbrooke, à l'intersection de la rue Stanley.

Photo : Martin Drouin

■ L'État fédéral : peu de pouvoirs pour protéger la ville

C'est dans ce contexte que les groupes de sauvegarde firent appel à l'État fédéral. Les chapitres qui précèdent l'ont vu intervenir à différents moments. Dans les démarches pour sauver la ville, il apparaissait investi d'une «double personnalité». En effet, il pouvait à la fois protéger le patrimoine et détruire des quartiers entiers. Cependant, malgré ses efforts, on jugeait qu'il avait peu de pouvoir pour aider les groupes de sauvegarde. Ainsi, « *on one side is Ottawa the conservationist* […] » indiquaient les auteurs de *Montreal at the Crossroads*. Depuis 1919, la Commission des lieux et monuments

47. William Wardwell, «Building boom price could be city's soul», *The Montreal Star*, 22 septembre 1973.

48. Madeleine Berthault, «"Sauvons Montréal" veut rendre la ville habitable», *La Presse*, 6 février 1974.

49. Dr Julien Labedan, «Il nous faut défendre notre ville», *La Presse*, 5 juin 1975.

historiques du Canada travaillait à la conservation et à l'aménagement de lieux, de personnes et d'événements jugés d'«importance historique nationale». En 1952, la Loi sur les monuments et sites avait actualisé l'ancienne législation de 1919. Le rôle de la Commission consistait surtout, même après 1952, à marquer l'importance symbolique de ce patrimoine national. L'installation d'une plaque de bronze était, dans la majorité des cas, l'acte envisagé pour représenter l'appartenance à l'histoire et à la culture canadienne[50]. Les gestes de la Commission n'avaient malheureusement aucune valeur légale. En effet, le partage des responsabilités entre les gouvernements provincial et fédéral concédait les prérogatives sur les questions de propriété et de droits civils aux provinces[51]. Un propriétaire désireux de démolir ou d'altérer son bien pouvait procéder en toute liberté. Lors de la campagne de la maison Shaughnessy, les promoteurs du projet de démolition de la maison s'étaient dits peu convaincus de l'impact de l'intervention fédérale[52]. *The Montreal Star*, qui s'interrogeait sur l'intervention possible des autorités fédérales en plein cœur de la campagne de la maison Van Horne, rapportait les propos de Peter Bennett, alors directeur du Service des lieux historiques nationaux: «*unfortunately, he said, recognition by the Historic Sites and Monuments Board of Canada is no guarantee that the house will be preserved*[53]». Les moyens, pour aider les Montréalais à sauver le paysage urbain menacé, faisaient défaut.

Les défenseurs du patrimoine tentèrent tout de même, lors des campagnes de sauvegarde, de rattacher des édifices menacés à l'histoire ou à une identité canadienne[54]. La participation de la gare Windsor «à l'unification des différentes régions du Canada» garantissait, selon

---

50. À Montréal, la Commission avait déjà désigné, avant les années 1970, une dizaine de lieux chargés d'histoire. Les deux premiers, en 1920 et 1924, rappelaient la mémoire de «Hochelaga» et le «Berceau de Montréal». Le premier était le «village iroquois où s'est rendu Jacques Cartier en 1535» et le second, le lieu de «fondation de Ville-Marie en 1642 par le sieur de Maisonneuve». Le canal de Lachine, ouvert à la navigation en 1825, avait été désigné en 1929, alors que les navires pouvaient encore y contourner les rapides du fleuve Saint-Laurent pour transiter de Montréal vers les Grands Lacs. En 1949, le château De Ramezay, déjà un «monument historique» du Québec depuis 1929, devenait un lieu d'«importance historique nationale». Il en était de même en 1951 de l'ancienne maison des gouverneurs généraux, «Monklands», qui devait être protégée par l'État provincial, lors de la campagne du domaine Villa-Maria dans les années 1970. Les résidences de Sir Georges-Étienne Cartier, l'un des «pères de la Confédération canadienne», et de Louis-Joseph Papineau, «célèbre nationaliste canadien-français», toutes deux situées dans le Vieux-Montréal, étaient désignées en 1964 et en 1968. L'inventaire des désignations rappelait ainsi l'intérêt pour la longue histoire de la nation canadienne et ses personnages politiques marquants. On peut consulter le site Internet de Parcs Canada, *Répertoire des désignations d'importance historique nationale*, 2003, [www.pc.gc.ca/apps/lhn-nhs/index_f.asp], consulté le 17 septembre 2003. Voir aussi l'annexe IV, «Liste des lieux historiques nationaux désignés par l'État canadien à Montréal (1919-2003).»

51. On peut consulter Yona Jébrak, «L'influence des courants internationaux sur la protection du patrimoine montréalais», mémoire de maîtrise (urbanisme), Université McGill, 2001, p. 39.

52. Le promoteur, on s'en souvient, avait déclaré «*the government is always saying it is interested in declaring something an historic monument. It doesn't mean much*». Voir chapitre 2, «À la suite de la maison Van Horne: des «monuments» menacés.»

53. Dusty Vineberg, «Mount Stephen Club 'an absolute gem' historian agrees», *The Montreal Star*, 21 juillet 1973.

54. Il en fut ainsi, le lecteur s'en rappellera, lors de la campagne de sauvegarde de la maison Van Horne. Voir le chapitre 1, «Au départ: un autre paysage urbain à valoriser et à sauvegarder.»

Michael Fish, sa valeur[55]. La prison des Patriotes, argumentait de son côté Serge Joyal, alors député fédéral montréalais et président de la Société des musées du Québec, était «l'un des témoins les plus vivants des luttes constitutionnelles qui ont abouti à l'avènement d'un gouvernement responsable au Canada[56]». On escomptait ainsi émouvoir les autorités fédérales et légitimer leur intervention. Toutefois, la force des exhortations demeurait assez discrète par rapport à l'appel soumis aux autorités provinciales. En effet, il valait mieux tenter de convaincre des autorités qui pouvaient intervenir efficacement dans les campagnes de sauvegarde.

Dans les années 1970, la Commission des lieux et monuments historiques du Canada intervint tout de même pour apporter son soutien symbolique à des édifices ou des lieux menacés. Au tout début de la campagne de sauvegarde du domaine des Sulpiciens, la Commission avait désigné d'«importance historique nationale» les tours de l'ancien fort de la montagne datant du XVIIe siècle[57]. En 1971, elle avait affirmé un semblable intérêt pour le Mount Stephen Club, que le directeur du Service des lieux historiques nationaux n'hésitait pas à déclarer «*an absolute gem of late Victorian architecture – an almost perfectly preserved building*[58]», soit un appui symbolique important pour cette architecture du XIXe siècle en mal de reconnaissance. La maison Shaughnessy et l'Hôpital général des Sœurs grises du Vieux-Montréal, dont il était question en 1973, bénéficiaient alors du même statut. À l'encontre de ces cas, le refus de reconnaître l'importance d'édifices menacés était aussi remarqué lors de campagnes de sauvegarde. La gare Windsor était ainsi recalée en 1973. Le directeur du Service des lieux historiques nationaux déclarait alors: «*the decision reached was that Windsor Station was not a national significance, which is our primary criterion*[59]». Le même type d'argumentaire servit à refuser la désignation

---

55. Le journaliste rapportait la conférence de Michael Fish et les nombreux arguments avancés par l'architecte. Voir André Charbonneau, «Pour sauver la gare Windsor, Michael Fish appelle à son aide la commission Viger», *Le Devoir*, 9 février 1971.

56. Le journaliste faisait référence au mouvement de protestation à Ottawa et à la lettre envoyée par Serge Joyal au ministre responsable du patrimoine canadien et au président de la Commission des lieux et monuments historiques du Canada. Voir Cyrille Felteau, «Le sort de la prison des Patriotes entre les mains du ministre L'Allier», *La Presse*, 26 janvier 1976.

57. La même année, elle désignait d'«importance historique nationale» l'entrepôt de pierre utilisé comme dépôt pour le commerce des fourrures à Lachine.

58. En 1975, le ministère des Affaires culturelles procédait à son tour à la protection du Mount Stephen Club. Le quotidien *The Montreal Star*, qui rapportait la nouvelle, écrivait: «*though the property was in no imminent danger of demolition, the "historic" classification afforded it by Mr. Hardy* [alors ministre des Affaires culturelles] *means it can not be altered or destroyed without his permission*». Peut-être faudrait-il relier le classement aux démolitions illégales des deux maisons de la rue Drummond, rue sur laquelle était situé le Mount Stephen Club, à la fin de l'année 1974 et d'une troisième, au début de l'année 1975. L'Engineer's Club of Montreal était lui aussi protégé, sans campagne de sauvegarde, au cours de l'année 1975. Ainsi, en moins de deux ans, le ministère des Affaires culturelles avait protégé, avec le Mount Royal Club et le United Services Club, quatre de ces anciens clubs privés du *Golden Square Mile*. Voir Dusty Vineberg, «Mount Stephen Club "an absolute gem" historian agrees», *The Montreal Star*, 21 juillet 1973 et «Old club becomes historic site», *The Montreal Star*, 15 juillet 1975.

59. Le directeur du Département des lieux historiques nationaux était alors Peter Bennett. Voir «Windsor Station won't be marked as historic site», *The Gazette*, 3 octobre 1973.

du couvent des Sœurs grises, boulevard René-Lévesque. *The Gazette* rapportait : « *the National Historic Sites and Monuments Board has inspected the convent, but decided that it is of local, not national interest, and has declined to protect it*[60] ». La décision concernant la gare Windsor fut toutefois révisée positivement en 1975, devenant ainsi le cinquième et dernier édifice désigné d'« importance historique nationale » en cette décennie mouvementée. L'ouvrage *Montreal at the Crossroads* expliquait cette relative indifférence par la composition de la Commission des lieux et monuments historiques : « *most of its members are history professors, but there is one architect. None is from Montreal*[61] ». Les Montréalais semblaient seuls encore une fois.

Au début des années 1970, l'État fédéral participa tout de même au renouvellement des mécanismes de protection du patrimoine. En effet, quelques mois avant le début de la campagne de la maison Van Horne, il créait la Fondation canadienne pour la protection du patrimoine (Héritage Canada). Il s'inspirait du modèle anglo-saxon et du « *arm-length principle* » pour doter la fondation afin qu'elle puisse, sans l'interférence de l'État, conserver et faire connaître le patrimoine canadien[62]. Héritage Canada était ainsi promis à devenir « *a Canadian version of Britain's National Trust*[63] ». Toutefois, de l'aveu même de son directeur d'alors : « [...] *Heritage Canada has very little money. Without funds, the organization is powerless to prevent the destruction of historic buildings and sites by intervening to purchase them*[64] ». La présence de la fondation Héritage Canada fut très discrète dans le débat médiatique pour la sauvegarde du patrimoine montréalais.

Le Service des lieux historiques canadiens, autre émanation de l'État fédéral, avait procédé à l'achat, en 1973, de la maison de Sir George-Étienne Cartier, situé dans le Vieux-Montréal, pour la transformer en lieu d'interprétation[65]. Ce geste s'inscrivait dans le cadre de la politique de commémoration des pères de la Confédération, plutôt qu'en renfort aux représentations des groupes de sauvegarde. Ces derniers furent plutôt attirés, dans la première moitié des années 1980, par la volonté de restauration de l'édifice et le désir de démolir le toit mansardé[66]. Quant à la politique de

---

60. La campagne pour la sauvegarde du couvent du boulevard René-Lévesque battait alors son plein. Voir Donna Gabeline, « Hardy ponders historic merits », *The Gazette*, 10 février 1975.

61. Donna Gabeline, Dane Lanken et Gordon Pape, *Montreal at the Crossroads*, Montréal, Harvest House, 1975, p. 165.

62. À propos du modèle anglo-saxon, on peut consulter Robert Hewison, « La prise de conscience du patrimoine en Grande-Bretagne », dans Pierre Nora (dir), *Science et conscience du patrimoine : Actes des entretiens du patrimoine (Paris : 28, 29 et 30 novembre 1994)*, Paris, Fayard / Édition du patrimoine, 1995.

63. Donna Gabeline, Dane Lanken et Gordon Pape, *Montreal at the Crossroads*, p. 155.

64. En 1974, la Fondation achetait sa première propriété : la chapelle funéraire Papineau à Montebello. Mais elle dut se rendre à l'évidence de l'énorme coût d'une telle entreprise. La citation est de l'ouvrage de Donna Gabeline, Dane Lanken et Gordon Pape, *op. cit.*, p. 162. On peut consulter aussi le site Internet de la Fondation Héritage Canada, [www.heritagecanada.org/fre/main.html], consulté le 10 septembre 2003.

65. Site Internet du lieu historique national du Canada de Sir-George-Étienne-Cartier, *Petite histoire d'un musée d'histoire*, 2003, [www.pc.gc.ca/lhn-nhs/qc/etiennecartier/plan/hist_f.asp], consulté le 10 septembre 2003.

66. Luc Noppen, « Le "parc" historique George-Étienne-Cartier à Montréal », *Continuité*, n° 18 (hiver 1983), p. 38. La maison allait être finalement ouverte au public en 1985.

commémoration de l'histoire au nom de laquelle se fit l'achat de l'édifice, elle fut vivement critiquée, au milieu des années 1970, par les autorités provinciales[67]. Le paysage urbain de Montréal se trouvait ainsi au cœur des prétentions identitaires des deux gouvernements.

Afin de mieux évaluer l'importance et la valeur du patrimoine, le Service des lieux historiques nationaux entreprit, en 1970, l'inventaire des bâtiments historiques du Canada. Pas moins de 100 000 bâtiments devaient être répertoriés. De ce nombre, 4 000 étaient situés à Montréal. Malgré l'ampleur de ces chiffres, comparativement au nombre de désignations fédérales et de protections provinciales, les défenseurs du patrimoine jugeaient l'effort peu concluant pour sauvegarder le paysage urbain menacé: «*is there any protection for the nearly 100,000 buildings in the computerized Canadian Inventory of Historic Buildings*[68]». Michael Fish déclarait avec ironie: «*if we don't speak Fortran (computer language) the Canadian Inventory of Historic Building is useless*[69]». L'inventaire semblait avoir finalement peu d'impact sur la lutte menée campagne après campagne dans les rues de Montréal.

Deux importantes propriétés fédérales à Montréal – le canal de Lachine et le Vieux-Port de Montréal – devenaient, en 1974, des zones de requalification. Le canal de Lachine, fermé depuis quelques années, était alors transféré aux Travaux publics Canada, puis au Service des lieux historiques, qui voulut en faire un «*open-air museum*[70]». Le projet tardait à prendre forme, malgré le dépôt d'un plan directeur à la fin des années 1970[71]. La démolition de bâtiments industriels, dans le secteur de l'écluse Saint-Gabriel, allait finalement attirer l'attention d'Héritage Montréal en 1985, qui demandera alors sa protection par le ministère des Affaires culturelles. La mise en valeur du canal allait perdurer tout au long des années 1990. Pour sa part, la requalification du Vieux-Port de Montréal, elle aussi annoncée

---

67. Pour plus de détails, on peut consulter Cyrille Felteau, «À Montréal et dans la région: Ottawa entend aménager plusieurs sites historiques», *La Presse*, 24 février 1976; Gérald Leblanc, «Les biens historiques: le fédéral veut partager le coût des restaurations», *Le Devoir*, 24 février 1976; Hubert Gendron, «Ottawa to list historic sites», *The Montreal Star*, 24 février 1976; Jean-Noël Bilodeau, «La conservation du patrimoine: L'Allier veut imposer "ses règles du jeu" à Ottawa», *Le Jour*, 3 mars 1976; Terence Moore, «Quebec to beef up protection of historic properties», *The Montreal Star*, 3 mars 1976.

68. Les journalistes ajoutaient: «*the federal government regards the inventory as phase one. Phase two will include detailed surveys of interiors. Eventually, the most outstanding and historically important will be classified and given protection. Unfortunately, there is no guarantee they will still be standing by then.*» Voir Donna Gabeline, Dane Lanken et Gordon Pape, *op. cit.*, p. 166.

69. *The Montreal Star* rapportait ses propos de Michael Fish. Voir «Windsor Station defender raps idea of computerized inventory», *The Montreal Star*, 29 juillet 1972.

70. On rapportait dans la revue *Habitat*: «*along the canal, buildings and structural element are evidence of the vital role once played by this waterway. Locks, walls, mooring posts and certain bridges are examples of 19th and 20th century engineering. These will be restored and their function explained.* [...] *One day in the not-to-distant future, a visitor may be able to see a factory operation as its produce transformed along the canal by horse-drawn barge, in a re-enactment of history.*» Voir «New Lease on Life for Lachine Canal», *Habitat*, vol. 21, n° 3 (1978).

71. Parcs Canada déposait son plan directeur du canal de Lachine en 1979. Son programme de mise en valeur semblait déjà moins important. Voir Parcs Canada, *Canal de Lachine: plan directeur*, Ottawa, Parcs Canada, 1979.

en 1974, allait finalement être complétée en 1992, à temps pour le 350ᵉ anniversaire de Montréal. Entre-temps, deux consultations publiques, en 1979 et en 1985, ainsi que de nombreuses tergiversations allaient exiger l'implication de la collectivité montréalaise. Héritage Montréal affirmait d'ailleurs, dans un mémoire soumis à la consultation publique de 1985, l'importance symbolique et patrimoniale du lieu[72]. Témoin de l'âge industriel de Montréal, un patrimoine particulier se profilait ainsi dans la formulation de l'identité montréalaise. Les autorités fédérales contribueraient à sa consécration, mais non sans une certaine lenteur qui fit douter, par moment, les défenseurs du patrimoine.

Le canal de Lachine.
▼

Photo : Martin Drouin

La somme des efforts investis par l'État fédéral ne pouvait faire oublier que « *on the other side is Ottawa the destroyer* » comme le notaient encore les journalistes du quotidien *The Gazette*[73]. Cette fois, dans les quotidiens, les autorités fédérales étaient prises à partie avec la construction dans les années 1960 de la maison Radio-Canada, « *wiping out a huge neighborhood in the city's east end* […][74] », et celle du complexe Guy-Favreau dans les années 1970, « *pushing ahead with a major redevelopment scheme that will demolish Chinatown, one of the city's most colorful ethnic quarters*[75] ». Les représentations pour la sauvegarde du Quartier chinois

---

72. Héritage Montréal, *Le Vieux-Port de Montréal*. Mémoire déposé par Héritage Montréal devant le Comité consultatif du Vieux-Port de Montréal, 26 septembre 1985, Montréal, Héritage Montréal, 1985.

73. Donna Gabeline, Dane Lanken et Gordon Pape, *op. cit.*, p. 155.

74. *Ibidem*.

75. *Ibidem*.

furent l'occasion de dénoncer la politique du silence de l'État fédéral[76]. Les quotidiens s'insurgèrent alors contre les propos de Charles M. Drury, alors ministre de Travaux Publics : « *maintaining neighborhoods is not government's responsibility. It is too bad they are eliminated but it is up to individuals to preserve them*[77] ». Sauvons Montréal dénonçait le décalage entre les politiques gouvernementales et les gestes posés dans la ville, tout en se montrant outré de l'absence de réaction des Montréalais[78]. La multiplicité des intervenants fédéraux expliquait le peu d'intérêt manifesté pour la sauvegarde du paysage urbain de Montréal, « *one reason may be the buck-passing in Ottawa. No one can seem to agree on just whose responsibility it is to protect Canadian Heritage* », se risquait l'ouvrage *Montreal at the Crossroads*. Devant la « double personnalité » des autorités, le recours à l'État fédéral était peu productif. C'est pourquoi il fut peu interpellé dans le discours des campagnes de sauvegarde.

■ L'État provincial : là-bas dans la capitale québécoise

Les défenseurs du patrimoine sollicitèrent plutôt l'intervention de l'État provincial pour contrer les démolitions répétées du paysage urbain. Nous avons vu jusqu'à présent son importance fondamentale[79]. Au cours des années 1970, plus d'une quarantaine d'édifices, ou façades d'édifices avait été « classées » ou « reconnues » à Montréal[80]. La grande majorité l'avait été à la suite de campagnes de sauvegarde et était située à l'intérieur du quadrilatère identifié par Sauvons Montréal. Toutefois, les défenseurs du patrimoine jugeaient l'État provincial trop éloigné de la métropole. Lors de la conférence de presse entourant la création de Sauvons Montréal, un des porte-parole avait souligné la distance qui séparait Montréal de Québec comme l'un des facteurs rendant difficile un jugement adéquat sur la situation urbaine, plus particulièrement celle des démolitions[81]. Le même reproche était adressé lors de la campagne de sauvegarde du couvent des Sœurs grises, par des lecteurs

---

76. Voir à ce propos le chapitre 3, « Au-delà des « monuments », les espaces verts, les rues et les quartiers. »

77. Dusty Vineberg, « Environment tour hits the low spot », *The Montreal Star*, 27 mai 1974. Le même était cité dans Donna Gabeline, Dane Lanken et Gordon Pape, *op. cit.*, p. 161.

78. Peter Lanken, membre de l'exécutif de Sauvons Montréal, publiait une lettre dans le quotidien *Le Jour*. Voir Peter Lanken, « Le secret qui entoure la Place Guy-Favreau », *Le Jour*, 21 octobre 1975.

79. Rappelons que les pouvoirs de l'État provincial lui permettaient de protéger des édifices, les préservant ainsi d'un avenir incertain. Adoptée en 1972, la Loi sur les biens culturels semblait l'instrument le plus efficace pour conserver l'identité de la ville menacée. Deux ans plus tard, le projet de loi 91, voté par les autorités provinciales, avait donné plus de force aux municipalités pour leur permettre de retarder l'émission de permis de démolition d'édifices « importants ».

80. Ce fut dans les années 1970 que l'État québécois protégea le plus grand nombre d'édifices à Montréal dépassant largement la période 1922-1972 et le nombre d'interventions dans les années 1980 et 1990. Voir l'annexe II, « Liste des biens culturels classés et reconnus par l'État québécois à Montréal (1922-2003). »

81. Urgel Lefebvre, « Appel aux candidats : "Sauvons Montréal" », *Le Devoir*, 29 septembre 1973.

de *La Presse*: « parce que les ministères sont situés à Québec, j'ai l'impression qu'il est plus facile de faire respecter cette valeur, car son charme vous touche de près. Tandis qu'à Montréal… Loin des yeux loin du cœur[82] ». Un journaliste du *Devoir* affirmait de son côté: « c'est parce que la communauté urbaine d'une grande métropole est aussi démunie et impuissante qu'un village isolé […][83] ». Les Montréalais se sentaient donc seuls et délaissés dans la défense de leur ville.

Les partisans du patrimoine auraient espéré un gouvernement qui s'engage plus activement dans la protection du patrimoine. Les représentations avaient pointé l'inertie gouvernementale. « Depuis trois ans, le Québec possède les instruments qui lui permettent de préserver son patrimoine. […] Pourtant, on ne réussit guère à échapper à un sentiment d'insécurité, à une impression de menace et de danger à l'égard de tout ce qui constitue notre patrimoine », écrivait Alain Duhamel dans les pages du *Jour*[84]. Dans *The Gazette*, Gordon Pape dénonçait avec vigueur le caractère passif de l'État provincial et son refus de prendre les responsabilités conférées par la Loi sur les biens culturels qu'il avait lui-même adoptée. En ce sens, il était donc responsable de la démolition de plusieurs « monuments » à Montréal. Il concluait: « *Montreal is the richest city in Canada in terms of historic buildings. But the government has been dragging its feet in protecting them*[85] ». L'élection du Parti québécois en 1976 n'allait rien changer à l'impression d'immobilisme de l'État provincial. La démolition des maisons de la rue Drummond, un an plus tard, fut l'occasion pour Michael Fish de s'insurger: « *the government doesn't need any new teeth, or legislation or laws to prevent this from happening, all it needs is the guts*[86] ». Ce à quoi Peter Lanken ajoutait sous le thème de l'étranger: « *these examples may only show that the provincial and municipal governments are inefficient and inept. But their consistent refusal, over a number of years, to take any meaningful action indicates that the future of the city has been sold out to foreign capital and development interest, and that the governments are now powerless to stop the destruction of the city*[87] ». Le blâme revenait par conséquent à l'État provincial puisqu'il était responsable, au nom de la collectivité, de la protection du patrimoine. Il semblait donc légitime que les autorités répondent aux interrogations des

---

82. Lorraine Dufort et Jean-Claude Dufort, « Loin des yeux de Québec, loin du cœur… », *La Presse*, 22 mars 1975.

83. Jean-Claude Leclerc, « Le non du ministre ne changera rien », *Le Devoir*, 12 juin 1975.

84. Alain Duhamel profitait d'une rencontre avec le président de la Commission des biens culturels pour faire le point sur la sauvegarde du patrimoine au Québec et plus particulièrement à Montréal. Voir Alain Duhamel, « Rencontre avec M. Georges-Émile Lapalme, président de la Commission des biens culturels », *Le Jour*, 5 novembre 1975.

85. Le texte était repris et modifié dans l'ouvrage *Montreal at the Crossroads*. Voir Gordon Pape, « Government inaction blamed for history destruction », *The Gazette*, 14 mars 1974.

86. Bien que s'exprimant à propos des suites de la démolition illégale des maisons de la rue Drummond, les propos de Michael Fish sont représentatifs d'une époque. On peut lire aussi la chronique patrimoniale d'Alain Duhamel. Voir Hal Winter et Craig Toomey, « Save Montreal hits back at Quebec », *The Gazette*, 11 juin 1977; Alain Duhamel, « Du patrimoine des Montréalais », *Le Devoir*, 29 juin 1977.

87 . Peter Lanken, « Montreal has the lowest standards of planning architecture and construction in Canada », *The Montreal Star,* 3 janvier 1975.

groupes de sauvegarde, qui œuvraient campagne après campagne contre la destruction du paysage urbain.

Le pouvoir du ministre des Affaires culturelles était fortement remis en question. Qu'une seule personne décide du sort du patrimoine au Québec, puisque la Commission des biens culturels ne jouait qu'un rôle de conseiller, était très discutable. Dans ce contexte, les groupes espéraient infléchir la volonté du ministre[88]. Au lendemain de la démolition de la maison Van Horne, un journaliste raillait : « *what is clear is that, Cloutier is neither a historian nor an architect nor an artist, the decision at this point leaves the realm of history and aesthetics and enter the realm of politics*[89] ». Même

*Gordon Pape,
« Government
inaction blamed for
history destruction »,
The Gazette, 14 mars
1974, p. 1.*

lorsque fut refusée la démolition du couvent des Sœurs grises, quelques années plus tard, un journaliste du *Devoir* interrogeait encore l'« arbitraire » d'un tel pouvoir : « qu'un tel projet de démolition ait pu être conçu par une poignée d'anonymes ou

d'étrangers et que le rejet d'une semblable monstruosité ait dû dépendre d'un seul homme confirme bien la vulnérabilité dans laquelle restent encore à cet égard le Québec et la ville de Montréal en particulier[90] ». Le seul « oui ou non, grinçant ou pas, d'un ministre à Québec » ne saurait satisfaire la collectivité[91]. Le journaliste poursuivait son attaque sous le mode d'un plaidoyer pour la démocratisation des décisions relatives au patrimoine et à la planification du territoire, de même que pour la participation des citoyens.

---

88. Dans les quotidiens, les défenseurs du patrimoine et les journalistes différenciaient l'action de l'État provincial de celle de la Commission des biens culturels, la critique écorchait le premier tandis que le second se révélait un allié de taille. La Commission était décrite comme « *a toothless watchdog, held on a very short chain. Occasionally, it has delivered a loud bark, but no one in Quebec City has paid much attention.* » Voir Donna Gabeline, Dane Lanken et Gordon Pape, *Montreal at the Crossroads*, p. 141. Voir aussi les articles de Pierre O'Neil, « La commission des biens culturels souligne un conflit de juridiction », *Le Devoir*, 30 novembre 1973 ; Luc D'Iberville-Moreau, « La loi sur les monuments historiques servira-t-elle à quelque chose ? », *Le Devoir*, 19 janvier 1974 ; Cyrille Felteau, « Le temps perdu, c'est l'ennemi numéro un du MAC », *La Presse*, 4 novembre 1974 ; « Pour protéger nos "biens culturels" », *Le Jour*, 22 novembre 1975 ; Alain Gelly, Louise Brunelle-Lavoie et Corneliu Kirjan, *La passion du patrimoine. La commission des biens culturels du Québec 1922-1994*, Québec, Septentrion, 1995, p. 188-195.

89. François Cloutier fut ministre des Affaires culturelles une première fois du 12 mai 1970 au 1er février 1972 et, une deuxième fois, du 21 février 1973 au 12 novembre 1973. Il était donc à la tête du Ministère lors de l'affaire de la maison Van Horne. Voir annexe VII « Titulaires du ministère de la Culture et des Communications depuis sa création. » La citation de l'article de George Radwanski, « Deck's stacked against historic landmarks fan », *The Gazette*, 12 septembre 1973.

90. Jean-Claude Leclerc, « Le non du ministre ne changera rien », *Le Devoir*, 12 juin 1975.

91. À propos du trop grand pouvoir du ministre, un journaliste rapportait : « M. Hardy ne rate pas une chance de chiquenauder les "contestataires" et les journalistes. Il a déclaré, puis répété en Chambre, que son ministère était sensibilisé au dossier des Sœurs grises "bien avant les propos alarmistes de certains journalistes et de certains groupements". Il a senti le besoin, en plus, d'exposer la politique suivie par son ministère, sur cette question, à cause des "nombreuses interprétations erronées" qui ont circulé. » Voir Jacques Keable, « Le domaine des Sœurs grises sera, en partie, préservé », *Le Jour*, 11 juin 1975.

Stimulés par le vent de changement qui soufflait sur la métropole, les quotidiens détaillaient les carences du ministère des Affaires culturelles. Un personnel peu nombreux, un budget restreint et la lourdeur des déplacements, entre Québec et Montréal, expliquaient les problèmes du Ministère[92]. Le constat était posé tant par le président de la Commission des biens culturels que par les fonctionnaires du Ministère. Le chef de cabinet du ministre des Affaires culturelles, dans une lettre au quotidien *Le Jour*, justifiait ainsi les longs délais entourant la décision de protéger la prison des Patriotes: «le surcroît de travail et le manque de personnel de la direction chargée de ces dossiers, la Direction générale du Patrimoine, sont causes de ces longs délais [...][93]». Il ajoutait encore: «de façon générale, les organismes gouvernementaux comme le MAC sont quasi impuissants, en tout cas, très handicapés devant l'action de compagnies à l'affût de profits alléchants[94]». Pour d'autres, les faibles ressources octroyées au ministère des Affaires culturelles pouvaient cependant être interprétées par «*the low priority given by the provincial government to cultural heritage preservation*[95]». Il était même affirmé: «*to be worthy of classification, a building must : a. be made to serve a functional purpose, and b. be economically viable and not constitute any drain on government resources. The mere fact that a building is intrinsically worth preserving for itself does not appear to be a major consideration*[96]». Les résultats, quant à eux, restaient identiques.

Les groupes de sauvegarde remplissaient seuls le rôle de vigiles dans les rues montréalaises et tentaient d'alerter l'opinion publique pour faire intervenir les autorités. Alain Duhamel notait lors d'une rencontre avec le président de la Commission des biens culturels: «des citoyens éveillés à la préservation du patrimoine, tantôt regroupés en société d'histoire, tantôt en comité de citoyens, aiguillonnent constamment le ministère [des Affaires culturelles] et la commission [des biens culturels]. Ils suppléent aux carences des institutions et obligent parfois "les autorités" à repenser les plans qu'elles faisaient dessiner dans des bureaux, loin de leurs préoccupations quotidiennes[97]». Il estimait également que «parce qu'ils avaient beaucoup de

---

92. Un journaliste notait à propos du ministère des Affaires culturelles: «il serait bien injuste de les accuser de ne pas s'employer de leur mieux, avec les moyens que l'État met à leur disposition. Rarement avons-nous vu des services gouvernementaux aussi bien aménagés, coordonnés et où règne une telle atmosphère de travail. Les locaux sont aérés, fonctionnels, spacieux, visiblement trop spacieux pour un personnel jeune, peu nombreux, mais visiblement animé par une grande motivation, que le directeur stimule encore par sa seule présence.» Voir Cyrille Felteau, «Un ministère au budget trop restreint et à qui on demande des merveilles...», *La Presse*, 9 janvier 1975.

93. La lettre était signée par le chef de cabinet du Ministre des Communications. Voir Gérald Ponton, « Le rôle de M. Denis Hardy dans l'affaire du Pied-du-Courant», *Le Jour*, 4 septembre 1975.

94. Cyrille Felteau, *La Presse*, 8 janvier 1975.

95. Donna Gabeline, Dane Lanken et Gordon Pape, *Montreal at the Crossroads*, p. 143.

96. Les journalistes rappelaient l'exemple de la maison Van Horne et de la maison Shaughnessy; la première n'avait pas été sauvée parce qu'on ne lui avait pas trouvé une nouvelle fonction qui lui aurait épargné la destruction, tandis que le second édifice fut protégé après que Phyllis Lambert l'eut acheté et prouvé qu'il n'en coûtera rien au gouvernement. *Idem*, p. 150.

97. Alain Duhamel, «Rencontre avec M. Georges-Émile Lapalme, président de la Commission des biens culturels», *Le Jour*, 5 novembre 1975.

travail, les fonctionnaires ont dû s'en remettre de plus en plus aux citoyens[98] ». Les pressions exercées semblaient porter des fruits, puisque les longues hésitations du ministère des Affaires culturelles dans le dossier des Sœurs grises étaient expliquées par « la crainte d'un tollé de protestation comme ce fut le cas quand fut donnée l'autorisation de la démolition de la maison Van Horne[99] ». Le Ministère assurait que « [the] *public pressure is very important*[100] ». Néanmoins, notait Pierre Beaupré, alors président de la Société d'architecture de Montréal, « il est tout à fait inadmissible que de simples citoyens sans armes autres que leur conscience civique, soient laissés seuls face aux pouvoirs démesurés des promoteurs[101] ». Aussi exigeait-il une présence accrue du ministère des Affaires culturelles et de ses représentants à Montréal : « nous demandons que la division des biens culturels ait, à Montréal, le personnel requis pour exiger et obtenir le respect des lois qui protègent actuellement certains bâtiments et pour éventuellement établir une stratégie d'ensemble visant à conserver notre patrimoine[102] ». Les groupes de sauvegarde ne pouvaient agir seuls.

Girerd, « Ne vous inquiétez pas… On a pris des photos pour la postérité », La Presse, 31 octobre 1975, p. A-3.

Bibliothèque nationale du Québec

Un décalage entre la conception du paysage urbain des groupes et celle de l'État québécois pouvait aussi expliquer des phénomènes d'incompréhension mutuelle. Alain Duhamel commentait à propos de la Loi sur les biens culturels que « les citoyens ont trouvé des applications à cette loi, en urbanisme notamment, pour lesquelles elle n'avait pas été conçue. La notion de patrimoine a tôt fait de dépasser le simple classement de biens immobiliers, mobiliers ou documentaires[103] ». Sauver la ville ne consistait plus seulement en la protection de « monuments historiques ». En 1974, lors du débat entourant la possible construction de l'édifice en hauteur « Saint-Louis-sur-le-Parc », Denis Hardy, alors ministre, réaffirmait l'utilité première de la Loi sur les biens culturels : protéger des édifices ou des ensembles importants. Il pouvait bien commander un inventaire patrimonial du carré Saint-Louis, mais ne pouvait substituer les prérogatives de la loi au règlement d'urbanisme[104], remarque reconduite par la Commission des biens culturels. L'État provincial renvoyait ainsi la balle dans le camp des autorités municipales.

---

98. Le journaliste détaillait le chapitre consacré au patrimoine dans *Pour une évolution de la politique culturelle*, déposé en 1976 par Jean-Paul L'Allier, alors ministre des Affaires culturelles. Voir Alain Duhamel, « Le livre vert et le patrimoine », *Le Jour*, 26 juin 1976.

99. « Les Sœurs grises ont reçu une offre de $17 millions », *La Presse*, 4 décembre 1974.

100. Donna Gabeline, « Hardy position on Grey Nuns due », *The Gazette*, 10 juin 1975.

101. Pierre Beaupré, « La maison mère des Sœurs Grises », *Le Devoir*, 14 décembre 1974.

102. *Ibidem.*

103. Alain Duhamel, « Le livre vert et le patrimoine », *Le Jour*, 26 juin 1976.

104. « Aucun danger pour le carré Saint-Louis », *La Presse*, 31 octobre 1974.

16 • Le Devoir, samedi 19 mars 1977

Une question de style

Curieux contraste entre la pécieux du style victorien et la ligne "entrepôt". Il s'agit pourtant de la même maison portant les numéros 1430-32 rue Bishop, à Montréal. La photo de gauche a été prise en novembre 1973, celle de droite tout récemment. Selon les responsables du service d'habitation et d'urbanisme, cet exemple était la nécessité d'ajouter des exigences aux règlements.

de zonage existante. L'esthétique peut varier suivant les entrepreneurs, propriétaires ou architectes mais ce service municipal croit que, pour protéger certains ensembles, un consensus pourra facilement s'établir, en fonction du danger de défigurer certaines parties de rues au cachet bien particulier.

« Une question de style », Le Devoir, *19 mars 1977, p. 16.*

■ Les autorités municipales : si proches, si loin

Le dessein des autorités municipales visant à favoriser l'émergence d'une « métropole du XXIᵉ siècle » paraissait accorder peu de place à la ville défendue par les groupes de sauvegarde. Si beaucoup a été dit sur le rôle des autorités municipales, il importe de raffiner certaines perceptions du pouvoir à l'Hôtel de Ville de Montréal. L'utilisation d'indicateurs apparentés au discours sur l'étranger, ce quidam lointain, inefficace et incapable de répondre aux besoins des Montréalais, sera ainsi mise à jour. Toutefois, contrairement à l'État fédéral et à l'État provincial, le pouvoir possède ici un nom. En effet, le maire Jean Drapeau, à la tête de la ville depuis 1960, imposa sa présence jusqu'en 1986. L'équipe du RCM, qui avait démontré depuis sa création dans les années 1970 des dispositions favorables au patrimoine, prit alors le relais[105], franchissant une nouvelle étape dans l'effort d'intégrer le patrimoine dans les destinées de Montréal. En attendant ces jours meilleurs, les défenseurs du patrimoine avaient déclaré, à maintes reprises, les autorités municipales, pourtant présentes de plain-pied dans les réalités urbaines, trop éloignées des préoccupations des Montréalais pour sauvegarder la ville. Le recours aux autorités ne trouvait pas, ici encore, une oreille attentive aux préoccupations des groupes.

La ville, vue du belvédère du mont Royal (photographie par Eric Jaeger).

Le discours militant dénonça avec force et vigueur la figure du maire de Montréal que l'on tenait responsable de la destruction de la ville. Il permettait aux tenants du développement de construire leurs tours et laissait l'automobile et les stationnements défigurer la ville. Bref, il était la porte d'entrée du mal qui menaçait le patrimoine : « *for the past several years, Montreal has been holding "open house" for everyone who wanted to drop in, including building developers of all sizes and descriptions[106]* ». Le « *Drapeau Demolition Derby* », dont parlait James W. MacLellan dans une lettre à la *Gazette*, figurait parmi les images proposées afin d'illustrer l'importance du maire de Montréal[107]. Ailleurs, on le dépeignait obnubilé par des rêves de grandeurs olympiques ou simple

---

105. Le Rassemblement des citoyens de Montréal resta aux commandes de l'Hôtel de Ville jusqu'en 1994. L'équipe de Pierre Bourque, Vision Montréal, remplaçait alors le RCM jusqu'à la fin de la période.

106. L'ouvrage *Montreal at the Crossroads* consacrait un chapitre à l'administration municipale intitulé simplement : « The Drapeau Style ». Voir Donna Gabeline, Dane Lanken et Gordon Pape, *op. cit.*, p. 167.

107. L'auteur avait fondé un an plus tôt le Society for the preservation of Great Places. Voir J. W. MacLellan, « More encroachment on architectural environment », *The Gazette*, 14 novembre 1974.

pourvoyeur de permis de démolition[108]. Un lecteur décrivait son maire : «*he built Expo, he brought the baseball team, he built great highways destroying everything, he brought the Olympics. He will built the 21st century city, he destroyed the heart of Montreal. In one hundred years time people will say "this was destroyed during the Drapeau administration"*[109]». Dans la rue, des manifestants scandaient : «*Drapeau is synonymous with parking lot*[110]». Au début des années 1980, Guy Pinard résumait la décennie précédente : «Montréal, c'était une ville qui était passée par la guerre que lui avait livrée le maire Drapeau[111]». Tous reconnaissaient le choc des transformations du paysage urbain comme le legs des années Drapeau. Les maires subséquents, dont on espérait une conduite différente, se faisaient facilement rappeler, lors de projets controversés, la silhouette de l'ancien maire. «On revient aux bonnes vieilles méthodes de Drapeau : vive les promoteurs !» s'exprimait Jean-Claude Marsan, lors de l'adoption du plan directeur du centre-ville au début des années 1990 par le RCM[112]. À la fin de la même décennie, lors de l'affaire de la Ferme sous les noyers, Dinu Bumbaru, directeur d'Héritage Montréal commentait : «on retourne et on revient à l'ère Drapeau[113]». Les critiques adressées à l'enseigne de la figure de l'ancien maire rappelaient les horreurs infligées à la ville et la nécessité du militantisme à Montréal.

Afin d'assurer la sauvegarde du quadrilatère historique identifié par Sauvons Montréal, la première mesure demandée aux autorités municipales était le «gel» des démolitions et des constructions pendant deux ans. Ces années devaient servir à préparer et à adopter un plan d'aménagement dont les objectifs permettraient de «renforcer la vie de quartier, améliorer la qualité de l'environnement, conserver l'héritage, reconnaître les droits de propriété, maintenir un lien continu avec le public, améliorer l'habitation, réorganiser le transport et le zonage[114]». La sauvegarde du patrimoine s'inscrivait ainsi dans des objectifs beaucoup plus larges que ne le permettait la Loi sur les biens culturels. En cela, le silence relatif de l'État provincial se trouvait en quelque sorte justifié. Les groupes de sauvegarde allaient inlassablement

Communauté urbaine de Montréal, Les édifices scolaires. Volume du Répertoire d'architecture traditionnelle sur le territoire de la Communauté urbaine de Montréal, *Montréal, Communauté urbaine de Montréal, Service de la planification du territoire, 1980.*

RÉPERTOIRE D'ARCHITECTURE TRADITIONNELLE
SUR LE TERRITOIRE
DE LA COMMUNAUTÉ URBAINE DE MONTRÉAL

LES ÉDIFICES SCOLAIRES

COMMUNAUTÉ URBAINE DE MONTRÉAL   Service de la planification du territoire

---

108. Marcel Adam, «Le saccage de notre patrimoine», *La Presse*, 14 décembre 1974.

109. K.M. Jelowicki, «Community will be the loser in unwise development», *The Gazette*, 2 avril 1974.

110. «Trying to preserve history», *The Gazette*, 5 octobre 1973.

111. Guy Pinard, «"Héritage Montréal" a besoin de $200,000», *La Presse*, 9 septembre 1980.

112. La journaliste présentait Jean-Claude Marsan en tant qu'architecte montréalais. Voir Agnès Gruda, «Tollé général contre les modifications au plan directeur du centre-ville», *La Presse*, 2 juin 1990.

113. Le journaliste donnait la parole à Dinu Bumbaru, directeur d'Héritage Montréal. Voir Gilles Gauthier, «Un autre projet controversé : Le développement résidentiel sera autorisé sur une partie de la propriété des sulpiciens», *La Presse*, 29 juillet 1999.

114. «Le projet de Sauvons Montréal : bâtir un véritable plan d'aménagement», *La Presse*, 31 mai 1976.

demander l'instauration d'une telle vue d'ensemble de la conservation et de la planification du développement de la ville. Mais, il faudra attendre l'élection de l'équipe du RCM pour que se mette en branle l'adoption d'un véritable plan d'aménagement. Les autorités municipales avaient choisi d'agir différemment.

Les autorités municipales affirmaient, de leur côté, leur impuissance à sauvegarder le patrimoine. Un article du *Devoir* expliquait : « Montréal n'a aucun pouvoir, de par sa charte, en ce qui a trait à la protection d'édifices classés historiques. Les seuls instruments d'intervention qu'elle possède actuellement sont les dispositions des règlements de zonage, comme la hauteur des édifices[115] ». Dans la seconde moitié des années 1960, le règlement du flanc sud du mont Royal avait été adopté afin de protéger la silhouette de la montagne. Les autorités avaient répondu à l'appel des défenseurs du patrimoine en adoptant, en 1974, un règlement sur le développement de la rue Crescent : « *it marked the first move by the Drapeau administration to place some controls on the current building boom. Until then, City Hall had adopted a hands-off policy towards the developers who were changing the face of the downtown area*[116] ». En 1976, les journaux allaient faire état de deux autres projets de zonage qui devaient protéger le couvent des Sœurs grises et le carré Saint-Louis, en plus de la préparation d'un plan directeur pour le centre-ville et Villa-Maria[117]. En 1978, le règlement 5241 était adopté soumettant dès lors toute demande de démolition d'édifice résidentiel ou de reconversion en fonction commerciale à l'étude du Comité exécutif. Les représentations des groupes de sauvegarde portaient des fruits. À l'Hôtel de Ville, un nouveau discours allait prendre forme.

Au lendemain de la démolition de la maison Van Horne, la Ville de Montréal entreprenait également la confection de l'inventaire des édifices historiques à préserver[118]. Plutôt que de se réjouir de sa réalisation, les défenseurs du patrimoine allaient en contester le caractère privé. « *City Hall has a list of approximately 600 buildings it considers worth saving, but which it will not make public* », écrivaient les auteurs de *Montreal*

Marc Doré, « Montréal : l'ère des gratte-ciel tire à sa fin », La Presse, 1ᵉʳ juin 1979, p. A-12.

Bibliothèque nationale du Québec

Montréal : l'ère des gratte-ciel tire à sa fin

par Marc DORE

Le gratte-ciel que s'apprêtent à construire la Banque Provinciale et Bell Canada sur la Côte du Beaver Hall sera sans doute le dernier de ce type à Montréal.

C'est ce qu'a indiqué au conseil municipal le directeur de l'urbanisme, Aimé Desautels, en annonçant pour bientôt la mise au point finale d'un cadre général de développement du centre-ville qui devrait permettre, espère-t-on à l'Hôtel de Ville, de «rationaliser» les interventions publiques et privées dans le tissu du cœur de la ville.

M. Desautels a parlé de quelques semaines lorsque interrogé sur le moment où ce cadre sera prêt.

Pour mettre au point ce cadre d'aménagement, le service de l'urbanisme est à reviser les règlements de zonage et les règles d'occupation du sol du centre-ville, qui déterminent du point de vue technique, le type de construction qui s'élèvera dans les quartiers centraux.

Les grandes lignes

d'un gigantesque champ d'asperges.

Superficie réduite

Les indices de superficie, qui servent à déterminer, à partir de la surface du terrain, la superficie totale de planchers d'un édifice, seront réduits considérablement, a expliqué le directeur de l'urbanisme.

Ainsi, alors qu'ils peuvent atteindre un chiffre de 15 actuellement, il s pourrait bien qu'ils soient ramenés jusqu'à 8 ou même 6; plutôt que d'autoriser 15 fois plus de superficie de planchers que la surface du terrain porteur, ils ne permettront plus que 6 ou huit fois cette proportion. Les édifices seront ainsi moins élevés, occuperont une plus grande partie du terrain au niveau du sol et seront sans doute plus rapprochés les uns des autres.

Changements

Quant aux raisons qui expliquent cette modification dans les principes d'urbanisme, elles proviennent au fait M. Desautels, à des changements majeurs dans les fondements de l'évolution de la ville. S'il admet bien qu'il faille renoncer au

milieu où se tenir, dé miné entre autres par coût élevé du terrain centre-ville.

De façon plus géné le le haut fonctionna municipal dit ne pas ê partisan des plans d aménagement tr lement heureux Montréal n'ait pas e re de cadre d'aména ment de son centre-vi La ville serait fort r prise selon lui, si avait adopté un sché d'aménagement dan style des années d alors qu'on réflectu par ce moyen à prév tout ce qui se passer Entre autres, on p voyait alors que M tréal aurait en l'an 2 plus de 3 millions d bitants. On sait jourd'hui qu'il faud des efforts important une volonté politi soutenue pour mainte le chiffre magique d million.

Le cadre d'interv tion prendrait donc vantage la forme guide dont les gran lignes seulement raient définies, plu que d'un véritable p d'ensemble. Un guide qui pern

---

115. « Les édifices historiques : Montréal n'a aucun pouvoir », *Le Devoir*, 3 juin 1974.

116. Donna Gabeline, Dane Lanken et Gordon Pape, *op. cit.*, p. 167.

117. Le journaliste donnait la parole à Yvon Lamarre, alors vice-président du Comité exécutif de la Ville de Montréal. Il en deviendra le président en 1978. Voir Claude Turcotte, « L'hôtel de ville s'occupe enfin d'affaire municipale », *La Presse*, 7 février 1976.

118. C'est ce qu'affirmait Gérard Niding, alors président du Comité exécutif de la Ville de Montréal. Il affirmait d'ailleurs à propos de la maison Van Horne « que la ville a multiplié ses efforts afin d'empêcher ce "massacre", mais ses efforts ont été vains, faute d'outils appropriés pour contrôler la démolition ». Voir « City lists buildings in need for protection », *The Montreal Star*, 13 septembre 1973 ; Florian Bernard, « Montréal veut désormais contrôler la démolition des immeubles historiques », *La Presse*, 13 septembre 1973.

at the Crossroads[119]. Sous le couvert de l'anonymat, un fonctionnaire du Service des permis et des inspections affirmait de plus, un peu plus loin dans l'ouvrage, que «*anyone who wants to demolish a building can do so, no question asked*». Ainsi présentés, les efforts de la Ville de Montréal semblaient vains, et les moyens peu coercitifs. Un journaliste assurait avoir obtenu un permis de démolition de l'édifice de son propre employeur, *The Montreal Star*[120]. On le rappelait encore lors de la menace de démolition des Bishop Court Apartments: «*the City of Montreal has issued a demolition permit for the Bishop Court Apartments, despite the fact the building is on its own planning department's protected list*[121]». La lutte pour la sauvegarde du patrimoine se faisait autour des permis de démolition, soit une réponse municipale bien timide aux yeux des groupes de sauvegarde.

Les défenseurs du patrimoine souhaitaient intervenir, en tant que Montréalais, dans les affaires de la Ville. Ils demandaient de pouvoir participer à l'élaboration d'un plan d'aménagement; «les solutions de rechange au développement urbain doivent venir des citoyens eux-mêmes», estimait un journaliste du *Devoir*[122]. Ils contestaient le caractère privé de l'inventaire des édifices de la Ville de Montréal. En d'autres mots, ils dénonçaient l'absence de démocratie à l'Hôtel de ville. L'interdiction faite «à la population de consulter le registre des permis de démolition et de construction délivrés par la ville», justifiée par le directeur du Service par la crainte d'un trop grand nombre de demandes et du dérangement causé, n'améliora en rien le sentiment d'isolement des défenseurs du patrimoine[123]. Durant la même période, la société Marathon demandait un permis pour démolir l'hôtel Laurentien tandis que le cégep du Vieux-Montréal cherchait à démolir le collège Mont-Saint-Louis[124]. Sans la participation des autorités municipales, les défenseurs du patrimoine clamaient leur impuissance à sauver la ville.

Le ralentissement de l'économie et de la construction à Montréal, dans la seconde moitié des années 1970, allait favoriser les groupes de sauvegarde. En 1979, les quotidiens annonçaient même que «l'ère des

---

119. Donna Gabeline, Dane Lanken et Gordon Pape, *op. cit.*, p. 171.

120. L'édifice était situé rue Craig. Voir Terrence Moore, «Unofficial list protects old building», *The Montreal Star*, 29 janvier 1975.

121. Donna Gabeline, «Protected building now faces alteration», *The Gazette*, 31 juillet 1974.

122. Bernard Descôteaux, «Sauvons Montréal donnera les outils de la restauration urbaine aux citoyens», *Le Devoir*, 8 août 1975.

123. Les mêmes informations pouvaient être obtenues par l'hebdomadaire du service, au coût de cinquante dollars par année. Comme le rapportait le quotidien *The Montreal Star*, le département avait commencé à demander des frais «*for copies of its weekly compilation of permits in 1974 when interest in the question of demolitions began to rise.*» Voir Jacques Benoît, «Démolitions: désormais un secret à Montréal», *La Presse*, 24 septembre 1976; «Permits department puts lid on callers», *The Montreal Star*, 25 septembre 1976.

124. «La société Marathon demande un permis pour démolir l'hôtel Laurentien», *La Presse*, 5 octobre 1976; «La demande de démolition de l'hôtel Laurentien suscite des résistances», *Le Devoir*, 5 octobre 1976; Andrew Philipps, «Mont St. Louis college: Landmark building may be saved», *The Gazette*, 8 octobre 1976; Normand Provencher, «Office conversion urged to save historic college», *The Montreal Star*, 8 octobre 1976.

gratte-ciel tir[ait] à sa fin[125] ». Les autorités municipales s'annonçaient enclines à rationaliser les constructions, à réduire leur taille et à utiliser les espaces vacants. Le directeur du Service d'urbanisme, Aimée Desautels y voyait un « changement majeur dans le fondement de l'évolution de la ville[126] ». Deux ans plus tard, à la suite de la démolition des maisons de la rue Saint-Hubert, la Ville de Montréal amendait la charte qui régissait la ville pour obliger l'annonce publique des modifications apportées à un édifice. Un journaliste relatait : « *don't look now, but the debate over Montreal's residential heritage has taken a small, quiet step toward becoming more open to ordinary Montrealers*[127] ». À la même période, intervenait la publication du *Répertoire d'architecture traditionnelle sur le territoire de la Communauté urbaine de Montréal*, un ouvrage commencé dans la seconde moitié des années 1970[128]. Ces mesures n'allaient pourtant pas diminuer le travail des groupes de sauvegarde[129]. Le paysage urbain perpétuait ses velléités de transformations dans les années 1980. Toutefois, les promesses d'un gouvernement plus proche de ses citoyens se dessinaient.

■ ■ ■

En écho à la revendication du « Montréal aux Montréalais », le discours de la sauvegarde mettait en exergue la dépossession de la ville offerte en pâture aux « étrangers ». Trois figures se dessinaient ainsi dans l'opprobre lancé par les défenseurs du patrimoine. Le paysage urbain tombait petit à petit sous la coupe du promoteur venu construire dans la ville. Son insensibilité, expliquée par ses origines étrangères, renforçait le sentiment de frustration. Selon ce discours, le territoire de la ville était devenu le terrain de jeu spéculatif de firmes implantées aux quatre coins du monde. « Leur revenait-il vraiment de protéger la ville ? » demandaient les promoteurs lorsque la parole leur était donnée. La polarisation des positions lors de la polémique entourant l'avenir du couvent des Sœurs grises démontrait bien ce jeu d'opposition entre le « nous » montréalais et l'« étranger ». Même si on les disait sensibles aux intérêts historiques, il fallait arrêter ces étrangers, ce que seuls les Montréalais pouvaient faire. L'automobile, deuxième figure de l'« étranger », était vue comme un envahisseur quotidien pour lequel autoroutes et stationnements étaient mis en place, défigurant la ville. Enfin,

125. Marc Doré, « Montréal : l'ère des gratte-ciel tire à sa fin », *La Presse*, 1er juin 1979.

126. *Ibidem*.

127. « Small breeze of democracy », *The Gazette*, 6 août 1981.

128. Communauté urbaine de Montréal, *Répertoire d'architecture traditionnelle sur le territoire de la Communauté urbaine de Montréal*, Montréal, Communauté urbaine de Montréal, Service de la planification du territoire, 1981-1983, 1986-1987, 1991, 12 volumes.

129. L'opération « 20 000 logements », l'opération « Place au soleil » et la création du programme de revitalisation des artères commerciales étaient au nombre des nouvelles réalisations de l'administration municipale. Voir Jean-Pierre Dagenais, « L'opération 20 000 logements ramène-t-elle les banlieusards en ville ? », *Habitat*, vol. 26, no 4 (1983) ; Alain Duhamel, « Par derrière chez nous, il y a une ruelle », *Habitat*, vol. 26, no 4 (1983) ; Paul-André Linteau, *Histoire de Montréal depuis la Confédération*, p. 537-540.

les tours d'habitation constituaient la troisième figure étrangère et illustraient un autre vol perpétré aux dépens des Montréalais, à la fois par la laideur qui se substituait aux charmes victoriens et par l'arrivée de l'« autre », riche ou célibataire, qui emménageait dans les nouveaux logements. Ce jeu de miroir permettait aux citoyens-défenseurs d'affirmer la justesse de la lutte patrimoniale.

Devant une telle hécatombe, les citoyens désarmés auraient voulu une intervention musclée des trois paliers de gouvernement, seuls en principe capables de protéger et de sauvegarder la ville. L'appel fut sans cesse renouvelé pour contrer la démolition d'un édifice, d'une rangée de maisons ou d'un quartier, et ce, malgré la réponse timide des autorités. Chacun des gouvernements tentait à sa façon de contribuer, mais la préservation de la ville telle qu'elle a été proposée par les groupes de sauvegarde paraissait une charge trop lourde, une entreprise trop périlleuse. Ils appartenaient davantage, dans l'esprit des groupes, au camp des destructeurs. L'État fédéral avait peu de pouvoirs pour sauver la ville, l'État provincial était trop éloigné de la métropole tandis que les autorités municipales faisaient la sourde oreille aux préoccupations des Montréalais. Dans un tel contexte, la lutte glissait encore davantage dans une logique qui laissait le destin de Montréal aux mains des étrangers.

La force du discours avait tout de même réussi à transformer l'image de la ville. Les groupes de sauvegarde, forces actives du « nous » montréalais, bousculèrent les conceptions du développement de Montréal, davantage centrées à la conservation du patrimoine. Les innombrables campagnes menées dans les années 1970 permirent de jeter les bases d'une nouvelle identité. Aux côtés des images de la « métropole du progrès » et de l'« ancienne Ville-Marie » se profilait désormais un « Montréal victorien ». Le fonds patrimonial national accueillit des « monuments historiques » se rattachant à cette nouvelle conception du Montréal patrimonial. Les luttes avaient proposé de sauvegarder encore davantage avec l'attention portée aux espaces verts, aux rues et aux quartiers ; elles préfiguraient ainsi l'émergence de ce qui sera appelé le patrimoine urbain, notion pouvant englober le projet des citoyens-défenseurs. Le discours de sauvegarde avait aussi permis d'articuler la valeur du « Montréal victorien », grâce à une série d'arguments justifiant l'unicité d'une nouvelle identité urbaine à laquelle les Montréalais eux-mêmes étaient semblablement intégrés. À la figure de l'« étranger » qui incarnait ainsi les voix discordantes de l'identité s'opposait le « nous » pour affirmer une volonté populaire qui justifiait les efforts des groupes de sauvegarde. Cette force montante allait bientôt tirer profit, à la fin des années 1970, du ralentissement économique et d'un changement d'attitude général face au paysage urbain ancien. Non plus menacé comme nous venons de le voir au cours de ce premier « moment » de la lutte, le paysage urbain s'aménageait progressivement. Un deuxième « moment » de la lutte se profilait et l'identité urbaine allait pouvoir s'affirmer tout en se transformant au contact de la nouvelle problématique.

II

Le patrimoine aménagé
Affirmer une identité

À la fin des années 1970, le renouveau urbain, par lequel le paysage ancien était balayé pour laisser place à la «métropole du progrès», n'était plus la voie dominante pour envisager le futur de Montréal. Dorénavant, l'avenir de la ville allait s'allier avec l'histoire et le passé de la forme urbaine. Plusieurs signes d'un changement sont alors perceptibles. Dès 1976, alors que les Jeux olympiques s'organisaient dans la controverse, les autorités municipales annonçaient la «renaissance de la ville traditionnelle[1]»; la manifestation sportive sera ainsi la dernière expression flamboyante de la «métropole du XXIe siècle». Deux ans plus tard, aux élections municipales de 1978, un nouveau directeur du Comité exécutif de la Ville de Montréal, Yvon Lamarre, remplaçait Gérard Niding, en poste depuis le début des années 1970. L'équipe dirigeante se consacra «d'une part, à freiner l'exode des habitants vers la banlieue et, si possible, à favoriser le retour des banlieusards et, d'autre part, à relancer l'activité économique[2] ». Les grands projets flamboyants des décennies 1960-1970 laissaient place à de nouveaux objectifs qui espéraient répondre aux besoins des Montréalais et à la protection du patrimoine. La même année, la Loi sur les biens culturels était amendée pour permettre une meilleure emprise des municipalités dans le processus de protection. L'année suivante, l'adoption de la Loi sur l'aménagement et l'urbanisme annonçait, elle aussi, une nouvelle responsabilisation des autorités municipales. Toujours en 1979, le ministère des Affaires culturelles et la Ville de Montréal signaient une entente sur la mise en valeur du Vieux-Montréal et du patrimoine de Montréal, qui, tout en donnant propriété à l'arrondissement historique, allait rapidement permettre d'élargir le rayon d'action.

Le fracas incessant des bulldozers et des marteaux-piqueurs s'amenuisait dans le silence d'un jour meilleur. Au début des années 1980, le souvenir de la démolition de la maison Van Horne, figure emblématique du premier «moment» des luttes, faisait alors place à la réalisation de la maison Alcan, promu instantanément le symbole de la cohabitation entre le patrimoine et la ville nouvelle. Le paysage urbain était non plus menacé de démolition, mais aménagé par des autorités et des promoteurs hier conspués. Le discours des groupes de sauvegarde, fort d'une décennie de luttes et d'un soutien croissant de la population, obtenait une audience nouvelle. Une identité urbaine pouvait dès lors s'affirmer. Ainsi, au cours des années 1980 et 1990, le patrimoine se conjugua de plus en plus avec son aménagement.

La scène politique municipale se transforma considérablement au cours des années 1980 et 1990. Trois équipes politiques successives se partagèrent le pouvoir. L'événement symbolique le plus important fut sans nul doute le départ, en 1986, du maire Jean Drapeau, qui avait occupé le poste de maire sans interruption depuis 1960. Déjà aux élections municipales de 1982, la majorité avec laquelle Drapeau avait dirigé les destinées de Montréal s'amenuisait, récoltant moins de la moitié des voix[3]. Seule la division des votes entre le RCM, qui devenait l'opposition officielle, et le GAM permettait à l'ancienne équipe de conserver le pouvoir. Finalement, devant l'imminence de la défaite aux élections de 1986, Drapeau annonça sa retraite. Le RCM réussit alors à conquérir le pouvoir municipal et Jean Doré devint le nouveau maire de Montréal. La nouvelle équipe, qui s'était opposée au développement de la «métropole du progrès» depuis son apparition en 1972, donnait une nouvelle légitimité aux luttes patrimoniales qui allaient ainsi, espérait-on, trouver un écho à l'Hôtel de Ville. Le RCM demeura au pouvoir

1.   Cette annonce fut faite à la suite de la prise en charge de l'organisation des Jeux olympiques par les autorités provinciales, qui relayaient les autorités municipales montréalaises, ne maîtrisant plus la situation. Voir Claude Turcotte, «L'hôtel de ville s'occupe enfin d'affaire municipale», *La Presse*, 7 février 1976.

2.   Paul-André Linteau, *Histoire de Montréal depuis la Confédération*, Montréal, Boréal, 2000, p. 537.

3.   Le RCM remportait une quinzaine de sièges au conseil municipal. *Idem*, p. 542.

pendant deux mandats. Les difficultés économiques ambiantes, l'endette-ment de la Ville et l'image de l'équipe dirigeante, ternie par des rêves déçus, permirent l'arrivée aux élections municipales de 1994 de Vision Montréal et d'un nouveau maire, Pierre Bourque. L'équipe, malgré les contestations virulentes du maire et les élections difficiles de 1998, se maintint au pouvoir jusqu'à la fin de la période étudiée. En 2002, dans la foulée d'une réorga-nisation municipale menée à l'échelle de la province, la nouvelle Ville de Montréal naissait, grâce aux fusions des municipalités voisines ; le territoire de la ville occupait désormais l'ensemble de l'île de Montréal. Dernièrement, des référendums consentis aux municipalités qui rejetaient la décision des fusions, majoritairement énoncée au nom d'une identité municipale à préserver, ont à nouveau transformé la carte urbaine de Montréal.

Sur la scène provinciale, malgré les changements de gouvernement, marqués par l'alternance au pouvoir entre le Parti québécois et le Parti libé-ral, le discours militant conserva un regard général pour caractériser l'action des autorités provinciales. Le gouvernement du Parti québécois, élu aux élections de 1976, garda le pouvoir jusqu'en 1985. Outre l'adoption en 1982 d'un « programme d'action » par le ministère des Affaires culturelles, intitulé *Des actions culturelles pour aujourd'hui*[4], ce fut surtout l'amendement de 1985 à la Loi sur les biens culturels qui transforma concrètement la politi-que du patrimoine. En effet, l'État provincial permettait aux municipalités de « citer » des biens sur leur territoire et de constituer des « sites du patri-moine », qui allaient désormais graduer la « reconnaissance » et le « classe-ment » des biens culturels, et la notion d'« arrondissement historique »[5]. Un message était lancé : avant de devenir d'intérêt national, un édifice ou un lieu devait être reconnu à l'échelle locale. On constate d'ailleurs, dans la seconde moitié des années 1980, un retrait progressif du processus de protection provinciale au profit de l'effort des autorités municipales montréalaises ; la tendance allait s'inverser à la toute fin de la décennie 1990[6].

Arrivé aux commandes du gouvernement en 1985, le Parti libéral se maintint en place jusqu'en 1994. Deux ans après la passation des pouvoirs, la ministre des Affaires culturelles, Lise Bacon, annonçait que le gouverne-ment avait l'intention de procéder à l'adoption d'une politique culturelle. De nouvelles orientations devaient baliser les gestes de l'État québécois. Les dépôts du *Bilan Actions-Avenir*, en 1987, et du projet d'énoncé de politique,

---

4.   En 1982, le ministère des Affaires culturelles, après une tournée de consultation sous le thème « Le Québec : un enjeu culturel », publiait *Des actions culturelles pour aujourd'hui : programme d'action du ministère des Affaires culturelles*. Le programme est plutôt axé sur la création que sur la protection du patrimoine : « [l]a conservation du patrimoine culturel est presque totalement absente du programme d'action du ministre [Clément] Richard ». Voir Charles De Blois Martin, « L'évolution des rapports entre les politiques du patrimoine et du tourisme au Québec », mémoire de maîtrise (science politique), Université Laval, 1997, p. 69.

5.   Alain Gelly, Louise Brunelle-Lavoie et Corneliu Kirjan, *La passion du patrimoine. La Commission des biens culturels du Québec 1922-1994*, Québec, Septentrion, 1995, p. 252-255.

6.   Voir l'annexe II : « Liste des biens culturels protégés par l'État québécois à Montréal (1922-2003) » et l'annexe III : « Liste des biens culturels cités et des sites du patrimoine constitués par la Ville de Montréal (1985-2003) ».

intitulé *Le patrimoine culturel: une affaire de société*, en 1988, ne transfor-mèrent guère sur le terrain les revendications des groupes de défense, malgré l'importance manifeste accordée au patrimoine[7]. Le même constat s'établit clairement à la suite du rapport de 1991 du Groupe-conseil sur la politique culturelle du Québec, *Une politique de la culture et des arts*, et la réponse du ministère intitulée *La politique culturelle du Québec. Notre culture, notre avenir*, en 1992[8]. Le désir de voir l'État québécois enfin reconnaître offi-ciellement l'importance fondamentale du patrimoine dans le cadre d'une politique globale concertée, qui délaisserait le cas par cas si souvent dénoncé, ne fut que ravivé par les défenseurs du patrimoine. Ces derniers continuè-rent à revendiquer une telle politique pendant toute la décennie. Signalons enfin que, durant le mandat des libéraux, l'ancien ministère des Affaires culturelles changeait de nom en 1993 pour celui de ministère de la Culture, puis de ministère de la Culture et des Communications en 1994[9]. Cette même année, le Parti québécois revenait au pouvoir. La dernière volonté d'adopter une telle politique date de 2000, alors qu'un nouveau rapport était déposé par un Groupe-conseil sur la politique culturelle du Québec, inti-tulé cette fois *Notre patrimoine: un présent du passé*[10]. Une large place était alors faite aux revendications et aux conceptions du patrimoine des groupes de défenseurs dans le cadre de mémoires déposés au cours des audiences publiques. L'extension des champs d'application de la notion de patrimoine et celle, tout aussi importante, de la notion de culture semblent avoir raison de l'intervention étatique.

Cette deuxième partie – «Le patrimoine aménagé: affirmer une identité» – poursuit le périple entrepris, gardant les mêmes objectifs d'appro-fondir les mécanismes de la patrimonialisation. Un deuxième «moment» des luttes patrimoniales annonce les nouveaux combats que devront livrer les défenseurs du patrimoine. Le premier «moment» avait permis de con-tester la mise en chantier de la «métropole du progrès»; un autre Montréal patrimonial devait élargir la conception du monument historique alors associée à l'image de l'«ancienne Ville-Marie». Afin de mettre un terme à la démolition, à la dégradation et à l'abandon des édifices anciens, une identité à reconnaître se profila dans l'argumentaire et le discours militant. Dans le processus qui mena d'un patrimoine «menacé» à un patrimoine «aménagé», le septième chapitre explore les avenues proposées pour

7. Ministère des Affaires culturelles, *Document préparatoire en vue de l'élaboration d'une politique du patrimoine*, Québec, ministère des Affaires culturelles, 1987; Ministère des Affaires culturelles, *Bilan Actions-Avenir*, Québec, gouvernement du Québec, 1988; Ministère des Affaires culturelles, *Le patrimoine culturel: une affaire de société. Projet d'énoncé de politique*, Québec, ministère des Affaires culturelles, 1988.

8. Groupe-conseil sur la politique culturelle du Québec, *Une politique de la culture et des arts*, présentée par Roland Arpin, Québec, gouvernement du Québec, 1991; Ministère des Affaires culturelles, *La politique culturelle du Québec. Notre culture notre avenir*, Québec, gouvernement du Québec, 1992.

9. Voir l'annexe VII: «Titulaire du ministère de la Culture et des Communications depuis sa création (1961-2003)».

10. Groupe-conseil sur la politique du patrimoine culturel au Québec, *Notre patrimoine: un présent du passé*, présenté par Roland Arpin, Québec, ministère de la Culture et des Communications, 2000.

conjuguer le patrimoine au présent. Ces alternatives sont fondamentales car, en plus de raffiner la vision d'un patrimoine urbain à défendre, elles annoncent les problématiques de la requalification, de l'insertion et de la transformation des édifices anciens. Ces questions, abordées dans le huitième chapitre, permettaient le rêve d'un paysage urbain enfin protégé de se réaliser. Toutefois, à mesure que se mettait en place une nouvelle manière de faire, les avatars du rêve se manifestaient de toutes parts. Ainsi, loin de pouvoir se reposer après le travail accompli, les défenseurs du patrimoine redoublèrent d'efforts. Des figures nouvelles de l'identité urbaine émergèrent de la façon d'appréhender la ville dans ce deuxième «moment». Aux problématiques déjà présentes s'ajoutaient les menaces de construction et de densification, qui annonçaient une inflexion du discours militant et de l'idée de la ville à sauvegarder. Le chapitre neuf suit l'émergence du mont Royal, qui devint progressivement l'emblème fondamental de Montréal, tandis que le chapitre dix traite de la «diversité», qui soutint au cours des années 1990 l'expression d'une nouvelle vision du patrimoine montréalais. Au terme de cette deuxième partie, il sera possible de mesurer le chemin parcouru depuis les premières revendications du début des années 1970 ; le lecteur aura constaté la lente transformation de l'argumentation patrimoniale et de l'identité urbaine montréalaise, valorisée à travers celle-ci.

À la recherche de solutions
Décliner le patrimoine
au présent

La réutilisation de bâtiments abandonnés ou «surannés» ajoute une dimension historique
et esthétique au concept de recyclage. Les vieux bâtiments, monuments ou ordinaires,
créent un lien vivant entre les générations passées et l'évolution de nos villes.
C'est le nœud de notre héritage urbain.

«Le mois du recyclage», *S.O.S. Montréal*, 1979.

Les campagnes de sauvegarde et leur résonance médiatique permirent d'alerter l'opinion publique tout en diffusant le discours militant. La voie royale pour sauver le paysage urbain, inlassablement prônée par les groupes, consistait à demander le classement d'édifices à titre de «monuments historiques» au ministère des Affaires culturelles. La réalisation de ce dessein commandait l'articulation de tout un arsenal d'arguments historiques, esthétiques ou scientifiques afin de légitimer leur inscription dans le fonds patrimonial national. Le discours de sauvegarde affirmait ainsi l'importance fondamentale d'un paysage urbain réfléchissant la véritable identité de Montréal. Si des édifices dits «exceptionnels» pouvaient bénéficier de la protection gouvernementale, des pans entiers de la ville restaient cependant à la merci d'un développement guidé par le processus de modernisation et soumis aux diktats économiques. L'inéluctable obsolescence de l'édifice, au nom de laquelle on trouvait les raisons de son démantèlement chez les uns, mais aussi de sa sauvegarde chez les autres, pouvait toutefois être contrée par la réactualisation du rôle de l'édifice dans la ville. Une autre forme de raisonnement s'ajoutait ainsi aux arguments de la sauvegarde qui allait s'affirmer sous la forme d'un «patrimoine aménagé». Le recyclage, présenté dans *S.O.S. Montréal*, comme le «nœud de notre héritage urbain[1]», s'inscrivait ainsi dans un processus de représentation qu'il est possible de retracer. Le recyclage de la maison Alcan, dont le succès retentissant allait maintes fois être rappelé dans les années 1980, prenait racine dans la décennie précédente avec, entre autres, les efforts pour pérenniser le paysage urbain. Trouver et proposer des solutions afin de décliner le patrimoine au présent, telle fut une autre facette du discours de sauvegarde, non seulement dans les années 1970, mais tout au long de la période étudiée.

Ce chapitre s'intéresse aux alternatives proposées par les défenseurs du patrimoine et la transformation des comportements qui en découla. Il sera d'abord question dans les deux premières sections du recyclage, de la restauration et de la rénovation des édifices anciens. Nouveaux concepts et pratiques étaient explicités dans l'espoir de voir émerger une attitude différente envers un patrimoine qui ne pouvait pas nécessairement se prévaloir de l'appellation de «monument historique». Un patrimoine «à la pièce», comme nous le verrons ensuite, faisait figure de solution pour préserver les meilleurs éléments des édifices en danger tout en laissant la ville moderne se construire. Il ne s'agissait pas toutefois de valoriser la création d'une architecture de pastiche, comme en témoigne le vibrant plaidoyer pour l'authenticité à la source de l'échec porté au projet de reconstruction de l'Hôpital général des Sœurs grises, analysé dans la section suivante. L'ensemble de ces démarches permit de contrer, peu à peu, des démolitions marquées au sceau de la fatalité. Les dossiers des églises, des incendies et des édifices abandonnés concluront le chapitre. L'impact du mouvement de conservation peut ainsi se mesurer par la fin de la «série noire» des églises et par le changement d'attitude à l'égard d'un paysage urbain *a priori* obsolète. L'acte de sauvegarde s'exprimait aussi par la recherche de nouvelles solutions occultées jusqu'alors par le cycle des démolitions-constructions, que le premier «moment» des luttes a mis en exergue.

■ Le recyclage : assurer la survie du patrimoine

L'argumentaire des défenseurs du patrimoine cherchait à proposer une nouvelle valeur d'usage aux édifices menacés. Le «recyclage» se déclina ainsi, avec une force croissante, comme une alternative à la mort

---

1. Un numéro spécial du journal de Sauvons Montréal était consacré au recyclage; la une annonçait: «La nouvelle mode pour '79: le recyclage». Une série d'articles avait trait aux différentes formes de recyclage dans la ville. Voir «Le mois du recyclage», *S.O.S. Montréal*, vol. 3, n° 6 (janvier 1979).

de l'édifice. L'opération, simple dans son raisonnement, devait introduire une nouvelle fonction dans un édifice, lui insuffler une nouvelle vie. Dans cette perspective, certains imaginèrent la gare Windsor muée en Musée de l'Homme[2] ou encore en bibliothèque municipale[3]. Les défenseurs de l'ancien collège Mont-Saint-Louis voyaient sa transformation en centre socioculturel, en résidence étudiante, en Musée des sciences et technologies ou en Musée des religions[4]. Le couvent des Sœurs grises semblait adéquat pour abriter des locaux de l'Université Concordia, du gouvernement fédéral[5], une résidence pour personnes âgées ou une « grande auberge comme il en existe en Europe[6] ». Selon le même principe, l'hôtel Laurentien devenait une résidence pour personnes âgées ou pour étudiants[7]. Des fonctions résidentielles ou culturelles paraissaient être une destinée légitime pour sauver des édifices voués à la démolition, même si, dans les cas énumérés, aucune des hypothèses proposées ne fut mise en chantier. Plutôt que de « muséifier » la ville historique, ce qui n'apparaissait pas comme une option valable, il fallait lui permettre de rejouer un rôle au présent. Le recyclage assurerait en toute logique la survie du « patrimoine » par son réemploi.

Lorsque les hypothèses de reconversion étaient proposées au cours des campagnes de sauvegarde, le recyclage n'était jamais abordé en termes techniques. Les journalistes ne soulevaient pas davantage la question. L'impact des nouvelles fonctions proposées dans le processus de sauvegarde des édifices ne faisait pas l'objet de discussions. Il n'importait pas d'examiner les possibles conséquences sur les qualités historiques ou esthétiques de l'édifice, et de juger des réaménagements intérieurs nécessaires, de la solidité de l'enveloppe, des fondations ou de tout autre problème d'ordre fonctionnel. Le coût financier de telles opérations n'était pas davantage projeté dans la réalisation des projets. Le plaidoyer de la sauvegarde notait simplement la possibilité de réutiliser les édifices abandonnés comme si les nouveaux occupants n'avaient finalement qu'à s'y installer. Il importait

---

2. Une journaliste affirmait que les fonctionnaires du ministère des Affaires culturelles en avaient étudié la possibilité. Voir Dusty Vineberg, « Windsor Station could be a museum », *The Montreal Star*, 24 avril 1974.

3. Un lecteur du *Montreal Star* espérait en voir la réalisation. Voir Peter S. Sindell, « Windsor Station a library? », *The Montreal Star*, 3 novembre 1973.

4. Jusqu'au classement du collège Mont-Saint-Louis par le ministère des Affaires culturelles en 1979, ces possibilités furent évoquées dans différents articles afin de contrer la démolition de l'édifice. On peut consulter les articles de Cyrille Felteau, « Le PQ plaide contre la démolition du Mont-Saint-Louis », *La Presse*, 1er juin 1976 ; « Transformer l'ancien Mont-Saint-Louis en centre socio-culturel », *Le Devoir*, 7 octobre 1976 ; Jacques Benoît, « Mont-Saint-Louis : foyers d'étudiants, édifices à bureaux... », *La Presse*, 7 octobre 1976 ; Normand Provencher, « Office conversion urged to save historic college », *The Montreal Star*, 8 octobre 1976 ; Rosario Venne, « Que de souvenirs dans ces murs », *La Presse*, 2 janvier 1979 ; Pierre Paquin, « Le Mont-Saint-Louis ferait un excellent musée », *Le Devoir*, 5 janvier 1979.

5. Sauvons Montréal proposait cette solution qui avait comme avantage de ne plus nécessiter la construction du complexe Guy-Fravreau faisant ainsi « d'une pierre deux coups ». Voir Jacques Francœur, « Installer les bureaux du fédéral dans l'immense couvent des Sœurs Grises », *Dimanche-Matin*, 16 décembre 1974.

6. « La maison des Sœurs Grises », *Le Devoir*, 5 décembre 1974 ; Dusty Vineberg-Solomon, « Concordia wants Grey Nuns' property », *The Montreal Star*, 22 mars 1975 ; Betty Abbott, « Grey Nuns property », *The Gazette*, 25 juin 1975.

7. « Hôtel Laurentien. Dernier SOS de Sauvons Montréal », *La Presse*, 24 novembre 1976.

avant tout de convaincre d'une utilité contemporaine. L'idée véhiculée, sous forme d'affirmation, établissait que les qualités historiques, esthétiques ou scientifiques de l'édifice pouvaient être maintenues en assurant la pérennité de la structure. Il importait de trouver une nouvelle fonction compatible, accessoirement des personnes intéressées à faire avancer le projet ; conséquemment, l'édifice ne se trouvait plus menacé par son obsolescence.

Le « renouveau urbain », qui se déclinait en termes de démolition pour permettre la *tabula rasa* nécessaire à l'édification de la « métropole du XXIᵉ siècle », se trouvait dès lors concurrencé par une nouvelle vision de la ville. Le recyclage s'immisçait dans les interstices des promesses non tenues des grands projets urbains des années 1960. Dans un texte publié en 1976 dans le quotidien *La Presse*, André Corboz, alors professeur à la Faculté de l'aménagement de l'Université de Montréal, évoquait la nouveauté de la démarche et ce qui lui apparaissait les causes sous-jacentes :

> La dégradation accélérée du milieu urbain et la basse qualité des logements fournis par la spéculation sont pour beaucoup dans la valorisation des édifices anciens. Mais, à ces motifs essentiellement nostalgiques se combine depuis environ deux ans, un phénomène parallèle : le « recyclage » des vieilles bâtisses (c'est-à-dire toute intervention sur elles qui ne recourt pas au bulldozer). Le rétrécissement du marché immobilier a en effet incité promoteurs et architectes à s'intéresser activement au stock des édifices existants comme à un marché vierge auparavant méprisé[8].

Les propositions de réanimation des édifices anciens bénéficiaient d'un essoufflement économique conjoncturel, favorable à l'écoute du nouveau message, participant au basculement d'un autre paradigme du développement urbain. Il fallut toutefois attendre les années 1980 avant que le recyclage ne devienne une pratique plus courante et acceptée, qui allait s'inscrire dans le cadre d'un nouvel urbanisme patrimonial.

La recherche de nouvelles solutions permettait d'espérer la réalisation d'une société nouvelle. David Giles Carter, alors directeur du Musée des beaux-arts de Montréal et membre de la Commission des biens culturels, tentait de convaincre de sa possible réalisation dans un texte intitulé « New uses for our landmarks might be a way of saving them ». Sous le mode de la métaphore, il en appelait à une « *hermit crab theory* » : « *the Chateau De Ramezay was not always a museum, the Centaur Theatre not always a theatre and now new uses must be contemplated for the Van Horne house and Windsor Station*[9] ». Quelques années plus tard, alors qu'étaient de plus en plus discutées les valeurs du recyclage, une journaliste de *The Gazette* affirmait avec lyrisme : « *the throwaway society has begun to realize that waste not, want not is more than an old proverb our grandparents used to repeat* », puis ajoutait : « *that realization is*

Abandonné depuis quelques années, le château Dufresne était restauré dans la foulée des Jeux olympiques de 1976 et recyclé. Bernard Descôteaux, « Le château Dufresne abritera le musée des Arts décoratifs », Le Devoir, 18 juin 1976, p. 3.

---

8. André Corboz, « Le projet des Sœurs grises : lâcher la proie pour l'ombre », *La Presse*, 30 juin 1976.

9. David Giles Carter, « New uses for our landmarks might be a way of saving them », *The Gazette*, 13 juillet 1973.

beginning to take hold in architecture and development fields, where a trend towards recycling buildings is slowly gaining ground against the rip it all down, built anew school of thought[10] ». Afin de prouver la réalité de son affirmation, la journaliste énumérait quelques cas de recyclage tant dans le Vieux-Montréal qu'ailleurs dans la ville : les écuries d'Youville, les maisons de la rue University[11], l'immeuble de la rue Queen Mary et le Green Avenue Post Office à Westmount : « *Montreal, with its wealth of old building and underused churches, provides a perfect laboratory for experiments in recycling[12].* » Au milieu des années 1970, dans le Vieux-Montréal, Le Cours Le Royer, ensemble de quatre magasins-entrepôts érigés dans la seconde moitié du XIXe siècle par les religieuses hospitalières de Saint-Joseph sur le site de leur ancien hôpital, prit ainsi une valeur d'exemple – « quasi-pionnier » – quant aux potentialités de l'utilisation des anciens édifices pour des fins résidentielles[13]. Le recyclage tendait à prouver qu'il était réellement possible de sauvegarder le paysage urbain.

Ainsi, l'action des défenseurs du patrimoine, et plus spécifiquement celle des groupes de sauvegarde, s'exprimait selon deux schémas interprétatifs. Le premier cherchait à faire protéger, par les autorités, les édifices menacés ou à intenter diverses actions en justice pour bloquer les démolitions. Le second, toujours dans le même but, valorisait le recyclage afin d'actualiser la présence des éléments patrimoniaux dans la ville. Cette attitude, outre le regard réaliste porté sur l'action gouvernementale et l'impossibilité de protéger légalement l'ensemble de la ville ancienne menacée, s'inscrivait dans une problématique plus large que la seule conservation du patrimoine. Déjà, en associant ce dernier à une identité distincte à préserver,

---

10. Donna Gabeline, « Recycling beats rip-it-down-build-anew proach », *The Gazette*, 13 novembre 1975.

11. Il s'agit en fait des « Jardins Prince-Arthur », dont le recyclage des maisons – menacées de démolition – avait débuté en 1973 par la firme Desnoyers, Mercure et Associés. L'effort se concluait en 1975 par la médaille Massey pour l'amélioration de l'environnement. Le projet fut, selon Claude Bergeron, « la première réalisation de recyclage à retenir l'attention ». Voir Claude Bergeron, *Architecture du XXe siècle au Québec*, Montréal / Québec, Méridien / Musée de la civilisation, 1989, p. 221.

12. Donna Gabeline, *The Gazette*, 13 novembre 1975.

13. En 1977, un article de la revue *Habitat* décrivait les travaux de restauration. Le projet du Cours Le Royer, par son importance, rompait avec les gestes posés dans l'arrondissement historique : « jusqu'alors les expériences de restauration à des fins résidentielles dans le Vieux-Montréal constituaient des faits isolés ; elles étaient éparpillées ici et là dans le tissu urbain ». L'article rappelait du même souffle que les architectes avaient déjà réalisé le projet « Les jardins Prince-Arthur » : « ce projet constituait une réussite dans ce domaine nouveau chez-nous qu'est la préservation et la rentabilisation de vieux bâtiments ». Dans le journal *S.O.S. Montréal*, Phyllis Lambert déclarait au sujet des immeubles du Cours Le Royer : « on peut affirmer sans aucune réserve que ces bâtiments comptent parmi les ensembles d'immeubles commerciaux du XIXe siècle les plus vigoureux et les plus importants du point de vue architectural en Amérique du Nord, et peut-être même au monde ». Elle ajoutait, à propos du programme de recyclage alors en cours de réalisation, qu'il constituait une étape « essentielle à la réhabilitation du Vieux-Montréal », puisqu'il « pouvait redevenir un vrai quartier de la ville ayant une forte composante résidentielle [...] ». Le rôle des groupes de sauvegarde était essentiel dans l'affirmation de ce processus : « Héritage Montréal est partie intégrante de cet exemple du patrimoine montréalais. » Voir « Le Cours Le Royer, une seconde jeunesse à des bâtiments du XIXe siècle », *Habitat*, vol. 20, n°s 3 - 4 (1977), p. 20-24 ; Phyllis Lambert, « Le projet Cours Le Royer », *S.O.S. Montréal*, vol. 5, n° 2 (1980), p. 18.

les défenseurs du patrimoine avaient lié la sauvegarde d'éléments ponctuels à une compréhension d'ensemble du devenir urbain.

◼ La restauration et la rénovation : une nouvelle vision du patrimoine urbain

La pérennité du paysage urbain s'accompagnait d'une nouvelle vision du patrimoine, de la ville et de sa population. « Il ne faut pas oublier que pour chaque église ou maison connue rasée par les bulldozers un quartier de classe ouvrière tout entier est souvent également détruit en même temps que l'esprit communautaire qui s'y trouvait », soutenait Michael Fish lors de la création de Sauvons Montréal[14]. Les défenseurs du patrimoine argumentaient que le paysage urbain participait à la création d'un milieu de vie unique. Il fallait donc le préserver tant par la « restauration » que la « rénovation ». Dans le discours des groupes de sauvegarde, la différenciation entre les deux concepts n'était cependant pas toujours faite avec clarté. Si, dans l'esprit du monument historique, la « restauration » s'inscrivait dans la volonté de respecter les caractères de l'édifice et que la « rénovation », plus générale, visait à le transformer, les groupes de sauvegarde y voyaient plutôt une façon de combattre la vétusté d'édifices promis à la démolition. L'apport de Sauvons Montréal et d'Héritage Montréal s'inscrivait dans le mouvement plus large de l'« *advocacy planning* », qui cherchait à aider les populations à se donner les moyens de conserver leur logement[15]. Ainsi, lors des campagnes de sauvegarde, Sauvons Montréal puis Héritage Montréal intervinrent pour apporter un soutien professionnel et technique qui, au-delà de la proposition de nouvelles fonctions, s'évertuait bien plus à maintenir les fonctions résidentielles.

Bernard Descôteaux, « Sauvons Montréal donnera les outils de la restauration urbaine aux citoyens », Le Devoir, 8 août 1975, p. 2.

▼

Bibliothèque nationale du Québec

Sauvons Montréal donnera les outils de la restauration urbaine aux citoyens

par Bernard Descôteaux

La conceptualisation de l'adéquation entre des résidants, qui animaient rues et quartiers, et le paysage urbain, qui possédait des qualités historiques, architecturales et techniques originales, concourait ainsi à la caractérisation de Montréal et à l'émergence d'une notion de patrimoine élargie.

---

14. Urgel Lefebvre, « Appel aux candidats : "Sauvons Montréal" », *Le Devoir*, 29 septembre 1973.

15. Le débat sur la question du logement et du droit des locataires a occupé la plus grande partie des recherches à Montréal. Phyllis Lambert écrivait : « *another approach to managing the built environment is the advent of groups of citizens who are almost naturally conservationists. It was not architects who first publicy complained of urban disaster. Architects are now creating the language of reform* […]. *What the architect, the person with special training, can and must do is to present background information and the options for discussion* ». Voir « Phyllis Lambert : Architecture-aholic », *Héritage Canada*, juin 1980, p. 38-43 ; Phyllis Lambert, « What is the role of the architect in contemporary society ? », *Héritage Canada*, août 1980, p. 9 - 10.

Pour les groupes de sauvegarde, le paysage urbain était composé de différents types d'édifices, qui s'échelonnait de l'exceptionnel, méritant de ce fait l'appellation de « monument historique », à celui dénué d'intérêt, pouvant être consciemment voué à la démolition. Entre les deux extrêmes, une gamme d'édifices avaient droit à différents traitements. Selon ce raisonnement, le bon état de conservation pouvait être une raison tout aussi valable de sauvegarder que des considérations d'ordre historique ou esthétique. L'idée était exprimée par Sauvons Montréal qui, dès sa création, proposait de faire l'inventaire des édifices du centre-ville et d'en moduler l'importance. L'étude, même si elle ne fut jamais rapportée dans les médias, aurait ainsi permis de distinguer les édifices importants, les édifices à rénover et les zones propices au redéveloppement : « *when complete it will show the city "landmark" buildings, "sound" but not historic building; and those which are considered to be without value and to be appropriate site for redevelopment*[16] ». Peter Lanken, porte-parole de Sauvons Montréal, donnait quelques exemples de ce que pourrait donner cet inventaire : la gare Windsor serait considérée comme un « *landmark* », le Haddon Hall Apartments, rue Sherbrooke, « *as sound* » et les entrepôts sur la rue Duke, dans le faubourg des Récollets, « *as extremely dilapidated* » et bons pour le redéveloppement. Grâce à ces indicateurs, il aurait été possible de planifier la conservation et le développement urbain.

Le même esprit animait Héritage Montréal, lors de sa création en 1975. Structuré légalement en fondation afin d'amasser des fonds pour financer les campagnes de sauvegarde et les groupes militants, l'un des objectifs consistait « essentiellement [à] appuyer, au point de vue financier, les groupes entreprenant des travaux de rénovation de bâtiment et de quartier[17] ». Cette mission, axe important du travail de l'organisme, s'est poursuivie en empruntant plusieurs vecteurs, tels les cours de rénovation et de restauration domiciliaire ou les chroniques publiées dans le quotidien *The Gazette*. Franchissant le cap de l'action médiatisée des campagnes, Sauvons Montréal et Héritage Montréal travaillaient à la prise en charge collective de l'environnement urbain.

L'avenir du paysage urbain devenait dès lors une préoccupation tant pour des qualités formelles ou mémorielles que pour l'importance des fonctions résidentielles. Dans cet esprit, Sauvons Montréal et Héritage Montréal appuyèrent les associations de résidants qui luttaient contre la démolition de leur logement. À ce titre, peuvent être citées les nombreuses aides apportées à l'Association des résidants de la rue Saint-Norbert, à l'Association des résidants de la rue Jeanne-Mance, au Comité de luttes des locataires de

---

16. Dusty Vineberg, « Save Montreal hires six », *The Montreal Star*, 6 janvier 1974.
17. Jacques Benoît, « "Héritage Montréal" : appui financier à la rénovation », *La Presse*, 28 octobre 1975.

Clermont Motors, au Comité de citoyens de Milton-Parc[18]. Par des relevés architecturaux et leur expertise professionnelle, ils tentèrent de démontrer, d'une part, que les édifices pouvaient être rénovés à des coûts inférieurs à ceux de la démolition-construction et, d'autre part, que les bâtiments possédaient des qualités patrimoniales indéniables. Restauration et rénovation venaient s'ajouter au recyclage et enrichissaient la notion de patrimoine.

Lise Bissonnette, « La construction démarre enfin à l'UQAM », Le Devoir, 14 décembre 1974, p. 12.

La sauvegarde et l'insertion : un patrimoine à la pièce

L'idée d'agir pour assurer la pérennité du paysage urbain s'accompagnait de propositions d'insertion de structures nouvelles pour faciliter la sauvegarde de certains éléments. Même le « monument historique » pouvait s'inscrire dans une philosophie de récupération pour prouver sa légitimité au temps présent. Un premier exemple d'intégration d'une structure ancienne et d'un édifice moderne avait été tenté, au début de la période étudiée, avec la récupération de l'église Saint-Jacques. Le choix de l'Université du Québec à Montréal de s'installer dans l'ancien Quartier latin avait en effet entraîné la démolition partielle de l'église Saint-Jacques pour la construction de son nouveau campus. L'église était alors « à vendre » et risquait, comme beaucoup d'autres églises montréalaises, la « démolition totale »[19]. Le projet avait mené aux deux premiers classements montréalais sous l'égide de la Loi sur les biens culturels adoptée en 1972. Le clocher et le transept sud de l'église Saint-Jacques avaient été protégés, tandis que le reste de l'édifice était sacrifié[20]. L'opération,

La construction démarre enfin à l'UQAM

---

18. Sauvons Montréal apporta son aide au Comité de lutte des locataires de Clermont Motor, concessionnaire automobile qui prévoyait en effet la démolition, en 1976, d'une série de maisons en rangée sur la rue Saint-Denis, entre les rues Boucher et Saint-Grégoire, pour l'agrandissement de l'entreprise. Pour le groupe de sauvegarde, « ces maisons pas très modernes, à l'échelle humaine » ne devaient pas être démolies parce qu'elles participaient à l'image de ville et que des Montréalais bénéficiaient tout simplement de bons logements. Voir Comité de lutte des locataires de Clermont Motor, « Des locataires face à Clermont Motor », *Le Jour*, 26 juillet 1976 ; Lucia Kowaluk, « GM is unseen power as tenants fight for homes », *The Gazette*, 14 septembre 1976 ; Bob Silverman, « Tous les chemins mènent à Détroit » et Lucia Kowaluk, « Clermont Motors: cars vs people », *S.O.S. Montréal*, n° 8 (décembre 1976), p. 2-3 et (mars 1977).

19. Lysianne Gagnon, « L'UQ redonnera à Montréal son "quartier latin" », *La Presse*, 15 juillet 1971.

20. Le clocher avait été classé le 29 juin 1973, tandis que le transept sud l'avait été le 11 septembre ; les deux « monuments historiques » étaient devenus un « arrondissement protégé » en juin 1975. Voir Site Internet du ministère de la Culture et des Communications, *Répertoire des biens culturels et arrondissement du Québec*, 2000, [http://www.mcc.gouv.qc.ca/pamu/biens-culturels/ index.htm], consulté le 12 février 2003. L'ancienne cathédrale, devenue après l'incendie de 1852 une église paroissiale, était alors reconstruite par l'architecte John Ostell en 1856. À la suite d'un autre incendie, Victor Bourgeau dessina la flèche, ajoutée en 1876. L'accroissement de la paroisse nécessita l'agrandissement de l'église, en 1889, par les architectes Perrault, Mesnard et Venne, à qui l'on doit le transept sud. Voir Raymonde Gauthier, « Clocher et transept sud de l'église Saint-Jacques », dans *Les Chemins de la mémoire*, vol. 2, p. 89-90.

sanctionnée par le ministère des Affaires culturelles, pouvait alors conjuguer le devenir du « monument historique » avec l'isolement et la consécration de ses meilleurs éléments[21]. De l'autre côté de la rue Sainte-Catherine, la chapelle Notre-Dame-de-Lourdes, construite entre 1876 et 1880, avait été conservée dans son intégralité – sans être protégée légalement – et enveloppée par le pavillon Hubert-Aquin. Les commentateurs du projet avaient, pour la plupart, jugé positivement le compromis. Les constructions nouvelles avaient « propos[é] des volumes variés, jamais gigantesques, ouverts à l'ensoleillement, où l'œil se repose agréablement aux accidents historiques créés par la conservation du clocher de l'église Saint-Jacques et de son transept sud qui servira de toile de fond à une "grande place" totalement accessible au public », écrivait Lise Bissonnette, alors journaliste au quotidien *Le Devoir*[22]. La construction des nouveaux pavillons de l'UQAM, qui avait conservé – même partiellement – et intégré les vestiges de la ville ancienne, devenait ainsi une première expérimentation d'intégration architecturale.

Si la construction du pavillon Judith-Jasmin et l'insertion de l'église Saint-Jacques faisaient office de nouveautés, d'autres dossiers de même nature restèrent à l'état embryonnaire de projet, tout en témoignant d'une même attitude. John Bland, alors directeur de l'école d'architecture de l'Université McGill, entrevoyait un avenir similaire pour la gare Windsor, alors menacée de démolition. Il écrivait dans le quotidien *The Gazette* : « *demonstrating a combination of the best of the new with the best of the old, not accidentally, nor in a token way, but intentionally to achieve harmonious and necessary continuities offers a special opportunity for this work to be a significant work of art in this time of engulfing changes*[23] ». Il appelait à témoin la philosophe

Photo : Martin Drouin

Clocher de l'église Saint-Jacques et pavillon Judith-Jasmin de l'UQAM.

21. À propos de l'opération, Léo A.-Dorais, alors recteur de l'UQAM notait : « dans cette transaction il n'y pas de partie souriante et de partie grimaçante. Il n'y a que des réalités brutales. Il n'y a qu'une réalité qui tient compte de deux aspects : la fabrique de la paroisse ne pouvait financièrement s'occuper de l'église et l'Université du Québec est en constant développement ». Voir Christiane Berthiaume, « La démolition de l'ancienne cathédrale de Montréal commence, un mal pour un bien ? », *La Presse*, 19 novembre 1974.

22. Lise Bissonnette, « La construction démarre enfin à l'UQAM », *Le Devoir*, 14 décembre 1974.

23. John Bland, « Windsor Station – merging new with old could be work of art », *The Gazette*, 30 juin 1972.

américaine, Suzanne Langer, qui soulignait à propos de l'architecture : « *when we learn how to deal with the old scene that is still with us, how to continue its life in steady transformation instead of spotty destruction or crazy juxtaposition, we shall be well on the way to a new culture* ». La conservation des édifices anciens pouvait se réaliser dans le prolongement harmonieux de constructions nouvelles, sans qu'intervienne l'argument d'une nécessaire conservation intégrale, un argument d'importance aujourd'hui.

L'idée de « contraste » entre la ville moderne et la ville du XIXᵉ siècle était souvent invoquée par les défenseurs du patrimoine pour tenter de convaincre et de capter l'imaginaire. Une lectrice témoignait en faveur de la gare Windsor, voisine de gratte-ciel effilés ou imposants, par ces mots : « *let us not lose these historic buildings. Too many have gone now. We want contrasts, the old and the new, an individuality that is Montreal alone*[24]. » John Street de l'Association des résidants de la rue Jeanne-Mance reprenait à peu près le même argument :

> The row of Victorian houses between de Maisonneuve and Sherbrooke is an important contribution to the city of Montreal. In an area such as this, of high building and traffic density, these houses are unique, an esthetic and visual contrast to the Place des Arts and Place des Jardins [sic] *complexes for they give us the opportunity to combine past and present*[25].

Une cohabitation entre le moderne et l'ancien paraissait viable, sans nuire totalement à l'expression de l'une ou l'autre des images de Montréal. Dans la ville, cette cohabitation devait permettre la sauvegarde du patrimoine, ce à quoi s'exercèrent les architectes de l'UQAM.

La conservation partielle de l'église Saint-Jacques n'enflamma guère les passions à l'époque chez les défenseurs du patrimoine, ce que la forte critique des décennies suivantes a tendance à faire oublier. Aucune campagne n'avait officiellement été lancée pour préserver l'église. Bien sûr, certains ont pu questionner l'aspect des « "américaineries" par lesquelles on veut remplacer le couvent, l'évêché et l'église Saint-Jacques […] », renvoyant ainsi aux choix stylistiques du nouvel édifice, interprétés comme une manifestation tangible des avancées de l'anonymat nord-américain dans la ville. Des personnes, comme le député Claude Charron, jugèrent le projet d'un « compromis historique douteux »[26]. D'autres, proches des groupes de sauvegarde, commentèrent simplement le projet ou sa réalisation. Dans un texte intitulé « Pour la création d'un milieu authentique », Jean-Claude Marsan favorisait le recyclage de l'église ou, du moins, la conservation de ses éléments les plus significatifs :

---

24. Eisle I. Robinson, « We need to keep old building », *The Montreal Star*, 16 septembre 1970.
25. John Street, « Urges preservation of Jeanne Mance houses », *The Gazette*, 22 mars 1975.
26. Le député critiquait le sort qui avait été réservé à la sacristie, œuvre de Victor Bourgeau, dont les boiseries ont été classées « œuvre d'art » par le gouvernement en 1973. Voir Cyrille Felteau, « Le PQ plaide contre la démolition du Mont-Saint-Louis », *La Presse*, 1ᵉʳ juin 1976.

Certains peuvent s'opposer à la conservation de l'église Saint-Jacques à cause du faible caractère architectural et historique d'une bonne partie de sa structure. Par contre, cette structure est suffisamment saine pour être transformée en auditorium ou autres occupations jugées utiles. Dans le cas d'une nette impossibilité de transformation, que l'on conserve au moins le transept sud et la tour […] Quant au nouveaux bâtiments universitaires, la meilleure garantie qu'ils s'intégreront au caractère de l'ensemble est qu'ils soient d'une architecture franchement contemporaine, évitant tout pastiche et les pièces de l'architecture dite d'accompagnement, mais faisant appel à une bonne dose de sensibilité au niveau de l'échelle des édifices, de leurs volumes, des relations spatiales entre eux et du rythme de leurs éléments architecturaux[27].

Réalisé dans la seconde moitié des années 1970, le travail des firmes d'architectes Dimakopoulos et Jodoin, Lamarre, Pratte et Associés s'inscrivit résolument dans le cadre conceptuel de ces principes[28]. Lors de la construction, Michael Fish arrivait au même constat que Marsan : « ce sont, en gros, de beaux édifices […] qui représentent une libération des concepts mécaniques de l'architecture actuelle : il y a du mouvement dans les lignes, et de plus l'échelle du quartier est respectée[29] ». Toutefois, Fish mettait un bémol à son jugement *a priori* positif : « la vraie question était la conservation ou la démolition de toute l'église et […] cette question [était] déjà tranchée[30] ». Toute l'ambiguïté des gestes est ici révélée. D'une part, les qualités d'intégration de l'œuvre architecturale étaient soulignées par sa volonté de prendre en compte le contexte environnant. D'autre part, aucun compromis ne semblait acceptable pour juger de l'édifice sauvegardé. La voie du « contraste », prônée pendant un moment, allait être rapidement écartée par les défenseurs du patrimoine.

Dans les années suivantes, l'importance nouvelle donnée à la conservation du patrimoine, qui allait être sanctionnée par un plus grand nombre d'adhérents, transforma la lecture de l'insertion architecturale. Pendant un moment situé à la jonction d'une possible réconciliation entre la « métropole du XXIᵉ siècle » et le « Montréal du XIXᵉ siècle », les bâtiments uqamiens se trouvaient désormais condamnés parce qu'ils n'avaient pas respecté l'intégrité de l'église Saint-Jacques. De plus, l'expression formelle des pavillons Judith-Jasmin et Hubert-Aquin était encore trop teintée par les lignes de l'architecture fonctionnaliste pour trouver grâce au jugement

---

27. Jean-Claude Marsan, « Pour la création d'un milieu authentique », *Le Devoir*, 14 juin 1972.

28. Malgré le caractère moderne des nouveaux bâtiments, l'intégration architecturale était célébrée : « pour ces bâtisseurs, un des soucis dominants fut d'insérer le mieux possible leur ouvrage dans le milieu environnant. Un soin particulier fut donc apporté à l'échelle de l'aménagement. Les rythmes créés par les architectes correspondent aux rythmes du bâti ambiant. Il en est de même de la brique et de la pierre dont on s'est servi pour rester en accord avec les éléments du passé : clocher, portail et chapelle. Rue Saint-Denis, le gabarit des immeubles a été respecté fidèlement. Pour obtenir l'esprit voulu, on a comprimé les volumes à la hausse vers l'est et la rue Berri, artère de grande circulation ». Voir René Viau, « L'UQAM… ou le bain de jouvence du quartier Saint-Jacques », *Habitat*, vol. 23, nᵒ 1 (1980), p. 17.

29. Propos cités dans Jacques Benoît, « La réincarnation de l'église St-Jacques », *La Presse*, 31 mai 1978.

30. *Ibidem*.

esthétique des années 1980 et 1990[31]. D'autres projets d'intégration virent le jour dans la décennie suivante. Toutefois, les formes de l'insertion s'étaient transformées avec la diffusion des idées de l'architecture postmoderne. La sauvegarde et l'intégration de l'église Saint-Jacques restent ainsi uniques dans le paysage urbain montréalais. Une première étape de conscientisation du possible recyclage et requalification des édifices «patrimoniaux» avait cependant été franchie.

■ La restauration ou la reconstruction : un plaidoyer pour l'authenticité

Au milieu des années 1970, un autre débat permit de discuter des liens entre la sauvegarde du patrimoine et l'intervention contemporaine, mais selon un angle d'approche complètement différent, soit celui de la restauration ou de la reconstruction des édifices anciens. Le débat prit place dans le cadre du programme de relocalisation des Sœurs grises, qui planifiaient, rappelons-le, de quitter leur couvent du boulevard René-Lévesque pour réintégrer leur ancienne maison mère du Vieux-Montréal[32]. Leur retour devait cependant être précédé d'un important chantier de restauration, qui commandait la disparition d'un ensemble d'édifices du XIXe siècle[33]. En effet, l'un des responsables du projet expliquait que «*the original structure on Rue Normand would be restored to its 18th Century condition*[34]» et qu'il serait donné aux bâtiments une «expression qui sans être authentique serait harmonisée avec l'époque[35]». Des édifices victoriens de la rue Saint-Pierre devaient être démolis pour en permettre la réalisation. Afin de

---

31. Encore en 1980, dans un article de la revue *Habitat*, la réussite de l'intervention architecturale et du processus de sauvegarde était notée, même si le geste n'était pas unanimement célébré, il avait été posé avec respect pour son environnement: «malgré des réserves et des réticences, l'architecture de l'UQAM a plu au milieu universitaire et à de nombreux spécialistes. À cette greffe massive, le quartier a survécu malgré bien des tensions, surtout sociales. Que l'on songe à l'effet désastreux qu'aurait pu avoir une tour!». Voir René Viau, *op. cit.*, p. 17. Christan Ekemberg proposait une interprétation similaire lors de son exposition *L'église Saint-Jacques, 1823-1979*, tenue en 1987. Voir Christian Ekemberg, «L'église Saint-Jacques, 1823-1979», mémoire de maîtrise (études des arts), UQAM, 1988, 147 p. Au début des années 1990, avec le développement du «façadisme» à Montréal, l'intégration uqamienne fut jugée plus sévèrement: «l'absence de législation, tant québécoise que municipale, et le manque de politique face au façadisme ont aussi créé des situations invraisemblables à l'UQAM, qui n'a conservé que le clocher et un portail de l'église Saint-Jacques, à l'angle des rues Sainte-Catherine et Saint-Denis ». Voir Laurier Cloutier, «Montréal se contente de sauver les façades; Toronto veut conserver tout le patrimoine», *La Presse*, 17 février 1990.

32. Voir le chapitre 4, «La patrimonialisation du paysage urbain», sixième section, «Le choix entre une image française et des édifices victoriens».

33. Comme nous l'avons vu précédemment, le projet du promoteur sur le site du domaine des Sœurs grises nécessitait la démolition de la presque totalité du couvent des Sœurs grises, seule la chapelle de l'Invention-de-la-Sainte-Croix était sauvegardée. Le projet aurait eu ainsi les airs de celui de l'église Saint-Jacques et du campus de l'UQAM, sans toutefois la volonté d'intégration au quartier manifestée dans le cas du dernier projet.

34. Donna Gabeline, «Grey Nuns confirm convent demolition», *The Gazette*, 11 décembre 1974.

35. Bernard Descôteaux, «Un grand rêve des Sœurs grises : reconstituer leur maison-mère », *Le Devoir*, 22 février 1975.

gagner à leur cause les défenseurs de l'architecture du XIXᵉ siècle, il fut proposé de déplacer la façade des édifices pour les reconstruire sur un terrain vacant du Vieux-Montréal[36]. Une campagne s'organisa pour contester tant la phase de construction que celle de démolition.

Gado, « What do you mean you have to built on this spot ? », caricature parue dans le journal S.O.S. Montréal, vol. 1, nº 2 (1976), p. 4.

Les défenseurs des édifices de la rue Saint-Pierre s'attaquèrent au caractère « artificiel » du projet des Sœurs grises en questionnant son authenticité. Il semblait alors impensable de les remplacer par un « *fake old building* », pour reprendre les mots de Luc D'Iberville-Moreau[37]. Conrad Reny, porte-parole de Sauvons Montréal, expliquait à une conférence de presse : « ce que proposent les religieuses et ce qu'étudie le ministère des Affaires culturelles du Québec, c'est la création d'une architecture de théâtre, d'une nouvelle Place Royale de Québec[38] ». Le discours de contestation s'appuya sur les théories de la conservation – appelée théorie « générale de l'intervention en milieu historique » – dont André Corboz était l'interprète le plus fervent. Le professeur de l'Université de Montréal, dans un texte publié dans le quotidien *La Presse*, démontrait le caractère dépassé du projet des Sœurs grises dans l'histoire de la conservation des monuments historiques, le renvoyant aux théories périmées de Viollet-le-Duc et de la restauration stylistique. Il en appelait à « renon[cer] une bonne fois à fabriquer du "monument historique"[39] ». Pour lui, il ne s'agissait aucunement de « restauration » dans le sens où l'entendait Sauvons Montréal et la Société d'architecture de Montréal, mais plutôt de « reconstruction ».

Joshua Wolfe, « History isn't only creator of city's heritage buildings », The Gazette, 19 mars 1988, p. J-16.

Les défenseurs du patrimoine entrevoyaient un tout autre projet pour l'avenir de l'ancien Hôpital général et des édifices de la rue Saint-Pierre. En effet, Sauvons Montréal « préconis[ait] la réalisation non pas de projets à caractère touristique insufflant une prospérité artificielle au quartier, mais plutôt des projets susceptibles d'animer de façon continue la vie quotidienne du Vieux-Montréal[40] ». Le groupe de sauvegarde proposait de recycler les édifices de la rue Saint-Pierre, les qualifiant même « d'exemples d'une architecture

36. C'est du moins ce qu'affirmait Jean-Paul L'Allier, alors ministre des Affaires culturelles. Voir Bernard Descôteaux, « Une fois vendue la maison mère : le vieil Hôpital général pourra être reconstitué », *Le Devoir*, 8 juin 1976.

37. Cité dans Donna Gabeline, « Hardy ponders historic merits », *The Gazette*, 10 février 1975.

38. Claude Gravel, « Sauvons Montréal s'oppose à la démolition des entrepôts des sœurs », *La Presse*, 10 juin 1976.

39. André Corboz, « Le projet des Sœurs grises : lâcher la proie pour l'ombre », *La Presse*, 30 juin 1976.

40. Claude Gravel, « Sauvons Montréal s'oppose à la démolition des entrepôts des sœurs », *La Presse*, 10 juin 1976.

inégalée[41] », pour abriter « quelque 120 logements à loyer modique, ce qui répondrait aux besoins des Montréalais dans le secteur de l'habitation et redonnerait "de la vie" au Vieux-Montréal. La rue Saint-Pierre serait réservée aux piétons et la Place d'Youville transformée en parc public[42] ». Jean-Claude Marsan prévenait les lecteurs du *Devoir* que le projet pouvait glisser « soit vers un retour des véritables valeurs culturelles et urbaines, soit [vers] l'accentuation de son caractère, déjà trop perceptible, d'un "Disneyland" touristique[43] ». Michael Fish reprenait la même comparaison : « *the idea of restoring the hospital "Disneylandish". They don't do that kind of thing in restoration any more[44]* ». Les défenseurs du patrimoine craignaient l'impact trop touristique du projet des Sœurs grises dans l'arrondissement historique, qui laissait de côté les véritables utilisateurs de la ville, les Montréalais. En aucun cas, il ne s'agissait là de la ville patrimoniale qu'ils tentaient de sauvegarder.

Bien que ce projet fût sanctionné pendant un temps par le ministère des Affaires culturelles, les protestations permirent de le bloquer. Pour les groupes, la sauvegarde du patrimoine devait être réalisée dans le respect d'une authenticité sensible à l'évolution du site, tandis que l'intervention contemporaine ne devait aucunement prétendre à une recréation du passé. En ce sens, le projet uqamien avait gagné son pari, ce que, initialement imaginé, le projet des Soeurs grises n'aurait pas réalisé. Amorcés au début des années 1970, les travaux de restauration de l'Hôpital général furent achevés en 1981, sans les ajouts projetés. Quant aux édifices de la rue Saint-Pierre, la Société centrale d'hypothèques et de logement (SCHL) les acquit en 1977, puis les revendit quelques années plus tard. Ils furent enfin recyclés en projet domiciliaire au début des années 1980[45]. La restauration l'avait remporté sur la reconstruction.

■ L'impact de la conservation : la fin de la « série noire » des églises

Au début des années 1970, dans cette période de profond bouleversement du paysage bâti de Montréal et d'intense questionnement de la valeur de certains types de patrimoine, même la démolition des églises du centre-ville, alors observée avec un certain émoi, semblait inéluctable. La

41. « Restauration de l'hôpital des Sœurs Grises : Sauvons Montréal s'y oppose », *Le Jour*, 10 juin 1976.

42. Le journaliste notait que le Service d'urbanisme de la Ville de Montréal avait préconisé une solution semblable. Voir Claude Gravel, « Sauvons Montréal s'oppose à la démolition des entrepôts des sœurs », *La Presse*, 10 juin 1976.

43. Jean-Claude Marsan, « Le Vieux-Montréal restauré sera-t-il un Disneyland ? », *Le Devoir*, 17 mai 1975.

44. *The Gazette* annonçait alors l'approbation du projet des Sœurs grises par le ministère des Affaires culturelles. Voir « L'Allier approves Grey Nuns plan », *The Gazette*, 9 juillet 1976.

45. Site Internet officiel du Vieux-Montréal, *Le patrimoine du Vieux-Montréal en détail*, 2000, [http://www.vieux.montreal.qc.ca/inventaire/hall_fla.htm], consulté le 13 février 2003.

transformation des pratiques religieuses de la société québécoise, le démembrement des quartiers et les mouvements de population avaient en quelque sorte vidé les lieux de culte. En manque de ressources financières, seule la tenue d'activités dans les sous-sols paroissiaux, tels les bingos, semblait pouvoir décélérer le rythme de la fréquentation, ce qui n'empêchait pas les fusions paroissiales et les démolitions consécutives. Un journaliste écrivait : « chaque fois l'opération a soulevé des protestations de la part des citoyens attachés à leur quartier. Plusieurs ont interprété les démolitions comme le commencement de la fin du catholicisme[46] ». Afin de tenter de gérer la situation des églises et des objets liturgiques, le Comité d'art sacré du diocèse de Montréal était créé en 1971. Toutefois, son président, l'abbé Claude Turmel, lucide, confiait aux journalistes du quotidien *The Gazette* : « *the churches have become mastodons. Everything is in danger[47]* ». L'un des traits caractéristiques associés à l'image de la ville, soulignait *La Presse* dans un article intitulé « Ville aux cent clochers, Montréal les perd un à un[48] », disparaissait dans la secousse.

La plupart des articles des quotidiens énuméraient, impuissants, les disparitions et décrivaient la situation : « non seulement on ne bâtit plus d'églises à Montréal, mais on est arrivé à la conclusion qu'il y en a déjà trop. Quelques-unes ont déjà été démolies, d'autres expropriées, certaines vendues et les cinq prochaines années verront ce mouvement s'intensifier[49] ». Dans un autre, « *more than a dozen religious buildings have been demolished in the past five year, including some of major historical and architectural importance. Numerous of others are in imminent danger of suffering the same fate[50]* ». Démolie en 1970, l'église Saint Anne, « *built in 1854 by the great architect John Ostell [...] had the grace and style of a European chateau* » et l'église Saint-Henri, « *built around 1890 [...] was the victim of redevelopment, declining attendance and mounting maintenance and repairs costs* ». L'église Saint George, disparue en 1971, la même année que plusieurs autres églises, était « *an early 20th century building with fine architectural features* », la Westminster Central United Church, « *was one of the casualties of the east-west Trans-Canada autoroute* », l'église Saint Antony of Padua, « *also demolished to make way for the east-west autoroute [...] was constructed in 1889 and had a magnificent interior done in beautiful tones of jade green* », l'église Our Lady of Good Counsel, « *another Irish-Catholic church and another expressway victim* » et le couvent d'Hochelaga, « *built in 1860 [...]*

---

46. Paul Longpré, « Ville aux cent clochers, Montréal les perd un à un », *La Presse*, 19 novembre 1973.

47. Gordon Pape, « Many oldest churches "mastodons", face extinction », *The Gazette*, 15 mars 1974.

48. Paul Longpré, « Ville aux cent clochers, Montréal les perd un à un », *La Presse*, 19 novembre 1973.

49. Gérald Leblanc, « La transformation du centre-ville accule des fabriques à liquider des biens de paroisses "dépeuplées" », *Le Devoir*, 31 décembre 1970.

50. Article publié à l'origine dans le quotidien *The Gazette*, puis repris dans Donna Gabeline, Dane Lanken et Gordon Pape, *Montreal at the Crossroads*, p. 106. Le même quotidien rapportait en 1974 la disparition de plusieurs églises à Montréal. Voir « Seven that have fallen », *The Gazette*, 15 mars 1974.

was also expropriated by the city of Montreal for the east-west autoroute […][51] ». Les auteurs de *Montreal at the Crossroads* évoquaient les menaces qui pesaient semblablement sur les églises Sainte-Brigide et Saint-Pierre-Apôtre, près de la maison Radio-Canada, l'église Sainte-Cunégonde dans le quartier Saint-Henri, l'église Saint-Eusèbe sur la rue Fullum, l'église de la Mission catholique chinoise dans le Quartier chinois, l'église Notre-Dame-du-Très-Saint-Sacrement, avenue Mont-Royal, et l'église Saint James United. Ils ajoutaient que la pression foncière dans le nouveau centre-ville allait peut-être un jour menacer la cathédrale Christ Church, l'église Saint George, face à la gare Windsor, l'église Saint James the Apostole, rue Sainte-Catherine, et l'église Saint John the Evangelist, près de la Place des Arts[52]. Le nombre et l'importance des structures pouvaient difficilement se traduire par des protections gouvernementales. Le recyclage des églises était évoqué, même si les auteurs notaient que, « *in principle, both the Roman Catholic and the Anglican Church oppose having actual church buildings converted to lay purposes*[53] ». Le problème était proportionnel à la taille des églises.

La perte de ce patrimoine religieux ne fut pas sans attirer, au cours de la décennie, l'attention des militants. L'ouvrage *Découvrir Montréal* mentionnait : « dès sa fondation, Montréal reçut une empreinte religieuse et, même si l'esprit mercantile des traiteurs succéda graduellement aux intentions premières de ses fondateurs, sa physionomie demeure profondément marquée par la présence de l'Église[54] ». L'image de Montréal était en jeu. Les défenseurs du patrimoine étaient cependant conscients que « beaucoup d'églises, dont la construction s'échelonne en gros entre 1890 et 1930, n'ont qu'une valeur négligeable aux yeux des historiens actuels de l'architecture[55] ». Toutefois, leur importance ne résidait peut-être pas tellement dans la déclinaison d'une valeur esthétique ou architecturale, soulignait *S.O.S. Montréal*, mais plutôt dans une valeur urbaine, vue comme un facteur structurant le paysage urbain :

> Ils sont des points de repère, des signaux puissants, des éléments primordiaux de l'image urbaine, grâce à la fois à leur masse importante et à leur surabondance ornementale. Les détruire, c'est priver le

51. « Seven that have fallen », *The Gazette*, 15 mars 1974.

52. Donna Gabeline, Dane Lanken et Gordon Pape, *Montreal at the Crossroads*, p. 109-112.

53. *Idem*, p. 115.

54. Après un bref historique, Pierre Beaupré faisait la liste de 19 églises qui « permettra d'avoir un aperçu des jalons les plus significatifs de la présence religieuse à Montréal » de l'église de la Visitation du Sault-aux-Récollets, « construite en 1759 », aux œuvres modernistes de Roger D'Astous et de la firme Lemay, Leclerc, Trahan, qui comptent « parmi les quelques réussites de l'après-guerre ». Voir Pierre Beaupré, « Les églises », dans *Découvrir Montréal*, Montréal, du Jour, 1975, p. 168.

55. L'auteure, Suzie Toutant, dans un survol de la situation à Montréal depuis les années 1970, traçait un bilan assez dur du rôle des autorités provinciales. Voir Suzie Toutant, « Montréal : la ville aux cent clochers ? », *S.O.S. Montréal*, vol. 6, n° 1 (1981).

citadin d'une nécessaire prolifération visuelle et surtout, détruire les points forts de l'image d'un quartier, de l'image globale d'une ville[56].

Bien sûr, la conservation des églises était fondamentale dans la sauvegarde du paysage urbain et l'identité de la ville, mais la tâche apparaissait immense pour ceux qui se permettaient d'espérer voir la silhouette de ces édifices se maintenir dans le ciel montréalais[57].

L'attention de l'opinion publique fut attirée dans les quotidiens sur le sort des églises. Des actions s'amorcèrent pour empêcher que la liste déjà impressionnante des démolitions ne s'allonge. Le recours aux autorités s'imposait chez certains comme un geste inévitable : « il faudra donc un jour que le gouvernement s'en mêle. Et le gouvernement s'en mêlera quand il aura acquis la conviction que les églises sont aussi des biens culturels[58] ». Dans le quartier Centre-Sud, l'église Sainte-Catherine-d'Alexandrie avait défrayé la chronique grâce à l'énergie de l'un de ses paroissiens, mais sans succès[59]. À titre préventif, Sauvons Montréal avait demandé en 1975 le classement de l'église Saint Patrick, « cathédrale » des Irlandais catholiques de Montréal et vestige du *little Dublin*[60]. Dans une lettre, dont le quotidien *The Montreal Star* reproduisait certains extraits, Sauvons Montréal s'expliquait : « *this church in the future could well face the threat which confronts many downtown religious establishments. We feel that St. Patrick's should be classified as an historical site now, before demolition becomes imminent*[61] ». Deux ans plus tard, les autorités municipales refusaient le permis de démolition de l'église Saint James United en raison de ses qualités architecturales et urbanistiques[62].

Bibliothèque nationale du Québec

Série d'articles de la chronique « Montreal at the Crossroads » parue dans The Gazette, 15 mars 1974, p. 10.

56. Suzie Toutant, « Montréal : la ville aux cent clochers ? », *loc. cit.*

57. En effet, l'auteure écrivait : « qu'arrivera-t-il à tous ces édifices splendides et fiers déjà en place mais qui ne servent plus ? Que faire avec ces immenses vaisseaux de pierre faits pour loger 800, 1000 et même 1200 personnes et qui ne voient souvent arriver le dimanche qu'une poignée de gens éparpillés et silencieux ? Que faire pour assurer leur entretien et leur avenir ? Y a-t-il une solution miracle pour les sauver ? ». *Ibidem.*

58. Le chroniqueur du *Devoir* l'affirmait dans le cadre d'un plaidoyer pour la valorisation de l'identité québécoise. En effet, il poursuivait : « Et il aura cette conviction quand nous serons redevenus un peuple qui a une culture, comme au temps de M. Durham ». Voir Jean-Pierre Proulx, « Les églises québécoises, de Durham à nos jours », *Le Devoir*, 9 décembre 1972.

59. Raoul Roy, *Les églises vont-elles disparaître ? Dossier de la lutte pour sauver de la démolition l'église, la chapelle et le presbytère de la paroisse Sainte-Catherine-d'Alexandrie à Montréal*, Montréal, édition du Franc-Canada, 1976.

60. Le pasteur de l'église, toutefois, s'opposait à un tel classement affirmant qu'il y avait peu de chance pour qu'elle soit démolie. Il en appelait même à témoin des situations étrangères : « *in England, a church discovered that when it became historical site or monument, it ceased to be vital* ». Voir Walter Poronovich, « St. Patrick's doesn't fancy being tagged historical site », *The Montreal Star*, 12 avril 1975.

61. *Ibidem.*

62. Le conseil municipal demandait alors au ministère des Affaires culturelles d'étudier la possibilité de protéger l'église. Voir Claude Turcotte, « Montréal refuse le permis de démolition de l'église Saint James », *Le Devoir*, 3 novembre 1977.

Sans protection gouvernementale dans l'immédiat, l'église allait être classée en 1980 pour la prévenir de tout danger[63], précédant ainsi l'église Saint Patrick classée en 1985[64].

Avant les années 1980, l'État provincial, alerté par la gravité de la situation, intervint lui aussi à plusieurs reprises. Le ministère des Affaires culturelles procéda ainsi à un certain nombre de protections. En 1972, la construction de l'UQAM avait été accompagnée du classement, nous l'avons vu, du clocher et du transept sud de l'église Saint-Jacques. En 1975, les tribulations entourant la démolition du collège Sainte-Marie avaient entraîné la protection de l'église du Gesù[65]. En 1976, il était intervenu pour classer l'église de la Mission catholique chinoise du Saint-Esprit alors menacée par la construction du complexe Guy-Favreau[66]. En 1977, des rénovations malencontreuses à la corniche du centre Saint-Pierre poussaient les autorités à protéger le site de l'église Saint-Pierre-Apôtre[67]. Enfin, en 1979, l'église du Notre-Dame-du-Très-Saint-Sacrement, dont on avait annoncé la protection trois ans plus tôt, était classée[68]. Contrairement à l'affirmation du discours militant, des églises trouvaient ainsi la protection des autorités provinciales et municipales[69]. Toutefois, malgré le soutien populaire, un grand nombre était déjà tombé sous le pic des démolisseurs.

---

63. L'avis d'intention de classement déposé notait : « cette œuvre de l'architecte A.F. Dunlop, construite entre 1887 et 1889, est une des plus prestigieuses églises méthodistes en Amérique du Nord ; l'harmonie de ses proportions et la qualité de son décor lui confèrent une valeur inestimable ». Voir Lettre du ministre des Affaires culturelles, Denis Vaugeois, au greffier de la Ville de Montréal en date du 30 mars 1979. Archives de la Ville de Montréal, bobine 46, dossier 11. Voir aussi Ewa M. Charowska, « Église Unie St. James », dans *Les Chemins de la mémoire*, vol. 2, p. 78-80.

64. On peut lire dans la lettre de classement du ministre des Affaires culturelles, Gérald Godin, envoyée au révérend Matthew Dubee, de l'église Saint Patrick : « l'étude réalisée par la Direction du patrimoine [confirme] l'importance historique, architecturale et artistique de cette église de style néo-gothique. Il va sans dire que le Québec est fier de posséder un bien d'une telle valeur et affirme, par le classement, son intention de vous seconder pour sa conservation et sa mise en valeur ». Voir Archives de la Ville de Montréal, bobine 53, dossier 2. Voir aussi Luc Noppen, « Église St. Patrick », dans *Les Chemins de la mémoire*, vol. 2, p. 72-74.

65. L'église devait être démolie en même temps que le collège Sainte-Marie. Voir chapitre 2 : « À la suite de la maison Van Horne : des "monuments historique" menacés ».

66. Pour être plus précis, le presbytère de la Mission catholique chinoise avait été classé en 1976 et l'église en 1977. Toutefois, les deux protections étaient annoncées au même moment. Voir Cyrille Felteau, « Une première : L'Allier classe des édifices fédéraux », *La Presse*, 19 août 1976.

67. Moins d'un mois après l'annonce de la restauration, les médias signalaient le classement de l'église. Voir « L'art du gâchis en rénovation », *La Presse*, 29 avril 1976 ; Alain Duhamel, « SOS patrimoine », *Le Jour*, 29 avril 1976 ; « La maison Le Noblet-Duplessis reconnue monument historique », *Le Devoir*, 12 mai 1976.

68. Le quotidien *The Gazette* annonçait, en effet, que le ministre des Affaires culturelles, Jean-Paul L'Allier, allait procéder au classement de l'église : « built in 1892 by architect Jean Zepherin Resther, the church has a Victorian facade. Stone for the building came from a quarry on what is now St. Hubert St. ». Voir « Church classified as monument », *The Gazette*, 6 août 1976. Aucune raison n'était mentionnée sur les raisons de ce classement à ce moment précis. Il faut plutôt regarder du côté du titulaire du ministère des Affaires culturelles. En effet, lors de son passage à la tête du ministère, Jean-Paul L'Allier classa aussi, sans menace apparente, la Banque du Peuple, l'édifice de la Great Scottish Life Insurance, l'édifice Maxwell-Cummings et l'édifice L.-O. Grothé.

69. En bordure de la Rivière-des-Prairies, l'église de la Visitation-de-la-Bienheureuse-Vierge-Marie était classée en 1974. Elle était présentée comme un des rares bâtiments du Régime français. Voir Pierre Beaupré, « Les églises », dans *Découvrir Montréal*, p. 168 ; Jean Bélisle, « Église du Sault-au-Récollet », dans *Les Chemins de la mémoire*, vol. 2, p. 166.

En parallèle de ces gestes de protection, les quotidiens rapportaient de nouveaux exemples de recyclage d'églises réalisés ailleurs au Canada et même aux États-Unis comme moyen de sauvegarde. Le quotidien *The Gazette*, sous le titre évocateur «One that was saved... and recycled», citait le cas d'une église torontoise, qui avait retenu l'attention internationale des architectes, urbanistes et défenseurs du patrimoine, parce que transformée en bureaux et galerie d'art, tout en conservant son apparence extérieure et intérieure[70]. Un autre article décrivait l'exemple à Atlanta où «*diners can enjoy a "last supper" served by waiters in monks' robes at The Abbey Restaurant, a converted Unitarian Church*[71]». À Montréal, une autre forme de sauve-garde était expérimentée, au milieu des années 1970, avec l'église Sainte-Cunégonde. Dans un texte publié dans *Le Devoir*, Jean-Claude Marsan, alors qu'il commentait le projet de requalification de l'église fermée depuis 1971, écrivait: «la seule paroisse, à notre connaissance, qui a résolument fait face au problème de la désaffection de son église et mené une action cohérente de son église pour lui trouver une nouvelle vocation est celle de Sainte-Cunégonde dans la Petite Bourgogne[72]». Un Comité pour la réutilisation de l'église Sainte-Cunégonde avait d'ailleurs été mis sur pied afin de trouver des avenues possibles à la conservation de l'œuvre de J.-Omer Marchand, datant de 1906. Les groupes de sauvegarde s'impliquaient d'ailleurs dans le processus et donnaient l'exemple par l'installation des quartiers géné-raux de Sauvons Montréal, Espaces verts et Héritage Montréal, à l'intérieur du presbytère[73]. La possibilité d'une seconde vie pour les églises délaissées s'articulait en dehors d'un usage strictement cultuel.

En l'espace d'une décennie, la démolition des églises s'arrêterait graduellement ou, du moins, diminuerait considérablement. L'impact des mouvements de conservation et leur pression sur l'opinion publique n'allaient pas être étrangers à cette décision. Les autorités ecclésiastiques ne pouvaient plus se permettre de laisser disparaître une à une les églises des quartiers anciens. En 1980, le quotidien *La Presse*, sous le titre «Dans le diocèse de Montréal: plus une seule église ne sera démolie», annonçait que «la "série noire" des églises de Montréal [était] définitivement arrêtée[74]». Même si, officieusement, annonçait un peu plus tard *S.O.S. Montréal*, depuis «1972, l'archevêché de Montréal a[vait] interdit toute démolition d'église, et la consigne a[vait] été respectée à la lettre[75]», l'onde de choc qui avait accompagné les démolitions du début des années 1970 s'était répercutée tout

70. «One that was saved... and recycled», *The Gazette*, 15 mars 1974.

71. Donna Gabeline, «Recycling beats rip-it-down-build-anew approach», *The Gazette*, 13 novembre 1975.

72. L'auteur fait aussi référence à certaines activités paroissiales tenues dans les églises – à la «panacée du bingo» – et à l'exemple de l'église Saint-Pierre-Apôtre qui «sert à l'occasion comme salle d'enregistrement [...] et lieu de réunion pour les employés de Radio-Canada». Voir Jean-Claude Marsan, «Une place des arts populaires», *Le Devoir*, 12 mai 1975.

73. «When churches lose their people, what then?», *The Gazette*, 15 janvier 1976.

74. Denis Masse, «Dans le diocèse de Montréal: plus une seule église ne sera démolie», *La Presse*, 18 octobre 1980.

75. Suzie Toutant, «Montréal: la ville aux cent clochers?», *loc. cit.*

au long de la décennie. Début des années 1980, l'entretien et la restauration étaient alors perçus comme une entreprise plus viable que la démolition. De plus, la conservation permettait « à l'Église de faire le pont en attendant des jours urbains meilleurs[76] », selon les souhaits de l'abbé Claude Turmel à la tête du Comité d'art sacré qui travaillait ainsi à trouver des solutions. Les exemples de sauvegarde et de reconversion se multiplieraient dans les décennies suivantes. La diffusion des solutions nouvelles par le recyclage, la rénovation et la restauration avait transformé les comportements.

■ Des édifices abandonnés : possible signe d'une nouvelle tendance

Dans les années 1970, les groupes de sauvegarde s'étaient inquiétés d'une autre menace, moins spectaculaire que les démolitions, mais jugée tout aussi déterminante à leurs yeux, dans la transformation du paysage urbain. Ils s'alarmaient en effet de la « dégradation du paysage urbain », phénomène sous lequel se rangeaient les maisons barricadées, les nombreux incendies et autres détériorations de la ville ancienne qui conduisaient si facilement aux démolitions déplorées. La difficulté de distinguer destructions volontaires et simples négligences rappelait douloureusement des démolitions importantes à Montréal. À long terme, la « dégradation urbaine » équivalait souvent à des résultats similaires. Au fil des interventions médiatiques, les démarches entreprises par les groupes de sauvegarde et les solutions proposées transformèrent la perception du phénomène. Une décennie plus tard, les édifices abandonnés n'étaient plus un signe de « dégradation », mais pouvaient désormais être analysés en des termes positifs.

Dans les années 1970, les incendies occupèrent l'attention des défenseurs du patrimoine davantage que les édifices abandonnés. Ils semblaient se propager de façon exponentielle. Publié en 1976 dans *S.O.S. Montréal*, un article simplement intitulé « Fire! » rapportait une étude menée par des étudiants de l'Université McGill qui signalait que « *many fires were deliberately set in buildings which have a high value on the speculative real estate market[77]* ». Interviewé, un « *neighbourhood activist* » appuyait ce constat et remarquait « *an increase in fire since restrictive zoning regulations were imposed in the area in 1974[78]* ». Le secteur dont il

Cynthia Gunn, « Abandoned buildings proved vulnerable to fire », The Montreal Star, 13 mars 1976, p. A-14.

---

76. Jean-Pierre Bonhomme, « Les églises du centre de Montréal renaissent », *La Presse*, 21 janvier 1980.

77. Cette étude réalisée par des étudiants de l'école d'*Urban Planning* aurait démontré que 24 % des feux dans le quartier Saint-Louis à Montréal, entre 1966 et 1974, seraient d'origine criminelle ou inconnue. Voir Richard Vincent, « Fire! », *S.O.S. Montréal*, n° 4 (mai 1976), p. 4.

78. *Idem*, p. 4-5.

était question, celui des rues Crescent, Bishop et Mackay, avait été révélé à l'opinion publique par l'Association des résidants de la rue Bishop et Sauvons Montréal. Y étaient dénombrés, en 1975 seulement, trois feux rue Mackay et dix-sept « petits feux » rue Crescent. Les défenseurs du patrimoine tentaient de démontrer l'adéquation entre les incendies criminels qui ruinaient les édifices anciens et l'accélération de la modernisation de la ville.

Le geste criminel n'était pas le seul dénoncé. La multiplication des incendies était aussi mise en lien avec le nombre élevé d'édifices abandonnés dans la ville. Une journaliste du *Montreal Star*, dans un article intitulé « Abandoned buildings prove vulnerable to fires », cernait ainsi le phénomène : « *at least half the fires in low income neighborhoods could be prevented if there were not abandoned houses* [...][79] ». Elle poursuivait : « *in Montreal, there are an estimated 1,400 empty housing units, mostly in older, deteriorating neighborhoods* ». Alarmé par ces chiffres, Sauvons Montréal proposait une solution, qu'il disait inspirée de la politique étasunienne en la matière : « *in its recently releasing housing policy, it suggested that boarding up residential units for more than three months should be illegal. The group also says abandoned housing that has reverted to the city should be sold to "homesteaders" for $1*[80] ». Il s'agissait de faciliter l'achat des édifices abandonnés pour les convertir, grâce à l'intervention de la Société centrale d'hypothèques et de logement (SCHL), en coopératives d'habitations. Une seconde vie assurerait ainsi des logements à l'usage des Montréalais les moins fortunés.

Autre fait troublant, des édifices, témoignant de la ville ancienne, se voyaient barricadés ou abandonnés et menaçaient ainsi de disparaître par un processus d'autodestruction. En 1979, dans sa chronique patrimoniale, Alain Duhamel écrivait à propos de la rue Saint-Hubert :

> Telle qu'elle se présente aujourd'hui, la rue Saint-Hubert, entre Ontario et Maisonneuve, réunit tous les signes avant-coureurs d'une dégradation irréversible du milieu urbain. Sur son flanc ouest particulièrement, la rue Saint-Hubert n'est guère qu'une succession de façade vieillies et barricadées, prêtes à être démolies, vandalisées ou encore incendiées[81].

Quelques années plus tard, en 1981, la lenteur des évaluations patrimoniales commandées au ministère des Affaires culturelles par la Ville de Montréal dès 1976 avait finalement raison des maisons, jugées une menace pour la sécurité publique. Dans un autre article, le journaliste constatait : « les démolisseurs ont arasé l'une des plus belles rangées de maisons anciennes du patrimoine à Montréal. [...] Ce qui n'était au début que la démolition

---

79.   Cynthia Gunn, « Abandoned buildings proved vulnerable to fire », *The Montreal Star*, 13 mars 1976.

80.   L'article poursuivait : « *the homesteading idea comes from a United States department of Housing and Urban Development (HUD) program started three years ago. The U.S. program offers free or nominal cost abandoned or foreclosed houses to those agreeing to rehabilitate and occupy them for over an agreed period of time* ». Voir Cynthia Gunn, *The Montreal Star*, 13 mars 1976.

81.   Alain Duhamel, « La rue Saint-Hubert menacée », *Le Devoir*, 26 février 1979.

de quelques maisons, au nom de la sécurité publique, a dégénéré à l'arasement complet[82] ». Personne n'était dupe cependant. L'expansion du terminus d'autocars, situé sur le même îlot, « pourrait se réaliser sur l'emplacement des démolitions », écrivait Gilles Sénécal dans une lettre envoyée au *Devoir*[83]. Aux yeux des groupes de sauvegarde, la disparition des maisons de la rue Saint-Hubert était un autre exemple de la dégradation du paysage urbain, dégradation qui aurait pu être contrée par la restauration, la rénovation ou le recyclage.

La situation qui perdura au début des années 1980 s'estompa toutefois au cours de la décennie. Sous le titre « Les incendies dans certains quartiers : un phénomène ou un objectif », *S.O.S. Montréal* s'alarmait :

> L'ampleur dramatique avec laquelle certains quartiers montréalais ont été et demeurent encore aujourd'hui les victimes d'incendies ne peut qu'attirer notre attention. Des conséquences irréversibles sur l'évolution générale (le devenir...) de ces quartiers résidentiels en résultent. Entre autres, l'intégration et la cohésion des résidents à leur environnement incitent à inscrire ces phénomènes d'incendies dans l'ensemble des autres facteurs de transformation des quartiers populaires historiquement connus, tel l'abandon, la démolition, la détérioration complète des habitations, le processus de « filtering up » dans le stock ancien, etc. [...] Les phénomènes d'incendies observés dans ces quartiers se doivent d'être perçus comme la résultante de l'état désuet des bâtiments et de leur manque d'entretien chronique. Ces mêmes phénomènes peuvent également devenir un moyen radical de résoudre crapuleusement quelques problèmes d'éviction. Même si cette hypothèse demande encore à être élucidée, il n'en demeure pas moins que le district électoral de St-Louis de Montréal, la ville de Montréal, et le Canada présentent tous des statistiques assez évocatrices des incendies dits d'origines « inconnues » ou « criminelles »[84].

Jamais il ne fut possible de mettre un terme aux incendies criminels ni d'en trouver la véritable cause. Toutefois, l'analyse des incendies comme un phénomène général lié à la conservation du patrimoine s'estompa graduellement de l'actualité patrimoniale. Bien sûr, des articles témoignèrent du problème dans les décennies suivantes, dont « Alerte au feu à Montréal »[85] durant les années 1980. En 1991, *The Gazette* rapportait un feu rue Saint-Hubert : « *a row of abandoned houses on St. Hubert where two men have died in criminal fire is a typical case of demolition by neglect, the director of Heritage Montreal charged yesterday*[86] ». Toutefois, ce fut davantage au cas par cas que les incendies revinrent sur la scène de l'actualité.

---

82. Alain Duhamel, « Une quinzaine de maisons centenaires ont été démolies, rue Saint-Hubert », *Le Devoir*, 30 juin 1981.

83. Le projet ne fut jamais réalisé ; seul demeure encore aujourd'hui un édifice témoin de cette portion de la rue. Voir Gilles Sénécal, « La rue St-Hubert était belle », *Le Devoir*, 9 juillet 1981.

84. Edouard La France, « Les incendies dans certains quartiers : un phénomène ou un objectif », *S.O.S. Montréal*, vol. 5, n° 2 (1980).

85. Cécile Grenier, « Alerte au feu à Montréal », *Continuité*, n° 19 (printemps 1983).

86. Marian Scott, « "Demolition by neglect" », *The Gazette*, 8 janvier 1991.

Après l'intérêt pour les incendies, les édifices vacants ou abandonnés retinrent l'attention comme phénomène général. Alors que les quotidiens relevaient le nombre important de ces édifices, Mark London, alors directeur d'Héritage Montréal, y voyait le signe d'un changement, lecture dont témoigne sa chronique architecturale :

> *But in a way, vacant buildings are a positive sign. They show that Montrealers are now willing to go to great lengths to keep the architectural heritage and neighborhood character that make this city a special space. A decade ago, such buildings would have been demolished as soon as there was no longer an immediate need for them. [...] But times have changed: money is scarcer, demolition is out, heritage is in*[87].

Alain Duhamel,
« Avant le prochain
hiver... », Le Devoir,
18 août 1986, p. 3.

Des conclusions similaires émanaient tant des autorités municipales que des propriétaires d'édifices. Pour les premiers, le constat était simple : « dans tous les cas, c'est "en attendant" qu'on barricade un immeuble, qu'on en placarde portes et fenêtres ». La journaliste ajoutait, avec une pointe d'ironie, que « du provisoire, on bascule parfois dans le permanent »[88]. Pour les seconds, ils lisaient dans cette attitude le « syndrome de la maison Alcan ». Un propriétaire confiait à la journaliste : « ils nous forcent à conserver des ruines, au nom du patrimoine à jouer un jeu coûteux de dominos, derrière des façades menteuses[89] ». Ainsi, groupes de sauvegarde, autorités municipales et propriétaires d'édifices s'accordaient pour observer une tendance générale, même s'ils n'étaient pas tous d'accord sur les conclusions à en tirer.

La perception du phénomène des édifices vacants ou abandonnés déboucha sur l'évaluation de leur nombre par les médias. Dans un article de 1985, un journaliste du quotidien *La Presse* avançait le chiffre de 500 édifices :

> On trouve un peu de tout là-dedans. Des taudis unifamiliaux, des immeubles à appartements, des entrepôts, des immeubles à vocation commerciale ou industrielle, des usines de toutes dimensions. La liste comprend aussi parfois des écoles, des cinémas, des églises, des monastères[90].

Le constat inquiéta aussi les autorités. Ainsi, dans la foulée, la Commission des biens culturels commandait un rapport intitulé *Étude*

87. Mark London, « Buildings that are forgotten but not gone worth saving », *The Gazette*, 1ᵉʳ juin 1985.

88. Mariane Favreau, « Que faire de ces immeubles inoccupés qui défigurent la ville ? », *La Presse*, 20 août 1980.

89. *Ibidem*.

90. Conrad Bernier, « 500 immeubles désaffectés à Montréal », *La Presse*, 27 août 1985.

exploratoire sur les immeubles vacants ou incendiés[91]. Si le journaliste qui rapportait dans sa chronique les conclusions de l'étude pointait les problèmes de «lenteurs administratives», d'«absence manifeste d'une volonté d'intervenir» et «d'incitatifs fiscaux», le phénomène témoignait aussi de la prudence des autorités municipales avant d'autoriser la démolition[92]. Plus intéressant encore, signalait Alain Duhamel, des «500 immeubles inoccupés, barricadés ou abandonnés», la Commission des biens culturels estimait que «près des deux tiers de ces immeubles [avaient] un intérêt patrimonial quelconque, soit par leur architecture, soit par leur situation dans un ensemble urbain significatif[93]». La prudence des autorités et l'affirmation d'un patrimoine potentiel à conserver s'additionnaient pour transformer positivement la problématique des édifices abandonnés.

La question des édifices abandonnés ne s'est jamais tout à fait réglée. Toutefois, un peu comme les incendies au début de la décennie précédente, la problématique disparut de l'actualité journalistique au cours des années 1990. Une légère diminution du taux d'abandon permit de croire à une réelle amélioration de la situation. De plus, au moment où Montréal célébrait son 350e anniversaire, les autorités municipales annonçaient aux médias que, «pour contrecarrer ce problème», elles s'étaient dotées d'«un règlement plus mordant contre ceux qui négligent sciemment leur patrimoine». Elles avouaient cependant que «les véritables mesures d'intervention en [étaient] encore au stade des études[94]». En parallèle cependant, les quotidiens rapportèrent les cas de démolition à la suite de longues années d'abandon. Il en fut ainsi des édifices «de *La Presse*», désaffectés depuis une dizaine d'années, lorsque finalement les autorités municipales les jugèrent dans «un état de délabrement tel qu'ils pourraient menacer la sécurité des passants[95]». Aussi, leur démolition fut permise. La disparition du Montreal Hunt Club, abandonné depuis 1976, ramena la problématique dans les quotidiens à la fin des années 1990. Malgré les vives protestations des groupes de sauvegarde, le bâtiment avait finalement été jugé, lui aussi, menaçant pour l'intérêt public. Héritage Montréal, les Amis de la Montagne, le Conseil des monuments et

---

91. L'auteur du rapport notait: «si la présente étude s'attarde surtout sur les cas de Montréal, c'est avant tout pour souligner l'acuité du problème qui y règne (environ 500 immeubles en septembre 1985). Bien que l'abandon d'immeubles ne soit pas propre à Montréal, nombre d'autres villes au Québec vivent aussi actuellement un problème semblable». Voir Richard Adams, *Étude exploratoire sur les immeubles vacants ou incendiés : un problème de vacance*, Québec, Commission des biens culturels, 1986, p. 2.

92. Alain Duhamel, «Avant le prochain hiver…», *Le Devoir*, 18 août 1986.

93. Une section du rapport s'intéressait aux effets qu'entraînait l'abandon des édifices parmi lesquels se rangeait la «perte pour l'histoire culturelle». L'auteur du rapport écrivait: «certes la valeur "historique" et "architecturale" intrinsèque de plusieurs immeubles vacants est sujette à caution et demeure ouverte à l'interprétation de la part des spécialistes. Mais sans être des "monuments", plusieurs d'entre eux représentent une page de notre histoire et de notre évolution. Si par malheur un immeuble disparaît, sans raison valable, c'est une perte sèche pour la mémoire collective de notre communauté». Voir Alain Duhamel, *Le Devoir*, 18 août 1986; Richard Adams, *op. cit.*, p. 14.

94. Michel Beaunoyer, «Montréal entend s'attaquer sérieusement au problème des immeubles abandonnés», *La Presse*, 15 février 1992.

95. «La Presse peut démolir», *La Presse*, 15 février 1991.

sites du Québec et la Société d'histoire de la Côte-des-Neiges critiquèrent amèrement la décision des autorités. Ils se souvinrent de la disparition de l'hôtel Queen's en 1988 et de celle du couvent Saint-Isidore en 1996, abandonnés respectivement en 1976 et 1990, et démolis dans des circonstances similaires[96]. Les édifices abandonnés pouvaient bien être le signe d'un intérêt plus répandu pour la sauvegarde du patrimoine, qui avait succédé aux alarmes répétées des années 1970 contre la dégradation du paysage urbain. Toutefois, les démolitions, soulevées au cas par cas, rappelaient l'importance constante des luttes pour trouver des solutions dans le but de décliner le patrimoine au présent.

■ ■ ■

Les groupes de sauvegarde déployèrent une énergie considérable pour valoriser les formes d'un autre paysage urbain. Des solutions de rechange étaient ainsi proposées lors des campagnes de sauvegarde. Le recyclage, la restauration ou, tout simplement, la rénovation permettaient d'agir positivement sur les édifices menacés. Les débats techniques ou monétaires étaient cependant esquivés au profit de la prise en compte du paysage construit et de la population urbaine. Sauvons Montréal tentait ainsi d'extraire toute la richesse et la diversité du paysage urbain afin de hiérarchiser l'importance des divers éléments. Une distinction s'établissait alors entre les « monuments » de la ville et les zones de redéveloppement ; entre les deux extrêmes se dressait un paysage urbain à reconnaître, tant par sa valeur historique et architecturale que par sa solidité et sa durabilité. La sauvegarde de la ville ancienne et la construction de la ville moderne pouvaient ainsi se conjuguer, par la conservation des traces de l'une et la possibilité pour la seconde de voir le jour. Le cas de l'église Saint-Jacques, par un « contraste » intelligent entre l'ancien et le nouveau, était ainsi appréhendé comme un compromis acceptable. Il n'était toutefois pas question d'accepter des constructions nouvelles aux allures anciennes au détriment de bâtiments existants. Le projet de « reconstruction » de l'ancien Hôpital général des Sœurs grises fut jugé sévèrement et même miné par un plaidoyer pour l'authenticité.

La recherche de solutions pour définir le patrimoine permit alors, peu à peu, de renverser la tendance, en conjurant le spectre de la fatalité lié aux démolitions. La fin de la « série noire » des églises, annoncée au début des années 1980, dénote par exemple cette nouvelle façon d'appréhender le paysage urbain, tout comme le phénomène des incendies et des édifices abandonnés. Dans le premier cas, les efforts poursuivis par les groupes de sauvegarde et l'impact des campagnes médiatiques ne furent pas sans influence sur le moratoire concernant la démolition des églises, d'abord officieusement respecté puis annoncé publiquement. La sauvegarde des

---

96.   Dinu Bumbaru, Sylvie Guilbault, Pierre Larochelle et Pierre Ramet, « Il existe beaucoup de cas comme celui du Hunt Club », *La Presse*, 15 janvier 2000.

églises, même leur recyclage, devenait une solution possible, alors que leur démolition suscitait de plus en plus l'opprobre public. Le cas des incendies fut d'abord, dans les années 1970, la manifestation évidente de la dégradation de la ville. Les édifices abandonnés, examinés au cas par cas, étaient également associés à ce phénomène. Dans la décennie suivante, la tendance s'inversa: les édifices abandonnés furent perçus en tant que phénomène général et les incendies au cas par cas. Certains y virent le signe d'une nouvelle tendance où le recyclage et la réutilisation des édifices primaient sur leur démolition. Une nouvelle ère commençait dans l'histoire de la sauvegarde du patrimoine à Montréal. Le rêve devenait une réalité et les solutions se concrétisaient. Les avatars allaient toutefois rapidement se manifester dans les années 1980.

Le paysage urbain protégé
Les avatars d'un rêve

Two visions of downtown's future glower at each other like prizefighters in the ring from opposite corners of Stanley and Sherbrooke Sts. On the northeast corner looms the dark-faced glass-and-concrete office tower of Air Liquide, built over the ruins of the Historic mansion. The tower's construction sparked the most furious protest in the 1970s over the destruction of Montreal's heritage. On the southwest corner stands the elegant Alcan headquarters, a painstakingly refurbished turn-of-the-century greystone mansion. Its restoration has been universally acclaimed as one of the best examples of preserving city's past.

Ingrid Peritz, *The Gazette*, 1986.

Au début des années 1980, les efforts pour décliner le patrimoine au présent portaient des fruits. L'ouverture de la maison Alcan inaugurait une ère nouvelle pour la sauvegarde du patrimoine à Montréal. Le recyclage des maisons Klinkhoff, Holland, Béïque, Atholstan et de l'hôtel Berkeley auxquels était intégrée une construction moderne, l'édifice Davis, ménageait une étroite cohabitation entre la ville ancienne et la ville nouvelle. Un journaliste de *La Presse* écrivait: « c'est la première fois à Montréal qu'une entreprise privée d'envergure internationale prend l'initiative de préserver des édifices historiques tout en y ajoutant de nouvelles constructions pour l'établissement de son siège social[1] ». Sur la rue Sherbrooke, le souvenir de la maison Van Horne, démolie en 1973 au profit d'un édifice en hauteur, côtoyait désormais la maison Alcan. Les deux sites symbolisaient deux conceptions de la conservation du paysage urbain et du développement de Montréal, ainsi que le soulignait Ingrid Peritz dans les pages du quotidien *The Gazette* en 1986[2]. Un voisinage rendu possible du fait des luttes de la décennie précédente[3].

La difficile réalisation d'un rêve, celui de voir enfin le paysage urbain protégé, mais aussi de ses avatars, sera l'objet de ce chapitre. Si les édifices anciens n'étaient désormais plus menacés de démolition ou d'abandon mais plutôt intégrés et réutilisés dans le projet de ville contemporaine, les défenseurs du patrimoine réalisèrent que le combat n'était pas terminé. Au contraire, la tâche allait être encore plus ardue puisqu'il ne s'agissait plus de combattre le mal sous une apparence familière, mais de le traquer dans les « vices cachés » de la conservation. Aussi, un nouveau type de discours s'institua peu à peu. Il ne s'agissait plus de convaincre de la valeur d'un bâtiment pour ses qualités intrinsèques, mais en référence à un environnement de plus en plus présent dans l'argumentaire de défense. Les experts délaissèrent la caractérisation du paysage, traitée dans la première section, pour s'intéresser aux questions d'intégration, d'insertion et d'altération auxquelles faisait maintenant face Montréal. Le rêve prenait enfin forme, comme nous le verrons ensuite, grâce au recyclage, mené par les autorités, des « monuments historiques » classés dans la décennie précédente. Dans cette foulée, de nombreux édifices publics connurent une seconde vie. Fait nouveau, les défenseurs du patrimoine attirèrent l'attention, non plus seulement sur l'enveloppe des bâtiments, mais également sur leurs intérieurs. Un nouveau patrimoine montréalais, explicité dans la troisième section, voyait le jour. Au carrefour de toutes les actions, une question revenait sans cesse : sauvait-on véritablement la ville ou simplement un paysage d'apparat ? Les défenseurs du patrimoine affirmaient ainsi que la requalification du patrimoine s'inscrivait dans la conservation d'un fragile équilibre, d'un « milieu », abordé dans la dernière section. Les lentes et progressives transformations du discours de sauvegarde s'orientaient toutefois vers la même quête, celle d'une identité montréalaise, désormais aménagée.

---

1. La maison Corby, voisine de la maison Van Horne sur la rue Sherbrooke, et reconnue « monument historique » en même temps que la maison Atholstan, avait été restaurée par la Compagnie des distilleries Corby limitée à la suite de son achat. D'autres exemples pourraient ainsi être évoqués. Toutefois, l'ampleur du projet de la maison Alcan et l'humilité de l'insertion moderne par rapport aux édifices anciens et à la rue Sherbrooke en faisaient un projet précurseur à Montréal. Voir Maurice Jannard, « Alcan restaurera de vieux édifices pour son nouveau siège », *La Presse*, 30 mai 1980 et Anastasia Kostopoulos, « Maison Corby », dans *Les Chemins de la mémoire*, vol. 2, p. 103-104.

2. Dans la chronique sur l'architecture du quotidien, l'architecte faisait le survol des questions traitées au Sommet économique de Montréal. Voir Ingrid Peritz, « City future: concrete canyon or a place for people? », *The Gazette*, 14 juin 1986.

3. C'est ce que concluait aussi, en 1986, Alain Duhamel dans un numéro spécial de la revue *Forces*, intitulé « Aménager l'espace urbain pour mieux vivre ». Le journaliste écrivait : « tout en participant à la qualité de vie de la rue Sherbrooke Ouest où elle recrée la splendeur du début du siècle, la Maison Alcan est devenue le modèle vers lequel tendent les rénovateurs montréalais ». Voir Alain Duhamel, « La Maison Alcan à Montréal : une expérience concluante de mise en valeur de patrimoine urbain », *Habitat*, n° 74 (été 1986), p. 19.

■ De la démolition à l'intégration : une nouvelle problématique

À l'orée des années 1980, le cycle des démolitions-reconstructions perdait de sa pertinence au profit de l'intégration de nouveaux bâtiments à des édifices anciens. Une nouvelle problématique s'affirmait. « La conservation et l'intégration du bâti ancien à des structures nouvelles au centre de la ville suscitent un intérêt croissant et deviennent, dans la bouche des promoteurs immobiliers, des arguments de vente efficaces », expliquait Alain Duhamel à la suite de l'annonce de la construction de Place Mercantile, à quelques pas de la maison Alcan[4]. L'édifice de 24 étages prévoyait alors d'intégrer une série de bâtiments, en pierres grises, à l'abandon depuis quelques années, dont *S.O.S. Montréal* s'était d'ailleurs déjà inquiété : « *three Second-Empire, baroque-style greystone houses on Sherbrooke just west of Victoria Street are on land zoned for 12-storey construction*[5] ». Sauvons Montréal avait, au même moment, demandé leur protection aux autorités provinciales. La situation avait donc évolué puisqu'il n'était plus question de démolir les bâtiments, mais de les intégrer à un gratte-ciel moderne. Dans cette optique, le Strathcona Hall, l'immeuble adjacent, avait été vendu par l'Université McGill, sous condition de sa conservation, pour permettre au projet de prendre forme[6]. Le rêve de voir protéger le paysage urbain dans le quadrilatère identifié par Sauvons Montréal, au début des années 1970, se concrétisait.

Michel Nadeau, « *La banque grandit à Montréal : $50 millions* », et Alain Duhamel, « *Les vieilles pierres, un argument de vente* », Le Devoir, 25 novembre 1980, p. 12.

Un nouveau regard se posait sur la ville. La construction de la « métropole du progrès », digne du XXIe siècle souhaitée par le maire Jean Drapeau, incluait désormais la conservation de la ville du XIXe siècle. Ainsi, pour les défenseurs du patrimoine, les problèmes de démolition ou de dégradation du paysage urbain n'allaient plus être au centre des luttes. Des événements, telle la disparition, en décembre 1981, de la maison Bell-Dandurand rappelaient tout de même de vieux souvenirs : « *Van Horne House All Over Again – another one bites the dust* » affirmait *S.O.S. Montréal*[7]. Une fois de plus, Sauvons Montréal, Héritage Montréal, l'Association du village

---

4. Alain Duhamel, « Les vieilles pierres, un argument de vente », *Le Devoir*, 25 novembre 1980.

5. Les maisons étaient alors à vendre et le site pouvait accueillir un projet de développement. L'article détaillait les différentes qualités des bâtiments. Voir Claire Adamson, « Sherbrooke St. houses threatened again », *S.O.S. Montréal*, vol. 3, nᵒ 6 (1979).

6. Cette clause allait entraîner, quelques années plus tard, le débat autour de sa reconstruction. Prétextant des vices dans la structure du bâtiment, le promoteur avait alors démoli le Strathcona Hall au cours de l'été 1982. Après des poursuites de l'Université McGill, une entente était conclue pour la reconstruction de l'édifice. Voir Mélanie Belfour et Audrey Reifenstein, *Whatever happened to McGill College Avenue?*, Montréal, Héritage Montréal, 1983, p. 122-130.

7. La maison était située sur le boulevard René-Lévesque, à l'intersection de la rue Saint-Mathieu. Voir Michael Fish, « Dandurand House : Van Horne House All Over Again – another one bites the dust », *S.O.S. Montréal*, vol. 4, nᵒ 4 (1981).

Jean-Claude Marsan, Montréal : une esquisse du futur, Québec, Institut québécois de la recherche sur la culture, 1983.

Shaughnessy et le Groupe de recherche sur les bâtiments en pierre grise de Montréal conjuguaient leurs forces pour s'opposer au démantèlement de la vieille résidence[8]. D'autres faits outrageux allaient continuer à alimenter l'actualité patrimoniale[9]. Mais, malgré les pertes importantes, les « dossiers chauds » des deux prochaines décennies allaient être d'une tout autre nature. Un promoteur de Place Mercantile, l'ennemi juré d'hier, s'exclamait même : « à ce moment-ci, je souhaiterais avoir une douzaine de ces maisons en pierre grise[10] ». Le paysage urbain ancien n'était plus menacé de disparition, mais se transformait radicalement, entraînant ainsi d'autres problèmes de conservation.

Dans ce contexte, il n'était pas étonnant d'observer des nouveaux questionnements dans les ouvrages spécialisés. Lors de la décennie précédente, beaucoup s'étaient employés à définir la ville pour en révéler la nature profonde. Des historiens et des architectes avaient décliné les caractéristiques d'un patrimoine à conserver. Dans la première moitié des années 1980, le patrimoine n'était plus seulement un objet de contemplation et de délectation, il semblait pouvoir jouer un rôle actif dans le projet urbain. Le travail de Jean-Claude Marsan est à cet égard révélateur. Engagé dans le mouvement de sauvegarde, l'architecte et urbaniste avait publié, en 1974, *Montréal en évolution : historique du développement de l'architecture et de l'environnement montréalais*, traduit en anglais au début des années 1980. En 1983, son ouvrage *Montréal : une esquisse du futur* explicitait sa vision du développement urbain qui puisait ses formes dans « l'histoire » et la « tradition » de Montréal[11]. Il valorisait ainsi la « mise en valeur du modèle organique montréalais » et « l'actualisation de son paradoxe d'un conglomérat de villages ou de petites patries ». Dans les mêmes années, Marsan accéda à la présidence

---

8. La maison – « *a solid Second Empire greystone* » – semblait posséder de nombreuses qualités patrimoniales. Construite en 1871, elle avait été habitée par Adam Bell, importateur de thé et d'épices, et par Ucal-Henri Dandurand, promoteur qui fut responsable de la subdivision des terres de Rosemont, ainsi nommé d'après le nom de sa mère, Rose Philips, et de Verdun. Il fut le premier propriétaire d'une automobile à Montréal. En plus de ses valeurs architecturales, la maison rappelait l'ancienne splendeur du boulevard René-Lévesque. Voir Claire Adamson, « Another House on Dorchester Saved », *S.O.S. Montréal*, vol. 4, nᵒ 3 (1981).

9. Voir, par exemple, dans le même numéro de *S.O.S. Montréal*, la traduction française du texte de Pierre Bourgault, initialement paru dans *The Gazette*. Voir Pierre Bourgault, « Le démolisseur frappe encore », *S.O.S. Montréal*, vol. 4, nᵒ 3 (1981).

10. C'est ainsi que Philip O'Brien, président des immeubles Devencore, qui allait réaliser le projet pour le compte de la Banque Mercantile et de la société Louis Donolo, précisait l'article, s'exprimait sur la valeur nouvelle des bâtiments anciens. Voir Alain Duhamel, *Le Devoir*, 25 novembre 1980.

11. Jean-Claude Marsan, *Montréal : une esquisse du futur*, Québec, Institut québécois de la recherche sur la culture, 1983.

d'Héritage Montréal[12]. Cette vision du développement urbain, inscrite dans l'histoire de la forme urbaine, devint le credo des décennies suivantes.

Quelques années plus tôt, les présentations du colloque international sur la conservation, la réhabilitation et le recyclage, démontraient qu'il était possible d'agir autrement. Tenu à l'Université Laval en 1981, ce colloque témoignait de la force du mouvement de conservation, tant au Québec qu'à l'étranger, et de l'action croissante des différents acteurs de la société québécoise[13]. Les groupes de sauvegarde n'étaient plus seuls dans cette entreprise. Denis Vaugeois, alors ministre des Affaires culturelles, assura la conférence inaugurale: «les luttes menées par les citoyens dans les quartiers depuis vingt ans ont nourri et développé l'argumentation en faveur de la conservation, de la réhabilitation, du recyclage. On ne se pose plus la question des "pourquoi" mais celle des "comment"[14]». Un an plus tard, les architectes Denys Marchand et Alan Knight, tous deux professeurs à l'Université de Montréal, étaient mandatés par l'Ordre des architectes du Québec et le ministère des Affaires culturelles pour ajouter un volet québécois à l'exposition française «Construire en quartiers anciens». La version québécoise de l'exposition – «De la rupture à la continuité. L'architecture québécoise et le problème de l'insertion» – fut présentée à Québec et à Montréal[15]. L'idée de «rupture» résumait les anciennes pratiques des années 1960 et 1970, tandis que l'idée de «continuité» incarnait le leitmotiv des années 1980. Tant les débats du colloque que les propos de l'exposition confirmaient, chacun à leur manière, le caractère désormais officiel et scientifique, de la valorisation et de la conservation du patrimoine. Les spécialistes de la ville et du paysage construit s'emparaient ainsi du discours de sauvegarde.

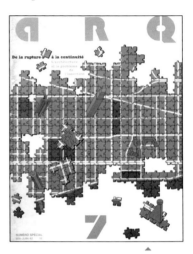

Numéro spécial de la revue ARQ-Architecture/Québec, *«De la rupture à la continuité L'architecture et le problème de l'insertion», mai-juin 1982.*

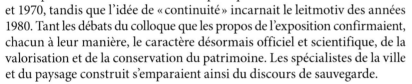

12. Phyllis Lambert, qui avait assuré la présidence d'Héritage Montréal depuis 1975, quittait son poste pour se consacrer au Centre Canadien d'Architecture. C'est de ce nouvel observatoire qu'elle allait intervenir sur la scène montréalaise. Voir Alain Duhamel, « Jean-Claude Marsan à la présidence d'Héritage Montréal », *Le Devoir*, 14 novembre 1983.

13. Joseph Baker et Robert Cardinal (dir.), *Conservation, réhabilitation, recyclage : congrès international organisé à Québec du 28 au 31 mai 1980*, Québec, Presses de l'Université Laval, 1981.

14. Outre le ministre des Affaires culturelles, d'autres intervenants du milieu public prononcèrent alors des communications. On reconnaît Mark London, de l'Association du Vieux-Port de Montréal, Clément Demers, du Service d'urbanisme de la Ville de Montréal, Michel Dorais, de Parcs Canada, Serge Carreau, de la Société d'habitation du Québec, Claude Michaud, du ministère des Affaires culturelles, et Vianney Bélanger, de l'Atelier Habitation de la Ville de Montréal. Voir Denis Vaugeois, « Discours d'ouverture », dans Joseph Baker et Robert Cardinal (dir.), *op. cit.*, 1981, p. 11 ; et, dans ce même ouvrage, Mark London, « Public participation in recycling le Vieux-Port de Montréal », p. 307-316 ; Clément Demers, « Préservation et mise en valeur du patrimoine. Adaptation de la réglementation en milieu urbain : l'expérience montréalaise », p. 325-336 ; Michel Dorais, « Conservation, réhabilitation et recyclage : activités du gouvernement fédéral », p. 337-342 ; Serge Carreau, « Expérience québécoise en matière de recyclage de bâtiments en logements », p. 361-365 ; Claude Michaud, « L'analyse du paysage architectural, une méthode d'inventaire en matière de patrimoine », p. 533-540 ; Vianney Bélanger, « Le recyclage de bâtiment versus le recyclage urbain », p. 709.

15. On peut consulter la présentation faite par les deux commissaires québécois de l'exposition. Voir Denys Marchand et Alan Knight, « De la rupture à la continuité », *ARQ*, n° 7 (mai-juin 1982). Voir aussi des mêmes auteurs: « Le rang et le village en mutation », *Habitat*, vol. 25, n° 4 (1982) ; « Le savoir-faire urbain », *Habitat*, vol. 26, n° 2 (1983).

D'autres médias explorèrent les mêmes avenues. La revue *Continuité*, par exemple, publiée par le Conseil des monuments et sites du Québec, proposait en 1982 et 1983, des numéros thématiques sur l'«intégration architecturale en milieu ancien[16]», sur la «reconversion[17]» et sur la «préservation au Québec[18]». Une large place était ménagée à l'expérience montréalaise. Ces considérations patrimoniales amenaient *Continuité*, en 1984, à traiter de la thématique du «retour à la ville». Alan Knight expliquait dans ces pages: «les discours sur le retour à la ville recouvrent bien des espoirs quant à la renaissance imminente de nos quartiers anciens. Les quartiers qui ont échappé au bulldozer précédant les grands projets de rénovation urbaine des vingt dernières années font maintenant l'objet de convoitises [...][19]», des convoitises pour leur redéveloppement et non pour leur transformation en espace de stationnement. «Au retour à la terre succède le retour à la ville», résumait quelques années plus tard Annick Germain dans *Aménager l'urbain de Montréal à San Francisco*[20]. De son côté, Mark London, dans un texte intitulé «Heritage movement has come of age since 1970s», commentait lui aussi: «*it is no longer simply saving a handful of structure for abstract historical or aesthetic reasons, it is concerned about neighborhoods and main streets, about people and economics*[21]». Les défenseurs du patrimoine, eux-mêmes, obtenaient une nouvelle audience[22].

Encart publicitaire pour mousser les ventes des appartements «Le Fort de la Montagne», construit à la suite de la campagne pour la sauvegarde du boisé des Sulpiciens. Le Devoir, 4 février 1981, p. 9.

16. Voir les articles de Luc Noppen, «Réflexion sur l'intégration», de Maurice Desnoyers, «Les avantages de l'insertion», les entrevues de François Varin et Clément Demers, «L'intégration architecturales: les points de vue des "gestionnaires du patrimoine"» et «Bilan de l'intégration au Québec: quelques cas intéressants». Voir «Dossier thématique: intégration architecturale en milieu ancien», *Continuité*, n° 17 (1982).

17. Voir les articles de David Mendel, «La reconversion: un intérêt croissant au Québec», de Julia Gersovitz, «Plus que le ravalement d'une façade: le nouveau siège international d'Alcan au centre-ville de Montréal», de Josée Véronneau, «Habiter son école». Voir «Dossier thématique: la reconversion», *Continuité*, n° 18 (1983).

18. Voir les articles d'André Laberge, «Une volonté de sauvegarder: Montréal au XIXe siècle», de Mark London, «Un mouvement en progression: la préservation à Montréal», de Jean-Claude Marsan et Alan Knight, «Le patrimoine en question». Voir «Dossier thématique: la préservation au Québec», *Continuité*, n° 20 (1983).

19. Voir les articles d'Alan Knight, «Le retour à la ville: pour quand et pour qui?», du même auteur, «Urbanisation et ville traditionnelle», de Denys Marchand, «Habitudes et formes urbaines», de Pierre Beaupré, «Milton Parc à Montréal: rester en ville», de Claude Lamoureux, «Architecture urbaine: innover dans la continuité», de même que l'article d'Annick Germain, «Sociologie du retour à la ville» qui complétait, dans le numéro suivant, le dossier sur le retour en ville. Voir «Dossier thématique: le retour en ville», *Continuité*, n° 22 (1984).

20. L'ouvrage publié en 1987 réunissait un cycle de conférences prononcées par des intervenants internationaux pour discuter des problématiques d'aménagement des villes et des politiques urbaines. Voir Annick Germain et Jean-Claude Marsan (dir.), *Aménager l'urbain de Montréal à San Francisco: politique et design urbain*, Montréal, Méridien, 1987, p. 11.

21. Mark London était alors directeur des programmes à Héritage Montréal. Le texte rappelait le dixième anniversaire de la démolition de la maison Van Horne. Voir Mark London, «Heritage Movement has come of age since 1970s», *The Gazette*, 1er octobre 1983.

22. Plusieurs articles étaient publiés sur Phyllis Lambert et les noms de Michael Fish, Mark London, Peter Lanken, Lucia Kowaluk étaient soulignés. Voir par exemple Michèle Dubreuil, «Phyllis Lambert: l'architecture comme champ de bataille», *Perspectives*, 9 octobre 1982; Guy Pinard, «Phyllis Lambert», *La Presse*, 19 avril 1985; Denis Masse, «Ils ont leur sous concitoyens une grande influence. Ils ne cherchent pas à voler la vedette», *La Presse*, 30 avril 1983; Denis Masse, «Deux Montréalais résolus et actifs», *La Presse*, 2 mai 1983; Denis Masse, «Le tissu urbain à Montréal porte leur empreinte», *La Presse*, 3 mai 1983.

■ Un nouvel impératif :
des « monuments historiques » à recycler

En 1975, lors de la désignation de la gare Windsor comme lieu d'« importance historique nationale » par l'État fédéral, *The Montreal Star* s'était interrogé : « *the Friends of Windsor Station have carried the day, more than five years after they began their campaign to preserve Montreal's oldest functioning (barely, it must be granted) railway station. The question now is, what's to be done with it ?*[23] » Cette question allait être maintes fois reformulée à propos de l'avenir de nombreux « monuments historiques » classés dans les années 1970. Les autorités durent ainsi se pencher sur le sort de l'église du Gesù, du Monument-National ou de la prison du Pied-du-Courant, protégés respectivement en 1975, 1976 et 1978. Si l'objectif initial avait été atteint en les sauvant de la démolition, un second s'imposa dans les années 1980 : leur insuffler une seconde vie. L'édifice L.-O. Grothé, le monastère du Bon-Pasteur et le Mont-Saint-Louis illustrent ce long cheminement qui témoigne à la fois d'un changement général d'attitude, mais aussi des difficultés découlant d'une telle pratique.

Le recyclage, nous l'avons vu au chapitre précédent, permettait aux défenseurs du patrimoine d'espérer sauvegarder le paysage urbain. Déjà en 1977, *S.O.S. Montréal* évoquait cette possibilité pour le monastère du Bon-Pasteur, dont la protection avait été demandée par Sauvons Montréal, en 1975 et répétée en 1977, mais qui tardait à se réaliser :

> Préserver le bâtiment de façon rentable n'est pas impossible ; des couvents semblables ont été transformés en complexes domiciliaires aux États-Unis. Tim Anderson, l'architecte et urbaniste bostonien intéressé à la conservation, nous l'a bien démontré lors des conférences Alcan. Le recyclage innovateur pratiqué par cette firme est à imiter. Le gouvernement des États-Unis a promulgué une loi encourageant la sauvegarde et la réutilisation des monuments historiques. Il serait temps que nos gouvernements se réveillent avant que le pic dévastateur n'ait porté le coup de grâce à notre patrimoine[24].

La désertion religieuse rendait critique l'avenir du monastère de la rue Sherbrooke. En 1978, le ministère des Affaires culturelles commandait finalement une étude du potentiel patrimonial de l'édifice, alors en vente. L'étude, présentée par le Groupe de recherche sur les bâtiments en pierre grise de Montréal, permit d'en apprécier la valeur[25].

---

23. « Windsor Station », *The Montreal Star*, 23 décembre 1975.

24. Dans le même journal, Mark London expliquait un an plus tôt : « *many of Save Montreal efforts in the past year have been fighting battles to try to save historic buildings and open spaces which institutions have owned for more than a century, and are now trying to sell for development. The numbers seems to be endless [...]* ». Voir Mark London, « The Sellout of Institutional Properties », *S.O.S. Montréal*, vol. 1, n° 3 (1976) ; « Le couvent du Bon-Pasteur », *S.O.S. Montréal*, vol. 2, n° 2 (1977).

25. Groupe de recherches sur les bâtiments en pierre grise de Montréal, *Le monastère du Bon-Pasteur. Histoire, relevé, analyse*, Québec, ministère des Affaires culturelles, 1978.

En 1979, l'État provincial décidait finalement d'acquérir le monastère du Bon-Pasteur pour en faire, lui-même, le recyclage, quelques mois avant son classement. Dans sa chronique patrimoniale, Alain Duhamel annonçait que les autorités avaient mis sur pied un « programme expérimental de recyclage des immeubles anciens à des fins sociales et publiques[26] ». La Société d'habitation du Québec voulait ainsi donner une nouvelle vie à l'édifice, « tout en espérant démontrer que la conservation et le recyclage des structures anciennes peuvent, en fin de compte, coûter moins que la démolition et la construction en neuf[27] ». Le ministre des Affaires municipales, Guy Tardif, ajoutait : « *it is one of the first occasions we have had, as a government, to get involved in saving an old building in Quebec* », ce qui est assez paradoxal compte tenu de l'implication de longue date de l'État québécois[28]. La revue *Héritage Canada*, quant à elle, claironnait : « le gouvernement québécois vient de prendre les mesures nécessaires pour permettre le recyclage de bâtiments historiques en logements à loyers modérés et a lui-même acheté le monastère du Bon-Pasteur, dans l'est de Montréal, à cette fin[29] ». Une nouvelle ère commençait. Les autorités ne faisaient plus figure « d'étrangers » dans la ville.

Alain Duhamel, « Le MAC achète l'édifice L.-O. Grothé », Le Devoir, 14 février 1980, p. 3.

En 1980, le ministère des Affaires culturelles suivait cet exemple et décidait d'acquérir, lui aussi, l'édifice L.-O. Grothé, laissé à l'abandon depuis quelques années. Situé à l'intersection du boulevard Saint-Laurent et de la rue Ontario, l'édifice avait été classé en 1976 pour contrer les menaces de démolition engendrées par le projet d'une station-service. Le ministère des Affaires culturelles était alors intervenu à la demande de la Ville de Montréal[30]. Le classement n'avait toutefois pas empêché le principal occupant, propriétaire de l'édifice, de déménager son entreprise. Un de ses responsables indiquait d'ailleurs lors de l'annonce du classement : « *the building is old and decrepit and I think it should be torn down[31]* ». Signe des temps, lors de l'achat de l'édifice en 1980, les autorités provinciales affirmaient dans *Le Devoir*, que « l'acquisition de cet immeuble à caractère industriel et commercial lui permet[tait] d'intervenir de manière significative en dehors de l'arrondissement historique du Vieux-Montréal sur un bâtiment d'un

26. Alain Duhamel, « La SHQ achète le monastère du Bon-Pasteur », *Le Devoir*, 10 avril 1979.

27. *Ibidem.*

28. Frederica Wilson, « Monastery to be transformed into 250 low-cost dwelling », *The Gazette*, 10 avril 1979.

29. « Des logements dans un monastère », *Héritage Canada*, vol. 5, n° 3 (1979).

30. Alain Duhamel, « Du patrimoine des Montréalais », *Le Devoir*, 29 juin 1977.

31. Cynthia Gunn, « Old cigar plant classified », *The Montreal Star*, 4 septembre 1976.

type architectural négligé du patrimoine québécois [qui] contribuera à conserver et à remettre en valeur la rue Saint-Laurent[32] ». Le rêve d'un groupe de militants, du début des années 1970, devenait réalité par l'intervention des autorités.

Cependant, les bonnes intentions s'étiolèrent rapidement. Le curetage du monastère du Bon-Pasteur révéla des problèmes de structure : les estimations des coûts du recyclage doublaient : « pour l'heure, le chantier [était] interrompu » regrettait la Société d'habitation du Québec. Pendant ce temps, la Société immobilière du patrimoine architectural (SIMPA), créée en 1981 dans le cadre d'une entente entre les autorités québécoises et montréalaises pour la mise en valeur du Vieux-Montréal

Alain Duhamel, « Le monastère du Bon-Pasteur et le Mont-Saint-Louis seront recyclés », Le Devoir, 5 novembre 1985, p. 3.

Bibliothèque nationale du Québec

et du patrimoine montréalais, devait entreprendre sa « première action concrète » avec le recyclage de l'édifice L.-O. Grothé[33]. Mais il suscita la même déception puisque, un an après l'annonce du chantier, rien n'était encore commencé. Dans sa chronique patrimoniale, Alain Duhamel relatait l'impatience de la Corporation du Grothé, qui regroupait des organismes sociaux et communautaires, et qui appuyée par le Groupe d'intervention urbaine de Montréal, réclamait le démarrage des travaux de recyclage :

> […] rien, à ce jour, ne lui permet d'espérer mettre en chantier à brève échéance. Non seulement cet immeuble, propriété du gouvernement québécois, reste-t-il, depuis plusieurs années, inoccupé, mais plusieurs grands édifices se trouvent dans le même état de telle sorte que tout le secteur Saint-Jacques du centre-ville dépérit. Le gouvernement du Québec possède, directement ou indirectement, le couvent du Bon-Pasteur, le collège Mont-Saint-Louis et l'ancienne École technique, tous situés rue Sherbrooke, tous ayant une signification patrimoniale et architecturale indubitable. Mis à l'abri des menaces de démolition qui ont pesé contre eux autrefois, ces immeubles demeurent dans l'attente d'une nouvelle vie.

> Toutes les solutions imaginées, voire tentées, échouent ou doivent attendre une éventuelle prospérité économique. Au Bon-Pasteur, la Société d'habitation du Québec a interrompu un chantier de

32. Alain Duhamel, « Le MAC achète l'édifice L.-O. Grothé », *Le Devoir*, 14 février 1980. *S.O.S. Montréal* relatait de son côté l'événement. Voir « Acquisition de l'édifice L.-O. Grothé », *S.O.S. Montréal*, vol. V, nᵒ 1 (1980) ; Guy Duquette, « À propos de l'immeuble Grothé, le rôle de l'OPDQ », *S.O.S. Montréal*, vol. V, nᵒ 1 (1980).

33. Jean-Pierre Bonhomme, « L'édifice Grothé : première action concrète de la SIMPA », *La Presse*, 10 septembre 1982.

recyclage à des fins d'habitation qui devenait de plus en plus coûteux tellement les problèmes techniques sont importants ; le Mont-Saint-Louis, démoli en partie pour éviter qu'il ne dévale la côte, ne paraît pas avoir d'autre perspective d'avenir que celle de l'agonie[34].

Concernant le Mont-Saint-Louis, le cégep du Vieux-Montréal, propriétaire du bâtiment, avait exprimé dans les mêmes années son intention de le rénover pour des fins d'enseignement[35]. Toutefois, devant des coûts d'exécution démesurés, le projet demeurait sans suite[36]. Classés «monuments historiques» dans les années 1970, le monastère du Bon-Pasteur, l'édifice L.-O. Grothé et le Mont-Saint-Louis étaient finalement toujours en danger.

La situation parvint à s'améliorer dans les années suivantes. La SIMPA réalisa finalement, en 1984, le recyclage de l'édifice L.-O. Grothé dans le «respect des caractéristiques patrimoniales du bâtiment», puis s'attaqua au monastère du Bon-Pasteur[37]. Toutefois, le rêve de la Corporation du Grothé de voir l'édifice accueillir «des groupes sociaux, culturels et communautaires» prenait fin[38]. Le recyclage du Bon-Pasteur se compléta en 1987 et fut célébré par la critique[39]. Jean-Claude Marsan saluait l'«exemple de recyclage qui mérite de devenir une aune pour les autres du genre à venir au centre-ville[40]». On rappelait toutefois la démolition des maisons de la rue Saint-Norbert en 1975, artère qui «retrouvera donc sa vocation d'antan de ruelle d'habitation, mais cette fois avec des loyers qui ne seront pas nécessairement modiques[41]». Le Mont-Saint-Louis fut pris en charge par la Société municipale d'habitation de Montréal (SOMHAM). C'était désormais au tour des autorités municipales de recycler un «monument historique», expérience qui se solda par une nouvelle controverse concernant les coûts de l'opération[42]. Le deuxième objectif des groupes

Denis Masse, « Le Mont-Saint-Louis passe à la Ville qui en fera un complexe domiciliaire », La Presse, 19 juin 1986, p. A-3.

Le Mont-Saint-Louis passe à la Ville qui en fera un complexe domiciliaire

DENIS MASSE

---

34. Alain Duhamel, « La corporation du Grothé s'impatiente », *Le Devoir*, 18 mai 1983.

35. Denis Masse, « Le Cégep du Vieux-Montréal voudrait rénover le Mont-Saint-Louis », *La Presse*, 21 octobre 1983.

36. « Le coût de la rénovation coûterait $18 millions », *La Presse*, 18 janvier 1984.

37. L'édifice L.-O. Grothé était transformé en copropriétés divises avec des bureaux et des commerces au rez-de-chaussée. Voir « Le rôle de la SIMPA : réhabiliter le patrimoine architectural de Montréal », *Habitabec*, 14 décembre 1984.

38. Jean-Pierre Bonhomme, *La Presse*, 10 septembre 1982.

39. Société immobilière du patrimoine architectural de Montréal, *Le Bon-Pasteur… reconverti, 1847-1987*, Montréal, SIMPA, 1987, 13 p. ; Mariane Favreau, « Trois générations se côtoient dans l'ex-couvent du Bon-Pasteur », *La Presse*, 19 juin 1987.

40. Jean-Claude Marsan notait la diversité des fonctions et la sensibilité du traitement formel. Voir Jean-Claude Marsan, « Le Bon-Pasteur, un bel exemple de reconversion », *Le Devoir*, 27 juin 1987.

41. François Forest, « Montréal n'a pas tenu ses promesses rue Saint-Norbert », *La Presse*, 10 septembre 1985.

42. Voir à ce propos «Montréal versera 2,1 millions pour combler le déficit du Mont-Saint-Louis», *La Presse*, 7 mars 1990 ; «City to cover deficit of "Heritage" condos», *The Gazette*, 7 mars 1990 ; Isabelle Paré, « Montréal au banc des accusés », *Le Devoir*, 7 mars 1990.

de sauvegarde – redonner une seconde vie aux édifices – avait ainsi été atteint, malgré les obstacles et grâce à l'action fondamentale des autorités provinciales et municipales[43].

De l'enveloppe aux intérieurs : un nouveau patrimoine

Le recyclage et la requalification d'édifices dont la valeur ne pouvait permettre le classement furent peu à peu réalisés à partir de la fin des années 1970. Dépouillés de leur fonction d'origine, ces bâtiments retrouvaient une vie nouvelle par des fonctions résidentielles, commerciales ou culturelles. Les écoles de quartier abandonnées, par exemple, dont aucune ne fut protégée officiellement par les autorités, étaient pour certaines achetées dans cette perspective. *S.O.S. Montréal* se réjouissait d'ailleurs des efforts de la Ville de Montréal – « *the City of Montreal is trying to negotiate the purchase of around a dozen recently abandoned schools for various purposes* » – même

Le théâtre Outremont, R. Charbonneau, arch., 1928.

Archives nationales du Canada, PA-081560

s'il regrettait la lenteur des négociations[44]. En parallèle, le journal annonçait que Sauvons Montréal « *has documented a list of endangered schools and will assist any group interested in helping to prevent the loss of these valuable community assets*[45] ». Les groupes de sauvegarde se plaignaient encore de « trop de démolition [et] pas assez de recyclage ». Ils affirmaient aussi que « les écoles de quartier de la ville, dans la mesure du possible, [devaient] être conservées » estimaient-ils, parce qu'elles étaient « un élément du patrimoine irremplaçable, parfaitement intégrées à l'environnement culturel[46] ». Certains poursuivaient : « les écoles et les couvents

---

43. On aurait pu aussi donner l'exemple de la maison mère des religieuses de la Congrégation de Notre-Dame, transformée pour les besoins du cégep Dawson. L'édifice avait été classé, en 1977, mettant ainsi fin à un an de suspense et de pression de la part des promoteurs. Ce fut finalement en 1982 que le cégep acquit l'édifice ce qui ne se fit pas sans questionner l'intégrité de sa conservation. Voir « Un projet immobilier menace un vaste ensemble architectural », *La Presse*, 31 janvier 1976 ; Jacques Benoît, « La maison mère : Belcourt possède une option mais pas de projet précis », *La Presse*, 3 février 1976 ; « L'Allier tient à la maison des Sœurs », *La Presse*, 21 mai 1976 ; Alain Duhamel, « Bref patrimoine », *Le Jour*, 31 mai 1976 ; « Mother House classified historic », *The Gazette*, 12 novembre 1977 ; Robert A. Gordon, « "Historic facade to be saved" », *The Gazette*, 27 mars 1981 et Ricardo L. Castro, « Turning nuns' mother house into school poses challenge », *The Gazette*, 5 octobre 1985.

44. Huguette Bujold et Michael Fish, « Recycling vacated schools », *S.O.S. Montréal*, vol. 3, n° 6 (1979).

45. *Ibidem.*

46. Roger Gaudet et Yolande Demers, « Trop de démolition, pas assez de recyclage », *S.O.S. Montréal*, vol. 5, n° 1 (1980).

sont des établissements qui ont toujours occupé, au même titre que l'église, une place vitale au sein de nos villages et des quartiers de nos villes, car ils en sont en quelque sorte les pivots[47] ». Il fallait à tout prix les conserver[48].

Le mouvement de recyclage des édifices anciens s'intensifia dans les années 1980, ce qui rendait de plus en plus difficile la démolition de tout bâtiment sans qu'il soit préalablement soumis à un programme de recyclage. C'est dans cette mouvance qu'émergea la problématique des théâtres et des cinémas montréalais, bien que les groupes de sauvegarde eussent tenté, en amont, de convaincre de la nécessité de leur conservation. Une des premières campagnes de Sauvons Montréal fut consacré au théâtre Capitol en 1973[49]. La même année, dans *The Gazette*, sous le titre « The reign of the "queens" draws to close », Dane Lanken écrivait : « *the first movie palace in North America was built right here in Montreal. It was called the Ouimetoscope.* [...] *Today, with the movie industry sagging and the emphasis on small, plain cinemas, the queens form an uncomfortable anomaly in the fast developing cities[50]* ». L'une des premières publications de Sauvons Montréal porta également sur un théâtre, soit le Monument-National[51]. Le groupe manifesta d'ailleurs beaucoup de détermination à protéger l'édifice lorsque la Société Saint-Jean-Baptiste de Montréal décida de quitter les lieux en 1976. L'organisme affirmait alors que « l'importance historique du Monument-National n'a d'égale que celle de la prison des Patriotes [...][52] ». La valeur historique de l'édifice, reliée à la Société Saint-Jean-Baptiste et à la scène culturelle montréalaise, de même que l'œuvre des architectes Perrault, Mesnard et Venne permirent son classement comme « monument historique » par les autorités provinciales en 1976[53]. Mais, une dizaine d'années devait s'écouler avant qu'un premier cinéma ne soit protégé, délaissant de nombreuses salles au pic des démolisseurs.

---

47. L'article poursuivait à propos des démolitions : « Et lorsqu'on les démolit, on laisse un vide et on démolit en même temps un peu le village ou le quartier... On en brise l'âme. Les autorités gouvernementales de tous les paliers n'ont pratiquement plus le choix. Elles sont en effet fortement incitées à recycler ces bâtiments plutôt qu'à démolir et construire du neuf à la place, pressées qu'elles sont avec insistance par différents organismes populaires (souvent des usagers en puissance) ou par l'opinion publique. » Voir Ginette Beaulieu, « L'habitation : une seconde vie pour nos couvents et nos écoles », *Habitat*, vol. 23, n° 3 (1980).

48. Vianney Bélanger, architecte à la Ville de Montréal, écrivait : « au nombre d'une centaine, uniquement à Montréal, ces bâtiments datant du début du siècle jusqu'aux années cinquante, constituent un héritage que l'on se doit de préserver. Les problèmes à résoudre afin de modifier les fonctions de ces bâtiments sont autant de l'ordre social que physico-technique ». Voir Vianney Bélanger, « Le recyclage de bâtiments versus recyclage urbain », dans Joseph Baker et Robert Cardinal (dir.), *op. cit.*, p. 709.

49. Le théâtre Capitol était situé rue Sainte-Catherine à l'angle de l'avenue McGill College. Un édifice à bureau en rappelle aujourd'hui le nom.

50. Dane Lanken, « The reign of the "queens" draws to a close », *The Gazette*, 13 octobre 1973.

51. Sauvons Montréal, *Proposition pour l'intégration du Monument-National à la Maison de la culture à Montréal*, Montréal, Sauvons Montréal, 1974.

52. Jean-Pierre Bonhomme, « La façade du Monument-National subira des transformations », *La Presse*, 23 mars 1983.

53. Guy Pinard, « Le monument national », *Montréal, son histoire, son architecture*, vol. 3, p. 57-66 ; Jacques Lachapelle, « Monument-National », dans *Les Chemins de la mémoire*, vol. 2, p. 84-86.

L'achat du théâtre Outremont fut l'élément déclencheur qui permit l'affirmation de ce nouveau patrimoine. Annoncé dans les quotidiens en 1987, le cinéma construit à la fin des années 1920 avait été fermé après des années difficiles, puis mis en vente. L'acheteur ne prévoyait toutefois pas démolir l'édifice. Au contraire, il soumettait l'idée d'un recyclage pour accueillir des boutiques et un restaurant. Le règlement de zonage de la rue Bernard, où était situé le cinéma, n'interdisait pas un tel projet, mentionnait un journaliste, « de sorte que la Ville pourrait difficilement refuser un permis[54] ». Mais, un tel projet était inacceptable tant pour les groupes de sauvegarde que pour les citoyens d'Outremont, qui voyaient dans la décoration intérieure de l'édifice la raison de sa sauvegarde[55]. Le recours aux autorités était souhaité : « la seule façon de sauvegarder le cinéma Outremont consisterait à le classer parmi les monuments historiques […][56] ». Héritage Montréal s'inquiétait du fait que le promoteur était le même que celui qui, en 1985, avait « recyclé » le cinéma Monkland, dans le quartier Notre-Dame-de-Grâce. Or, il avait détruit les décors intérieurs pour construire des bureaux. Un lecteur de *La Presse* résumait la nouvelle problématique de sauvegarde :

> On veut faire classer le cinéma Outremont comme monument historique, ai-je entendu dire. Voilà la moindre des choses. Mais plus que son architecture, c'est sa fonction qu'il faut sauvegarder. Car la personnalité de l'édifice ne se limite pas à sa façade, à un volume intérieur ou à ses ornementations. Elle réside dans la symbiose entre l'image architecturale, tridimensionnelle, et celle que l'on regarde sur l'écran. Plus que les images immobiles, il faut sauver le scénario qui leur donne la vie[57].

Héritage Montréal, Sauvons Montréal et l'Association des citoyens d'Outremont unissaient leurs efforts en vue de la mise sur pied d'un front commun « pour la sauvegarde de cet important édifice[58] ». Les fonctions, mais surtout les décorations intérieures, qui singularisaient les grands cinémas et les théâtres de la « Golden Era », pour reprendre l'expression de Dane Lanken[59], attribuables à la période de 1884 à 1934[60], faisaient transiter la protection du patrimoine de l'enveloppe du bâti aux intérieurs.

L'onde de choc entourant la perte annoncée du théâtre Outremont, symbole de la rue Bernard, entraîna des actions concrètes pour la protection des théâtres et des cinémas montréalais et les confirmèrent, dès lors,

---

54. Florian Bernard, « Le cinéma Outremont ferait place à un restaurant », *La Presse*, 5 février 1987.

55. Angèle Dagenais, « L'avenir de l'Outremont : Sauvons Montréal appuie l'association des citoyens », *Le Devoir*, 31 mars 1987.

56. Florian Bernard, « Le cinéma Outremont vit ses dernières heures », *La Presse*, 25 février 1987.

57. Marc Salette, « Un cinéma à sauver », *La Presse*, 11 mars 1987.

58. *Bulletin de la Fondation Héritage Montréal*, vol. 1, n° 3 (mars 1987).

59. Dane Lanken, *Montreal Movie Palaces. Great Theatres of the Golden Era, 1884-1938*, Waterloo (Ontario), Penumbra Press, 1993.

60. On reconnaît ici, légèrement modifiée, la période du « Montréal victorien ».

comme un patrimoine montréalais à part entière[61]. En l'espace de cinq ans, cinq théâtres et cinémas furent protégés. En vertu d'un amendement à la Loi sur les biens culturels qui permettait de protéger des édifices, la Ville d'Outremont préserva le théâtre Outremont en 1987, la Ville de Montréal emboîta le pas avec le cinéma Rialto et le Regent Theatre en 1988, puis avec les théâtres Séville et Le Château en 1990 et 1991[62]. Ces classements s'inscrivaient à la suite des travaux menés depuis l'automne 1987, conjointement par le ministère des Affaires culturelles et la Ville de Montréal, en vue de l'évaluation du potentiel patrimonial de 52 bâtiments[63]. Faisant montre du même intérêt, la SIMPA lançait, en 1989, un appel d'offre pour la réutilisation du théâtre Corona, dans le quartier Saint-Henri, alors à l'abandon et propriété de la Ville de Montréal depuis les années 1960[64]. L'importance de ces édifices à l'architecture de prestige dans le paysage urbain, tout comme leur reconnaissance comme lieux de sociabilité dans les quartiers montréalais, était ainsi établie. Si l'on craignait de moins en moins pour leur démolition, des dangers subsistaient quant à leur requalification et leur altération possibles.

Cinéma Rialto.

Photo : Martin Drouin

Les groupes de sauvegarde, outre l'appui accordé aux revendications contre les usages abusifs du recyclage des théâtres et des cinémas, mirent en branle un processus de réflexion sur l'avenir de ce patrimoine. En 1989, Héritage Montréal et la Faculté de l'aménagement de l'Université de Montréal organisèrent un colloque, au cinéma Rialto, qui venait alors

61. Récemment, l'ouvrage *Le patrimoine de Montréal : document de référence* leur consacrait une section particulière aux côtés de l'architecture civile, institutionnelle, cultuelle, résidentielle, commerciale et moderne. Voir Serge Carreau et Perla Serfaty, « Les théâtres et les cinémas », *Le patrimoine de Montréal : document de référence*, Montréal, Ville de Montréal / ministère de la Culture et des Communications, 1998, p. 124-128.

62. On affirmait à l'époque que « selon les experts du ministère, cinq cinémas anciens seulement, les Château, Corona, Outremont, Rialto, et York sont suffisamment bien conservés (extérieur et intérieur) pour pouvoir être restaurés ». Voir Jean-Pierre Bonhomme, « Montréal s'intéresse à la protection de cinq anciennes salles de cinéma », *La Presse*, 2 septembre 1988.

63. Jocelyne Martineau, *Les salles de cinéma construites avant 1940 sur le territoire de la Communauté urbaine de Montréal*, Montréal, ministère des Affaires culturelles, août 1987-février 1988 ; Jean-Yves Bastarache, Margot Bourgeois, Madeleine Forget et Jocelyne Martineau (dir.), *Cinémas et patrimoine à l'affiche*, Québec, ministère des Affaires culturelles/ Ville de Montréal, 1988. Une autre étude fut conduite conjointement en 1993 par le ministère des Affaires culturelles et la Ville de Montréal : Jacques Des Rochers *et al.*, *La problématique des cinémas patrimoniaux montréalais. État de la situation et recommandations préliminaires en matière de politique et d'action*, Montréal, ministère des Affaires culturelles / Ville de Montréal, 1993.

64. Guy Pinard, « Montréal s'intéresse enfin au théâtre Corona », *La Presse*, 15 septembre 1989 ; Société immobilière du patrimoine architectural de Montréal, *Mémoire sur le développement du théâtre Corona*, Montréal, SIMPA, 1990.

de rouvrir ses portes, pour entrevoir les possibilités de conservation des anciens cinémas[65]. Héritage Montréal rédigea d'ailleurs un mémoire sur la « réutilisation des anciennes salles de cinéma à des fins culturelles[66] ». Toujours en 1989, un nouveau groupe de sauvegarde, voué à cette cause, fut créé : la Société des salles historiques – Historic Theatres' Trust. Le groupe se donnait pour objectif de sauver les anciennes salles de théâtre et de cinéma, « plus particulièrement [les] intérieurs de salles, parce qu'ils sont souvent dotés d'une grande richesse malheureusement peu connue du public, donc vulnérable aux transformations maladroites et aux saccages clandestins[67] ». Un travail de sensibilisation était ainsi organisé. Avec Héritage Montréal, les deux groupes offrirent des visites architecturales guidées dans les anciens théâtres et cinémas de Montréal[68]. Ainsi était lancé, à la fin des années 1980, avec la fermeture du théâtre Outremont, un mouvement de protection et de conscientisation des cinémas, auquel participaient tant les groupes de sauvegarde que les autorités municipales et provinciales.

L'avenir de plusieurs cinémas retint encore l'attention au cours des années 1990. Malgré la première série de protections, d'autres cinémas montréalais connurent des années difficiles. Le cinéma Élysée fut d'abord menacé par la construction d'une tour de 12 ou 18 étages, puis démoli en 1995[69]. Objet de revendications pendant presque une dizaine d'années, le cinéma York fut une première fois promis à la démolition en 1994 et finalement rasé en 2001 après des années d'abandon[70]. Le cinéma Loew's, presque démoli dans la décennie, était converti en salle pour accueillir le Club Med World, aujourd'hui fermé[71]. En 1995, le théâtre Séville était saisi par la Ville de Montréal, puis finalement transformé en édifice à bureaux[72]. Dans les mêmes années, le cinéma V était acheté par la Ville de Montréal. Héritage Montréal condamnait ces choix jugés suspects[73]. Au terme de cette période tumultueuse, une nouvelle série de protections allait toucher le théâtre des Variétés, le cinéma Impérial, le cinéma Corona et le cinéma Le Château, protégés cette fois par l'État québécois en 2001 et 2002. Enfin, deux emblèmes

---

65. « Anciens cinémas : la conservation : c'est possible ! », *Bulletin de la Fondation* Héritage Montréal, vol. 3, n° 1 (hiver 1989).

66. Héritage Montréal, *La réutilisation des anciennes salles de cinéma à des fins culturelles*, Montréal, Héritage Montréal, 1989.

67. François Rémillard, « Société des salles anciennes – Theatres' Trust », *Rézo – répertoire des zones et des organismes patrimoniaux du grand Montréal*, Montréal, Héritage Montréal, 1991.

68. Mariane Favreau, « Visites de théâtres anciens », *La Presse*, 8 octobre 1989.

69. Le cinéma Élysée était situé rue Milton, entre le boulevard Saint-Laurent et la rue Clark. Voir *Bulletin de la Fondation* Héritage Montréal, vol. 4, n° 4 (Automne 1990).

70. Le cinéma York était situé rue Sainte-Catherine, près de la rue Guy.

71. Le cinéma Loew's était situé rue Sainte-Catherine. Voir Michèle Picard, « Le Loew's : du cinéma au Club Med », *Le Devoir*, 29 décembre 2001.

72. Le théâtre Séville était lui aussi situé rue Sainte-Catherine. Voir *Bulletin de la Fondation* Héritage Montréal, vol. 8, n° 1 (mars 1995) ; Odile Tremblay, « La mémoire en berne », *Le Devoir*, 22 avril 1998.

73. Héritage Montréal jugeait qu'il aurait été préférable de sauver le théâtre Séville, plutôt que le cinéma V, situé rue Sherbrooke. Voir *Bulletin de la Fondation* Héritage Montréal, vol. 10, n° 4 (automne 1999).

du monde du divertissement montréalais ouvrirent finalement leurs portes après une longue fermeture et d'importants programmes de recyclage : le cinéma Corona et le théâtre Outremont[74]. La sensibilisation accrue des autorités gouvernementales envers la protection des intérieurs de cinéma et de théâtre, conjuguée à l'effort mené par Héritage Montréal et DOCOMOMO-Québec, facilitèrent en 2000 le classement de la décoration intérieure et du mobilier du restaurant l'Île-de-France, alors menacé par la fermeture du grand magasin Eaton de la rue Sainte-Catherine. La conservation du paysage urbain se doublait d'une préoccupation croissante pour les intérieurs, intérêt qui élargissait la problématique de la seule conservation des façades des édifices.

■ Un paysage d'apparat : une façade conservée

En 1976, alors qu'il était ministre des Affaires culturelles, Jean-Paul L'Allier avait décidé de classer les seuls portails du Kensington Apartments, œuvres des frères Edward et Williams S. Maxwell, plutôt que l'ensemble du bâtiment[75]. Le ministre espérait voir ces deux portails incorporés à une nouvelle construction : « *this technique, seldom used in Montreal, is often followed in Europe and parts of United States* », déclarait alors *The Gazette*[76]. Ce qui semblait à l'époque un compromis justifiable pour conserver les témoins de la ville ancienne allait par la suite être vivement condamné. La problématique se posa avec une acuité particulière, dans les années 1980, lorsque des constructions nouvelles intégrèrent de plus en plus d'édifices anciens. Alors que les groupes de sauvegarde avaient milité pour la reconnaissance des caractères de la ville ancienne et qu'ils obtenaient une audience plus large, était-on en train de pervertir leurs efforts et favoriser la conservation d'un paysage d'apparat sous forme de « façadisme » ? Certains l'affirmèrent.

« *Every age has its characteristic way of design and construction* », écrivait Pieter Sijpkes, dans un texte intitulé « Recycling mania could spawn new architectural style » et publié dans les pages du quotidien *The Gazette* en 1989[77]. L'architecte et professeur à l'Université McGill affirmait résumer la pratique des dix dernières années : « *the latest idea for reusing old*

---

74. Louise Leduc, « Laissé à l'abandon pendant 40 ans: une seconde vie pour le Corona », *Le Devoir*, 16 juin 1998 ; Sophie Gironnay, « Rénover le Théâtre Outremont, un exercice d'humilité », *La Presse*, 3 avril 2001. L'État québécois protégea les deux édifices : le théâtre Outremont en 1994 et le cinéma Corona en 2002. La même année, le cinéma Le Château était classé.

75. L'édifice est aussi connu sous le nom de Quinland Apartment et était anciennement situé rue Sainte-Catherine Ouest, dans la ville de Westmount. La conservation de l'édifice avait fait l'objet d'une lutte menée par les citoyens de Westmount, appuyée par Sauvons Montréal. Voir « L'Allier veut préserver deux immeubles d'habitation », *Le Devoir*, 29 avril 1976 ; « Save the Quinland! », *S.O.S. Montréal*, vol. 1, n° 4 (1976).

76. « Westmount, province in mix-up : Greystone's future uncertain », *The Gazette*, 26 mars 1976.

77. Le texte était publié dans la chronique sur l'architecture du samedi. Voir Pieter Sijpkes, « Recycling mania could spawn new architectural style », *The Gazette*, 7 octobre 1989.

buildings is saving the façade only – a method that can be compared with the restoration of valuable mosaics, frescoes or painting. […]. In the façade-only restoration, the façade is carefully cut loose from the building after it has been propped up by an elaborate steel structure». L'édifice était ainsi vidé de ses composantes internes pour ne conserver que l'apparence extérieure. La nouvelle bibliothèque de l'Université Concordia et le Royal George Apartments, le Centre du commerce mondial et l'édifice du Dominion Express, le nouveau Musée des

Le New Sherbrooke Apartments et le pavillon Jean-Noël-Desmarais du Musée des beaux-arts de Montréal.

beaux-arts de Montréal et le New Sherbrooke Apartments étaient quelques exemples d'intégration qui illustraient les propos de l'architecte. D'autres cas étaient rapportés. De ce nombre, la Place Mercantile permettait d'avancer que les projets ne tenaient pas toujours leurs promesses. *« They tore down the greystone buildings, saved the facades and put them back in the wrong place, trimming about five or ten feet off the top so they'd fit nicely against the new office building»*, explicitait Mark London[78]. La maison Greenshield, quant à elle, avait été littéralement intégrée aux appartements Le Penfield. *The Montreal Downtowner* rapportait *« several Victorian buildings were destroyed. One of the facade was preserved and incorporated into the new building which sandwich it[79] ».* Le rêve des groupes, celui de sauvegarder un paysage urbain, se transformait-il en cauchemar ?

La conservation du Royal George Apartments mit en cause cette nouvelle pratique dans la première moitié des années 1980. Sauvons Montréal et les locataires de l'édifice luttèrent, dans un premier temps, pour sa conservation[80]. Les qualités esthétiques de l'édifice, la particularité de son matériau de revêtement – la *terra-cotta*[81] – et l'aire de protection du Bishop Court Apartments, classé dans les années 1970, réussirent à sauver le Royal George Apartments[82]. L'Université Concordia, maître d'œuvre du projet, accepta alors le compromis du ministère des Affaires culturelles et intégra la façade, «en rappel historique, le point focal de toute l'entreprise », dans son

---

78. Mark London était alors toujours directeur d'Héritage Montréal. Voir « Saving facades : a new way for highrise developers to save face? », *The Montrealer Downtowner*, 20 octobre 1982.

79. *Ibidem.*

80. Harvey Shepherd, « Architect battling university wreckers », *The Gazette*, 3 mars 1980 ; «Bishop Street tenants fight demolition plans», *The Gazette*, 11 juin 1980.

81. Robert Lemire et Danielle Pigeon écrivaient dans *La Presse* en faisant référence au Royal George Apartments et à l'édifice Woolworth, rue McGill College, alors menacés de démolition: « Le hasard a voulu qu'on conserve de beaux exemples de ces constructions. Saurons-nous préserver ces quelques témoignages d'une mode passée qui nous rappellent que déjà, au début du siècle, Montréal s'inscrivait dans le réseau des grandes villes nord-américaines ? » Voir Robert Lemire et Danielle Pigeon, « Le terra cotta : un matériau oublié », *La Presse*, 28 janvier 1984.

82. Cette protection résulte d'une lutte menée dans les années 1970 et traitée au chapitre 3, «Au-delà du "monument historique" : les espaces verts, les rues et les quartiers. »

Photo : Martin Drouin

Le Royal George Apartments.

projet de bibliothèque[83]. Mais il y avait davantage expliquait Michael Fish : « *the basic justification for any building conservation, anywhere, far beyond the museological consideration, is the improvement of the quality of life of the users and residents of the neighborhood itself*[84] ». Pour Michael Fish, le « façadisme » dénaturait l'authenticité de l'édifice et la portée « sociale et communautaire de la conservation[85] ». Avec l'aide de l'architecte, les locataires, réduits désormais à une douzaine pour une cinquantaine de logements, soumirent un projet de coopérative d'habitation et un plan de partage des coûts à l'instar de l'argumentaire militant des années 1970. Ils misaient sur le maintien des fonctions résidentielles au centre-ville comme argument de la sauvegarde.

La Ville de Montréal, qui avait adopté en 1978 un règlement pour contrôler la disparition progressive d'édifices résidentiels dans le centre-ville, étudia le dossier du Royal George Apartments. L'un des membres de la Commission d'arbitrage déclarait : « *the interests of 25,000 students are more important than the simple protection of a few dwellings [...] Residential heritage is not an absolute. Land has too much value downtown to devote to housing*[86] ». S'il semblait impossible pour les autorités de maintenir prioritairement la fonction résidentielle du bâtiment, elles pouvaient tout au plus le conserver en vertu de son apparence extérieure. Les défenseurs du patrimoine questionnaient ce type de pratique : « *ending up with Disneyland – just stage sets* », comme l'affirmait Mark London[87]. Une semblable crainte avait déjà été énoncée une dizaine d'années plus tôt avec le projet de reconstruction de l'ancien Hôpital général des Sœurs grises dans le Vieux-Montréal[88]. Cependant dans le cas présent, la problématique était inversée. Joseph Baker, architecte et alors professeur à l'Université Laval, reliait la sauvegarde de l'édifice avec celle de sa

---

83. Jean-Pierre Bonhomme, « Projet de bibliothèque de $ 30 millions », *La Presse*, 23 janvier 1982.

84. Michael Fish, « Preservation building should be for people », *The Gazette*, 12 septembre 1980.

85. Michael Fish explore différents exemples montréalais dans un article publié dans *Continuité*. Voir Michael Fish, « Une conservation symbolique... La sauvegarde des façades », *Continuité*, n° 20 (1983), p. 45-47.

86. L'article d'Ingrid Peritz prenait soin d'indiquer après le nom du commissaire : « *an engineer* ». Voir Ingrid Peritz, « Concordia wins appeal, given OK to raze building », *The Gazette*, 1ᵉʳ octobre 1985.

87. *Ibidem*.

88. Voir chapitre 4, « La patrimonialisation du paysage urbain : un Montréal "victorien" ».

fonction initiale : « *facades have meaning as they are related to the form and structure of the building for which they were conceived and, while uses may change, new subdivisions of space occur, the essential framework and relationships will persist*[89] ». Un débat architectural s'élaborait. Les défenseurs du patrimoine tentèrent encore de convaincre le ministère des Affaires culturelles d'intervenir. Même si la Commission des biens culturels se disait de moins en moins convaincue de la pertinence de ne sauvegarder que les façades, le ministère ne bougea pas plus[90]. L'édifice, ou du moins sa façade, était conservé. Quelques années plus tôt, un tel geste aurait été presque célébré comme une victoire. Fallait-il accepter des demandes encore plus importantes des défenseurs du patrimoine ?

Dans les mêmes années, non loin du Royal George Apartments, l'agrandissement du Musée des beaux-arts de Montréal déclencha d'un débat similaire. Situé sur la rue Sherbrooke, le vénérable édifice des frères Maxwell souffrait alors d'un manque chronique d'espace[91]. Avec l'objectif de remédier à la situation, un premier projet fut annoncé en 1985, en association avec les entreprises Bell, et aussitôt condamné. Les contestataires demandaient à voir les accords entre les partenaires, les programmes et les plans de développement pour en discuter. Héritage Montréal exigeait une consultation publique. Une journaliste précisait : « en plus d'être l'un des plus animés de Montréal, assure Héritage Montréal, le quadrilatère est sous le coup d'un règlement de zonage qui fixe la hauteur des immeubles et il se trouve dans l'aire de protection du Bishop Court Apartments, classé monument historique[92] ». Afin de s'armer d'arguments convaincants, le groupe prépara alors une étude de l'îlot Bishop-Crescent, situé en face du musée et emplacement le plus probable pour son agrandissement. Dans le cadre de ce travail, Gabriel Bodson et Mark London décrivaient l'importance patrimoniale du secteur du fait de la déclinaison des transformations du tissu urbain à laquelle s'ajoutaient les valeurs historiques et architecturales[93]. Enfin, le contexte légal complétait le panorama. Les auteurs concluaient : « ce qui est à préserver ici ne peut se réduire à un nom de bâtiment situé à telle ou telle adresse puisqu'il s'agit des relations subtiles qu'entretiennent entre eux un ensemble d'édifices ». Ils plaidaient pour la sauvegarde d'un environnement unique « de l'humble maison en rangée à l'édifice le plus prestigieux de l'îlot, le New Sherbrooke »,

89. Joseph Baker, « We can't preserve our heritage through token gesture », *The Gazette*, 24 août 1985.

90. David Wimhurst, « Banner begs for minister's help to stop demolition of apartment », *The Gazette*, 1ᵉʳ mai 1986 ; « Endangered apartment block may be named historic building », *The Gazette*, 28 mai 1986.

91. Un musée agrandi semblait la voie pour attirer des expositions plus prestigieuses et résoudre le problème de son financement. Voir René Viau, « Clément Richard mise sur les grandes expositions : agrandi, le Musée des Beaux-Arts sera appelé à un brillant avenir », *La Presse*, 24 janvier 1985.

92. Mariane Favreau, « La contestation s'amplifie autour du projet Bell-Musée des Beaux-Arts de Montréal », *La Presse*, 29 octobre 1985.

93. L'analyse partait du secteur à l'îlot puis à la rue. Voir Gabriel Bodson et Mark London, *L'îlot Bishop/Crescent : le site pour le projet d'agrandissement du Musée des beaux-arts de Montréal = Bishop/Crescent Block: the site for the expansion of the Museum of Fine Arts*, Montréal, Héritage Montréal, 1986.

un environnement riche de sa propre organisation de l'espace, regorgeant de vitalité, à l'écoute des besoins des Montréalais et fruit d'un siècle d'efforts[94]. Ce discours rappelait, même si peu l'évoquaient, les campagnes de Sauvons Montréal et de l'Association des locataires de la rue Bishop dans les années 1970. Pourtant, le débat allait uniquement tourner autour de la conservation de la vieille conciergerie de 1905. *La Presse* résumait les échanges : « agrandir le Musée avec ou sans le New Sherbrooke[95] ? »

La polémique marqua un tournant dans les efforts des groupes de sauvegarde pour discuter publiquement des transformations de la ville. En effet, la nouvelle administration municipale du RCM, au pouvoir depuis un an, organisa sa première consultation publique autour de l'avenir du Musée des beaux-arts et, par extension, de l'édifice New Sherbrooke[96]. Les discussions se firent surtout en termes d'intégration, d'échelle et de circulation. Dans la foulée du débat autour du Royal George Apartments, certains soutinrent que l'édifice devait être conservé « non seulement comme une façade, mais aussi, tout au moins en partie, comme un immeuble résidentiel[97] ». Toutefois, l'idée de fonction résidentielle resta marginale. La conservation du New Sherbrooke était souhaitée pour ses qualités propres, mais semblait surtout servir de caution à une intégration respectueuse de l'environnement. Le comité qui présida aux audiences publiques recommanda la conservation de l'édifice et de ses espaces intérieurs. Mais, ce qui sembla d'abord une victoire des défenseurs du patrimoine devint une grande déception lorsque les autorités du Musée et ses architectes « demandèrent l'autorisation d'abattre plusieurs planchers de la conciergerie plutôt que de les renforcer[98] ». La même raison avait été invoquée pour justifier la démolition du Strathcona Hall lors de la construction de la Place Mercantile. Les autorités acceptèrent la demande au vu des coûts engendrés et l'on procéda au « curetage » intérieur de l'édifice. Pieter Sijpkes écrivait : « *Montrealers who protested when the Montreal Museum of Fine Arts planned to demolished the historic apartment block* […] *can be forgiven for feeling they didn't get quite what they bargained for in this preservation effort, which appears to be keeping even less than the bare minimum of the old building.* » L'opération, dès lors taxée de façadisme, laissa un goût amer à certains défenseurs du patrimoine.

L'extension considérable du paysage urbain à conserver commandait-elle des compromis ? La bibliothèque de l'Université Concordia et le

---

94. Gabriel Bodson et Mark London, *op. cit.*, p. 30.

95. Jocelyne Lepage, « Agrandir le Musée avec ou sans le New Sherbrooke ? », *La Presse*, 21 février 1987.

96. Un journaliste écrivait : « un corps municipal neutre devrait donc, pour la première fois dans l'histoire, se prononcer sur la qualité de la production d'un architecte et sur la manière d'implanter un édifice ». Voir Jean-Pierre Bonhomme, « Montréal inaugure son système de consultation publique en architecture », *La Presse*, 6 mai 1987.

97. Le principal porte-parole était Michel Barcelo, professeur à l'Institut d'urbanisme de l'Université de Montréal. Voir Madeleine Berthault, « MBA : léguera-t-on un bilan de nos racines ou une page d'histoire des années 1980 ? », *La Presse*, 12 juin 1987.

98. Bruno Bisson, « La conservation du *New Sherbrooke* pose un problème au Musée des Beaux-Arts », *La Presse*, 5 février 1988.

nouveau Musée des beaux-arts allaient être bien reçus par la critique[99]. Mark London illustrait ainsi la position inconfortable tenue par les défenseurs du patrimoine au milieu des années 1980 :

> *I do not like the practice of gluing old facades on brand new buildings. The idea that this constitutes sound heritage conservation is dangerous. But almost as dangerous is the all too common idea that, unless one can preserve absolutely 100 per cent of a building including its original function and structure, it is not worth keeping anything at all. This pure all-or-nothing approach may have been valid a few decade ago when only a few very outstanding buildings were preserved and carefully restored, and the rest were demolished. With today's attitude of maintaining many older buildings, changes are sometimes necessary and situation arise when only partial preservation is possible[100].*

Tous les défenseurs n'étaient cependant pas du même avis. Avec dépit, Michael Fish affirmait : « *façadism is a poor substitute. We should have considered saving historically-significant neighborhoods years ago. […] We can't save neighborhoods, so we try for buildings. We can't save buildings, so we try for façade[101]* ». Le déplacement des façades de maisons victoriennes de la rue Crescent projeté par la compagnie Holt Renfrew en 1993, la requalification de la « *Loco shop* » des anciennes usines Angus en 1996 ou encore l'intégration de la caserne de pompiers n° 20 au Palais des congrès en 1999, posèrent inlassablement le même type de questionnement[102]. Quel était le véritable sens de la sauvegarde ? Des bâtiments anciens étaient-ils sauvés pour en faire un paysage d'apparat ou une démarche beaucoup plus exigeante devait-elle astreindre l'acte de conservation ? Le débat s'était définitivement déplacé.

■ La requalification du patrimoine, ou la sauvegarde d'un milieu

La conservation du paysage urbain posait des problématiques différentes aux défenseurs du patrimoine. Les transformations de la ville, proposées dans les années 1970, avaient été sévèrement critiquées parce qu'elles s'imposaient sans tenir compte du milieu existant. Les transformations des années 1980 allaient se différencier par une sensibilité nouvelle au contexte et à l'histoire de la ville. Le paysage ancien n'était plus menacé de disparition.

---

99. Voir, par exemple, Pierre Boyer-Mercier, « Bibliothèque Université Concordia, Centre-Ville », *ARQ*, n° 54 (1990) ; Pierre Beaupré, « Le pavillon Jean-Noël-Desmarais du Musée des Beaux-Arts de Montréal », *ARQ*, n° 68 (1992).

100. Mark London, « Saving building's facade is often not good enough », *The Gazette*, 3 mai 1986.

101. Mary Ann Smythe, « Saving faces : Rescue or tokenism? », *Héritage Canada*, vol. 12, n° 5 (1987).

102. « Des façades victoriennes en jeu », *La Presse*, 26 août 1992 ; Brian Myles, « Menace sur un joyau du patrimoine industriel », *Le Devoir*, 23 juillet 1996 ; Marie-Claude Ducas, « L'agrandissement du Palais des congrès inquiète ceux qui se préoccupent de patrimoine urbain », *Le Devoir*, 9 janvier 1999.

Ingrid Peritz, « City future: concrete canyon or a place for people? »,
The Gazette,
14 juin 1986, p. A-1.

Les défenseurs du patrimoine redoutaient toutefois une perversion du sens de la conservation de la ville historique. Un constat s'imposait. La sauvegarde du patrimoine ne se faisait pas selon l'idée qu'ils avaient développée. Le maquillage des édifices contemporains par des façades anciennes et des bâtiments éventrés pour accueillir de nouvelles fonctions exigeaient des ajustements de l'argumentaire des groupes de sauvegarde. Il n'était plus tellement question de décliner les qualités de l'édifice puisqu'il était, en principe, sauvegardé. On s'attaqua plutôt à valoriser l'unicité de l'environnement auquel il participait, comme dans le cas de l'îlot Bishop-Crescent lors de l'agrandissement du Musée des beaux-arts. Les défenseurs du patrimoine avaient déjà utilisé ces arguments dans les années 1970, et plus spécifiquement lors du projet d'agrandissement du siège social d'Hydro-Québec au début des années 1980.

Le dossier Hydro-Québec marqua le discours de la sauvegarde par une vision urbanistique du patrimoine urbain et la volonté de faire appel à un discours scientifique. En effet, le choix de la société d'État de s'installer dans le quadrilatère formé par les rues Jeanne-Mance, Sherbrooke, Saint-Urbain et Président-Kennedy avait alors été critiqué par Sauvons Montréal et Héritage Montréal. Même si, remarquait *S.O.S. Montréal*, le futur ensemble « *will both architecturally and culturally integrate itself into the area* », une autre question se formulait : « *what are the real ramifications?*[103] ». Sauvons Montréal redoutait l'impact sur les quartiers limitrophes occasionné par le trafic routier, dont Milton Parc, la transformation des commerces de proximité, l'inflation et la présence physique du bâtiment : « *the mammoth structure would do irreversible damage to the present small and medium-sized buildings* ». De son côté, Héritage Montréal commandait une étude à Marcel Barcelo, architecte, urbaniste et professeur à l'Université de Montréal[104]. À l'aide de critères d'évaluation précis et s'entourant des précautions méthodologiques nécessaires, le chercheur soupesa les avantages et les inconvénients des sites proposés. Il arrivait aux mêmes conclusions que les deux groupes de sauvegarde et rejeta ainsi le site initialement proposé par Hydro-Québec, dans un secteur où l'on « retrouve principalement un patrimoine historique, résidentiel et institutionnel […] » et en appela plutôt à une « politique positive » pour rebâtir le tissu du quartier[105]. Les médias ne firent pas grand cas des raisons qui poussèrent à abandonner le choix du site. Toutefois, la charge des protestataires investissait ainsi un autre type de discours.

---

103. La moitié de l'îlot avait déjà été démolie dans les années 1960 ; l'autre moitié était occupée par l'ancienne école technique et l'église anglicane Saint-Jean-l'Évangéliste. Voir P. Henry, « Preliminary Report of Hydro-Québec on its New Headquarters », *S.O.S. Montréal*, vol. 6, n° 1 (1981).

104. Michel Barcelo, *Le siège social d'Hydro-Québec : enjeux stratégiques au centre de Montréal*, Montréal, Héritage Montréal, 1981.

105. *Idem*, p. 62-63.

Le milieu à sauvegarder allait également être valorisé lors de campagnes subséquentes. En 1985, l'église anglicane annonçait, devant la migration de ses ouailles et le coût de financement de la cathédrale Christ Church, qu'elle allait permettre le développement de la partie nord du terrain. Les intervenants se voulaient rassurants. Les autorités ecclésiastiques expliquaient que « *the church will use the money to renovate the cathedral "and enable all kinds of ministry in the marketplace"* ». Les profits allaient donc être utilisés à bon escient. De plus, les promoteurs assuraient que le nouvel édifice « *will be a "landmark" designed by Montreal architect René Menkes*[106] ». Dans les années 1970, les Sulpiciens et les Sœurs grises avaient affirmé un semblable intérêt architectural lorsqu'ils mirent en vente leur propriété. De telles affirmations, même dans le contexte des années 1980, ne rassurèrent que très peu les groupes de sauvegarde qui protestèrent.

Dès l'annonce du projet, Héritage Montréal demanda au ministère des Affaires culturelles de classer « par prudence » la cathédrale[107], jugée alors « *the best example of decorated gothic revival architecture in Quebec*[108] ». Le ministère protégea la cathédrale en 1988. Le communiqué précisait alors :

> Construite entre 1856 et 1859, selon les plans de l'architecte anglais Frank Wills, la cathédrale présente [...] un intérêt patrimonial exceptionnel en raison de son importance pour la communauté anglicane de Montréal. Son étroite association avec un mouvement esthétique anglais du milieu du XIXe siècle, le Cambridge Camden Society, et le rôle irremplaçable qu'elle joue dans le paysage urbain du centre-ville, en font un monument historique unique [...][109].

Si la cathédrale était protégée, la bataille, elle, n'était pas gagnée. Héritage Montréal lança une « campagne d'action pour préserver le presbytère et les lieux environnants[110] ». Une consultation publique était exigée : « *in other cities there is a public consultation about things like this* », affirmait Joshua Wolfe de Sauvons Montréal[111]. La question de l'intégration de la nouvelle construction occupait aussi le débat. Alain Duhamel précisait : « la fondation Héritage Montréal ne remet pas en cause la construction du gratte-ciel mais elle propose de promouvoir un aménagement de qualité respectueux du caractère historique du lieu[112] ». La cathédrale constituait une partie indissociable d'un milieu dont il fallait dès lors défendre l'intégrité.

Dans un premier temps, la sauvegarde du presbytère, promis à la démolition, monopolisa les efforts des défenseurs du patrimoine. Le presbytère, « construit en pierre en 1876 », était qualifié de « *one of*

---

106. Sarah Scott, «High-rise planned for Christ Church site», *The Gazette*, 26 avril 1985.

107. Alain Duhamel, « Les Coopérants : Héritage Montréal demande le classement de la cathédrale anglicane », *Le Devoir*, 21 septembre 1985.

108. Mark London, « Cathedral risks being engulfed by new tower », *The Gazette*, 28 septembre 1985.

109. « Christ Church devient monument historique », *La Presse*, 4 octobre 1988.

110. Jean-Pierre Bonhomme, « Le presbytère conservé », *La Presse*, 20 septembre 1985.

111. « Project dooms Christ Church rectory », *The Gazette*, 2 août 1985.

112. Alain Duhamel, « Les Coopérants : Héritage Montréal demande le classement de la cathédrale anglicane », *Le Devoir*, 21 septembre 1985.

few gothic architecture left in the area» et «*one of the last gothic structures to have been built in Canada*[113]». Rapidement sensibilisés aux injonctions, les promoteurs proposèrent alors de déplacer le presbytère pour assurer sa protection, concession qui allait faciliter l'avancement général du projet. Héritage Montréal, conscient des dangers d'une telle pratique, rappelait les

Photo : Pierre Lahoud

Le «*nouveau Forum*» et la gare Windsor.

promesses similaires à propos de l'ancien terminus de la rue Craig qui devait être reconstruit après l'inauguration du Palais des congrès : «l'expérience montréalaise en ce genre d'entreprise n'est guère probante[114]». De plus, poursuivait Mark London, «*the people of the church do not seem to feel that the interior of the building has much value. [...] The building still has most of its original woodwork, doors, fireplaces, windows and staircases. Why not take that extra last step and do it right by keeping the whole building intact on its historic site?*[115]». Insensible aux demandes des protestataires, il était décidé, à la suite de pourparlers entre les promoteurs et les autorités municipales, de démanteler et de déplacer le presbytère.

Au-delà de la cathédrale et de son presbytère, un milieu distinctif devait être pris en considération dans l'exécution du projet. Jean-Claude Marsan, dans «Plaidoyer pour la fantaisie», décrivait cet «exemple remarquable» dans le centre-ville, «où se déploie une série de petits bâtiments d'un autre âge, tout délicats et sereins dans leur cadre de verdure». Le lieu se singulariserait par la cathédrale, «dans son écrin de verdure, comme un bijou délicat et exotique», le presbytère, qui «possède les mêmes qualités de

113. «Project dooms Christ Church rectory», *The Gazette*, 12 août 1985.

114. Alain Duhamel, «Les Coopérants : Héritage Montréal demande le classement de la cathédrale anglicane», *Le Devoir*, 21 septembre 1985.

115. Mark London, «Cathedral risks being engulfed by new tower», *The Gazette*, 28 septembre 1985.

raffinement », deux vieilles résidences « à moitié camouflées par des rajouts, mais qui rappellent le caractère huppé de ce lieu au siècle dernier », et une écurie d'antan, « délicieux petit bâtiment ». L'architecte, par le souhait d'une intervention du ministère des Affaires culturelles, concluait la description de ce « paysage urbain […] assez unique » en évoquant les charmes de la capitale britannique : « c'est avec des paysages urbains semblables, tout en contrastes, qu'une ville comme Londres s'est créé des images inoubliables[116] ». D'autres tenants souhaitaient préserver cette oasis de verdure au milieu des gratte-ciel : « *no structure large or small should ever encroach upon the little green space left in Montreal*[117] ». L'aménagement autour de la cathédrale, que ce soient les entrées des boutiques souterraines ou le respect de « l'esprit des jardins traditionnels », était soulevé par Héritage Montréal[118]. Avec de tels arguments, comment était-il possible de construire un quelconque bâtiment dans un tel milieu ?

L'argumentaire des promoteurs tabla seulement sur l'intégration architecturale à la cathédrale Christ Church. Par la conjugaison de la force du passé et de l'excellence du présent, ils espéraient convaincre du respect accordé au milieu environnant. Tout d'abord, l'architecte proposait la construction du gratte-ciel dans l'axe de l'église. De larges ouvertures vitrées devaient permettre la transparence du clocher. Un toit à versants recouvert de cuivre, comme celui de son honorable voisine, et l'utilisation d'un vocabulaire gothique, cherchaient à intégrer, par association et par symétrie, les deux édifices : « ainsi, espère-t-on, le gratte-ciel pourra prendre sa place dans la trame urbaine sans écraser de sa hauteur la cathédrale et son clocher[119] ». Malgré que les promoteurs pensaient pouvoir satisfaire aux règles d'une intervention sensible au milieu, le gratte-ciel fut condamné. Sa taille – de 18 ou 30 étages – allait imposer une présence néfaste à la cathédrale : « *it will look small in comparison to a tower of either height* », écrivait Mark London[120]. « *The building then would have completed the "urban wall" surrounding the cathedral* », renchérissait Pieter Sijpkes[121]. Enfin, résumait Yves Deschamps, professeur au Département d'histoire de l'art de l'Université de Montréal, dans l'une des critiques les plus virulentes du projet :

> Soyons sérieux ! Prétendre respecter un monument au moment même où on l'écrase sous le poids visuel d'un monstre de cent mètres, c'est se payer de mots ou se payer nos têtes et ce n'est pas un mur en miroir, quelques arcades « gothiques » ou une paire de calottes vertes qui

---

116. Jean-Claude Marsan, « Plaidoyer pour la fantaisie », *Le Devoir*, 9 août 1985.
117. Sandra M. Sterling, « Green space is scarce so let's save it », *The Gazette*, 13 août 1985.
118. Jean-Pierre Bonhomme, « Le presbytère conservé », *La Presse*, 20 septembre 1985.
119. Alain Duhamel, « Les Coopérants construiront leur siège social derrière la cathédrale anglicane », *Le Devoir*, 17 septembre 1985.
120. Mark London, « Cathedral risks being engulfed by new tower », *The Gazette*, 28 septembre 1985.
121. Pieter Sijpkes, « Lack of concern for space flaws cathedral project », *The Gazette*, 30 novembre 1985.

changeront les faits. D'ailleurs, quel sens peut bien avoir le respect du patrimoine historique dans un contexte d'où les besoins et les désirs des vivants semblent si notoirement absents[122]?

Mark London renchérissait: «*the developers are not only leasing land from the church, they are also leasing prestige by association[123]*». Il n'était plus question de valoriser la conservation d'un édifice singulier en proposant l'idée de «contraste» comme on aurait pu le faire dans les années 1970. L'argumentaire s'était transformé. Les protestataires déclamaient leur discours avec force. La sauvegarde du patrimoine se définissait désormais par un ensemble de paramètres, articulé autour du rapport à l'environnement.

La construction d'un nouvel amphithéâtre pour les Canadiens de Montréal, au début des années 1990, posa des problèmes identiques. Vingt ans plus tard, le débat autour de la vieille gare Windsor allait être raminé. Cette fois, les défenseurs du patrimoine n'avaient pas à convaincre de la valeur architecturale ou historique de la gare. Les promoteurs proposaient plutôt sa restauration, dont «la remise à l'état original du portail de la rue de La Gauchetière, qui servira d'entrée principale, et la remise en valeur des voûtes situées sous la salle des pas perdus[124]». La démolition de la «Hutte de boue» ou *Mud Hut*, troisième agrandissement de la gare en 1906, était cependant prévue pour permettre la construction de deux édifices à bureaux. En période de récession, comme le soulignait un journaliste, «la manne de dollars du nouveau Forum suscit[ait] un appui presque unanime[125]», tandis qu'un collègue estimait que «cette annexe n'a aucune valeur patrimoniale. Elle est sans commune mesure avec l'ensemble historique et architectural que représente la gare Windsor[126]». L'État fédéral, qui avait reconnu l'importance historique nationale de l'édifice quinze ans plus tôt, commanda tout de même des audiences publiques pour étudier le projet[127].

Mark London, «Heritage Movement has come of age since 1970s», The Gazette, 1er octobre 1983, p. G-8.

---

122. Yves Deschamps, « Le gratte-ciel et la cathédrale », *Le Devoir*, 30 septembre 1985.

123. Mark London, « Cathedral risks being engulfed by new tower », *The Gazette*, 28 septembre 1985.

124. Philippe Cantin et Jean Dion, « Quatre scénarios possibles pour l'aménagement du nouveau Forum », *La Presse*, 14 août 1991.

125. Raymond Gervais, « La manne de dollars du nouveau Forum suscite un appui presque unanime », *La Presse*, 6 décembre 1992.

126. Claude Masson, « Vite, le Forum ! », *La Presse*, 3 mai 1991.

127. Depuis 1990, la Loi sur les gares ferroviaires patrimoniales, votée par les autorités fédérales, oblige que les modifications faites à une gare jugée d'intérêt historique national, par la Commission des lieux et monuments historiques du Canada, s'inspirent de critères, tels que la conservation des caractéristiques et des matériaux anciens, l'harmonisation des transformations ou des ajouts au caractère patrimonial des lieux, le respect des anciens modes d'utilisation et la prudence à l'égard du changement. Voir Site Internet de la Commission des lieux et monuments historiques du Canada, *Gares ferroviaires patrimoniales*, 2003, [www.pc.gc.ca/clmhc-hsmbc/gfp-hrs/index_f.asp], consulté le 2 août 2003.

Les défenseurs du patrimoine, de même qu'une coalition d'urbanistes, opposèrent en bloc leur refus de voir des tours construites sur le site de la gare Windsor. Ils exigèrent que ces questions soient débattues publiquement[128]. Pour Héritage Montréal, l'interrogation entourant la sauvegarde de l'édifice ne concernait pas tellement la conservation de la « hutte de terre » : « le débat […] ne porte pas sur la "hutte" proprement dite mais sur l'impact de l'érection de deux "tours" de plusieurs dizaines d'étages dans la cour d'un joyau architectural[129] ». À aucun moment, la « caution patrimoniale » de la restauration de la gare ne pouvait justifier des modifications à l'ensemble[130]. De son côté, Jean-Claude Marsan jugeait que « les "tours" de bureaux, telles que placées sur un plan d'occupation des sols, briseront le parfait équilibre des formes de la gare elle-même ». Joseph Baker, professeur d'architecture à l'Université Laval, affirmait que le projet était « "monstrueux" puisqu'il imposera à l'environnement de la gare de pierre, construite par l'américain Price, des "tours" qui n'ont pas leur place en un pareil lieu[131] ». Une partie du débat évaluait donc le potentiel d'intégration des constructions et leur impact sur l'intégrité architecturale de la gare Windsor.

La relation de la gare avec son environnement urbain alimentait le débat pour convaincre de l'effet déplorable de la construction. Gérard Beaudet, urbaniste et professeur à la Faculté de l'aménagement de l'Université de Montréal, confirmait la situation unique de la gare qui « fait partie d'un site qui est protégé par un plan d'arrondissement. Et je ne parle pas [ajoutait-il] du square Dorchester, non plus que de la vue de la rue La Gauchetière sur Montréal[132] ». De son côté, Phyllis Lambert estimait que « c'est […] faire fi de la circulation automobile et piétonnière, de la qualité de vie du quartier, des micro-climats que les vents et le manque de lumière causeront. C'est également ignorer les effets qu'un tel méga-développement aurait sur les édifices et les espaces publics voisins[133] ». D'autres s'attardaient à la fonction de transport de la gare. Il fallait défendre le « respect véritable de sa vocation d'origine », d'ailleurs inscrite dans le plan d'urbanisme de la Ville de Montréal[134]. Comme le faisait remarquer Joseph Baker : « qu'est-ce qui nous dit que l'Amérique du Nord ne voudra pas, un jour prochain, redonner de l'importance au train ?[135] ». Tous les intervenants orientaient la

---

128. Jean-Pierre Bonhomme, « La construction du nouveau forum à la gare Windsor ne pourra pas débuter cet automne », *La Presse*, 22 septembre 1992.

129. Gilles Gauthier, « L'opposition des défenseurs du patrimoine à la construction du nouveau Forum s'organise », *La Presse*, 7 mai 1991.

130. Héritage Montréal, *Le projet du nouveau Forum : quand la caution patrimoniale tient lieu d'un véritable examen public*, Montréal, Héritage Montréal, 1992.

131. Jean-Pierre Bonhomme, « Le projet relatif au nouveau Forum est loin de faire l'unanimité », *La Presse*, 27 novembre 1991.

132. François Forest, « Molson et le Canadien Pacifique n'ont plus que Montréal à satisfaire ! », *La Presse*, 12 février 1992.

133. *Ibidem*.

134. Paul Cauchon, « Nouvelles oppositions au nouveau Forum », *Le Devoir*, 24 mars 1993.

135. Jean-Pierre Bonhomme, « Le projet relatif au nouveau Forum est loin de faire l'unanimité », *La Presse*, 27 novembre 1991.

sauvegarde en fonction de sa dialectique avec l'environnement. Pourtant, les audiences publiques portèrent sur la protection de la gare et non sur les constructions à entreprendre. Un porte-parole de la Commission des monuments et lieux historiques nationaux déclarait : « la Commission protège la gare en recommandant au ministre de voir à ce que les travaux de retouche soient faits dans cette perspective, mais nous n'avons aucun pouvoir sur l'environnement de la gare[136] ». Même si les deux tours n'allaient pas être construites selon le plan initialement proposé, le nouveau Forum, comme on l'appelait à l'époque, ouvrirait ses portes au milieu des années 1990.

■ ■ ■

Au début des années 1980, les réalisations de la maison Alcan et de la Place Mercantile, qui intégraient toutes deux des édifices anciens à des constructions modernes, témoignaient d'une nouvelle façon de faire dans la ville. La maison Alcan allait être unanimement célébrée ; elle concrétisait en quelque sorte le rêve des défenseurs du patrimoine de voir la ville historique s'intégrer au futur de Montréal. La Place Mercantile, quant à elle, malgré les promesses de conservation des édifices de pierres grises, allait personnifier les dérapages de la formule. Une nouvelle problématique s'affirmait dans la sauvegarde du patrimoine avec les questions d'insertion et de requalification. Le travail des experts, qui avaient cherché jusqu'alors à caractériser la ville à sauvegarder, devait réajuster leurs intérêts. Un urbanisme « patrimonial », puisant dans l'histoire et les formes de la ville ancienne, cherchait à concilier le développement de Montréal et la sauvegarde de son paysage. L'intérêt pour la ville et pour ses quartiers anciens élargissait l'audience. En ce sens, la conservation de la ville ancienne obtiendrait dorénavant l'assentiment tant des promoteurs que des autorités. Les groupes de sauvegarde n'étaient plus seuls.

C'est ainsi que les autorités provinciales et municipales s'attelèrent à la tâche de recycler des « monuments historiques », protégés dans la décennie précédente et qui, malgré leurs statuts, étaient toujours en danger. Les recyclages de l'édifice L.-O.-Grothé, du monastère du Bon-Pasteur et du Mont-Saint-Louis, acquis respectivement par la Société d'habitation du Québec, par la SIMPA et par la SOMHAM, organismes provinciaux et municipaux, permettaient de croire à la mise en chantier de la ville souhaitée. Malgré une longue attente presque fatale, ces édifices revivaient et, parallèlement, de plus en plus d'édifices obtenaient droit de cité dans le projet patrimonial. Ce mouvement, qui se généralisait progressivement, allait cependant poser de nouvelles questions. En effet, le recyclage des bâtiments, s'il permettait de pérenniser leur figure dans le paysage urbain, respectait-il toujours les termes du projet patrimonial énoncé par les groupes de sauvegarde depuis les années 1970 ? S'agissant des théâtres et des cinémas, le caractère

136. François Forest, *La Presse*, 12 février 1992.

exceptionnel de leurs intérieurs fit passer la sauvegarde du patrimoine de l'enveloppe des bâtiments à une conservation intégrale. La fermeture du théâtre Outremont et les transformations de plusieurs autres cinémas montréalais engendrèrent un nouveau patrimoine et de nouvelles problématiques. Loin de voir le rêve des défenseurs du patrimoine se réaliser, le deuxième « moment » des luttes voyait au contraire se multiplier les litiges.

La question de la requalification du patrimoine et de son intégration dans un milieu à sauvegarder se retrouva au cœur de plusieurs campagnes des années 1980. Toutefois, beaucoup d'édifices que l'on voulait transformer et intégrer à des constructions nouvelles ne pouvaient se prévaloir, pour la conservation de leurs intérieurs, d'arguments historiques et esthétiques comme comme dans le cas des théâtres et des cinémas. Il en fut ainsi de l'avenir du Royal George Apartments, débattu dans la première moitié des années 1980. Menacé dans un premier temps de démolition, l'édifice fut sauvé grâce aux qualités esthétiques et architecturales de son apparence extérieure. Restait à régler la question de son intégration au projet de bibliothèque de l'Université Concordia. Les défenseurs du patrimoine tentèrent de valoriser les fonctions résidentielles de l'édifice, mais tout ce qu'ils purent obtenir fut la conservation de la façade. La sauvegarde du New Sherbrooke Apartments activa un débat semblable, bien que ce fût davantage l'intégration à l'environnement des rues Bishop et Crescent que les défenseurs du patrimoine espéraient faire valoir. Le respect des formes du paysage pouvait admettre l'agrandissement du Musée des beaux-arts de Montréal au sein de la ville ancienne, comme allait l'être la bibliothèque de l'Université Concordia. Le discours militant s'éloignait de la seule conservation de l'édifice, qui s'imbriquait désormais dans un environnement de plus en plus valorisé. Des arguments similaires étaient déployés pour la protection de la cathédrale Christ Church et de la gare Windsor, lors des projets de construction de l'édifice des Coopérants ou du « nouveau Forum ». Les campagnes de sauvegarde permettaient d'établir les paramètres de la conservation de la ville à un environnement particulier, qui s'exprimait par un urbanisme « patrimonial ». Il semblait de plus en plus difficile de transformer le fragile équilibre urbain qu'il importait de protéger. À la même période, l'affirmation de la montagne dans le discours militant allait, à une échelle encore plus grande, valoriser l'intégration du paysage urbain désormais compris comme un « tout » à conserver.

Au-delà
du paysage bâti
Une montagne à affirmer

Visible de loin, accessible de toutes parts, le mont Royal avec ses trois sommets, ses quartiers, ses parcs et ses institutions, est au cœur de la géographie, de l'histoire et de la personnalité de Montréal. Avec le fleuve Saint-Laurent, la montagne est l'élément dominant du paysage montréalais et un grand repère qui contribue de manière unique à la qualité humaine et environnementale de la métropole. […] Œuvre conjuguée de la nature et de diverses cultures, le mont Royal constitue un monument exceptionnel qui contribue à la personnalité vivante et à la qualité environnementale et humaine de Montréal.

Charte du mont Royal, 2002.

Dans les années 1970, la montagne fut tenue en marge de la ville patrimoniale à valoriser et à protéger. À preuve, le programme de sauvegarde de Sauvons Montréal ne l'avait pas incluse dans le quadrilatère à préserver. Pourtant, la plupart des campagnes et des édifices protégés étaient situés à ses pieds et son importance symbolique était reconnue. Il était en effet rappelé que Jacques Cartier en avait gravi les pentes lors de son voyage à Hochelaga, en 1535, et lui avait laissé son nom, *monte reale*, transmis par la suite à la ville appelée dans un premier temps Ville-Marie. À la fin du XIXe siècle, un parc y avait été aménagé par Frederick Law Olmsted. Le geste du grand architecte paysagiste, qui avait parallèlement travaillé dans nombre de villes étasuniennes, faisait de Montréal une grande ville de son époque. Le profil géomorphologique de Montréal lui permettait même de se comparer avec des villes européennes de renom : « à l'instar de l'Acropole pour Athènes, de la colline Notre-Dame-de-la-Garde pour Marseille ou de l'Arthur's Seat pour Édimbourg, le mont Royal est devenu le symbole de Montréal », écrivait Jean-Claude Marsan dans *Découvrir Montréal*[1]. Enfin, la montagne appartenait à l'ensemble des Montréalais, puisque fréquentée collectivement comme lieu de détente. Malgré la somme de ces arguments, la montagne jouait encore un rôle discret, en toile de fond du paysage urbain en transformation. Le discours militant, à l'occasion des campagnes, n'invoquait pas la valeur emblématique du mont Royal pour justifier la sauvegarde[2]. Pourtant, trois décennies plus tard, en 2002, une Charte du mont Royal insistait sur l'effet de la montagne dans la formulation de l'identité de la ville.

Aussi sera-t-il question, dans ce chapitre, du rôle croissant de la montagne dans la patrimonialisation de la ville pour s'affirmer comme l'emblème fondamental de Montréal. L'argumentaire du discours militant se déplace alors pour faire valoir l'importance de protéger un site unique. La genèse du processus est perceptible dans l'argumentaire de la sauvegarde du boisé des Sulpiciens, au début des années 1980, que la première section présente. Quelques années plus tard, la polémique de l'avenue McGill College faisait entrer de plein fouet la montagne dans les affaires de la ville. Ainsi, un premier pas était franchi en 1986, comme nous le verrons dans la section suivante, lorsque le mont Royal devint le premier « site du patrimoine » à Montréal. L'intérêt grandissant pour un « patrimoine vert », explicité ensuite, s'affirmait dans le projet de la ville à sauvegarder, tant autour de la montagne que dans un périmètre de plus en plus vaste. Dès lors, l'appel de la montagne se multipliait au cours des campagnes de sauvegarde. La dernière section s'attarde à sa consécration comme « emblème fondamental » de Montréal à la fin des années 1990, où son aura rayonnait par des percées visuelles sur l'ensemble du paysage urbain. Ainsi, graduellement aux cours des années 1980 et 1990, un nouveau patrimoine obtint l'attention des citoyens-défenseurs. Ce chapitre aura permis de voir l'élargissement des formes du paysage urbain, défendues lors des campagnes de sauvegarde. Grâce aux demandes répétées et à l'attention accordée par les autorités, la formulation d'une identité montréalaise abordait une période de maturité, qui allait se raffiner avec la notion de « diversité », traitée dans le prochain chapitre.

---

1. Jean-Claude Marsan, « Sur la montagne », *Découvrir Montréal*, Montréal, Éditions du Jour, 1975, p. 114.

2. De son côté, la Ville de Montréal avait adopté, dès 1962, un règlement de zonage pour tenter de protéger la prédominance de la silhouette de la montagne. Le règlement de zonage sur le « flanc sud du mont Royal » qui stipulait qu'aucun édifice ne devait dépasser la hauteur de 500 pieds au-dessus du niveau de la mer dans le secteur compris entre le chemin de la Côte-des-Neiges, l'avenue des Pins et les rues McTavish et Sherbrooke. On s'était alors questionné sur les conséquences économiques d'un tel règlement de zonage. Voir Vély Leroy, *Implications économiques des règlements de zonage. Étude critique d'un cas : flanc sud du mont Royal*, Montréal, École des hautes études commerciales, Institut d'économie appliquée, 1967.

■ Entre la ville et la montagne : l'affaire du boisé des Sulpiciens

À l'automne 1980, le mont Royal faisait une percée dans le discours militant avec ce qui fut appelé l'«affaire du boisé des Sulpiciens». Une partie du domaine, un boisé entre l'avenue Atwater et l'ensemble architectural du Grand Séminaire, était alors vendue pour permettre la construction de condominiums. Le groupe Almond Realties prévoyait le lotissement d'un emplacement abrupt et couvert d'arbres, au sud de l'avenue Atwater. Le projet semblait tellement bien formulé que *La Presse* annonçait : «seul un miracle peut sauver le site des Sulpiciens[3]». Selon l'article, le ministère des Affaires culturelles avait déjà permis la subdivision du terrain, qui était

Illustration d'un article publié dans le journal du groupe Sauvons Montréal à propos de la sauvegarde du boisé des Sulpiciens. S.O.S. Montréal, vol. 3 (automne 1980), p. 6-7.

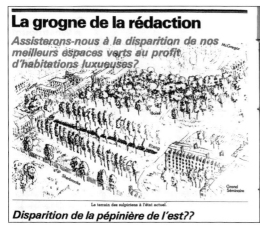

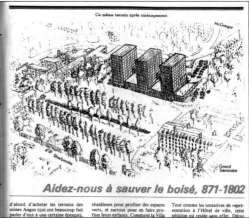

pourtant «classé monument historique». La Ville de Montréal avait modifié le zonage et le promoteur avait présenté un projet conforme aux règlements de construction. Les groupes de sauvegarde engagèrent tout de même la bataille, même si le texte affirmait que «les groupes de pression montréalais auront beau faire des pieds et des mains pour essayer de bloquer l'important projet domiciliaire […], il semble d'ores et déjà assuré que leurs revendications demeureront lettre morte[4]». Rapidement, le Regroupement pour la sauvegarde du boisé des Sulpiciens, créé pour l'occasion, manifesta sa vive opposition. À l'instar de la campagne menée au début des années 1970 pour la sauvegarde du domaine des Sulpiciens, le discours resta fortement marqué par les liens entretenus avec la ville historique[5]. Toutefois, un nouvel argument, la montagne, s'annonçait plein de vigueur.

La qualification du patrimoine s'était déclinée jusqu'alors en termes historiques et architecturaux, en lien avec la ville à sauvegarder.

---

3. Michel Girard, «Seul un miracle peut sauver le site des Sulpiciens», *La Presse*, 26 septembre 1980.

4. *Ibidem*.

5. Voir chapitre 3, «Au-delà des "monuments" : des espaces verts, des rues et des quartiers», première section, «La polémique du domaine des Sulpiciens et la création d'Espaces verts».

La campagne de 1980 pour contrer la construction des tours d'habitation dans le boisé des Sulpiciens se doubla, discrètement, de la valorisation de la montagne, non pas comme «espace vert» mais en tant que nouveau patrimoine à défendre. En effet, le plaidoyer pour la défense détailla « six bonnes raisons pour sauvegarder le boisé», qui se répartissaient entre l'«aspect historique», la «vocation de parc», l'«aspect écologique», l'«aspect visuel/design urbain», l'«aspect économique» et l'«institution publique» relative au domaine des Sulpiciens[6]. L'«aspect historique» découlait de la longue occupation du site, abritant deux tours classées et des «exemples typiques de l'architecture institutionnelle à Montréal», à une «échelle qui nécessite un environnement de verdure», et feraient du domaine «un des plus importants sites historiques à Montréal». La «vocation de parc» misait sur les «efforts considérables» des Montréalais pour conserver la vocation publique du domaine; la construction projetée transformerait «le parc en jardin privé pour les tours à appartements». L'«aspect écologique» permettait de définir le domaine comme le «dernier écosystème complet [...] du centre-ville» et jouerait «le rôle essentiel de "poumons" de la ville». L'«aspect visuel/design urbain» se manifesterait par l'échelle des bâtiments adjacents brisée par les «nouvelles tours». L'«aspect économique» se référait à «l'industrie touristique et [à] la valeur des immeubles de nombreux secteurs de la ville [qui] dépendent des atouts de notre ville, surtout de la montagne». Enfin, l'«exemption d'impôts», dont avait joui le domaine des Sulpiciens, en faisait une «institution publique». L'argumentaire concluait: «les contribuables en ont donc payé plusieurs fois le prix et il devrait aujourd'hui faire partie de leur patrimoine. De toute évidence, aucune décision ne peut être prise sur le sort d'une propriété publique de cette importance sans une participation publique pleine et entière». Les arguments intrinsèques à la valeur du boisé tenaient à sa maturité et à la présence de pommiers, «derniers vestiges des vergers qui couvraient jadis le mont Royal». Perdre un tel témoin, au détriment de «nouvelles tours» qui « masqueront la montagne et gâcheront le panorama», était certainement discutable. Le boisé devenait ainsi «une fenêtre sur la montagne[7]».

Le Regroupement déclarait la sauvegarde du boisé essentielle à l'expression des qualités patrimoniales du domaine, qui n'était plus simplement un espace vert mais désormais un « jardin». La mise en exergue de l'héritage des «vieux pays» étayait également l'argumentaire:

> Les jardins des Sulpiciens avec leur bassin [en] perspective classique furent aménagés à la fin du XVIIe siècle, au même moment où les jardins de Versailles étaient construits par Louis XIV. À Paris, toute proposition pour abattre les boisés adjacents aux jardins de Versailles pour ériger des immeubles d'appartements dont les proportions gigantesques domineraient complètement les étangs historiques,

6. Voir «Six bonnes raisons pour sauvegarder le domaine». Voir Dossier de presse, Archives de la Ville de Montréal, bobine 24, n° 7.

7. «Six bonnes raisons pour conserver le domaine des Sulpiciens», *S.O.S. Montréal*, vol. 3 (automne 1980).

seraient immédiatement et énergiquement rejetée par les citoyens aussi bien que par les gouvernements. Il nous appartient aujourd'hui de rejeter une telle proposition voisine des jardins des Sulpiciens.

Le boisé devait être sauvegardé, tant pour sa valeur «intrinsèque» que pour ses qualités de «toile de fond des jardins historiques de la vieille communauté religieuse[8]». Pour le Regroupement, il fallait «conserver la falaise et tout le parc de verdure compris entre la rue Sherbrooke et la rue Atwater dans son état actuel qui correspond en gros à l'aménagement envisagé vers la fin du XVIIe siècle au moment où les Messieurs de Saint-Sulpice s'y sont établis[9]». Le boisé des Sulpiciens constituait en quelque sorte le pont entre le domaine des Sulpiciens, la ville et la montagne.

Alain Duhamel, «Montréal donne le feu vert à la destruction du boisé des Sulpiciens», Le Devoir, 18 octobre 1980, p. 1.

Bibliothèque nationale du Québec

Les partisans du projet de construction tentèrent de contrer les défenseurs du patrimoine avec les mêmes arguments. Ils interrogèrent ainsi la qualité réelle du boisé et la datation du bassin, qui en faisait un contemporain des jardins de Versailles. Pour eux, la bataille se jouait ainsi sur la valeur «historique» du boisé. Pour l'administrateur des Sulpiciens, le terrain vendu était «essentiellement constitué par la falaise rocheuse et très escarpée et la montagne où a poussé une végétation de broussailles et d'arbustes sans valeur dont plusieurs sont morts depuis plusieurs années» et n'avait donc «rien d'historique[10]». Le bassin se trouvait «à environ 400 pieds du boisé à construire et n'[était] donc pas touché par cette modification des lieux». L'archiviste des Sulpiciens, aiguillé par la découverte aux Archives nationales de France d'un plan du fort de la montagne de «la main de M. Vachon de Belmont», daté de 1694, démontrait quant à lui l'existence d'un «vivier», mais qui aurait été situé au nord du bassin. Ce dernier n'avait été creusé qu'au début du XIXe siècle, «construit à l'origine en pierre [il] a subi plusieurs restaurations, la dernière en 1950 alors qu'on l'a revêtu intérieurement d'une couche de ciment[11]». Le bassin aménagé au XVIIe siècle serait alors disparu. Quant à son accessibilité pour les Montréalais, les Sulpiciens affirmaient qu'à «aucun moment de l'histoire, le boisé du Grand Séminaire n'a servi de parc[12]». La nouvelle construction ne changerait donc rien à la situation.

Les deux mois de la campagne de sauvegarde, étayés par une forte couverture médiatique, ne suffirent pas à arrêter le projet. Au mois de

---

8. Jean-Pierre Bonhomme, «Les Montréalais perdants du point de vue de la bonne utilisation des espaces communs», *La Presse*, 18 novembre 1980.

9. Alain Duhamel, «Un regroupement organise une campagne de sauvegarde», *Le Devoir*, 10 octobre 1980.

10. Denis Masse, «Le boisé que le Grand Séminaire a vendu n'a rien d'historique», *La Presse*, 30 octobre 1980.

11. J.-Bruno Harel, «Le bassin du Séminaire, contemporain de Versailles?», *Le Devoir*, 30 octobre 1980.

12. Denis Masse, «Le boisé que le Grand Séminaire...», *La Presse*, 30 octobre 1980.

novembre, l'abattage des arbres commençait « dans le but de préparer un terrain en bordure de l'avenue Atwater pour la construction », ce qui, au dire d'un journaliste, « enlèv[ait] toute valeur à ce terrain en sa qualité d'espace vert urbain à conserver à proximité du centre-ville montréalais[13] ». La construction allait débuter au mois de mars suivant. Entre l'abattage des arbres et le début de la construction, le ministère des Affaires culturelles intervint pour déposer un avis d'intention de classement de l'ensemble du domaine. Si la protection devenait effective, soulignait Alain Duhamel dans sa chronique patrimoniale, elle « pourrait bien obliger et les propriétaires et le ministère des Affaires culturelles à concevoir un plan de mise en valeur du domaine, attendu depuis le classement des tours, en 1974[14] ». Finalement, en 1982, le ministère des Affaires culturelles et les Sulpiciens annoncèrent la signature d'un « plan-programme en vue de la sauvegarde et de la mise en valeur du domaine des Sulpiciens » et son classement comme « site historique[15] ». Bien qu'heureux de la décision du Ministère, Héritage Montréal regrettait que le geste n'ait pas été posé quelques années plus tôt[16]. Au terme de l'« affaire du boisé des Sulpiciens », le caractère historique du domaine avait été renforcé par l'intervention des autorités. La campagne de sauvegarde, quant à elle, favorisa l'émergence d'une identité symbolisée par la montagne, association qui prendrait toute son ampleur dans les années suivantes.

■ La montagne dans la ville : les perspectives visuelles

La montagne entra définitivement dans les affaires de la ville en 1984, avec la polémique de l'avenue McGill College. La société Cadillac-Fairview proposait de construire sur l'avenue, au nord-ouest de la rue Sainte-Catherine, un centre commercial auquel serait intégré une salle de concert pour l'Orchestre symphonique de Montréal. Une « passerelle-verrière » ou « promenade-verrière » aérienne devait relier les deux côtés de l'avenue. La Ville de Montréal se déclara emballée par la proposition et procéda aux changements de réglementation nécessaires à la réalisation du projet. Dans une période de ralentissement économique, un investissement de 130 millions de dollars et la construction d'un équipement culturel d'importance ne pouvaient qu'être bienvenus pour Montréal. Ce ne fut toutefois pas l'avis des milieux économiques et des groupes de sauvegarde. Les premiers – Chambre de commerce et Comité de promotion économique de Montréal

13. Alain Duhamel, « Le boisé du Séminaire tombe sous la scie des bûcherons », *Le Devoir*, 13 novembre 1980.

14. Alain Duhamel, « Le Grand Séminaire et son domaine », *Le Devoir*, 12 janvier 1981.

15. Alain Duhamel, « Le domaine des Messieurs classé site historique », *Le Devoir*, 31 mai 1982.

16. Jean-Pierre Bonhomme, « Le domaine du Grand Séminaire est classé site historique », *La Presse*, 3 juin 1982.

en tête – questionnèrent la validité du projet et les méthodes employées par les autorités municipales dans le développement de la ville[17]. Les seconds – Héritage Montréal, Sauvons Montréal, Groupe d'intervention urbaine de Montréal (GIUM) et autres associations professionnelles – attaquèrent les qualités urbanistiques du projet et se portèrent à la défense de la perspective visuelle sur la montagne.

Les débats se concentrèrent essentiellement sur les conséquences d'une «passerelle-verrière». Véritable rempart bloquant la vue sur la montage, elle aurait, de plus, compromis définitivement l'élargissement de l'avenue McGill College, une avenue qui ambitionnait d'accéder, dans une version montréalaise, au rang des «Champs-Élysées». On s'inquiéta aussi des effets d'un centre commercial fermé sur lui-même, sans entrée personnalisée pour la salle de spectacle de prestige. Il importait également de sauver d'une mort certaine la rue Sainte-Catherine, en reconnaissant son importance historique comme artère commerciale : «peut-on transplanter un modèle de banlieue en ville, le centre commercial où tout donne sur une circulation intérieure, sans détruire le caractère urbain ?[18]». Tandis que la sauvegarde de la ville se muait en une sauvegarde de l'urbanité montréalaise, la perspective visuelle sur le mont Royal investissait symboliquement les discours.

Plusieurs solutions seraient proposées afin de transformer le projet initial. La force acquise par les groupes de sauvegarde réussit à imposer un vaste programme de consultation publique. Proposée dans un premier temps par l'Association des urbanistes du Québec et l'Ordre des architectes du Québec, elle bénéficia par la suite de la participation de l'ensemble des acteurs proches des milieux patrimoniaux. La consultation allait démontrer que les groupes de sauvegarde pouvaient s'impliquer activement dans le processus d'aménagement de la ville. Elle fut aussi l'occasion, pour les Montréalais, d'exprimer leur attachement à la montagne. Certains n'hésitaient pas à comparer la polémique de l'avenue McGill College à l'affaire de la maison Van Horne qui avait défrayé les chroniques onze ans plus tôt[19].

Christopher Neal,
«New plan "saves"
views of mountain »,
The Gazette,
5 mai 84, p. A-4.

17. Laurier Cloutier, «La chambre de commerce : non au projet OSM-McGill College », *La Presse*, 19 avril 1984; Alain Duhamel, «À son tour, le COPEM s'oppose au projet de Cadillac Fairview », *Le Devoir*, 10 mai 1984.

18. Cécile Grenier et Dinu Bumbaru, «Comment perdre le Nord en perdant la vue », *La Presse*, 12 mai 1984.

19. Joseph Baker, «Urban form is at heart of McGill College Ave. debate », *The Gazette*, 28 juillet 1984; Mark London, «McGill College is now project most can live with », *The Gazette*, 6 octobre 1984.

Des propositions s'instauraient dans la logique du temps et s'inspiraient de la maison Alcan. Ainsi, l'Unité d'architecture urbaine de l'Université de Montréal félicita dans un premier temps la Ville de Montréal d'avoir abandonné le projet d'élargissement de l'avenue McGill College «comme une "victoire du bon sens" parce que l'emprise actuelle […] permet une vue sur la montagne sans qu'il soit nécessaire de démolir des édifices historiques pour l'améliorer[20]». Il s'agissait de sauvegarder l'édifice Woolworth, «bâti en 1928, de style art déco», et de l'intégrer au futur projet «de la même façon que la société Alcan a procédé avec les édifices historiques de la rue Sherbrooke qu'elle a sauvegardés tout en érigeant un complexe d'affaires ultra-moderne[21]». Il était donc demandé de préserver la continuité historique du lieu tout en poursuivant le développement de la ville. Ce projet récolta des appuis importants. Pour d'autres, l'avenir de l'avenue McGill College impliquait le respect d'une longue tradition de planification. Les défenseurs de la ville avaient en quelque sorte le devoir de garantir l'aboutissement du processus démarré : «il s'agit, en fait, de l'effort de planification le plus soutenu qu'aient connu les Montréalais au cours de leur histoire : il persiste depuis un demi-siècle[22]». Les considérations pour la sauvegarde de l'édifice Woolworth étaient ainsi subordonnées à la réalisation de l'élargissement de l'avenue McGill College.

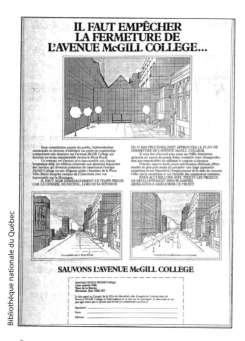

Encart pour empêcher la fermeture de l'avenue McGill College paru dans Le Devoir, *5 juin 1984, p. 9.*

Malgré les divergences d'opinion sur le développement de l'avenue et la forme que devait prendre le projet, tous les acteurs reconnurent que «la perspective vers le mont Royal lequel, vu de la rue Sainte-Catherine, offre sa silhouette la plus saisissante et la plus majestueuse», soit «une perspective unique sur le mont Royal et sa croix, rappel historique des origines de Ville-Marie[23]». Alain Duhamel, dans sa chronique patrimoniale, rappelait d'ailleurs la «rare unanimité[24]». Pour bien en marquer l'importance symbolique et pour prévenir toute attaque ultérieure, Héritage Montréal

---

20. Angèle Dagenais, «Le projet de Cadillac-Fairview devrait être modifié pour respecter le patrimoine architectural», *Le Devoir*, 25 avril 1984.

21. L'Unité d'architecture demandait aussi l'abandon des «passerelles-verrières», la personnalisation de la salle de concert à l'intérieur du design d'ensemble et la tenue d'un concours d'architecture afin de certifier la qualité du projet.

22. Jean-Claude Marsan, «La fierté a-t-elle encore sa ville?», *Le Devoir*, 5 mai 1984. À ce propos, Derek Drummond, professeur d'architecture à l'Université McGill, écrivait : «*by constructing a galleria which changes the nature of McGill College, not only from what it is, but more important from what it was planned to be*». Voir Derek Drummond, «McGill College plan will hurt street's visual integrity», *The Gazette*, 28 avril 1984.

23. Alain Duhamel, «Phyllis Lambert préfère le projet de l'U de M», *Le Devoir*, 2 mai 1984; Alain Duhamel, «Le RCM exigera le retrait de la résolution», *Le Devoir*, 11 mai 1984.

24. Alain Duhamel, *Le Devoir*, 11 mai 1984.

proposait au ministère des Affaires culturelles « de "classer" comme arrondissement naturel la perspective qui va de la rue Sainte-Catherine à la Montagne[25] ». Le GIUM renchérissait en appuyant sur la nécessaire protection des « vues » et des « panoramas » en tant qu'éléments constitutifs de l'identité urbaine montréalaise :

> La protection des vues et des panoramas est fondamentale dans l'aménagement du milieu urbain. En fait, ce sont des points de repères qui identifient et distinguent chaque ville que l'on cherche à protéger. Et, dans les circonstances, personne ne peut décemment contester que le mont Royal et le fleuve sont des éléments d'identification du paysage aussi déterminant pour Montréal qu'est la baie pour San Francisco et le pont de Brooklyn pour New-York[26].

Le processus de réappropriation du Vieux-Port et ses « fenêtres » sur le fleuve trouvaient ainsi écho dans ce débat sur la perspective visuelle. Jean-Claude Marsan affirmait alors : « le fleuve Saint-Laurent et le mont Royal sont les deux mamelles de l'identité montréalaise. Comme la Seine pour Paris et le Vésuve pour Naples[27] ». Le fleuve et la montagne enserraient de leur écrin la ville à sauvegarder lui offrant ainsi une nouvelle forme de protection.

La polémique de l'avenue McGill College s'estompa après plus d'une année de remous. À la suite de nombreuses discussions, un compromis était trouvé dans l'élargissement de l'avenue. Les plans des deux centres commerciaux qui bordaient l'avenue étaient confiés à Peter Rose, architecte qui avait travaillé à la réalisation du Centre Canadien d'Architecture, ce qui « en garanti[ssai]t la qualité ». L'architecte confiait dans un texte publié dans *Le Devoir*, intitulé « Retrouver dans son histoire les principes d'harmonie », qu'il tirait son inspiration des caractères particuliers de Montréal[28]. À la logique du « monument historique », dominante depuis l'affaire de la maison Van Horne, s'adjoignait un patrimoine « vert » imbriqué inextricablement au paysage construit.

Bibliothèque nationale du Québec

Conrad Grenier, « Le GIUM: "protéger les corridors visuels et les vues panoramiques" », La Presse, 5 juillet 1984, p. C-9.

25. « Héritage Montréal demande à la Ville de consulter la population », *La Presse*, 16 mai 1984.

26. Conrad Grenier, « Le GIUM: "protéger les corridors visuels et les vues panoramiques" », *La Presse*, 5 juillet 1984.

27. Jean-Claude Marsan, « La fierté a-t-elle encore sa ville? », *Le Devoir*, 5 mai 1984.

28. Peter Rose, « Retrouver dans son histoire les principes d'harmonie », *Le Devoir*, 29 septembre 1984.

◼ Le mont Royal :
premier « site du patrimoine » à Montréal

Un an après la fin des débats sur la valeur de la perspective visuelle du mont Royal, trois projets de construction menacèrent directement la montagne, une offensive qui renforça encore davantage sa portée symbolique et alla jusqu'à l'établir premier « site du patrimoine » à Montréal. Dinu Bumbaru et Cécile Grenier, membres de Sauvons Montréal, explicitaient alors l'intérêt qu'elle représentait pour la ville :

> Le parc de la montagne a subi au fil des ans de nombreux assauts de par sa situation au cœur de la métropole, mais il demeure un excellent exemple d'une pensée orientée vers une vision plus humaine de la ville dans laquelle la nature et les espaces verts jouent un rôle curatif aussi nécessaire que toutes les potions des plus grands apothicaires. Vision qui, loin d'exclure la forme et la composition de ces espaces verts, y met au contraire l'accent[29].

Ainsi, la montagne n'était pas seulement un espace vert pensé par « le père de l'architecture du paysage en Amérique du Nord[30] » et fréquenté par les Montréalais. Elle existait en symbiose avec la ville. La première garantissait la qualité et l'unicité de l'autre, qui à son tour en justifiait l'existence. Un même combat unissait dès lors la sauvegarde de la montagne et de la ville à ses pieds.

Les trois projets de construction, proposés en 1985 et en 1986, prévoyaient différents aménagements sur le mont Royal. Le premier entendait remplacer l'ancienne tour de télécommunication de Radio-Canada, devenue désuète. La société de radiodiffusion, appuyée par le gouvernement fédéral, souhaitait en effet « ériger une tour de plus de 1000 pieds sur le mont Royal » et lui adjoindre, telle la tour du CN à Toronto, un observatoire. Un journaliste commentait : « mais s'il faut construire une tour, pourquoi ne pas en profiter pour lui donner également un caractère touristique qui mettrait en relief tout le mont Royal, cette montagne qui a donné son nom à Montréal et qui pare le cœur de la ville comme un joyau dans son écrin[31] ». Les groupes de sauvegarde ne partagèrent guère cet avis. Le deuxième projet, émanant de l'Université de Montréal, envisageait, en association avec une entreprise privée, la réouverture de la piste de ski alpin du mont Royal, fermée depuis 1979[32]. La société Aqua-Parcs, qui exploitait déjà les glissades d'eau de l'île Sainte-Hélène, s'associa au projet pour proposer l'exploitation de six pistes de ski, l'ajout de deux remonte-pentes et d'un système d'éclairage de nuit, de même que l'aménagement d'un terrain de stationnement[33]. Le troisième

29. Dinu Bumbaru et Cécile Grenier, « Le mont Royal : symbole d'une vision plus humaine de la ville », *La Presse*, 25 janvier 1986.
30. *Ibidem*.
31. Florian Bernard, « Radio-Canada érigera une tour de 1 000 pieds sur le mont Royal », *La Presse*, 13 septembre 1985.
32. François Vézina, « Université de Montréal : piste de ski ouverte en décembre », *La Presse*, 27 octobre 1985.
33. Jean-Paul Soulié, « Projet de six pistes de ski sur le mont Royal », *La Presse*, 17 juin 1986.

projet, provenant de l'Université McGill, projetait de construire un centre d'athlétisme sur l'emplacement voisin du gymnase Sir Arthur Curry[34]. Il n'en fallait pas davantage pour que les défenseurs du patrimoine s'élèvent contre ces plans qui équivalaient à des attaques en bonne et due forme de l'intégrité du mont Royal.

Afin de contrer la réalisation de ces projets, Héritage Montréal et Sauvons Montréal firent appel aux autorités et déposèrent une requête au ministère des Affaires culturelles afin de désigner comme « arrondissements naturels » le parc du Mont-Royal, le cimetière Mont-Royal et le cimetière Notre-Dame-des-Neiges. La demande fut refusée. Parallèlement, un groupe nouvellement formé – les Amis de la Montagne – se donnait pour mission de sauvegarder et de mettre en valeur le mont Royal[35]. Un porte-parole rappelait : « au gré des constructions qu'on voulait y implanter [depuis 1860], il s'est toujours trouvé des défenseurs pour rappeler aux autorités qu'il s'agit d'un bien à sauvegarder. Les Amis de la Montagne prennent la relève[36] ». Les représentations des défenseurs du patrimoine s'inscrivaient dès lors dans la continuité historique des démarches entreprises pour protéger le mont Royal, donnant une légitimité supplémentaire à leurs efforts.

Alain Duhamel, « Héritage Montréal et Sauvons Montréal demandent le classement du mont Royal », Le Devoir, 3 juin 1986, p. 3.

Bibliothèque nationale du Québec

Deux événements survenus en 1985 et 1986 permirent de constituer le premier « site du patrimoine » à Montréal. L'État provincial amenda, d'une part, la Loi sur les biens culturels afin de permettre aux municipalités d'attribuer un statut d'importance locale à des biens qui, sur le plan national, ne le permettaient pas. Les municipalités avaient dès lors le droit, sans attendre l'intervention de l'État provincial, de « citer » des « monuments historiques » et de « constituer » des « sites du patrimoine » lorsque ces dernières jugeaient que « le paysage architectural présente un intérêt d'ordre esthétique ou historique[37] ». D'autre part, une nouvelle formation politique obtenait les clefs de l'hôtel de ville à la suite des élections municipales de 1986. Le règne du maire Drapeau, qui s'était retiré quelque temps avant les élections, prenait ainsi fin après vingt-six ans. Le RCM qui, depuis sa création dans les années 1970, avait

Mariane Favreau, « Offensive contre le projet de tour sur le mont Royal », La Presse, 2 avril 1986, p. A-6.

Bibliothèque nationale du Québec

34. Jean-Pierre Bonhomme, « Gymnase : McGill veut empiéter sur le mont Royal », *La Presse*, 30 avril 1986.

35. Depuis 1981, le Centre de la montagne, créé par des étudiants en biologie de l'Université de Montréal, valorisait l'aspect naturel de la montagne. La création des Amis de la Montagne élargissait l'horizon des préoccupations.

36. Mariane Favreau, « "Les Amis de la montagne" se regroupent : offensive contre le projet de tour sur le mont Royal », *La Presse*, 2 avril 1986.

37. *La Loi sur les biens culturels et son application*, p. 24 et 31.

valorisé la sauvegarde du paysage urbain dans l'aménagement de la ville, accédait au pouvoir[38]. Après les élections, Hubert Simard, déjà connu pour son engagement dans la sauvegarde des espaces verts, désormais conseiller au Comité exécutif de la Ville de Montréal et président de la Commission d'aménagement de la Communauté urbaine de Montréal, déclarait :

> Je suis convaincu que ce débat [sur les trois projets de construction] aura permis une fois pour toutes de conclure que le mont Royal est le véritable monument de Montréal. Les Montréalais ont décidé que la valeur du mont Royal repose sur son aspect naturel, sur sa topographie naturelle, sur sa végétation et sur ses arbres qui sont un complément vital à la densité du développement urbain du centre-ville[39].

Une réglementation légale succédait à la promesse de protection de la montagne.

Le « site du patrimoine » du mont Royal fut officiellement constitué en 1987, à la suite des recommandations du Comité chargé de l'étude du dossier[40]. Ironie du sort, le Comité proposa dans la même foulée d'accorder un statut similaire au *Golden Square Mile*, dont les défenseurs souhaitaient depuis longtemps la protection. La demande resta sans suite, seul le mont Royal devint « site du patrimoine ». Son importance symbolique s'était accrue du fait des dangers qui pesaient sur lui. Des trois projets proposés, seul le projet de l'Université McGill put être réalisé, les autres furent abandonnés. Par sa relation avec le paysage urbain, le mont Royal délaissa son emploi de toile de fond pour acquérir un rôle actif dans le discours de la sauvegarde.

Le mont Royal allait peu à peu exercer sa présence tutélaire dans le discours des experts. La ville entrerait dans l'orbite de la montagne. En 1989, la revue *Trames* publiait un numéro spécial intitulé « Paysage en devenir – le mont Royal ». Divers intervenants proposaient alors des réflexions sur la montagne. Dans « le mont Royal et la ville : les liaisons visuelles », Jean-Claude Marsan écrivait :

> Dans l'établissement et la protection des liaisons visuelles comme dans la mise en valeur du mont Royal à titre d'élément premier de l'identité montréalaise, on peut avancer comme premier principe que l'apport du bâti est indissociable de la masse naturelle de la montagne et que l'un s'affirme au contact de l'autre et inversement.

---

38. Lors de la campagne électorale, tant le nouveau chef du parti civique que le RCM s'étaient engagés à protéger la montagne. En effet, lorsqu'il prit la tête du parti civique, le nouveau chef, Claude Dupras, s'engagea à revoir les plans de développement sur la montagne. Le RCM promit la même protection. Voir Gérald Leblanc, « Un engagement solennel de Claude Dupras : rien ne sera bâti sur le mont Royal », *La Presse*, 26 juillet 1986.

39. Raymond Gervais, « Le mont Royal bientôt mis à l'abri des projets grandioses », *La Presse*, 11 avril 1987.

40. Raymonde Gauthier (prés.), *Rapport sur le projet de constitution du site du patrimoine du mont Royal*, Montréal, La Ville, 1987. La constitution du « site » allait se heurter au problème des frontières administratives des villes d'Outremont et de Westmount. C'est pourquoi le « site » n'allait inclure que le territoire situé sur la ville de Montréal. La fusion des trois municipalités en 2001 allait alors offrir des nouvelles possibilités.

C'est surtout dans l'arrondissement Centre que cette alchimie est la plus susceptible de donner des fruits car c'est là que le relief de la montagne est le plus accusé, tout comme d'ailleurs la densité et la variété des paysages urbains[41].

Le « dialogue » entre le mont Royal et le paysage urbain avait aussi été souligné dans l'ouvrage, *La montagne en question*, publié par le GIUM et la Ville de Montréal. Au moyen d'un montage photographique, le GIUM simulait la présence et l'absence de la montagne dans le paysage urbain avec pour légende : « privée de son élément essentiel d'identité, Montréal ressemblerait à bien d'autres villes nord-américaines en bordure de plan d'eau[42] ». L'unicité du paysage urbain que l'on tentait de sauvegarder depuis les années 1970 se singularisait désormais par la présence de la montagne.

La tour de télécommunications, située sur le mont Royal.

Photo : Marie-Blanche Fourcade

◼ Un patrimoine vert : la montagne et son périmètre

Malgré son nouveau statut, le mont Royal ne fut pas pour autant, selon les groupes de sauvegarde, à l'abri de projets à même de violer son intégrité. La construction des mausolées dans le cimetière Notre-Dame-des-Neiges engendra le regroupement, dès le début des années 1990, des Amis de la Montagne, d'Héritage Montréal, de l'Association des citoyens d'Outremont, de Sauvons Montréal et du Conseil des monuments et sites du Québec. Ils s'opposèrent à cette pratique qui détruisait peu à peu la beauté et l'importance historique des lieux. Le porte-parole de l'organisme, Alain Tremblay, affirmait :

> On ne demande pas d'arrêter l'inhumation même si nous croyons que la crémation est peut-être préférable. C'est une question de conscience sociale, d'un choix peut-être plus écologique. D'autant plus que le développement actuel ne tient pas compte de l'historique de la montagne. Il y a de magnifiques bois qu'il faut protéger. Mais les columbariums, comme l'accroissement du nombre de pierres tombales, grugent de plus en plus la montagne[43].

Un nouvel organisme était formé – l'Écomusée de l'Au-delà – dans le but de sensibiliser la population à l'importance historique des cimetières-jardins sur la montagne et à leur richesse artistique : « le cimetière

---

41. Jean-Claude Marsan, « Le mont Royal et la ville : les liaisons visuelles », *Trames*, numéro spécial : « Paysages en devenir – le mont Royal », vol. 2, n°1 (printemps 1989).

42. Groupe d'intervention urbaine de Montréal / Ville de Montréal, *La montagne en question*, vol. 2, *Le cadre naturel, l'analyse visuelle, les accès*, Montréal, Groupe d'intervention urbaine de Montréal, 1988, p. 16.

43. Danny Vear, « Querelle sur l'éclosion de columbariums dans le cimetière Notre-Dame-des-Neiges », *La Presse*, 19 juin 1991.

était le premier jardin public de la ville, vingt ans avant qu'Olmsted aménage le parc du Mont-Royal » ou encore, « on trouve aussi au cimetière des sculptures d'Alfred Laliberté (Les Ailes brisées) et de Philippe Hébert[44] ». Il fallait, par conséquent, contrer les nouveaux projets de columbariums. À l'image du centre-ville dans les années 1970, le cimetière Notre-Dame-des-Neiges se « transformerait graduellement en un vaste complexe d'édifices en hauteur pour les morts[45] ». Or, sur la montagne et dans son périmètre s'affirmait un nouveau patrimoine. Les espaces verts, qui avaient été associés dans les années 1970 à une problématique environnementale, s'apparentaient dorénavant à la notion de « monument historique », au même titre et selon des arguments similaires. La Commission des lieux et monuments historiques du Canada, qui avait inclus les cimetières dans sa politique de commémoration au début des années 1990, désignait d'ailleurs, en 1998, les cimetières Mont-Royal et Notre-Dame-des-Neiges, lieux d'« importance historique nationale[46] ». Cette reconnaissance symbolique n'empêchait cependant pas les groupes de sauvegarde de crier leur désarroi face aux atteintes incessantes contre ce patrimoine vert[47].

L'impact sur l'intégrité de la montagne occasionné par le déménagement de l'École des hautes études commerciales dans le boisé de Brébeuf suscita un vif débat en 1993[48], comme le soulignait *Le Devoir* : « comme tout ce qui touche la montagne sacrée des Montréalais, l'évaluation du projet de construction de la nouvelle école des HEC pourrait soulever toutes les passions[49] ». Signe des temps, les responsables du projet associèrent « dès le départ une quinzaine de groupes de pression à la définition des grandes composantes du projet ». En outre, le choix du bureau d'architecture allait relever d'un « comité d'experts présidé par Jean-Claude Marsan, doyen de la Faculté de l'aménagement de l'Université de Montréal, un ardent défenseur des espaces verts […] ». Le projet, ensuite soumis à des audiences publiques, pouvait dès lors difficilement être critiqué, même si, poursuivait l'article, « d'anciens alliés reprochent aujourd'hui sa pseudo-compromission ». À la suite de ces étapes de consultation, le nouvel édifice devait s'intégrer sans trop de dommage au boisé de Brébeuf.

Des critiques questionnèrent tout de même le projet. Héritage Montréal ne s'opposait pas nécessairement à la construction de la nouvelle école, mais exigeait « une étude d'impact portant sur les conséquences

44. Pascale Navarro, « Le cimetière Notre-Dame-des-Neiges », *Voir*, 15 avril 1993.

45. Raymond Gervais, « Un groupe de pression dénonce la construction de mausolées au cimetière Notre-Dame-des-Neiges », *La Presse*, 19 septembre 1994.

46. Nathalie Clerk, « Les cimetières mont Royal et Notre-Dame-des-Neiges », *Architecture-Canada*, vol. 26, n° 1, 2 (2001).

47. Voir, par exemple, Guy Pinard, « Cimetière Notre-Dame-des-Neiges », *La Presse*, 28 mai 2001.

48. Il s'agissait d'un boisé situé sur le chemin de la Côte-Sainte-Catherine entre le Collège Jean-de-Brébeuf et la Faculté de l'aménagement de l'Université de Montréal.

49. Les citations du paragraphe sont tirées du même article. Voir Laurent Soumis, « Avant de s'installer sur la montagne, les HEC ont su intégrer la critique à leur projet », *Le Devoir*, 25 mars 1993.

écologiques de la construction[50]». La Société d'histoire de la Côte-des-Neiges était partagée entre «la conservation du boisé [qui] est un élément capital du dossier» et «le maintien des HEC dans le quartier»[51]. Les Amis de la Montagne craignaient l'effet d'entraînement de la construction qui ne devait, rapportait le journaliste, «endommager aucun des arbres de ce qu'ils appellent l'un des derniers espaces verts du Mont-Royal[52]». L'Association des étudiants en maîtrise en urbanisme prenait position en affirmant que le bois de Brébeuf «appartient à la forêt du mont Royal[53]». Quant au Comité des résidants de l'îlot Willowdale, il jugeait le projet «inacceptable» par son volume «excessif[54]». La proportion d'arbres coupés par rapport au nombre d'exemplaires replantés solda le débat. Par ailleurs, l'architecte choisi, Dan Hanganu, auteur des plans du Musée d'histoire et d'archéologie de la Pointe-à-Callière et de plu-

Photo : Martin Drouin

▲

Le cimetière Notre-Dame-des-Neiges.

sieurs projets primés à Montréal, était le gage d'une réalisation inscrite dans la continuité montréalaise. Feu vert était donné à la construction.

Peu à peu, une nouvelle problématique émergeait du fait des contestations des groupes de sauvegarde. La requalification des «espaces libres» posait des problèmes insoupçonnés. Dès 1983, Mark London, alors directeur exécutif d'Héritage Montréal remarquait : «de fait, ces dernières années, il s'est livré plus de batailles sur la scène publique pour sauver les espaces découverts que pour sauver les bâtiments anciens en péril[55]». Les défenseurs du patrimoine qui avaient milité depuis une dizaine d'années pour l'arrêt des démolitions et la construction sur les terrains vacants découvraient les effets pernicieux d'une telle proposition. Dans le chapitre précédent, nous avons déjà établi les nouveaux dangers du patrimoine relatifs à la requalification, à l'insertion et aux altérations. D'autres périls liés à la densification de la ville et aux constructions pointaient. Mark London poursuivait : «ironie du sort, le mouvement en faveur de la conservation des bâtiments anciens a nui aux espaces verts du centre-ville. Depuis une dizaine d'années, les exilés

50.   Christian Leclerc, «Héritage Montréal voit du bon dans le projet de nouveau campus pour les HEC», *Le Devoir*, 8 avril 1993.

51.   Laurent Soumis, *Le Devoir*, 25 mars 1993.

52.   *Ibidem.*

53.   Jean-Pierre Bonhomme, «L'École des HEC défend son projet de campus près de Sainte-Justine», *La Presse*, 8 avril 1993.

54.   *Ibidem.*

55.   La revue *Continuité* dédiait alors un numéro spécial consacré à la problématique du «patrimoine vert». Voir Mark London, «Montréal, ville verte?», *Continuité*, n° 21 (automne 1983).

de la banlieue redécouvrent le charme de vivre en ville et exigent de plus en plus de logement[56]». Sur la montagne et dans son périmètre, un patrimoine vert était menacé.

Les exemples de campagnes «vertes» sont nombreux. Dans le quartier Notre-Dame-de-Grâce, le domaine Villa-Maria avait vu la maison «Monkland» devenir «monument historique» en 1976. Un projet de 1995 prévoyait la transformation de l'ancien monastère des Sœurs du Précieux-Sang, de même que la construction de deux immeubles à logements et d'une série de maisons de ville. Une forte opposition s'organisa grâce à la formation de la Coalition Villa-Maria. En effet, des citoyens du quartier, appuyés par les groupes de sauvegarde, mirent sur pied leur propre consultation publique «parallèle». Il n'était plus reproché aux autorités municipales de ne pas consulter les Montréalais, mais d'organiser un «simulacre de consultation» qui donnerait le feu vert au projet domiciliaire[57]. Pas moins de 47 mémoires furent déposés à la consultation publique parallèle.

L'édifice des HEC et le boisé de Brébeuf.

Photo : Martin Drouin

À cette occasion, Héritage Montréal demanda aux autorités provinciales «d'assurer un meilleur encadrement du développement des lieux en lui attribuant un statut de site historique[58]». La volonté de conserver l'intégrité du site avait beau puiser dans le répertoire des arguments historiques qui avaient permis l'intervention du ministère des Affaires culturelles dans les années 1970, les qualités d'espace vert primaient dans ce nouveau débat. «L'intérêt pour ces espaces verts est même supérieur à l'intérêt pour la nature

56. London pointait du doigt l'opération 20 000 logements «qui consiste à vendre à des prix alléchants les terrains inoccupés aux constructeurs d'habitations. Il s'agit souvent de parcs ou de terrains zonés comme tels». Voir Mark London, *op. cit.*, p. 9.

57. Brian Myles, «Scepticisme dans Villa-Maria», *Le Devoir*, 30 décembre 1995.

58. Claude-V. Marsolais, «Villa-Maria: des résidents demandent l'intervention de Québec», *La Presse*, 12 juin 1996.

patrimoniale de la bâtisse de Villa-Maria », notait *Le Devoir*[59]. Une fois encore, les citoyens ne se disaient pas contre la reconversion du monastère, mais s'opposaient à « une trop grande réduction des espaces verts et une modification de l'environnement des propriétaires actuels[60] ». Les protestations eurent finalement raison du promoteur qui choisit, en 1997, de se désister. La Coalition Villa-Maria garda l'œil ouvert sur le développement futur de Villa-Maria en réaffirmant l'importance des espaces verts que la protection de 1976 n'avait pas scellée.

Dans le quartier Notre-Dame-de-Grâce, en 1999, le lotissement du terrain de l'ancien couvent des Dominicains causa de semblables contestations. La polémique n'était pas tellement causée par la construction d'habitations en copropriété, mais par l'abattage illégal de 22 arbres « (ormes, érables, pins, marronniers) qui faisaient le charme du terrain sur lequel est situé l'ancien monastère des Dominicains, à l'angle des artères Décarie et Notre-Dame-de-Grâce[61] ». Une lectrice du quotidien *Le Devoir* réagissait : « pour que cessent les "erreurs montréales[62]", il nous faut un projet de loi qui considère les arbres matures - sur un terrain public ou privé - comme faisant partie intégrante du patrimoine et les classe, au même titre que les monuments historiques[63] ». Le directeur d'Héritage Montréal renchérissait, quelques années plus tard, « les grands jardins font partie du génie de ces édifices institutionnels patrimoniaux et il faut en tenir compte et les mettre en valeur lors de leur conversion[64] ». Les excuses des promoteurs et la collusion des autorités municipales furent dénoncées par les groupes de citoyens et de défense du patrimoine. Toutefois, l'abattage des arbres avait invalidé toute poursuite des revendications, laissant le champ libre à dix nouvelles maisons de ville.

L'affirmation d'un patrimoine vert et la forte portée symbolique du mont Royal permettaient d'espérer l'émergence d'une nouvelle attitude envers le paysage urbain. Il ne s'agissait plus seulement de protéger un patrimoine menacé mais d'en favoriser une meilleure expression. En 1998, les Amis de la Montagne contestèrent le remplacement d'un pylône de communication installé au sommet du mont Royal et vieux d'une vingtaine d'années par un nouveau de « dimensions quasi identiques ». La porte-parole du groupe s'exprimait dans *Le Devoir* :

59. Jean Chartier, « Compromis sur l'avenir du terrain Villa-Maria », *Le Devoir*, 26 juin 1996.

60. Claude-V. Marsolais, « Villa-Maria : des résidants demandent l'intervention de Québec », *La Presse*, 12 juin 1996 ; Éric Trottier, « Les citoyens s'opposent à ce que tout Villa-Maria soit transformé en quartier résidentiel », *La Presse,* 5 mai 1996.

61. Brian Myles, « Le saccage des arbres provoque la colère dans NDG », *Le Devoir*, 19 avril 1999.

62. La lectrice faisait ici un clin d'œil au film de Richard Desjardins et Robert Monderie, *L'erreur boréale*, sorti à la même période et qui traite de la coupe de bois excessive dans les forêts du Nord québécois.

63. Évelyne Sabourin, « L'erreur montréale », *Le Devoir*, 30 avril 1999.

64. Louise Leduc, « Le prix Domus remis à Villa Veritas méduse les résidants de NDG », *La Presse,* 23 février 2001.

Le débat de la présence des pylônes sur le mont Royal dure depuis longtemps : tout le monde dit que [le mont Royal], ce n'est pas leur place, mais tout le monde sait aussi qu'il n'existe pas d'endroits alternatifs pour l'instant […] Malgré tout, à moyen et à long terme, les pylônes devraient disparaître. Or, en ce moment, on est en train de les renforcer. Nous allons dans le sens opposé[65].

Il n'était plus question de lutter contre la démolition d'édifices anciens, mais de racheter les « erreurs » du passé. Les Amis de la Montagne réalisèrent concrètement cet objectif lorsqu'ils achetèrent en 2001, avec l'aide de la municipalité de Westmount, les appartements Clifton, construits dans les années 1950, sur le chemin de la Côte-des-Neiges. Plutôt que de réhabiliter l'édifice à l'abandon depuis quelques années, ils choisirent de le démolir et d'aménager le terrain en espace vert. La directrice des Amis de la Montagne s'exclamait : « c'est un petit projet, mais il est symbolique ». Pour le directeur d'Héritage Montréal, la démolition constituait « une bonne petite compensation[66] ». Les groupes de sauvegarde prenaient en quelque sorte leur revanche après des décennies de luttes. Le patrimoine vert avait dès lors conquis sa place dans l'identité de la ville.

■ L'appel de la montagne : une place toujours croissante

En 1999, le domaine des Sulpiciens se trouva pour une troisième fois menacé. Cette fois, il était question de la conversion de l'édifice de la Ferme sous les noyers et de son lotissement pour la construction de 69 unités d'habitation. France Gagnon-Pratte, du Conseil des monuments et sites du Québec, et Denise Caron, des Amis et propriétaires des maisons anciennes du Québec, écrivaient dans *Le Devoir* : « en le classant site historique en 1982, le gouvernement du Québec a jugé le site du Domaine du Fort de la montagne d'intérêt national. Malheureusement, il n'a pas cru bon, à l'époque, d'y adjoindre la partie actuellement convoitée par le Groupe Lépine qui veut la privatiser à des fins résidentielles[67] ». Contrairement aux deux campagnes précédentes, ce furent surtout les qualités de ce qui était désormais décrit comme l'« immense coulée verte au cœur de Montréal[68] » qui furent valorisées.

La Ferme sous les noyers, logée à mi-chemin entre le « site du patrimoine » du mont Royal et le « site historique » du domaine des Sulpiciens,

65. Hélène Buzzetti, « Le remplacement du pylône du mont Royal agace Les Amis de la Montagne », *Le Devoir*, 9 septembre 1998.

66. Marie-Claude Girard, « La revanche du vert sur l'immobilier », *La Presse*, 20 décembre 2001.

67. France Gagnon-Pratte et Denise Caron, « La Ferme sous les noyers : un site historique d'importance nationale », *Le Devoir*, 21 avril 1999.

68. Louise Leduc, « Feu vert à un projet immobilier sur le flanc du mont Royal », *Le Devoir*, 3 mars 1999.

fut peu valorisée pour ses qualités propres. Une importante médiatisation entoura le site « composé de grands jardins et d'un bâtiment de vieilles pierres grises[69] » et la Ferme « construite en 1803[70] », qui « forment un ensemble paysager et historique absolument exceptionnel[71] », dont « la valeur […] ne venait pas seulement [des] vieux murs et [des] jardins tout autour, mais aussi des hauts personnages qui, enfants, l'ont fréquenté : Jacques Viger, Louis Riel, George-Étienne Cartier, Louis-Hippolyte LaFontaine, etc.[72] » Mais ce fut surtout son emplacement entre le « site du patrimoine », au nord, et le « site historique », au sud, qui retint l'attention. Les médias relataient : « la couverture médiatique entourant le projet de construction de maisons unifamiliales et de condos de luxe sur le site de la Ferme sous les noyers montre bien à quel point les Montréalais s'inquiètent du sort réservé à leur montagne[73] » ou encore « il s'agit de préserver les trois espaces verts qui restent du Fort de la montagne, les terrains morcelés de la seigneurie des Sulpiciens[74] ».

Jean Chartier, « Héritage Montréal s'adresse à Copps. L'organisme propose de créer une Maison du Patrimoine », Le Devoir, 10 avril 1999, p. A-3.

La Ferme sous les noyers était ainsi associée étroitement à cette « coulée verte » sur le flanc de la montagne et valorisée pour ses qualités de patrimoine vert. Le site, comme celui de l'ancien Séminaire de philosophie, de l'ensemble du Collège de Montréal et du Grand Séminaire, était caractérisé, selon Jean-Claude Marsan, « outre leur architecture de caractère historique », par « la présence de vastes espaces verts qui font partie intégrante de la montagne et qui sont, à ce titre, compris dans le site du patrimoine du mont Royal[75] ». Aussi, l'abattage illégal des arbres par le promoteur, à la fin de l'année 1999, soustrayait un argument de poids à la campagne de sauvegarde. Comme en 1980, dans le dossier du boisé des Sulpiciens, il enlevait toute possibilité aux défenseurs du patrimoine d'arrêter le projet[76].

---

69. Louise Leduc, « Le projet résidentiel du groupe Lépine », *Le Devoir*, 9 mars 1999.

70. Josette Michaud et Pierre Beaupré, « La Ferme sous les noyers : protégeons le domaine de la montagne », *Le Devoir*, 20 février 1999.

71. Gilles Gauthier, « Promoteur immobilier à l'assaut du mont Royal », *La Presse*, 11 février 1999.

72. Louise Leduc, « Feu vert à un projet immobilier sur le flanc du mont Royal », *Le Devoir*, 3 mars 1999.

73. France Gagnon-Pratte et Denise Caron, « La Ferme sous les noyers : un site historique d'importance nationale », *Le Devoir*, 21 avril 1999.

74. Jean Chartier, « Protection des espaces verts du Fort de la montagne : Héritage Montréal s'adresse à Copps », *Le Devoir*, 10 avril 1999.

75. Jean-Claude Marsan, « Une ville à vendre », *La Presse*, 6 mars 1999.

76. Michèle Ouimet, « La Ville de Montréal entend poursuivre le promoteur René Lépine », *La Presse*, 3 novembre 1999.

Contrairement à la multiplicité des « regards » de la campagne de 1971, qui avait enrayé le projet et suscité le classement des tours de l'ancien fort, et à la campagne structurée de 1981, qui sans avoir bloqué le projet avait toutefois entraîné le classement du domaine, la campagne « verte » de 1999 ne permit ni de bloquer le projet ni d'intenter une action légale de protection.

La même année, le projet de construction d'un hôtel, à l'intersection des rues Sherbrooke et Simpson, mena à la formation de la Société pour la sauvegarde de la rue Sherbrooke. La Ville de Montréal amenda un règlement de zonage pour permettre l'érection d'un bâtiment de 24 étages. Toutefois, pour Héritage Montréal, le projet ne respectait pas « le caractère unique de ce quartier patrimonial de Montréal » constitué par le *Golden Square Mile*, tant par la fonction hôtelière que par la densité et le zonage[77]. La présence de l'édifice Port-Royal, qui permettait à certains de justifier la construction de l'édifice, était pour les défenseurs du patrimoine l'« erreur qui a[vait] d'ailleurs été à l'origine du règlement visant à protéger la vue sur la montagne » au début des années 1960[78]. Une réunion publique des résidants du secteur, soit un rassemblement de 200 personnes, leur permit de manifester leur ferme opposition au projet, comme le rapportait *Le Devoir* :

> Selon les résidants, l'érection de l'hôtel nuirait à l'ensoleillement du quartier, ainsi qu'à la vue que les résidants détiennent sur le mont Royal, en plus d'encombrer la circulation de la rue Simpson. La construction de l'hôtel aurait également pour conséquence la destruction de la maison Daniel Ford, construite en 1890[79].

Au-delà de la disparition de l'édifice « de trois étages à façade de pierre blanche », d'ailleurs « inscrit au Répertoire d'architecture traditionnelle sur le territoire de la Communauté urbaine de Montréal » et qui « servait autrefois de presbytère », ce furent surtout les qualités environnementales du quartier qui furent privilégiées[80]. Le projet fut finalement abandonné par le promoteur « à la suite des fortes pressions exercées par la population » et « le climat défavorable créé par un groupe d'intérêts »[81]. Ainsi, il ne s'agissait plus de favoriser la protection d'un édifice historique, mais de défendre l'intégrité d'un paysage urbain au centre duquel se trouvaient la montagne et un quartier.

Les mêmes arguments étaient soulevés lors de la démolition, en 2000, du temple de la First Church of Christ Scientist. Héritage Montréal et les citoyens déploraient, d'une part, « l'absence totale d'étude de fond sur la valeur patrimoniale de l'église en question », questionnant du même

77. Louise Leduc, « Mille carré : La résistance s'organise contre un projet d'hôtel de 24 étages », *Le Devoir*, 9 mai 1999.

78. Louise Leduc, « Zizanie autour d'un futur grand hôtel », *Le Devoir*, 23 mars 1999.

79. Caroline Montpetit, « Mille carré doré : 200 personnes s'opposent à la construction d'un hôtel », *Le Devoir*, 12 mai 1999.

80. Louise Leduc, « Mille carré : La résistance s'organise contre un projet d'hôtel de 24 étages », *Le Devoir*, 9 mai 1999.

81. « Projet d'hôtel à Montréal : Les promoteurs renoncent », *Le Devoir*, 13 mai 1999 ; Gilles Gauthier, « Le promoteur du Tat's, rue Sherbrooke, abandonne », *La Presse*, 13 mai 1999.

Séminaire de Philosophie, Montreal.

Archives nationales du Québec (Québec) P547, D2,P910

coup «l'avenir du patrimoine religieux de Montréal»[82]. Toutefois, la valeur de l'édifice tenait à sa position dans le paysage urbain, puisque bâti sur le flanc sud du mont Royal et «stratégiquement situé à la jonction du chemin de la Côte-des-Neiges et de l'avenue du Docteur-Penfield[83]». Les défenseurs du patrimoine demandèrent alors que soit contrôlée la volumétrie de la nouvelle construction pour qu'elle s'inscrive avec conscience dans son environnement. Dinu Bumbaru expliquait: «il s'agit d'un emplacement qui jouit d'une très grande visibilité et il ne faudrait pas y planter un gros blé d'Inde avec six pieds de gazon tout autour. Ce ne serait pas mieux que l'église, dont la disparition ne pose pas de problème[84]». La présence de la montagne ne cessait d'être évoquée dans les batailles pour la sauvegarde du patrimoine urbain.

▲

Le domaine des Sulpiciens : en arrière-plan, le Séminaire de Philosophie; au milieu de la carte postale, derrière les arbres, la Ferme sous les noyers.

La même année, le projet de démolition des maisons Thompson et Sparrow enclencha le processus menant à la protection du mont Royal par l'État provincial. La firme Canderel projetait de construire une tour de 10 étages exigeant la démolition de «deux grandes maisons du début du siècle, autrefois cossues mais maintenant à l'abandon[85]». Le quotidien annonçait également que «les opposants au projet y vo[ya]ient une nouvelle atteinte au paysage du mont Royal ainsi que la perte de deux résidences faisant partie du patrimoine architectural montréalais[86]». La Coalition pour la Montagne, réunissant les Amis de la Montagne, Héritage Montréal et la fondatrice du Centre Canadien d'Architecture, Phyllis Lambert, déposait «une pétition de 10 500 signatures à la ministre [de la Culture et des Communications] Agnès Maltais lui demandant de classer d'urgence le mont Royal[87]». Il n'était pas tellement question de la protection des édifices historiques, mais de la protection de la montagne, et ainsi de contrer l'irruption d'un édifice, qui malgré la volonté des promoteurs à l'intégrer «parfaitement à son environnement», ne satisfaisait aucunement les groupes de sauvegarde.

En 2001, à l'occasion du 125e anniversaire de la création du parc du Mont-Royal, les Amis de la Montagne, en collaboration avec Héritage

82. Silvia Galipeau, «La disparition du patrimoine religieux inquiète Héritage Montréal», *Le Devoir*, 18 mai 2000.

83. Gilles Gauthier, «Des condos à la place d'un temple», *La Presse*, 22 septembre 1999.

84. *Ibidem.*

85. «D'autres condos controversés au pied du mont Royal», *Le Devoir*, 22 septembre 2000.

86. *Ibidem.*

87. Éric Desrosiers, «Maltais répond au S.O.S.», *Le Devoir,* 3 novembre 2000.

Montréal, le Centre de la Montagne et la Ville de Montréal, organisaient le « Sommet du mont Royal » pour célébrer la montagne et réfléchir à sa protection. C'est alors que Diane Lemieux, nouvelle ministre de la Culture et des Communications, affirma la volonté des autorités québécoises d'instaurer une vision d'ensemble face à la vingtaine de « litiges petits ou grands[88] » qui menaçait l'intégrité de la montagne. Dinu Bumbaru, directeur d'Héritage Montréal, parlait de contrer la construction « d'une ceinture de béton autour de la montagne[89] ». Ce plan d'ensemble appellera, en 2002, la tenue d'audiences publiques par la Commission des biens culturels concernant l'avenir du mont Royal. Rapidement, l'État provincial consentit à la demande de la Commission et déposa, un an plus tard, un avis d'intention de classement avec le double statut d'« arrondissement historique et naturel » au mont Royal. La montagne des Montréalais devenait ainsi le premier « arrondissement » au Québec à obtenir la double désignation.

■ La ville dans la montagne : l'emblème fondamental de Montréal

Le processus qui mena à la constitution de l'« arrondissement historique et naturel » du mont Royal souligna le consensus de la communauté montréalaise autour des valeurs patrimoniales de la montagne. Elles se définissaient tant en valeurs naturelles, avec ses panoramas, ses espèces animales et végétales, qu'en valeurs culturelles, avec son paysage singulier, la richesse de son architecture et sa longue histoire[90]. Le *Rapport sur l'avenir du mont Royal* notait : « à travers ce foisonnement de valeurs, il en est toutefois une qui transcende toutes les autres : la valeur emblématique[91] ». Quelques années plus tôt, la Coalition pour la Montagne et des résidants de l'immeuble Trafalgar avaient déjà élevé le mont Royal au rang d'« emblème fondamental

---

88. Robert Dutrisac, « Développement immobilier : Lemieux concocte un scénario pour le mont Royal », *Le Devoir*, 11 août 2001.

89. Éric Desrosiers, « Protection du mont Royal : une coalition en appelle à Québec », *Le Devoir*, 29 septembre 2000.

90. Parmi les valeurs culturelles figuraient les valeurs patrimoniales, sociales, paysagères, artistiques et esthétiques, technologiques, historiques, emblématiques, architecturales, sportives et éducatives. Voir Commission des biens culturels du Québec, *Rapport sur l'avenir du mont Royal*, Québec, Publication officielle, 2002, p. 15.

91. Le mont Royal était ainsi reconnu pour ses qualités propres qui avaient déjà été jugées multiples, par exemple, en 2000, par la même Commission des biens culturels : « Le mont Royal est un point de repère important. Il constitue un refuge naturel pour les citadins. Dès 1863, la population montréalaise s'intéresse à la conservation de la montagne. C'est le "poumon vert" de la région de Montréal qui permet à ses résidants de conserver le contact avec la nature en plein cœur d'une zone fortement urbanisée. Lieu de loisir et de détente, il est aussi une réserve écologique par la grande variété d'espèces végétales et animales qui s'y trouvent. Les vues sur la montagne ou prises de son sommet sont au cœur de l'iconographie montréalaise. Symbole dans le paysage de l'île de Montréal, la montagne rappelle le passage des fondateurs d'ailleurs souligné par la croix lumineuse. Elle offre également une concentration exceptionnelle de biens patrimoniaux architecturaux. » Voir Commission des biens culturels, « Site du mont Royal », *Un patrimoine incontournable. Sélection de 29 biens culturels*. Québec, Commission des biens culturels, 2000, p. 17 ; Commission des biens culturels du Québec, *Rapport sur l'avenir...*, p. 10.

de Montréal[92] ». Une charte du mont Royal avait été adoptée pour en souligner la présence tutélaire sur le paysage urbain montréalais, en guider les interventions et favoriser une protection consciente de la montagne[93].

L'épineuse question des limites du mont Royal allait mettre en évidence l'influence de la montagne dans les affaires de la ville. Comment protéger adéquatement, celle qui depuis quinze ans investissait les campagnes de sauvegarde? Les Amis de la Montagne proposaient le plus vaste périmètre. Pour le président du groupe, Peter Howlett, « depuis toujours, le territoire est demeuré parcellaire et incomplet, laissant de côté des ensembles, des propriétés, des bâtiments, des boisés ou des lieux appartenant pourtant à l'histoire, à la topographie et aux écosystèmes »

Photo: Martin Drouin

Îlot Trafalgar-Gleneagles: au centre, les maisons Thompson et Sparrow.

de la montagne[94]. Les Amis de la Montagne délimitaient le mont Royal en trois zones concentriques comprises entre le boulevard Décarie, les rues Sherbrooke et Saint-Urbain et l'avenue Van Horne, ce qui en faisait un territoire immense. La première zone, au centre, était définie comme le « noyau vert » avec les parcs et les cimetières de la montagne. Le deuxième était constituée par la « ceinture institutionnelle et civique » qui comprenait tous les grands domaines institutionnels autour de la montagne (universités, hôpitaux et grands domaines religieux). Enfin, la troisième zone, « la couronne urbaine habitée », venait terminer le périmètre du mont Royal[95]. D'autres suggestions recommandaient la « création d'une zone tampon visant à exercer un meilleur contrôle sur les secteurs limitrophes et à garantir que les nouvelles constructions ne limitent en rien l'accessibilité physique ou visuelle à la montagne[96] ». La montagne était ainsi bien davantage qu'un espace vert au milieu de la ville et s'étendait jusque dans les quartiers à ses pieds. La délimitation de son périmètre devenait un enjeu tant pour la protection de son intégrité que pour le paysage urbain[97].

92. Phyllis Lambert, Peter Howlett, Andrew Koenig, Louise Dusseault-Letocha, « Le mont Royal, emblème fondamental de Montréal », *La Presse*, 11 octobre 2000.

93. Site Internet *Le Mont-Royal*, « Charte du mont Royal », [www.lemontroyal.qc.ca/lesdossiers/ 2.html], consulté le 27 mars 2003.

94. Voir « Le Sommet du Mont-Royal », Site Internet *Le Mont-Royal*, [www.lemontroyal.qc.ca], consulté le 27 mars 2003. Voir aussi Les Amis de la Montagne et Héritage Montréal, *Le Sommet du mont Royal. Document des participants pour fins de discussion*, Montréal.

95. Commission des biens culturels, *Rapport sur l'avenir du mont Royal,* Québec, Publication officielle, 2002, p. 13.

96. *Idem.*, p. 12.

97. La Commission des biens culturels étudia d'autres délimitations qui se définissaient en fonction « de la rupture dans la morphologie de la trame urbaine », « des trois sommets », « de la première voie de ceinture ». Toutes tentaient de définir l'ampleur de paysage urbain à protéger. Ces différentes hypothèses sont définies dans le *Rapport sur l'avenir du mont Royal* de la Commission des biens culturels. Voir Commission des biens culturels, *op. cit.*, p. 32-45.

La délimitation retenue par le ministère de la Culture et des communications resta très prudente. On choisit de n'englober que les parties « vertes » de la montagne. Le communiqué du ministère indiquait :

> Pour l'essentiel, l'arrondissement proposé reprend les limites du site du patrimoine constitué par l'ancienne Ville de Montréal en 1987, auquel ont été ajoutées des portions de territoire vert qui relevaient des anciennes municipalités de Westmount et d'Outremont, soit le parc Summit et la coulée le reliant au mont Royal ainsi que le cimetière Mont-Royal et ses abords[98].

Les groupes de sauvegarde se disaient à la fois heureux de la protection accordée au mont Royal et déçus par des limites trop restrictives. La directrice des Amis de la Montagne déplora l'exclusion de Villa-Maria, dont les luttes de sauvegarde perduraient depuis presque trois décennies : « si la décision finale est de ne pas inclure Villa-Maria, il faudra que d'autres mesures soient décrétées […] », déclarait-elle au *Devoir*[99]. Le directeur d'Héritage Montréal questionnait des limites qui n'engloberaient que la

Le mont Royal, vu de l'intersection des avenues des Pins et du Parc.

Photo : Martin Drouin

partie verte du Mont-Royal : « il faut faire attention non seulement à ce qui est au centre de la montagne, mais aussi à ce qui est à côté […] Sinon, on aura toujours la montagne, mais plus personne pour la voir[100] ». La relation entre la ville et la montagne était affirmée en d'autres termes.

La reconnaissance des « perspectives visuelles », même si elles n'ont pas de valeur légale puisqu'elles n'ont pas été légitimées par l'État québécois,

---

98. Site du ministère de la Culture et des Communications, *Le mont Royal : un arrondissement historique et naturel à préserver*, [www.mcc.gouv.qc.ca/mont-royal.htm], consulté le 27 mars 2003 .

99. Jeanne Corriveau, « Le mont Royal devient une zone verte », *Le Devoir*, 8 février 2003.

100. Alexandre Sirois, « Québec prié de se porter à la rescousse du mont Royal », *La Presse*, 28 septembre 2000.

renforçait l'idée d'interdépendance entre les divers éléments du paysage urbain. La Commission des biens culturels observait : « le mont Royal est omniprésent sur l'Île de Montréal et même au-delà. Les percées visuelles qui coulent dans les quartiers influencent le cadre de vie des citoyennes et des citoyens[101] ». C'est pourquoi le *Rapport sur l'avenir du mont Royal* proposait :

> Une réglementation particulière doit assurer la protection des vues sur le mont Royal à partir de certains espaces publics. On doit notamment déterminer des espaces *non aedificandi* dans les corridors correspondant à l'axe des rues qui aboutissent à la montagne. Il ne suffit pas d'inventorier des perspectives existantes à conserver, mais celles qui sont présentement obstruées par des barrières visuelles qu'il conviendrait de dégager. Il s'agit de permettre à la montagne de servir de point de repère et de contribuer à l'intelligibilité de la forme urbaine pour tous les usagers de l'espace public[102].

Si ces mesures étaient adoptées, la présence tutélaire du mont Royal assurerait en quelque sorte la protection du paysage urbain. Le double statut accordé désormais au mont Royal permet de penser que son rôle ne pourra que croître.

■ ■ ■

Au cours des trente années de lutte menées pour sa sauvegarde, le mont Royal passa d'un rôle de figurant à celui d'acteur de premier plan. Au début des années 1970, la montagne n'était pas intervenue dans la campagne du domaine des Sulpiciens qui tablait essentiellement sur les qualités historiques du site. Si l'importance des espaces verts était reconnue dans la ville, les défenseurs du patrimoine énonçaient difficilement leur valeur patrimoniale. Au début des années 1980, l'affaire du boisé des Sulpiciens constitua un événement charnière puisque le mont Royal quittait l'arrière-plan de la scène. Pendant la campagne, les défenseurs rattachèrent l'importance du site tant à la ville historique qu'à la montagne. Aussi, la caractérisation du boisé se déclina, à la fois par ses qualités historiques et par son rôle de toile de fond, aux jardins historiques. Il devint même, avec un soupçon de réserve, une « fenêtre sur la montagne ». Ce n'est que quelques années plus tard, lors de la polémique de l'avenue McGill College, que la montagne s'affirma un élément de poids pour contester la réalisation du projet. Héritage Montréal demanda en effet de protéger la perspective visuelle en tant qu'« arrondissement naturel ». Une logique différente s'instituait dès lors dans les campagnes de sauvegarde, celle permettant aux acteurs de contester construction et densification sous couvert de la montagne et d'un patrimoine « vert ».

---

101. Site de la Commission des biens culturels, *Grands dossiers : le mont Royal*, [www.cbcq.gouv. qc.ca/grand_dossiers/mont_royal/index.html], consulté le 12 mars 2003.

102. Commission des biens culturels, *Rapport sur l'avenir du mont Royal*, Québec, Publication officielle, 2002, p. 53.

Le mont Royal devint le premier « site du patrimoine » à Montréal en 1986. À l'époque, trois projets menaçaient directement son intégrité. La consécration officielle amena les experts à définir la relation de la montagne avec la ville. Le paysage construit n'était désormais plus le seul élément d'identification du patrimoine urbain à Montréal. À partir de la seconde moitié des années 1980, le patrimoine « vert » reprit en quelque sorte le flambeau porté par les édifices « historiques » des années 1970. Les luttes furent de plus en plus nombreuses pour revendiquer la protection du mont Royal et, plus généralement, des arbres dans la ville. La construction des mausolées dans le cimetière Notre-Dame-des-Neiges, le déménagement des HEC dans le boisé de Brébeuf, la reconversion de l'ancien monastère des Sœurs du Précieux-Sang et de l'ancien couvent des Dominicains, la Ferme sous les noyers, le projet de construction de l'hôtel Tat's et la démolition du temple de la First Church of Christ Scientist et des maisons Thompson et Sparrow donnèrent l'occasion aux défenseurs du patrimoine d'affirmer l'importance de ce nouveau patrimoine. La démolition des appartements Clifton marqua ainsi une première victoire, certes modeste, mais une victoire du patrimoine « vert ».

Le mont Royal est devenu en 2003, au terme de deux décennies de luttes, le premier « arrondissement historique et naturel » constitué au Québec. Dans la foulée de l'avis d'intention émis cette année-là, le conseil des ministres a adopté le décret de classement en mars 2005. Ce double statut reconnaissait la place exceptionnelle que lui avaient accordée les Montréalais et l'ensemble de la collectivité québécoise. Il s'était ainsi imposé comme « emblème fondamental » de Montréal. Paradoxalement, ce n'était pas le quadrilatère initialement identifié par Sauvons Montréal qui mérita ce statut, même si trente années de luttes en avaient défendu les qualités. Le paysage urbain du quadrilatère bénéficiait plutôt de l'« effet montagne », grâce à sa position géographique centrale et à ses perspectives visuelles. Par sa présence tutélaire, le mont Royal protégeait en quelque sorte la ville à ses pieds.

10

Un paysage urbain de la « diversité »
L'expression d'une nouvelle identité

La diversité, l'ancienneté et l'originalité de son paysage urbain distinguent Montréal des métropoles nord-américaines. Tous les quartiers sont riches en patrimoine. Il y a le Vieux-Montréal, qui est si précieux. Mais il ne faut pas oublier que, pendant que Côte-des-Neiges et Pointe-Saint-Charles célèbrent des tricentenaires cette année, il y a aussi Pointe-aux-Trembles, Hochelaga-Maisonneuve, la montagne, Sault-au-Récollet, le Plateau, NDG, le centre-ville, Saint-Henri et le Quartier latin... Partout, il y a des lieux et des édifices remarquables par leur beauté ou leur histoire, des maisons aux escaliers et aux jolis détails, des sites naturels et de beaux parcs, des rues bordées de commerces ou de grands arbres, des sites archéologiques connus ou insoupçonnés, des œuvres et des traditions. À la fois mémoire et lieu de vie, le patrimoine contribue fortement à la personnalité et à la qualité de notre ville autant qu'à son attrait, notamment auprès des étrangers qui viennent de plus en plus nombreux la découvrir. C'est de la culture au quotidien qu'on utilise et qui nous apprend l'histoire, la géographie, l'architecture, les arts, les sciences et les traditions de notre ville.

Dinu Bumbaru, *La Presse*, 1998.

Au tournant des années 1990, le paysage urbain de Montréal pouvait se définir comme celui de la « diversité ». À force d'efforts et de luttes menées par les défenseurs du patrimoine, le « Montréal victorien » des années 1970 engloba progressivement un large éventail de patrimoines, grands et petits. L'aménagement du patrimoine, qui marqua une nouvelle attitude envers le paysage urbain, compte pour beaucoup dans ce processus. Non plus préoccupés par des patrimoines menacés tels qu'ils l'étaient lors de la première décennie des luttes, les défenseurs purent alors s'intéresser à de nouveaux objets et promouvoir leur valeur. L'intérêt manifesté pour la montagne, duquel découla tout un patrimoine « vert » dans la ville, permit à la fois d'intégrer un élément structurant de l'identité urbaine et de transformer la vision des espaces verts dans l'argumentaire militant. Le quadrilatère initialement identifié par Sauvons Montréal s'était considérablement élargi pour inclure un « autre » Montréal patrimonial de plus en plus vaste ; territoire sur lequel militaient déjà depuis quelque temps d'autres citoyens-défenseurs. À cette redéfinition géographique s'était greffée une gamme de bâtiments et de lieux à protéger, comme le soulignait par exemple, en 1998, le directeur d'Héritage Montréal, Dinu Bumbaru[1]. L'extension de la notion de patrimoine à Montréal suivait une tendance générale, observée à l'échelle occidentale[2]. Toutefois, dans la métropole, elle se déclinait spécifiquement sous les traits de la « diversité », notion capable d'englober l'étendue des litiges défendus lors des campagnes de sauvegarde, et renvoyait ainsi à un milieu de vie unique à valoriser. Si la formulation de l'identité urbaine avait ainsi franchi une nouvelle étape, la lutte pour la sauvegarde du patrimoine devait toutefois continuer.

Il sera question dans ce chapitre des chemins qui menèrent à la formulation de la « diversité » montréalaise. Dans la première section, il s'agira de décoder les formes de l'émergence et de l'articulation de ce nouveau credo attribué au paysage urbain des années 1990. Elle peut se comprendre, comme nous le verrons ensuite, par le travail de caractérisation qui, après une relative éclipse au début des années 1980, revint en force au cours de la décennie pour culminer avec les fêtes du 350e anniversaire de Montréal. Si des « nouveaux patrimoines » étaient peu à peu identifiés, il n'en demeure pas moins que les mêmes arguments et les mêmes objectifs que ceux formulés dans les années 1970 présidèrent à leur sauvegarde. Comme le montre la troisième section, seule la représentativité du fonds patrimonial national était revendiquée comme argument supplémentaire. De la même manière, s'appuyant sur les demandes des décennies précédentes, les défenseurs du patrimoine continuèrent à revendiquer une protection élaborée et proposée *par* et *pour* les Montréalais. Enfin, les deux dernières sections s'intéresseront à la place des autorités. Les huit années du RCM aux commandes de la ville se caractérisent à la fois par le changement et la permanence des attitudes adoptées par les autorités municipales depuis le début de la période étudiée. Enfin, avec l'arrivée d'une nouvelle équipe de dirigeants au milieu de la décennie, les défenseurs du patrimoine comprendront que le rêve, élaboré dans les années 1970 et presque réalisé dans les années 1980, s'évanouissait ou, du moins, devait encore être mis en veilleuse. Paradoxalement, la reconnaissance de la spécificité du paysage urbain devenait un acquis partagé par un plus grand nombre, des Montréalais jusqu'aux responsables du patrimoine. Au terme de ce chapitre, nous pourrons constater que, malgré les aléas des campagnes de sauvegarde, une identité urbaine montréalaise avait bel et bien été reconnue.

---

1.   Dinu Bumbaru, « À 2002, monsieur le maire... », *La Presse*, 20 octobre 1998.
2.   Françoise Choay parle à ce propos de l'extension œcuménique, chronologique et typologique. Voir Françoise Choay, *L'allégorie du patrimoine*, Paris, Seuil, 1999 [1992], p. 154-155.

■ Une nouvelle identité urbaine :
la « diversité » montréalaise

La notion de « diversité » allait investir le devant de la scène pour définir le patrimoine montréalais. Elle s'imposait en parallèle de la montagne, sacrée au même moment emblème fondamental de Montréal. Elle succédait à l'image d'un Montréal « victorien », un paysage urbain du XIXᵉ siècle composé de monuments importants, mais aussi de rues, de quartiers et d'espaces verts, reconnus dans les années 1970. Si la « diversité » englobait un patrimoine de plus en plus éclaté, une facette de l'argumentaire cependant demeurait encore vivante, renouant avec un discours qui s'était quelque peu estompé dans la décennie précédente : la sauvegarde de l'identité urbaine s'opposait à l'« uniformisation » du paysage. Le discours de la contre-identité revint ainsi avec une force nouvelle dans les années 1990. Était-ce le signe que la sauvegarde du patrimoine retournait à une période plus difficile ? On retrouve ainsi les grandes lignes du plan directeur, adopté au tournant de la décennie, questionné par Héritage Montréal : « pourquoi, sous prétexte d'harmonie, propose-t-on d'éliminer la riche diversité qui est une des grandes qualités du centre-ville de Montréal où subsistent des quartiers à l'échelle traditionnelle ?[3] » Le discours de la contre-identité s'accompagnait de la référence à la banlieue, sacré lieu par excellence de la banalisation : « pendant ce temps, à Montréal, plutôt que de s'appuyer sur un éventail architectural réputé être l'un des plus riches en Amérique du Nord, […] on a multiplié les tentatives consistant à battre la banlieue sur son propre terrain », pouvait-on lire dans *Le Devoir*[4]. Le journaliste ajoutait : « on imite, on emprunte, on singe la banlieue. Du coup, on a pratiquement gommé ce qui faisait la spécificité de Montréal[5] ». Un peu à la manière des années 1970, une rhétorique opposait les risques de l'homogénéisation et de la standardisation du paysage urbain à l'unicité de Montréal. Cette fois, la notion de « diversité » servait à nouveau aux défenseurs du patrimoine pour alerter l'opinion publique.

Les Montréalais eux-mêmes, en observant la ville, décelaient un « patrimoine » composite. Seule la « diversité » pouvait dès lors traduire la richesse du paysage urbain. Ainsi, à l'été 2000, pour souligner son 25ᵉ anniversaire, Héritage Montréal demandait à ses membres d'identifier des lieux, des bâtiments ou des paysages caractéristiques de Montréal. Plus de 150 objets constituèrent une liste aux accents des plus divers, allant de l'ancien bain Généreux, dans le quartier ouvrier Centre-sud, au Westmount Square[6]. L'organisme ordonna cette « diversité » identifiée par ses

---

3. La lettre était rédigée par un Comité spécial du conseil d'administration d'Héritage Montréal. Voir « Héritage Montréal fustige les modifications au Plan directeur », *La Presse*, 8 août 1990.

4. Le journaliste interrogeait Gérard Beaudet, alors président d'Héritage Montréal et professeur d'urbanisme à la Faculté de l'aménagement de l'Université de Montréal. Voir Serge Truffaut, « Des banlieues autonomes », *Le Devoir*, 4 mai 1998.

5. *Ibidem*.

6. « Grands et petits emblèmes du patrimoine montréalais », *Bulletin de la fondation* Héritage Montréal, vol. 11, nᵒ 1 (2001).

membres en décelant cinq catégories dans lesquelles loger les «grands éléments de l'identité de Montréal». Dans la première catégorie, le «fleuve» et la «montagne et ce qui s'y rattache» constituaient le site particulier autour duquel Montréal s'était construit. À ces données géographiques s'ajoutait une architecture résidentielle, deuxième entité, faite de maisons, «grandes ou modestes», et de leurs «escaliers», si typiquement montréalais. À cette vaste palette se rattachait le troisième groupe, constitué des innombrables «lieux de culte reflétant les traditions importantes de notre histoire»: Montréal aux cents clochers continuait de particulariser la silhouette de la ville. Aux forces religieuses répondaient le politique, l'économique et le social qui s'affichaient avec les «bâtiments civils», quatrième catégorie, dont la Banque de Montréal sur la place d'Armes, la caserne Létourneux, l'édifice de la Sun Life, l'Hôtel-Dieu ou les bâtiments de l'Université de Montréal. En cinquième et dernier lieu, les «quartiers, leurs rues et leurs espaces publics» remplissaient les interstices de ces «monuments» montréalais. Le bulletin de l'organisme concluait: «tout cela dit à quel point le patrimoine ne se limite pas, dans l'esprit des membres d'Héritage Montréal, citoyens d'une métropole à l'histoire riche, complexe et vivante, à une seule époque ou à un seul style[7]». L'identité de Montréal émergeait ainsi, inclusive et éclatée, en un mot, diversifiée.

La «diversité», formulée au cours des années 1990, s'inscrivait dans la relation de proximité que les Montréalais entretenaient avec la ville. Au «retour à la ville» de la décennie précédente, qui avait permis d'habiter et d'utiliser le «patrimoine» dans la vie de tous les jours grâce aux restaurations, aux rénovations et aux recyclages des habitats anciens, s'étaient graduellement associées les notions de «milieu de vie» et de «qualité de vie» que promettait la sauvegarde du patrimoine. La place grandissante de la montagne dans l'argumentaire de la défense sensibilisait à l'importance d'un patrimoine vert dans la ville, mais permettait aussi de formuler peu à peu l'inextricable relation d'un milieu urbain avec son environnement. C'est ce que rappelait *La Presse*, sous le titre «L'environnement fait aussi partie de notre patrimoine», à l'occasion des audiences publiques tenues lors du 20e anniversaire d'Héritage Montréal, en 1995. Le journaliste écrivait: «le patrimoine n'est plus tout à fait le même à Montréal. Auparavant, l'expression signifiait "immeuble historique à protéger". Maintenant, elle reflète davantage le milieu de vie dans lequel les Montréalais sont plongés». Au cours des audiences, une association de locataires de Côte-des-Neiges exprimait son désir de voir le quartier considéré «comme faisant partie du "patrimoine", en raison de la dégradation des logements de ce secteur». De son côté, un représentant de l'Association des amis et propriétaires de maisons anciennes du Québec classait «dans la catégorie des "maisons anciennes" toutes les résidences construites avant 1945 (soit la plupart des maisons des quartiers centraux)[8]». L'idée de «diversité» appuyait cette vision

---

7. «Grands et petits emblèmes du patrimoine montréalais», *ibidem*.
8. Les citations précédantes sont d'Éric Trottier, «L'environnement fait aussi partie de notre patrimoine», *La Presse*, 22 octobre 1995.

d'un paysage urbain fait de mille et une manifestations. La ville était en quelque sorte devenue « patrimoniale ».

La « diversité » découlait enfin des trente années de luttes menées par les groupes de sauvegarde. Par le nombre des campagnes et la variété des édifices, des lieux et des paysages identifiés, il était de plus en plus difficile de réduire les réalités rencontrées à une identité précise et nivelante. Ce constat transparaît dans la liste « non exhaustive » d'« enjeux patrimoniaux » récurrents dans la ville, relevés par Héritage Montréal :

> Le Vieux-Montréal et les anciens villages (Rivière-des-Prairies, Pointe-Claire, Saint-Lambert, Vieux-Longueuil, Sainte-Rose, Vieux-Terrebonne, Senneville) ;
>
> Le mont Royal (l'ensemble de la montagne et non pas seulement le parc) ;
>
> Les grands domaines institutionnels (Grand Séminaire, Hôtel-Dieu, Villa-Maria, etc.) ;
>
> Le canal de Lachine (le paysage industriel et les quartiers limitrophes) ;
>
> Les escaliers extérieurs et les éléments du vernaculaire urbain ;
>
> Le patrimoine industriel et technologique (usines, Redpath, silos, ponts, port, gares…) ;
>
> Le patrimoine municipal et civique (hôtels de ville, casernes, bains, parcs, archives…) ;
>
> Le patrimoine gouvernemental et parapublic (hôpitaux, universités, écoles, archives…) ;
>
> Le patrimoine des arts (théâtres, cinémas, lieux d'artistes, œuvres…) ;
>
> Le patrimoine archéologique (de toutes les époques et dans toute la région) ;
>
> Les paysages et les arbres en ville (alignements, arbres remarquables, collections...) ;
>
> Les édifices vacants […][9].

À la lumière de cette énumération le groupe témoignait de « la complexité, la diversité et la richesse patrimoniale de la métropole[10] ». Toutefois, Héritage Montréal espérait encore « la reconnaissance nationale et internationale de la spécificité du patrimoine de la métropole […][11] ».

■ L'« industrie » de la recherche : faire connaître Montréal

Le paysage urbain bénéficia d'un intérêt soutenu grâce à la publication d'un nombre croissant d'ouvrages, à partir de la fin des années 1980, puis en prévision du 350e anniversaire de la fondation de Montréal en 1992.

---

9. Cette liste était dressée dans le cadre des audiences publiques menées en vue de l'adoption d'une nouvelle politique culturelle. Voir Gérard Beaudet et Dinu Bumbaru, *Notes pour une présentation au Groupe-conseil sur la politique du patrimoine au Québec*, Montréal, Héritage Montréal, 1999.

10. *Ibidem.*

11. *Ibidem.*

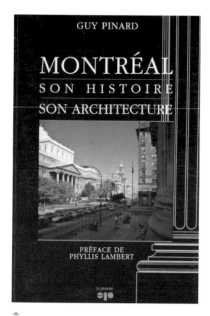

Guy Pinard, Montréal, son histoire, son architecture, *Montréal, Éditions La Presse, 1986.*

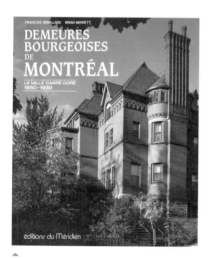

François Rémillard et Brian Merrett, Demeures bourgeoises de Montréal. Le mille carré doré : 1850-1930, *Montréal, Éditions du Méridien, 1986.*

Les efforts pour la sauvegarde du patrimoine se voyaient ainsi appuyés, puisque les publications permettaient de toucher un plus grand public, grâce à des œuvres de vulgarisation de qualité. Il n'était pas question de présenter les seules formes du paysage « victorien », dont l'importance a été précédemment traitée, pour expliquer la personnalité de la ville. En amont, l'époque préindustrielle bénéficiait d'une nouvelle lecture. En aval, le paysage du xxᵉ siècle se déployait sous l'influence d'une modernité qui avait désormais atteint une maturité, que l'on tentait d'apprécier à sa juste valeur. Si peu de recherches s'attardaient à analyser concrètement le chemin parcouru depuis les années 1970 dans la découverte du patrimoine de Montréal, il était toutefois devenu possible d'affirmer que les groupes de sauvegarde avaient concouru à sauver la ville.

Le temps des bilans et des grandes synthèses était en quelque sorte venu. Le travail de Jean-Claude Marsan est symptomatique de la transformation des intérêts de l'époque. En effet, *Montréal en évolution : historique de l'architecture et du développement montréalais* avait marqué les années 1970 par la caractérisation de la ville et la reconnaissance de l'originalité du paysage urbain. Une nouvelle édition, revue et augmentée, était d'ailleurs publiée en 1994, afin de répondre à la demande. Dans les années 1980, *Montréal : une esquisse du futur* se présentait comme un essai pour décliner le patrimoine au présent, mais aussi au « futur » par l'aménagement de la ville. En 1990, *Sauver Montréal : chroniques d'architecture et d'urbanisme* réunissait d'anciennes chroniques publiées depuis les années 1970[12]. Les sujets traités dans l'ouvrage permettaient ainsi d'apprécier le chemin parcouru au fil des efforts de sauvegarde et des tentatives pour inscrire le développement de Montréal sous l'égide du patrimoine.

Ce travail de diffusion des connaissances et de vulgarisation trouvait sa contribution la plus importante sous la plume de Guy Pinard, dans les pages de *La Presse* d'abord, puis dans les librairies. Sous le titre de *Rendez-vous 92*, en référence à l'année du 350ᵉ anniversaire de Montréal, le journaliste commença en 1986 la publication dominicale de chroniques d'architecture dans lesquelles des édifices et des

---

12. La plupart des textes furent publiées dans les pages du *Devoir*, dans lesquelles Jean-Claude Marsan signa de nombreux articles, les autres sont extraits de revues ou d'ouvrages (*Forces, Guide Montréal, Habitat, Logis : Bâtiments anciens, usages nouveaux* et *Trames*). Voir Jean-Claude Marsan, *Sauver Montréal : chroniques d'architecture et d'urbanisme*, Montréal, Boréal, 1990.

lieux montréalais étaient présentés aux lecteurs. L'année suivante, le premier des six volumes reproduisant ses chroniques paraissait sous le titre *Montréal, son histoire, son architecture*[13]. En préface, Phyllis Lambert rappelait le travail de recherche – pionnier – de Sauvons Montréal et d'Héritage Montréal pour faire connaître le paysage urbain, première étape d'une meilleure appréciation. Un travail suivi par toute une «industrie» qui, dans le secteur privé, dans les universités et dans les ministères, se développa en concomitance avec les nouvelles sensibilités et documenta le paysage construit montréalais. «La somme de tous ces travaux de recherche doit maintenant profiter à la population et l'aider à mieux comprendre et connaître le milieu dans lequel elle vit», écrivait alors la directrice du Centre Canadien d'Architecture, une optique adoptée par Pinard[14]. Ainsi, les 300 chroniques publiées entre 1986 et 1995, bien que n'affichant pas de plaidoyer ouvert pour la diversité montréalaise, démontraient tout de même la multiplicité des facettes du paysage urbain montréalais et la richesse de son patrimoine, du fait de la variété des sujets traités[15].

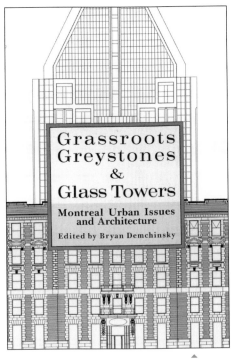

Bryan Demchinsky (dir.), Grassroots, Greystones and Glass Towers: Montreal Urban Issues and Architecture, *Montréal, Vehicule Press, 1989.*

Pendant ce temps, le paysage urbain était scruté, ausculté et expliqué sous des angles de plus en plus éclatés. Un nombre grandissant d'ouvrages permettait au grand public d'apprécier les caractéristiques et les attraits variés de Montréal ou de l'histoire de la ville[16]. L'exploration se faisait à partir d'un quartier, d'une rue, d'un architecte ou d'une architecture particulière[17]. Un «guide des styles et des bâtiments»,

---

13. Guy Pinard résumait en avant-propos l'importance de la sensibilisation : « même si j'approche la cinquantaine, même si comme des dizaines de milliers de Montréalais, j'ai passé toute ma vie à Montréal et dans ses banlieues, j'ai soudainement réalisé à quel point je connaissais fort mal Montréal et son histoire ». Voir Guy Pinard, *Montréal, son histoire, son architecture*, tome 1, Montréal, La Presse, 1987, p. 13.

14. Phyllis Lambert, « Préface », dans Guy Pinard, *op. cit.*, p. 10.

15. Les premiers tomes ont été publiés aux éditions La Presse en 1987, 1988 et 1989. Les tomes suivants l'ont été aux éditions du Méridien en 1991, 1992 et 1995. Chacun de ces derniers contenait cinquante chroniques initialement publiées dans *La Presse*.

16. En 1992 paraissait un important ouvrage sur l'histoire de Montréal, aujourd'hui devenu un classique. Voir Paul-André Linteau, *Histoire de Montréal depuis la Confédération*, Montréal, Boréal, 2000 [1ère éd. : 1992].

17. On peut citer, par exemple, les ouvrages de François Rémillard et Brian Merrett, *Demeures bourgeoises de Montréal. Le mille carré doré : 1850-1930,* Montréal, Éditions du Méridien, 1986 ; France Gagnon-Pratte, *Maisons de campagne des Montréalais, 1892-1924: l'architecture des frères Maxwell*, Montréal, Éditions du Méridien, 1987, 215 p. ; Marc H. Choko, *Les grandes places publiques de Montréal*, Montréal, Éditions du Méridien, 1987 ; Marc H. Choko, *Une cité-jardin à Montréal : la Cité-jardin du tricentenaire, 1940-1947*, Montréal, Éditions du Méridien, 1988 ; Aline. A. Gubbay, *A Street Called The Main. The Story of Montreal's Boulevard Saint-Laurent*, Montréal, Meridian Press, 1989 ; Madeleine Forget, *Les gratte-ciel de Montréal*, Montréal, Éditions du Méridien, 1990 ; Dane Lanken, *Montreal Movie Palaces : Great Theatres of the Golden Era : 1884-1938*, Kapuskasing, Penumbra Press, 1993 ; Sandra Cohen-Rose, *Northern Deco : Art Deco Architecture in Montreal*, Montréal, Corona, 1996 ; Michael M. Uhlmann, *Les rues de Montréal : répertoire historique*, Montréal, Éditions du Méridien, 1995 ; Pierre Brunet, *Les escaliers de Montréal*, Montréal, Hurtubise HMH, 1998.

qui permettait de reconnaître les éléments de l'architecture montréalaise, du régime français jusqu'au postmodernisme des années 1980, était livré au public par deux générations de militants[18]. Un ouvrage sur l'affaire Milton Parc, célèbre à Montréal, rappelait l'importance des luttes populaires[19]. Du côté anglophone, *Grassroots, Greystones and Glass Towers* posait un regard sur l'urbanisme, la création architecturale et le patrimoine et présentait une synthèse des décennies précédentes. L'ouvrage se voulait un nouveau *Montreal at the Crossroads*, publié au début des années 1970[20]. *Montréal, l'oasis du Nord* était une sorte de pendant francophone de l'ouvrage, mais dépassait la seule analyse de son paysage construit par un regard sur différentes facettes de la culture urbaine[21]. La diversité montréalaise y était qualifiée de «bric-à-brac architectural». En introduction, on pouvait lire: «précisément, Montréal ne se définit pas par la splendeur de ses monuments ou par un style particulier, mais plutôt par ses ambivalences, ses contrastes. D'aucuns diraient son ambiguïté[22]». Le paysage urbain montréalais et son identité faisaient l'objet d'un large éventail d'ouvrages et témoignaient de l'intérêt pour le patrimoine.

Les autorités provinciales et municipales proposaient, elles aussi, un semblable travail de diffusion et de vulgarisation. D'abord publiés entre 1983 et 1986, les fascicules de la collection *Pignon sur rue : les quartiers de Montréal* exposaient à l'aide d'une iconographie abondante, de cartes et de tableaux, le développement de Montréal et de son architecture afin, écrivaient les auteurs, de faire «connaître aux Montréalais le contexte et la manière dont fut bâtie cette ville, pour mieux inciter à poursuivre dans l'harmonie l'œuvre de leurs ancêtres», un objectif qui rappelle les préoccupations des années 1980[23]. La ville faite de quartiers, qui couvraient d'ailleurs un territoire beaucoup plus large que le seul centre-ville, obtenait une nouvelle forme de légitimité. Toutefois, c'est présenté dans sa reliure cartonnée que le travail de Michèle Benoît et de Roger Gratton allait

18. François Rémillard, et Brian Merrett, *L'architecture de Montréal : guide des styles et des bâtiments*, Montréal, Éditions du Méridien, 1990.

19. Ces exemples furent malheureusement peu nombreux, malgré l'importance des luttes à Montréal. Jean-Claude Marsan, dans la réédition de *Montréal en évolution*, décrit quelques-unes de ces luttes pour justifier l'importance de la « réappropriation » dans la destinée de Montréal. Voir Claire Hellman, *The Milton-Park Affair : Canada's Largest Citizen-Developer Confrontation*, Montréal, Vehicule Press, 1987.

20. En référence à cet ouvrage, Dane Lanken, qui avait corédigé *Montreal at the Crossroads*, signait l'introduction intitulée : «Montreal: At the New Crossroads». Voir Bryan Demchinsky (dir.), *Grassroots, Greystones and Glass Towers: Montreal Urban Issues and Architecture*, Montréal, Vehicule Press, 1989.

21. Robert Boivin et Robert Comeau (dir.), *Montréal, l'oasis du Nord*, Paris, Autrement, 1992.

22. Robert Boivin et Robert Comeau, « Éditorial : Montréal, l'oasis du Nord », dans Robert Boivin et Robert Comeau (dir.), *Montréal, l'oasis du Nord*, Paris, Autrement, 1992, p. 11.

23. *Pignon sur rue* fut initialement publié par la Commission d'initiative et de développement économique de Montréal (CIDEM), grâce à une entente entre la Ville de Montréal et le ministère des Affaires culturelles sur la mise en valeur du Vieux-Montréal et du patrimoine montréalais. Voir Michèle Benoît et Roger Gratton, *Pignon sur rue : les quartiers de Montréal*, Montréal, Guérin, 1991.

devenir, lors de sa nouvelle publication en 1991, un classique de la littérature patrimoniale montréalaise[24]. L'ouvrage offrait à un large public la possibilité de connaître Montréal, quartier par quartier, et de l'associer à un « patrimoine » à sauvegarder.

À la fin de la décennie 1990 paraissait *Le patrimoine de Montréal*, financé aussi par les autorités provinciales et municipales, et venant marquer une dernière étape dans la publication des grandes synthèses[25]. Dès les premières lignes de l'introduction, les auteurs affirmaient : « la reconnaissance de la valeur du patrimoine de Montréal, de sa richesse et de sa diversité est chose faite[26] ». Après trente ans de luttes, les défenseurs du patrimoine avaient, du moins sous certains aspects, accompli leur mission. Le patrimoine ici présenté couvrait les trois siècles de l'histoire de la ville. Il comprenait désormais une gamme étendue de lieux et d'objets, caractéristiques du paysage urbain. Afin de mettre de l'ordre dans cette profusion, l'ouvrage départageait un patrimoine « urbain », « architectural » et « archéologique », qui se ramifiait en plusieurs sous-ensembles[27]. Les « patrimoines » décrits avaient presque tous, à un moment ou à un autre, été valorisés lors de campagnes de sauvegarde menées depuis les années 1970. Grâce à l'industrie de la recherche, la connaissance du paysage urbain était accessible à un grand nombre de citoyens, militants, amateurs ou simplement de curieux.

24. Michèle Benoît et Roger Gratton, *Voies de fer et voies d'eau : le patrimoine de Montréal : quartiers du sud-ouest*, Montréal, CIDEM-Communications, 1983 ; *Le quartier latin : le patrimoine de Montréal : quartiers du centre-ville est*, 1983 ; *Le pouvoir de la montagne : le patrimoine de Montréal : quartiers du centre-ville ouest*, 1983 ; *Au-pied-du-courant : le patrimoine de Montréal : quartiers Sainte-Marie, Saint-Eusèbe, Papineau & Bourget*, 1984 ; *Le rêve industriel : le patrimoine de Montréal : quartiers Hochelaga, Maisonneuve et Préfontaine*, 1984 ; *Les villages du « Plateau » : le patrimoine de Montréal : quartiers du Plateau Mont-Royal*, 1984 ; *Côte-des-Neiges : le patrimoine de Montréal : quartier Mont-Royal*, 1984 ; *Notre-Dame-de-Grâce : le patrimoine de Montréal : quartier Notre-Dame-de-Grâce*, 1984 ; *La Cité du Nord : le patrimoine de Montréal : quartiers Saint-Edouard, Villeray, Montcalm et Saint-Jean*, 1986 ; *Le chemin du bord de l'eau : le patrimoine de Montréal : quartiers Ahuntsic et Saraguay*, 1986 ; *Fours à chaux et hauts fourneaux : le patrimoine de Montréal : quartiers Rosemont et Saint-Michel-Nord*, 1986 ; *Vers le bout de l'île : le patrimoine de Montréal : quartiers Mercier, Pointe-aux-Trembles et Rivière-des-Prairies*, 1986 ; *La Côte-Saint-Paul : le patrimoine de Montréal : quartier Saint-Paul Montréal*, 1986 ; Michèle Benoît et Roger Gratton, *Pignon sur rue : les quartiers de Montréal*, Montréal, Guérin, 1991.

25. Serge Carreau et Perla Serfaty (dir.), *Le patrimoine de Montréal : document de référence*, Montréal, ministère de la Culture et des Communication / Ville de Montréal, 1998.

26. Serge Carreau et Perla Serfaty (dir.), *op. cit.*, p. 9.

27. Le « patrimoine urbain » incluait la « géographie, la trame urbaine et le lotissement », les « quartiers », les « rues, parcs, places, jardins et espaces libres », les « paysages et les vues », les « ouvrages d'art », le « patrimoine artistique et commémoratif », le « mobilier urbain », le « patrimoine funéraire » et la « toponymie ». Le « patrimoine architectural » présentait l'architecture « civile », « institutionnelle », « cultuelle », « résidentielle », « industrielle », « commerciale », de même que les « théâtres » et les « cinémas », enfin l'« architecture et l'aménagement moderne ». Le « patrimoine archéologique » complétait ce panorama.

■ Une même préoccupation pour de nouveaux « patrimoines »

Les années 1990 ne furent pas pour autant exemptes de luttes pour la sauvegarde du patrimoine. Au contraire, une multiplication des débats autour de nouveaux « patrimoines » se greffèrent au corpus déjà existant. Les mêmes arguments présidèrent toutefois à la valorisation des bâtiments. Le répertoire historique ou architectural de même que les notions de témoignage et de représentativité continuèrent à meubler le discours militant. À cet égard, le débat pour la conservation des maisons de la rue Sébastopol

Maisons de la rue Sébastopol.

Photo: Martin Drouin

peut servir d'exemple. Situées dans le quartier Pointe-Saint-Charles, les maisons se trouvaient dans un état précaire au début des années 1990 et elles étaient menacées de démolition par les autorités municipales. Elles furent alors valorisées par leurs défenseurs comme un « patrimoine fondamental » de Montréal. Elles incarnaient le « modèle des maisons ouvrières

à Montréal » qui contribua à la naissance de la famille des « plex » montréalais, si courants dans le paysage urbain[28]. Les maisons appartenaient à un ensemble, alors presque disparu, qualifié de « plus gros complexe industriel érigé au XIXᵉ siècle au Canada » selon l'estimation de David Hanna, qui en faisait le témoin d'une époque où « l'industrie paternaliste [...] fournissait du logement à ses ouvriers[29] ». De plus, ajoutait Phyllis Lambert, les maisons « marquent un moment historique : le nom même de la rue a été conçu pour marquer la bataille de Sébastopol qui a eu lieu en 1857[30] ». L'importance de sauvegarder ces maisons ouvrières ne s'arrêtait cependant pas à ces considérations. En effet, puisque la « liste de bâtiments résidentiels cités par le ministère des Affaires culturelles regorge de maisons bourgeoises », ces maisons du *Golden Square Mile* pour lesquelles les défenseurs du patrimoine s'étaient battus dans les années 1970, il était essentiel de reconnaître désormais la valeur inestimable de ces « témoins » de l'architecture ouvrière. La représentativité du fonds patrimonial national devenait un argument de plus[31]. Le projet de restauration, qui assurerait leur sauvegarde, était présenté à la Ville de Montréal sous la conduite de Michael Fish[32]. Les maisons de la

---

28. On ajoutait qu'elles « eurent un impact déterminant sur le logement populaire de la plupart des villes moyennes le long des lignes de voies ferrées » du sud-ouest du Québec. Voir David Hanna, « Les bâtiments historiques de la rue Sébastopol, dans Pointe-Saint-Charles, constituent le patrimoine fondamental de Montréal », *Le Devoir*, 23 mars 1993.

29. David Hanna, *Le Devoir*, 23 mars 1993.

30. Phyllis Lambert, « Rue Sébastopol », *Le Devoir*, 5 mars 1993.

31. David Hanna, *Le Devoir*, 23 mars 1993.

32. Une partie des maisons de la rue Sébastopol avait été démolie dans les années 1980. Les autorités municipales voulaient à ce moment établir une voie de circulation pour le Canadien National. Voir Linda Gyulai, « Architect Fish aims to save Point buildings », *The Gazette*, 25 février 1993.

rue Sébastopol furent restaurées, mais elles ne sont toujours pas protégées ni par les autorités municipales ni par les autorités provinciales.

Quelques années plus tôt, en 1989, des rénovations à l'édifice Westmount Square, œuvre de Ludwig Mies van der Rohe, avaient entraîné les défenseurs du patrimoine sur le thème de la modernité. Construit dans les années 1960, par «l'un des grands maîtres de l'architecture moderne[33]», des architectes s'inquiétaient de l'intégrité de cette œuvre unique. «Seulement quelques villes, en Amérique du nord, peuvent se vanter d'avoir sur leur territoire une réalisation de Mies Van der Rohe», déclarait France Vanlaethem, architecte et professeure à l'UQAM. Les autorités locales se devaient de protéger l'édifice car, au même moment, New York protégeaient le Seagram's Building, réalisation du même architecte, ce qui témoignait de l'importance de l'œuvre: « dans cent ans […], on viendra des quatre coins du monde pour visiter le Westmount Square[34]». Le Montréal moderne, celui de la première génération, devenait partie intégrante du patrimoine montréalais et de l'identité urbaine. Il n'y avait plus de doute, «l'architecture des années 60 fai[sai]t maintenant partie du patrimoine[35]». Jean-Claude Marsan renchérissait: «si Montréal a la prétention d'être une ville internationale, le Westmount Square doit être protégé[36]». Les défenseurs du patrimoine demandèrent aussi à l'État provincial de protéger officiellement l'édifice. Comme les maisons de la rue Sébastopol, le Westmount Square méritait sa place dans le fonds patrimonial national pour en faire un corpus représentatif de la réalité québécoise. À la suite de ces événements et d'opérations de transformation similaires à la Place Ville-Marie et à la tour de la Bourse, le groupe Montréal moderne était créé. L'association, maintenant connue sous le nom de DOCOMOMO-Québec, allait consacrer ses efforts à la connaissance et la valorisation de cette architecture qui avait tant souffert du discours patrimonial.

Westmount Square.

Photo: Martin Drouin

L'intérêt pour le paysage urbain et les luttes patrimoniales multiplièrent les objets à sauvegarder. Le sort du site de Benny Farm, complexe domiciliaire pour anciens combattants construit après la Seconde Guerre mondiale, menacé par la densification du site, fut discuté pendant

33. Lysiane Gagnon, «Atteinte au patrimoine », *La Presse*, 30 mars 1989.

34. Jean-Pierre Bonhomme, « L'opposition s'organise pour faire échec au "lifting" de l'immeuble Westmount Square », *La Presse*, 1ᵉʳ avril 1989.

35. C'était du moins l'impression d'Adrian Sheppard, professeur à l'Université McGill. Voir Lysiane Gagnon, *La Presse*, 30 mars 1989.

36. *Ibidem.*

toute la décennie[37]. On s'inquiéta semblablement de la vente « en douce » de bains publics, que ce soit les bains Laviolette, Hogan, Matthieu, Hoshian ou Saint-Michel. Héritage Montréal s'indignait : « on est en train de vendre une partie de la ville sans consulter les citoyens ». Ces bains, malheureusement peu connus des Montréalais, « d'influence américaine ou française, d'allure toute simple ou prestigieuse, [...] témoign[ai]ent de l'ère industrielle de la métropole[38] ». De même, un ancien château d'eau en forme de bouteille de lait, de l'ancienne laiterie art déco de la Guaranteed Pure Milk, « véritable capsule-témoin », méritait grâce devant le pic des démolisseurs[39]. À la fin de la décennie, l'avenir des hôpitaux montréalais et leur place dans le patrimoine de la ville furent aussi débattus[40]. Plusieurs autres exemples pourraient ainsi être donnés.

Le patrimoine avait acquis au fil des luttes pour sa sauvegarde le caractère fragile d'un objet sans cesse menacé, dont il fallait sauver l'intégrité. À l'instar du Westmount Square, un débat entoura l'entreprise de requalification des ateliers Angus, avec un intérêt plus marqué pour l'avenir de la « Loco shop », un bâtiment industriel de dimensions colossales qui servit jadis à la construction de locomotives, « l'un des plus importants joyaux du patrimoine industriel montréalais[41] ». Héritage Montréal affirmait sa préférence pour « la préservation de la cohérence architecturale des ateliers Angus et de la volumétrie du bâtiment. En conséquence, il s'oppos[ait] à ce que l'on détruise l'intérieur de la partie centrale pour ne lui conserver que les parois extérieures[42] ». À une autre échelle, un débat similaire anima la sauvegarde de l'Hôtel-Dieu de Montréal. Le ministre de la Santé, Marc-Yvan Côté, souhaitait ouvrir un nouvel hôpital universitaire à Rivière-des-Prairies, ce qui nécessitait la fermeture de l'hôpital de l'avenue des Pins. Il ne s'agissait pas de sauvegarder le bâtiment, puisqu'il n'était pas directement menacé, mais une fonction urbaine historique, un certain sens de

---

37. Michael Fish, qui était encore une fois du combat, écrivait : « le Benny Farm est le plus grand complexe non industriel de la ville, même plus imposant que l'édifice central de l'Université de Montréal. Il est à la fois un monument : à la Deuxième Guerre mondiale et au respect démontré par le pays pour ses guerriers défenseurs ; à Harold J. Doran, son architecte prolifique ; à l'aménagement d'avant-garde d'une époque de construction d'habitations à loyer modique de grande qualité au Canada ; et à la construction à grande échelle de foyers en série. Le projet est un exemple des plus importants et le mieux préservé du style « officiel » d'architecture au Canada, de 1930 à 1950 ». Voir Michael Fish, « Sauver les meubles », *Le Devoir*, 7 juin 1993 ; Gilles Gauthier, « Le débat sur Benny Farm se transporte à l'hôtel de ville », *La Presse*, 9 février 1998.

38. Marie-Claude Girard, « Montréal a commencé à vendre en douce des bains publics », *La Presse*, 8 juin 1996.

39. Voir par exemple François Cardinal, « Cité du commerce électronique », *Le Devoir*, 1er juillet 2000 et Dinu Bumbaru, « Commerce électronique et patrimoine architectural », *La Presse*, 17 mai 2000.

40. Voir, par exemple, David Theodore, « Hospitals aren't easy to reuse: Experience in other cities shows that changing role of a health-care building often leads to its destruction », *The Gazette*, 23 janvier 1999 ; Joseph Baker, « Le sort des hôpitaux du Centre universitaire de santé McGill », *Le Devoir*, 19 avril 2001 ; Annmarie Adams, « Mégahôpital McGill : d'autres solutions », *La Presse*, 11 novembre 2002.

41. Brian Myles, « Menace sur un joyau du patrimoine industriel », *Le Devoir*, 23 juillet 1996.

42. Claude-V. Marsolais, « Maxi à Angus : les citoyens chahutent Hasmig Belleli », *La Presse*, 21 juin 1997.

l'urbanité. Œuvre de Victor Bourgeau, « *arguably Canada's best-ever architect* », l'hôpital semblait indissociablement lié à l'histoire de Montréal : « *if Hôtel Dieu were moved, Montreal would lose part of its story* », écrivait Peter Lanken[43]. Dinu Bumbaru renchérissait :

> Rappelons que la mise en valeur du patrimoine urbain est indissociable de la problématique urbaine. Il est devenu illusoire de vouloir sauver un patrimoine architectural, fût-il exceptionnel, si le tissu urbain est menacé. Or, ce tissu n'est pas constitué que de bâtiments dont on pourrait changer l'usage à loisir. À l'Hôtel-Dieu, la valeur patrimoniale vient des jardins, de l'histoire de l'institution, de sa présence constante au cœur de Montréal et dans celui de sa population depuis 1642[44].

Que ce soit l'intégrité d'un édifice ou d'un quartier, le discours militant refusait les compromis, la sauvegarde de la ville en dépendait.

Le Bain Généreux, qui abrite aujourd'hui l'Écomusée du fier monde.
▼

Photo : Martin Drouin

La sauvegarde du patrimoine continuait à être revendiquée au nom de l'ensemble de la collectivité. Le débat se teintait de revendications sociales, entre un usage collectif ou privé. C'est autour de ces questions que la défense de l'usine Redpath, en bordure du canal Lachine, s'organisa. Déjà en 1985, Héritage Montréal avait demandé la création d'une « aire historique » afin de protéger l'ensemble des bâtiments industriels entourant les écluses

---

43. Peter Lanken, « Moving Hôtel Dieu vandalizes Montreal's heritage », *The Gazette*, 19 septembre 1992.
44. Dinu Bumbaru, « Le déménagement de l'Hôtel-Dieu : un pillage voilé », *La Presse*, 15 mai 1995.

Saint-Gabriel. Le patrimoine industriel s'imposait à Montréal[45]. Les défenseurs espéraient voir se transformer l'ancienne usine, dessinée par l'architecte John Ostell en 1854[46], en lieu d'interprétation de l'histoire industrielle de Montréal et du Canada. La partie fut presque gagnée lorsque l'État fédéral déclara le canal de Lachine « principal lieu de commémoration de l'histoire industrielle canadienne[47] ». Les associations communautaires des quartiers limitrophes souhaitaient le recyclage de l'ancienne sucrerie comme tremplin à une redynamisation du secteur, ce à quoi les défenseurs du patrimoine ne se disaient pas nécessairement opposés. Après des consultations publiques et des débats « longs » et « houleux », il fut décidé de privilégier des fonctions résidentielles : « Or le recyclage à des fins résidentielles, privilégié sans autre forme de procès, agira comme un verrou à l'encontre des dynamiques de réappropriation longitudinale du canal. Mais il privera aussi les Montréalais, les Québécois et les Canadiens d'un lieu de mémoire exceptionnel », affirmait Gérard Beaudet, professeur à l'Institut d'urbanisme de l'Université de Montréal et président d'Héritage Montréal[48]. L'appropriation par certains, un groupe privilégié dans le cas de l'usine Redpath, était condamnée, parce que des « étrangers » usurpaient un patrimoine que l'on disait appartenir à l'ensemble des Montréalais. L'émergence de nouveaux « patrimoines » n'améliorait en rien les problèmes éprouvés par les défenseurs, au contraire, elle ne favorisait que la multiplication des litiges. Les thèmes des décennies précédentes constituaient une même préoccupation dans les luttes de sauvegarde.

■ La voix des Montréalais : réaffirmer les choix de la collectivité

Au cours des années 1970, les luttes de sauvegarde avaient inscrit le patrimoine à l'enseigne d'une ville revendiquée par ses citoyens[49]. Les années 1980 permirent de prouver la valeur des consultations publiques dans le cadre des dossiers de l'avenue McGill College et du Vieux-Port de Montréal. L'instauration, par la Ville de Montréal, d'un mécanisme de

---

45. Bien sûr, à la fin des années 1970, Parcs Canada avait entrepris de requalifier le canal. Toutefois, la propriété du gouvernement fédéral ne comprenait que le plan d'eau et une mince bande de terre de chaque côté du canal, qu'il avait transformée en première piste cyclable à Montréal. Voir Parcs Canada, *Canal de Lachine : plan directeur*, Ottawa, Parcs Canada, 1979 ; Jean Laguë, Willa Burgess et Mark London, *Canal de Lachine : écluses St-Gabriel : proposition / proposal*, Montréal, Héritage Montréal, 1985 ; Mariane Favreau, « Des résidents s'opposent à un projet de condos de luxe aux abords du canal Lachine », *La Presse*, 26 mars 1986 ; Robert Galbralth, « Lachine Canal project in limbo », *Montreal Daily News*, 11 septembre 1989.

46. Phyllis Lambert, « La Redpath, l'architecture et l'histoire industrielles de Montréal », *La Presse*, 7 août 1999.

47. Gérard Beaudet, « L'édifice de la Redpath : une dilapidation du patrimoine cautionnée par Québec et Ottawa », *Le Devoir*, 26 juillet 1999.

48. *Ibidem.*

49. Cette idée a été développée au chapitre 5, « Une ville revendiquée : Montréal aux Montréalais. »

consultation, afin d'évaluer les modalités de l'agrandissement du Musée des beaux-arts de Montréal, officialisait les revendications. Au cours de la décennie suivante, la force et l'unanimité du « nous les Montréalais » ne faiblirent pas, qu'il s'agisse de refuser des décisions unilatérales émanant de l'État provincial ou de contrer le « laxisme » des autorités municipales. La nécessité d'organiser des consultations publiques s'imposait comme un exercice incontournable à la sauvegarde du paysage urbain et à la vie démocratique en général. Une nouvelle étape était franchie au cours de la décennie avec l'organisation de consultations « parallèles ». Il s'agissait encore de réaffirmer les choix de la collectivité, cette fois, en dehors de mécanismes jugés déficients.

Lors de l'annonce du projet de déménagement de l'Hôtel-Dieu de Montréal en 1992, dont nous venons de voir les enjeux, les défenseurs de la fonction urbaine historique réagirent avec vigueur en opposant la force du nombre et le non des Montréalais[50]. Afin de contrer le projet, une Coalition sur l'avenir de l'Hôtel-Dieu, « qui regroup[ait] un très large éventail de Montréalais[51] », refusa de se soumettre aux décisions de Québec. Afin de démontrer le désaccord populaire, elle organisa ses propres audiences publiques afin de discuter des enjeux majeurs découlant de ce choix. Forte de la légitimité qui découlait de la fréquentation des consultations, la Coalition tenta de démontrer, devant « une telle unanimité » et « une telle expression de démocratie », qu'il était impossible d'envisager un tel geste : « c'est tout comme si les Montréalais n'avaient rien à voir avec les décisions qui marqueront leur ville. Au contraire, Monsieur le Premier ministre, nous nous permettons de croire que les Montréalais ont droit de parole lorsqu'il s'agit de décisions aussi lourdes de conséquences[52] ». La même attitude était adoptée par les défenseurs du patrimoine lors de l'annonce, en 1997, de la construction d'une Grande Bibliothèque à Montréal : « ce n'est pas à Québec de décider de l'emplacement. [...] Qu'on laisse les Montréalais décider »,

---

50. Dinu Bumbaru, « Le déménagement de l'Hôtel-Dieu : un pillage voilé », *La Presse*, 15 mai 1995.

51. Alain Dubuc, « Montréal a fait ses devoirs, que Québec fasse les siens », *La Presse*, 17 février 1993.

52. La *Coalition sur l'avenir de l'Hôtel-Dieu* rassemblait des intervenants de divers milieux : Association des commerçants: rues Saint-Laurent et Mont-Royal, Association des médecins du travail du Québec, Association du Barreau canadien - division Québec, Association des médecins de langue française, Centrale des syndicats nationaux (CSN), Club d'âge d'or «Les Ultramontais Inc.», Club d'âge d'or de Mont-Royal, Conseil des monuments et sites du Québec, Corporation des urbanistes du Québec, Comité des personnes atteintes du virus d'immunodéficience humaine du Québec, Docteur Gilles Pineau, Docteur Michel Bergeron, Docteur Augustin Roy, École nationale de théâtre, Étudiants de la Faculté de médecine de l'Université de Montréal, M. Jean-Claude Marsan, Habitations, Développement et Urbanistes, Héritage Montréal, Institut de recherches cliniques de Montréal, La Chambre de commerce du Montréal métropolitain, Majorité des médecins du CMDP de l'Hôtel-Dieu de Montréal, M. Louis Laberge, Madame Phyllis Lambert, Rassemblement des citoyens et citoyennes de Montréal, Regroupement des Sidac du Québec, Sauvons Montréal, Service de protection des incendies de la Ville de Montréal, Société Saint-Jean-Baptiste, Syndicat des employés généraux de l'Hôtel-Dieu de Montréal, Union des artistes, Ville de Montréal, Ville d'Outremont. Voir Coalition sur l'avenir de l'Hôtel-Dieu, « M. Bourassa doit suspendre les démarches visant à déménager l'Hôtel-Dieu », *La Presse*, 18 juillet 1992.

statuait Jean-Claude Marsan[53]. Dans une lettre au *Devoir*, David Hanna, professeur à l'UQAM et ancien président d'Héritage Montréal, et Dinu Bumbaru redoutaient qu'une décision de cette importance soit prise en vase clos : « c'est un dossier technico-politique qui, faute d'y avoir associé la population, reste vulnérable[54] ». On ne manquait d'ailleurs pas de rappeler les événements de l'Hôtel-Dieu. Dans les deux cas, les Montréalais refusaient le pouvoir discrétionnaire de l'État provincial ; les citadins savaient mieux décider de l'avenir de leur ville.

En d'autres lieux et moments, les défenseurs du patrimoine contestèrent l'absence de véritable débat, même avec la tenue d'audiences publiques. Selon les dossiers, des consultations parallèles furent organisées. C'est ce que fit la Coalition Villa-Maria, dans le quartier Notre-Dame-de-Grâce à propos de l'avenir du terrain du monastère des sœurs Adoratrices du Précieux-

L'Hôtel-Dieu, vu de l'avenue du Parc.

Photo : Martin Drouin

Sang. Après avoir décrié le « simulacre de consultation » organisé par les autorités municipales, la Coalition mit sur pied sa propre « commission indépendante pour permettre aux citoyens de faire valoir leur point[55] ». Dans le quartier Parc-Extension, les opposants à l'implantation du supermarché Loblaws dans la gare Jean-Talon mirent en doute la consultation publique, qualifiée de « stérile[56] ». Au vu du « caractère patrimonial évident » du lieu, la Coalition gare Jean-Talon organisa alors sa « propre consultation publique pour redonner aux Montréalais leur droit de parole », affirmant que toute

53. Suzanne Colpron, « Les Montréalais devraient pouvoir choisir l'emplacement de leur Grande Bibliothèque », *La Presse*, 9 septembre 1997.

54. David Hanna et Dinu Bumbaru, « Le site de la Grande Bibliothèque : pour une véritable consultation publique », *Le Devoir*, 17 janvier 1998.

55. La Commission était formée de Serge Racine, alors président d'Héritage Montréal, de Jeanne Wolfe, alors directrice de l'école d'urbanisme de l'Université McGill, et de Louise Roy, ancienne vice-présidente du BAPE. Voir Brian Myles, « Scepticisme dans Villa-Maria », *Le Devoir*, 30 décembre 1995 ; Brian Myles, « Le développement du secteur Villa-Maria : la consultation publique parallèle aura lieu », *Le Devoir*, 28 mars 1996.

56. Marc Thibodeau, « Gare Jean-Talon : la Ville ira de l'avant », *La Presse*, 10 décembre 1996.

transformation du site devait obtenir l'aval des citoyens[57]. Le rapport de la commission consultative parallèle statua que « le projet de l'installation d'un hypermarché Loblaws est incompatible avec la valeur patrimoniale de la gare[58] ». Lors des discussions des projets de requalification de l'usine Redpath, Gérard Beaudet, alors président d'Héritage Montréal, avait déclaré : « seul un véritable débat public peut décider de l'avenir de la Redpath. Autrement, on abandonnera les Montréalais à la sinistre mascarade de consultation à laquelle se livre la Commission de développement urbain[59] ». Sauvons Montréal décernait d'ailleurs à l'administration municipale un prix Citron en 1998, en « déplorant les "prétendues consultations" dans les projets Lépine, Habitat Chambord, Parmalat et Redpath ou sur les abords du marché Atwater[60] ». La multiplication des consultations publiques dans les années 1990 n'avait, à l'évidence, pas résolu les litiges qu'entraînait l'aménagement du patrimoine. Les défenseurs du patrimoine et les citoyens continuaient de manifester leur colère. Ils prenaient la parole lors de ces réunions ou à l'occasion de consultations parallèles, pour affirmer leur crainte de voir se transformer Montréal.

Photo : Martin Drouin

Ancienne usine Redpath.

Malgré des ratés dans les consultations publiques, peu se seraient dits prêts à abandonner un tel processus. Au contraire, elles étaient l'occasion de rappeler aux « élus qu'ils [n'étaient] pas les propriétaires de Montréal », comme l'affirmait Dinu Bumbaru[61]. On ne manquait pas de répéter qu'elles avaient prouvé leur pertinence. Toutefois, notait Joshua Wolfe, « ce qui pourrait prendre la forme d'un exercice de créativité dans le contexte d'un échange d'idées discipliné et d'une analyse par des experts devient plutôt un fouillis de règles qui passent à côté des questions fondamentales[62] ». Les audiences se voyaient reprochées des décisions prises rapidement, souvent partisanes, sur des vues à court terme et obnubilées par des considérations

---

57. La Commission était formée de l'ingénieur Claude Demers, de l'architecte et urbaniste Gérard Beaudet, de l'Université de Montréal, et de l'urbaniste Jeanne Wolfe, de l'Université McGill. Voir Yvon Laberge, « Les défenseurs de la gare Jean-Talon organisent une consultation publique », *La Presse*, 7 février 1997.

58. Kathleen Lévesque, « Gare Jean-Talon : les citoyens disent non au projet Loblaws », *Le Devoir*, 25 avril 1997.

59. Gérard Beaudet, « L'édifice de la Redpath : Une dilapidation du patrimoine cautionnée par Québec et Ottawa », *Le Devoir*, 26 juillet 1999.

60. François Cardinal, « Les bons et mauvais coups architecturaux : Montréal se fait citronner », *Le Devoir*, 18 décembre 1999.

61. Éric Trottier, « Ouverture des audiences sur la consultation à Montréal », *La Presse*, 21 juin 2000.

62. L'auteur était directeur intérimaire d'Héritage Montréal. Voir Joshua Wolfe, « Consultation publique : Qui, comment et pourquoi ? », *La Presse*, 30 juillet 1994.

économiques, des décisions qui ne reconnaissaient pas la fragilité et le caractère non renouvelable du patrimoine. Les débats étaient aussi, dans certains cas, l'occasion pour les résidants d'exprimer leurs craintes. Le constat était fait par Gérard Beaudet à propos des consultations publiques relatives au Manoir MacDougall, situé dans le bois de Saraguay : « l'essentiel des débats a été monopolisé par des résidants plus préoccupés par la tranquillité de leur quartier et de leur parc que par la conservation d'un bâtiment patrimonial riverain auquel le public n'a actuellement pas accès. Le syndrome du "pas dans ma cour" a joué à plein. On reconnaît que le site a un potentiel exceptionnel, mais on voudrait y voir le moins de monde possible, [...][63] ». Malgré tout, il fallait réaffirmer par l'entremise des consultations publiques, même parallèles, les choix d'une collectivité.

■ Le recours aux autorités : entre changement et permanence

Au début des années 1980, les autorités provinciales et municipales s'étaient impliquées concrètement dans la sauvegarde du patrimoine. La signature d'un premier protocole d'entente entre les deux paliers de gouvernements en 1979, la création de la Société immobilière du patrimoine architectural de Montréal en 1981, et la mise sur pied de chantiers de recyclage importants permirent de croire que la conservation du paysage bâti était désormais inscrite à l'agenda des autorités compétentes. L'État provincial eut de moins en moins recours, contrairement à la décennie précédente, à l'inscription de biens dans le fonds patrimonial national. Une quinzaine de bâtiments furent protégés entre 1980 et 1990, c'est-à-dire moins de la moitié que durant la décennie précédente. Dans les années 1990, la tendance s'accentua. Un seul bâtiment fut classé, avant que, à la toute fin de la décennie, les autorités ne réinvestissent dans cette pratique[64]. L'urgence des démolitions dénoncées par les groupes de sauvegarde ne poussait plus l'État à intervenir par des protections dans les affaires municipales. Il souhaitait agir différemment.

L'amendement de 1985 à la Loi sur les biens culturels permit à l'État provincial de donner une plus grande latitude aux autorités municipales dans les affaires patrimoniales. Il était désormais possible pour les municipalités de reconnaître, par la « citation », des biens et des lieux jugés importants sur leur territoire[65]. La nouvelle équipe, qui arriva aux commandes de l'Hôtel de Ville en 1986 et mettait ainsi fin au long règne du maire Jean Drapeau, utilisa ces nouveaux pouvoirs dès l'année suivante. Le Rassemblement des

63. Marie-Claude Girard, « Manoir MacDougall : la consultation a été un échec selon plusieurs », *La Presse*, 12 septembre 1998.

64. Voir annexe II, « Liste des biens culturels protégés par l'État québécois à Montréal (1922-2003) ».

65. On peut consulter à ce propos Alain Gelly, Louise Brunelle-Lavoie et Corneliu Kirjan, *La passion du patrimoine. La Commission des biens culturels du Québec 1922-1994*, p. 252-255.

citoyens de Montréal (RCM) apportait l'espoir d'une ville respectueuse de son patrimoine[66]. Le mont Royal, nous l'avons vu, devint le premier « site du patrimoine » à Montréal. La même année, la protection de la maison Persillier-dit-Lachapelle, située au Sault-au-Récollet, et celle de la maison Louis-et-Joseph-Richard, située dans le quartier Saint-Henri, récompensaient les efforts de deux particuliers pour la restauration de leur maison[67]. Six autres « sites du patrimoine » furent constitués et 16 édifices furent « cités » jusqu'en 1992, date à laquelle le RCM perdit le pouvoir[68]. Le corpus est semblable à celui qui avait déjà été établi par l'État provincial, composé en majorité par des édifices résidentiels. La protection de cinémas, d'ensembles paroissiaux, d'anciens villages et d'un exemple d'architecture ouvrière montre les choix différents que faisaient les autorités municipales et celles de Québec. Le territoire de Montréal, qui se trouvait désormais couvert par les protections, dépassait le secteur du centre-ville pour englober les quartiers de Côte-Saint-Paul, de Côte-des-Neiges, du plateau Mont-Royal, de Rosemont et de Saint-Henri. La protection de la ville patrimoniale, souhaitée par les défenseurs du patrimoine depuis les années 1970, semblait dès lors une affaire entre les mains des autorités municipales.

La démolition de l'hôtel Queen's et l'affaire Overdale eurent tôt fait d'assombrir l'humeur des défenseurs du patrimoine. La protection du vieil hôtel, laissé à l'abandon depuis 1978, avait été demandée au ministère des Affaires culturelles en 1985, puis à la Ville de Montréal en 1987, par Héritage Montréal[69]. N'ayant obtenu aucun résultat, le groupe s'était ensuite vivement opposé à sa démolition en 1988[70]. L'édifice construit en 1893 était présenté comme le « plus ancien grand hôtel de Montréal[71] ». On notait aussi l'utilisation du « grès rouge d'Écosse » dont on disait qu'il était « un matériau rarement employé au Québec[72] ». Son emplacement sur la rue Peel participait à l'ensemble patrimonial qui faisait le pont entre le Vieux-Montréal et la

---

66. Voir par exemple : L. Ian MacDonald, « Mayor hears "save city" plea from Cote des Neige team », *The Gazette*, 3 décembre 1974 ; Mario Fontaine, «Rue Saint-Norbert : certains résisteront à l'ordre d'expulsion», *La Presse*, 29 juillet 1975 ; Hilda Kearns, « Slack construction scene deflects Save Montreal », *The Montreal Star*, 1er mai 1979 ; Michel Bédard, « Restaurons le Mont-Saint-Louis », *Le Devoir*, 30 mars 1984.

67. Entre 1975 et 1985, Paul Carle restaura la maison du bouvelard Gouin tandis que Serge Deschamps s'attaqua aux logements ouvriers de la rue Saint-Ambroise, voués à la démolition par les autorités municipales. Les deux maisons furent classées au même moment. Voir Guy Pinard, « La maison Paschal-Persillier-dit-Lachapelle », dans *Montréal, son histoire, son architecture*, volume 5, Montréal, Éditions du Méridien, 1992, p. 234-240 ; Jacques Laberge, « Profil : Serge Deschamps », *Continuité*, n° 44 (1989).

68. Voir annexe III, «Liste des monuments historiques cités et des sites du patrimoine constitués par la Ville de Montréal (1985-2003) ».

69. Voir aussi le chapitre 2, « À la suite de la maison Van Horne : des « monuments » menacés ». Pour un résumé de la problématique des années 1980, voir Joshua Wolfe, « Pour mieux protéger le patrimoine urbain », *La Presse*, 27 janvier 1989.

70. André Noël, « Héritage Montréal s'oppose à la démolition du Queen's », *La Presse*, 27 juin 1986.

71. « Boulerice demande au ministre des Affaires culturelles de sauver l'hôtel Queen's », *La Presse*, 5 novembre 1988.

72. *Ibidem*.

montagne[73]. Héritage Montréal et Sauvons Montréal n'hésitaient pas à le qualifier « d'élément majeur du patrimoine architectural de Montréal[74] ». Le prétendu mauvais état de l'hôtel, invoqué pour justifier sa démolition, était remis en question. Joseph Baker rappelait : « ailleurs, on a gagné des prix pour avoir conservé des murs en bien plus mauvais état[75] ». Luc Normand-Tellier, professeur à l'UQAM, prenait à témoin les prouesses techniques du Stade olympique : « je doute qu'on ne puisse pas sauver l'immeuble alors qu'on construit des tours inclinées à 40 degrés[76] ». Malgré les protestations, l'édifice allait tomber. Les observateurs ne manquaient pas de souligner leur déception à l'endroit du RCM : « si on était sous Drapeau, on manifesterait ici avec des pancartes. Et Jean Doré serait parmi nous », affirmait une contestataire[77]. Quelques années plus tard, Phyllis Lambert portait un jugement sévère : « cette décision [de démolir l'hôtel Queen's] souleva l'ire de la population et illustrait de façon flagrante le peu de cas que faisait l'administration RCM de la conservation du patrimoine architectural de Montréal[78] ». Inutile de dire que la lune de miel avait été de courte durée.

Les relents des grandes luttes des années 1970 marquèrent, entre 1987 et 1991, l'affaire Overdale. Dernier projet à grande échelle commandant la démolition d'un îlot résidentiel entier au cœur du centre-ville, l'affaire débuta en 1987 lorsque les médias annoncèrent que le groupe *Galleria Dorchester* projetait la construction de deux tours d'une quarantaine d'étages sur le quadrilatère bordé par l'avenue Overdale[79]. Favorable au projet, les autorités municipales présentaient la réalisation comme « l'image d'un développement harmonieux[80] ». Mais, comme le faisait remarquer *La Presse* : « le hic de l'affaire c'est que le quadrilatère en question, s'il est presque entièrement libre, contient tout de même encore des habitations où logent quelque 75 personnes à faibles revenus[81] ». Les promoteurs avaient cependant prévu de « relocaliser » les habitants[82]. Sauvons Overdale était créé pour mener la bataille contre le projet, appuyé par Sauvons Montréal, Héritage Montréal et de nombreux autres groupes.

73. Dinu Bumbaru, « L'hôtel Queen : *Post mortem* », dans Jean-Hugues Roy et Brendan Weston (dir.), *Politique urbaine à Montréal. Un guide du citoyen*, p. 28.

74. « Boulerice demande au ministre des Affaires culturelles de sauver l'hôtel Queen's », *La Presse*, 5 novembre 1988.

75. Mariane Favreau, « À moins d'un miracle, la démolition de l'hôtel Queen's débute aujourd'hui », *La Presse*, 21 octobre 1988.

76. *Ibidem*.

77. Mariane Favreau, *La Presse*, 21 octobre 1988. Voir aussi Jean-Pierre Bonhomme, « Aménagement : le grand rêve s'embrume », *La Presse*, 5 novembre 1988.

78. Phyllis Lambert, « La conservation du patrimoine urbain de Montréal dans les années 1990 : inquiétudes et défis », dans Jean-Hugues Roy et Brendan Weston (dir.), *op. cit.*, p. 24.

79. Le quadrilatère était formé par l'avenue Overdale, le boulevard René-Lévesque et les rues MacKay et Lucien-L'Allier. Voir Michel C. Auger, « Les locataires de la rue Overdale n'ont pas été consultés et n'ont pas le temps de réfléchir », *Le Devoir*, 11 juin 1987.

80. *Ibidem*.

81. *Ibidem*.

82. Roch Côté, « Le conseil municipal approuve ce soir le projet immobilier Overdale », *La Presse*, 22 juin 1987.

Fidèles à leur démarche, les groupes de sauvegarde tentèrent de justifier la conservation de l'îlot par la déclinaison de sa valeur. Michael Fish rappelait l'importance de la symbiose entre le bâti ancien, la ville et ses fonctions résidentielles. Il renchérissait en affirmant qu'il était plus économique de restaurer les édifices que de déplacer les résidants. De son côté, Héritage Montréal exigeait la réalisation d'une étude d'impact, tandis que Sauvons Montréal souhaitait trouver une solution de rechange à même de contenter les promoteurs et les résidants. D'autres soulignaient les qualités architecturales des «maisons de pierre grise aux corniches originales de la rue Mackay[83]», la valeur d'un « voisinage vivant en bordure du centre-ville[84] » ou, selon le porte-parole des résidants, l'unicité du «*last bohemian neighbourhood in Montreal since the McGill ghetto*[85]».

Sauvera-t-on la demeure de Louis-Hyppolyte Lafontaine ?

ANGÈLE DAGENAIS

(Bibliothèque nationale du Québec)

Ce fut plutôt la figure symbolique de Louis-Hippolyte La Fontaine, important politicien du XIXe siècle, qui permit de croire à la possibilité de sauver les maisons. *Le Devoir* annonçait: «les résidents de la rue Overdale ont maintenant une arme nouvelle dans leur lutte, puisque l'un des bâtiments a appartenu de 1849 à 1864 à Sir Louis-Hippolyte La Fontaine et serait l'un des quatre ou cinq édifices les plus anciens du centre-ville, ce qui pourrait en faire un bien culturel[86] ». L'apport des défenseurs du patrimoine avait été essentiel; *La Presse* écrivait :

> C'est une recherche menée par le Centre Canadien d'Architecture et diffusée par Héritage Montréal et Sauvons Montréal qui a permis d'apprendre, semble-t-il, à tout le monde, y compris à la Ville de Montréal que cette maison située au 1395 Overdale serait en fait la maison de Sir Louis-Hippolyte Lafontaine, depuis le 3 février 1849 jusqu'à son décès en 1864. Cette maison fut construite entre 1844 et 1846, probablement d'après un plan de l'architecte John Ostell[87].

Ces arguments ne suffirent pas à sauver l'îlot Overdale de la destruction. Tout en protégeant la maison Louis-Hippolyte-LaFontaine, la Ville de Montréal autorisa en 1988 la démolition de l'îlot pour permettre la réalisation du projet, ensuite retardé jusqu'en 1991. Les grues ne s'activeraient jamais sur l'îlot Overdale. Les promoteurs se retiraient finalement du projet.

Angèle Dagenais, «Sauvera-t-on la demeure de Louis-Hippolyte Lafontaine?», Le Devoir, 6 juin 1987, p. 9.

83. Jean-Pierre Bonhomme, « Des locataires demandent à la Ville de freiner un promoteur immobilier », *La Presse*, 8 août 1988.

84. « Overdale : des appuis pour les locataires », *La Presse*, 10 août 1987.

85. Melanie Clulow et Peggy Curran, « Street fest publicizes fight for homes », *The Gazette*, 3 août 1987.

86. « Les résidents vont se battre pour sauver leurs logements », *Le Devoir*, 7 juillet 1987.

87. Conrad Bernier, «Serge Joyal demande de faire classer monument historique la maison qu'aurait habitée Louis-Hippolyte La Fontaine », *La Presse*, 10 juillet 1987.

Photo : Martin Drouin

▲

L'îlot Overdale, aujourd'hui un terrain de stationnement.

L'entente ne tenait plus. Seule la maison La Fontaine demeurait, abandonnée, au milieu d'un terrain vague, ce qui rendait les agissements du RCM encore moins justifiables[88].

Les grandes promesses d'un urbanisme patrimonial s'inscrivirent dans les discussions qui allait guider la conservation et le développement de Montréal. Au début de 1990, la Ville de Montréal rendit public le canevas de son plan directeur sur lequel devaient être menées les consultations publiques en vue de l'adoption du plan d'urbanisme en 1992. *La Presse* rapportait alors les trois grands objectifs visés par le plan directeur : vitalité économique, augmentation du nombre de résidants dans le centre-ville et amélioration de l'environnement urbain[89]. La Ville de Montréal planifiait de faire disparaître, en l'espace de dix ans, les terrains vagues et les stationnements, honnis par les défenseurs du patrimoine, pour faire place à des immeubles à bureaux, des développements résidentiels et des terrains de stationnement souterrains. Les critiques ne tardèrent pas à relativiser la portée du document : « *there's nothing radical in the proposed plan, leading to sharp criticism from some urban planning experts who say the plan essentially wimps out*[90] ». À propos de la protection du patrimoine, Michael Fish déclarait : « *development should be about conservation and they've taken the obverse of that and said conservation is about development*[91] ». Si l'exercice avait le mérite d'être enfin réalisé, il aurait dû permettre, aux yeux des défenseurs du patrimoine, une

---

88. Un journaliste de *La Presse* écrivait en 1991 : « après cinq ans de controverse, 107 logements démolis (une quarantaine d'appartements et soixante chambres), des tas de manifestations, des occupations, 34 arrestations, rien ne va plus, toutes les démarches sont à refaire ». Voir Jean-Paul Soulié, « Overdale : il faut tout reprendre à zéro », *La Presse*, 11 octobre 1991. On peut consulter à ce propos le récit d'une ancienne résidante. Voir Lisa Jensen, « L'affaire "Overdale" : la grande trahison », dans Jean-Hugues Roy et Brendan Weston (dir.), *op. cit.*

89. « Le plan directeur du centre-ville de Montréal : trois objectifs », *La Presse*, 29 janvier 1990.

90. Le journaliste se référait aux propos de Michael Fish, de Dinu Bumbaru, de Jeanne Wolfe, directrice de la School of Urban Planning de l'Université McGill, Norbert Schoenauer, professeur émérite de la même université, Denys Marchand, professeur d'architecture à la Faculté de l'aménagement de l'Université de Montréal. *La Presse*, de son côté, citait les propos de Dinu Bumbaru : « Ce n'est pas un document pharaonique. Il ne contient rien pour soulever l'approbation enthousiaste ou la condamnation violente. Tout y est correct. On y balance entre les grandes visions et les petits projets, entre les poignées de porte et les spoutniks. Le manque de priorités risque de diminuer la valeur mobilisatrice du plan. C'est plus un document de promotion du centre-ville qu'un outil d'action pour l'aménagement urbain. » Voir Lewis Harris, « Master plan wimps out, critics says », *The Gazette*, 3 février 1990 ; Gérald Leblanc, « Le plan directeur », *La Presse*, 31 janvier 1990.

91. Lewis Harris, *The Gazette*, 3 février 1990.

protection musclée du paysage urbain, d'autant plus que la rédaction d'un tel plan était espérée depuis les premières luttes des années 1970[92].

Les modifications apportées au plan directeur à la suite de sa publication irritèrent encore davantage. Les amendements permettaient des constructions plus denses et plus élevées. Les autorités municipales expliquaient qu'il avait été convenu, à la suite de pressions par les promoteurs, d'instaurer certaines « souplesses » dans les règlements. Serge Careau, alors directeur du Service de l'habitation et du développement urbain, affirmait que « Montréal devait être [...] une ville verticale comme toutes les autres aux États-Unis et au Canada et rester ouverte au développement par les grands promoteurs[93] ». La valorisation d'une « métropole du XXIe siècle » retrouvait une place pour l'avenir de Montréal, dans une version cependant remaniée par sa sensibilité au paysage urbain existant. Toutefois, cette ouverture s'accordait mal avec la vision de la ville imaginée par les défenseurs du patrimoine. Dinu Bumbaru dénonçait : « ces hausses contredisent les objectifs annoncés par le maire en avril dernier : maintenir la ville à l'échelle humaine, éliminer les terrains vagues et sauvegarder le patrimoine[94] ». Michael Fish craignait les effets de la spéculation telles qu'ils se présentaient dans les années 1970 : « rien, dans le plan proposé par l'administration Doré, ne prévoit conserver les beautés actuelles de Montréal. Les investisseurs vont vite comprendre que Montréal est la place idéale pour la spéculation[95] ! » Action-Montréal entrevoyait la résurgence d'une contre-identité urbaine décriée dans les pires années : « cela fait de notre ville un nouveau Manhattan, avec des gratte-ciel pour remplacer nos plus beaux monuments d'architecture[96] ». On doutait sérieusement que ce centre-ville puisse être un jour habitable[97]. Héritage Montréal proposait « la tenue de nouvelles consultations publiques et indépendantes sur l'avenir du centre-ville » pour pallier les carences de l'exercice et critiquait sévèrement la « démocratie décorative » sanctionnée par les autorités municipales[98].

L'arrivée en 1986 du RCM avait apporté l'espoir du changement. Les défenseurs du patrimoine voyaient ainsi la possibilité de réaliser la ville idéale dont ils rêvaient depuis fort longtemps. Ces derniers critiquèrent rapidement et sévèrement ce qu'ils considéraient comme une trahison des pouvoirs en place. Malgré les intentions du RCM et les nombreuses actions menées pour favoriser la protection du patrimoine sur l'ensemble du

92. « Construction et démolition : "Sauvons Montréal" réclame un "gel" en attendant le schéma d'aménagement », *Le Devoir*, 4 février 1976 ; « Le projet de Sauvons Montréal : bâtir un véritable plan d'aménagement », *La Presse*, 31 mai 1976.

93. Jean-Pierre Bonhomme, « Montréal assouplit son plan d'aménagement du centre-ville », *La Presse*, 14 juin 1990.

94. Isabelle Paré, « Le volte-face proposé au plan d'urbanisme du centre-ville montréalais soulève les passions », *Le Devoir*, 6 juin 1990.

95. Eric Trottier, « Sus aux gratte-ciel, clame Action-Montréal », *La Presse*, 9 juillet 1990.

96. *Ibidem*.

97. Joseph Baker, « Le schéma d'aménagement du centre-ville : pour un Montréal habitable », dans Jean-Hugues Roy et Brendan Weston (dir.), *op. cit.*

98. Isabelle Paré, *Le Devoir*, 6 juin 1990.

territoire, les attentes des défenseurs du patrimoine étaient peu satisfaites. Le dossier de l'hôtel Queen's, l'affaire Overdale et la « tiédeur » du plan directeur du centre-ville affaiblirent l'aura du RCM. Pourtant, dans la mouvance d'une restructuration des instances municipales, un Comité consultatif de Montréal sur la protection des biens culturels avait été créé en 1987, ainsi qu'une Division de la préservation du patrimoine au sein du Service de l'habitation et du développement urbain en 1989. La discussion des plans directeurs des arrondissements avait mené à l'adoption du plan d'urbanisme en 1992, puis au règlement d'urbanisme en 1994. La création de « secteurs significatifs » introduisait le zonage de protection, mettant ainsi fin aux zonages restrictifs, votés au fil des protestations depuis deux décennies. La création des nouveaux « secteurs significatifs » fut le geste de protection le plus utilisé dans les années 1990 pour protéger le paysage urbain[99]. Toutefois, la gestion quotidienne du patrimoine, de plus en plus défini comme un « milieu de vie », se révélait tout aussi difficile que lors des grandes menaces des années 1970 contre les monuments du patrimoine montréalais.

■ De la fin d'un rêve à la reconnaissance d'une spécificité

Aux élections de 1994, un nouveau maire, Pierre Bourque, et son équipe Vision Montréal franchissait le seuil de l'hôtel de ville. L'arrivée de Pierre Bourque était accompagnée de scepticisme dans les milieux patrimoniaux, face à la ville que l'on voulait protéger. Le RCM retournait dans l'opposition. Dans les premiers mois de la nouvelle administration, on assista à l'abolition du Bureau de consultation publique de Montréal, « une des meilleures réalisations de Jean Doré[100] », qui marqua concrètement le nouveau *modus vivendi*. Les défenseurs du patrimoine déchantaient. Pour eux, le « style » du nouveau maire rappelait étrangement l'attitude de Jean Drapeau. La démolition des derniers vestiges de l'hôtel Queen's, au début de l'été 1995, poussa d'ailleurs un journaliste de la *Gazette* à écrire : « *it seemed like a throwback to the days of former mayor Jean Drapeau. Last Friday, Montreal Heritage groups were tipped off about activity on the site of the former Queen's Hotel. By Saturday, it was all over: wrecking crews had moved in to demolish a Montreal landmark[101]* ». La démolition, qui avait débuté sous l'administration Doré, s'achevait dans un nouveau tollé général. Le rêve de décliner le patrimoine au présent – ou de faire de l'hôtel Queen's, comme certains le souhaitaient, un autre exemple d'intégration architecturale à l'instar du Centre de commerce mondial – s'évanouissait. La fin de la décennie allait également être présentée comme des années de régression.

---

99. On peut consulter à ce propos la site Internet de la Ville de Montréal, *Inventaire architectural de Montréal. Base de données sur le patrimoine*, 2003, [http://patrimoine.ville.montreal.qc.ca/ inventaire/index.php], consulté le 25 août 2003.

100. Pierre Gingras, « La fermeture du BCM suscite un tollé général », *La Presse*, 10 décembre 1994 ; Denis Arcand, « Les prix Citron de Sauvons Montréal au Club Price et au maire Bourque », *La Presse*, 17 décembre 1994.

101. « Demolishing our heritage », *The Gazette*, 14 juillet 1995.

Le projet d'autoriser la démolition du couvent Saint-Isidore ébranla définitivement les certitudes. « [L]a nouvelle administration municipale n'a jamais fait voir ses couleurs en matière de conservation du patrimoine. Je veux bien croire que la préservation des restes de l'hôtel Queen's n'avait plus grand sens mais le dossier du couvent Saint-Isidore manque de transparence[102] », déclarait Jean-Claude Marsan. Rappelons les grands traits de la polémique. En 1990, l'administration précédente avait protégé le couvent Saint-Isidore, alors menacé de démolition, grâce aux pouvoirs conférés par la Loi sur les biens culturels. Le vieux couvent, occupé par les sœurs de Charité de la Providence entre 1852 et 1982, était alors à l'abandon. Le bâtiment, jugé non conforme aux règlements municipaux, était d'ailleurs fermé. La Ville de Montréal avait décidé de protéger le bâtiment, malgré le désaccord des propriétaires qui éprouvaient des difficultés à entretenir

Ensemble Benny Farm.

Photo : Luc Noppen

et à animer le couvent dans l'environnement où il était situé[103]. L'ancien village de Longue-Pointe avait tranquillement été transformé en zone industrielle, d'abord avec la construction de l'emprise des voies d'accès du pont-tunnel Louis-Hippolyte-La Fontaine, au début des années 1960, puis à la suite d'une animation portuaire de plus en plus importante. Le couvent Saint-Isidore était d'ailleurs protégé comme « le dernier témoignage de l'ancien village de Longue-Pointe », en plus d'être « représentatif d'un courant d'architecture vernaculaire qui a eu cours au xixe siècle dans la région de Montréal[104] ». Accommodé de ce nouveau statut, le couvent poursuivit son abandon pendant la première moitié des années 1990, jusqu'au moment où l'hypothèse de sa démolition fut émise.

Afin de permettre sa démolition, l'administration Bourque décida d'abroger la « citation » de l'édifice. La colère souleva les milieux patrimoniaux. Les partisans de sa démolition et ceux de sa conservation ne purent trouver de terrain d'entente. D'un côté, les religieuses voulaient s'en débarrasser parce qu'elles estimaient que « sa mise en valeur s'avérait impossible à cause de l'environnement industriel » et qu'il coûtait trop cher d'entretenir un édifice abandonné[105]. L'administration municipale se rangeait à leur avis. De l'autre côté, les groupes de sauvegarde jugeaient inconcevable le principe de « déclasser » un bâtiment. Une coalition, réunissant Héritage

---

102. Claude-V. Marsolais, « Le patrimoine s'en va chez le diable », *La Presse*, 20 mai 1995.

103. Caroline Montpetit, « Cénacle Notre-Dame : Démolira, démolira pas ? », *Le Devoir*, 10 avril 1996.

104. Le couvent Saint-Isidore était situé au 7440 de la rue Notre-Dame Est. Claude-V. Marsolais, « Montréal demande la permission de démolir un couvent », *La Presse*, 19 décembre 1995.

105. Caroline Montpetit, « Cénacle Notre-Dame : Démolira, démolira pas ? », *Le Devoir*, 10 avril 1996.

Montréal, le Collectif L'autre Montréal, le Conseil des monuments et sites du Québec, les Sociétés historiques de Saint-Henri, de Côte-des-Neiges et de Saint-Sulpice, craignait les « effets dramatiques » de la décision « sur le patrimoine, non seulement à Montréal mais dans tout le Québec[106] ». Dinu Bumbaru notait « le message, dans le fond, c'est que la Loi sur les biens culturels n'est plus là pour protéger […]. Elle est là pour donner un peu de protocole au patrimoine. C'est une loi virtuelle[107] ». On critiquait le peu de respect pour les décisions de l'administration précédente et, bien sûr, pour l'histoire et le patrimoine de la ville[108]. Il fut décidé d'organiser des audiences publiques pour évaluer le dossier.

Le rapport du Comité consultatif de Montréal sur la protection des biens culturels et la décision qui allait être prise par la suite accentuèrent le fossé entre l'administration municipale et les défenseurs du patrimoine. *La Presse* résumait les deux positions :

> Dans leur rapport d'une soixantaine de pages remis la semaine dernière au président du conseil municipal, les membres du comité n'y vont pas par quatre chemins envers l'administration Bourque et la communauté des sœurs de charité de la Providence, propriétaire du couvent de la rue Notre-Dame. D'abord, constatent les commissaires, l'intérêt procédurier et politique de la Ville de Montréal est de régler à court terme et de manière radicalement simpliste le problème du couvent. Ensuite, croient-ils, les sœurs ont beau dire que le bâtiment est à ce point dégradé qu'il vaille mieux le démolir, il ne faut pas oublier que cela s'est produit alors qu'elles en étaient et qu'elles en sont toujours les propriétaires. En conséquence, les membres du comité recommandent que le conseil municipal refuse la demande de permis de démolition du couvent et de ses dépendances, et que l'administration du maire Bourque mette en place un programme d'aide financière pour aider la communauté religieuse à les rénover[109].

Les conclusions du rapport ne suffirent pas à changer la décision des autorités municipales, qui se disaient convaincues de l'impossibilité de réanimer le couvent. Pour elles, il valait mieux céder le terrain aux autorités portuaires qui en feraient un usage plus rentable. Après un an de polémique, le couvent Saint-Isidore disparaissait en 1996[110]. Dans une lettre *post mortem* au *Devoir*, intitulée « Les nouveaux massacreurs du patrimoine », Raymonde Gauthier, alors présidente du Comité consultatif de Montréal sur la protection des biens culturels, écrivait « la plupart des personnes impliquées dans la conservation du patrimoine bâti croyaient cette protection à toute épreuve. L'histoire récente a montré que la vigilance ne pouvait en aucun cas être relâchée et que ni les institutions politiques ni les communautés

---

106. Claude-V. Marsolais, « Couvent St-Isidore : une coalition veille au grain », *La Presse*, 14 juin 1995.

107. Brian Myles, « Les derniers jours du vieux couvent », *Le Devoir*, 29 mai 1996.

108. Brian Myles, « Requiem pour un couvent », *Le Devoir*, 19 janvier 1996.

109. Yvon Laberge, « Bourque tient sa promesse, malgré tout : le couvent Saint-Isidore sera démoli », *La Presse*, 11 mai 1996.

110. Marc Thibodeau, « Le couvent Saint-Isidore n'est plus », *La Presse*, 7 juin 1996.

religieuses n'étaient des alliées de ce mouvement populaire qui consiste à s'assurer que ceux qui nous suivront puissent conserver la trace de l'histoire[111] ». Fallait-il tout recommencer ?

Les exemples ne manquèrent pas pour souligner la volonté déficiente de l'administration Bourque. À peine un an après les élections de 1994, les quotidiens énuméraient les nombreux dossiers en suspens. Il était ainsi question du Montreal Hunt Club, « pavillon de chasse presque centenaire, dont l'intérêt patrimonial est indéniable ». Le propriétaire, l'Hôpital Sainte-Justine, y portait pas le même intérêt. Les défenseurs du patrimoine demandèrent, sans succès, aux autorités municipales de favoriser la réalisation d'un programme de recyclage pour l'édifice, qui fut démoli en 2000[112]. On rappela aussi la situation précaire de la maison Redpath, « sauvée de la démolition in extremis » en 1986[113] et du Club Canadien, protégé par les autorités municipales en 1989, à l'abandon depuis[114]. Le sort de plusieurs théâtres et cinémas, parmi lesquels figuraient le York, le Séville, le Corona et l'Élysée, fut pareillement débattu pendant ces années. On se souciait aussi de l'avenir de la gare Jean-Talon, acquise par la Ville de Montréal en 1984, à la recherche d'une seconde vie, ou encore des terrains du couvent du Précieux-Sang, « dernier parc vert du quartier Notre-Dame-de-Grâce », promis à un développement résidentiel[115]. La démolition de la maison Galt, « *worth preserving for both historical and architectural reason* » selon le diagnostic d'Héritage Montréal, s'ajouta à la liste déjà longue[116]. La multitude des dossiers faisait dire aux défenseurs du

Serge Carreau et Perla Serfaty (dir.), Le patrimoine de Montréal : document de référence, Montréal, ministère de la Culture et des Communication / Ville de Montréal, 1998.

---

111. Raymonde Gauthier, « Les nouveaux massacreurs du patrimoine », *Le Devoir*, 15 février 1997.

112. Brian Myles, « Montreal Hunt Club : Le pavillon de chasse centenaire est menacé », *Le Devoir*, 20 mars 1996 ; Martine Roux, « Le Montreal Hunt Club démoli : Héritage Montréal y voit un cas de mauvaise gestion des autorités publiques », *La Presse*, 10 janvier 2000.

113. La maison Redpath était située sur l'avenue du Musée.

114. Le Club Canadien, aussi appelé maison Arthur-Dubuc, est situé rue Sherbrooke Est.

115. Ces « édifices patrimoniaux qui sont actuellement laissés à l'abandon et qui subissent l'outrage du temps et des intempéries » étaient présentés dans un même article intitulé « Le patrimoine s'en va chez le diable ». Voir Claude-V. Marsolais, « Le patrimoine s'en va chez le diable », *La Presse*, 20 mai 1995.

116. Dinu Bumbaru expliquait : « *Built in 1859 for David Wood, the mansion with glass rotunda was home to Alexander Galt, a father of the confederation, founder of the city of Sherbrooke and a key figure in the opening of the Canadian Pacific Railway from Montreal to United States. The house at 1234 Mountain is one of the last remaining examples of the opulent homes built in the "new town" in the 1850s, the era when Montreal became a metropolis* ». Voir Peggy Curran, « Heritage buildings fall in city demolition derby », *The Gazette*, 23 novembre 1995.

patrimoine que « *Mayor Bourque is taking on a new role : Demolition Man* », ainsi que le résumait un article du quotidien *The Gazette*[117]. Après des années de luttes, les efforts des groupes de sauvegarde devaient redoubler.

Est-ce un hasard si l'État provincial intervint de nouveau à Montréal à la fin de la décennie ? De nouvelles protections redonnaient espoir aux défenseurs du patrimoine d'autant plus que le gouvernement du Parti québécois, au pouvoir depuis 1994, exprimait sa volonté de se doter d'une nouvelle « politique du patrimoine culturel » et mandatait un groupe-conseil afin d'en élaborer les termes[118]. Le classement, en 1999, du « lieu de fondation de Montréal », en plein cœur du Vieux-Montréal, témoignait des premiers établissements de Ville-Marie[119]. En 2000, le restaurant l'Île-de-France, de l'ancien magasin Eaton, œuvre d'art déco des années 1930, obtenait le même statut[120]. Sept édifices étaient ensuite protégés en 2001 et 2002[121]. Enfin, en 2003, les autorités annonçaient l'intention de faire du mont Royal un « arrondissement naturel et historique ». Ces gestes démontraient une nouvelle volonté de s'impliquer sur la scène patrimoniale montréalaise ; le dernier édifice classé datait de 1994[122]. L'annonce d'une grande consultation québécoise sur le renouvellement de sa politique culturelle fut l'occasion de souhaiter l'adoption d'une politique « aussi large que possible » qui

---

117. Peggy Curran, « Heritage buildings fall in city demolition derby », *op. cit.*

118. Au début des années 1990, une semblable consultation avait été élaborée, à laquelle les groupes de sauvegarde avaient participé. Les résultats avaient été peu concluants ; les groupes de sauvegarde espéraient toujours une intervention plus musclée. Voir Groupe-conseil sur la politique culturelle du Québec, *Une politique de la culture et des arts*, présenté par Roland Arpin, Québec, Gouvernement du Québec, 1991 ; Ministère des Affaires culturelles, *La politique culturelle du Québec. Notre culture notre avenir*, Québec, Gouvernement du Québec, 1992 ; Héritage Montréal, *Patrimoine, ville et milieu de vie : lieux et objets de culture. Mémoire soumis par Héritage Montréal sur le rapport du groupe-conseil sur la politique culturelle du Québec*, Montréal, Héritage Montréal, 1991.

119. Le « Lieu de fondation de Montréal » comprend un « site historique » et un « site archéologique » englobant la place Royale, la place D'Youville et les rues du Port, de la Commune Ouest, de Callière et Saint-Paul Ouest, de même que des immeubles et du mobilier urbain. Voir Site Internet du ministère de la Culture et des Communications, *Répertoire des biens culturels et arrondissements du Québec*, 2000, [http://www.mcc.gouv.qc.ca/pamu/biens-culturels/index.htm], consulté le 23 avril 2002.

120. Il reconnaissait aussi en 1999 les « géantes » de l'ancienne Banque du Canada. Ces sculptures, œuvres d'Henry Augustus Lukeman, avaient été retirées lors de la restauration de la façade. Les groupes de sauvegarde s'étaient inquiétés, au milieu des années 1990, de leur mise aux enchères. L'État provincial était alors intervenu. En 1999, Power Corporation, qui avait acquis les sculptures, en fit don aux Archives nationales du Québec qui les installa dans son nouvel édifice à Montréal. Les quatre « géantes » sont maintenant installées aux Archives nationales du Québec à Montréal. Voir Marc Thibodeau, « Statues mises aux enchères dans la controverse », *La Presse*, 7 octobre 1996 ; « Québec secourt les "géantes" », *Le Devoir*, 9 octobre 1996 ; Claude-V. Marsolais, « Les statues géantes se trouvent maintenant au Centre d'archives », *La Presse*, 15 juillet 1999.

121. Il s'agit du cinéma Impérial, du théâtre des Variétés, du cinéma Corona, du cinéma Le Château, de l'édifice de la Canada Life, de l'îlot Trafalgar-Gleneagles, de même que le site et la maison John-Wilson McConnell. Voir annexe II, « Liste des biens culturels classés et reconnus par l'État québécois à Montréal (1922-2003) ».

122. Il s'agit du théâtre Outremont, déjà cité par la Ville d'Outremont en 1987. Voir chapitre 8, « Un paysage urbain conservé : les avatars d'un rêve ».

engloberait, espérait Dinu Bumbaru, « autant les gens que les objets, les villes ou les paysages[123] ». L'action gouvernementale allait-elle enfin s'arrimer aux demandes des groupes de sauvegarde[124] ?

Le rapport du Groupe-conseil sur la politique du patrimoine au Québec, intitulé *Notre patrimoine, un présent du passé*, fut déposé à l'automne 2000. Il donna une place de choix à Montréal et à son patrimoine. Les membres y reconnaissaient, d'une part, la « diversité » du patrimoine montréalais et, d'autre part, la « singularité » de la situation dans la métropole québécoise, qualités que l'État provincial n'aurait jamais véritablement reconnues. Ils affirmaient :

> En plus d'être, comme Québec, une des plus anciennes villes d'Amérique du Nord, la Ville de Montréal doit gérer un patrimoine très important, de fait le plus varié et le plus cosmopolite du Québec. Marqué par un riche passé industriel, le patrimoine de la métropole a de plus été singularisé par le passage et l'enracinement de groupes culturels variés, dont la contribution demeure florissante. La ville est certes reconnue à l'échelle internationale pour son caractère historique, mais l'État québécois n'a jamais reconnu la situation particulière de Montréal en matière de patrimoine (diversité, quantité, complexité, densité, culture urbaine). En outre, la gestion du patrimoine de la métropole est toujours problématique, car dans un milieu où le développement urbain est aussi important, le patrimoine n'a pas toujours été reconnu comme une valeur et une richesse collectives. Des débats, de l'inquiétude, souvent de l'insatisfaction naissent à l'annonce de chaque nouveau projet[125].

Les protections provinciales n'avaient, pouvait-on lire un peu plus loin, que « très peu touché deux caractéristiques notoires du patrimoine montréalais, la dimension industrielle et la période du XXᵉ siècle[126] ». Il était rappelé d'un même souffle que la ville détenait « la plus forte concentration du patrimoine moderne québécois[127] ». Ainsi, trente ans après la démolition de la maison Van Horne et la création de Sauvons Montréal, les particularités de l'identité urbaine montréalaise avaient désormais droit de cité dans les intentions de politiques patrimoniales québécoises. Entre l'élargissement de la notion de patrimoine, difficilement transposable en matière de politique

123. Stéphane Baillargeon, « Projet de politique gouvernementale : Les groupes de défense du patrimoine s'organisent », *Le Devoir*, 22 juin 1999.

124. Dinu Bumbaru déclarait : « c'est la société civile qui est en avance sur les institutions! Par l'entremise d'associations de citoyens, la population montre de plus en plus son intérêt et sa volonté de participer aux décisions qui entourent la conservation du patrimoine ». Voir Marie-Andrée Chouinard, « Un groupe de réflexion souhaite plus d'action et moins de réaction: Québec devrait se doter d'une politique du patrimoine », *Le Devoir*, 5 janvier 1999.

125. Une section spéciale du rapport était consacrée à la Ville de Montréal. Voir Groupe-conseil sur la politique du patrimoine culturel au Québec, *Notre patrimoine : un présent du passé*, présenté par Roland Arpin, Québec, ministère de la Culture et des Communications, 2000, p. 111.

126. Il notait aussi : « le récent classement du restaurant *Art Déco*, du magasin *Eaton*, étant l'exception qui confirme la règle ». Voir *Idem*, p. 112.

127. *Ibidem*.

culturelle, et la reconnaissance d'une identité montréalaise, les défenseurs du patrimoine avaient-ils mené à bien leur combat ? La prochaine décennie apportera, peut-être, une réponse plus claire à cette question.

■ ■ ■

Au cours des années 1990, suivant de près la consécration du mont Royal comme emblème fondamental de Montréal, les défenseurs du patrimoine revendiquèrent une nouvelle identité associée à la « diversité » de son paysage urbain. Ce nouveau regard porté sur la ville permettait d'inclure des « patrimoines », à l'évidence, plus que jamais éclatés. Les choix faits par les membres d'Héritage Montréal à l'occasion du 25e anniversaire de la fondation de l'organisme sont particulièrement révélateurs de ce constat. La multiplicité des éléments, disséqués et classées dans cinq grandes catégories, démontrait l'étendue de la cause patrimoniale ; la ville entière devenait « patrimoine ». Les notions de « milieu de vie » et « qualité de vie » qui accompagnaient la déclinaison de la diversité ne dérogeaient pas à ce mouvement. Trente années de luttes avaient transformé la ville à sauvegarder et inventorié les particularités de son paysage urbain. En parallèle de l'action militante, toute une « industrie » de la recherche permit de mieux connaître Montréal et, ainsi de sensibiliser à sa sauvegarde. Après une éclipse relative dans les années 1980, le travail de connaissance et de caractérisation connut un essor remarquable, et culmina avec les fêtes du 350e anniversaire de Montréal pour se poursuivre tout au long de la décennie. Il était possible, à la fin des années 1990, d'avoir un panorama relativement complet de la « diversité » du patrimoine montréalais.

Les campagnes de la décennie tentèrent de protéger cette « diversité » en luttant pour un nombre croissant de nouveaux « patrimoines ». Toutefois, les arguments de la sauvegarde demeuraient les mêmes, puisant dans le répertoire historique et architectural, décrivant l'unicité d'un paysage ou le témoignage d'une époque. Il en fut ainsi tant pour les maisons de la rue Sébastopol que pour le Westmount Square, les bains publics et les hôpitaux. À ce travail s'ajoutait cependant la pertinence de constituer un fonds patrimonial national, représentatif de la réalité québécoise ou montréalaise. Outre ces considérations, le patrimoine continuait d'être une revendication sociale qui ne pouvait se comprendre à la seule enseigne d'un collectionnement. Afin de bien maintenir cette position, les audiences publiques demeuraient la plate-forme sans cesse exigée pour faire entendre la voix des Montréalais. Les défenseurs du patrimoine le firent pour rejeter des décisions « étrangères » à la volonté des citadins, qu'elles viennent de Québec ou de l'Hôtel de Ville. Ainsi, se perpétuait l'opposition entre le « nous » montréalais et l'« autre », rhétorique développée depuis les années 1970. La vogue des consultations parallèles, pour l'avenir de l'Hôtel-Dieu, de Villa-Maria ou de la gare Jean-Talon, constitua un autre moyen d'affirmer les choix d'une collectivité. Malgré les ratés et les effets pervers de telles audiences, elles paraissaient comme le consensus le plus acceptable.

L'arrivée du RCM en 1986 annonçait un jour nouveau pour la ville patrimoniale puisque cette formation s'était battue aux côtés des défenseurs du patrimoine depuis les années 1970. Le rêve prit fin abruptement avec la démolition de l'hôtel Queen's et, surtout, avec l'affaire Overdale qui ressemblait étrangement à un projet de renouveau urbain inspiré des années 1970. Même l'adoption d'un plan directeur, pourtant inlassablement demandé depuis près de deux décennies, décevait par sa « tiédeur » et ses compromis : la ville patrimoniale n'aurait pas lieu. Entre changement et permanence, le rêve s'étiolait dans le deuxième tiers de la décennie. L'arrivée du maire Bourque ramenait à la mémoire des défenseurs du patrimoine le « style » Drapeau qui avait tant pesé, en son temps, sur les destinées patrimoniales. Le « déclassement » du couvent Saint-Isidore en 1996, malgré les recommandations favorables à sa conservation, puis sa démolition, avait irrémédiablement terni l'image des autorités municipales. Les dernières années de la décennie furent l'occasion de protester sans cesse contre l'incurie des pouvoirs municipaux. Mais, un revirement de situation se produisit avec le retour des protections de l'État provincial puis avec l'annonce de renouveler sa politique culturelle qui fonda beaucoup d'espoir. Le rapport, déposé en 2000, affirmait la diversité et la singularité de la situation du patrimoine à Montréal, que l'État provincial n'aurait jamais reconnues. Les efforts des groupes de sauvegarde trouvaient-ils enfin leur récompense ? Trois ans après le dépôt du rapport, les milieux patrimoniaux montréalais sont toujours dans l'attente d'une nouvelle politique. L'intention de classement du mont Royal, annoncée en 2003, put être une façon de reconnaître la « singularité » montréalaise. L'arrivée du gouvernement du Parti libéral, en avril 2003, laisse entrevoir peu de changement quant à l'adoption d'une politique culturelle, tandis que sont toujours à l'étude les modalités entourant la protection de l'« arrondissement historique et naturel ». Entre-temps, les fusions municipales, survenues en janvier 2001, ont complètement transformé la réalité patrimoniale montréalaise, pour couvrir aujourd'hui tout le territoire de l'île de Montréal. Aussi, est-ce à l'endroit des autorités municipales que les attentes sont désormais les plus vives concernant l'adoption d'une politique patrimoniale[128].

---

128. Voir Raymond Gervais, « Montréal se dotera d'une politique du patrimoine », *La Presse*, 22 septembre 2003 ; Jeanne Corriveau, « Montréal aura sa politique du patrimoine », *Le Devoir*, 22 septembre 2003.

Conclusion

Au moment de rédiger ces lignes, trente années de luttes, menées avec force et insistance, s'étaient écoulées depuis la fondation de Sauvons Montréal. Les représentations de Montréal et de son patrimoine qui s'étaient développées au cœur des batailles ont radicalement transformé la conception de la ville à sauvegarder. Au cours de l'année 2003, l'État québécois affirmait son intention de protéger le mont Royal comme « arrondissement historique et naturel », une première au Québec. Des portions importantes du territoire de la ville de Montréal, ainsi que des anciennes municipalités de Westmount et d'Outremont, semblaient en voie d'être protégées, intégrant ainsi le fonds patrimonial national. La notion de « perspective visuelle » qui accompagne les recommandations du rapport de la Commission des biens culturels cimentera, si elle est entérinée, l'avenir du paysage construit montréalais avec la destinée de la montagne. La sauvegarde du patrimoine à Montréal aurait donc emboîté le pas d'une marche occidentale, du «nomadisme» jadis identifié par Choay au «tout-patrimoine» qu'Hartog analysait récemment[1]. Le paysage construit montréalais, tout en étant caractérisé depuis plus d'une dizaine d'années par sa «diversité», se confondra-t-il alors avec la notion même de patrimoine? Montréal serait-elle en train de devenir patrimoniale «en soi»?

Au début des années 1970, il en était autrement. La difficile bataille pour la sauvegarde de la maison Van Horne qui se solda par sa démolition en septembre 1973 paraissait démontrer l'impuissance des Montréalais à préserver tant la vieille demeure de la rue Sherbrooke qu'un autre paysage urbain historique, jusqu'alors négligé. Cette bataille, désormais partie intégrante de l'histoire de la sauvegarde du patrimoine, est devenue l'événement fondateur qui institua l'«an 1» de la lutte pour la reconnaissance du paysage bâti à Montréal. Elle a d'ailleurs été choisie comme point de départ des investigations. Si la campagne fut un échec, des groupes de sauvegarde, comme la Society for the Preservation of Great Places, Espaces verts ou les Amis de la gare Windsor, n'en devinrent que des joueurs plus sérieux dans le processus de sensibilisation des Montréalais à la disparition du paysage bâti. Toutefois, ce fut surtout Sauvons Montréal, fondé dès le mois d'octobre 1973, et Héritage Montréal, créé deux ans plus tard, qui devinrent les figures de proue de la revendication de la ville historique, initialement identifiée par le quadrilatère compris entre le fleuve Saint-Laurent et les avenues Atwater, des Pins et Papineau. D'autres groupes – sociétés d'histoire, coalitions et «amis de... » – naquirent par la suite pour défendre de nouveaux patrimoines menacés. Ainsi, de 1973 à 2003, au fil des campagnes, l'argumentaire de la sauvegarde se développa, se raffina et se transforma pour convaincre de la nécessité de sauver un paysage urbain, une ville, Montréal. Entre ces deux dates, le décodage des mécanismes de la patrimonialisation montréalaise se révélait possible.

Au-delà des revendications pour la sauvegarde et la pérennité du paysage bâti, je me demandais, au départ de cette recherche, si la sauvegarde du patrimoine avait concouru à la formulation d'une «identité montréalaise». À cette question, j'avais émis l'hypothèse qu'en contrepartie de la promotion par l'État québécois d'une «identité québécoise» appliquée à la protection des biens culturels, et en réaction contre la construction d'une «métropole du progrès», les luttes pour la sauvegarde du paysage construit, depuis les années 1970 à Montréal, avaient conduit à l'élaboration d'un discours de la spécificité. De plus, je présumais que les actions et les représentations des groupes voués à la sauvegarde du patrimoine, tout en présidant à la reconnaissance d'un patrimoine montréalais, avaient favorisé une conception citoyenne de ce patrimoine en tant que cadre de vie, vécu au quotidien – et au présent, comme le soulignerait Hartog. Cependant, cette

---

1. Françoise Choay, *L'allégorie du patrimoine*, Paris, Seuil, 1999 (1992); François Hartog, *Régimes d'historicité. Présentisme et expériences du temps*, Paris, Seuil, 2003.

particularité de la patrimonialisation montréalaise, si elle doit être mise en lien avec la « mise en patrimoine » extensive de l'environnement que remarquait récemment cet auteur, intéresse peut-être davantage le cadre théorique des histoires du patrimoine, qu'il n'éclaire une déclinaison anonyme d'une situation généralisée. Le premier schéma, présenté en introduction, modélisait en ce sens la patrimonialisation du paysage bâti montréalais. Il est désormais possible, au terme de cette recherche, de poser une réponse claire et nuancée à mes questionnements de départ.

Le processus de formulation de l'« identité montréalaise », à travers les luttes pour la sauvegarde du patrimoine bâti, peut être visualisé par un deuxième schéma. Deux rectangles s'emboîtent l'un dans l'autre. Le plus petit résume les trente années de luttes, tandis que le second, qui s'y superpose, articule l'univers des représentations qui les guida. Le schéma peut se lire de gauche à droite, l'axe des abscisses inscrivant les transformations dans un temps historique, cumulatif, qui mène de la démolition de la maison Van Horne à l'intention de classement du mont Royal en 2003.

Schéma 2. Processus de formulation de l'« identité montréalaise » par les luttes pour la sauvegarde du patrimoine bâti. ▼

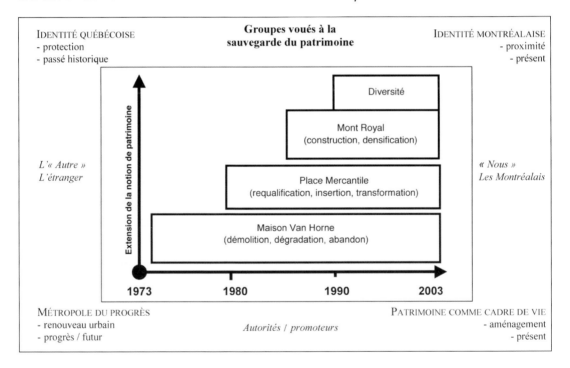

En amont, aux extrémités gauches du grand rectangle, l'« identité québécoise » et la « métropole du progrès » posent les prémisses des luttes pour la sauvegarde du patrimoine à Montréal. En aval, aux extrémités droites du grand rectangle, l'« identité montréalaise » et le patrimoine comme « cadre de vie » s'imposent comme les conclusions de mes recherches. Entre les deux dates se déroulent les luttes menées par les groupes voués à la sauvegarde du patrimoine contre les autorités et les promoteurs. Un « nous » citoyen des Montréalais se dresse contre l'« autre », dès lors associé aux « étrangers », depuis l'État québécois jusqu'aux autorités municipales. De lutte en lutte, le déplacement de la mémoire historique vers une identité collective matérialisée dans l'environnement urbain, plus que dans des monuments, se divise en trois grands «moments» que le plus petit rectangle décrit. L'axe des ordonnées permet alors de visualiser l'extension de la notion de patrimoine. Un premier «moment», à la suite de l'épisode de la maison Van Horne, se singularise par des luttes contre la démolition, la dégradation et l'abandon du paysage bâti montréalais. Il couvre l'ensemble de la période. Un deuxième «moment» s'affirme depuis le début des années 1980 par des batailles menées contre les projets de requalification, d'insertion et de transformation. L'épisode de l'édifice de la Place Mercantile symbolise à la fois le rêve de conservation de la ville historique et ses avatars. Enfin, depuis le milieu des années 1980, les combats contre la construction et la densification signent «l'environnementalisation» du patrimoine, dont l'arrondissement historique et naturel du mont Royal est la figure de proue. Ces trois «moments» se conjuguent, au sein des années 1990, dans la notion de «diversité», employée à présent pour décrire la richesse du paysage bâti montréalais et pour singulariser Montréal. Ce second schéma permet de contextualiser les particularités de la patrimonialisation montréalaise, en réponse à la problématique du processus de formulation d'une identité à Montréal; si celui-ci fut évidemment particularisé par le rôle qu'y tinrent les groupes de sauvegarde, les indissociables questions du «ce qu'est» le patrimoine et du «comment on le fait» que j'évoquais en introduction trouvent écho dans trois grandes lignes de force transversales à l'histoire du patrimoine montréalais: sauver le paysage urbain, sauver la ville et sauver Montréal.

■ De la maison Van Horne au mont Royal : sauver le paysage urbain

Plus concrètement, à l'origine des luttes menées par des groupes voués à la sauvegarde du patrimoine se trouvait l'urgence de sauver le paysage urbain de Montréal que l'on croyait destiné à disparaître. Les deuxième et troisième chapitres de cet ouvrage relatent l'émergence de cette crainte généralisée. Rien ne semblait devoir être épargné. La gare Windsor, le domaine des Sulpiciens, le couvent des Sœurs grises, Villa-Maria, les églises de Montréal, les maisons victoriennes de la bourgeoisie du XIXᵉ siècle et des quartiers entiers paraissaient voués à la disparition. Par conséquent, au pic bien concret des démolisseurs s'opposa une réaction tout aussi palpable, soit l'organisation structurée de groupes dûment nommés et matériellement reconnus. Sauvons Montréal identifia alors un quadrilatère historique à sauvegarder – formé par le fleuve Saint-Laurent et les avenues Atwater, des Pins et Papineau – et proposa un vaste programme afin d'en permettre la conservation. Le groupe demanda le classement du *Golden Square Mile* et réclama l'inventaire et la protection des autres bâtiments du quadrilatère. Un certain nombre de bâtiments, de rues, de quartiers et d'espaces verts semblaient admissibles au titre de supports mémoriels. Si ces «traces» ne revêtaient pas toutes la même importance, la déclinaison de leurs qualités les érigeait toutefois en témoins privilégiés du XIXᵉ siècle montréalais. Inscrite dans une tradition de patrimonialisation quasi centenaire, l'attribution d'un statut juridique par l'État québécois (le classement ou la reconnaissance) semblait, dans le moment, l'arme la plus efficace pour sauvegarder le paysage urbain. En parallèle cependant, l'appropriation du paysage urbain par les Montréalais, que ce soit à travers le succès de Milton Parc ou des coopératives d'habitation, dénotait une nouvelle manière d'appréhender le patrimoine. Devant l'hécatombe, le besoin ressenti d'outrepasser la définition du «monument historique» – circonscrite à l'arrondissement historique ou à l'architecture rurale des XVIIᵉ et XVIIIᵉ siècles, et gérée par l'État, en l'occurrence le gouvernement québécois –, de même que, par extension, l'image de l'«ancienne Ville-Marie» avait pour corollaire la conceptualisation d'un «patrimoine participatif».

À l'orée des années 1980, le deuxième «moment» de l'histoire du patrimoine montréalais, exploré dans les septième et huitième chapitres, confirme cette tendance. Le projet de l'édifice de la Place Mercantile, annoncé dans la même période que celui de la maison Alcan, perçu comme une «nouvelle façon de faire», arborait une configuration bien moderne, en associant un gratte-ciel aux bâtiments recyclés du Strathcona Hall et aux maisons de pierre grise de la rue Sherbrooke. Si le décor de théâtre créé avec ces maisons, la reconstruction du Strathcona Hall et la volumétrie du nouvel édifice ne satisfaisaient guère les défenseurs du patrimoine, l'importance acquise par la notion de recyclage dans le débat fut néanmoins symptomatique d'un glissement de la patrimonialisation. En effet, l'appropriation par les Montréalais, peut-être plus que la sauvegarde, s'immisçait dans le jugement sur la qualité de la conservation. Le potentiel d'appropriation que soutenait le recyclage devenait l'élément de preuve d'une «bonne» conservation. De nouvelles luttes, objet du huitième chapitre, s'engagèrent donc contre des projets de requalification, d'insertion ou de transformation jugés de piètre qualité, voire inacceptables. Le discours de sauvegarde se transformait sensiblement. La caractérisation des années 1970 n'avait plus la même raison d'être, puisque les édifices n'étaient plus menacés de démolition. Le patrimoine de bâtiments s'étirait vers un patrimoine urbain, un paysage tout aussi concret, mais logé à l'enseigne de l'insertion et de l'aménagement. Pendant que l'intégrité du bâtiment continuait de soulever des questions sur la conservation des intérieurs, des façades et d'une authenticité contenue dans la matière architecturale, les interrelations du matériau urbain faisaient intervenir les notions d'échelle et de fonction dans un argumentaire de plus en plus sensible au maintien d'un *milieu*. Non seulement le vocable de «monument historique» tombait-il en désuétude, à Montréal comme ailleurs, mais cet élargissement des connotations du patrimoine et des luttes de sauvegarde, appelait un «urbanisme patrimonial». Il évoquait de moins en moins un fait de mémoire et de plus en plus une pratique du quotidien caractérisée par «l'idée de ville» explorée plus loin. Cependant, «sauver le paysage construit», du bâtiment jusqu'à l'espace urbain, conduisait à une conclusion, que reconnaîtront les exégètes du patrimoine et à son extension, soit la consécration d'une montagne, le mont Royal.

Le neuvième chapitre de cet essai, en explorant – pour paraphraser à nouveau Hartog – le « temps de l'environnement », a mis en exergue l'ultime évolution des objets patrimoniaux montréalais. Invoqué de plus en plus fréquemment pour contrer des projets de construction ou de densification, l'appel à la montagne, définie dans un premier temps comme un « monument naturel » à préserver, fit officiellement entrer la notion d'environnement dans le discours de la sauvegarde. L'argumentaire soulignait les qualités de ce « patrimoine vert » à protéger et de son rôle essentiel dans la sauvegarde de la ville entière. Tout en y constatant la « prolifération patrimoniale » et l'expansion chronologique et typologique évoquée par Choay[2], il y a lieu d'y lire, également, un aboutissement certain des actions et des représentations des groupes de sauvegarde au chapitre de la formulation d'une identité montréalaise. Il n'est pas étonnant que, d'une part, le mont Royal ait été promu, depuis la fin des années 1990, au rang d'emblème fondamental de Montréal et que, d'autre part et en parallèle, soit maintenant employée la notion de « diversité » pour caractériser le paysage urbain. En effet, le patrimoine montréalais a largement débordé du quadrilatère initialement identifié par Sauvons Montréal et ne se résume plus au Montréal « victorien ». L'ambivalence de « l'environnement » auquel renvoie maintenant le patrimoine, *a fortiori* dans le contexte montréalais effectivement à la base de la fabrication de ce nouveau statut d'« arrondissement historique et naturel », révèle cependant une double extension : celle du patrimoine, certes, mais aussi celle de la patrimonialisation montréalaise, logée dans l'écologie du « nous » citoyen que l'environnement, justement, englobe.

■ De la « métropole du progrès » au « cadre de vie » : sauver la ville

Le Montréal, « ancienne Ville-Marie », et le Montréal, « ville du XXIe siècle » ou « métropole du progrès » qui engendrèrent les luttes pour « sauver le paysage urbain » n'étaient pas incompatibles. Au contraire, les deux images de la ville cohabitaient sans paradoxe apparent, chacune sur un territoire de la ville, la première dans l'arrondissement historique du Vieux-Montréal et la deuxième dans le nouveau centre-ville moderne. Elles participaient ainsi à la définition d'une même ville, comme les deux faces d'une même pièce, l'une projetée vers le futur et l'autre garante de son passé *pluriséculaire*. Luc Noppen et Lucie K. Morisset ont noté le même phénomène à Québec, dans les années 1960 et 1970, alors que le projet de la colline parlementaire transformait la ville, en substituant des œuvres contemporaines à des édifices anciens, et que le projet de place Royale était énoncé puis mis en chantier[3].

2. Françoise Choay, *op. cit.*, p. 155 ; François Hartog, « Patrimoine et histoire : les temps du patrimoine », dans Jean-Yves Andrieux (dir.), *Patrimoine et société*, Rennes, Presses universitaires de Rennes, 1998, p. 15.

3. Voir à ce propos Lucie K. Morisset et Luc Noppen, « À la recherche d'identités : usages et propos du recyclage du passé dans l'architecture au Québec », dans Luc Noppen (dir.), *Architecture, forme urbaine et identité collective*, Québec, Septentrion, 1995, p. 124-127.

À Montréal, plus loin du siège de l'État, la cohabitation des représentations urbaines semblait toutefois devoir reposer sur une *idée* de la ville, une forme plus conceptuelle et plus abstraite qui fédérerait les ingrédients sauvegardés jusqu'au discours de la diversité reconnu aujourd'hui et à l'inscription du patrimoine parmi les préoccupations urbanistiques *ordinaires*. Les actions et les représentations des groupes de sauvegarde montréalais ont continuellement valorisé le patrimoine comme «cadre de vie». Examinons de plus près le passage de la «métropole du progrès» au «cadre de vie», qui dresse une seconde ligne de force transversale à l'histoire du patrimoine montréalais : sauver la ville, voire, plutôt que collectionner du patrimoine, articuler collectivement une représentation d'un milieu de vie.

La «métropole du progrès», grand projet urbain, porté par le maire de Montréal Jean Drapeau, des années 1960 et 1970, était bercée par un optimisme ancré dans la notion de progrès et par une foi sans faille en la rationalité et la technologie au service de l'idéal urbain. Des projections statistiques voyaient Montréal devenir, au tournant de l'an 2000, une agglomération de près de sept millions d'habitants. La «métropole du progrès» se voulait aussi une tentative de mieux vivre dans une «grande» ville. Un renouveau urbain s'imposait. Dès le début des années 1970, toutefois, contrairement aux attentes, c'est davantage contre l'apparente dégénérescence de ce projet du «mieux vivre» que les groupes de sauvegarde s'élevèrent. Plutôt que misonéiste, ou craintif du futur, le discours des groupes de sauvegarde se cristallisait autour de l'importance du sacrifice offert au pic des démolisseurs. La notion de «contraste» devant marier le nouveau et l'ancien et les propositions visant à favoriser l'édification de la métropole par l'utilisation des terrains vagues sont exemplaires de l'inclinaison, pendant le premier «moment» de cette histoire, à penser Montréal moins comme un monument que comme – justement – un environnement. Montréal pouvait devenir une «métropole du progrès» tout en préservant les traces de la ville ancienne.

À mesure que l'idée de conserver la ville du XIXᵉ siècle s'affirmait et trouvait de nouveaux adeptes, la «métropole du progrès» perdait toutefois de sa pertinence. «Erreur» affublée de tous les maux et de tous les vices, elle tombait sous le coup d'une «métropole de demain» – si l'on veut poursuive dans une même imagerie – qui devait, elle, s'inspirer des caractéristiques typiques du paysage urbain montréalais et des formes historiques du développement de la ville. Le projet patrimonial devenait le tremplin pour construire la ville du futur. La conservation du patrimoine et l'aménagement de la ville s'alliaient pour guider les destinées de Montréal. Les promesses non tenues de l'architecture postmoderne, non explorée dans le cadre de cet ouvrage mais qui participait au même mouvement d'intégration du passé au développement, et les avatars d'un rêve patrimonial, que certains voyaient écrasé par la modernisation, transformaient la vision de la «métropole de demain» et, par conséquent, de la conception du patrimoine. La «métropole» n'était plus à construire mais à sauvegarder. Le projet n'était plus à réaliser, en s'inspirant du passé, mais un acquis à préserver. Raccourcissement ou élongation de la mémoire ? Le futur existait désormais au présent[4].

Ainsi la rue qu'on traverse, le magasin qu'on fréquente, le mont Royal qu'on arpente, définirent-ils progressivement le patrimoine par l'*ordinaire* et Montréal – avant que Ricardo Florida ne définisse le *Bohemian Index*[5] – comme un cadre de vie signifiant et conjugué au présent. Sous le regard citoyen des groupes de sauvegarde, recyclage et réutilisation battaient en brèche la muséification *parce que* le patrimoine n'avait de sens que dans son appropriation par les Montréalais. En se repliant sur la «localité sécurisante» évoquée par Jean-Yves Andrieux[6], «l'urbanisme patrimonial» devenait cependant un «urbanisme de résistance». Dans le discours partisan, la caractérisation devenait moins fondamentale que l'expression d'une opposition au projet et la peur du changement. Françoise Choay a déjà parlé à ce propos de la perte de la «compétence d'édifier» qui serait en quelque sorte le revers d'une conservation outrancière[7]. Mais l'urbanisme de résistance, tout en confortant le patrimoine dans le domaine du cadre de vie, motivait une idée de ville, non plus animée par la matérialité du bâti, ni même par la mémoire, mais par la représentation d'un patrimoine participatif *vécu* au quotidien par les Montréalais. Ainsi articulée par l'engagement citoyen dans lequel elle avait vu le jour, c'est la protection d'une telle «image» de Montréal qui guidait la protection du mont Royal, celle des interrelations des Montréalais avec leur environnement.

■ De l'identité québécoise à l'identité montréalaise : sauver Montréal

Cette conception particulière du sens et des «objets» de la conservation, engendrée par trente années de luttes de sauvegarde, est au cœur de la troisième ligne de force que l'histoire du patrimoine à Montréal esquisse. Un «sauver Montréal» en transparence duquel se profile le résultat de ce qui aurait pu n'être qu'une quête identitaire parmi d'autres. Québécoise ou montréalaise, l'identité collective a bel et bien profondément imprégné la définition du patrimoine à Montréal. Après que l'État québécois se fut, au début des années 1970, affiché comme meneur incontesté de la protection du patrimoine au Québec et que le «bien culturel» eut remplacé le restrictif «monument historique» pour mieux valoriser « l'identité québécoise », le

---

4. À ce propos, François Hartog a décodé le « régime d'historicité » actuel en arrière-plan de l'affirmation d'un nouvel ordre exprimé par le *présentisme* : « le présent s'est trouvé marqué par l'expérience de la crise de l'avenir, avec ses doutes sur le progrès et un futur perçu comme une menace ». *Voir* François Hartog, *op. cit.*, p. 113-206.

5. Richard Florida, *The Rise of the Creative Class, and how it's transforming work, leisure, community and every day life*, New York, Basic Books, 2002.

6. Jean-Yves Andrieux, *Patrimoine et histoire*, Paris, Bélin, 1997 ; voir aussi Luc Noppen et Lucie K. Morisset, « Le patrimoine est-il soluble dans le tourisme ? », *Téoros*, vol. 22, n° 3 (2003).

7. François Choay, *op. cit.*, p. 180ss.

patrimoine, logiquement, paraissait national. L'État avait d'ailleurs protégé à ce titre l'arrondissement historique et des témoins de l'architecture rurale montréalaise des XVIIᵉ et XVIIIᵉ siècles. Les actions et les représentations des groupes de sauvegarde, au début des années 1970, s'inscrivaient dans cette quête de témoins de l'histoire de la collectivité québécoise. Le Montréal « victorien », dont le quatrième chapitre de cet essai explore la consécration, se loge à cette enseigne d'une vision du patrimoine sanctionnée par l'État québécois. À ce dernier, toutefois, les groupes reprochèrent bientôt un manque d'intérêt pour le paysage urbain de Montréal, malgré l'augmentation sensible des protections dans les années 1970. La caractérisation du bâti de la ville, qui avait justifié les gestes de protection appelés lors des campagnes de sauvegarde, allait progressivement soutenir un discours sur l'« identité montréalaise ». D'abord rattaché à la « nation » québécoise, le patrimoine devenait montréalais et basculait dans un discours sur Montréal et son identité. La particularité de la patrimonialisation montréalaise, soit cet ancrage profond aux représentations de groupes citoyens, n'était certes pas étrangère au « sauver Montréal » dont cet ouvrage, en fin de compte, définit les contours.

Les groupes de sauvegarde jouèrent en effet un rôle fondamental dans l'effacement de l'identité québécoise derrière une identité montréalaise. Par-delà l'inventaire des ingrédients susceptibles de constituer un patrimoine montréalais porteur d'une identité spécifique, les groupes de sauvegarde revendiquèrent le droit des Montréalais à élire les objets et les lieux qui témoigneraient véritablement de Montréal. L'affirmation du « nous » montréalais, vu au cinquième chapitre, s'opposait à un « autre », cet étranger qui érigeait la « métropole du progrès » ou celui qui sanctionnait la protection d'un fonds patrimonial national. Les Montréalais eux-mêmes devinrent ainsi un argument de poids dans les campagnes de sauvegarde, tandis que les groupes dont j'ai retracé la formation prenaient le rôle des « experts » de la reconnaissance d'un « véritable » patrimoine et des destinées de la ville. Il n'est pas étonnant qu'aux élections municipales de 1978, le GAM (Groupe d'action municipale), composé de militants de la scène patrimoniale, ait aspiré aux commandes de l'Hôtel de Ville, ou tout au moins à une place dans l'opposition. Malgré l'échec de l'entreprise, la création de ce parti politique témoigne éloquemment des corollaires de l'*empowerment*, favorisé ici comme ailleurs par les luttes patrimoniales. De campagne en campagne et sur fond d'une idée de la ville conçue comme un environnement signifiant, il a déplacé l'authenticité, de la matière architecturale à l'espace urbanistique dans un premier temps, avant de la mener dans le regard des citoyens, ou comme les consultations publiques d'aujourd'hui l'évoquent, dans la conception que ceux-ci ont de leur cadre de vie. C'est dans le processus même de la patrimonialisation que l'identité montréalaise se faisait jour.

La quête d'un patrimoine national s'était muée en celle d'un patrimoine urbain. Dans un même processus de mue, l'identité québécoise est devenue montréalaise parce que revendiquée par les Montréalais. Ces derniers identifiaient un patrimoine nécessairement montréalais puisqu'il émanait du regard de la collectivité qui le fréquentait. Cette considération est moins tautologique qu'il n'y paraît. Les caractéristiques admises aujourd'hui – bâtiments de pierres grises, architecture victorienne, duplex, escaliers ou quartiers populaires[8] – datent, pour l'essentiel, des années 1970 et des efforts des groupes de sauvegarde pour rattacher le patrimoine à une identité nationale. Entre ce paysage construit et Montréal aujourd'hui, un pas important a été franchi. Le patrimoine, comme matérialisation de la mémoire collective, se loge maintenant dans l'acte de patrimonialisation, incluant, comme je le relevais en introduction, la nécessaire évocation d'« une médiation préalable entre des traces du passé et leur signification dans le présent », comme le soulignait Jacques Mathieu, et donc l'obligation de « faire référence à des médiateurs »[9]. Impossible, dans cette voie, de ne pas mettre en lien la « diversité » aujourd'hui montréalaise avec le « multiculturalisme », récemment rattaché à ce qui serait un patrimoine « immatériel » montréalais et invoqué dans les représentations de la ville[10]. Bien plus que dans la capitale provinciale, par exemple, l'identité montréalaise ne se rattache pas à des éléments précis du paysage urbain, pour privilégier un « tout » qui conjugue la sauvegarde du paysage urbain, l'environnement, et la sauvegarde de la ville, voire le quotidien des Montréalais qui y définissent leur cadre de vie. Montréal serait dès lors nécessairement sauvé. À tout le moins, les luttes pour la sauvegarde d'un patrimoine urbain auraient bel et bien concouru à la formulation d'une identité montréalaise.

Devant l'ambition, formulée au départ, de contribuer à la compréhension des phénomènes de patrimonialisation par un cas d'espèce inexploré en tentant d'en saisir les particularités, en quoi cette ultime « image » de la ville pourrait être le symptôme ? D'un renversement des rapports entre l'identité et le patrimoine ? D'une crise aiguë de la conscience maintenant acquise de la subjectivité de la patrimonialisation ? À Montréal, l'identification de l'objet, « sauver le paysage », la représentation de sa sauvegarde, « sauver la ville », et l'image totalisante d'un « sauver Montréal » parfois équivalent d'un « sauver nous-même » ont affecté non seulement le patrimoine et l'identité que la collectivité se voyait conférée à travers lui, mais aussi la conception même de la notion de patrimoine. On savait, bien avant que je n'entreprenne mes recherches, que des patrimoines différents naissent de différentes patrimonialisations, dans le cas de Montréal, on est en droit de se demander si le statut quasi patrimonial *auto-attribué* au « nous » les Montréalais est exceptionnel ou simplement exemplaire.

En parallèle à cette interrogation, il importerait de sonder plus en profondeur les groupes de sauvegarde, dans une perspective davantage rattachée à une histoire des sociabilités. En empruntant aux méthodes de la prosopographie – l'analyse des personnages et des personnalités –,

---

8. On peut lire à ce propos Luc Noppen et Lucie K. Morisset, « Entre identité métropolitaine et identité urbaine : Montréal », dans Lucie K. Morisset et Luc Noppen (dir.), *Identités urbaines : échos de Montréal*, Québec, Nota bene, 2003.

9. Jacques Mathieu, « Les vernis du patrimoine », *Le forum québécois du patrimoine, Actes de la rencontre de Trois-Rivières*, Québec, s. éd., 1992, p. 5.

10. Gretta Chambers (prés.), *Énoncé d'orientation pour une politique du patrimoine. Rapport du Groupe conseil*, Montréal, Ville de Montréal, 2004, p. 7.

il faudrait s'interroger sur les parcours multiples des médiateurs du patrimoine, leurs réseaux, alliances, bagages intellectuels et le sens investi dans la quête patrimoniale des paroliers de la lutte pour la sauvegarde du patrimoine à Montréal. Ce travail alimenterait l'histoire des idées et des représentations dont j'ai parcouru les formes de l'énonciation. Il permettrait de retisser les fils de cet écheveau des acteurs, de ce « nous » les Montréalais.

Au moment où j'apportais le point final à cet ouvrage, François Hartog proposait une analyse des *Régimes d'historicité* qui donnait nom et substance au malaise ressenti par les historiens et exégètes du xxᵉ siècle, soit le « présentisme ». En arrière-plan de l'extension du patrimoine à l'environnement, ce concept, sous-tendu par un futur dorénavant menaçant et par un « horizon d'attente » presque absent pour paraphraser Reinhart Koselleck, aurait motivé le basculement du désir de protéger une historicité nourricière, non plus du temps, mais de « nous »[11]. Ainsi, le patrimoine à transmettre devait être défendu contre l'action des hommes et non plus du temps. Telles qu'elles sont survenues à Montréal, de 1973 à 2003, la sauvegarde d'un patrimoine urbain et la formulation d'une identité ouvrent peut-être une brèche dans cette patrimonialisation sans fin, à « l'irrépressible envie de vouloir tout garder », et dans l'apparente opacité d'un « passé qui ne passe pas »[12]. L'importance accordée à l'acte de sauvegarde, à Montréal, pourrait tracer une autre voie d'analyse. Plutôt que de protéger notre environnement de nous-mêmes, la patrimonialisation, davantage incarnée par des acteurs que par des objets, pourrait s'étendre à une vision de ce que nous voulons devenir.

---

11. Reinhart Koselleck, *Le futur passé. Contribution à la sémantique des temps historiques.* Paris, Edition de l'EHESS, 2000 [1ʳᵉ édition allemande : 1979].

12. Pierre-Yves Balut, « De l'irrépressible envie de tout garder », dans Robert Dulau, *Apologie du périssable*, Rodez, Éditions du Rouergue, 1991, p. 286-289, et François Hartog, *op. cit.*

Annexes

Annexe I – Tableau synoptique des principales campagnes
de sauvegarde (1973-2003)   327

Annexe II – Liste des biens culturels protégés par l'État québécois
à Montréal (1922-2003)   339

Annexe III – Liste des monuments historiques cités et des
sites du patrimoine constitués
par la Ville de Montréal (1985-2003)   343

Annexe IV – Liste des lieux historiques nationaux désignés
par l'État canadien à Montréal (1919-2003)   345

Annexe V – Liste des biens culturels classés et reconnus
par l'État québécois à Outremont (1922-2003)
et des biens culturels cités et des sites du patrimoine
constitués par la Ville d'Outremont (1985-2003)   347

Annexe VI – Liste des biens culturels classés et reconnus
par l'État québécois à Westmount (1922-2003)
et des biens culturels cités et des sites du patrimoine
constitués par la Ville de Westmount (1985-2003)   349

Annexe VII – Titulaires du ministère de la Culture
et des Communications depuis sa création (1961-2003)   351

Annexe I

Tableau synoptique des principales campagnes de sauvegarde (1973-2003)

Années	Nom de l'affaire	Objet du litige
1970 - 1975	Gare Windsor	Les Amis de la gare Windsor militèrent contre la démolition de la gare par son propriétaire, le Canadien Pacifique. L'État canadien en reconnaissait l'importance historique nationale en 1976; quelques mois plus tard, le projet de démolition était abandonné.
1971 - 1974	Domaine des Sulpiciens	Le groupe Espaces verts lutta contre le lotissement d'une partie du domaine des Sulpiciens; les tours de l'ancien fort furent protégées en 1974.
1971 - 1974	Parc Viau	Le Regroupement pour la sauvegarde des espaces verts lutta contre le projet de construction des installations olympiques dans le parc Viau.
1973	Maison Van Horne	Le groupe Society for the Preservation of Great Places manifesta sa détermination à sauver la maison de la rue Sherbrooke, qui fut finalement démolie.
1973	Théâtre Capitol	L'organisme nouvellement créé, Sauvons Montréal, lutta pour la sauvegarde du cinéma situé à l'intersection de la rue Sainte-Catherine et de l'avenue McGill College.
1973 - 1974	Maison Shaughnessy	La mise en vente de la maison du boulevard René-Lévesque fit flotter le spectre de la démolition de la maison Van Horne. La maison fut finalement achetée par Phyllis Lambert. L'État québécois procéda à son classement la même année.
1973 - 1974	Maison Killam Maison Atholstan	À l'automne 1973 était démolie la maison Killam, ancienne voisine de la maison Van Horne. La maison Atholstan était menacée à son tour. L'État québécois protégea, le même jour de janvier 1974, quatre maisons résidences de l'ancien Golden Square Mile : la maison Atholstan, la maison Corby, le Mount Royal Club et le United Services Club.

Années	Nom de l'affaire	Objet du litige
1974 - 1975	Avenue des Pins (anciennement rue McGregor)	L'Association des résidants de la rue McGregor, appuyée par Sauvons Montréal, milita contre la démolition de leurs logements. L'affaire prit une tournure heureuse avec le classement de deux maisons bourgeoises : les maisons Greenshield et Joseph-Aldéric-Raymond.
1974 - 1976	Couvent des Sœurs grises	Une importante campagne s'organisa pour manifester contre la démolition du couvent des Sœurs grises. À la suite des pressions exercées, l'État québécois intervint pour classer la chapelle de l'Invention-de-la-Sainte-Croix en 1974. La campagne continua puisque le promoteur voulait démolir le reste du couvent. L'ensemble de la propriété fut finalement classé.
1974 - 1976	Église du Gesù Collège Sainte-Marie	En 1974, en raison de coûts d'entretien trop élevés, les Jésuites annoncèrent leur intention de démolir l'église du Gesù et le collège Sainte-Marie. Une campagne s'organisa pour sauver l'église. Un projet de recyclage proposa de recycler le vieux collège mais sans succès. En 1976, l'État québécois classa l'église alors que le collège fut démoli.
1975	Maisons – rue Saint-Norbert	Les locataires de la rue Saint-Norbert organisèrent la résistance contre la démolition de leurs logements par la Ville de Montréal, qui souhaitait construire un garage municipal. Les maisons furent détruites, mais le garage jamais construit.
1975 - 1976	Bishop Court Apartments Royal George Apartments Maison Peter Lyall	L'Université Concordia acquit le Bishop Court Apartment et commença des transformations altérant l'intégrité du bâtiment. Des menaces semblables planaient sur deux édifices voisins : le Royal George Apartment et la maison Peter Lyall. Une campagne de sauvegarde poussa l'État québécois à classer la façade et la cour intérieure du premier édifice, tandis que l'aire de protection accordée régula la transformation du secteur limitrophe.

Années	Nom de l'affaire	Objet du litige
1975 - 1976	Prison du Pied-du-Courant	La menace qui pesait sur la prison était connue depuis quelques années lorsque s'organisa activement, au tournant des années 1970, une campagne de sauvegarde. Après de longues hésitations, l'État québécois annonça, en 1976, son intention de classer la prison, ce qui fut fait en 1978.
1975 - 1976	Villa-Maria	La construction projetée d'une bouche de métro près du collège Villa-Maria inquiétait les groupes de sauvegarde. Espaces verts milita alors pour la transformation du terrain en parc public. L'État québécois intervint mais ne classa que le bâtiment central de l'institution, la maison James-Monk.
1975 - 1976	Ancien hôpital général des Sœurs grises	La vente du couvent des Sœurs grises, boulevard René-Lévesque, s'accompagnait du rêve de reconstruire leur ancienne maison mère dans le Vieux-Montréal. Le projet nécessitait toutefois la démolition d'une rangée de façades de la rue Saint-Pierre. Les groupes de sauvegarde luttèrent pour la protection de ces édifices et contre la reconstruction projetée.
1975 - 1977	Maisons – rue Drummond	En décembre 1975, deux maisons de la rue Drummond furent démolies sans permis. Le même sort attendait une troisième en janvier 1976. L'aire de protection du Mount Royal Club, la ténacité de Sauvons Montréal et des poursuites en justice permirent d'espérer pendant un moment la reconstruction des trois maisons. Elles furent rasées en 1977.
1975 - 1977	Édifices – rue Jeanne-Mance	La menace de démolition d'une série d'édifices de la rue Jeanne-Mance engendra de vives oppositions. L'État québécois intervint pour classer en 1975 et 1977 la série de façades. Avec l'aide de la SCHL, une coopérative restaura les bâtiments.
1975 - 1977	Hôtel Laurentien	Le projet de démolition de la gare Windsor prévoyait aussi celle de l'hôtel Laurentien. Toutefois, ce fut surtout autour des années 1975 et 1977 que s'organisa plus activement la lutte. La gare survécut, mais le Laurentien fut démoli.

Années	Nom de l'affaire	Objet du litige
1976	Clermont Motor	Sauvons Montréal appuya en 1976 des locataires de la rue Saint-Denis qui luttaient contre la démolition de leurs logements. Le propriétaire, l'entreprise Clermont Motor, souhaitait agrandir son entreprise. Les bâtiments furent démolis.
1976	Annexe du Palais de justice	Après avoir été restaurée et utilisée par le COJO, l'annexe de l'ancien Palais de justice devait être démolie. De brèves protestations suffirent pour que l'État québécois intervienne et protège, en même temps, l'ancien Palais de justice et son annexe.
1976	Carré Saint-Louis	Les résidants du carré Saint-Louis militèrent contre la construction d'un édifice en hauteur, le Saint-Louis-le-Parc. Le projet fut abandonné.
1976 - 1977	Monument-National	En 1976, des coûts d'entretien trop élevés poussèrent la Société Saint-Jean-Baptise de Montréal à quitter le Monument-National. Sauvons Montréal, qui militait déjà pour la reconnaissance du bâtiment, mena une campagne de sensibilisation. L'édifice fut classé en 1977.
1976 - 1977	Quartier chinois	Les intentions de l'État fédéral de construire le complexe Guy-Favreau étaient connues depuis 1973, mais ce n'est qu'au cours des années 1976 et 1977 que les groupes de sauvegarde s'élevèrent contre l'impact de ce projet sur le Quartier chinois.
1977 - 1979	Collège Mont-Saint-Louis	Déjà menacé de démolition en 1974, la pérennité du Collège fut discutée avec vigueur par les groupes de sauvegarde dans la seconde moitié de la décennie. Deux ailes furent démolies avant que le bâtiment ne soit protégé.
1977 - 1982	Milton Parc	En 1977, Héritage Montréal joignait le Comité de citoyens pour apporter son appui à l'achat, la rénovation et la mise sur pied de coopératives d'habitation. Les résidants luttaient depuis 1969; 250 logements avaient déjà été démolis en 1972.

Années	Nom de l'affaire	Objet du litige
1978	Édifices – rue Saint-Hubert	Malgré l'avis défavorable de la Commission des biens culturels, un propriétaire démolissait des édifices de la rue Saint-Hubert pour l'agrandissement du terrain de stationnement de son hôtel. Les groupes de sauvegarde encouragèrent des poursuites contre le propriétaire, sans succès.
1979	Vieux-Port	Lors de consultations publiques sur l'avenir du Vieux-Port de Montréal, les groupes de sauvegarde exigèrent que la requalification du site soit discutée par les Montréalais.
1980	Domaine des Sulpiciens	Un projet de construction sur l'avenue Atwater poussait les groupes de sauvegarde à organiser une campagne. Le Regroupement pour la sauvegarde du boisé des Sulpiciens était formé. L'abattage des arbres sapait la campagne. Des pourparlers entre les Sulpiciens et le ministère des Affaires culturelles menèrent finalement au classement de l'ensemble du domaine en 1982.
1980 - 1985	Royal George Apartments	La construction de la nouvelle bibliothèque de l'Université Concordia mit en cause la pérennité de l'édifice, sa fonction et son intégration au nouvel édifice.
1981	Alignement de façades – rue Saint-Hubert	Des édifices abandonnés de la rue Saint-Hubert furent démolis dans des circonstances nébuleuses. Les groupes de sauvegarde s'indignèrent.
1981	Maison Dandurand	Malgré les protestations, la maison du boulevard René-Lévesque fut démolie.
1982 - 1987	Collège Mont-Saint-Louis Monastère du Bon-Pasteur Couvent de la Congrégation de Notre-Dame	La problématique de la reconversion des trois édifices classés dans les années 1970 fut discutée dans la décennie suivante ainsi que les difficultés qu'elle souleva.
1982	Place Mercantile	L'insertion de l'édifice moderne de la Place Mercantile derrière le Strathcona Hall et les façades d'édifices de pierre grise de la rue Sherbrooke fut décriée par certains.

Années	Nom de l'affaire	Objet du litige
1984 - 1985	Avenue McGill College	La construction d'une passerelle marchande sur l'avenue McGill College fut débattue dans la première moitié des années 1980 en raison de son impact sur la liaison visuelle avec le mont Royal, sur la rue Sainte-Catherine et d'autres problèmes urbains.
1985 - 1986	Vieux-Port	Lors des consultations publiques sur l'avenir du Vieux-Port de Montréal, les groupes de sauvegarde veillèrent à ce que la requalification du site soit discutée par les Montréalais.
1985 - 1988	Cathédrale Christ Church	Lors de la construction de la Maison des coopérants, les groupes de sauvegarde réagirent pour sauver le presbytère menacé de démolition et critiquer la conservation douteuse de la cathédrale anglicane. L'État québécois classa la cathédrale anglicane.
1986	Édifice Omer-de-Serres	Les groupes de sauvegarde questionnèrent la seule conservation de la façade de l'édifice Omer-de-Serres.
1986	New Sherbrooke Apartments	L'agrandissement du Musée des beaux-arts se transforma en une lutte autour de la conservation du New Sherbrooke Apartments.
1986	Maison Redpath	Héritage Montréal s'éleva contre la démolition illégale d'une maison de la rue du Musée.
1986 - 1987	Mont Royal	Les groupes de sauvegarde militèrent pour protéger l'intégrité du mont Royal, menacée par trois projets (tour d'observation, pente de ski et gymnase). Dans la foulée, la Ville de Montréal le constitua « site du patrimoine ». Le projet d'aménagement fut ensuite critiqué au début de la décennie.
1986 - 1988	Hôtel Queen's	Les groupes de sauvegarde ont longtemps protesté contre le projet de démolition de l'ancien hôtel de la rue Peel, abandonné depuis 1978.
1987 - 1988	Îlot Overdale	La démolition de l'îlot pour la construction du projet Galleria Dorchester provoqua des remous. La maison Louis-Hyppolite-La Fontaine fut la seule épargnée.

Années	Nom de l'affaire	Objet du litige
1987	Cinéma Rialto Théâtre Outremont	La fermeture du théâtre Outremont poussa les citoyens, appuyés par les groupes de sauvegarde, à se regrouper pour lutter pour sa sauvegarde. Pendant les années 1990, plusieurs cinémas retinrent l'attention.
1989 - 1992	Édifice Simpson	Héritage Montréal s'inquiéta de voir disparaître l'édifice art déco avec le projet de construction d'une tour dans le centre-ville.
1989	Carré Saint-Louis	Devant l'opposition des résidants du carré Saint-Louis, le projet de stationnement souterrain fut rapidement abandonné.
1989	Centre d'information touristique, édifice Dorchester	Le centre d'information touristique, au square Dorchester, fut critiqué pour son intégration « douteuse » au Dominion Square Building.
1989	Immeuble Dudley	On protesta contre la démolition de la conciergerie de la rue Saint-Urbain menacée par l'agrandissement de l'Institut de recherche clinique de Montréal.
1989	Théâtre Corona	L'appel d'offres de la SIMPA pour la restauration de l'ancien théâtre de Saint-Henri se concrétisa finalement dans le milieu des années 1990.
1989	Église unitarienne	Le projet de construire une tour sur le site de l'église de la rue Sherbrooke, incendiée en 1987, fut débattu; Héritage Montréal s'opposa au projet.
1989	Westmount Square	Des architectes protestèrent contre les transformations de l'édifice de l'architecte Mies Van der Rohe; de la tourmente naquit le groupe Montréal moderne, aujourd'hui DOCOMOMO-Québec.
1989	Vieux-Port	Médias et groupes de sauvegarde questionnèrent l'avenir du Vieux-Port et le silence de la Société qui en était responsable.
1990	Entrepôt Buchanan	Les défenseurs du patrimoine s'inquiétèrent du projet de démolition de l'entrepôt.

Années	Nom de l'affaire	Objet du litige
1990	Plan directeur	Les groupes de sauvegarde accueillirent tièdement le plan directeur du centre-ville.
1990	Place Royale	Héritage Montréal critiqua l'impact de l'aménagement de la place pour permettre la visite archéologique du sous-sol sur l'ancien édifice de la douane.
1990	Maison – rue de la Montagne	Héritage Montréal s'opposa à la démolition d'une ancienne résidence bourgeoise du Golden Square Mile.
1990 - 1995	Cimetière Notre-Dame-des-Neiges	Les groupes de sauvegarde commencèrent à critiquer les constructions dans le cimetière Notre-Dame-des-Neiges.
1991	Édifices – La Presse	La Ville de Montréal autorisa la démolition de deux édifices jouxtant l'édifice La Presse, compagnie qui en était le propriétaire, et ce, après dix ans d'abandon. Depuis 1982, les groupes de sauvegarde manifestaient leur opposition.
1991 - 1993	Nouveau forum – gare Windsor	L'impact de la construction du nouveau forum sur la gare Windsor força la tenue d'audiences publiques.
1992	Maisons – rue Sherbrooke	Le déplacement de trois maisons pour l'agrandissement et la rénovation du magasin Holt Renfrew fut remis en question.
1992 - 1994	Hôtel-Dieu	Le projet de déménagement de l'hôpital à Rivière-des-Prairies inquiéta les groupes de sauvegarde; une consultation publique parallèle fut organisée.
1992 - 1994	Benny Farm	La densification et la démolition d'immeubles d'un vaste ensemble pour anciens combattants de la Seconde Guerre mondiale suscitèrent des mécontentements.
1993	HEC – boisé de Brébeuf	La construction du nouveau pavillon des HEC dans le boisé de Brébeuf fut critiquée malgré les consultations publiques.

Années	Nom de l'affaire	Objet du litige
1993	Maisons – rue Sébastopol	Une campagne d'opinion sauva les derniers témoins de maisons ouvrières de la rue Sébastopol, condamnées à la démolition par la Ville de Montréal.
1993 - 1994	Projet de développement Faubourg Québec	La découverte des vestiges de l'ancienne porte des fortifications fit surgir la question de leur mise en valeur.
1994	Pont pivotant – canal Lachine	Le démantèlement du pont par le Canadien National provoqua des protestations de la part de nombreux groupes de sauvegarde.
1995 - 2000	Montreal Hunt Club	Abandonné depuis plusieurs années, l'ancien pavillon de chasse, dont la pérennité revenait régulièrement dans l'actualité patrimoniale, fut finalement démoli en 2000.
1995	Manoir Galt	La démolition de la maison de la rue la Montagne suscita les critiques des groupes de sauvegarde.
1995 - 1996	Villa-Maria	La densification du site de Villa-Maria et le recyclage du monastère des Religieuses adoratrices du Précieux-Sang furent contestés par la Coalition Villa-Maria.
1995 - 1996	Couvent Saint-Isidore	Le « déclassement » de l'ancien couvent abandonné depuis le début de la décennie fut vertement critiqué et conduisit à des audiences publiques puis, finalement, à sa démolition.
1995 - 2000	Silo n° 5	Fermé depuis 1994, le sort de l'ancien silo fut discuté dans la seconde moitié des années 1990.
1996	1000, boul. Saint-Laurent	La démolition de l'édifice fut critiquée.
1996	Colonne Nelson	Le projet de déménagement de la colonne Nelson, situé sur la place Jacques-Cartier, fut condamné.
1996	Square Philips	Le projet d'aménagement d'un stationnement souterrain était contesté par les groupes de sauvegarde.

Années	Nom de l'affaire	Objet du litige
1996	Avenues du Parc et du Mont-Royal	Le projet d'ouverture d'un McDonald fut contesté par des résidants du Mile-End appuyés par Héritage Montréal. Le projet d'agrandissement de la station-service située en face s'ajoutait à l'appréhension.
1996	Géantes de l'ancienne Banque du Canada de la rue Saint-Jacques	Les «géantes» furent retirées de la façade de cet édifice en 1990 pour sa restauration; les groupes de sauvegarde s'inquiétèrent de voir ces sculptures se retrouver sur le marché des œuvres d'art.
1996 - 1997	Usine Angus	La Société de développement Angus, créée à la suite de la fermeture des ateliers en 1992, présentait deux ans plus tard un projet de transformation du «Loco Shop»: les groupes de sauvegarde s'indignèrent.
1996 - 1997	Gare Jean-Talon	Propriétaire de l'édifice depuis 1984, la Ville de Montréal annonçait plus de dix ans plus tard sa reconversion et la construction d'un supermarché. La Coalition gare Jean-Talon combattit le projet.
1997	Atelier Parizeau frères Usine Eagle Toys	Héritage Montréal protesta contre les projets de démolition de deux bâtiments industriels d'Outremont et du plateau Mont-Royal.
1997	Square Philips	Le projet de réaménagement de la place fut contesté.
1997 - 1998	Faubourg-des-Récollets	Les efforts de requalification de l'ancien quartier industriel inquiétèrent les groupes de sauvegarde, surtout lorsque des édifices furent incendiés ou démolis.
1997 - 1998	GBQ	Les défenseurs du patrimoine firent valoir leur droit de participer au choix du site de la Grande Bibliothèque du Québec.
1998 - 2003	Benny Farm	La phase 2 du projet ne respectait plus les accords passés au début de la décennie et fut par conséquent critiquée.
1999	Hôtel Tat's	Le projet de construction de l'hôtel sur la rue Sherbrooke déclencha un tollé qui força l'annulation du projet.

Années	Nom de l'affaire	Objet du litige
1999	Ferme sous les noyers	La densification de l'ancienne dépendance du domaine des Sulpiciens, propriété du gouvernement fédéral, suscita une importante campagne de sauvegarde.
1999	Habitat Chambord	La construction, sans consultation publique, fut critiquée par les citoyens et les groupes de sauvegarde.
1999	Ancien couvent des Dominicains à Notre-Dame-de-Grâce	L'abattage d'arbres pour la construction d'habitations sur le terrain de l'ancien couvent des Dominicains provoqua la colère des citoyens de Notre-Dame-de-Grâce.
1999	Caserne 22 Édifices Roger & King	L'agrandissement du Palais des congrès fut, entre autres, critiqué à cause de la seule conservation de trois façades anciennes.
1999	Usine Redpath	Le recyclage de l'usine en habitation, malgré la volonté des groupes d'y voir une vocation mixte, suscita des critiques.
1999 - 2000	Restaurant du 9ᵉ étage du magasin Eaton	Lors de la fermeture du magasin Eaton, les groupes de sauvegarde s'inquiétèrent du sort réservé au bâtiment et au restaurant art déco. L'État québécois intervint pour le classer.
1999 - 2000	Église First Church of Scientist	La démolition de l'église et la construction d'habitations, sans consultations publiques, provoquèrent des remous parce que le lieu était statégique.
2000 - 2003	Maisons Thompson et Sparrow	Le projet de démolir des maisons abandonnées et d'y construire des habitations en hauteur enclencha le processus qui mena à la protection de l'îlot Trafalgar-Gleneagles, puis à l'intention de classer le mont Royal en tant qu'« arrondissement historique et naturel ».
2001	Maison Notman	Le projet d'hôtel incorporant la maison Notman et prévoyant la démolition de l'ancien hôpital St. Margaret's Home for the Incurable suscitèrent une vive polémique.

Années	Nom de l'affaire	Objet du litige
2001 - 2002	Maison Redpath	Pour une deuxième fois, Héritage Montréal s'éleva contre la démolition projetée de la maison de la rue du Musée.
2001 - 2003	Oratoire Saint-Joseph	Le projet de réaménagement fut critiqué à cause de son impact sur le paysage.

Annexe II
Liste des biens culturels protégés par l'État québécois à Montréal (1922-2003)

1929	Château De Ramezay (c)
1957	Maison de la Côte-des-Neiges (c)
1964	Arrondissement historique de Montréal (d)
1964	Maison Nolin (c)
1965	Maison du Patriote (c)
1965	Ferme Saint-Gabriel (c)
1965	Maison Papineau (c)
1966	Maison Viger (c)
1967	Maison Cotté (c)
1967	Maison Bertrand (c)
1967	Maison La Minerve (c)
1968	Maison de la Congrégation (c)
1969	Maison Mass-Média (c)
1969	Maison Beaudoin (c)
1970	Maison Drouin-Xénos (c)
1972	Maison Beament (c)
1973	Église Saint-Jacques (clocher et transept sud) (c)
	Îlot des Voltigeurs (c)
1974	Maison Atholstan (r)
	Maison Corby (r)
	Mount Royal Club (c)
	United Service Club (r)
	Maison des Sisters of Service (ou Shaugnessy) (c)
	Maison Ernest-Cormier (c)
	Maison Armand (c)
	Maison Greenshield (c)
	Église du Sault-au-Récollet (c)
	Chapelle de l'Invention-de-la-Sainte-Croix (c)
	Tours du fort des Messieurs de Saint-Sulpice (c)
1975	Maison Joseph-Aldéric-Raymond (c)
	Mount Stephen Club (c)
	Engineer's Club of Montreal (c)
	Façade de l'ancienne Banque du Peuple (c)
	Façade du 59 Saint-Jacques Ouest et 701-711 Côte de la Place d'Armes (c)
	Église du Gésù (r)
	Façades de la rue Jeanne-Mance (c)

1976	Façade du 43-51 Saint-Jacques Ouest (c)
	Domaine des Sœurs grises de Montréal (c)
	Maison James-Monk (ou Villa-Maria) (c)
	Façade du Bishop Court Apartments et cour intérieure (c)
	Bâtisse L.-O.-Grothé (r)
	Maison Louis-Fréchette (r)
	Monument-National (c)
	Ancien Palais de justice et son annexe (r)
	Château Dufresne (c)
1977	Façades de la rue Jeanne-Mance (c)
	Église de la Mission catholique chinoise du Saint-Esprit (c)
	Presbytère de la Mission catholique chinoise du Saint-Esprit (c)
	Maison mère des religieuses de la Congrégation de Notre-Dame de Montréal (c)
	Site de l'église Saint-Pierre-Apôtre (c)
1978	Maison du Pressoir (c)
	Prison des Patriotes (c)
1979	Collège Mont-Saint-Louis (r)
	Maison Saint-Joseph du Sault-au-Récollet (c)
	Maison Beaudry (c)
	Maison du Bon-Pasteur (c)
	Église Notre-Dame-du-Très-Saint-Sacrement (c)
	Maison Notman (c)
1980	Église Unie St. James (c)
	Entrepôt Buchanan (c)
	Maison Cytrynbaum (c)
1981	Arrondissement naturel du Bois-de-Saraguay (d)
1982	Domaine des Messieurs de Saint-Sulpice (c)
1983	Moulin à vent de Pointe-aux-Trembles (c)
	Maison Brossard-Gauvin (r)
1984	Maison Bagg (r)
1985	Unity Building (c)
	Site et vieux séminaire des Sulpiciens de Montréal (c)
	Église St. Patrick (c)
1986	University Club de Montréal (c)
1987	Aucun bâtiment classé ou reconnu
1988	Cathédrale Christ Church (c)
	Édifice de la bibliothèque Saint-Sulpice (c)
1989	Aucun bâtiment classé ou reconnu
1990	Édifice Joseph-Arthur-Godin (c)
	Cinéma Rialto – Rialto Hall (c)

1991	Aucun bâtiment classé ou reconnu
1992	Aucun bâtiment classé ou reconnu
1993	Aucun bâtiment classé ou reconnu
1994	Théâtre Outremont (c)
1995	Aucun bâtiment classé ou reconnu
1996	Aucun bâtiment classé ou reconnu
1997	Aucun bâtiment classé ou reconnu
1998	Aucun bâtiment classé ou reconnu
1999	Lieu de fondation de Montréal (c)
	Statues d'Henry Augustus Lukeman de la façade de la Banque royale du Canada (r)
2000	Restaurent l'Île-de-France (c)
2001	Cinéma Impérial (r)
	Théâtre des Variétés (r)
2002	Cinéma Corona (r)
	Cinéma Le Château (c)
	Édifice de la Canada Life (c)
	Îlot Trafalgar-Gleneagles (r)
	Site et maison John-Wilson McConnell (c)
2003	Site naturel et historique du mont Royal (intention)

Légende: (c) = classement ; (d) = décret d'un arrondissement ; (r) = reconnaissance.

Note : La liste débute en 1922, date de l'adoption de la Loi sur les monuments historiques et artistiques, par le gouvernement provincial.

Source : Site Internet du ministère de la Culture et des Communications, Répertoire des biens culturels, 2003 ; consulté le 1er septembre 2003 [www.mcc.gouv.qc.ca/pamu/biens-culturels/index.htm].

Liste des monuments historiques cités et des sites du patrimoine constitués par la Ville de Montréal (1985-2003)

1985	*Aucun bâtiment cité ou site du patrimoine constitué*
1986	*Aucun bâtiment cité ou site du patrimoine constitué*
1987	Mont Royal (Co)
	Maison Louis-et-Joseph-Richard (Ci)
	Maison Persillier-dit-Lachapelle (Ci)
1988	Cinéma Rialto (Ci)
	Façade du Regent Theatre (Ci)
	Maison David-Lewis (Ci)
	Maison Louis-Hippolyte-La Fontaine (Ci)
	Maison Urgel-Charbonneau (Ci)
	Maisons en rangée William D. Strout (Ci)
1989	Maison Arthur-Dubuc (Ci)
	Maisons Emmanuel-Saint-Louis (Ci)
	Maison L'Archevêque (Ci)
	Maison Lionnais (ou Henriette-Moreau) (Ci)
1990	Côte-Saint-Paul (Co)
	Banque Toronto-Dominion (Ci)
	Couvent Saint-Isidore (Ci) – démoli avec permis en 1996
	Édifice Blumenthal (Ci)
	Église Saint-Jean-Baptiste (Co)
	Maison Longpré (Ci)
	Maison Samuel-Burland (Ci)
	Théâtre Séville (Ci)
1991	Église Saint-Esprit-de-Rosemont (Co)
	Église Saint-Joseph de Montréal et son ancienne sacristie (Co)
	Théâtre Château et maison de rapport (Ci)
1992	Ancien village de Rivière-des-Prairies (Co)
	Ancien village du Sault-au-Récollet (Co)
1993	*Aucun bâtiment cité ou site du patrimoine constitué*
1994	*Aucun bâtiment cité ou site du patrimoine constitué*
1995	*Aucun bâtiment cité ou site du patrimoine constitué*
1996	*Aucun bâtiment cité ou site du patrimoine constitué*

1997	*Aucun bâtiment cité ou site du patrimoine constitué*
1998	*Aucun bâtiment cité ou site du patrimoine constitué*
1999	Aucun bâtiment cité ou site du patrimoine constitué
2000	Aucun bâtiment cité ou site du patrimoine constitué
2001	Aucun bâtiment cité ou site du patrimoine constitué
2002	Aucun bâtiment cité ou site du patrimoine constitué
2003	Aucun bâtiment cité ou site du patrimoine constitué

Note : (Ci) = cités ; (Co) = sites du patrimoine « constitués ».

Source : Site Internet du ministère de la Culture et des Communications, Gouvernement du Québec, 2003 ; consulté le 1ᵉʳ septembre 2003 [www.mcc.gouv.qc.ca/pamu/biens-culturels/index.htm].

Annexe IV

Liste des lieux historiques nationaux
désignés par l'État canadien à Montréal (1919-2003)

Désigné	Plaqué	Nom
1920	1925	Hochelaga
1924	1925	Bataille de la Rivière-des-Prairies
1924	1926	Berceau de Montréal
1929	1931	Canal de Lachine
1949	1974	Château De Ramezay / Maison des Indes
1951		Monklands / Couvent Villa-Maria
1964	1980	Sir George Étienne Cartier
1968		Louis-Joseph Papineau
1970		Commerce des Fourrures à Lachine
1970		Sulpician Towers / Fort de la Montagne
1971	1982	Maison George Stephen / Mount Stephen Club
1973	1983	Hôpital des Sœurs grises
1973		Maison Van Horne / Shaughnessy
1975		Gare Windsor du Canadien Pacifique
1980		Jardin du séminaire Saint-Sulpice
1982		Maison Cartier
1984		Hôtel de ville de Montréal
1984		Marché Bonsecours
1985		Monument-National
1989		Église catholique Notre-Dame / Basilique Notre-Dame
1989		Usine textile Merchants
1990		Appartement Marborough
1990		Banque de Montréal
1990		Basilique St. Patrick
1990		Édifice Wilson
1990		Église anglicane St. George
1990		Résidence H.-Vincent-Meredith
1990		Trafalgar Lodge
1993		Théâtre Outremont
1993		Théâtre Rialto
1996		Église St. James Unie
1996		La « Main », boulevard Saint-Laurent
1996		Canal de Lachine et ses usines

1997		Ancienne maison de la douane
1997	1999	Église Saint-Léon-de-Westmount
1997		Forum de Montréal
1997		Pavillon Hershey
1997		Pavillon Mailloux
1998		Église Erskine and American (temple de l'Église unie)
1998		Cimetière Mont-Royal
1998		Cimetière Notre-Dame-des-Neiges
1999		Cathédrale Christ Church
1999	2001	Église Orthodox Antiochan St. George
1999		Cathédrale Marie-Reine-du-Monde
2001		Masonic Memorial Temple
2002		Église Notre-Dame-de-la-Défense

Source : Site Internet de l'agence Parcs Canada, *Répertoire des désignations d'importance historique nationale*, 2003 ; consulté le 1ᵉʳ septembre 2003 [http://parkscanada.pch.gc.ca/apps/lhn-nhs/index_f.asp]

Annexe V

Liste des biens culturels classés et reconnus par l'État québécois à Outremont (1922-2003) et des biens culturels cités et des sites du patrimoine constitués par la Ville d'Outremont (1985-2003)

1987	Théâtre Outremont (Ci)
1994	Théâtre Outremont (r)

Légende: (Ci) = citation ; (r) = reconnaissance.

Source : Site Internet du ministère de la Culture et des Communications, Répertoire des biens culturels, 2003 ; consulté le 1er septembre 2003 [www.mcc.gouv.qc.ca/pamu/biens-culturels/index.htm].

Liste des biens culturels classés et reconnus par l'État québécois à Westmount (1922-2003) et des biens culturels cités et des sites du patrimoine constitués par la Ville de Westmount (1985-2003)

1976	Deux portails du Kensington Apartments (ou Quiland Apartments) (c)
1984	Maison Braemar (r)

Légende: (c) = classement; (d) = décrèt d'un arrondissement; (r) = reconnaissance.

Source : Site Internet du ministère de la Culture et des Communications, Répertoire des biens culturels, 2003; consulté le 1ᵉʳ septembre 2003 [www.mcc.gouv.qc.ca/pamu/biens-culturels/index.htm].

**Titulaires du ministère de la Culture et des Communications
depuis sa création (1961-2003)**

Ministère/fonction	Titulaire	Date du serment (entrée en fonction)
CABINET LESAGE Affaires culturelles	LAPALME, Georges-Émile LAPORTE, Pierre TREMBLAY, Jean-Noël	28 mars 1961 9 septembre 1964 16 juin 1966
CABINET JOHNSON (Daniel père) Affaires culturelles	TREMBLAY, Jean-Noël	2 octobre 1968
CABINET BERTRAND Affaires culturelles	CLOUTIER, François	12 mai 1970
CABINET BOURASSA Affaires culturelles	KIRKLAND-CASGRAIN, Claire CLOUTIER, François HARDY, Denis L'ALLIER, Jean-Paul	2 février 1972 21 février 1973 13 novembre 1973 5 août 1975
CABINET LÉVESQUE Affaires culturelles	O'NEILL, Louis VAUGEOIS, Denis RICHARD, Clément	26 novembre 1976 28 février 1978 30 avril 1981
CABINET JOHNSON (Pierre-Marc) Affaires culturelles	RICHARD, Clément GODIN, Gérald	3 octobre 1985 16 octobre 1985
CABINET BOURASSA Affaires culturelles Culture (1er changement de nom du Ministère, le 1er janvier 1993)	BACON, Lise ROBILLARD, Lucienne FRULLA, Liza	12 décembre 1985 11 octobre 1989 5 octobre 1990
CABINET JOHNSON (Daniel fils) Culture et Communications (2e changement d'appellation, le 11 janvier 1994)	FRULLA, Liza	11 janvier 1994
CABINET PARIZEAU Culture et Communications	MALAVOY, Marie DIONNE-MARSOLAIS, Rita PARIZEAU, Jacques BEAUDOIN, Louise	26 septembre 1994 28 novembre 1994 31 janvier 1995 3 août 1995
CABINET BOUCHARD Culture et Communications	BEAUDOIN, Louise MALTAIS, Agnès	29 janvier 1996 15 décembre 1998
CABINET LANDRY Culture et Communications	LEMIEUX, Diane	8 mars 2001
CABINET CHAREST Culture et Communications	BEAUCHAMP, Line	29 avril 2003

Source : Site Internet du ministère de la Culture et des Communications, Gouvernement du Québec, 2003 ; consulté le 5 mai 2003, [www.mcc.gouv.qc.ca/minister/anciens_titulaires.htm].

Bibliographie

Articles de presse – Montréal   354
Sources imprimées   374
Publications gouvernementales   380
Études   382

Articles de journaux

Note : Les articles de journaux sont, pour la plupart, tirés des dossiers de presse constitués par les Archives de la Ville de Montréal, qui n'ont gardé aucune pagination, ce qui en explique l'absence dans la présente bibliographie.

« 66 organismes appuient les "Espaces Verts" », *La Presse*, 2 mai 1973.

« Acquisition de l'édifice L.-O. Grothé », *S.O.S. Montréal*, vol. 5, n° 1 (1980), p. 4.

« Affiches et photos pour "sauver Montréal" », *Le Devoir*, 9 avril 1974.

« À la mémoire des patriotes... et la défense de leur prison », *Le Jour*, 24 novembre 1975.

« Anciens cinémas : la conservation : c'est possible ! », *Bulletin de la fondation Héritage Montréal*, vol. 3, n° 1 (hiver 1989).

« A prison worth saving », *The Montreal Star*, 5 octobre 1975.

« Aucun danger pour le carré Saint-Louis », *La Presse*, 31 octobre 1974.

« "Battle of philosophy" boils over Grey Nuns' hospital », *The Gazette*, 10 juin 1976.

« Bishop Street tenants fight demolition plans », *The Gazette*, 11 juin 1980.

« Booklet may help to save historic Windsor Station », *The Montreal Star*, 27 juillet 1973.

« Boulerice demande au ministre des Affaires culturelles de sauver l'hôtel Queen's », *La Presse*, 5 novembre 1988.

« Building history », *The Montreal Star*, 21 décembre 1970.

« Centre de Congrès et Place Guy-Fravreau : "un complexe de l'édifice" », *S.O.S. Montréal*, vol. 2, n° 3 (1977), p. 7.

« Christ Church devient monument historique », *La Presse*, 4 octobre 1988.

« Church classified as monument », *The Gazette*, 6 août 1976.

« Citizen drive stalls parking lot project », *The Gazette*, 10 juin 1975.

« City administration asked to preserve old Van Horne mansion from wrecker », *The Montreal Star*, 21 mai 1969.

« City to cover deficit of "Heritage" condos », *The Gazette*, 7 mars 1990.

« City lists buildings in need for protection », *The Montreal Star*, 13 septembre 1973.

« City "powerless" to save Laurentien », *The Gazette*, 3 mai 1977.

« Collège Sainte-Marie : en démolition ! », *S.O.S. Montréal*, vol. 1, n° 7 (1976), p. 3.

« Culture in Quebec », *The Gazette*, 12 juillet 1973.

« Construction et démolition : "Sauvons Montréal" réclame un "gel" en attendant le schéma d'aménagement », *Le Devoir*, 4 février 1976.

« D'autres condos controversés au pied du mont Royal », *Le Devoir*, 22 septembre 2000.

« Des façades victoriennes en jeu », *La Presse*, 26 août 1992.

« Des logements dans un monastère », *Héritage Canada*, vol. 5, n° 3 (1979), p. 39.

« Demolishing our heritage », *The Gazette*, 14 juillet 1995.

« Endangered apartment block may be named historic building », *The Gazette*, 28 mai 1986.

« Fondation d'une commission sur Montréal », *S.O.S. Montréal*, n° 4 (1976), p. 2.

« Grands et petits emblèmes du patrimoine montréalais », *Bulletin de la fondation Héritage Montréal*, vol. 11, n° 1 (2001).

« Great Places gets 'surprise' petition », *The Gazette*, 31 juillet 1973, p. 5.

« Grey Nuns site "historic" », *The Montreal Star*, 20 janvier 1976.

« Héritage Montréal travaillera à protéger le patrimoine urbain », *Le Devoir*, 28 octobre 1975.

« Héritage Montréal demande à la Ville de consulter la population », *La Presse*, 16 mai 1984.

« Héritage Montréal fustige les modifications au Plan directeur », *La Presse*, 8 août 1990.

« Historic site », *The Montreal Star*, 24 décembre 1974.

« Hôtel Laurentien. Dernier SOS de Sauvons Montréal », *La Presse*, 24 novembre 1976.

« How Save Montreal Began », *S.O.S. Montréal*, vol. 1, n° 3 (1976), p. 5.

« Jesuit order college demolition », *The Gazette*, 7 août 1976.

« La demande de démolition de l'hôtel Laurentien suscite des résistances », *Le Devoir*, 5 octobre 1976.

« La campagne pour sauver la maison Van Horne échoue », *La Presse*, 10 septembre 1973, p. 2.

« La Cour ne peut préserver la maison Van Horne », *Le Devoir*, 14 juillet 1973, p. 3.

« La Jean Talon », *Le Devoir*, 13 janvier 1975.

« L'Allier approves Grey Nuns plan », *The Gazette*, 9 juillet 1976.

« L'Allier veut préserver deux immeubles d'habitation », *Le Devoir*, 29 avril 1976.

« L'Allier tient à la maison des Sœurs », *La Presse*, 21 mai 1976.

« La maison des Sœurs Grises », *Le Devoir*, 5 décembre 1974.

« La maison Greenshield ne pourra être détruite », *La Presse*, 3 octobre 1974.

« La maison Le Noblet-Duplessis reconnue monument historique », *Le Devoir*, 12 mai 1976.

« La maison Raymond : monument historique », *La Presse*, 3 juin 1975.

« La maison Shaughnessy menacée à son tour », *La Presse*, 5 octobre 1973.

« La maison Shaughnessy classée monument historique par Québec », *La Presse*, 11 février 1974.

« La Presse peut démolir », *La Presse*, 15 février 1991.

« L'art du gâchis en rénovation », *La Presse*, 29 avril 1976.

« La société Marathon demande un permis pour démolir l'hôtel Laurentien », *La Presse*, 5 octobre 1976.

« L'auto-cancer des villes », *S.O.S. Montréal*, vol. 1, n° 8 (1976), p. 6-7.

« La ville fera l'impossible pour sauver le domaine des Sulpiciens », *Le Devoir*, 29 septembre 1972.

« Le cinéma Capitol sera-t-il démoli ? », *La Presse*, 13 octobre 1973.

« Le coût de la rénovation coûterait $18 millions », *La Presse*, 18 janvier 1984.

« Le couvent du Bon-Pasteur », *S.O.S. Montréal*, vol. 2, n° 2 (1977), p. 6.

« L'édifice L.-O. Grothé classé à titre de monument historique », *La Presse*, 20 août 1976.

« Le langage des gros sous », *La Presse*, 6 novembre 1976.

« Le mois du recyclage », *S.O.S. Montréal*, vol. 3, n° 6 (janvier 1979), p. 6.

« Le Mont-Saint-Louis épargné et classé », *Le Devoir*, 21 juillet 1976.

« Le Mont-Saint-Louis reconnu bien culturel », *La Presse*, 19 mai 1979.

« Le nouveau propriétaire de la maison Van Horne pourra plaider sa cause », *Le Devoir*, 27 juillet 1973, p. 3.

« Le plan directeur du centre-ville de Montréal : trois objectifs », *La Presse*, 29 janvier 1990.

« Le projet de la Place de la Tour semble en bonne voie de réalisation », *Le Jour*, 10 décembre 1974.

« Le projet de Sauvons Montréal : bâtir un véritable plan d'aménagement », *La Presse*, 31 mai 1976.

« Le rôle de la SIMPA : réhabiliter le patrimoine architectural de Montréal », *Habitabec*, 14 décembre 1984.

« Les Affaires culturelles veulent classer la Maison Shaughnessy », *La Presse*, 26 octobre 1973.

« Les audiences publiques sur le centre-ville », *S.O.S. Montréal*, n° 4 (mai 1976), p. 12.

« Les bâtiments historiques de la rue Jeanne-Mance : une nouvelle coopérative », *S.O.S. Montréal*, vol. 2, n° 4 (1977), p. 2.

« Les citoyens seront consultés sur l'avenir de Montréal », *La Presse*, 12 mai 1976.

« Les coops d'habitation », *S.O.S. Montréal*, n° 2 (mai 1977), p. 8-9.

« Les édifices historiques : Montréal n'a aucun pouvoir », *Le Devoir*, 3 juin 1974.

« Les résidents vont se battre pour sauver leurs logements », *Le Devoir*, 7 juillet 1987.

« Les Sœurs grises ont reçu une offre de $ 17 millions », *La Presse*, 4 décembre 1974.

« Les Sulpiciens ripostent à leurs détracteurs », *La Presse*, 23 janvier 1972.

« Lord Shaughnessy », *The Gazette*, 20 février 1971.

« Mindless destruction », *The Gazette*, 11 septembre 1973.

« Montrealers tour their own backyard », *The Gazette*, 8 juillet 1976.

« Montréal n'aurait aucun droit d'empêcher une démolition », *Le Devoir*, 28 décembre 1974.

« Montréal versera 2,1 millions pour combler le déficit du Mont-Saint-Louis », *La Presse*, 7 mars 1990.

« Mother House classified historic », *The Gazette*, 12 novembre 1977.

« Old club becomes historic site », *The Montreal Star*, 15 juillet 1975.

« One that was saved… and recycled », *The Gazette*, 15 mars 1974.

« Overdale : des appuis pour les locataires », *La Presse*, 10 août 1987.

« Permits department puts lid on callers », *The Montreal Star*, 25 septembre 1976.

« Petition seeks end to all city demolition », *The Montreal Star*, 22 octobre 1974.

« Place Guy Favreau embarrasses the Feds », *S.O.S. Montréal*, vol. 1, n° 1 (février 1976), p. 19.

« Plus de 50 mémoires », *La Presse*, 31 mai 1976.

« Poet's houses gain tribute », *The Montreal Star*, 21 janvier 1977.

« Pour être belle, une ville doit vieillir. Mais Montréal… », *La Presse*, 20 mars 1976.

« Pour la sauvegarde des biens culturels », *Le Devoir*, 2 décembre 1972.

« Pour protéger nos "biens culturels" », *Le Jour*, 22 novembre 1975.

« Pour un village temporaire au parc Viau », *La Presse*, 19 juin 1974.

« Project dooms Christ Church rectory », *The Gazette*, 2 août 1985.

« Projet d'hôtel à Montréal : Les promoteurs renoncent », *Le Devoir*, 13 mai 1999.

« Remember Van Horne », *The Gazette*, 8 septembre 1980.

« Restauration de l'hôpital des Sœurs Grises : Sauvons Montréal s'y oppose », *Le Jour*, 10 juin 1976.

« Québec secourt les "géantes" », *Le Devoir*, 9 octobre 1996.

« Sans titre », *La Presse*, 19 mai 1973.

« Sauvons Montréal », *S.O.S. Montréal*, vol. 1, n° 1 (1976), p. 17.

« Sauvons Montréal : création d'un groupement pour épargner des immeubles que l'on veut historiques », *Dimanche-Matin*, 30 septembre 1973.

« "Sauvons Montréal" défile à la chandelle », *Le Jour*, 6 septembre 1974.

« "Sauvons Montréal" invite à manifester contre la dégradation du centre-ville », *La Presse*, 24 octobre 1975.

« Save Montreal organizing development plan hearing », *The Gazette*, 12 mai 1976.

« Save-the-city groups a glow on… », *The Gazette*, 6 septembre 1974.

« Save the Quinland! », *S.O.S. Montréal*, vol. 1, n° 4 (1976), p. 13.

« Saving facades: a new way for highrise developers to save face? », *The Montrealer Downtowner*, 20 octobre 1982.

« Seven that have fallen », *The Gazette*, 15 mars 1974.

« Six bonnes raisons pour conserver le domaine des Sulpiciens », *S.O.S. Montréal*, vol. 3 (1980), p. 6-7.

« Small breeze of democracy », *The Gazette*, 6 août 1981.

« Sulpician land », *The Gazette*, 20 janvier 1970.

« Sulpician property: Bitterness mounts », *The Montreal Star*, 11 mars 1970.

« Sulpiciens : reprise de lutte pour sauver les terrains », *La Presse*, 14 mars 1974.

« The last greenery in the city's heart », *The Montreal Star*, 12 décembre 1971.

« The public and Villa Maria », *The Gazette*, 25 avril 1977.

« Transformer l'ancien Mont-Saint-Louis en centre socio-culturel », *Le Devoir*, 7 octobre 1976.

« Trying to preserve history », *The Gazette*, 5 octobre 1973.

« Une première à Montréal : la rue Crescent aux piétons », *Le Devoir*, 9 juin 1979.

« Un projet immobilier menace un vaste ensemble architectural », *La Presse*, 31 janvier 1976.

« Villa-Maria, monument historique », *Le Devoir*, 6 mars 1976.

« Walking tours uncover city's hidden charms », *The Gazette*, 28 mai 1977.

« Westmount, province in mix-up: Greystone's future uncertain », *The Gazette*, 26 mars 1976.

« When churches lose their people, what then? », *The Gazette*, 15 janvier 1976.

« Wreckers win the battle for Drummond mansions », *The Montreal Star*, 23 août 1977.

« Windsor Station », *The Montreal Star*, 23 décembre 1975.

« Windsor Station defender raps idea of computerized inventory », *The Montreal Star*, 29 juillet 1972.

« Windsor Station won't be marked as historic site », *The Gazette*, 3 octobre 1973.

Abbott, Betty, « Grey Nuns property », *The Gazette*, 25 juin 1975.

Acland, James, « Frame the old in the new », *The Montreal Star*, 23 octobre 1970.

Adams, Annmarie, « Mégahôpital McGill : d'autres solutions », *La Presse*, 11 novembre 2002.

Adam, Marcel, « Le saccage de notre patrimoine », *La Presse*, 14 décembre 1974.

Adamson, Claire, « Sherbrooke St. houses threatened again », *S.O.S. Montréal*, vol. 3, n° 6 (1979), p. 7.

Adamson, Claire, « Another house on Dorchester saved », *S.O.S. Montréal*, vol. 4, n° 3 (1981), p. 4-5.

Adilman, Mona Elaine, « High rise for St. Sulpice? », *The Gazette*, 14 janvier 1970.

Aldiman, Mona, « Le domaine Saint-Sulpice à préserver », *Le Devoir*, 6 mars 1970.

Ambroziak, Alycia, « City "savers" crowd bus tour », *The Gazette*, 27 mai 1974.

Arcand, Denis, « Les prix citron de Sauvons Montréal au Club Price et au maire Bourque », *La Presse*, 17 décembre 1994.

Archer, Helen M., « Montreal needs green area of Villa Maria », *The Gazette*, 26 mars 1975.

Ascah, Robert, « La disparition d'Espaces verts », *Métro-matin*, 15 juin 1979.

Auger, Michel C., « Les locataires de la rue Overdale n'ont pas été consultés et n'ont pas le temps de réfléchir », *Le Devoir*, 11 juin 1987.

Baker, Joseph, « Urban form is at heart of McGill College Ave. debate », *The Gazette*, 28 juillet 1984.

Baker, Joseph, « We can't preserve our heritage through token gesture », *The Gazette*, 24 août 1985.

Baker, Joseph, « Le sort des hôpitaux du Centre universitaire de santé McGill », *Le Devoir*, 19 avril 2001.

Baillargeon, Stéphane, « Projet de politique gouvernementale : Les groupes de défense du patrimoine s'organisent », *Le Devoir*, 22 juin 1999.

Baillargeon, Stéphane, « Le projet des Jardins du Gesù est mis sur la glace », *Le Devoir*, 30 avril 2003.

Beaubien, Claude P., « L'avenir du parc Viau », *Le Devoir*, 29 mai 1973.

Beaudet, Gérard, « De l'abus de pouvoir : Le déménagement de l'Hôtel-Dieu ou l'éloge de la planification technocratique », *Le Devoir*, 23 juillet 1992.

Beaudet, Gérard, « L'avenir de la gare Jean-Talon : Loblaw veut le bien des Montréalais... et il l'aura », *Le Devoir*, 4 décembre 1997.

Beaudet, Gérard, « L'édifice de la Redpath : Une dilapidation du patrimoine cautionnée par Québec et Ottawa », *Le Devoir*, 26 juillet 1999.

Beaudet, Gérard, « Domaine des Sulpiciens : un nouveau démembrement cautionné par Québec », *La Presse*, 7 août 1999.

Beaudet, Gérard et Jean Décarie, « Le mont Royal livré en pâture », *Le Devoir*, 12 avril 1999.

Beaunoyer, Michel, « Montréal entend s'attaquer sérieusement au problème des immeubles abandonnés », *La Presse*, 15 février 1992.

Beaupré, Pierre, « La maison-mère des Sœurs Grises », *Le Devoir*, 14 décembre 1974.

Beaupré, Pierre, « Les architectes demandent au ministre Hardy de faire respecter ses décisions », *La Presse*, 24 décembre 1974.

Bédard, Michel, « Restaurons le Mont-Saint-Louis », *Le Devoir*, 30 mars 1984.

Benoît, Jacques, « D'autres belles maisons seraient sacrifiées à un ensemble immobilier », *La Presse*, 12 juin 1974.

Benoît, Jacques, « Montréal poursuivra ceux qui ont démoli sans permis », *La Presse*, 24 décembre 1974.

Benoît, Jacques, « Montréal interdit la démolition de plusieurs maisons devant être classées comme biens culturels », *La Presse*, 21 janvier 1975.

Benoît, Jacques, « La démolition avait commencé dans l'illégalité », *La Presse*, 14 février 1975.

Benoît, Jacques, « Un projet pour conserver le Gesù et une partie du collège », *La Presse*, 26 mars 1975.

Benoît, Jacques, « La décision du ministre Hardy fera qu'il y aura scandale ou pas », *La Presse*, 31 mai 1975.

Benoît, Jacques, « La Maison des Sœurs grises : Hardy se prononcera mardi », *La Presse*, 6 juin 1975.

Benoît, Jacques, « "Héritage Montréal" : appui financier à la rénovation », *La Presse*, 28 octobre 1975.

Benoît, Jacques, « Les locataires du Royal George refusent de perdre leur identité », *La Presse*, 19 novembre 1975.

Benoît, Jacques, « La maison mère : Belcourt possède une option mais pas de projet précis », *La Presse*, 3 février 1976.

Benoît, Jacques, « Le débat sur le zonage à Montréal : Holà aux frères jumeaux : démolitions et parkings ! », *La Presse*, 21 février 1976.

Benoît, Jacques, « Démolitions : désormais un secret à Montréal », *La Presse*, 24 septembre 1976.

Benoît, Jacques, « Mont-Saint-Louis : foyers d'étudiants, édifices à bureaux... », *La Presse*, 7 octobre 1976.

Benoît, Jacques, « La réincarnation de l'église St-Jacques », *La Presse*, 31 mai 1978.

Bernard, Florian, « Le quartier chinois amputé », *La Presse*, 30 mars 1972.

Bernard, Florian, « Toute une époque disparaîtra avec la gare Windsor, qui doit faire place à un gratte-ciel de 34 étages », *La Presse*, 6 mai 1972.

Bernard, Florian, « Montréal veut désormais contrôler la démolition des immeubles historiques », *La Presse*, 13 septembre 1973.

Bernard, Florian, « Radio-Canada érigera une tour de 1 000 pieds sur le mont Royal », *La Presse*, 13 septembre 1985.

Bernard, Florian, « Le cinéma Outremont ferait place à un restaurant », *La Presse*, 5 février 1987.

Bernard, Florian, « Le cinéma Outremont vit ses dernières heures », *La Presse*, 25 février 1987.

Bernier, Conrad, « 500 immeubles désaffectés à Montréal », *La Presse*, 27 août 1985.

Berthault, Madeleine, « Le comité pour la défense des monuments historiques : "un acte de terrorisme et de pernicieux vandalisme" », *La Presse*, 17 août 1972.

Berthault, Madeleine, « "Sauvons Montréal" veut rendre la ville habitable », *La Presse*, 6 février 1974.

Berthault, Madeleine, « Un groupe de citoyens ira négocier la réouverture du domaine Villa-Maria », *La Presse*, 27 mai 1977.

Berthault, Madeleine, « MBA : lèguera-t-on un bilan de nos racines ou une page d'histoire des années 1980 ? », *La Presse*, 12 juin 1987.

Berthiaume, Christiane, « La démolition de l'ancienne cathédrale de Montréal commence, un mal pour un bien ? », *La Presse*, 19 novembre 1974.

Berthiaume, Christiane, « La Fédération des sociétés historiques réprouve "tout projet de mutilation" », *La Presse*, 29 mai 1975.

Berthiaume, Christiane, « Jean-Claude Marsan : défenseur du patrimoine urbain », *La Presse*, 7 avril 1976.

Bertrand, Pierre, « Le juge est confronté à 2 théories géométriques », *Le Jour*, 31 décembre 1974.

Bilodeau, Jean-Noël, « La conservation du patrimoine : L'Allier veut imposer "ses règles du jeu" à Ottawa », *Le Jour*, 3 mars 1976.

Bisson, Bruno, « La conservation du *New Sherbrooke* pose un problème au Musée des Beaux-Arts », *La Presse*, 5 février 1988.

Bissonnette, Lise, « Le Sainte-Marie est à vendre », *Le Devoir*, 5 décembre 1974.

Bissonnette, Lise, « La construction démarre enfin à l'UQAM », *Le Devoir*, 14 décembre 1974.

Bland, John, « Urges Windsor station be kept in complex », *The Gazette*, 17 décembre 1970.

Bland, John, « Windsor Station – merging new with old could be work of art », *The Gazette*, 30 juin 1972.

Bland, John, « Demolition of Windsor Station not justified building sound and could be renovated », *The Gazette*, 18 juin 1973.

Bonhomme, Jean-Pierre, « Projet pour faire un parc à Villa Maria », *La Presse*, 13 mai 1977.

Bonhomme, Jean-Pierre, « Les résidences victoriennes de la rue Drummond tombent », *La Presse*, 23 août 1977.

Bonhomme, Jean-Pierre, « Crescent, rue piétonnière ? Montréal procédera à ses propres études techniques, auparavant », *La Presse*, 27 septembre 1977.

Bonhomme, Jean-Pierre, « Les églises du centre de Montréal renaissent », *La Presse*, 21 janvier 1980.

Bonhomme, Jean-Pierre, « Les Montréalais perdants du point de vue de la bonne utilisation des espaces communs », *La Presse*, 18 novembre 1980.

Bonhomme, Jean-Pierre, « Projet de bibliothèque de $ 30 millions », *La Presse*, 23 janvier 1982.

Bonhomme, Jean-Pierre, « Le domaine du Grand Séminaire est classé site historique », *La Presse*, 3 juin 1982.

Bonhomme, Jean-Pierre, « L'édifice Grothé : première action concrète de la SIMPA », *La Presse*, 10 septembre 1982.

Bonhomme, Jean-Pierre, « La façade du Monument national subira des transformations », *La Presse*, 23 mars 1983.

Bonhomme, Jean-Pierre, « Le presbytère conservé », *La Presse*, 20 septembre 1985.

Bonhomme, Jean-Pierre, « Gymnase : McGill veut empiéter sur le mont Royal », *La Presse,* 30 avril 1986.

Bonhomme, Jean-Pierre, « Montréal inaugure son système de consultation publique en architecture », *La Presse,* 6 mai 1987.

Bonhomme, Jean-Pierre, « Des locataires demandent à la Ville de freiner un promoteur immobilier », *La Presse,* 8 août 1988.

Bonhomme, Jean-Pierre, « Montréal s'intéresse à la protection de cinq anciennes salles de cinéma », *La Presse,* 2 septembre 1988.

Bonhomme, Jean-Pierre, « Aménagement : le grand rêve s'embrume », *La Presse,* 5 novembre 1988.

Bonhomme, Jean-Pierre, « L'opposition s'organise pour faire échec au "lifting" de l'immeuble Westmount Square », *La Presse,* 1er avril 1989.

Bonhomme, Jean-Pierre, « Montréal assouplit son plan d'aménagement du centre-ville », *La Presse,* 14 juin 1990.

Bonhomme, Jean-Pierre, « Le projet relatif au nouveau Forum est loin de faire l'unanimité », *La Presse,* 27 novembre 1991.

Bonhomme, Jean-Pierre, « La construction du nouveau forum à la gare Windsor ne pourra pas débuter cet automne », *La Presse,* 22 septembre 1992.

Bonhomme, Jean-Pierre, « L'École des HEC défend son projet de campus près de Sainte-Justine », *La Presse,* 8 avril 1993.

Bourgault, Pierre, « Le démolisseur frappe encore », *S.O.S. Montréal,* vol. 4, no 3 (1981), p. 6-7.

Bouthillier, André, « CF se résout à amorcer une consultation », *Le Devoir,* 5 juillet 1984.

Bujold, Huguette et Michael Fish, « Recycling vacated schools », *S.O.S. Montréal,* vol. 3, no 6 (1979), p. 5.

Bumbaru, Dinu, « Pourquoi ce silence au sujet du port ? », *La Presse,* 23 novembre 1989.

Bumbaru, Dinu, « Conserver le patrimoine plutôt que privilégier le grandiose », *La Presse,* 5 août 1991.

Bumbaru, Dinu, « Le jeu des promoteurs », *La Presse,* 18 mars 1992.

Bumbaru, Dinu, « Le déménagement de l'Hôtel-Dieu : un pillage voilé », *La Presse,* 15 mai 1995.

Bumbaru, Dinu, « À la défense du silo #5 », *La Presse,* 19 août 1996.

Bumbaru, Dinu, « La compétence des citoyens compense-t-elle la démission des pouvoirs publics ? », *Le Devoir,* 26 octobre 1996.

Bumbaru, Dinu, « À 2002, monsieur le maire... », *La Presse,* 20 octobre 1998.

Bumbaru, Dinu, « Pourquoi pas une charte pour préserver la montagne ? », *Le Devoir,* 3 novembre 1998.

Bumbaru, Dinu, « Commerce électronique et patrimoine architectural », *La Presse,* 17 mai 2000.

Bumbaru, Dinu et Cécile Grenier, « Le mont Royal : symbole d'une vision plus humaine de la ville », *La Presse,* 25 janvier 1986.

Bumbaru, Dinu et Maurice Forget, « Faubourg Québec : une politique manque pour faire des choix intelligents », *La Presse,* 12 novembre 1993.

Bumbaru, Dinu, Denise Caron et Claudine Déom, « Un patrimoine pour demain », *Le Devoir,* 9 septembre 1998.

Bumbaru, Dinu et Claudine Déom, « Le projet Rasco : condos ou jardins à l'ancienne ? », *Le Devoir,* 18 août 1998.

Bumbaru, Dinu, Sylvie Guilbault, Pierre Larochelle et Pierre Ramet, « Il existe beaucoup de cas comme celui du Hunt Club », *La Presse,* 15 janvier 2000.

Buzzetti, Hélène, « Le remplacement du pylône du mont Royal agace Les Amis de la Montagne », *Le Devoir,* 9 septembre 1998.

Cantin, Philippe et Jean Dion, « Quatre scénarios possibles pour l'aménagement du nouveau Forum », *La Presse,* 14 août 1991.

Cauchon, Paul, « Nouvelles oppositions au nouveau Forum », *Le Devoir,* 24 mars 1993.

Cardinal, François, « Les bons et mauvais coups architecturaux : Montréal se fait citronner », *Le Devoir,* 18 décembre 1999.

Cardinal, François, « Cité du commerce électronique », *Le Devoir,* 1er juillet 2000.

Cardinal, François, « Il ne manque plus qu'une autorisation de Québec », *Le Devoir,* 30 novembre 2002.

Carducci Cassetta, Lisa, « Si on avait détruit Rome... », *La Presse,* 17 juin 1975.

Carter, David Giles, « New uses for our landmarks might be a way of saving them », *The Gazette*, 13 juillet 1973, p. 7.

Castro, Ricardo L., « Tracing evolution of modernism in Montreal », *The Gazette*, 7 septembre 1985.

Castro, Ricardo L., « Turning nuns' mother house into school poses challenge », *The Gazette*, 5 octobre 1985.

Chaplin, Diana, « Une autre propriété menacée : Montréal et Québec laisseront gâcher la vocation unique du domaine Villa-Maria », *Le Devoir*, 18 février 1975.

Chaplin, Diana, « Metro impact may destroy rare "land from the past" », *The Gazette*, 5 mars 1975.

Chaplin, Diana, « Villa Maria Building Saved. Green Space Still in Danger », *S.O.S. Montréal*, vol. 1, n° 3 (1976), p. 2.

Charbonneau, André, « Pour sauver la gare Windsor, Michael Fish appelle à son aide la commission Viger », *Le Devoir*, 9 février 1971.

Chartier, Jean, « Compromis sur l'avenir du terrain Villa-Maria », *Le Devoir*, 26 juin 1996.

Chartier, Jean, « Protection des espaces verts du Fort de la montagne : Héritage Montréal s'adresse à Copps », *Le Devoir*, 10 avril 1999.

Chouinard, Marie-Andrée, « Un groupe de réflexion souhaite plus d'action et moins de réaction : Québec devrait se doter d'une politique du patrimoine », *Le Devoir*, 5 janvier 1999.

Clift, Dominique, « Old buildings : The need for action », *The Montreal Star*, 30 janvier 1975.

Cloutier, Laurier, « La chambre de commerce : non au projet OSM-McGill College », *La Presse*, 19 avril 1984.

Cloutier, Laurier, « Montréal se contente de sauver les façades; Toronto veut conserver tout le patrimoine », *La Presse*, 17 février 1990.

Clulow, Melanie et Peggy Curran, « Street fest publicizes fight for homes », *The Gazette*, 3 août 1987.

Coalition sur l'avenir de l'Hôtel-Dieu, « M. Bourassa doit suspendre les démarches visant à déménager l'Hôtel-Dieu », *La Presse*, 18 juillet 1992.

Colpron, Suzanne, « Les Montréalais devraient pouvoir choisir l'emplacement de leur Grande Bibliothèque », *La Presse*, 9 septembre 1997.

Comité de lutte des locataires de Clermont Motor, « Des locataires face à Clermont Motor », *Le Jour*, 26 juillet 1976.

Comité des transports de Sauvons Montréal, « Rue piétonnière : les problèmes et leurs solutions », *S.O.S. Montréal*, vol. 3, n° 6 (février 1978), p. 4.

Comité des transports de Sauvons Montréal, « Proposition d'aménagement de la rue Crescent », *S.O.S. Montréal*, vol. 3, n° 6 (février 1978), p. 5.

Corriveau, Jeanne, « Le mont Royal devient une zone verte », *Le Devoir*, 8 février 2003.

Corriveau, Jeanne, « Montréal aura sa politique du patrimoine », *Le Devoir*, 22 septembre 2003.

Côté, Roch, « Le conseil municipal approuve ce soir le projet immobilier Overdale », *La Presse*, 22 juin 1987.

Cotton, Crosbie, « Third mansion falls without demolition permit », *The Montreal Star*, 8 janvier 1975.

Corboz, André, « Le projet des Sœurs grises : lâcher la proie pour l'ombre », *La Presse*, 30 juin 1976.

Curran, Peggy, « Heritage buildings fall in city demolition derby », *The Gazette*, 23 novembre 1995.

Curran, Peggy, « A razed mansion's legacy: Van Horne home was a watershed », *The Gazette*, 8 septembre 1998.

Dagenais, Angèle, « Le projet de Cadillac-Fairview devrait être modifié pour respecter le patrimoine architectural », *Le Devoir*, 25 avril 1984.

Dagenais, Angèle, « HM réussit à intéresser CF à une étude de l'aménagement de l'avenue McGill », *Le Devoir*, 28 juin 1984.

Dagenais, Angèle, « CF : urbanistes et architectes organisent une consultation », *Le Devoir*, 29 juin 1984.

Dagenais, Angèle, « L'avenir de l'Outremont : Sauvons Montréal appuie l'association des citoyens », *Le Devoir*, 31 mars 1987.

Denison, Elizabeth R., « The Sulpicians and their land », *The Gazette*, 1er mars 1972.

Déom, Claudine, « Le mont Royal : un patrimoine en péril ? », *Le Devoir*, 4 novembre 2000.

Deptuck, Mary, « Heiress battles to save city's historic sites », *The Gazette,* 17 novembre 1980.

Deschamps, Yves, « Le gratte-ciel et la cathédrale », *Le Devoir*, 30 septembre 1985.

Descôteaux, Bernard, « Village Saint-Louis et Milton Parc perdront leur caractère de quartier », *Le Devoir*, 18 avril 1974.

Descôteaux, Bernard, « Un moratoire contre les démolitions », *Le Devoir*, 13 juin 1974.

Descôteaux, Bernard, « La rue Bishop a eu sa fête : Montréal refuse de devenir une ville terne », *Le Devoir,* 17 juin 1974.

Descôteaux, Bernard, « Une restauration au prix de deux démolitions », *Le Devoir*, 28 novembre 1974.

Descôteaux, Bernard, « La bataille s'engage entre la ville et les promoteurs », *Le Devoir*, 9 janvier 1975.

Descôteaux, Bernard, « Démolition gelée, rue J.-Mance », *Le Devoir*, 21 janvier 1975.

Descôteaux, Bernard, « Un grand rêve des Sœurs grises : reconstituer leur maison-mère », *Le Devoir*, 22 février 1975.

Descôteaux, Bernard, « Sauvons Montréal donnera les outils de la restauration urbaine aux citoyens », *Le Devoir*, 8 août 1975.

Descôteaux, Bernard, « Une commission de Sauvons Montréal pour la conception de l'environnement », *Le Devoir*, 12 mai 1976.

Descôteaux, Bernard, « Une fois vendue la maison-mère : le vieil Hôpital général pourra être reconstitué », *Le Devoir*, 8 juin 1976.

Desrosiers, Éric, « Protection du mont Royal : une coalition en appelle à Québec », *Le Devoir*, 29 septembre 2000.

Desrosiers, Éric, « Maltais répond au S.O.S. », *Le Devoir,* 3 novembre 2000.

De Wet, Wouter, « Save the Station? The experts are divided in their opinion », *The Montreal Star*, 12 décembre 1970.

De Wet, Wouter « Landmarks may be swallowed », *The Montreal Star,* 11 mars 1973.

D'Iberville-Moreau, Luc, « Pourquoi faut-il sauver la maison Van Horne », *Le Devoir*, 1er septembre 1973, p. 13.

D'Iberville-Moreau, Luc, « Comment tuer une ville », *Le Devoir*, 29 septembre 1973.

D'Iberville-Moreau, Luc, « Comment tuer une ville – bis », *Le Devoir*, 10 novembre 1973.

D'Iberville-Moreau, Luc, « La loi des biens culturels », *Le Devoir*, 15 décembre 1973.

D'Iberville-Moreau, Luc, « La loi sur les biens culturels servira-t-elle à quelque chose ? », *Le Devoir,* 19 janvier 1974.

D'Iberville-Moreau, Luc, « Le patrimoine menacé du Québec », *Le Devoir*, 14 février 1976.

Doyle, Patrick, « "First city of 21st century" Drapeau's next target », *The Gazette*, 20 janvier 1974.

Doré, Marc, « Montréal : l'ère des gratte-ciel tire à sa fin », *La Presse*, 1er juin 1979.

Drummond, Derek, « McGill College plan will hurt street's visual integrity », *The Gazette*, 28 avril 1984.

Drummond, Derek, « Glass-tower concept posed ideal that couldn't be met », *The Gazette*, 2 mars 1985.

Drummond, Derek, « From church's fall into temptation comes sin of banality », *The Gazette*, 24 septembre 1988.

Dubuc, Alain, « Montréal a fait ses devoirs, que Québec fasse les siens », *La Presse*, 17 février 1993.

Dubuc, Alain, « Les fous du patrimoine », *La Presse*, 8 août 1996.

Dubuc, Jean-Guy, « Comment sauver Montréal », *La Presse*, 4 juin 1976.

Dubuc, Paul A., « Le sort des rues Bishop et MacKay », *Le Devoir*, 22 mai 1975.

Dubuc, Paul-A., « Habitation réaliste ou idéale ? », *Le Devoir*, 17 mars 1978.

Ducas, Marie-Claude, « L'agrandissement du Palais de congrès inquiète ceux qui se préoccupent de patrimoine urbain », *Le Devoir*, 9 janvier 1999.

Dufort, Lorraine et Jean-Claude Dufort, « Loin des yeux de Québec, loin du cœur... », *La Presse*, 22 mars 1975.

Dufort, Lucie, « Oui à l'audacieux projet », *Le Devoir*, 17 juillet 1976.

Dumas, Evelyn, « L'assemblée nationale étudiera un projet visant à retarder les démolitions de quartiers historiques », *Le Jour*, 19 juin 1974.

Duhamel, Alain, « Le Parc de la Chapelle : un massacre, selon le mouvement "Sauvons Montréal" », *Le Jour*, 5 juin 1975.

Duhamel, Alain, « Rue Saint-Norbert : les locataires résisteront à la ville de Montréal », *Le Jour*, 15 juillet 1975.

Duhamel, Alain, « Sauvons Montréal lance une campagne de restauration », *Le Jour*, 8 août 1975.

Duhamel, Alain, « Le domaine Villa-Maria doit être préservé », *Le Jour*, 2 octobre 1975.

Duhamel, Alain, « À la défense du Pied-du-Courant », *Le Jour*, 16 octobre 1975.

Duhamel, Alain, « Rencontre avec M. Georges-Émile Lapalme, président de la Commission des biens culturels », *Le Jour*, 5 novembre 1975.

Duhamel, Alain, « Rencontre avec M. Georges-Émile Lapalme, président de la Commission des biens culturels (2) », *Le Jour*, 6 novembre 1975.

Duhamel, Alain, « Le front commun : alternative à la démolition du Pied-du-Courant », *Le Jour*, 22 novembre 1975.

Duhamel, Alain, « La prison des patriotes », *Le Jour*, 15 décembre 1975.

Duhamel, Alain, « La chambre de commerce s'inquiète… », *Le Jour*, 23 janvier 1976.

Duhamel, Alain , « Sauvons Montréal et Espaces verts réjouis », *Le Jour*, 23 janvier 1976.

Duhamel, Alain , « L'entreprise privée et la protection du patrimoine », *Le Jour*, 31 janvier 1976.

Duhamel, Alain , « Sauvons Montréal rend public son rapport : Montréal devra jouer son rôle en matière d'habitation », *Le Jour*, 12 février 1976.

Duhamel, Alain, « La prison des patriotes est finalement classée », *Le Jour*, 17 février 1976.

Duhamel, Alain, « SOS patrimoine », *Le Jour*, 29 avril 1976.

Duhamel, Alain, « Sauvons Montréal lance la Commission des citoyens pour l'avenir de Montréal », *Le Jour*, 12 mai 1976.

Duhamel, Alain, « Redonner la ville à ses citoyens… », *Le Jour*, 31 mai 1976.

Duhamel, Alain, « Bref patrimoine », *Le Jour*, 31 mai 1976.

Duhamel, Alain, « Tout en rénovant la gare Windsor, CP veut lui apposer deux immeubles », *Le Jour*, 18 juin 1976.

Duhamel, Alain, « Le livre vert et le patrimoine », *Le Jour*, 26 juin 1976.

Duhamel, Alain, « Sauvons Montréal veut préserver l'hôtel Laurentien : un flagrant gaspillage de ressources », *Le Jour*, 29 juin 1976.

Duhamel, Alain, « Québec classera le Monument national », *Le Jour*, 7 juillet 1976.

Duhamel, Alain, « Le centre Guy-Favreau : le débat reprend », *Le Devoir*, 1er avril 1977.

Duhamel, Alain, « Choisir entre une habitation ou un stationnement », *Le Devoir*, 18 avril 1977.

Duhamel, Alain, « Du patrimoine des Montréalais », *Le Devoir*, 29 juin 1977.

Duhamel, Alain, « Le propriétaire est poursuivi par les Affaires culturelles », *Le Devoir*, 1er juillet 1978.

Duhamel, Alain, « La rue Saint-Hubert menacée », *Le Devoir*, 26 février 1979.

Duhamel, Alain, « La SHQ achète le monastère du Bon-Pasteur », *Le Devoir*, 10 avril 1979.

Duhamel, Alain, « Une partie de l'ancien Mont-Saint-Louis démolie », *Le Devoir*, 25 avril 1979.

Duhamel, Alain, « Le secteur du parc Milton », *Le Devoir*, 26 juin 1979.

Duhamel, Alain, « Le MAC achète l'édifice L.-O. Grothé », *Le Devoir*, 14 février 1980.

Duhamel, Alain, « La fondation Héritage Montréal », *Le Devoir*, 15 septembre 1980.

Duhamel, Alain, « Un regroupement organise une campagne de sauvegarde », *Le Devoir*, 10 octobre 1980.

Duhamel, Alain, « Le boisé du Grand Séminaire : le Regroupement revient à la charge », *Le Devoir*, 1er novembre 1980.

Duhamel, Alain, « Le boisé du Séminaire tombe sous la scie des bûcherons », *Le Devoir*, 13 novembre 1980.

Duhamel, Alain, « Les vieilles pierres, un argument de vente », *Le Devoir*, 25 novembre 1980.

Duhamel, Alain, « Le Grand Séminaire et son domaine », *Le Devoir*, 12 janvier 1981.

Duhamel, Alain, « La récupération du patrimoine », *Le Devoir*, 2 mars 1981.

Duhamel, Alain, « Une quinzaine de maisons centenaires ont été démolies, rue Saint-Hubert », *Le Devoir*, 30 juin 1981.

Duhamel, Alain, « Montréal, ville ouverte », *Le Devoir*, 13 juillet 1981.

Duhamel, Alain, « Héritage Montréal inaugure son Centre urbain », *Le Devoir*, 5 octobre 1981.

Duhamel, Alain, « Le domaine des Messieurs classé site historique », *Le Devoir*, 31 mai 1982.

Duhamel, Alain, « Le recyclage et ses retombées économiques », *Le Devoir*, 16 août 1982.

Duhamel, Alain, « La disparition de la fonction résidentielle peut signifier le feu vert aux démolisseurs », *Le Devoir*, 28 décembre 1982.

Duhamel, Alain, « La corporation du Grothé s'impatiente », *Le Devoir*, 18 mai 1983.

Duhamel, Alain, « Jean-Claude Marsan à la présidence d'Héritage Montréal », *Le Devoir*, 14 novembre 1983.

Duhamel, Alain, « Les édifices de bureaux de Montréal », *Le Devoir*, 30 janvier 1984.

Duhamel, Alain, « Phyllis Lambert préfère le projet de l'U de M », *Le Devoir*, 2 mai 1984.

Duhamel, Alain, « À son tour, le COPEM s'oppose au projet de Cadillac Fairview », *Le Devoir*, 10 mai 1984.

Duhamel, Alain, « Le RCM exigera le retrait de la résolution », *Le Devoir*, 11 mai 1984.

Duhamel, Alain, « Monastère du Bon Pasteur : après la SCHL, la SHQ abandonne la partie à son tour », *Le Devoir*, 30 juillet 1984.

Duhamel, Alain, « Un projet d'immeuble à bureau derrière la cathédrale anglicane fait hésiter la Ville », *Le Devoir*, 1er août 1985.

Duhamel, Alain, « Les Coopérants construiront leur siège social derrière la cathédrale anglicane », *Le Devoir,* 17 septembre 1985.

Duhamel, Alain, « Les Coopérants : Héritage Montréal demande le classement de la cathédrale anglicane », *Le Devoir*, 21 septembre 1985.

Duhamel, Alain, « Le monastère du Bon-Pasteur et le Mont-Saint-Louis seront recyclés », *Le Devoir*, 5 novembre 1985.

Duhamel, Alain, « Héritage Montréal et Sauvons Montréal demandent le classement du mont Royal », *Le Devoir*, 3 juin 1986.

Duhamel, Alain, « L'identité de Montréal est reliée à la protection de son centre-ville », *Le Devoir*, 9 juin 1986.

Duhamel, Alain, « Avant le prochain hiver… », *Le Devoir*, 18 août 1986.

Duhamel, Alain, « Héritage Montréal recherche des membres », *Le Devoir*, 27 octobre 1986.

Dumas, Evelyn, « Sauvons Montréal accuse : la démolition de l'hôtel Laurentien est un acte obscène », *Le Jour*, 11 octobre 1974.

Dumas, Evelyn, « Les démolisseurs de la rue Drummond contre-attaquent », *Le Jour*, 28 décembre 1974.

Duquette, Guy, « À propos de l'immeuble Grothé, le rôle de l'OPDQ », *S.O.S. Montréal*, vol. 5, n° 1 (1980), p. 5.

Dutrisac, Robert, « Développement immobilier : Lemieux concocte un scénario pour le mont Royal », *Le Devoir*, 11 août 2001.

Echenberg, Lonnie, « The last of Montreal's Square Mile should be classified against high-rise », *The Montreal Star*, 14 août 1974.

Echenberg, Lonnie, « Une décision pour M. Hardy », *Le Devoir*, 17 août 1974.

Echenberg, Lonnie, « Crescent Street for Pedestrians », *S.O.S. Montréal*, vol. 3, n° 6 (1978), p. 3.

Favreau, Mariane, « Que faire de ces immeubles inoccupés qui défigurent la ville ? », *La Presse*, 20 août 1980.

Favreau, Mariane, « La contestation s'amplifie autour du projet Bell-Musée des Beaux-Arts de Montréal », *La Presse*, 29 octobre 1985.

Favreau, Mariane, « Des résidents s'opposent à un projet de condos de luxe aux abords du canal Lachine », *La Presse*, 26 mars 1986.

Favreau, Mariane, « "Les Amis de la montagne" se regroupent : offensive contre le projet de tour sur le mont Royal », *La Presse*, 2 avril 1986.

Favreau, Mariane, « Trois générations se côtoient dans l'ex-couvent du Bon-Pasteur », *La Presse*, 19 juin 1987.

Favreau, Mariane, « À moins d'un miracle, la démolition de l'hôtel Queen's débute aujourd'hui », *La Presse*, 21 octobre 1988.

Favreau, Mariane, « On cogne le Queen's à coups de masse de quatre tonnes... et ça tient – Héritage Montréal, qui surveille la démolition », *La Presse*, 25 octobre 1988.

Favreau, Mariane, « Visites de théâtres anciens », *La Presse*, 8 octobre 1989.

Feist, W. David, « Windsor Station should go », *The Montreal Star*, 23 juin 1973.

Felteau, Cyrille, « Le temps perdu, c'est l'ennemi numéro un du MAC », *La Presse*, 4 novembre 1974.

Felteau, Cyrille, « Un ministère au budget trop restreint et à qui on demande des merveilles... », *La Presse*, 9 janvier 1975.

Felteau, Cyrille, « L'ex-prison des Patriotes sera démolie et remplacée par un "mémorial" », *La Presse*, 10 septembre 1975.

Felteau, Cyrille, « Le sort de la prison des Patriotes entre les mains du ministre L'Allier », *La Presse*, 26 janvier 1976.

Felteau, Cyrille, « À Montréal et dans la région : Ottawa entend aménager plusieurs sites historiques », *La Presse*, 24 février 1976.

Felteau, Cyrille, « Place Guy-Favreau : L'église chinoise : la plus ancienne église... protestante », *La Presse*, 13 mai 1976.

Felteau, Cyrille, « Le PQ plaide contre la démolition du Mont-Saint-Louis », *La Presse*, 1er juin 1976.

Felteau, Cyrille, « Une première : L'Allier classe des édifices fédéraux », *La Presse*, 19 août 1976.

Felteau, Cyrille, « On songe à démolir l'annexe du vieux palais de justice », *La Presse*, 1er septembre 1976.

Ferrabee, James, « Windsor Station on way to becoming a memory », *The Gazette*, 22 mai 1972.

Fish, Michael, « Windsor station: Arguments erupting to retain landmark », *The Gazette*, 16 décembre 1970.

Fish, Michael, « La gare Windsor doit être sauvée », *Le Devoir*, 23 mai 1973.

Fish, Michael, « La démolition des œuvres de Sir Van Horne : une tragédie culturelle et historique », *Le Devoir*, 27 juillet 1973, p. 4.

Fish, Michael, « "Save Montreal" not political », *The Montreal Star*, 1er mars 1974.

Fish, Michael, « Bishop St. dwellings lost », *The Gazette*, 27 novembre 1975.

Fish, Michael, « Conservons le Laurentien », *La Presse*, 1er novembre 1976.

Fish, Michael, « Traffic Snarl », *S.O.S. Montréal*, vol. 1, no 8 (1976), p. 8.

Fish, Michael, « Despite rules, old buildings are disappearing », *The Gazette*, 4 septembre 1979.

Fish, Michael, « Preservation building should be for people », *The Gazette*, 12 septembre 1980.

Fish, Michael, « Dandurand House : Van Horne House All Over Again – another one bites the dust », *S.O.S. Montréal*, vol. 4, no 4 (1981), p. 6-7.

Fish, Michael, « Le projet de construction du centre d'athlétisme de McGill sur l'avenue des Pins », *La Presse*, 26 juin 1986.

Fish, Michael, « City must protect our heritage in building projects », *The Gazette*, 8 juillet 1987.

Fish, Michael, « Projet à mettre "sur la glace" », *La Presse*, 24 juillet 1987.

Fish, Michael, « Church can be saved easily », *The Gazette*, 6 novembre 1989.

Fish, Michael, « Sauver les meubles », *Le Devoir*, 7 juin 1993.

Fish, Michael et Dinu Bumbaru, « Forte opposition au projet de l'église unitarienne », *La Presse*, 11 octobre 1989.

Fontaine, Mario, « Rue Saint-Norbert : certains résisteront à l'ordre d'expulsion », *La Presse*, 29 juillet 1975.

Fontaine, Mario, « Deux conseillers du RCM occuperont rue Saint-Norbert », *La Presse*, 31 juillet 1975.

Fontaine, Mario, « Logement : un appel de Sauvons Montréal », *La Presse*, 8 août 1975.

Forest, François, « Montréal n'a pas tenu ses promesses rue Saint-Norbert », *La Presse*, 10 septembre 1985.

Forest, François, « Molson et le Canadien Pacifique n'ont plus que Montréal à satisfaire ! », *La Presse*, 12 février 1992.

Forster, Henry W., « Youville Stables not touristy », *The Gazette*, 16 juin 1976.

Francœur, Jacques, « Installer les bureaux du fédéral dans l'immense couvent des Sœurs Grises », *Dimanche-Matin*, 16 décembre 1974.

Gabeline, Donna, « Injunction sought on Van Horne home », *The Gazette*, 10 juillet 1973, p. 3.

Gabeline, Donna, « Loses historic site status. Van Horne home "not typically Quebecois" », *The Gazette*, 12 juillet 1973, p. 1.

Gabeline, Donna, « Another relic is threatened here », *The Gazette*, 17 septembre 1973.

Gabeline, Donna, « Shaughnessy mansion sold "conditionally" », *The Gazette*, 2 octobre 1973.

Gabeline, Donna, « National identity bows to change », *The Gazette*, 13 octobre 1973.

Gabeline, Donna, « "Historic" Shaughnessy home won't fall to wrecker's ball », *The Gazette*, 8 février 1974.

Gabeline, Donna, « Preservation: The tide of citizen action is turning down », *The Gazette*, 21 mars 1974.

Gabeline, Donna, « One group in Quebec didn't have to wait to preservation », *The Gazette*, 21 mars 1974.

Gabeline, Donna, « Architect buys Shaughnessy mansion », *The Gazette*, 20 avril 1974.

Gabeline, Donna, « Couple scores in fight to save home », *The Gazette*, 9 mai 1974.

Gabeline, Donna, « Bell may soon toll for Montreal's bistro quarter », *The Gazette*, 27 mai 1974.

Gabeline, Donna, « Stately homes facing demolition », *The Gazette*, 12 juillet 1974.

Gabeline, Donna, « Protected building now faces alteration », *The Gazette*, 31 juillet 1974.

Gabeline, Donna, « Up from rubble... city conscience builds », *The Gazette*, 14 septembre 1974.

Gabeline, Donna, « Group appeals for Laurentien », *The Gazette*, 11 octobre 1974.

Gabeline, Donna, « Grey Nuns convent to get wreckers' axe », *The Gazette*, 23 novembre 1974.

Gabeline, Donna, « Seminaire towers made historic site, demolition barred », *The Gazette*, 7 décembre 1974.

Gabeline, Donna, « Grey Nuns confirm convent demolition », *The Gazette*, 11 décembre 1974.

Gabeline, Donna, « Hardy ponders historic merits », *The Gazette*, 10 février 1975.

Gabeline, Donna, « Threat stops Bishop building renovation », *The Gazette*, 14 février 1975.

Gabeline, Donna, « Students devise new buildings for old », *The Gazette*, 28 avril 1975.

Gabeline, Donna, « Hardy position on Grey Nuns due », *The Gazette*, 10 juin 1975.

Gabeline, Donna, « Housing renovation campaign launched », *The Gazette*, 5 août 1975.

Gabeline, Donna, « City conservation groups form fund raising centre », *The Gazette*, 29 octobre 1975.

Gabeline, Donna, « Recycling beats rip-it-down-build-anew approach », *The Gazette*, 13 novembre 1975.

Gabeline, Donna, « Walking tours uncover city's hidden charms », *The Gazette*, 28 mai 1977.

Gabeline, Donna et Dane Lanken, « Save Montreal exhibit shows fate in the city », *The Gazette*, 24 mai 1974.

Gagnon, Jacques, « Deux résidences d'un intérêt historique, démolies sans permis », *La Presse*, 23 décembre 1974.

Gagnon, Lysiane, « L'UQ redonnera à Montréal son "quartier latin" », *La Presse*, 15 juillet 1971.

Gagnon, Lysiane, « Atteinte au patrimoine », *La Presse*, 30 mars 1989.

Gagnon-Pratte, France et Denise Caron, « La Ferme sous les noyers : un site historique d'importance nationale », *Le Devoir*, 21 avril 1999.

Galbraith, Robert, « Lachine Canal project in limbo », *Montreal Daily News*, 11 septembre 1989.

Galdins, George, « Sulpicians property alternatives », *The Montreal Star*, 19 août 1972.

Galipeau, Silvia, « La disparition du patrimoine religieux inquiète Héritage Montréal », *Le Devoir*, 18 mai 2000.

Garaway, Victor H., « Destruction of old building in Montreal said leading to cultural genocide », *The Gazette*, 26 juin 1973.

Gariépy, Michel, Gérard Beaudet et David Covo, « Manque de cohésion », *Le Devoir*, 5 juin 1999.

Gaudet, Roger et Yolande Demers, « Trop de démolition, pas assez de recyclage », *S.O.S. Montréal*, vol. 5, n° 1 (1980), p. 13.

Gauthier, Gilles, « L'opposition des défenseurs du patrimoine à la construction du nouveau Forum s'organise », *La Presse*, 7 mai 1991.

Gauthier, Gilles, « Le débat sur Benny Farm se transporte à l'hôtel de ville », *La Presse*, 9 février 1998.

Gauthier, Gilles, « Promoteur immobilier à l'assaut du mont Royal », *La Presse*, 11 février 1999.

Gauthier, Gilles, « Le promoteur du Tat's, rue Sherbrooke, abandonne », *La Presse*, 13 mai 1999.

Gauthier, Gilles, « Un autre projet controversé : Le développement résidentiel sera autorisé sur une partie de la propriété des sulpiciens », *La Presse*, 29 juillet 1999.

Gauthier, Gilles, « Des condos à la place d'un temple », *La Presse*, 22 septembre 1999.

Gauthier, Raymonde, « La façade du Motordrome. Une structure limpide », *Le Devoir*, 22 octobre 1994.

Gauthier, Raymonde, « Les nouveaux massacreurs du patrimoine », *Le Devoir*, 15 février 1997.

Gendron, Hubert, « Ottawa to list historic sites », *The Montreal Star*, 24 février 1976.

Gendron, Hubert, « Chinatown needs "act of will" », *The Montreal Star*, 27 décembre 1977.

Gervais, Raymond, « Le mont Royal bientôt mis à l'abri des projets grandioses », *La Presse*, 11 avril 1987.

Gervais, Raymond, « La manne de dollars du nouveau Forum suscite un appui presque unanime », *La Presse*, 6 décembre 1992.

Gervais, Raymond, « Un groupe de pression dénonce la construction de mausolées au cimetière Notre-Dame-des-Neiges », *La Presse*, 19 septembre 1994.

Gervais, Raymond, « Montréal se dotera d'une politique du patrimoine », *La Presse*, 22 septembre 2003.

Germain, Georges-Hébert, « Notre Dame de la Restauration », *L'actualité*, (mars 1983).

Gingras, Pierre, « La fermeture du BCM suscite un tollé général », *La Presse*, 10 décembre 1994.

Girard, Marie-Claude, « Montréal a commencé à vendre en douce des bains publics », *La Presse*, 8 juin 1996.

Girard, Marie-Claude, « Le Montréal des communautés culturelles », *La Presse*, 6 juin 1998.

Girard, Marie-Claude, « Manoir MacDougall : la consultation a été un échec selon plusieurs », *La Presse*, 12 septembre 1998.

Girard, Marie-Claude, « La revanche du vert sur l'immobilier », *La Presse*, 20 décembre 2001.

Girard, Michel, « Seul un miracle peut sauver le site des Sulpiciens », *La Presse*, 26 septembre 1980.

Gironnay, Sophie, « Sauve qui peut Montréal ! », *Le Devoir*, 13 juin 1996.

Gironnay, Sophie, « Rénover le Théâtre Outremont, un exercice d'humilité », *La Presse*, 3 avril 2001.

Gordon, Robert A., « "Historic facade to be saved" », *The Gazette*, 27 mars 1981.

Gravel, Claude, « Sauvons Montréal s'oppose à la démolition des entrepôts des sœurs », *La Presse*, 10 juin 1976.

Grenier, Cécile, « L'architecture industrielle sort de l'ombre », *La Presse*, 11 février 1984.

Grenier, Cécile et Dinu Bumbaru, « Comment perdre le Nord en perdant la vue », *La Presse*, 12 mai 1984.

Grenier, Cécile et Dinu Bumbaru, « La saga Cadillac-Fairview continue », *La Presse*, 13 juin 1984.

Grenier, Conrad, « Le GIUM : "protéger les corridors visuels et les vues panoramiques" », *La Presse*, 5 juillet 1984.

Gruda, Agnès, « Tollé général contre les modifications au plan directeur du centre-ville », *La Presse*, 2 juin 1990.

Gunn, Cynthia, « Abandoned buildings proved vulnerable to fire », *The Montreal Star*, 13 mars 1976.

Gunn, Cynthia, « Old cigar plant classified », *The Montreal Star*, 4 septembre 1976.

Gyulai, Linda, « Architect Fish aims to save Point buildings », *The Gazette*.

Hanafin, Joseph, « Windsor Station group finding little support », *The Montreal Star*, 10 mai 1972.

Hanna, David B., « Les bâtiments historiques de la rue Sébastopol, dans Pointe-Saint-Charles, constituent le patrimoine fondamental de Montréal », *Le Devoir*, 23 mars 1993.

Hanna, David B. et Dinu Bumbaru, « Le site de la Grande Bibliothèque : Pour une véritable consultation publique », *Le Devoir*, 17 janvier 1998.

Harding, Robert, « Mansion defended », *The Gazette*, 7 juillet 1973, p. 8.

Harel, J.-Bruno, « Le bassin du Séminaire, contemporain de Versailles ? », *Le Devoir*, 30 octobre 1980.

Harris, Lewis, « Master plan wimps out, critics says », *The Gazette*, 3 février 1990.

Henry, P., « Preliminary Report of Hydro-Québec on its New Headquarters », *S.O.S. Montréal*, vol. 6, n° 1 (1981), p. 9-10.

Hotte, Michel, « Le Laurentien sera rasé même si CP remet en question son siège social », *La Presse*, 30 avril 1977.

Huot, Denis et Myriam Lefebvre, « Sans titre », *La Presse*, 9 août 1975.

Jannard, Maurice, « Alcan restaurera de vieux édifices pour son nouveau siège », *La Presse*, 30 mai 1980.

Jelowicki, K.M., « Community will be the loser in unwise development », *The Gazette*, 2 avril 1974.

Johnson, Brian, « Citizens seek debate on Sulpician high-rise », *The Gazette*, 14 décembre 1971.

Johnson, Brian, « Montreal will seek financial help to buy up Sulpician land for park », *The Gazette*, 28 septembre 1972.

Keable, Jacques, « Le domaine des Sœurs grises sera, en partie, préservé », *Le Jour*, 11 juin 1975.

Kearns, Hilda, « Slack construction scene deflects Save Montreal », *The Montreal Star*, 1er mai 1979.

Kowaluk, Lucia, « Save Montreal petition campaign », *The Gazette*, 29 mai 1974.

Kowaluk, Lucia, « GM is unseen power as tenants fight for homes », *The Gazette*, 14 septembre 1976.

Kowaluk, Lucia, « Clermont Motors : cars vs people », *S.O.S. Montréal*, n° 8 (1976), p. 2-3.

Kowaluk, Lucia, « Place Guy-Favreau : "We don't need a huge monolithic office complex" », *The Gazette*, 6 juin 1977.

Kowaluk, Lucia, « Vision de ville », *Le Devoir*, 29 mai 1995.

Kryton, John, « A great deal of Montreal building trash can be demolished without crocodile tears », *The Montreal Star*, 22 janvier 1975.

Labedan, Dr. Julien, « Il nous faut défendre notre ville », *La Presse*, 5 juin 1975.

Laberge, Yvon, « Bourque tient sa promesse, malgré tout : le couvent Saint-Isidore sera démoli », *La Presse*, 11 mai 1996.

Laberge, Yvon, « Les défenseurs de la gare Jean-Talon organisent une consultation publique », *La Presse*, 7 février 1997.

Ladouceur, Albert, « Un complexe de $20 millions pour les étudiants », *Dimanche-Matin*, 24 février 1974.

La France, Edouard, « Les incendies dans certains quartiers : un phénomène ou un objectif », *S.O.S. Montréal*, vol. 5, n° 2 (1980), p. 4.

Lambert, Phyllis, « Public environmental right and involment fundamental to proper civic planning », *The Montreal Star*, 17 février 1975.

Lambert, Phyllis, « Idea that old-is-good can cost us part of city heritage », *The Gazette*, 14 mars 1975.

Lambert, Phyllis, « Les Sœurs grises à Pointe-à-Callières », *Le Devoir*, 14 mars 1975.

Lambert, Phyllis, « Le projet Cours Le Royer », *S.O.S. Montréal*, vol. 5, n° 2 (1980), p. 18.

Lambert, Phyllis, « Faubourg Québec : une occasion unique d'influer sur l'évolution de Montréal », *La Presse*, 12 mai 1993.

Lambert, Phyllis, « La Redpath, l'architecture et l'histoire industrielles de Montréal », *La Presse*, 7 août 1999.

Lambert, Phyllis, Peter Howlett, Andrew Koenig et Louise Dusseault-Letocha, « Le mont Royal, emblème fondamental de Montréal », *La Presse*, 11 octobre 2000.

Lamon, George, « Pétition contre la démolition de la gare Windsor », *La Presse*, 10 mai 1972.

Lanken, Dane, « Some beauty, much history threatened by "progress" », *The Gazette*, 22 mai 1971.

Lanken, Dane, « We'll save Montreal, civic groups vow », *The Gazette*, 11 octobre 1973, p. 7.

Lanken, Dane, « The reign of the "queens" draws to a close », *The Gazette*, 13 octobre 1973.

Lanken, Dane, « We have history carved in stone - for how long? », *The Gazette*, 16 mars 1974.

Lanken, Dane, « Death knell peals for "slice of life" Sherbrooke street », *The Gazette*, 18 mai 1974.

Lanken, Dane, « Green Spaces sounds Villa Maria alarm », *The Gazette*, 4 octobre 1975.

Lanken, Dane, « Citizens lead the fight to save Montreal's past », *The Gazette*, 16 février 1976.

Lanken, Peter, « Time grows short to save Windsor Station », *The Gazette*, 13 juin 1973.

Lanken, Peter, « Beautiful or not, Windsor Station is a symbol which should be preserved », *The Montreal Star*, 3 juillet 1973.

Lanken, Peter, « Montreal has the lowest standards of planning architecture and construction in Canada », *The Montreal Star*, 3 janvier 1975.

Lanken, Peter, « Power structure demolish individuals' homes », *The Gazette*, 12 août 1975.

Lanken, Peter, « Le secret qui entoure la Place Guy-Favreau », *Le Jour*, 21 octobre 1975.

Lanken, Peter, « Moving Hôtel Dieu vandalizes Montreal's heritage », *The Gazette*, 19 septembre 1992.

Laurent, Rene, « Four Chinatown buildings to be protected by Quebec », *The Gazette*, 20 août 1976.

Laurent, Rene, « Jeanne Mance block six months more », *The Gazette*, 21 janvier 1975.

Laurent, Rene, « Spruced up... to be torn down », *The Gazette*, 11 août 1976.

Lazarus, Charles, « Sulpician land may be developed », *The Montreal Star*, 10 janvier 1970.

Lazarus, Charles, « Save Montreal say plan "unacceptable". Grey Nuns development opposed », *The Montreal Star*, 27 mai 1974.

Leblanc, Gérald, « La transformation du centre-ville accule des fabriques à liquider des biens de paroisses "dépeuplées" », *Le Devoir*, 31 décembre 1970.

Leblanc, Gérald, « Les biens historiques : le fédéral veut partager le coût des restaurations », *Le Devoir*, 24 février 1976.

Leblanc, Gérald , « Un engagement solennel de Claude Dupras : rien ne sera bâti sur le mont Royal », *La Presse*, 26 juillet 1986.

Leblanc, Gérald, « Une ville ambiguë », *La Presse*, 19 septembre 1988.

Leblanc, Gérald, « Le plan directeur », *La Presse*, 31 janvier 1990.

Leclerc, Christian, « Héritage Montréal voit du bon dans le projet de nouveau campus pour les HEC », *Le Devoir*, 8 avril 1993.

Leclerc, Jean-Claude, « L'empire de gratte-ciel et des terrains de stationnement va-t-il finir par détruire toute trace de vie humaine au centre-ville ? », *Le Devoir*, 1973.

Leclerc, Jean-Claude, « Pourquoi pas une loi spéciale ? », *Le Devoir*, 1er décembre 1973.

Leclerc, Jean-Claude, « Pour panser les plaies de Montréal », *Le Devoir*, 29 novembre 1974.

Leclerc, Jean-Claude, « Au nom du parc, et du fric et de la chapelle », *Le Devoir*, 28 mai 1975.

Leclerc, Jean-Claude, « Le non du ministre ne changera rien », *Le Devoir*, 12 juin 1975.

Leclerc, Jean-Claude, « Rue Saint-Norbert et ailleurs », *Le Devoir*, 2 août 1975.

Leclerc, Jean-Claude, « Quel Montréal sauve-t-on ? », *Le Devoir*, 9 juin 1976.

Leclerc, Jean-Claude, « Le fardeau d'un héritage », *Le Devoir*, 15 novembre 1980.

Leclerc, Yves, « Faut-il sauver le Pied-du-Courant et à quel prix ? », *La Presse*, 6 janvier 1973.

Leclerc, Yves, « La gare Windsor, éléphant blanc ou trésor historique ? », *La Presse*, 27 juillet 1973.

Leduc, Louise, « Laissé à l'abandon pendant 40 ans : une seconde vie pour le Corona », *Le Devoir*, 16 juin 1998.

Leduc, Louise, « Feu vert à un projet immobilier sur le flanc du mont Royal », *Le Devoir*, 3 mars 1999.

Leduc, Louise, « Le projet résidentiel du groupe Lépine », *Le Devoir*, 9 mars 1999.

Leduc, Louise, « Zizanie autour d'un futur grand hôtel », *Le Devoir*, 23 mars 1999.

Leduc, Louise, « Mille carré : La résistance s'organise contre un projet d'hôtel de 24 étages », *Le Devoir*, 9 mai 1999.

Leduc, Louise, « Le prix Domus remis à Villa Veritas méduse les résidants de NDG », *La Presse*, 23 février 2001.

Lefebvre, Urgel, « Appel aux candidats : "Sauvons Montréal" », *Le Devoir*, 29 septembre 1973.

Lemire, Robert, « Present status of Van Horne mansion shows urgent need for prompt action », *The Gazette*, 23 juillet 1973.

Lemire, Robert, « Preserve slopes », *The Gazette*, 6 novembre 1980.

Lemire, Robert et Danielle Pigeon, « Le terra cotta : un matériau oublié », *La Presse*, 28 janvier 1984.

Lepage, Jocelyne, « Agrandir le Musée avec ou sans le New Sherbrooke ? », *La Presse*, 21 février 1987.

Lévesque, Kathleen, « Gare Jean-Talon : les citoyens disent non au projet Loblaw », *Le Devoir*, 25 avril 1997.

Lévesque, Kathleen, « La Ville a entrepris de réduire les limites du site du patrimoine du Mont-Royal », *Le Devoir*, 16 avril 1999.

Lightball, Alice M.A., « Have we lost our love for a beautiful city to the music of cement mixers and wreckers? », *The Montreal Star*, 25 juillet 1973.

London, Mark, « The vanishing streetscapes », *The Montreal Star*, 21 juillet 1973.

London, Mark, « There's profit in old house », *The Montreal Star*, 4 juin 1974.

London, Mark, « The Sellout of Institutional Properties », *S.O.S. Montréal*, vol. 1, nᵒ 3 (1976), p. 5.

London, Mark, « Que sera l'avenir de Montréal ? », *Le Devoir*, 14 juin 1976.

London, Mark, « Heritage Movement has come of age since 1970s », *The Gazette*, 1ᵉʳ octobre 1983.

London, Mark, « How "consultation" can work for builders and public », *The Gazette*, 16 juin 1984.

London, Mark, « McGill College is now project most can live with », *The Gazette*, 6 octobre 1984.

London, Mark, « Buildings that are forgotten but not gone worth saving », *The Gazette*, 1ᵉʳ juin 1985.

London, Mark, « History and conservation clash at some heritage sites », *The Gazette*, 8 juin 1985.

London, Mark, « Cathedral risks being engulfed by new tower », *The Gazette*, 28 septembre 1985.

London, Mark, « Renovate more quickly », *The Gazette*, 15 novembre 1985.

London, Mark, « Saving building's facade is often not good enough », *The Gazette*, 3 mai 1986.

London, Mark, « Historic areas ravaged while land stands idle », *The Gazette*, 14 juin 1986.

London, Mark, « There are many issues a downtown plan must tackle », *The Gazette*, 21 juin 1986.

Longpré, Paul, « Ville aux cent clochers, Montréal les perd un à un », *La Presse*, 19 novembre 1973.

Luoma, Julie, « Walking tours reveal nuggets of city's heritage », *The Gazette*, 8 août 1992.

MacDonald, Dawn, « Shaughnessy House defenders on march », *The Montreal Star*, 5 octobre 1973.

MacDonald, Dawn, « Ailing Save Montreal also needs saving », *The Montreal Star*, 13 octobre 1973.

MacDonald, L. Ian, « Mayor hears "save city" plea from Cote des Neige team », *The Gazette*, 3 décembre 1974.

MacDonald, L. Ian, « Montreal this morning », *The Gazette*, 4 mai 1976.

Mackenzie, Janet, « Historic prison may fall as highway moves », *The Gazette*, 16 août 1972.

MacLellan, J.W., « More encroachment on architectural environment », *The Gazette*, 14 novembre 1974.

Marsan, Jean-Claude, « La gare Windsor doit-elle disparaître ? », *Le Devoir*, 19 février 1971.

Marsan, Jean-Claude, « Pour une politique à long terme », *Le Devoir*, 13 mars 1972.

Marsan, Jean-Claude, « Pour la création d'un milieu authentique », *Le Devoir*, 14 juin 1972.

Marsan, Jean-Claude, « Le ministère sauvera-t-il la maison-mère des sœurs grises », *Le Devoir*, 14 décembre 1974.

Marsan, Jean-Claude, « Une place des arts populaires », *Le Devoir*, 12 mai 1975.

Marsan, Jean-Claude, « Le Vieux-Montréal restauré sera-t-il un Disneyland ? », *Le Devoir*, 17 mai 1975.

Marsan, Jean-Claude, « Cette grossière imposture du Parc de la Chapelle », *Le Devoir*, 7 juin 1975.

Marsan, Jean-Claude, « Saint-Sulpice : la question de fond », *Le Devoir*, 9 octobre 1980.

Marsan, Jean-Claude, « La centre commercial et culturel de Cadillac-Fairview - 1 », *Le Devoir*, 5 mai 1984.

Marsan, Jean-Claude, « La fierté a-t-elle encore sa ville ? », *Le Devoir*, 5 mai 1984.

Marsan, Jean-Claude, « La centre commercial et culturel de Cadillac-Fairview - 2 », *Le Devoir*, 12 mai 1984.

Marsan, Jean-Claude, « Le projet modifié de Cadillac-Fairview », *Le Devoir*, 9 juin 1984.

Marsan, Jean-Claude, « Plaidoyer pour la fantaisie », *Le Devoir*, 9 août 1985.

Marsan, Jean-Claude, « Un épilogue heureux pour l'avenue McGill College », *Le Devoir*, 22 novembre 1985.

Marsan, Jean-Claude, « L'aménagement de l'avenue McGill-College : un tango qui semble mener nulle part », *Le Devoir*, 7 juin 1986.

Marsan, Jean-Claude, « Le Bon-Pasteur, un bel exemple de reconversion », *Le Devoir*, 27 juin 1987.

Marsan, Jean-Claude, « Une architecture en quête d'urbanité », *Le Devoir*, 11 juillet 1987.

Marsan, Jean-Claude, « Une ville à vendre », *La Presse*, 6 mars 1999.

Marsolais, Claude-V., « Le patrimoine s'en va chez le diable », *La Presse*, 20 mai 1995.

Marsolais, Claude-V., « Couvent St-Isidore : une coalition veille au grain », *La Presse*, 14 juin 1995.

Marsolais, Claude-V., « Montréal demande la permission de démolir un couvent », *La Presse*, 19 décembre 1995.

Marsolais, Claude-V., « Villa-Maria : des résidents demandent l'intervention de Québec », *La Presse*, 12 juin 1996.

Marsolais, Claude-V., « Maxi à Angus : les citoyens chahutent Hasmig Belleli », *La Presse*, 21 juin 1997.

Marsolais, Claude-V., « Les statues géantes se trouvent maintenant au Centre d'archives », *La Presse*, 15 juillet 1999.

Maskoulis, Julia, « Jeanne Mance fate up to Hardy », *The Gazette*, 30 juin 1975.

Masse, Denis, « Dans le diocèse de Montréal : plus une seule église ne sera démolie », *La Presse*, 18 octobre 1980.

Masse, Denis, « Le boisé que le Grand Séminaire a vendu n'a rien d'historique », *La Presse*, 30 octobre 1980.

Masse, Denis, « Ils ont sur leurs concitoyens une grande influence. Ils ne cherchent pas à voler la vedette », *La Presse*, 30 avril 1983.

Masse, Denis, « Deux Montréalais résolus et actifs », *La Presse*, 2 mai 1983.

Masse, Denis, « Le tissu urbain à Montréal porte leur empreinte », *La Presse*, 3 mai 1983.

Masse, Denis, « Le Cégep du Vieux-Montréal voudrait rénover le Mont-Saint-Louis », *La Presse*, 21 octobre 1983.

Masse, Denis, « Le prix Citron va au carré Viger et au Quartier chinois », *La Presse*, 21 décembre 1984.

Masson, Claude, « Vite, le Forum ! », *La Presse*, 3 mai 1991.

McCracken, Rosemary, « Historical site faces test », *The Montreal Star*, 3 juin 1978.

Michaels, Evelyne, « Tour explores doomed Chinatown », *The Montreal Star*, 28 août 1975.

Michaud, Josette et Pierre Beaupré, « La Ferme sous les noyers : protégeons le domaine de la montagne », *Le Devoir*, 20 février 1999.

Michaud, Yves, « Pitié pour le couvent ! », *Le Jour*, 3 juin 1975.

Montpetit, Caroline, « Cénacle Notre-Dame : Démolira, démolira pas ? », *Le Devoir*, 10 avril 1996.

Montpetit, Caroline, « Mille carré doré : 200 personnes s'opposent à la construction d'un hôtel », *Le Devoir*, 12 mai 1999.

Moore, Terence, « Unofficial list protects old building », *The Montreal Star*, 29 janvier 1975.

Moore, Terence, « Quebec to beef up protection of historic properties », *The Montreal Star*, 3 mars 1976.

Myles, Brian, « Scepticisme dans Villa-Maria », *Le Devoir*, 30 décembre 1995.

Myles, Brian, « Requiem pour un couvent », *Le Devoir*, 19 janvier 1996.

Myles, Brian, « Montreal Hunt Club : Le pavillon de chasse centenaire est menacé », *Le Devoir*, 20 mars 1996.

Myles, Brian, « Le développement du secteur Villa-Maria : la consultation publique parallèle aura lieu », *Le Devoir*, 28 mars 1996.

Myles, Brian, « Les derniers jours du vieux couvent », *Le Devoir*, 29 mai 1996.

Myles, Brian, « Menace sur un joyau du patrimoine industriel », *Le Devoir*, 23 juillet 1996.

Myles, Brian, « Le saccage des arbres provoque la colère dans NDG », *Le Devoir*, 19 avril 1999.

Nadeau, Michel, « Montréal, 1ère ville du monde ? », *Le Devoir*, 20 janvier 1974.

Navarro, Pascale, « Le cimetière Notre-Dame-des-Neiges », *Voir*, 15 avril 1993.

Nicholson, Mona, « Montréal doit retenir la leçon d'Ottawa », *Le Devoir*, 16 mai 1973.

Noël, André, « Héritage Montréal s'oppose à la démolition du Queen's », *La Presse*, 27 juin 1986.

O'Neil, Pierre, « La commission des biens culturels souligne un conflit de juridiction », *Le Devoir*, 30 novembre 1973.

Ouimet, Michèle, « La Ville de Montréal entend poursuivre le promoteur René Lépine », *La Presse*, 3 novembre 1999.

Pape, Gordon, « Government inaction blamed for history destruction », *The Gazette*, 14 mars 1974.

Pape, Gordon, « Many oldest churches "mastodons", face extinction », *The Gazette*, 15 mars 1974.

Paquin, Pierre, « Le Mont-Saint-Louis ferait un excellent musée », *Le Devoir*, 5 janvier 1979.

Paré, Isabelle, « Montréal au banc des accusés », *Le Devoir*, 7 mars 1990.

Paré, Isabelle, « Le volte-face proposé au plan d'urbanisme du centre-ville montréalais soulève les passions », *Le Devoir*, 6 juin 1990.

Parker, Luana, « It's gloves off' to preserve historic buildings », *The Gazette*, 29 septembre 1973.

Parker, Luana et Gillian Cosgrove, « Van Horne home just a memory. A paradise… for looters! », *The Gazette*, 10 septembre 1973, p. 2.

Pellerin, Jean, « Maison Van Horne et culture », *La Presse*, 30 juillet 1973, p. A-6.

Pépin, Guy, « Une campagne en porte-à-faux autour du domaine du Séminaire », *Le Devoir*, 17 avril 1972.

Peritz, Ingrid, « Concordia wins appeal, given OK to raze building », *The Gazette*, 1er octobre 1985.

Peritz, Ingrid, « City future: concrete canyon or a place for people? », *The Gazette*, 14 juin 1986.

Peritz, Ingrid, « City launches action to preserve 63-year-old Rialto movie theatre », *The Gazette*, 18 décembre 1987.

Peritz, Ingrid, « Waterfront grain elevator: Blight or heritage site? », *The Gazette*, 5 août 1995.

Peritz, Ingrid, « Loblaw's fails to silence its critics », *The Gazette*, 12 novembre 1997.

Perrault, Ginette D., « La carence d'espaces verts à Notre-Dame-de-Grâce », *Le Devoir*, 14 mars 1975.

Perrault, Nicole, « "Au Pied-du-Courant" sauvegardé des ruines », *La Presse*, 28 juillet 1972.

Perron, Levi, « Une ville que l'on ampute chaque jour davantage de sa beauté », *Le Devoir*, 12 février 1975.

Picard, Michèle, « Le Loew's : du cinéma au Club Med », *Le Devoir*, 29 décembre 2001.

Pinard, Guy, « "Héritage Montréal" a besoin de $200,000 », *La Presse*, 9 septembre 1980.

Pinard, Guy, « Phyllis Lambert », *La Presse*, 19 avril 1985.

Pinard, Guy, « Montréal s'intéresse enfin au théâtre Corona », *La Presse*, 15 septembre 1989.

Pinard, Guy, « Cimetière Notre-Dame-des-Neiges », *La Presse*, 28 mai 2001.

Philipps, Andrew, « Mont St. Louis college: Landmark building may be saved », *The Gazette*, 8 octobre 1976.

Ponton, Gérald, « Le rôle de M. Denis Hardy dans l'affaire du Pied-du-Courant », *Le Jour*, 4 septembre 1975.

Poronovich, Walter, « Van Horne house levelled in 24 hours », *The Montreal Star*, 10 septembre 1973, p. 1.

Poronovich, Walter, « Mansions wrecked without permit », *The Montreal Star*, 23 décembre 1974.

Poronovich, Walter, « St. Patrick's doesn't fancy being tagged historical site », *The Montreal Star*, 12 avril 1975.

Poronovich, Walter, « Save Montreal urges halt to demolition », *The Montreal Star*, 31 mai 1976.

Proulx, Gilles, « Dans le (très) Vieux-Montréal : l'ambitieux projet des Sœurs grises », *Le Devoir*, 12 juin 1976.

Proulx, Gilles, « Un projet digne d'appui », *La Presse*, 9 juillet 1976.

Proulx, Jean-Pierre, « Les églises québécoises, de Durham à nos jours », *Le Devoir*, 9 décembre 1972.

Proulx, Jean-Pierre, « Les Sœurs grises envisageraient de mettre en vente leur maison-mère », *Le Devoir*, 26 avril 1973.

Provencher, Normand, « Office conversion urged to save historic college », *The Montreal Star*, 8 octobre 1976.

Provencher, Normand, « Save Montreal commission to hear citizens' opinions », *The Montreal Star*, 12 mai 1976.

Provost, Gilles, « Sauvons Montréal se propose de harceler les démolisseurs », *Le Devoir*, 10 janvier 1975.

Purcell, Susan, « Save Chinatown group to meet federal officials », *The Montreal Star*, 18 avril 1972.

Radwanski, George, « Deck's stacked against historic landmarks fan », *The Gazette*, 12 septembre 1973.

Regnier, Jean, « La maison-mère des Sœurs grises », *Le Devoir*, 8 mai 1973.

Regroupement pour la préservation des espaces verts, « Le rôle indispensable des espaces naturels ou aménagés », *Le Devoir*, 6 juin 1973.

Robinson, Eisle I., « We need to keep old building », *The Montreal Star*, 16 septembre 1970.

Rodrigue, Sébastien, « Rue Notre-Dame : ultimes consultations », *La Presse*, 21 novembre 2002.

Rose, Peter, « Retrouver dans son histoire les principes d'harmonie », *Le Devoir*, 29 septembre 1984.

Roux, Martine, « Le Montreal Hunt Club démoli : Héritage Montréal y voit un cas de mauvaise gestion des autorités publiques », *La Presse*, 10 janvier 2000.

Russel, Alice, « Historical value counts », *The Gazette*, 16 juillet 1973, p. 9.

Sabourin, Évelyne, « L'erreur montréale », *Le Devoir*, 30 avril 1999.

Salette, Marc, « Un cinéma à sauver », *La Presse*, 11 mars 1987.

Scott, Marian, « "Demolition by neglect" », *The Gazette*, 8 janvier 1991.

Scott, Sarah, « High-rise planned for Christ Church site », *The Gazette*, 26 avril 1985.

Scully, Robert-Guy, « Montréal ville laide », *Le Devoir*, 21 août 1973, p. 5.

Scully, Robert-Guy, « Sauvons vraiment Montréal », *Le Devoir*, 1er octobre 1973.

Sijpkes, Pieter, « Lack of concern for space flaws cathedral project », *The Gazette*, 30 novembre 1985.

Sijpkes, Pieter, « Recycling mania could spawn new architectural style », *The Gazette*, 7 octobre 1989.

Sénécal, Gilles, « La rue St-Hubert était belle », *Le Devoir*, 9 juillet 1981.

Shepherd, Harvey, « Architect battling university wreckers », *The Gazette*, 3 mars 1980.

Silverman, Bob, « Tous les chemins mènent à Détroit », *S.O.S. Montréal*, no 8 (1976), p. 2-3.

Sindell, Peter S., « Windsor Station a library? », *The Montreal Star*, 3 novembre 1973.

Sirois, Alexandre, « Québec prié de se porter à la rescousse du mont Royal », *La Presse*, 28 septembre 2000.

Société d'architecture de Montréal, « Limiter la restauration de l'Hôpital général du Vieux-Montréal aux bâtiments qui subsistent », *Le Devoir*, 3 juillet 1976.

Soulié, Jean-Paul, « Le Vieux-Montréal n'entend pas oublier ses origines », *La Presse*, 6 mars 1971.

Soulié, Jean-Paul, « Projet de six pistes de ski sur le mont Royal », *La Presse*, 17 juin 1986.

Soulié, Jean-Paul, « Overdale : il faut tout reprendre à zéro », *La Presse*, 11 octobre 1991.

Soumis, Laurent, « Avant de s'installer sur la montagne, les HEC ont su intégrer la critique à leur projet », Le Devoir, 25 mars 1993.

Southam, Nancy, « Recalling the mansions' grandeur », *Montreal Daily News*, 16 mars 1988.

Sterling, Sandra M., « Green space is scarce so let's save it », *The Gazette*, 13 août 1985.

Stewart, Brian, « Parkland vs. housing battle heats over Sulpician lands », *The Gazette*, 10 mars 1971.

Stewart, Brian, « Van Horne mansion facing demolition », *The Gazette*, 19 mars 1971.

Stewart, Jim, « Save Montreal scoring well », *The Gazette*, 28 avril 1976.

Strauss, Marina, « March will be a wake », *The Gazette*, 21 octobre 1975.

Street, John, « Urges preservation of Jeanne Mance houses », *The Gazette*, 22 mars 1975.

Tadros, Jean-Pierre, « Le patrimoine historique est détruit avec ou sans permis », *Le Jour,* 23 novembre 1974.

Tadros, Jean-Pierre, « L'Allier pourra-t-il sauver "Au Pied-du-Courant" », *Le Jour*, 12 septembre 1975.

Theodore, David, « Hospitals aren't easy to reuse: Experience in other cities shows that changing role of a health-care building often leads to its destruction », *The Gazette*, 23 janvier 1999.

Thibodeau, Marc, « Le couvent Saint-Isidore n'est plus », *La Presse*, 7 juin 1996.

Thibodeau, Marc, « Statues mises aux enchères dans la controverse », *La Presse*, 7 octobre 1996.

Thibodeau, Marc, « Gare Jean-Talon : la Ville ira de l'avant », *La Presse*, 10 décembre 1996.

Tougas, Claudette, « Pitié pour nos monuments historiques », *La Presse*, 11 septembre 1973.

Toutant, Suzie, « Montréal : la ville aux cent clochers ? », *S.O.S. Montréal*, vol. 6, no 1 (1981), p. 4-5.

Tremblay, Gilles, « Des maisons historiques seront peut-être sauvées », *La Presse*, 22 juillet 1974.

Tremblay, Odile, « La mémoire en berne », *Le Devoir*, 22 avril 1998.

Trottier, Éric, « Sus aux gratte-ciel, clame Action-Montréal », *La Presse*, 9 juillet 1990.

Trottier, Éric, « L'environnement fait aussi partie de notre patrimoine », *La Presse*, 22 octobre 1995.

Trottier, Éric, « Les citoyens s'opposent à ce que tout Villa-Maria soit transformé en quartier résidentiel », *La Presse,* 5 mai 1996.

Trottier, Éric, « Ouverture des audiences sur la consultation à Montréal », *La Presse*, 21 juin 2000.

Trudel, Clément, « Le "Pied-du-Courant" ne doit pas être démoli, proclame un groupe », *Le Devoir*, 17 août 1972.

Truffaut, Serge, « Des banlieues autonomes », *Le Devoir*, 4 mai 1998.

Truffaut, Serge, « Le tourisme culturel est florissant à Montréal », *Le Devoir*, 25 juillet 1998.

Turcotte, Claude, « L'hôtel de ville s'occupe enfin d'affaire municipale », *La Presse*, 7 février 1976.

Turcotte, Claude, « Québec ne protège plus les trois maisons victoriennes », *La Presse*, 6 juin 1977.

Turcotte, Claude, « Montréal refuse le permis de démolition de l'église St. James », *Le Devoir*, 3 novembre 1977.

Vear, Danny, « Querelle sur l'éclosion de columbariums dans le cimetière Notre-Dame des Neiges », *La Presse*, 19 juin 1991.

Venne, Rosario, « Que de souvenir dans ces murs », *La Presse*, 2 janvier 1979.

Vézina, François, « Université de Montréal : piste de ski ouverte en décembre », *La Presse*, 27 octobre 1985.

Viau, René, « Clément Richard mise sur les grandes expositions : agrandi, le Musée des Beaux-Arts sera appelé à un brillant avenir », *La Presse*, 24 janvier 1985.

Vincent, Richard, « Fire! », *S.O.S. Montréal*, no 4 (1976), p. 4.

Vineberg, Dusty, « Mount Stephen Club "an absolute gem" historian agrees », *The Montreal Star*, 21 juillet 1973, p. A-6.

Vineberg, Dusty, « Three may get special status », *The Montreal Star*, 21 juillet 1973.

Vineberg, Dusty, « Option to buy Shaughnessy home ends on Nov. 13 », *The Montreal Star*, 4 octobre 1973.

Vineberg, Dusty, « Experts split on how to save old building », *The Montreal Star*, 22 novembre 1973.

Vineberg, Dusty, « Save Montreal hires six », *The Montreal Star*, 6 janvier 1974.

Vineberg, Dusty, « Historic sites may be saved », *The Montreal Star*, 26 janvier 1974.

Vineberg, Dusty, « Windsor Station could be a museum », *The Montreal Star*, 24 avril 1974.

Vineberg, Dusty, « Environment tour hits the low spot », *The Montreal Star*, 27 mai 1974.

Vineberg-Solomon, Dusty, « Concordia wants Grey Nuns' property », *The Montreal Star*, 22 mars 1975.

Wardwell, William, « Developers answer their critics », *The Montreal Star*, 17 novembre 1973.

Wardwell, William, « Building boom price could be city's soul », *The Montreal Star*, 22 septembre 1973.

Weller, Julia, « The occupation of St. Norbert Street », *The Gazette*, 30 août 1975.

Wells, Patrick O., « Des manigances financées à même les fonds fédéraux », *Le Devoir*, 24 avril 1972.

Wilson, Frederica, « Monastery to be transformed into 250 low-cost dwelling », *The Gazette*, 10 avril 1979.

Wimhurst, David, « Banner begs for minister's help to stop demolition of apartment », *The Gazette*, 1ᵉʳ mai 1986.

Winter, Hal et Craig Toomey, « Save Montreal hits back at Quebec », *The Gazette*, 11 juin 1977.

Wolfe, Joshua, « History isn't only creator of city's heritage buildings », *The Gazette*, 19 mars 1988.

Wolfe, Joshua, « Political will to save the Queen's Hotel was lacking », *The Gazette*, 22 octobre 1988.

Wolfe, Joshua, « Pour mieux protéger le patrimoine urbain », *La Presse*, 27 janvier 1989.

Wolfe, Joshua, « Can this bridge be saved? », *The Gazette*, 9 juillet 1994.

Wolfe, Joshua, « Consultation publique : Qui, comment et pourquoi ? », *La Presse*, 30 juillet 1994.

Wolfe, Joshua, « How we undermine the cities of the future », *The Gazette*, 15 octobre 1994.

Wolfe, Joshua, « Lack of prescience in preservation of buildings will harm Montréal », *The Gazette*, 15 juillet 1995.

Sources imprimées

« Dossier thématique : intégration architecturale en milieu ancien », *Continuité*, nᵒ 17 (1982), p. 13-25.

« Dossier thématique : la reconversion », *Continuité*, nᵒ 18 (1983), p. 10-20.

« Dossier thématique : la préservation au Québec », *Continuité*, nᵒ 20 (1983), p. 9-25.

« Dossier thématique : le retour en ville », *Continuité*, nᵒ 22 (1984), p. 9-25.

« Dossier thématique : Montréal : le patrimoine moderne », *Continuité*, nᵒ 53 (printemps 1992).

« Espaces verts : La crise actuelle », dans Melvin Charney (dir.), *Montréal, plus ou moins ?*, catalogue d'exposition : Montréal, Musée des beaux-arts de Montréal, 11 juin au 13 août 1972, p. 84.

« Le patrimoine moderne », *ARQ*, nᵒ 91 (juin 1996).

Aiken, Robert S. et Lawrence P. Kredl, « Montreal's Upper Peel Street: How Fast the Past Has Gone », *Canadian Geographic*, 98, 2 (avril-mai 1979), p. 38-43.

Association québécoise pour le patrimoine industriel, *Le silo no. 5 du Port de Montréal et son secteur : le passé, l'avenir: actes d'une journée d'étude*, Montréal, Association québécoise pour le patrimoine industriel, 1998, 89 p.

Aubin, Henry, *Les vrais propriétaires de Montréal*, Montréal, L'étincelle, 1977, 462 p.

Baker, Joseph, « Le schéma d'aménagement du centre-ville : pour un Montréal habitable », dans Jean-Hugues Roy et Brendan Weston (dir.), *Politique urbaine à Montréal. Un guide du citoyen*, Montréal, Guernica, 1990, p. 33-44.

Baker, Joseph et Robert Cardinal (dir.), *Conservation, réhabilitation, recyclage : congrès international organisé à Québec du 28 au 31 mai 1980*, Québec, Presses de l'Université Laval, 1981, 702 p.

Barcelo, Michel, *Le siège social d'Hydro-Québec : enjeux stratégiques au centre de Montréal*, Montréal, Héritage Montréal, 1981, 65 p.

Bardt-Pellerin, Elisabeth, *Vitraux des maisons de Montréal : un projet spécial pour les enfants*, Montréal, Héritage Montréal/Musée des beaux-arts de Montréal, [1980], 20 p.

Bean, Audrey *et al.*, *Windsor Station = La Gare Windsor*, Montréal, Les Amis de la Gare Windsor, 1974 [1ᵉʳ éd. : 1973], 24 p.

Beaulieu, Claude, « The Preservation of Old Montreal », *Canadian Collector*, 9, 3 (1974), p. 20-28.

Beaudet, Gérard et Dinu Bumbaru, *Notes pour une présentation au Groupe-conseil sur la politique du patrimoine au Québec*, Montréal, Héritage Montréal, 1999, 10 p.

Beaulieu, Ginette, « L'habitation : une seconde vie pour nos couvents et nos écoles », *Habitat*, vol. 23, nᵒ 3 (1980), p. 3.

Beaupré, Pierre, « Les espaces verts », dans Société d'architecture de Montréal, *Découvrir Montréal*, Montréal, Éd. du Jour, 1975, p. 168.

Beaupré, Pierre, « Le pavillon Jean-Noël-Desmarais du Musée des Beaux-Arts de Montréal », *ARQ*, nᵒ 68 (1992), p. 14-15.

Beauregard, Ludger, *Montréal, guides d'excursion – Field Guide. 22ᵉ congrès international de géographie*, Montréal, Presses de l'Université de Montréal, 1972, 192 p.

Bélanger, Vianney, « Le recyclage de bâtiments versus le recyclage urbain », dans Joseph Baker et Robert Cardinal (dir.), *Conservation, réhabilitation, recyclage : congrès international organisé à Québec du 28 au 31 mai 1980*, Québec, Presses de l'Université Laval, 1981, p. 709.

Belfour, Mélanie et Audrey Reifenstein, *Whatever Happened to McGill College Avenue?*, Montréal, Héritage Montréal, 1983, p. 122-130.

Benoît, Michèle et Roger Gratton, *Pignon sur rue : les quartiers de Montréal*, Montréal, Guérin, 1991.

Bodson, Gabriel et Mark London, *L'îlot Bishop/Crescent : le site pour le projet d'agrandissement du Musée des beaux-arts de Montréal = Bishop/Crescent Block: The Site for the Expansion of the Museum of Fine Arts*, Montréal, Héritage Montréal, 1986, 32 p.

Boivin, Robert et Robert Comeau (dir.), *Montréal, l'oasis du Nord*, Paris, Autrement, 1992, 198 p.

Boivin, Robert et Robert Comeau, « Éditorial : Montréal, l'oasis du Nord », dans Robert Boivin et Robert Comeau (dir.), *Montréal, l'oasis du Nord*, Paris, Autrement, 1992, p. 11.

Boyer-Mercier, Pierre, « Bibliothèque Université Concordia, Centre-Ville », *ARQ*, nᵒ 54 (1990), p. 43.

Bumbaru, Dinu, « L'hôtel Queen : *Post mortem* », dans Jean-Hugues Roy et Brendan Weston (dir.), *Politique urbaine à Montréal. Un guide du citoyen*, Montréal, Guernica, 1990, p. 28.

Brunet, Pierre, *Les escaliers de Montréal*, Montréal, Hurtubise HMH, 1998, 112 p.

Caron, Christophe, *Moyens de protection des perspectives visuelles : le 26 juin 1984*, Montréal, Héritage Montréal, 1984, 12 p.

Caron, Isabelle, « Des mémoires "à excaver" : interpréter la présence des carrières de pierre grise à Montréal », *Architecture Canada*, vol. 27, nᵒˢ 3-4 (2000), p. 15-28.

Charney, Melvin, « Pour une définition de l'architecture au Québec », *Architecture et urbanisme au Québec*, Montréal, Presses de l'Université de Montréal, 1971. 41 p.

Charney, Melvin (dir.), *Montréal, plus ou moins ?*, catalogue d'exposition : Montréal, Musée des beaux-arts de Montréal, 11 juin au 13 août 1972.

Charney, Melvin, « Saisir Montréal », dans Société d'architecture de Montréal, *Découvrir Montréal*, Montréal, Éd. du Jour, 1975, p. 16-35.

Charney, Melvin, « Corridart », *Architectural Design*, vol. 47, nᵒˢ 7-8 (1977), p. 546.

Charney, Melvin, « Montrealness of Montreal », *The Architectural Review*, vol. 167, nᵒ 999 (mai 1980), p. 299-306.

Charney, Melvin, « Montréal : formes et figures en architecture urbaine », *Ville métaphore projet. Architecture urbaine à Montréal 1980-1990 / City Metaphors Urban Constructs. Urban Architecture in Montreal 1980-1990*, Montréal, Éditions du Méridien, 1992.

Choko, Marc H., *Les grandes places publiques de Montréal*, Montréal, Méridien, 1987, 215 p.

Choko, Marc H., *Une cité-jardin à Montréal : la Cité-jardin du tricentenaire, 1940-1947*, Montréal, Méridien, 1988, 169 p.

Clerk, Nathalie, « Les cimetières mont Royal et Notre-Dame-des-Neiges », *Architecture-Canada*, vol. 26, n°s 1, 2 (2001), p. 51-68.

Cohen-Rose, Sandra, *Northern Deco : Art Deco Architecture in Montreal*, Montréal, Corona, 1996, 175 p.

Commission des citoyens pour l'avenir de Montréal, *Centre-ville : les gens se prononcent ! = Downtown: the people speak out!*, Montréal, Sauvons Montréal, 1976, 276 p.

Corboz, André, « Du bon usage des sites historiques », *Vie des Arts*, vol. 19, n° 76 (1974), p. 14-19.

Courcy-Legros, Louiselle, « Les casernes de pompiers montréalaises, 1852-1918 », mémoire de maîtrise (études des arts), Université du Québec à Montréal, 1986, 2 vol.

Cousineau, Christine, « Milton Park: Housing Ownership and Community Control », thèse, Massachusetts Institute of Technology, 1980, 198 p.

Dean, A.-O. « Montreal: A City with a Unique Past Begins to Protect It », *AIA Journal*, vol. 70, n° 17 (décembre 1981), p. 50-59.

Demchinsky, Bryan (dir.), *Grassroots, Greystones and Glass Towers: Montreal Urban Issues and Architecture*, Montréal, Vehicule Press, 1989, 218 p.

Demeter, Laszlo (dir.), *Relevé et évaluation sommaire des ensembles historiques de la ville de Montréal*, vol. 3, *L'ensemble Van Horne*, Québec, ministère des Affaires culturelles, 1973.

Déom, Claudine et Dinu Bumbaru, *Guide du patrimoine : découvrir et protéger = A Handbook for Montreal's Heritage: to Discover and to Protect*, Montréal, Héritage Montréal, 1998, 27 p.

Descoteaux, Louise, « Corridart : la censure », mémoire de maîtrise (études des arts), UQAM, 1993, 300 p.

D'Iberville-Moreau, Luc, *Montréal perdu*, Montréal, Quinze, 1977.

Dubreuil, Michèle, « Phyllis Lambert : l'architecture comme champ de bataille », *Perspectives*, 9 octobre 1982.

Dubuc, Caroline, « Le Collège de Montréal : évolution du site », mémoire de maîtrise, Université de Montréal, 1995.

Dubuc, Caroline et Dinu Bumbaru, *Le petit bottin du patrimoine*, Montréal, Héritage Montréal, 1998.

Dubuc, Paul et Dominique Hoepffner, *Comment sauver nos espaces vert ? Recommandations du colloque organisé par Sauvons Montréal, le 30 septembre 1978, Pavillon Lafontaine, Université du Québec à Montréal*, Montréal, Sauvons Montréal, 1978.

Duhamel, Alain. « La révolution industrielle, un patrimoine à découvrir », *Habitat*, vol. 26, n° 3, (1983), p. 25-30.

Duhamel, Alain, « La maison Alcan à Montréal : une expérience concluante de mise en valeur du patrimoine urbain », *Habitat*, n° 74, (été 1986), p. 19-22.

Ekemberg, Christian, « L'église Saint-Jacques : 1823-1979 », mémoire de maîtrise, Université du Québec à Montréal, 1987, 147 p.

Ekemberg, Christian (dir.), *Patrimoine en marche = Steps in Time,* Montréal, Héritage Montréal, 1992, 4 volumes.

Faubert-Ruccolo, José, *Bâtiments néo-classiques à Montréal*, Montréal, Université de Montréal, 1983, 250 p.

Fish, Michael James S., *A Sense of Neighbourhood in Montreal's Downtown: A Framework for Preservation and Planning Action*, Montréal, L'auteur, 1975, p. 14-15.

Fish, Michael, « Une conservation symbolique… La sauvegarde des façades », *Continuité*, n° 20 (1983), p. 45-47.

Fish, Michael James S., *Proposition à la Commission des biens culturels pour sauvegarder l'Édifice Royal George*, Montréal, L'auteur, 1985.

Fish, Michael James S., *The Benny Farm, fall 1992: a brief asking the city of Montréal to cite the Benny Farm housing and its garden courts as a heritage site: also a brief asking for support for a non-profit group trying to buy the Benny Farm to continue and further develop its mission: also a plea to conserve the Benny Farm Project from any demolition*, Montréal, L'auteur, 1992, 37 p.

Gabeline, Donna, Dane Lanken et Gordon Pape, *Montreal at the Crossroads*, Montréal, Harvest House, 1975.

Gauthier, Anne et Linda Lapointe, *Découvrir l'histoire par l'architecture : les éléments d'architecture classique à Montréal*, Montréal, Méridien, 1987, 88 p. [Ouvrage publié en collaboration avec Héritage Montréal et le Musée des beaux-arts de Montréal].

Germain, Annick, « Patrimoine et avant-garde. Le cadre bâti : entre le passé et l'avenir », *Cahiers de recherche sociologique*, vol. 6, n° 2 (automne 1988), p. 115-129.

Germain, Annick et Jean-Claude Marsan (dir.), *Aménager l'urbain de Montréal à San Francisco : politique et design urbain*, Montréal, Méridien, 1987.

Giroux, Michèle et Dominique Trudeau, *Montréal : les quartiers de la diversité : un cahier d'activités pour l'enseignement des sciences humaines : cahier de l'enseignant des 1er et 2e cycles*, Montréal, Héritage Montréal/Musée des Beaux-Arts de Montréal, 1984, 23 p.

Gournay, Isabelle et France Vanlaethem (dir.), *Montréal métropole, 1880-1930*, Montréal, CCA/Boréal, 1998.

Gray, Clayton, *Le vieux Montréal : Montréal qui disparaît*, Montréal, Éditions du Jour, 1964 [1952], 149 p.

Green Spaces Association Espaces verts, « Open spaces in the urban core », dans Commission des citoyens pour l'avenir de Montréal, *Le centre-ville : les gens se prononcent !*, Montréal, Sauvons Montréal, 1976.

Grenier, Cécile et Joshua Wolfe, *Guide de Montréal : un guide architectural et historique*, Montréal, Libre expression, 1991 [1983], 338 p.

Groupe de recherche sur les bâtiments de pierre grise de Montréal, *Le monastère du Bon-Pasteur. Histoire et relevé*, Québec, ministère des Affaires culturelles, 1978.

Groupe de recherche sur les bâtiments de pierre grise de Montréal, *Le Mont-Saint-Louis. Histoire et relevé*, Québec, ministère des Affaires culturelles, 1978.

Groupe d'intervention urbaine de Montréal / Ville de Montréal, *La montagne en question*, vol. 2, *Le cadre naturel, l'analyse visuelle, les accès*, Montréal, Groupe d'intervention urbaine de Montréal, 1988, p. 16.

Groupe d'intervention urbaine de Montréal, *Les aspects juridiques de la protection du milieu urbain*, Montréal, Héritage Montréal, 1981, 52 p.

Gubbay, Aline, *Le fleuve et la montagne : Montréal = The Mountain and the River*, Montréal, Les Livres Trillium, 1981, 212 p.

Gubbay, Aline, *A Street Called The Main. The Story of Montreal's Boulevard Saint-Laurent*, Montréal, Meridian Press, 1989, 134 p.

Hamel, Pierre, « Analyse des pratiques urbaines revendicatives à Montréal, de 1963 à 1976 », thèse de doctorat, Université de Montréal, 1979, 617 p.

Hanna, David B., « L'architecture de l'échange », dans Robert Boivin et Robert Comeau (dir.), *Montréal : l'oasis du Nord*, Montréal, Autrement, 1992, p. 85-86.

Hanna, David B., « Héritage Montréal a vingt ans ! », *Bulletin de la Fondation Héritage Montréal*, vol. 8, no 1 (mars 1995), p. 1 et 4.

Hatton, Warwick et Beth Hatton, *A Feast of Gingerbread from our Victorian Past / Pâtisserie maison de notre charmant passé. Montréal 1870-1900*, Montréal, Toundra, 1976, 98 p.

Harel, J.-Bruno, « Le domaine du Fort de la Montagne (1666-1860) », dans *Montréal : artisans, histoire, patrimoine*, Montréal, Société historique de Montréal, 1979.

Hellman, Claire, *The Milton-Park Affair: Canada's Largest Citizen-Developer Confrontation*, Montréal, Vehicule Press, 1987, 183 p.

Héritage Montréal, *Montréal : les quartiers de la diversité*, Montréal, Héritage Montréal/ Musée des beaux-arts de Montréal/ministère des Affaires culturelles, 1979, 23 p.

Héritage Montréal, *Le Vieux-Port de Montréal. Mémoire déposé par Héritage Montréal devant le Comité consultatif du Vieux-Port de Montréal, 26 septembre 1985*, Montréal, Héritage Montréal, 1985, 14 p.

Héritage Montréal, *Le Mont Royal : demande de classement*, Montréal, Héritage Montréal, 1986, 32 p.

Héritage Montréal, *La réutilisation des anciennes salles de cinéma à des fins culturelles*, Montréal, Héritage Montréal, 1989, 101 p.

Héritage Montréal, *Mémoire présenté lors de la Commission sur l'avenir politique et constitutionnel du Québec*, Montréal, Héritage Montréal, 1990, 1 p.

Héritage Montréal, *Patrimoine, ville et milieu de vie : lieux et objets de culture. Mémoire soumis par Héritage Montréal sur le rapport du groupe-conseil sur la politique culturelle du Québec*, Montréal, Héritage Montréal, 1991, 25 p.

Héritage Montréal, *Le projet du nouveau Forum : quand la caution patrimoniale tient lieu d'un véritable examen public*, Montréal, Héritage Montréal, 1992, 4 p.

Héritage Montréal, *The New Forum: Heritage Regained or Heritage Lost?*, Montréal, Héritage Montréal, 1992, 4 p.

Héritage Montréal, *Le patrimoine dans le Montréal de l'an 2000*, Montréal, Héritage Montréal, 1995, 24 p.

Jensen, Lisa, « L'affaire "Overdale" : la grande trahison », dans Jean-Hugues Roy et Brendan Weston (dir.), *Politique urbaine à Montréal. Un guide du citoyen*, Montréal, Guernica, 1990, p. 47-70.

Koch, Douglas *et al.*, *Récollets*, Montréal, Sauvons Montréal, 1977, p. 3.

Laberge, Jacques, « Profil : Serge Deschamps », *Continuité*, n° 44 (1989), p. 36-37.

Lachapelle, Jacques, *La perspective de l'avenue McGill College : historique*, Montréal, Héritage Montréal, 1984, 24 p.

Laguë, Jean, Willa Burgess et Mark London, *Canal de Lachine : écluses St-Gabriel : proposition / proposal*, Montréal, Héritage Montréal, 1985, 24 p.

Lambert, Phyllis, « The Architectural Heritage of Montreal: A Sense of Community », *Arts Canada*, vol. 202-203 (hiver 1975-1976), p. 22-27.

Lambert, Phyllis, *L'aménagement et l'urbanisme peuvent enfin devenir réalité à Montréal : mémoire sur le projet de réforme de la Communauté urbaine de Montréal (projet de loi n° 46) présenté à la Commission permanente des affaires municipales*, Montréal, Héritage Montréal, 1982, 9 p.

Lambert, Phyllis, « Héritage Montréal, une vision urbaine contemporaine », *Continuité*, n° 19 (printemps 1983), p. 5.

Lambert, Phyllis, « Préface », dans Guy Pinard, *Montréal, son histoire, son architecture*, tome 1, Montréal, La Presse, 1987, p. 10.

Lambert, Phyllis, « La conservation du patrimoine urbain de Montréal dans les années 1990 : inquiétudes et défis », dans Jean-Hugues Roy et Brendan Weston (dir.), *Politique urbaine à Montréal. Un guide du citoyen*, Montréal, Guernica, 1990, p. 24.

Lambert, Phyllis, « Le démantèlement des fortifications : vers une nouvelle forme urbaine », dans *Montréal, ville fortifiée au xviiie siècle*, Montréal, Centre Canadien d'Architecture, 1992, p. 79-80.

Lambert, Phyllis et Robert Lemire, *Inventaire des bâtiments du Vieux-Montréal : du quartier Saint-Antoine et de la Ville de Maisonneuve construits entre 1880 et 1915*, Québec, ministère des Affaires culturelles, direction générale du patrimoine, 1977, 102 p.

Lanken, Dane, « Rediscovering Montreal's Lachine Canal », *Canadian Geographic*, 103, 2 (avril-mai 1983), p. 46-51.

Lanken, Dane, *Montreal Movie Palaces. Great Theatres of the Golden Era, 1884-1938*, Waterloo (Ontario), Penumbra Press, 1993.

Leduc, Paul, *Promenade à pied dans le Vieux Montréal*, Montréal / Québec, Office municipal du tourisme, 1969, 33 p.

Legault, Guy R., *La ville qu'on a bâtie*, Montréal, Liber, 2002.

Lemire, Robert A., *The Architecture of Edward & W.S. Maxwell in Montreal's Square Mile*, Montréal, Sauvons Montréal, 1985, 17 p.

Leroy, Vély, *Implications économiques des règlements de zonage. Étude critique d'un cas : flanc sud du mont Royal*, Montréal, École des Hautes Études commerciales, Institut d'économie appliquée, 1967, 69 p.

Léveillé, Chantal, *Histoire de Montréal*, Montréal, Héritage Montréal/Musée des beaux-arts de Montréal, [1980], 21 p.

Léveillé, Chantal, *The Neighbourhood*, Montréal, Héritage Montréal/Musée des beaux-arts de Montréal, [1980], 19 p.

Léveillé, Chantal et Elisabeth Bardt-Pellerin, *Les maisons : un projet pour enfants*, Montréal, Héritage Montréal/Musée des beaux-arts de Montréal, [1980], 6 p.

Litalien, Rolland (dir.), *Le Grand Séminaire : 1840-1990,150 ans au service de la formation des prêtres*, Montréal, Grand Séminaire de Montréal, 1990.

London, Mark, *Preservation and Development: There is Room for both in Central Montreal*, Montréal, Sauvons Montréal, 1976, p. 7.

London, Mark, « Montréal, ville verte ? », *Continuité*, n° 21 (automne 1983), p. 8.

London, Mark et Dinu Bumbaru, *Fenêtres traditionnelles*, Montréal, Héritage Montréal, 1984, 64 p.

London, Mark et Dinu Bumbaru, *Maçonnerie traditionnelle*, Montréal, Héritage Montréal, 1984, 64 p.

London, Mark et Jacques Lachapelle, *Comment doit-on réaménager les ports ? = How Should We Redevelop Our Waterfronts?*, Montréal, Héritage Montréal, 1983, 11 p.

London, Mark et Cécile Baird, *Revêtements traditionnels*, Montréal, Héritage Montréal, 1986, 64 p.

London, Mark et Joshua Wolfe, *La place du patrimoine en aménagement municipal*, Montréal, Héritage Montréal, 1986, 32 p.

Losier, Renée, *Façades en fonte à Montréal : aspects technologique et stylistique*, Montréal, Héritage Montréal, 1984, 153 p.

Marchand, Denys et Alan Knight, « De la rupture à la continuité », *ARQ*, n° 7 (1982), p. 12-25.

Marchand, Denys et Alan Knight, « Le rang et le village en mutation », *Habitat*, vol. 25, n° 4 (1982), p. 5-9.

Marchand, Denys et Alan Knight, « Le savoir-faire urbain », *Habitat*, vol. 26, n° 2 (1983), p. 9-14.

Marsan, Jean-Claude, « Sur la montagne », *Découvrir Montréal*, Montréal, Éditions du Jour, 1975, p. 114.

Marsan, Jean-Claude, *Montréal : une esquisse du futur*, Québec, Institut québécois de la recherche sur la culture, 1983, 322 p.

Marsan, Jean-Claude, « Le mont Royal et la ville : les liaisons visuelles », *Trames*, numéro spécial : « Paysages en devenir – le mont Royal », vol. 2, n° 1 (printemps 1989), p. 61.

Marsan, Jean-Claude, *Montreal in Evolution: Historical Analysis of the Development of Montreal's Architecture and Urban Environment,* Montréal et Kingston, McGill-Queen's University Press, 1990 (1981).

Marsan, Jean-Claude, *Sauver Montréal : chroniques d'architecture et d'urbanisme*, Montréal, Boréal, 1990, 406 p.

Marsan, Jean-Claude, *Montréal en évolution : historique du développement de l'architecture et de l'environnement urbain montréalais*, Montréal, Méridien, 1994 [1ʳᵉ édition: Fides, 1974], 515 p.

Marsan, Jean-Claude (dir.), *Plan stratégique de conservation des églises et des chapelles au Centre-Ville de Montréal*, Montréal, Héritage Montréal, 1997, 2 volumes.

Mather, Edith et René Chicoine, *Les rues de Montréal, façades et fantaisie / Touches of Fantasy on Montreal Streets*, Montréal, Livres Toundra, 1977, 96 p.

McGregor, James A. (dir.), *La Rénovation de votre maison = Renovating Your House*, Montréal, Sauvons Montréal, 1974, 20 p.

McLean, Eric et Richard D. Wilson, *Le passé vivant de Montréal / The Living Past of Montreal*, Montréal, McGill University Press, 1964.

Morin, Richard, Jean Rougy et Louise Tassé, *Interventions sur le bien culturel. Annexe ii*, Montréal, Centre de recherches et d'innovation urbaines, 1977.

Noppen, Luc, *La prison du Pied-du-Courant. Dossier d'inventaire architectural*, Québec, ministère des Affaires culturelles, 1976, 215 p.

Noppen, Luc, « La prison du Pied-du-Courant à Montréal : une étape dans l'évolution de l'architecture pénitentiaire au Bas-Canada et au Québec », *RACAR*, vol. 3, n° 1 (1976), p. 36-50.

Noppen, Luc, *Du chemin du Roy à la rue Notre-Dame*, Québec, Transport Québec, 2001, 175 p.

Pinard, Guy, *Montréal, son histoire, son architecture*, Montréal, La Presse, 1987, 1988 et 1989, 3 volumes.

Pinard, Guy, *Montréal, son histoire, son architecture*, Montréal, Méridien, 1991, 1992 et 1995, 3 volumes.

Quintric-Léveillé, Chantal (en collaboration avec Héritage Montréal), *Ce bâtiment est aussi un musée*, Montréal, Musée des beaux-arts de Montréal, 1982, 24 p.

Quintric-Léveillé, Chantal et Ginette Cloutier, *De la maison à la métropole*, Montréal, Héritage Montréal/Musée des beaux-arts de Montréal/ministère des Affaires culturelles, 1983, 32 p.

Quintric-Léveillé, Chantal (dir.), *Le Sentier du patrimoine*, Montréal, Musée des beaux-arts de Montréal/Héritage Montréal, 1981, 26 p.

Rémillard, François (dir.), *Répertoire des zones et des organismes patrimoniaux du grand Montréal*, Montréal, Héritage Montréal, 1991, 241 p.

Rémillard, François et Brian Merrett, *Demeures bourgeoises de Montréal, le Mille carré doré, 1850-1930*, Montréal, Éditions du Méridien, 1986.

Rémillard, François et Brian Merrett, *L'architecture de Montréal : guide des styles et des bâtiments*, Montréal, Éditions du Méridien, 1990, 222 p.

Rémillard, François, Manon Sarthou et Dinu Bumbaru, *Le Vieux-Montréal : circuit de visite*, Québec/Montréal, ministère des Affaires culturelles/Ville de Montréal, 1992, 30 p.

Robert, Jean-Claude, *Atlas historique de Montréal*, Montréal, Art Global / Libre expression, 1994.

Roy, Raoul, *Les églises vont-elles disparaître ? Dossier de la lutte pour sauver de la démolition l'église, la chapelle et le presbytère de la paroisse Sainte-Catherine-d'Alexandrie à Montréal*, Montréal, Éditions du Franc-Canada, 1976.

Rozon, René et Melvin Charney, « La ville au musée », *Vie des Arts*, n° 69 (hiver 1972-1973), p. 33.

Sauvons Montréal, *Proposition pour l'intégration du Monument national à la Maison de la culture à Montréal*, Montréal, Sauvons Montréal, 1974.

Sauvons Montréal, *S.O.S. Montréal*, Montréal, Sauvons Montréal, 1976-1980.

Sauvons Montréal, *Sauvons Montréal : les prix Orange*, Montréal, Sauvons Montréal, 1987, 24 p.

Site Internet du Centre Canadien d'Architecture, consulté le 28 août 2003, [http://cca.qc.ca].

Site Internet sur le Mont-Royal, *Charte du mont Royal*, consulté le 27 mars 2003, [www.lemontroyal.qc.ca/lesdossiers/2.html].

Site Internet sur le Mont-Royal, *Le Sommet du Mont-Royal*, consulté le 27 mars 2003, [www.lemontroyal.qc.ca].

Smythe, Mary Ann, « Saving faces: Rescue or tokenism? », *Héritage Canada*, vol. 12, n° 5 (1987), p. 26.

Société du patrimoine urbain de Montréal, *Milton-Parc : reconstruction d'un quartier, Montréal 1979-1982*, Montréal, Société du patrimoine urbain de Montréal, 1982.

Société immobilière du patrimoine architectural de Montréal, *Le Bon-Pasteur... reconverti, 1847-1987*, Montréal, SIMPA, 1987, 13 p.

Summers, Gene, « The "Ridgway" Biltmore », *ARQ*, n° 88 (décembre 1995), p. 26.

St-Louis, Denis, *Maçonnerie traditionnelle, document technique : régions de Montréal et de Québec*, vol. 1, *Origine et caractéristiques des matériaux*, Montréal, Héritage Montréal, 1984, 147 p.

St-Louis, Denis, *Maçonnerie traditionnelle, document technique : régions de Montréal et de Québec*, vol. 2, *Principaux usages dans la construction traditionnelle*, Montréal, Héritage Montréal, 1984, 245 p.

St-Louis, Denis, *Maçonnerie traditionnelle, document technique : régions de Montréal et de Québec*, vol. 3, *Pathologie et traitements*, Montréal, Héritage Montréal, 1984, 333 p.

Toker, Franklin, *The Church of Notre-Dame in Montreal: an Architectural History*, Montréal et Kingston, McGill-Queen's University Press, 1970, 124 p.

Toker, Franklin, *L'église Notre-Dame de Montréal : son architecture, son passé*, LaSalle, Hurtubise HMH, 1980, 302 p.

Trépanier, Léon, *Les rues du Vieux-Montréal au fil du temps*, Montréal / Paris, Fides, 1968, 189 p.

Vanlaethem, France, « Le patrimoine de la modernité », *Continuité*, n° 53 (printemps 1992), p. 19-22.

Uhlmann, Michael M., *Les rues de Montréal : répertoire historique*, Montréal, Éditions du Méridien, 1995, 547 p.

Wertheimer, Ève, « La problématique d'un ensemble conventuel à Montréal : le domaine de Saint-Sulpice », mémoire de maîtrise, Centre Raymond-Lemaire pour la conservation, Katholieke Universiteit Leuven, 2001, 127 p.

Corridart : revisited, 25 ans plus tard, catalogue d'exposition : Montréal, La galerie d'art Leonard et Bina Ellen, Université Concordia, 12 juillet au 18 août 2001.

Publications gouvermentales

Bastarache, Jean-Yves, Margot Bourgeois, Madeleine Forget et Jocelyne Martineau (dir.), *Cinémas et patrimoine à l'affiche*, Québec, ministère des Affaires culturelles / Ville de Montréal, 1988, 50 p.

Carreau, Serge et Perla Serfaty (dir.), *Le patrimoine de Montréal : document de référence*, Montréal, ministère de la Culture et des Communications / Ville de Montréal, 1998, 168 p.

Chambers, Gretta (prés.), *Énoncé d'orientation pour une politique du patrimoine. Rapport du Groupe conseil*, Montréal, Ville de Montréal, 2004, 37 p.

Comité consultatif de Montréal sur la protection des biens culturels, *Avis suite aux audiences publiques relatives au traitement de la demande de démolition du Couvent Saint-Isidore*, Montréal, Ville de Montréal, 1996, 59 p.

Comité sur la préservation du patrimoine immobilier montréalais, *Éléments d'une politique de valorisation du patrimoine immobilier montréalais : rapport du Comité sur la préservation du patrimoine immobilier montréalais*, Montréal, Ville de Montréal, 1987, 112 p.

Commission des biens culturels du Québec, *Les Chemins de la mémoire. Monuments et sites historiques du Québec*, Québec, Les Publications du Québec, 1990 et 1991, 540 et 565 p.

Commission des biens culturels du Québec, *Les Chemins de la mémoire. Monuments et sites historiques du Québec. Supplément 1987-1999*, Québec, Les Publications du Québec, 2001, 34 p.

Commission des biens culturels du Québec, Rapport annuel, Québec, gouvernement du Québec, 1972-2002.

Commission des biens culturels du Québec, *Rapport sur l'avenir du mont Royal*, Québec, Publication officielle, 2002.

Communauté urbaine de Montréal, *Répertoire d'architecture traditionnelle sur le territoire de la Communauté urbaine de Montréal*, Montréal, Communauté urbaine de Montréal, Service de la planification du territoire, 1981-1983, 1986-1987, 1991, 12 volumes.

De Friedberg, Barbara Salomon, *Le domaine des Sœurs Grises, boulevard Dorchester, Montréal*, Québec, ministère des Affaires culturelles, Direction générale du patrimoine, 1975, 331 p.

Des Rochers, Jacques *et al.*, *La problématique des cinémas patrimoniaux montréalais. État de la situation et recommandations préliminaires en matière de politique et d'action*, Montréal, ministère des Affaires culturelles / Ville de Montréal, 1993, 19 p.

Dumouchel, Gilles, France Paradis et Yves Bergeron, *La loi sur les biens culturels et son application*, Québec, MAC, 1992 [1987]. 48 p.

Gauthier, Raymonde (pré.), *Rapport sur le projet de constitution du site du patrimoine du Mont-Royal*, Montréal, La Ville, 1987, 33 p.

Gelly, Alain, Louise Brunelle-Lavoie et Corneliu Kirjan, *La passion du patrimoine. La commission des biens culturels du Québec 1922-1994*, Québec, Septentrion, 1995, 300 p.

Gouvernement du Québec, Loi sur les biens culturels : *L.R.Q., chapitre B-4*, Québec, Éditeur officiel. Document à jour au 03-12-96.

Hallé, Jacqueline, *Du Fort Ville-Marie à Montréal : la naissance d'une ville*, Montréal, ministère des Affaires culturelles / Ville de Montréal, 1992, 28 p.

Lapière, Diane, *Dossier sur le Grand Séminaire, 1911-2065 rue Sherbrooke Ouest*, Montréal, ministère des Affaires culturelles, 1978.

Leduc, Maryse et Denys Marchand, *Les maisons de Montréal*, Québec, ministère des Affaires culturelles, 1992, 40 p.

Martineau, Jocelyne, *Les salles de cinéma construites avant 1940 sur le territoire de la Communauté urbaine de Montréal*, Montréal, ministère des Affaires culturelles, août 1987-février 1988.

Ministère des Affaires culturelles, *École secondaire Villa-Maria. Rapport préliminaire*, Québec, MAC, 1973.

Ministère des Affaires culturelles, *Le livre blanc de la culture*, présenté par Pierre Laporte, Québec, gouvernement du Québec, 1976 [1965], 222 p.

Ministère des Affaires culturelles, *Pour l'évolution de la politique culturelle ; document de travail*, présenté par Jean-Paul L'Allier, Québec, gouvernement du Québec, 1976, 258 p.

Ministère des Affaires culturelles, *La politique culturelle et le devenir du peuple québécois. Conférence du ministre des Affaires culturelles au Club québécois d'Alma*, Québec, ministère des Affaires culturelles, 1977, 21 p.

Ministère des Affaires culturelles, *Rapport de la consultation du ministre des Affaires culturelles du Québec*, Québec, gouvernement du Québec, 1982, 439 p.

Ministère des Affaires culturelles, *Des actions culturelles pour aujourd'hui : programme d'action du ministère des Affaires culturelles*, Québec, gouvernement du Québec, 1983, 69 p.

Ministère des Affaires culturelles, *L'aménagement, l'urbanisme et le patrimoine... une harmonie nouvelle à rechercher*, Québec, ministère des Affaires culturelles, 1983, 79 p.

Ministère des Affaires culturelles, *L'aménagement, l'urbanisme et le patrimoine : ou comment tirer parti des règles d'urbanisme pour sauvegarder et mettre en valeur le patrimoine de son milieu : document d'appoint pour la participation du ministère des Affaires culturelles au Congrès international sur l'urbanisme et l'aménagement*, Québec, ministère des Affaires culturelles, 1985, 7 p.

Ministère des Affaires culturelles, *Le macro-inventaire du patrimoine québécois*, Québec, ministère des Affaires culturelles, Direction générale du patrimoine, 1985, 150 p.

Ministère des Affaires culturelles, *Document préparatoire en vue de l'élaboration d'une politique du patrimoine*, Québec, ministère des Affaires culturelles, 1987.

Ministère des Affaires culturelles, *Bilan Actions-Avenir*, Québec, gouvernement du Québec, 1988.

Ministère des Affaires culturelles, *Le patrimoine culturel : une affaire de société. Projet d'énoncé de politique*, Québec, ministère des Affaires culturelles, 1988, 155 p.

Ministère des Affaires culturelles, *La politique culturelle du Québec. Notre culture notre avenir*, Québec, gouvernement du Québec, 1992.

Ministère de la Culture et des Communications, *Historique du ministère des Affaires culturelles*, Québec, gouvernement du Québec, 1994.

Ministère d'État au Développement culturel, *La politique québécoise du développement culturel*, Québec, Éditeur officiel, 1978, 2 volumes.

Ritchot, Gilles, *Rapport d'étude sur le patrimoine immobilier. Commandé par le Ministère des Affaires culturelles, Direction du patrimoine*, Montréal, Centre de recherches et d'innovations urbaines, Université de Montréal, 1977, 281 p.

Site Internet de la Commission des biens culturels du Québec, *Grands dossiers : le mont Royal*, consulté le 12 mars 2003, [www.cbcq.gouv.qc.ca/grand_dossiers/mont_royal/index.html].

Site Internet de la Commission des lieux et monuments historiques du Canada, *Gares ferroviaires patrimoniales*, 2003, en ligne, consulté le 13 mai 2003, [http://www.parkscanada.gc.ca/clmhc-hsmbc/clmhc-hsmbc/index_F.asp].

Site Internet du ministère de la Culture et des Communications, *Le mont Royal : un arrondissement historique et naturel à préserver*, consulté le 27 mars 2003, [www.mcc.gouv.qc.ca/mont-royal.htm].

Site Internet du ministère de la Culture et des Communications, *Répertoire des biens culturels et arrondissement du Québec*, 2000, consulté le 12 février 2003, [http://www.mcc.gouv.qc.ca/pamu/biens-culturels/index.htm].

Site Internet des Publications du Québec, « Loi sur les cités et villes », *Lois et règlements*, consulté le 12 mai 2003, [http://www.publicationsduquebec.gouv.qc.ca/home.php].

Site Internet officiel du Vieux-Montréal, *Le patrimoine en détail. Base de connaissance*, consulté le 19 août 2003, [www.vieux.montreal.qc.ca/accueil.htm].

Site Internet de la Ville de Montréal, *Inventaire architectural de Montréal. Base de données sur le patrimoine*, consulté le 25 août 2003, [http://patrimoine.ville.montreal.qc.ca/ inventaire/index.php].

Trigger, B.G., *Dossier divers : domaine des Sulpiciens*, ministère de la Culture et des Communications – Direction de Montréal (14330-0667).

Trottier, Louise, *Le patrimoine industriel au Québec*, Québec, Commission des biens culturels, 1985, 85 p.

Études

Andrieux, Jean-Yves, *Patrimoine et histoire*, Paris, Bélin, 1997, 283 p. (Coll.: Histoire Bélin SUP).

Audet, Michel, « La quête d'un État: la politique québécoise du développement culturel », *Recherches sociographiques*, vol. 20, n° 2 (mai-août 1979), p. 263-275.

Babelon, Jean-Pierre et André Chastel, *La notion de patrimoine*, Paris, Liana Lévi, 1994 [1ʳᵉ éd.: *Revue de l'Art*, 49 : 1980], 141 p. (Coll.: Opinion).

Balthazar, Louis, « Les nombreux visages du nationalisme au Québec », dans Alain-G. Gagnon (dir.), *Québec : État et société*, Montréal, Québec / Amérique, 1994, p. 24-25.

Balut, Pierre-Yves, « De l'irrépressible envie de tout garder », dans Robert Dulau, *Apologie du périssable*, Rodez, Éditions du Rouergue, 1991, p. 286-289.

Barthel, Diane, *Historic Preservation: Collective Memory and Historical Identity*, New Brunswick (New Jersey), Rutgers University Press, 1996, 183 p.

Baudouï, Rémi, « André Malraux et l'invention du patrimoine sous la Vᵉ République », dans Daniel J. Grange et Domique Poulot (dir.), *L'esprit des lieux. Le patrimoine et la cité*, Grenoble, Presses Universitaires de Grenoble, 1997, p. 47-61.

Beaudet, Gérard, *Le pays réel sacrifié : la mise en tutelle de l'urbanisme au Québec*, Québec, Nota bene, 2000, 362 p. (Coll.: Interventions).

Beaudet, Gérard, « Pour donner suite aux Assises du patrimoine », *Le forum québécois du patrimoine, Actes de la rencontre de Trois-Rivières*, Québec, s. éd., 1992, p. 45-54.

Beaudet, Gérard, Luc Ampleman et Rémi Guertin, « Le patrimoine est-il soluble dans la modernité ? », *Trames. Patrimoine et modernité: transactions et contradictions*, 12 (1998), p. 10-25.

Boswell, David et Jessica Evans (dir.), *Representing the Nation: A Reader. Histories, Heritage and Museums*, Londres / New-York, 1999.

Charbonneau, François, Pierre Hamel et Marie Lessard, *La mise en valeur du patrimoine urbain en Europe, en Amérique du Nord et dans les pays en développement: un aperçu de la question*, Montréal, Groupe interuniversitaire de Montréal, 1992, 27 p. (Coll.: Cahiers villes et développement).

Chastel, André, « La notion de patrimoine », dans Pierre Nora (dir.), *Les lieux de la mémoire*, Paris, Gallimard, 1997 [1986], vol. 1, p. 1433-1469.

Choay, Françoise, *L'allégorie du patrimoine*, Paris, Seuil, 1999 [1992], 277 p.

Choay, Françoise, « À propos de culte et de monuments », dans Aloïs Riegl, *Le culte moderne des monuments*, Paris, Seuil, 1984 [1ʳᵉ éd. all.: 1903], 125 p. (Coll.: Espacements).

Cluche, Denys, *La notion de culture dans les sciences sociales*, Paris, Editions de la Découverte, 1996.

De Blois Martin, Charles, « L'évolution des rapports entre les politiques du patrimoine et du tourisme au Québec », mémoire de maîtrise (science politique), Université Laval, 1997. 112 p.

Dagenais, Jean-Pierre, « L'opération 20 000 logements ramène-t-elle les banlieusards en ville ? », Habitat, vol. 26, no 4 (1983), p. 19-23.

Dépelteau, François, *La démarche d'une recherche en sciences humaines : de la question de départ à la communication des résultats*, Québec, Presses de l'Université Laval, 1998, 417 p.

Desvallées, André, « À l'origine du mot "patrimoine" », dans Dominique Poulot (dir.), *Patrimoine et modernité*, Paris, L'Harmattan, 1998, p. 89-105.

Deuxième congrès international des architectes et des techniciens des monuments historiques, *Charte de Venise (1964)*, consulté le 5 avril 2001, [http://www.icomos.org/docs/ venise.html].Dulau, Robert (dir.), *Apologie du périssable*, Rodez, Éd. du Rouergue, 1991, 335 p.

Duhamel, Alain, « Par derrière chez nous, il y a une ruelle », Habitat, vol. 26, no 4 (1983), p. 36-39.

Dumont, Fernand, *L'avenir de la mémoire*, Québec, Nuit blanche / Céfan, 1995, 99 p. (Coll.: Les conférences publiques de la Céfan).

Duvallon, Jean, « Produire les hauts lieux du patrimoine », dans *Des hauts-lieux : la construction sociale de l'exemplarité*, Paris, CNRS, 1991, p. 85-102.

Edensor, Tim, « National Identity and the Politics of Memory: Remembering Bruce and Wallace in Symbolic Space », *Environment and Planning D: Society and Space*, vol. 15, nᵒ 2 (1997), p. 175-194.

Faure, Isabelle, « La conservation et la restauration du patrimoine bâti au Québec. Études des fondements culturels et idéologiques à travers l'exemple du projet de Place Royale », thèse de doctorat (urbanisme et aménagement), Université de Paris VIII, 1995, 413 p.

Florida Richard, *The Rise of the Creative Class, and how it's transforming work, leisure, community and every day life*, New York, Basic Books, 2002.

Garon, Robert, « Le point de vue du Québec sur la politique du patrimoine », dans *The Place of History: Commemorating Canada's Past / Les lieux de mémoire : la commémoration du passé du Canada. Actes du symposium national tenu à l'occasion du 75ᵉ anniversaire de la Commission des lieux et monuments historiques du Canada*, Ottawa, Société royale du Canada, 1997, p. 223-236.

Germain, Annick, « Le patrimoine en contexte postmoderne », *Trames. Patrimoine et modernité : transactions et contradictions*, 12 (1998), p. 4-7.

Germain, Annick et Damaris Rose, *Montréal : The Quest for a Metropolis*, Chichester, John Wiley & Sons, 2000. (Coll.: World Cities Series).

Giovannoni, Gustavo, *L'urbanisme face aux villes anciennes*, Paris, Seuil, 1998 (1930), 349 p. (Coll.: Points).

Gosselin, Nadine, « L'apport des organismes locaux à la préservation du patrimoine urbain », mémoire de maîtrise (science de l'environnement), Université du Québec à Montréal, 2000.

Groulx, Patrice et Alain Roy, « Les lieux historiques de la région de Québec comme lieux d'expression identitaire, 1965-1985 », *Revue d'histoire de l'Amérique française*, vol. 48, nᵒ 4 (printemps 1995), p. 527-541.

Halbwachs, Maurice, *Mémoires collectives*, Paris, Presses universitaires de France, 1950.

Handler, Richard, « "Having a Culture": The Preservation of Quebec's *Patrimoine* », dans *Nationalism and the Politics of Culture in Quebec*, Wisconsin, University of Wisconsin Press, 1988, p. 140-158. (Coll.: New Directions in Anthropological Writing).

Hartog, François, *Régimes d'historicité. Présentisme et expériences du temps*, Paris, Seuil, 2003.

Hartog, François, « Patrimoine et histoire : les temps du patrimoine », dans Jean-Yves Andrieux (dir.), *Patrimoine et société*, Rennes, Presses universitaires de Rennes, 1998.

Harvey, Fernand, « La production du patrimoine », dans Andrée Fortin (dir.), *Produire la culture, produire l'identité ?*, Québec, Presses de l'Université Laval, 2000, p. 3-16. (Coll.: Céfan).

Hewison, Robert, « La prise de conscience du patrimoine en Grande-Bretagne », dans Pierre Nora (dir), *Science et conscience du patrimoine. Actes des entretiens du patrimoine (Paris, 28, 29 et 30 novembre 1994)*, Paris, Fayard / Éditions du Patrimoine, 1995, p. 357-362.

Hewison, Robert, *The Heritage Industry: Britain in a Climate of Decline*, Londres, Methuen, 1987, 160 p.

ICOMOS, *Charte du patrimoine bâti vernaculaire (1999)*, consulté le 23 février 2005, [http://www.international.icomos.org/charters/vernacular_f.htm].

ICOMOS-Canada, *Déclaration de Deschambault (1982)*, consulté le 23 février 2005, [http://www.icomos.org/docs/deschambault.html].

Jenger, Jean, *Orsay, de la gare au musée : histoire d'un grand projet*, Milan/Paris, Electa Moniteur, 1986.

Jewsiewicki, Bogumil et Jocelyn Létourneau (dir.), L'histoire en partage: usages et mises en discours du passé, Paris, L'Harmattan, 1996, 232 p.

Kalman, Harold, *The Railway Hotel and the Development of the Château Style in Canada*, Victoria, University of Victoria Maltwood Museum, 1968, 47 p.

Kalman, Harold, *A History of Canadian Architecture*, Toronto, Oxford University Press, 1994.

Koselleck, Reinhart, *Le futur passé. Contribution à la sémantique des temps historiques*, Paris, Éditions de l'ÉHESS, 2000 [1ère édition allemande : 1979], 324 p.

Lapointe, Andrée, « L'incidence des politiques culturelles sur le développement des musées nationaux Canada-Québec depuis 1950 », thèse de doctorat (histoire), Université Laval, 1993, 323 p.

Le Goff, Jacques (dir.), *Patrimoine et passions identitaires. Actes des entretiens du patrimoine (Paris, 6, 7 et 8 janvier 1997)*, Paris, Fayard / Éditions du Patrimoine, 1998, 445 p.

Le Roux, Michèle, « L'objet patrimonial dans sa dimension identitaire : un objet transitionnel », *Trames. Patrimoine et postmodernité : transactions et contradictions*, 12 (1998), p. 26-29.

Létourneau, Jocelyn, Le coffre à outils du chercheur débutant : guide d'initiation au travail intellectuel, Toronto, Oxford University Press, 1989.

Létourneau, Jocelyn, « Le "Québec moderne" un chapitre du grand récit collectif des Québécois », *Revue française de science politique*, vol. XLII, n° 5 (octobre 1992), p. 765-785.

Létourneau, Jocelyn, « L'historiographie comme miroir, écho et récit de *nous autres* », dans Bogumil Jewsiewicki et Jocelyn Létourneau (dir.), *L'histoire en partage : usages et mises en discours du passé*, Paris, L'Harmattan, 1996, p. 25-44.

Linteau, Paul-André, René Durocher, Jean-Claude Robert et François Ricard, *Histoire du Québec contemporain*, tome 2, *Le Québec depuis 1930*, Montréal, Boréal, 1989, 834 p.

Linteau, Paul-André, *Histoire de Montréal depuis la Confédération*, Montréal, Boréal, 2000 [1ère éd.: 1992], 627 p.

Lowenthal, David, « A Global Perspective on American Heritage », dans *Past meets future: saving America's Historic Environments*, Washington, The Preservation Press, 1992, p. 157-163.

Lowenthal, David, « La fabrication d'un héritage », dans Dominique Poulot (dir), *Patrimoine et modernité*, Paris, L'Harmattan, 1998, p. 107-127.

Marsan, Jean-Claude, « La conservation du patrimoine urbain », dans *Les Chemins de la mémoire. Monuments et sites historiques du Québec*, vol. 2, Québec, Les Publications du Québec, 1991, p. 1-12.

Martin, Paul-Louis, « La conservation du patrimoine culturel : origines et évolution », dans *Les Chemins de la mémoire. Monuments et sites historiques du Québec*, vol. 1, Québec, Les Publications du Québec, 1990, p. 1-17.

Martin, Paul-Louis, « La conservation des biens culturels : 65 ans d'action officielle », dans *Rapport annuel 1986-1987 de la Commission des biens culturels du Québec*, Québec, Les Publications du Québec, 1987, p. 17-33.

Mathieu, Jacques et Jacques Lacoursière, *Les mémoires québécoises*, Québec, Presses de l'Université Laval, 1991.

Mathieu, Jacques, « Les vernis du patrimoine », *Le forum québécois du patrimoine, Actes de la rencontre de Trois-Rivières*, Québec, s. éd., 1992, p. 5-10.

Mathieu, Jacques, « L'institution patrimoniale », dans *Le traitement du patrimoine urbain. Intégration, intégralité, intégrité. Actes du Colloque Mons-Québec 1996*, Québec, Musée de la civilisation, 1997, p. 209-216.

Morisset, Lucie K., « Entre la ville imaginaire et la ville identitaire : de la représentation à l'espace », dans Lucie K. Morisset, Luc Noppen et Denis Saint-Jacques (dir.), *Ville imaginaire, ville identitaire : échos de Québec*, Québec, Nota Bene, 1999, p. 5-36.

Morisset, Lucie K. et Luc Noppen, « À la recherche d'identités: usages et propos du recyclage du passé dans l'architecture au Québec », dans Luc Noppen (dir.), *Architecture, forme urbaine et identité collective*, Québec, Septentrion, 1995, p. 103-133.

Noppen, Luc, « Le paysage québécois depuis la Révolution tranquille : constructions et reconstructions », *Réinvention des pays et des paysages dans la seconde moitié du 20ᵉ siècle. Colloque Québec-Bretagne* (Brest, 13-16 juin 2001).

Noppen, Luc, « Place-Royale : chantier de construction d'une identité nationale », dans Patrick Dieudonné (dir.), *Villes reconstruites : du dessin au destin : actes du deuxième colloque international des villes reconstruites*, vol. II, Paris, L'Harmattan, 1994, p. 301-306.

Noppen, Luc, « Le patrimoine : du nationalisme à la banalisation », dans Jean-Paul Baillargeon (dir.), *Les pratiques culturelles des Québécois. Une autre image de nous-même*, Québec, IQRC, 1986, p. 101-106.

Noppen, Luc et Lucie K. Morisset, « Entre identité métropolitaine et identité urbaine : Montréal », dans Lucie K. Morisset et Luc Noppen (dir.), *Identités urbaines : échos de Montréal*, Québec, Nota bene, 2003, p. 157-179.

Noppen, Luc et Lucie K. Morisset, « Le patrimoine est-il soluble dans le tourisme ? », *Téoros*, vol. 22, nᵒ 3 (2003), p. 71.

Noppen, Luc et Lucie K. Morisset, « De la production des monuments : paradigmes et processus de la reconnaissance », dans Laurier Turgeon, Jocelyn Létourneau et Khadiyatoulah Fall (dir.), *Les espaces de l'identité*, Québec, Presses de l'Université Laval, 1997, p. 23-52.

Nora, Pierre (dir.), *Les lieux de mémoire*, Paris, Gallimard, 1997 [1984-1992], 3 vol., 4754 p. (Coll.: Quarto).

Nora, Pierre, « Entre Mémoire et Histoire : la problématique des lieux », dans Pierre Nora (dir.), *Les lieux de mémoire*, vol. 1, Paris, Gallimard, 1997 [1984], p. 23-43.

Nora, Pierre (dir.), *Science et conscience du patrimoine. Actes des entretiens du Patrimoine (Paris, 28, 29 et 30 novembre 1994)*, Paris, Fayard / Éditions du Patrimoine, 1997, 413 p.

Nora, Pierre, « Mémoire collective », dans Jacques Revel, Jacques Le Goff et Roger Chartier (dir.), *La nouvelle histoire*, Paris, Retz, 1978, p. 398-401. (Coll.: Les Encyclopédies du savoir moderne).

Ouellet, André, *Processus de recherche : une approche systémique*, Québec, Presses de l'Université du Québec, 1982, 268 p.

Pinol, Jean-Luc, *Le monde des villes au XIXᵉ siècle*, Paris, Hachette, 1991, 231 p.

Poulot, Dominique (dir.), *Patrimoine et modernité*, Paris, L'Harmattan, 1998, 314 p. (Coll.: Les chemins de la mémoire).

Poulot, Dominique, « Le patrimoine et les aventures de la modernité », dans Dominique Poulot (dir.), *Patrimoine et modernité*, Paris, L'Harmattan, 1998, p. 7-67.

Reichl, Alexander J., « Historic Preservation and Progrowth Politics in U.S. Cities », *Urban Affairs Review*, vol. 32, nᵒ 4 (1997), p. 516-519.

Rémillard, François, « Société des salles anciennes – Theatres' Trust », *Rézo* – répertoire des zones et des organismes patrimoniaux du grand Montréal, Montréal, Héritage Montréal, 1991, p. 43-44.

Rey, Alain (dir.), *Le Robert. Dictionnaire historique de la langue française*, Paris, Le Robert, 1992, 2 volumes.

Riegl, Aloïs, *Le culte moderne des monuments*, Paris, Seuil, 1984 [1ᵉʳ éd. all.: 1903], 125 p. (Coll.: Espacements).

Rousso, Henry, « La mémoire n'est plus ce qu'elle était », dans *Écrire l'histoire du temps présent. Actes de la journée d'études de l'IHTP, Paris, CNRS, 14 mai 1992*, Paris, CNRS Éditions, 1993, p. 106.

Roy, Alain, « Le Vieux-Québec, 1945-1963 : construction et fonctions sociales d'un lieu de mémoire nationale », mémoire de maîtrise (histoire), Université Laval, 1995, 196 p.

Ruel, Jacinthe, « Entre la rhétorique et la mémoire: usage du passé dans les mémoires déposés devant la commission sur l'avenir politique et constitutionnel du Québec », dans Bogumil Jewsiewicki et Jocelyn Létourneau (dir.), *L'histoire en partage : usages et mises en discours du passé*, Paris, L'Harmattan, 1996, p. 71- 101.

Ruskin, John, *Les sept lampes de l'architecture*, Paris, Denoël, 1987 (1849), 252 p.

Sénécal, Gilles, « Présentation : Du "Montréal" de Blanchard à la reconquête de la ville », dans Raoul Blanchard, *Montréal : esquisse de géographie urbaine*, Montréal, VLB, 1992, (Coll.: Études québécoise).

Sitte, Camillo, *L'art de bâtir les villes : l'urbanisme selon ses fondements artistiques*, Paris, L'Équerre, 1984 (1889), 188 p, (Coll.: Formes urbaines).

Taylor, Charles J., *Negotiating the Past. The Making of Canada's National Historic Parks and Sites*, Montréal, McGill-Queen's University Press, 1990.

Taylor, Charles, « Les sources de l'identité moderne », dans Mikhaël Elbaz, Andrée Fortin et Guy Laforest (dir.), *Les frontières de l'identité : modernité et postmodernité au Québec*, Québec, Presses de l'Université Laval et Paris, L'Harmattan, 1996, p. 347-364.

Turgeon, Laurier, Jocelyn Létourneau et Khadiyatoulah Fall, « Introduction », dans Laurier Turgeon, Jocelyn Létourneau et Khadiyatoulah Fall (dir.), *Les espaces de l'identité*, Québec, Presses de l'Université Laval, 1997.

Wallace, Mike, « Preserving the Past: a History of Historic Preservation in the United States », dans *Mickey Mouse History and Other Esssays on American Memory*, Philadelphie, Temple University Press, 1996, p. 177-221.

Wallace, Mike, « Preservation Revisited », dans *Mickey Mouse History and Other Esssays on American Memory*, Philadelphie, Temple University Press, 1996, p. 224-246.

Walsh, Kevin, *The representation of the past: museums and heritage in the postmodern world*, Londres et New York, Routledge, 1992, 204 p.

Zuzanek, Jiri, Brenda Luscott et Jo Nordley Beglo, *Heritage Preservation: Tradition & Diversity: An Annotated Bibliography*, Waterloo (Ontario), Otium Publications, 1996, 343 p.

COMPOSÉ EN MINION, MYRIAD,
BERNHARD MORDERN STD, TRAJAN ET WINGDINGS,
CET OUVRAGE À ÉTÉ ACHEVÉ D'IMPRIMER
EN AVRIL 2005
SUR LES PRESSES
DE AGMV MARQUIS